日本比較法研究所翻訳叢書
80

中央大学・ミュンスター大学交流30周年記念
ミュンスター法学者列伝

トーマス・ヘェーレン 編著
山内惟介 編訳

Münsteraner Juraprofessoren

Von
Thomas Hoeren

中央大学出版部

MÜNSTERANER JURAPROFESSOREN
by Thomas Hoeren (Hrsg.)
Copyright © 2014 Aschendorff Verlag GmbH & Co. KG, Münster

装幀　道吉　剛

日本語版へのまえがき

　歴史を振り返ってみると、ドイツ法も日本法の淵源の一部となっている。世界的に名声を博している中央大学の同僚諸氏は、かなり早い時期から、日本法とドイツ法との結び付きの強さに留意してドイツ法の研究を重視され、実績を積み上げてこられた。

　ミュンスター大学法学部と中央大学法学部との間には、交流の当初から、複数の架け橋が存在した。これらの架け橋の中核となったのは、独日両国の同僚諸氏がさまざまな状況のもとで相手国に滞在した折々に、専門分野を同じくする同僚諸氏との間で互いに築いてこられた多数の親密な関係である。このような事情から、現在、ミュンスター大学法学部には、中央大学の民事法、刑事法および公法の各分野で活動されるそれぞれの研究者との間に醸成された多様で素晴らしい結び付きを自由に活用することのできる恵まれた環境が用意されている。この架け橋を今なお中心となって支えておられるのは、高名な経済法学者（Wirtschaftsrechtler）、山内惟介氏である。同氏は、ドイツとミュンスターに対して格別に深い愛情を示され、変わることなく、両大学間の交流を活性化させ、強化することに日々心を砕かれている。ミュンスター大学法学部は、こうした異例ともいえる積極的な姿勢や活動の成果に鑑みて、同氏に特段の謝意を表すべく、名誉法学博士学位の授与（2012 年 11 月 2 日）をもって、同氏の変わらぬ積極的貢献とその功績を称えたことがある。

　数日前に、わたくしが 2014 年に編集した『Münsteraner Juraprofessoren』の日本語訳出版の要望が山内氏から寄せられた。同氏の卓越した手腕による見事な翻訳が短期間に完成されたことと思われる。この訳書の出版を通じて、ド

イツ法の歴史的および伝記的な素材を日本の広範囲に及ぶ法律家に対して紹介するとともに、ミュンスター大学で活動した法律家たちの多様な生き様を示すことが可能となろう。原著の執筆に関わったミュンスター大学関係者一同は、この訳書が日本において少しでも多くの読者を見出し、ひいては、両大学間の交流を将来においても豊かなものとする契機が与えられることを望んで止まない。

2017年9月29日、ミュンスターにて

トーマス・ヘェーレン

編著者はしがき

　ミュンスター大学がこんにち得ている名声に比して、ここ数世紀の間にわが大学に籍を置いた先輩諸教授のうち、世に知られた者はさほど多くない。旧制大学（1780年〜1818年）の創設以来、1902年の新制ヴェストフェーリッシェ・ヴィルヘルム大学の設置を経て、こんにちに至るまで、わが法学部の教壇に立った者は、人柄においても、人物においても、大きく異なっていた。とはいえ、どの教授にも共通にあてはまることがある。それは、彼らが、何よりもまず、研究と教育の一体性を実践していた点であり、また、将来、裁判官、弁護士、官界および民間の管理職になろうとする者を対象として、実務に密着しかつ方法論にも配慮した教育を行っていた点である。さらに、魅力的な点として、法学部の同僚相互の間にみられた良好な人間関係だけでなく、相手の性格や専門の違いを互いに尊重し合い、寛容に接する態度もここに挙げられよう。

　本書は、この約200年間に、ミュンスター大学法学部の歴史を彩った著名な先輩教授の多様な姿を若い世代に伝えるために、企画されたものである。彼らの経歴、著作、学術的貢献、それに講座継承の歴史等も紹介されている。執筆にあたっては、各研究者の活動を批判的に、とはいうものの、——特にナチスの時代に関しては——公正さに配慮しつつ、政治的・歴史的に位置付けることも試みられている。各章の原稿執筆にあたっては、原則として、法学部に現に在籍し、取り上げられた先人のそれと専攻領域を共有する同僚が優先された。こうした配慮によって、同時に、より広範囲に及ぶ読者にミュンスター大学法学部の歴史を紹介することも企図されている。

　わが法学部の出版物をこれまで継続して刊行してこられた、いわば「学部内

出版部」ともいうべき、アッシェンドルフ書店（Aschendorff-Verlag）に対し、われわれ執筆者一同、本書の刊行に尽力された点、そして、出版に付随する諸業務を忍耐強く引き受けられた点に感謝したい。また、われわれは、セバスティアン・フェルツ（Sebastian Felz）氏に対しても、読者の立場から親身になって本書の原稿を読み込まれ、特にナチス時代におけるわが法学部の歴史に関する知見を提供された点につき、特に感謝しなければならない。最後に、法学部長、編者としての立場から、わたくしは、本書の企画に参加され、時には探偵のように推理を廻らせるという労多い作業を進めつつ、先駆者の足跡を探求し、成果に結び付けられた同僚諸氏の御努力に対し、深謝申し上げる。

2014年3月10日、ミュンスターにて

トーマス・ヘェーレン

目　　次

日本語版へのまえがき　　トーマス・ヘェーレン……………………………… *i*

編著者はしがき　　トーマス・ヘェーレン ……………………………… *iii*

トーマス・ヘェーレン
旧 制 大 学
── アントン・マティアス・シュプリックマン（1749 年 〜 1833 年）………… 1
　　Ⅰ．導入：法学部の創設
　　Ⅱ．シュプリックマン：伝記
　　Ⅲ．シュプリックマンと法
　　Ⅳ．承　　　継

ペーター・オェストマン
ルードルフ・ヒス（1870 年 〜 1938 年）
── ミュンスター大学のスイス人刑法史学者………………………………29
　　Ⅰ．経　　歴
　　Ⅱ．学術的著作
　　Ⅲ．後世への影響と評価

ベルント・J・ハルトマン
ハンス・パーゲンコップ（1901 年 〜 1983 年）
── ミュンスター大学地方自治研究所創設者………………………………87
　　Ⅰ．大学教育と職業活動
　　Ⅱ．研究：大学教授資格取得論文の挫折

Ⅲ．教育：パーゲンコップの客員教授職
　　Ⅳ．教科書類とその他の出版物
　　Ⅴ．国家社会主義
　　Ⅵ．客員教授職の継続
　　Ⅶ．ま　と　め

ボド・ピーロート
脇役から主役へ
　　――国法学者、フリートリッヒ・クライン（1908年～1974年）………… 123
　　Ⅰ．ミュンスター大学における活動
　　Ⅱ．第三帝国における学者の経歴
　　Ⅲ．再任用の困難性
　　Ⅳ．ボン基本法のもとでの学術的著作

ミヒャエル・ヘークマンス
正義のための戦いの中で
　　――刑事訴訟法学者、カール・ペータース（1904年～1998年）………… 151
　　Ⅰ．伝説の刑事訴訟法学者とその人柄
　　Ⅱ．ミュンスター大学への招聘を受けるまでのカール・ペータースの生活
　　Ⅲ．ミュンスター大学時代

ディーター・ビルク
ミュンスター大学の租税法
　　――オットマール・ビューラー（1884年～1965年）………………… 177
　　Ⅰ．ミュンスター大学（1920年～1942年）：独自の租税法学の創始
　　Ⅱ．ケルン大学（1942年～1952年）：決定的な時期―租税法学の定着
　　　　と拡充
　　Ⅲ．ミュンヒェン大学（1952年～1965年）：名誉教授職就任後の研究

　　　　と教育
　　Ⅳ．ビューラーの国家社会主義に対する態度
　　Ⅴ．租税法学の発展にとってのビューラーの意味

ハインツ・ホルツハウアー
生活事実から法へ
　　——ヴァルター・エルマン（1904 年～ 1982 年）……………… 199
　　Ⅰ．経　　歴
　　Ⅱ．系　　譜
　　Ⅲ．国家社会主義
　　Ⅳ．職 業 活 動

マティアス・カスパー
ミュンスターのフリースラント出身者
　　——ハリー・ヴェスターマン（1909 年～ 1986 年）………………… 223
　　Ⅰ．はじめに
　　Ⅱ．仲立ちの姿勢（1909 年～ 1939 年）
　　Ⅲ．不毛かつ過酷な時期（1940 年～ 1949 年）
　　Ⅳ．肥沃な時期（1951 年～ 1968 年）
　　Ⅴ．集積か後退か（1968 年～ 1986 年）
　　Ⅵ．要約：何がヴェスターマンの成功を決めたか
　　Ⅶ．むすび：ハリー・ヴェスターマンと宝物の発見

ニルス・ヤンゼン、セバスティアン・ローセ
　（協力者：ダヴィド・ケスレ、ユリアネ・ライブレ）
マックス・カーザー（1906 年～ 1997 年）
　　——学者生活のダイジェスト……………………………………… 281
　　Ⅰ．初　　期

II．ミュンスター大学
　　III．ハンブルク大学およびザルツブルク大学
　　IV．人　　物
　　V．教師としてのカーザー
　　VI．外国との関係
　　VII．著　　作
　　VIII．原典改編
　　IX．何が残されたか

トーマス・グートマン、ファビアン・ヴィトレク、
ヴェルナー・クラヴィーツ
ヘルムート・シェルスキィ（1912年〜1984年）
　——幸福感溢れる世代の遅すぎた懐疑 ……………………………… 319
　　I．ヘルムート・シェルスキィの歩み：
　　　　ミュンスター大学へ、そしてふたたびミュンスター大学へ
　　II．現代の法律学におけるヘルムート・シェルスキィ：
　　　　足跡の探求
　　III．法律学にとってのシェルスキィの持続的な刺激可能性

ハンス・ウーヴェ・エーリヒセン
行 政 法 学
　——ハンス＝ユリウス・ヴォルフ（1898年〜1976年）………………… 349
　　I．経　　歴
　　II．ミュンスター大学時代
　　III．著　　作
　　IV．大 学 教 員
　　V．学術分野後継者の育成
　　VI．法学部にとっての存在意義

ウルリヒ・シュタイン
刑法学者
　——ヨハネス・ヴェセルス（1923 年～ 2005 年）……………………………… 373
　　Ⅰ．経　　歴
　　Ⅱ．大学教員としてのヴェセルス
　　Ⅲ．ミュンスター大学のヴェセルス

ハインツ゠ディトリッヒ・シュタインマイアー
波乱の時代の労働法
　——アルフレート・ヒュック（1889 年～ 1975 年）と
　　ロルフ・ディーツ（1902 年～ 1971 年）…………………………………… 391
　　Ⅰ．労働法の発展
　　Ⅱ．この時代の二人の主役
　　Ⅲ．評　　価

ディルク・エーラース
環境法・都市計画法
　——ヴェルナー・ホッペ（1930 年～ 2009 年）…………………………… 411
　　Ⅰ．経　　歴
　　Ⅱ．弁護士活動
　　Ⅲ．学問的著作
　　Ⅳ．学術組織における活動
　　Ⅴ．ドイツ行政雑誌主筆としての活動
　　Ⅵ．大 学 教 員
　　Ⅶ．ミュンスター大学および法学部にとっての存在意義

ライナー・シュルツェ
あなたはどのように判断されるか？
　——ハンス・ブロクス（1920 年～ 2009 年）………………………………… 431
　　Ⅰ．はじめに
　　Ⅱ．経　　歴
　　Ⅲ．青年時代と学生時代
　　Ⅳ．裁判所のキャリア
　　Ⅴ．学問への道
　　Ⅵ．憲法裁判所
　　Ⅶ．名 誉 教 授
　　Ⅷ．個別の活動領域
　　Ⅸ．ブロクスと在職当時の法学部

ペートラ・ポールマン
学理と実務における保険法
　——ヘルムート・コロサー（1934 年～ 2004 年）………………………………… 465
　　Ⅰ．はじめに
　　Ⅱ．研究者・実務家
　　Ⅲ．教育者・試験官
　　Ⅳ．法学部教授
　　Ⅴ．ミュンスター市民
　　Ⅵ．む　す　び

ヴェルナー・エプケ
オットー・ザンドロック
　——（1930 年～ 2017 年）………………………………………………………… 489
　　Ⅰ．比類なさと国際的栄誉

- Ⅱ．背　　　景
- Ⅲ．法律学の学修と博士学位取得
- Ⅳ．傑　　　作
- Ⅴ．ボーフム大学
- Ⅵ．ミュンスター大学
- Ⅶ．国際会社法・国際企業法
- Ⅷ．国際商事法・国際経済法
- Ⅸ．仲　裁　法
- Ⅹ．民事法・経済法の基本問題
- Ⅺ．名　誉　教　授
- Ⅻ．比較法学雑誌
- ⅩⅢ．法学教育と後継者養成
- ⅩⅣ．弁護士活動
- ⅩⅤ．家　　　族
- ⅩⅥ．祝　　　辞

ヴェルナー・エプケ
ベルンハルト・グロスフェルト
――（1933 年 ～）……………………………………………………………… 517
- Ⅰ．栄誉と成功
- Ⅱ．経　　　歴
- Ⅲ．ミュンスター：生活の中心地
- Ⅳ．編　集　活　動
- Ⅴ．科学アカデミー
- Ⅵ．故郷：バート・ベントハイム
- Ⅶ．特徴：歴史と国際性
- Ⅷ．博士学位取得論文
- Ⅸ．大学教授資格取得論文

Ⅹ．会社法・企業法：国際性への扉
Ⅺ．企業会計：企業の言語
Ⅻ．企業評価・持分評価
ⅩⅢ．企業決算法における法比較
ⅩⅣ．法比較の基本問題
ⅩⅤ．偉大な法学者
ⅩⅥ．保険法・競争法・カルテル法
ⅩⅦ．法学教育と後継者養成
ⅩⅧ．家　　　族
ⅩⅨ．む　す　び

編訳者あとがき　　山内惟介……………………………………………549

索　　　引 ……………………………………………………………554

原著者紹介 ……………………………………………………………567
編訳者紹介 ……………………………………………………………568

トーマス・ヘェーレン

旧制大学
――アントン・マティアス・シュプリックマン（1749年～1833年）

Ⅰ．導入：法学部の創設
Ⅱ．シュプリックマン：伝記
Ⅲ．シュプリックマンと法
Ⅳ．承　　継

I. 導入：法学部の創設

　人格破綻者、天才的法律家、そして、情熱に溢れた人。このように、彼を語る言葉にはさまざまな言い方がある。これらの表現が示すように、シュプリックマンは、──以下に示されるように──、短命に終わったが、わがミュンスター大学法学部の第一次創設期（1780 年～ 1808 年）における、試行錯誤を重ねた旅立ちにとって、一つのシンボルであった。

　幾多の試みが挫折した後、わが大学はフランツ・フォン・フュルステンベルク（Franz von Fürstenberg）（1729 年～ 1810 年）[1]の肝煎りでようやく創設された[2]。鋭い感受性とはるかな展望をもってミュンスター大学の行く末を眺めていたフュルステンベルクは、ほどなくミュンスター市が抱える現実の根本的な問題に直面することとなった。ミュンスター市には、

> のんびりと贅沢に暮らすという独特の考えが染み渡っている。こうした無気力な風土が、一方では、言ってみればお人好しとものぐさな人々を作り出し、他方で、裕福に暮らして生活を楽しむ住民を多く生み出してきた。そうした生活をしたことのない人々も、誰が最終的に付けを払うのかを深刻に考えることもないまま、彼らの行動に追随した。その結果、破産に至った例は決して少なくない。

---

1) フランツ・フリートリッヒ・フライヘル・フォン・フュルステンベルク（Franz Friedrich Freiherr von Fürstenberg）（1729 年～ 1810 年）は、ミュンスターおよびパダボーンの司教座教会参事会会員、選帝侯マクシミリアン・フリートリッヒ・グラーフ・フォン・ケーニヒスエッグ・ローテンフェルス（Kurfürst Maximilian Friedrich Graf von Königsegg-Rothenfels）の大臣（1762 年～ 1780 年）、ミュンスター司教区の司教総代理（1770 年～ 1807 年）、ミュンスター大学の副事務局長および理事（1780 年～ 1805 年）。
2) 大学設立の前史については、*Thomas Hoeren*, Geschichte der Universität Münster, Münster 2014 および *Heinz Holzhauer/Jens Orths*, Geschichte der Rechtswissenschaftlichen Fakultät, in: *Dirk Ehlers* (Hrsg.), Die Rechtswissenschaftliche Fakultät der Westfälischen Wilhelms-Universität Münster, Münster 1997, 21ff. をみよ。

フュルステンベルクは当初この点を考慮して、ミュンスター市は大学を設置するにふさわしい場所ではないと考え、代替候補地として、同じノルトライン・ヴェストファーレン州のオランダ国境に近いコースフェルト（Coesfeld）を提案していた。彼は、ミュンスター市のこのような状況を文化的にも宗教的にも改革する必要があると考えていた。そこで、彼は1773年にローマ教皇と皇帝に対し、公共施設特権書の交付を改めて申請した。もともと、大学設置に関するローマ教皇と皇帝による確認書の交付は、すでに16世紀には例外とされていた。それにも拘らず、改めて交付申請を行ったフュルステンベルクの真の狙いは、——彼自身、ゲッティンゲン大学で実践していたところであるが——、ローマ教皇と皇帝による二重の確認書交付を通して、プロテスタント系教会と袂を分かつ機会を得るという点にあった。

当時、大学の方向付けを巡って、二つのモデルがあった。伝統的モデルは、たとえばハイデルベルク大学に具体化されていたように、神学と哲学を重視し、知識を普遍的に伝えることを目指していた。これと正反対の啓蒙主義的モデルは、——それはハレ大学（1694年創立）およびゲッティンゲン大学（1737年創立）に具体化されているが——、経験的知識の尊重、専門化、そして教育の自由を重視していた。フュルステンベルクはこれら二つの考え方をうまく結び付けた。彼は、ローマカトリック教会の教義との結び付きを強調する一方で、このアイディアを、各分野の教授たちが行う講義の内容や施設整備等の実務面にも反映させた。彼の目標は、「ゲッティンゲン大学とは正反対の生き方」、すなわち、カトリックの大学を現代化することにあった。ローマ教皇クレメンス十四世の1771年5月28日付け寄付行為書には、設立計画が次のように書き表されている。

> 学修および学術を促進するため、公的資金による一般に開かれた大学を創立すること。この新しい大学では、所属する教授と教師、非常勤講師や学位を有する学校教師が、修辞学、哲学、スコラ神学と道徳神学、教理神学、「神は……である」とつねに肯定形で神を語る肯定神学、聖書、カノン法大全（Corpus iuris canonici）と

教会法、重要性においてこれらに引けを取らない世俗法、さらにオリエントの諸言語、自然法・国際法・国法、教会史と世俗史、医学、その他の学術と芸術、これらを講義し、教育するものとする。

　大学の施設を維持するための財政的基盤は、もちろん最初から、はなはだ脆弱であった。フュルステンベルクがまず狙ったのは、この間に廃止されたイエズス会学校の財産と教会から世俗化したイィーバーヴァッサー修道院（Überwasserstift）の財産であった。教皇がイエズス会を禁止したことにより、イエズス会学校も廃止された。こうして、イエズス会所有財産の処理がフュルステンベルクに委ねられた。しかし、イィーバーヴァッサー修道院の財産をどうやって手に入れるかという問題の解決は困難をきわめた。というのは、この修道院が、数年来、後継者不足に悩まされていたベネディクト会女子修道院に帰属していたためである。フュルステンベルクの時代、貴族階級に属する五つの女子合唱団がまだこの修道院で活動を続けていた。フュルステンベルクは、女子修道院の解散を提案したが、しかし、年老いた女性たちの抵抗、特に新たに選任された女子修道院院長、ノプチェンナ（Nopucenna）の抵抗を過小評価していた。彼女との争いはローマにまで飛び火し、ヴィーンの帝国宮廷枢密顧問官の前でようやく決着をみた。女子修道院院長は、ローマ教皇クレメンス十四世が女子修道院の廃止を認めたことについては抵抗せず、これを受け入れた。もちろん、この修道院の資金とイエズス会学校の資金とを足しても、大学の施設に充当する資金の主要部分を完全に満たせたわけではなく、追加の資金が必要となった。不足する資金を調達するため、ドルトムント北方のカッペンベルク（Cappenberg）およびファルラー（Varlar）にあるプレモントレ修道会の各修道院を解散させることが決定された。しかしながら、この計画は各修道院に住む修道士たちの抵抗に遭って、結局、頓挫した。資金の問題はこのようにして未解決のまま残された。資金の不足を補うため、フュルステンベルクは、さらに努力を続けた。その結果が認められ、1771年8月4日、領主司教マクシミリアン・フリートリッヒ（Maximilian Friedrich）は大学設立証書に署名した。こうして、1780年4月16日にようやく大学が開校された。しかしながら、開校を

記念する祝賀行事は行われなかった。というのは、医学部の開設まで記念式典が先送りされたからである。開校記念行事が行われなかっただけでなく、学位授与に関する法（Promotionsrecht）制度もまだ用意されていなかった。当初から生じていた大学設立時の問題点、すなわち、必要な資金の不足がどのような致命的結果をもたらしたかという点がここにも現れている。

　その理由は、当時の大学が、国家からも教会からも独立した自治権を有する研究機関という今日的モデルに適うものではなかったという点にある。当時の大学はカノン法に服しており、教会の指示に拘束されていた。学長も大学基本規程も存在しなかった。大学教師に任命されていたのは、ヴェストファーレン北西部、ミュンスターラント出身のカトリック教徒のみであった。1773年の皇帝の命令には次のように記されている。

> 教皇座によって定められた内容と方式で、あらかじめ信仰告白——われわれは、この信仰告白を、大学の学籍簿への登録を求められているすべての者にも分かるようなかたちで行う必要がある——を行っていない者は、誰であれ、教授として採用されるべきではない。

　フュルステンベルクは再三にわたって大学政策に介入した。たとえば、1791年に書かれたある建白書において、彼は、「誇張や矛盾の存在、新しいものを求める過剰な改革熱」という点で危険性があると、大学に注意を促していた。人事の枠はきわめて小規模であった。採用された教授は16人で、その内訳は、神学分野と法学分野が各5人、医学分野と哲学分野が各3人となっていた。第一世代の大学教授にはイエズス会や厳格聖フランシスコ会の修道士が任命された。リベラルな傾向を有するフランチェスコ会修道士には機会が与えられなかった。ミュンスター大学には、旧い時代、乗馬学校、ダンス学校およびフェンシング学校が併置されていた。もとより、大学教授の報酬はきわめて少額であり、当時通用していた大型銀貨で285ターレルであった。この他、住居、「昼食と夕食」、「食事に添えてビール、湯と灯り」が無償で提供された。このような薄給では、大学教授はとても生活できない。たとえば、刑法の教授、ヨーハ

ン・ハインリッヒ・ヴァルデック（Johann Heinrich Waldeck）（1768年～1840年）の場合、亜麻布製品の取引にも携わっていた。大学当局が、亜麻布製品の販売に専念するか大学教授職に専念するか、どちらか一つにせよと彼に選択を迫ったとき、彼は教授職を捨て、繊維製品の取引に専念した。大学の財政状況は、しかし、他の学部では、さらにひどいものであった。法学教授の俸給は哲学部の教授たちよりもまだましであった。

　1802年、ミュンスターはプロイセンに占領された。プロイセンのもとで、ミュンスターはほどなくヴェストファーレン地区の首都となった。その結果、プロテスタントは、カトリック教徒と同じ権利を与えられて社会生活に参加することができるようになった。1802年当時のミュンスターは、プロイセン西部にあって、旧い地域と新しい地域との中間に位置していた。地理的・政治的な状況の変化に伴って、ミュンスターとその周辺地域の住民の約50パーセントはプロテスタントであった。このような事情から、ミュンスター市は、プロイセン西部において、大学の立地上、格別に有利な地となった。

　1804年にミュンスター大学に在籍していた学生は236人であった。その内訳をみると、神学が98人、医学が56人、哲学が52人、そして法学が30人であった。これにより、ミュンスター大学は、規模の点で、エアランゲン大学やマインツ大学に匹敵するものとなった。学生の半数は、ヴェストファーレン北西部、いわゆるミュンスターラントの出身で、残りは近隣地域の出身者であった。このような状況をみて、特にプロイセンのリベラリストであるヴィルヘルム・フォン・フンボルト（Wilhelm von Humboldt）は、ミュンスター大学の将来のあり方に関して問題があると考えた。この問題の解決を巡って、特にフュルステンベルクとプロイセン行政当局――その代表者は当時の州長官フライヘル・フォム・シュタイン（Freiherr vom Stein）（1757年～1831年）であった――との間で、やがて軋轢が生じた。シュタインは、「他の大学とは異なる精神のもとに設立された大学、いわゆる「従来の伝統と闘う大学」として知られたプロテスタント系のゲッティンゲン大学を卒業したばかりであった。州長官に任命された彼は、ゲッティンゲン大学をモデルとして、ミュンスター大学を、32

の教授職を有する、宗派を超えた大学にしようと考えていた。この目的を達成するため、彼は、デュイスブルク、(ビーレフェルトの北東に位置する) リンテルン (Rinteln) およびエルフルトにあった各大学を廃止しようとした。彼はなぜ、大規模大学を設置するうえでミュンスターが理想的な地であると考えたのだろうか。それは、「ミュンスター市がヴェストファーレンの中央に位置している」だけでなく、彼が「ミュンスター市の学術文化が、同地に居住する多数の上流・中流階級に対して、またラント行政当局の運営および行政に携わる職員の教育に対して及ぼす影響力」を考慮していたからであった。

しかし、シュタインのこうしたヴィジョンは現実をまったく無視したものであった。というのは、ミュンスター市は、市民と大学が混然一体となり、またともに手を携えて自由な精神を発揮することが想定されるような地では決してなかったからである。ミュンスター市における大学の理念は、宗教改革に真っ向から反対するものであり、カトリック教会の聖職者に親和的で、同時に保守的なものであった。シュタインはすぐに当初の考えを改め、1804年10月24日付の第二建白書において、次のような批判を展開した。

> これらの原則を適用したところ、カトリック教徒と聖職者のための神学が幅を利かせ、大多数の教授職が凡庸な人々で占められ、えこひいき、縁故主義、偽善が行われていることで、必然的に、新たな道を示すうえで必要な、研究における哲学的でリベラルな精神が麻痺する結果になった。

シュタインは、フュルステンベルクが検閲を行っていることに対して抗議し、わずか30ないし40平方キロメートルの広さしかないこの土地が文化的背景を異にする多数の地域に囲まれているため、単純な基準で検閲を行うことはできないようにみえる旨を指摘した。大学の設備類も不十分であった。この点について、彼は次のように述べている。

> 学問的活動を支える施設の不備も極端に度を超えていた。図書館は時代遅れになり、解剖劇場(公開で解剖を執行して教育を行うための建物)には死体も標本類も

なく、建物は薄暗く、病院、助産施設、鉱物・動物標本の陳列棚、天体観測所、植物園、これらはみな欠けており、今年になってようやく、それらの設置が検討され始めたにすぎない。

　1802年、シュタインとフュルステンベルクはともに、カトリックの聖杯をプロテスタントの礼拝で使ってもよいかどうかという問題に行き着いた。その他の問題についても討議が行われた。この対立は、1804年末にシュタインが大臣に任命され、ベルリンに異動したことにより終わりをみた。シュタインの後任に就いたのは、当時のヴェストファーレン地区最高会議議長ルートヴィッヒ・フライヘル・フォン・フィンケ（Ludwig Freiherr von Vincke）（1774年～1844年）であったが、彼の改革も不首尾に終わった。他方の当事者であるフュルステンベルクは大学事務局長職を解任された。新しい司教総代理、クレメンス・アウグスト・ドロステ・ツー・フィッシャリンク（Clemens August Droste zu Vischering）（1773年～1845年）は、もちろん、まだ偏狭で、依怙地な態度を採っていた。彼は、大学に対して教皇が完全な主権を行使できるよう、強硬に要求した。

　フランスによる占領（1806年以降）の後、ミュンスター市は、ナポレオン統治下の衛星国の一つ、ベルク大公国に属した。ベルク大公は、最初、デュイスブルク大学を優先すべきだとみて、ミュンスター大学の閉鎖を考えた。しかし、彼は、その後、ミュンスター市を重視するように態度を変えた。というのは、特にミュンスター大学を取り巻く諸状況がデュイスブルクのそれよりもずっと良好だったからであり、また、ミュンスター市の名目上の生活費がデュイスブルクのそれよりも安かったからである。彼はミュンスターの住民（Münsteraner）に好意を抱き、ミュンスター市の大学をラント所有の、90の教授職を有する大学へと拡大する計画を立てた。しかし、この計画はまたも実現されなかった。というのは、早くも1813年には、占領軍のフランス人たちがミュンスター市から撤退したからである。ミュンスター市はふたたびプロイセンの手に戻った。

　フリートリッヒ・ヴィルヘルム二世（Friedrich Wilhelm II）（1797年～1840年）

は、教会との結び付きの強さからみて、ミュンスター大学を時代遅れのものと考えていた。フライヘル・フォン・フィンケも、1815 年の報告書で同様の批判を展開し、ミュンスター大学をギムナジウムと大学の間でどっちつかずの存在と評していた。フィンケは最初ミュンスター大学の存続を支持していたが、その後、大学廃止に傾くようになった。その背景には、ミュンスターで起きたいくつかの事件が関わっている。たとえば、ミュンスター大学の教授陣はこぞって、大学を取り巻く周囲の人々と同様、大学を民主的に再編成すること、特に教授たちによって構成される評議会を設置すること、それに学長を選任すること、これらをすべて拒否していたからである。ミュンスター大学側は、消極的な抵抗ではあるが、ベルリン発のあらゆる改革構想と闘い、1817 年 9 月に予定された、大学問題担当の内務大臣シュックマン（Schuckmann）のミュンスター訪問それ自体を拒否した。プロイセン国王は、こうした侮辱に苛立ち、大学所在地として、ミュンスターではなく、ボンを強く推した。国王フリートリッヒ三世（Friedrich III）は、1815 年 4 月 8 日付の告示をもって、新生プロイセンとして、ボンに大学を設置することをラインラントの住民（Rheinländer）に約束した。ボンが選ばれた理由は、ミュンスターラントの人々がケルンに対して特別の嫌悪感を抱いていたことにあった。ケルンでは、同地の「有力な商人や聖職者が抱く気質」のせいで、大学の移転が不可能となっていたことも付加的理由といえよう。このことは、フンボルトの協力者でもある宮廷枢密顧問官ヨーハン・ヴィルヘルム・ジューフェルン（Johann Wilhelm Süvern）（1771 年～1829 年）のメモに指摘されている通りである。プロイセンには、西部に二つの大学を設置する財政的余裕はなかった。というのは、ナポレオン軍との戦争の後、プロイセン国家の財政状況が逼迫していたからである。このため、ミュンスターの住民は、明らかに、自己責任で彼らの大学の資金面を気に掛けなければならなかった。たとえば、ジューフェルンがこのように書いているが、ボンは、「さながら一つの要塞がプロイセン国のために積極的に奉仕活動を行うことで、ライン、ヴェストファーレン両地域にまたがる国土をみずからに引き寄せたかのようであった」。もちろん、ミュンスター大学には、ボン大学ととも

に、存在し続けなければならない事情があった。というのは、「マイン川流域、ヴェーザー川流域、北海沿岸地域、オランダ・フランス国境地域、これらに囲まれたドイツ北西部全体の中に、プロテスタント系の大学がまったく存在しておらず」、「ただ一つカトリック系の大学がミュンスターに」存在するだけだったからである。さらに、「ケルンを優先するために、ミュンスターの大学を廃止することがミュンスターラントの人々に不愉快な思いをさせるほど」「ミュンスターラントの人々がケルンに対して強い嫌悪感」を抱いていたこともある。

　しかし、ミュンスターの住民はこのようなボン側の脅迫に屈しなかった。彼らは、ミュンスター市の既存の大学を存続させること、すなわち、司教総代理の監督のもとに、小規模なカトリック系大学にとどまることに固執した。しかしながら、こうした態度が、プロイセンの行政当局によるさらに過激な介入をもたらすこととなった。1818年10月18日、プロイセン国王は、ボン大学を優先して、ミュンスター大学を解散させた。奇妙なことに、どの資料をみても、ミュンスター大学およびミュンスター市民がどのように抵抗したかという点については、何も記録されていない。大学を取り巻く人々がミュンスター大学の解散に同意していたことは明らかである。ミュンスター大学の解散に伴って、ボン大学のために年に一度、ミュンスターの住民が教会に集うべきであるということがボン大学の設立文書で言及されていた点を、ミュンスターの住民は、みずからに対する侮辱と受け止めた。このようにして得られた収入は、ボン大学で学生たちの食事を無料にしたり、ボン大学教授の未亡人たちの年金用資金に充当したりするために使われた。両大学の学部長は、1818年秋に、「ライン大学ボン（Reinische Universität Bonn）の新設に伴い、現在開設中の課程の廃止を含め、両大学の解散が決定され」る旨の処分通知書を受け取った。ミュンスター大学では、「聖職者課程」のみの存続が認められ、「当面、従前の神学部と哲学部が同課程の管理を行う」とされていた。

II. シュプリックマン：伝記

　アントン・マティアス・シュプリックマン（Anton Matthias Sprickmann）は、1749年9月7日、ミュンスター市の、こんにちの大学（法学部棟および大学図書館）の所在地にほど近いクルマー・ティンペン（Krummer Timpen）通りで生まれた。父が早逝した後、1760年、シュプリックマンはパウリヌム・ギムナジウムに通ったものの、上級コース（九年制の最後の三年間）へ進級しなかった。彼は舞台劇に熱中し、オペラの台本作者となった。彼は、家族の圧力に耐えかねて、17歳というきわめて早い時期に、ゲッティンゲン大学で法律学を学び始めた。彼は、1769年、オランダ東部のヘルダーラント州（州都アーネム）のハルデルウェイク（Harderwijk）にあるハルデルウェイク大学で、法学博士の学位を取得し、法律学の学修を終えた[3]。ハルデルウェイク大学は、当時、博士の学位を早期に取得できる避難所として知られていた[4]。シュプリックマンにとって、この点が重要であったに違いない。というのは、彼は演劇を好み、法律学の学修に意欲を示していなかったからである。彼は、この迅速な手続を利用し、ハルデルウェイク大学で「夫死亡後の夫所有財産の妻による相続について」と題した小論文（1769年）をもって法学博士の学位を取得することができた[5]。

---

[3]　博士学位論文のテーマは、「夫死亡後の夫所有財産の妻による相続について——ミュンスターの法秩序を中心として——（Dissertatio juridical inauguralis de successione conjugis superstitis in bona praedefuncti. Speciatim secundam politicam Monasteriensem (=Über die Erbfolge der überlebenden Ehefrau in die Güter ihres verstorbenen Ehemannes unter besonderer Berücksichtigung der münsterischen Rechtsordnung))」Harderwijk : Moojen 1769 [jur. Diss. vom 27. 9. 1769] であった。

[4]　これについては、*Schneppen*, Die niederländischen Universitäten und Westfalen im 17. und 18. Jahrhundert, in : Westfälische Forschungen 12 (1959), 66, 70ff. をみよ。

[5]　Meine Geschichte. Von meiner Zurückkunft von der Universität bis zu Meiner Heyrath. 1768-1771, in : *Bell/Gödden*, „Bin ich den nur Schönschreyber?", ein Anton Matthias Sprickmann Lesebuch, Münster 1999, S. 111-113.

こうして、彼は弁護士になり、その後すぐに、大臣フライヘル・フォン・フュルステンベルクの私設秘書となった。彼は 22 歳でマリアンネ・ケルケリンク（Marianne Kerckerinck）と結婚した。もちろん二人の恋愛にここで触れることはできないが、この婚姻はどちらかといえば、不幸なものであった。シュプリックマンには浮気癖があり、複数の他の女性とも関係があったからである。ミュンスターの宮廷枢密顧問官の一人娘として育ったマリアンネは、申し分のないほど良き妻であった[6]。そして、シュプリックマンのキャリア形成プランも順調であった。彼は 1774 年にある侯爵家で官吏見習となった。1775 年および 1776 年に、彼は、ほとんど唯一ともいえる法律学の論文を書いていた。「実定法による拘束力の根拠について（Ueber den Grund der Verbindlichkeit bey positive Gesetzen）」（1775 年）と「宣誓に関する報告書（Bericht ueber die Eyde）」（1776 年）がそうである。

シュプリックマンは、公務による出張——その際、彼は、特にフュルステンベルクに代わって訴状を作成した——を多数こなしたが、その後、1778 年に、新設されたミュンスター大学で、ドイツ史ならびに国法および封建法担当の正教授となった。もちろん、彼は 1776 年以降法律学の論文をまったく書いていなかったが、数々の訴訟で自己の主張を支え、みずからに有利に用いる鑑定意見書を多数書いていた。

もちろん、シュプリックマンは、ミュンスター大学で生涯ずっと幸せに過ごしたわけではない。彼は 1777 年のある手紙の中で、「遺憾なことに、わたくしは、ヴェストファーレンの哀れな若者たちから、用心深く表現に工夫が凝らされているが、時折、羨望と意地悪さとが混じり合った厳しい言葉を投げ付けられた……。彼らの言葉はどれも、わたくしには、鎖に繋がれた狐の鳴き声のように聞こえた」と書いている。彼が友人のハインリッヒ・クリスティアン・ボア（Heinrich Christian Boie）に宛てた手紙[7]には、彼がミュンスターの文化的レ

---

6) この妻の死後、シュプリックマンは、1793 年に、ヴォルベック出身の裁判官の娘、マリア・アントニア・オステンドルフ（Maria Antonia Ostendorf）と再婚した。

7) ボアについては、*Gille*, Heinrich Christian Boie. Ein Lebensbild, in：*Lohmeier u. a.*

ベルの低さに落胆したことを、「わたくしは四六時中ほとんどここに戻ってくることがなかったので、多くの愛すべき良きことだけをみていたのかもしれない。それでも、わたくしは精神と身体の両面で力が抜けてしまった。わたくしはどこか他の地へ行こうと考えた。それは、わたくしが目を向けるどこにも、残念ながら、わたくしの望みが叶えられるような場所がないからである。わたくしがどのようにして通り抜けてきたのかをわたくし自身が知らないということが自覚されるような場面をわたくしは耐え忍んできた」[8]と記している。1777年、彼はボアに宛てて、「わたくしがこれまで行ってきたことはどれも、日々不快感を催すようなことばかりであった。しかし、わたくしは、仕事をすることでも、見たまま記憶することでも、しかるべく描くことでも、このような渦に巻き込まれることはできない」[9]と書いていた。

シュプリックマンがミュンスターで特に不満に思っていたのは、彼の文学的素質——これが彼にたくさんの詩を書かせる契機となった——に起因するものであった。怒りを発散するために、シュプリックマンは、何も望まないという方法を採った[10]。フュルステンベルク自身も、シュプリックマンを「能書家」と呼んで、彼を馬鹿にしていた。シュプリックマンは、早くも1776年夏には、「何の力も持たず、どんな地位も与えられず、何の値打ちもないとみられている以上、わたくしは、今では、この地上におけるあらゆるがらくたの一つにす

(Hrsg.), Heinrich Christain Boie. Literalischer Mittler in der Goethezeit, Heide 2008, S. 11ff. をみよ。

8) この引用は、*Venhofen*, Anton Matthias Sprickmann als Mensch und Dichter 1749-1781. Ein Beitrag zur westfälischen Literaturgeschichte des 18. Jahrhunderts, Münster 1910, S. 41 による。

9) この引用は、*Weinhold*, Anton Matthias Sprickmann, in : Zeitschrift für deutsche Kulturgeschichte, N. F. 1, 1872, 261, 268 による。

10) これについて詳しいものとして、*Gödden*, Alleingelassen : Anton Matthias Sprickmann, in : *Bell* (Hg.), „Dank Gott und Fürstenberg, daß sie mich auf den Weg brachten" : Anton Matthias Sprickmann (1749-1833). Ausstellung zum 250. Geburtstag in der Universitäts- und Landesbibliothek Münster vom 5. November bis zum 23. Dezember 1999, Katalog, Münster 1999, S. 41ff.

ぎない、と純粋に考えるに至っている」と述べて、諦めていた。彼はまた、「学問と教育、その他希少価値を有するものはすべて一面的であり、まったく価値がない」[11]とも書いていた。シュプリックマンは、1777年1月3日付のビュルガー宛ての書簡[12]に、ミュンスターは田舎じみた街であると酷評していた。彼は、「ここミュンスターでは、骨の髄までしゃぶりつくされるような気持にさせられるため、わたくしは、しょっちゅう腹を立てている。尤も、当地の名物サンドイッチを食べるときに具材の塩漬け若ニシンの汁で手を汚すことに腹を立てていたわけではない」[13]と述べている。

　純文学を愛好したシュプリックマンにとって、ミュンスター大学での生活は、かなり退屈なものであった。彼の印象では、ミュンスターでの食費も住居費もかなり高額に感じられた。シュプリックマンがミュンスターでの生活費——これだけのお金があれば、よその「田舎での生活で貯蓄することができる」[14]——がきわめて高いことについてしばしば不平を漏らしていた点は、前述した法学教授の俸給の低さからみて、なんら驚くにあたらない。このような不満もあって、シュプリックマンは、ミュンスターで講義をすることに面白みを感じていなかった。シュプリックマンは、1780年4月4日付のボア宛て

---

11)　この引用は、*Weinhold*, Anton Matthias Sprickmann, in : Zeitschrift für deutsche Kulturgeschichte, N. F. 1, 1872, 261, 267 による。

12)　ビュルガーに対する関係については、*Wahle*, Bürger und Sprickmann. Nachlese zu ihrem Briefwechsel, in : Forschungen zur neueren Literaturgeschichte, Festgabe für R. Heinzel, Weimar 1898, 189ff. をみよ。

13)　この引用は、*Strodtmann*, Briefe von und an Gottfried August Bürger. Ein Beitrag zur Literaturgeschichte seiner Zeit, Berlin 1874, Bd. 2, S. 96 による。ミュンスターに対する悪口雑言はシュプリックマンの弟子、たとえば、フランツ・フォン・ゾンネンベルク（Franz von Sonnenberg）——これについては、Westfälisches Autorenlexikon 1993, Bd. 1, S. 366-370 ——が用いた常套句である。

14)　たとえば、シュプリックマンが、宮廷に勤める貴族のために、旅費を巡る争いについて1792年に作成した法律鑑定意見書における中心的な論証がそうである。*Wolf Lammers*, Anton Matthias Sprickmann. Hofrat und Professor. Gutachten und Relationen aus dem Nachlaß, Münster 2004, S. 94 をみよ。

の書簡において、次のように愚痴をこぼしていた[15]。

> 永遠に続く繰り返し……それによってもたらされる退屈と単調さ、フランスのルイ金貨に刻印されているような我慢の表情、束縛、時鐘を打つ道具に付けられた鎖等々。それでも、ありがたいことに、わたくしは生活を続けることができている。これに対して、わたくしは、自分が担当する講義では、わたくしがその顔を思い出すことができる少年の誰それを探したりする等、あれこれと工夫してきた。また、わたくしは、恐ろしいごたごたを弁護士に委任したり本人訴訟をしたりせずに、自分一人の心のうちで解決することを楽しんでいた。

シュプリックマンは、長い歳月に亘って、ますます仕事のストレスを感じるようになっていた。

> そのために、わたくしはいつも夏には朝5時に冬には朝6時に仕事を始め、社交の集まりにもコンサートにもコメディにも行かず、夜は9時半までふたたび仕事を続け、毎日、そのように過ごしていた[16]。

生活資金問題の解決はシュプリックマンの手に余るものであった。彼の妻は、自宅で学生に部屋を貸すことを始めた[17]。講義、私的な研究会、弁護士活

---

15) これを掲載しているものとして、*Grywatsch* (Hg.), „... ewig in diesem Himmel die Hölle leiden ...". Anton Matthias Sprickmann – Heinrich Christian Boie, Briefwechsel 1775-1782, Bielefeld 2008, S. 109.

16) ジェニー・フォン・フォイツ（Jenny von Voigts）宛ての書簡（Münster bald nach 25. X. 1804), SN Kaps. VI/66., この書き換えは *Lammers*, A. M. Sprickmann – ein Juristenleben, Münster 2007, 34 による。ここに掲げた資料は、ミュンスター大学図書館で閲覧することのできるシュプリックマンの遺産を代表するものである。

17) シュプリックマンはこれについて次のように書いていた。「マリー（Marie）の賢さは十分なものであり、人間の愚かさを利用した。前述のように、食卓と住まいをわたくしのものにすることは息子たちにとって幸いなことであった（……）。わたくしの家では、彼らの希望もあって、部屋のどの隅もふたたび独占的に使用された。」ジェニー・フォン・フォイツ宛ての書簡（Münster 23. VI. 1809), SN Kaps. 6/81., この書き換えは *Lammers*, A. M. Sprickmann – ein Juristenleben, Münster

動、政府内の公務に加え、シュプリックマンは、(重病の兄弟を含む) 家族と自分の生計をかろうじて立てるために、依頼された鑑定書を書いていた。1776年からフランスの占領が始まった 1805 年までに、彼が書いた鑑定書の数は優に 100 通を超える[18]。彼は、同時に健康も病んでいた。彼の後援者フュルステンベルクは、1785 年、侯爵夫人アマーリエ (Fürstin Amalie) に宛てて次のように書いた。

> わたくしは、シュプリックマンの置かれた状況がきわめて悲惨であり、彼の精神が最終的に重圧に耐えかねるほどの状況にある旨をお知らせしなければなりません。彼はこのことを承知しております。わたくしはできるだけのことを彼のためにしようとしておりますが、わたくしは、彼がわたくしの申し出を受け入れないことを恐れております[19]。

幸いなことに、彼は、ミュンスター市の社会に溶け込むことに成功した。フュルステンベルクは、シュプリックマンの基本的な生活態度がカトリックの合理主義的なものであることを理解し、彼の講義を受けるため個人的に招く等、私的な援助を続けた。半ダース (6 人) の貴族たちも歴史に関する彼の講義を受けた。シュプリックマンの講義は、侯爵夫人フォン・ガリツィン (Fürstin von Galitzin) (1748 年〜 1806 年) ——彼女の夫はロシアの外交官で、ヴィーンで生活していた——が設けた、いわゆるミュンスター・サークル[20]の間で好評を博した。彼女の婚姻は退屈なものであったので、彼女はヴィーンを離れ、子どもたちと一緒にミュンスターに移り住んだ。彼女はもともとカトリック教に背を向け、新プラトン主義 (ネオプラトニズム) の感情の哲学の信奉者であった。

2007, 47 による。
18) *Wolf Lammers*, A. M. Sprickmann – ein Juristenleben, Münster 2007, S. 20f.
19) 1785 年 7 月 5 日付書簡。これを印刷しているものとして、*Siegfried Südhoff* (Hg.), Der Kreis von Münster. Briefe und Aufzeichnungen Fürstenbergs, der Fürstin Gallitzin und ihrer Freunde, Münster 1962, Nr. 242.
20) これについては、*Hasenkamp*, Sprickmann und der Kreis von Münster, Münster 1955.

フュルステンベルクとの交流を通じて、この侯爵夫人はカトリック教徒となっただけでなく、それ以上に、超カトリック的な信者になった。彼女が作った談話サークルでは、参加者が彼女の自宅に集い、教育問題について話し合った。このグループに属していた有名人には、ゲーテ（Goethe）やハーマン（Hamann）がいる。驚いたことに、侯爵夫人はシュプリックマンの講義に毎回参加していた。

> わたくしは、一介の教授にすぎないが、神の御加護によって、世界の支配者のもとで、侯爵夫人、前大臣、現大臣が同席され、この講堂の最前列に着席されている。彼らは毎日この市の半分の距離を徒歩でこの家まで訪れてくる（……）。わたくしは、半ダースもの貴族の男女に対して少人数向け特別講義を行っている。信じられないことである！ しかし、ボアよ、真面目な話、すべて本当のことだ。フュルステンベルクとガリツィンはドイツ史に関するわたくしの日常の講義にも参加している。並の人たちを相手にするのと異なって、わたくしが彼らと一緒にしかるべく振舞わなければならないことをあなたは考えられるだろうか。これこそまさに、神がわたくしに、力と健康を与えられた結果であろう。

シュプリックマンは、もちろん、このミュンスター・サークルにずっと受け入れられていたわけではない。このことは、彼がカント哲学の公然たる信奉者であったこと――彼の場合、その真偽は疑わしい――と結び付いていた。彼はフリーメーソン[21]の一員であったし、哲学者ヴァイスハウプト（Weishaupt）が1776年に設立した理性主義秘密結社、光明会のメンバーでもあった。

シュプリックマンは、その後、特にフランスの占領時代、数々の法の変更や新しい権力者の登場により、ミュンスター大学教授の立場で大きな影響を受け

---

21) これについては、*Wildt*, Sprickmann als Freimaurer, in : *Bell* (Hg.), „Dank Gott und Fürstenberg, daß sie mich auf den Weg brachten" : Anton Matthias Sprickmann (1749~1833). Ausstellung zum 250. Geburtstag in der Universitäts- und Landesbibliothek Münster vom 5. November bis zum 23. Dezember 1999, Katalog, Münster 1999, S. 115ff.

ることとなった。たとえば、彼は、(1806 年にナポレオンの保護下で作られた南・西ドイツ諸領邦国家の一部をなす) ライン同盟構成法 (Verfassung des Rheinbundes)[22]、ナポレオン法典 (Code Napoléon)[23]やフランス国法 (Staatsrecht Frankreichs)[24]、これらについての講義を行うようになった。同時に、彼は、ミュンスター郡の法廷裁判官としても活動した。しかし、生活するうえでぎりぎりの薄給を補填するために受け入れざるを得なかったこれらの過重負担は、決して彼自身が望んだものではなかった。彼は、いくつもの仕事のせいで、論文を書けないことを嘆いていた。鬱の状態に陥った彼は、1781 年 2 月末、ボアに宛てて自分の生活状況を次のように書いている。

　わたくしは教授として最初はドイツ史を講義した。その後、ドイツ史の講義をする機会が少しはあったものの、それも次第に少なくなった。他人が生きるようにわたくしも生きようとすれば、講義の機会はますます失われた。多くの人たちの前で講義することはなくなった。法学部長として主催する会議、病気の妻と二人の健康で腕白で敏捷で活発な子供たちをしつけなければならない家長としての責任、フュルステンベルクの日々の同志として、彼の友人として日常的に接することから生じるストレス、いつも時計が止まっていると感じるようなガリツィンとの間柄、これらを考えなければならない。いつも受け取るだけの、そしてそのために、あたかも絶えず襲う分娩の痛みに耐えかねて、助けを求め続けるだけの贅沢な人、気持ちのうえではいつも感情を抑制して、あるときは感情を抑え、またあるときは感情のままに行動する。そよ風が吹いても調子を狂わせるような身体に測定計 (バロメーター) を取り付けた病人 (Kränkler 23 頁) のようなものである。みずからに向けられたあらゆる要求を、多くは拒否しなければならないのに、拒否してはならない友だちがいる。

---

22)　Sprickmann Naclaß ULB Münster SN13.
23)　Sprickmann Naclaß ULB Münster SN32.
24)　これを掲載しているものとして、*Grywatsch* (Hg.), „... ewig in diesem Himmel die Hölle leiden ...". Anton Matthias Sprickmann – Heinrich Christian Boie, Briefwechsel 1775-1782, Bielefeld 2008, S. 109.

1812 年、シュプリックマンは、大学の衰退について警告を発した。しかし、彼の警告が聞き届けられなかったため、彼は大学の存続を諦めなければならなかった。1814 年、ミュンスター大学が閉鎖される数年前に、彼は法学部を去り、新たにブレスラウ大学の法学教授職に就任した。というのは、ミュンスターでの給与の三倍に相当する額が彼に支払われた[25)]からである。1817 年に、彼は、サヴィニィ（Savigny）の仲介で、当時、学術の最高峰であったベルリン大学へ移籍した。彼は、名声のあったカール・フリートリッヒ・アイヒホルン（Karl Friedrich Eichhorn）（1781 年～1854 年）が担当していた正教授職を受け継いだ。それにも拘らず、シュプリックマンはベルリン大学ではもはや講義を行うことができなかった。というのは、二度の卒中発作に見舞われたからである。その後、彼はすべての講義担当義務を免除された。彼は怠け者として馬鹿にされ、死後に「無為の 12 年」に高額が支払われたと批判された[26)]。彼が退職した後、ミュンスター大学における彼の講義を引き継いだのは彼の息子、ベルンハルト・シュプリックマン（Bernhard Sprickmann）であった。彼は、ミュンスター大学の法律学教授の中でも実務を重視していた人物であった。アントン・マティアス・シュプリックマンは 1829 年に名誉教授となったが、引き続き、給与全額を受け取っていた。彼は――彼の後任の諸教授と同様に――高齢になってからはミュンスターに戻り、1833 年 11 月 22 日に同地で死去した。

25) シュプリックマンにとってきわめて幸せであったブレスラウ大学時代（彼は同大学の学部長となり、彼の息子は名誉博士となった）について詳しいものとして、*Hegel*, Sprickmanns Berufung nach Breslau, in : Reformata Reformanda. Festgabe für Hubert Jedin zum 17. Juni 1965, hg. *von Iserloh/Repgen*, Münster 1965, 432ff. および *Wolf Lammers*, A. M. Sprickmann – ein Juristenleben, Münster 2007, 59ff.
26) *Lenz*, Geschichte der Königlichen Friedrich-Wilhelms-Universität zu Berlin, Teil II, Teil 1, Halle 1910, S. 209 und 387.

III. シュプリックマンと法

シュプリックマンが公表した業績は多くない[27]。知られている論文は全部で9本しかない。これらの論文は、こんにち、ほとんど入手することができない[28]。強調されなければならないのは、鑑定書（「宣誓に関する報告書（Bericht ueber die Eyde）」（1776年））をもとにして作成された論文「宣誓について（Über die Eide）」（ミュンスター、1786年）である。この論文は、当時争われていた、宗教上の宣誓の証拠価値を論じたものであった。シュプリックマンはこの論文で宣誓という制度が軍事[29]や国家財政法の分野であまりにも頻繁に導入されていることに警告を発し、宣誓と「行為者自身による自己決定」[30]を結び付けていた。彼の主張は、20年後に、バイエルンの裁判所規則を巡る同地の討議に採用されている[31]。

---

27) 彼の著作については、過去50年分につき利用可能な論文がある。たとえば、*Gödden*, Der Schwärmer. Die verschollene Lebensgeschichte des westfälischen Sturm- und-Drang-Dichters Anton Matthias Sprickmann, Paderborn 1994 をみよ。テクストの一部を掲載するものとして、*Bell/Gödden* (Hg.), „Bin ich den nur Schönschreyber?", Ein Anton Matthias Sprickmann Lesebuch, Münster 1999.
28) これらの論文のうち2点は、Universitäts- und Landesbibliothek Münster – zusammen mit dem kompletten Nachlaß にある。これについて基本的なものとして、*Goldschmidt*, Der wissenschaftliche und juristische Nachlaß von Anton Matthias Sprickmann, Münster 1979 ; *Jansen*, Der handschriftliche Nachlaß des westfälischen Dichters und gelehrten Sprickmann, Zeitschrift für Bücherfreunde 21 (1929), 33ff. をみよ。この他、これらのテクストのうちのいくつかは、こんにち、Digitale Sammlung der ULB Münster を介して、ウェブで自由にアクセスすることができる。
29) 「軍事における宣誓は、あらゆる状況のもとで、最悪の結果をもたらす。日々、宣誓させられている人々は、他の諸国に対する関係で、宣誓に違反して行動してきた人々である。」(S. 15) この書き換えは、*Goldschmidt*（前注28))、S. 7 による。
30) S. 117. この引用は、*Goldschmidt*（前注28))、S. 12 による。
31) パウル・アントン・アンゼルム・リッター・フォン・フォイエルバッハ（Paul Anton Anselm Ritter von Feuerbach）については、*Hasenkamp*, Sprickmann, in : *Groß*-

ミュンスター大学図書館には、この他、ドイツの国法に関するもの[32]、ドイツ帝国史やドイツ法史に関するもの[33]等、シュプリックマンの講義録が数え切れないほど多く所蔵されている。目に付くのは、彼が講義で取り上げたテーマの幅の広さである。ミュンスターにおける政治的変動が激しかったことの反映であるが、シュプリックマンはフランス法についての講義概要も作成していた。フランス革命がドイツの統治機構に及ぼした影響に関するものやフランスの国法一般とナポレオン法典に関するものがその好例である。彼は、ロシア、スペイン、イギリスおよびフランスの歴史についても、概説を書いていた。その他、彼は、古代ギリシャとヨーロッパにおけるローマの征服についての研究も行っていた。

このような状況からみて、シュプリックマンの法学分野での才能を最もよく跡付けることができるものとして、彼の未公刊の文書、さらにこれを補助するものとして、50点を超える法律鑑定書を挙げることができよう。シュプリックマンは、多くの訴訟当事者のために、高い報酬を受け取って鑑定人として活動していた。彼は、提示された法律問題について雄弁に、そして同時に法解釈上徹底して実践的な解決策を見出すために、その文学的センスを活かした。彼の数え切れないほど多くの鑑定意見書には多数の遺産事件が含まれている。彼が取り扱った法律問題は、農業法、家族法、相続法、教会法、憲法から警察法までというように、きわめて幅の広いものであったことが分かる。

このことを最も明らかに示しているのは、帝国内自由都市エッセン婦人養老院の内部組織を取り上げた100頁から成る法律鑑定書（1794年）の場合である。これは、侯爵夫人と、侯爵夫人による専制的支配を不適切とみるエッセン婦人

---

　　feld (hg.), Westfälische Jurisprudenz. Beiträge zur deutschen und europäischen Rechtskultur, Münster 2000, 145, 152 をみよ。
32) これについて証明を行っているものとして、*Goldschmidt*（前注28))，S. 184ff. をみよ。
33) これについて証明を行っているものとして、*Goldschmidt*（前注28))，S. 21ff. をみよ。

養老院との間で争われた事件である。シュプリックマンは、国家論的な考慮にも立ち入ることで、この問題を解決した。

　　市民の権力は諸国家で最高の地位を占めている。市民の権力の原初的起源は、個々人の永遠の基本権にある。基本権の存在は、――それが有する上位性からみて、それ自体が掲げる目的、また、その力の行使において、その本来的な効力の性質に基づいて、理性という名の、それ自体一般的な法律にのみ従う。基本権は、この制度の尊厳を尊重することにより、支えられている[34]。

シュプリックマンはここで明らかに、法理論の、特に形而上学的な性質を有する最終的な成立根拠に基づいて、カントの発想について論じている。シュプリックマンはカトリックの啓蒙思想家であった。彼はフランス革命の急進性を拒否していたが、アメリカの人権論議には無条件に好意を示していた[35]。日付が記されていないが、その後、生来の権利について書かれた文章の中で、シュプリックマンは次のように述べている。

　　人格、対外的自由と平等、これらを求める権利は生来の権利である。人の存在それ自体を認める権利、また、偶然であるか自然であるかに関わりなく、われわれに用意された空間に、われわれが実際に居続ける権利、あるいは、自分自身がみずからの主人となる権利、死後においてさえ良き名前を名乗る権利、人ではないもののすべてをできるだけ自分の手元に保つ権利（一種の所有権保障、農奴および奴隷を除く）、誰かと交流する権利、誰かに自分の考えを伝える権利（思想を持つ自由だけでなく、思想を伝える自由、すなわち、意見表明の自由）、そして、権利を保障するために市民的状態に入ることを誰かに強制する権利（見かけのうえでは、市民

---

34)　*Wolf Lammers*, Anton Matthias Sprickmann. Hofrat und Professor. Gutachten und Relationen aus dem Nachlaß, Münster 2004, S. 115.

35)　*Veltman*, Anton Matthias Sprickmann, in : *Bell* (Hg.), „Dank Gott und Fürstenberg, daß sie mich auf den Weg brachten" : Anton Matthias Sprickmann (1749-1833). Ausstellung zum 250. Geburtstag in der Universitäts- und Landesbibliothek Münster vom 5. November bis zum 23. Dezember 1999, Katalog, Münster 1999, S. 158f.

の基本的義務と互換関係に立つある種の国家基本権、一種の加入強制)、これらの権利はすべて、生来の権利から派生したものである[36]。

その後、シュプリックマンは国家権力の意味を論じる鑑定書を書いた。彼の国家論は、トーマス・ホッブス (Thomas Hobbes) のリヴァイアサンの考え[37]に近い。彼の考えによれば、個人は、人間の尊厳を貫徹することができない。それゆえ、個人を市民的社会へ統合する必要がある。国家権力は、社会の側が主体的に行う権限の委譲によって初めて生じる。国家権力は、次に掲げることを行うために、社会に奉仕する。

　それにも拘らず、生来の、永遠の、失われることのない、譲渡できない、そして、その性質に由来する尊厳に基づいて生じる、人間の権利の行使に対して、また、より強化されたかたちで与えられた権利を感覚的本能に基づいて行う権利濫用に対して、それぞれに必要とされる強制手段を調達すること[38]。

国家権力の濫用には、二つの類型がある。

　(1)国家権力は、みずからの不作為により、また、他者の私利私欲の強化や抜け目のなさを考慮することにより、尊厳という点で保護されるべき人間を容易に見捨てることができる。(2)国家権力は、みずから、目的に反する行動を採ることにより、権力に固有の私利私欲の手段または道具を用いて、人間の尊厳という制度をどこまで尊重するかの決定権を濫用することができる。(……)[39]

---

36) SN jur 42, 3, Blatt 29.
37) たとえば、*Veltman*, Anton Matthias Sprickmann, in: *Bell* (Hg.), „Dank Gott und Fürstenberg, daß sie mich auf den Weg brachten": Anton Matthias Sprickmann (1749-1833). Ausstellung zum 250. Geburtstag in der Universitäts- und Landesbibliothek Münster vom 5. November bis zum 23. Dezember 1999, Katalog, Münster 1999, S. 158 をも参照。
38) *Wolf Lammers*, Anton Matthias Sprickmann Hofrat und Professor. Gutachten und Relationen aus dem Nachlaß, Münster 2004, S. 115.
39) *Wolf Lammers*, Anton Matthias Sprickmann Hofrat und Professor. Gutachten und

君主制国家の統治機構は「独裁政治という形式」[40]を採る。しかし、この形式には補正が必要となる。この補正は、「国家における身分と身分制社会」[41]に関して行われる。「君主がしかるべく行動すべき場合において、君主がそれと異なることを実行しようとしていたときに、階級制のもとでの抵抗権の存在を」効率的に「強調すること」が重要[42]である。他の論文[43]でもそうであるが、シュプリックマンは、国家権力の濫用に対する個人の抵抗権について述べておらず、シュプリックマンがサミュエル・プーフェンドルフ（Samuel Pufendorf）やジョン・ロック（John Locke）よりも国家を重視する点で一層保守的であることが明らかになっている。

　これとは別の鑑定書をみると、部分的ではあるが、シュプリックマンがきわめて保守的であることが分かる。このことは彼の評価に関わる。シュプリックマンは、ミュンスター司教領の北部地区を管轄する司教区本部（ミュンスター司教領の南部地区を管轄する司教区本部とならび、ミュンスター司教区を構成する機関）の旅費に関する訴訟（1792年）において、人権が重視されておらず、危険な状況に陥っている旨を指摘していた。

　　この数日間、狂ったいかさま師たち――詐欺が横行し、狂気が支配する世界でうまく立ち回る者ども――が、人権を声高に叫び、人権を主張しており、その結果、彼らがあたかも英雄であるかのようにみなされている。しかし、このことには問題がある[44]。

　　Relationen aus dem Nachlaß, Münster 2004, S. 115.
40)　*Wolf Lammers*, Anton Matthias Sprickmann Hofrat und Professor. Gutachten und Relationen aus dem Nachlaß, Münster 2004, S. 117.
41)　*Wolf Lammers*, Anton Matthias Sprickmann Hofrat und Professor. Gutachten und Relationen aus dem Nachlaß, Münster 2004, S. 117.
42)　*Wolf Lammers*, Anton Matthias Sprickmann Hofrat und Professor. Gutachten und Relationen aus dem Nachlaß, Münster 2004, S. 118.
43)　たとえば、1775年に作成された論文 „Ueber den Grund der Verbindlichkeit bey positive Gesetzen" または彼の講義録 „Deutsche Reichs- und Rechtsgeschichte", SN jur. 17, 6, §119 参照。

ここに示されているのは、フランス革命を急進的な熱狂の表れであるとみて、シュプリックマンがフランス革命を拒否している点である。シュプリックマンは、カトリック系の階級的な啓蒙主義の方が、そして、身分制と効果的な裁判権を通じて統制された、穏健な君主制の方が、ずっと重要であると考えていた。

　後者、すなわち、穏健な君主制については、たとえば、1796年の、パダボーン南方に位置するブリロン（Brilon）近郊のメッシングハウゼン（Messinghausen）に住む農夫たちとその東北に位置するブレーデラー（Bredelar）の修道士たちとの争いに関する彼の鑑定書で、証明することができる[45]。この争いでは、特に、農夫たちが修道士たちに対して必要な使用料をどのくらい支払わなければならないかが争点となった。農夫たちは、これに関連して、彼らが土地と建物の所有者であり、その結果として使用料支払い義務がないという事実を挙げた。シュプリックマンはカッとなって次のように述べた。

　　原告の農夫たちよ。そもそもドイツ憲法における農夫の身分に対して、農奴や奴隷状態という一般的推定が成り立つという前提を否定するとしても、それでも、事の経過——この身分という運命が本件における経過をドイツ憲法における全能の革命的考えのもとで受け入れてきた——からみて、この身分に属する者が土地使用料と役務からの完全かつ無制限の自由を享受できるという結果を推定できないことは明らかである。（……）それゆえ、農民という身分にあっては、多くの契約のもとで、身分的自由もその財産を処分する自由も、あらゆる使用料および服務からの完全な自由という結論も導くことはできない。身分的自由も財産のために用いられることができるし、財産を処分する自由は、彼らに委ねられた契約のもとで、負担の共同委任と結び付けられている[46]。

---

44) *Wolf Lammers*, Anton Matthias Sprickmann Hofrat und Professor. Gutachten und Relationen aus dem Nachlaß, Münster 2004, S. 97.

45) *Wolf Lammers*, Anton Matthias Sprickmann Hofrat und Professor. Gutachten und Relationen aus dem Nachlaß, Münster 2004, S. 151ff.

46) *Wolf Lammers*, Anton Matthias Sprickmann Hofrat und Professor. Gutachten und Relationen aus dem Nachlaß, Münster 2004, S. 157.

また、シュプリックマンは、徹底して法治国家を志向しており、複数の鑑定書においてこの点を明らかに示してきた。このことは1796年のメッシングハウゼンの農夫たちの争いに対する関係でも示されている。農夫たちの主張によれば、決定権を有する裁判官がすでに、農夫たちに訴えを止めさせること、それに対応する代理権付与を撤回すること、これらを予断として抱いていた。この裁判官は、共同体の一員である臨月の女性を罵倒し、さらに体罰を加えたために、彼女は病気になり、子どもを流産した。シュプリックマンはこのような状況に憤慨して次のように述べている。

　このような状況に置かれた女性を虐待することは決して許されない振る舞いである。しかし、裁判官、つまり、国家の官吏――君主は、君主への信頼を損なうような攻撃がある場合に、侵害を受けた官吏に対して保護を与える――が、国家が維持すべき信頼が（失われてはならないという）……ことをすっかり忘れてしまって、（みずからに付与された）権限を濫用し、（保護すべき）臣民を（却って）見殺しにしているときは、寛大かつ寛容にみてできる限り迅速に、真剣に、そして厳格に取り調べを行ったうえで起訴していたとしても、その判断は、どんなに割り引いても、国家それ自体に対する犯罪となる。それは、臣下の心情という点からみて、臣下を国家に結び付ける唯一の感情――たとえば、国家が確実に安定して存在するという点での国家への期待、不法な行為があれば国家から救済が受けられるという国家への信頼――を破壊してしまったからである。これらの感情が一度でも失われてしまえば、国家自体も、不安定な状況――国家自体の公的な安定性を独りよがりの基準に従って図ろうとする状況――に陥る。このことは、結局、奴隷制を支えることとなり、ひいては絶望的な状況をもたらすことになろう[47]。

IV. 承　　継

　シュプリックマンが法律学の分野でどのような影響を及ぼしたかという点に関する限り、これ以上、シュプリックマン自身による著作にこだわらなくても

---

47)　*Wolf Lammers*, Anton Matthias Sprickmann Hofrat und Professor. Gutachten und Relationen aus dem Nachlaß, Münster 2004, S. 162f.

よいであろう。1990年代、特に彼の生誕250年記念日に、彼は作家として再発見され、そして顕彰された。しかし、法律学のうち、法史学、そして、学者の影響力に関する歴史からみると、シュプリックマンはほとんど考慮するに値しない[48]。それでも、彼の鑑定書や論文、書簡のすべてが、ミュンスター大学最初の法学部がどのような外的条件のもとに置かれていたかをよく伝えている。そこには、資金が乏しい中で、学際的、現代的、そして啓蒙的な大学を、同時に、宗教倫理の観点でもしっかりと根を張った大学を設立しようとした努力の跡が示されている。フュルステンベルクとシュプリックマン、彼らの夢は確かに1818年の大学閉鎖により、一度は挫折した。それでも、ヴェストファーレンはすぐに新しい大学を設立するための闘いを始めていた。1902年まで、ミュンスターには哲学・神学分野の単科大学（Akademie）が置かれていた。ミュンスター市とヴェストファーレン県の圧力を受けて、皇帝ヴィルヘルム二世（Wilhelm II）は、1902年1月6日に、法・国家学部の増設により、この単科大学を拡大すべき旨を決定した。法学部が増設されれば、「単科大学」という名称に代えて、「大学」（Universität）という名称を使用できるようになるという点が、審議の過程で、最初から明確になっていた。そして、ミュンスターの単科大学が「大学」という名称を使用してもよいということが、1902年7月1日付の最高位の命令をもって認められた。その後、この単科大学は、その設立者の栄誉を称えて、ヴェストフェーリッシェ・ヴィルヘルム大学（Westfälische Wilhelms-Universität）と改名されている。

---

[48] シュプリックマンについて書かれた法学文献は少ないが、特に読む価値のあるものとして、*Hasenkamp*, in : *Großfeld* (Hg.), Westfälische Jurisprudenz. Beiträge zur deutschen und europäischen Rechtskultur, Münster 2000, 145ff. および *Wolf Lammers*, Anton Matthias Sprickmann – ein Juristenleben, Münster 2005.

ペーター・オェストマン

ルードルフ・ヒス（1870年～1938年）
―― ミュンスター大学のスイス人刑法史学者

Ⅰ．経　　　歴
Ⅱ．学術的著作
Ⅲ．後世への影響と評価

ルードルフ・ヒス（Rudolf His）は、学問の歴史からみると、孤高の人であった[1]。このスイス人法史家——彼はミュンスター大学で 30 年間活動した——は、同時代の、たとえばハインリッヒ・ブルンナー（Heinrich Brunner）[2]、クラウディウス・フォン・シュヴェーリン（Claudius von Schwerin）[3]、リヒャルト・シュレーダー（Richard Schröder）[4]やエーバーハルト・フォン・キュンスベルク（Eberhard von Künßberg）[5]とは異なり、法史学の重厚な教科書を遺していない。彼の名が法史学分野の重要な雑誌の編者の筆頭に掲げられたこともない。ウルリッヒ・シュトゥッツ（Ulrich Stutz）——彼は、ヒスとほぼ同年代のスイス人で、当初から彼の友人であり、仲間の一人[6]であった——は、数十年来、高名なサヴィニィ雑誌の共同編集者としてドイツ語圏での法史研究を牽引し、ドイ

---

1) 優れた洞察力をすでに示しているものとして、*Stutz*, Besprechung von Rudolf His, Das Strafrecht des deutschen Mittelalters II, in : Historische Zeitschrift 154 (1936), S. 337-341 (340)：「ある者にとっては広く重要な領域であるものの、他の者によれば開拓する価値のない領域、そうした領域に彼はただ一人立っている」。
2) *Brunner,* Deutsche Geschichte, 2 Bände, Berlin 1887/92, 1. Band, 2. Aufl. Berlin 1906；同様に、*ders.*, Grundzüge der deutschen Rechtsgeschichte, 1. Aufl. Leipzig 1901, 8. Aufl. (bearb. v. Claudius von Schwerin) München 1930；ブルンナー（1840 年〜1915 年）については、*Schroeder,* Art. „Brunner, Heinrich", in : Handwörterbuch zur deutschen Rechtsgeschichte (=HRG) Band I (2. Aufl. 2008), Sp. 695-696；*Stutz,* [Nachruf auf] Heinrich Brunner, in : Zeitschrift der Savigny-Stiftung für Rechtsgeschichte. Germanische Abteilung (=ZRG Germ. Abt.) 36 (1915), S. IX-LV.
3) *Brunner/Schwerin*, Deutsche Rechtsgeschichte, 2. Band, 2. Aufl. Berlin 1928；*Schwerin*, Deutsche Rechtsgeschichte (Grundriß der Geschichtswissenschaft II/5), Leipzig und Berlin 1912, 2. Aufl. 1915；*ders.*, Grundzüge der deutschen Rechtsgeschichte, München und Leipzig 1934, 2. Aufl Berlin 1941；*ders.*, Germanische Rechtsgeschichte. Ein Grundriß, Berlin 1936, 2. Aufl. 1943；*ders.*, Grundzüge der deutschen Rechtsgeschichte, Berlin und Leipzig 1928.
4) *Schröder*, Lehrbuch der deutschen Rechtsgeschichte, Leipzig 1889.
5) *Schröder/Künßberg*, Lehrbuch der deutschen Rechtsgeschichte, 6. Aufl. Berlin und Leipzig 1922 (7. Aufl. 1932).
6) *Schmidt*, [Nachruf auf] Rudolf His, in : ZRG Germ. Abt. 61 (1941), S. XV-XXIII (XVI).

ツの教会法学を世界的な名声を有するものへと高めた——の名声の御蔭もあって、ドイツの教会法学はこんにちなおその存在意義を保っている[7]。これらのことはどれも、ヒスにとってはまったくの他人事であった。それでも、ルードルフ・ヒスが遺した学問的著作には彼独特の方法が用いられており、こんにちまで前人未到の域に達している[8]。コンパクトにまとめられた、それでいて記念碑的意義を有する二巻本のハンドブック『中世ドイツ刑法』（1920 年／1935 年）により、彼は、広範囲に亘っていまだに開拓されていない刑法史に新たなくさびを打ち込んだ。ドイツ私法——この分野では、19 世紀以降、多数のハンドブックや概説書において再三にわたって取りまとめの作業が行われ、新たな情報が紹介されてきた[9]——におけるのとは異なり、ヒスは、刑法史の領域で、いわば「巨人の肩の上に立つ」（先人の積み重ねを糧として後に続く者が何かを発見する）ことができなかった。それは、先駆者がほとんどいなかったからである。このため、ヒス自身が何年にも亘る準備作業を通じて地面を平らにならすことから始めなければならなかった。この点で思い出されるのは、はるか

---

7) ウルリッヒ・シュトゥッツ（1868 年～1938 年）については、*Schultze*, [Nachruf auf] Ulrich Stutz, in : ZRG Germ. Abt. 59 (1939), S. XVII-LXV.

8) こうした評価をすでに示しているものとして、*Schmidt*, Besprechung von Rudolf His, Das Starfrecht des deutschen Mittelalters II, in : Zeitschrift für die gesamte Strafrechtswissenschaft (=ZStW) 56 (1937), S. 429-432 (429).

9) 良く知られた著作として、*Kraut/Frensdorff*, Grundriß zu Vorlesungen über das Deutsche Privatrecht mit Einschluß des Lehn- und Handelsrechts nebst beigefügten Quellen, 6. Auf. Berlin und Leipzig 1886 ; *Stobbe*, Handbuch des Deutschen Privatrechts, 5 Bände, 2. Aufl. Berlin 1882/85 ; *Heusler*, Institutionen des Deutschen Privatrechts, 2 Bände, Leipzig 1885/86, *Hübner*, Grundzüge des deutschen Privatrechts, 4. Aufl. Leipzig 1922 (5. Aufl. 1930) ; *Planitz*, Grundzüge des Deutschen Privatrechts mit einem Quellenbuch, 2. Aufl. Berlin 1931 ; 最後に、この他にも、*Mitteis/Lieberich*, Deutsches Privatrecht. Ein Studienbuch, 9. Aufl. München 1981. ミュンスター大学の教授職におけるルードルフ・ヒスの前任者（Lehrstuhlvorgänger）もこのジャンルに関与しており、むろん、その関心は強く現行法に集中していた。*Schreuer*, Deutsches Privatrecht. Einführung in das geltende bürgerliche Recht mit rechtsvergleichenden Ausblicken, Stuttgart 1921.

昔のフェルディナント・フレンスドルフ（Ferdinand Frensdorff）、つまり、もちろん彼よりもずっと旧い時代のもう一人の孤高の士[10]だけである。この種の学問的孤立は、テーマにおいても方法の点でも、現代ではまったくみられない現象である。言い換えれば、このような学問的孤立が流行することは決してあり得ない。

I. 経　　歴

ルードルフ・ヒスは1870年7月15日にスイスのバーゼルで生まれた[11]。彼の家系は、父系も母系も、著名な改革派教会に属するスイス市民であった[12]。先祖の多くは、それぞれの出身都市の参事会会員として、都市の命運を左右してきた。曾祖父ペーター・オクス（Peter Ochs）——彼はバーゼルで政治家・法律家として活動していただけでなく、同時に、戯曲、オペラ台本、歴史物の作者でもあった[13]——は、その時代の有名人であった。彼の父、ヴィルヘルム・ヒス（Wilhelm His）は学問に取り組み、バーゼル大学の解剖学教授となり、後にライプツィッヒ大学教授に転じた。彼は特にヨーハン・セバスティアン・バッハ（Johann Sebastian Bach）の亡骸の身元確認に関与した[14]。彼の母、エリ

---

10) 彼については、*Oestmann*, Art. „Ferdinand Frensdorff", in: *Rückert/Vortmann* (Hrsg.), Niedersächsische Juristen. Ein historisches Lexikon mit einer landesgeschichtlichen Einführung und Bibliographie, Göttingen 2003, S. 252-258.

11) 彼の表面的な身上記録に関する乏しい資料として、Universitätsarchiv (=UA) Münster Best. 5 Nr. 262, fol. 001 verso.

12) 彼の家系の出自について述べているものとして、この他、*Schmidt*, His（前注6)), S. XV.

13) *Kopp*, Peter Ochs. Sein Leben nach Selbstzeugnissen erzählt und mit Bildern authentisch illustriert, Basel 1992；*Beat von Wartburg*, Musen und Menschenrechte. Peter Ochs und seine literarischen Werke, Basel 1997.

14) *His*, Chronik der Familie Ochs genannt His, Basel 1943, S. 283-292；*Wendler/Rother*, Wilhelm His sen. – Leben und Wirken eines bedeutenden Leipziger Morphologen, in: Zeitschrift für die gesamte innere Medizin und ihre Grenzgebiete 37 (1982),

ザベート・ヒス、旧姓フィシャー（Elisabeth His, geb. Vischer）はバーゼル市参事会員の娘であった。しかし、ルードルフ・ヒス自身はバーゼル市と何の関係も持っていなかった。父はすでに1872年にライプツィッヒ大学への招聘に応じていたので、ルードルフ・ヒスはライプツィッヒで育ち、特にニコライ・ギムナジウムに通った。彼はこの環境で法と歴史に関心を持った。

　大学入学資格を取得した後、ヒスは法律学の学修を決意し、当時の慣行に従って学籍変更を繰り返し、多くの大学で学んだ。ライプツィッヒ大学、ベルリン大学、そしてバーゼル大学が彼の経歴に加わった。その過程で彼が出会った人々によって、彼の学問に対する永続的な理解が培われた。たとえば、カール・ビンディンク（Karl Binding）、ルードルフ・ゾーム（Rudolf Sohm）、そしてアンドレアス・ホイスラー（Andreas Heusler）の三人は、彼にとって学問上の手本となった[15]。ヒス自身が後に記しているが、彼は、ライプツィッヒ大学の北欧研究者、オイゲン・モック（Eugen Mogk）[16]の指導を受けていた。ヒスはハインリッヒ・ブルンナーのゼミナールにも参加していた[17]。おそらく、彼はオイゲン・モックからスカンジナヴィアの言葉と文献の扱い方を学んだことと思われる[18]。ヒスは1892年7月17日にバーゼル大学で法学博士の学位を取得

Nr. 23, S. 810-813 ; *Müller/O'Rahilly*, Wilhelm His und 100 Jahre Embryologie des Menschen, in : Acta anatomica. International Archives of Anatomy, Histology, Embryology and Cytology 125 (1986), S. 73-75 ; *Peipert/Roberts*, Wilhelm His Sr's finding of Johann Sebastian Bach, in : The American journal of cardiology 57 (1986), Nr. 11 vom 15. April 1986, S. 1002.

15) *Holzhauer*, Art. „His, Rudolf", in : HRG II (^{2} 2012), S. 1045-1046 ; また簡単に触れているものとして、*Gerhard Köbler*, Zielwörterbuch europäischer Rechtsgeschichte, 5. Aufl. Gießen, 2009, S. 424.

16) 1854年～1939年。Kurzvita im Leipziger Professorenkatalog : http://www.uni-leipzig.de/unigeschichte/professorenkatalog/leipzig/Mogk_103/（2014年1月30日確認）

17) *Stutz*, [Nachruf] Brunner（前注2））, S. XXXV.

18) *His*, Der Totenglaube in der Geschichte des germanischen Strafrechts. Rede bei der Übernahme des Rektorates am 15. Oktober 1928 (Schriften der Gesellschaft zur Förderung der Westfälischen Wilhelms-Universität zu Münster 9), Münster 1929, S. 7.

した[19]。その2日後に彼は22歳の誕生日を迎えた。アンドレアス・ホイスラー[20]の指導を受けた法学博士学位取得論文『フリースラントの伯爵と自治体首長（Ueber Graf und Schultheiß in Friesland）』は印刷されなかったものの、この論文は、中世フリースラント法に言及することで、ヒスが後に行った最も重要な研究領域の一つに通じる可能性を示していた。

　6か月ちょうどではあったが、バーゼル歩兵連隊陸軍中尉としてスイスの兵役に服したため、彼の学問的経歴は中断された。ヒスは、1892年11月から1893年11月までの一年間、パリ駐在スイス公使館外交官補として、外交官の世界の雰囲気を味わった。しかし、彼はその後直ちに大学に戻り、最初はまたもライプツィッヒ大学に籍を置いた。彼はその後すぐにハイデルベルク大学に移り、著名な法史学者リヒャルト・シュレーダーの知遇を得ようとした。シュレーダーは、ヒス本人の説明で、ヒスの選んだ論文のテーマがルードルフ・ゾームの示唆によるものであることを承知のうえで、ヒスの大学教授資格取得論文の指導教授となった[21]。ルードルフ・ヒスは、1896年11月27日に、大学教授資格取得の手続を完了した。「ローマ帝政期の国有地（Die Domänen der römischen Kaiserzeit）」と題されたこの大学教授資格取得論文は、同じ年に出版された。この論文はわずか117頁の分量しかないが、ローマ時代とまったく異なる、彼が生きた時代にも十分にあてはまるテーマを取り上げていた。後にミュンスター大学で同僚となったハインリッヒ・エルマン（Heinrich Erman）は、ヒスが「徹底的かつきわめて多方面に亘る準備を用意周到に行ったうえで研

---

19) この日付を記しているものとして、UA Münster Best. 5 Nr. 262, fol. 001 verso ; これと異なる理解を示すものとして、Steveling, Juristen in Münster. Ein Beitrag zur Geschichte der Rechts- und Staatswissenschaftlichen Fakultät der Westfälischen Wilhelms-Universität Münster/Westf. (Beitrag zur Geschichte der Soziologie 10), Münster 1999, S. 136 Anm. 5 : 18. Juli 1892.

20) 当を得ていないものとして、Steveling, Juristen（前注19））, S. 13 6 Anm. 5 : „Heusler".

21) 学界関係者による葬儀の席でフーベルト・ナーエントループ（Hubert Naendrup）はこのように述べている。UA Münster Best. 5 Nr. 262, fol. 007 recto.

究」[22]を進めていたことをつまびらかにしている。

　ヒスは、この論文を完成した後も数ゼメスターの間、ハイデルベルク大学にとどまった。正教授職への最初の招聘を受けるまで、彼はその後7年以上も待たなければならなかった。ハイデルベルク大学で、彼は植物学の教授であるエルンスト・プィッツァー（Ernst Pfitzer）一家と知り合いになった。植物園の園長、そして蘭栽培の専門家[23]でもあったプィッツァーには、ヘトヴィック・エミーリエ・マティルデ・プィッツァー（Hedwig Emilie Mathilde Pfitzer）という娘がいた。私講師[24]であったヒスは、6歳年下のこの娘に惚れ込んだ。ルードルフとヘトヴィックとは1898年に結婚した[25]。同じ年、ヒスはリヒャルト・シュレーダーと共同作業のかたちで、ドイツ法律辞典（Deutsches Rechtswörterbuch）のための仕事をいくつか引き受けた。この大規模プロジェクトはちょうどスタートラインに立つところであったが、当時、プロイセン・アカデミーの第三者資金の援助を受けていた[26]。シュレーダーはコーディネイターの役割を果たしており、事業の本拠はハイデルベルク大学に置かれた。ルードルフ・ヒスは1901年までの3年間、この活動に協力した。彼はこの時期に包括的な言語史の知識を取得した。この知識は後に彼が学術書を執筆する際、決定的な役割を果たした[27]。この間の1900年12月、ハイデルベルク大学は彼を員外教授に任じた。1902年秋以降、ヒスはハイデルベルク大学から正式に講義の担当を依頼されている[28]。

---

22) *Erman*, Besprechung von Rudolf His, Die Domänen der römischen Kaiserzeit, in : Centralblatt für Rechtswissenschaft, 27. Band, 4. Heft, Januar 1903, Nr. 256, S. 99.
23) *Kirschner*, Art. „Pfitzer, Ernst Hugo Heinrich", in : Neue Deutsche Biographie 20(2001), S. 340-341.
24) 当を得ていないものとして、*Kirschner*, Pfitzer（前注23））, S. 340. これはヒスをハイデルベルク大学教授と表記している。
25) *His*, Chronik（前注14））, S. 311-312.
26) *Speer*, Art. „Deutsches Rechtswörterbuch", in HRG I (^{2}2008), Sp. 1007-1011 ; *Brunner*, Bericht über die Herstellung eines wissenschaftlichen Wörterbuches der deutschen Rechtssprache, in : ZRG Germ. Abt. 18 (1897), S. 211-213.
27) *Holzhauer*, His（前注15））, Sp. 1045-1046.

1904年夏学期、長年待ち焦がれた招聘がついに彼のもとに届いた。ハイデルベルクから遠く離れていることをものともせず、ヒスはプロイセンのケェーニッヒスベルク大学に向かった。ヒスは、義父の紹介を得て、ケェーニヒスベルク大学の同僚と早々に親しみの込められたよき関係を築いた。ケェーニヒスベルク大学で、エーバーハルト・シュミット（Eberhard Schmidt）は憲法史を研究する旧友アルベルト・ヴェルミンクホフ（Albert Werminghoff）とともに、若きヒス教授と出会ったというが、当然のことながらシュミットは思い違いしていた[29]。というのは、ヒスがミュンスター大学に就職するため東プロイセンを去るわずか数か月前の1907年10月に、ヴェルミンクホフはオーストリアのヴィーンにあるアルベルティーナ美術館[30]にすでに移籍していたからである。ヒスがミュンスター大学への招聘を受けたのは1908年夏学期のことであった。歴史の浅いヴィルヘルム大学——同大学は皇帝ヴィルヘルム二世から文字通りその名を受け継いだ——は、法史担当正教授職の人事を新たに補充する必要に迫られていた。それは、1902年以来、ミュンスター大学で活動していたハンス・シュロイアー（Hans Schreuer）が同学部を去り、ウルリッヒ・シュトゥッツ（Ulrich Stutz）の後任としてボン大学[31]へ移ったからである。この間の1901年に刊行された中世フリースラント刑法に関するヒスの書物を高く評価する旨の書評[32]をシュロイアーが公表していたことが、ヒスがミュンスター大学に

---

28)　UA Münster Best. 10 Nr. 2859（頁番号欠如）.

29)　*Schmidt*, His（前注6）), S. XVII；ヴェルミンクホフは、ヒス（*His*, Das Strafrecht der Friesen im Mittelalter, Leipzig 1901, S. VI）によっても友人であると記されている.

30)　*Lintzel/Werminghoff*, in: Mitteldeutsche Lebensbilder, Band 5；Lebensbilder des 18. Und 19. Jahrhunderts, Magdeburg 1930, S. 608-623 (608)；この他、短い素描を述べているものとして、http://www.catalogus-professorum-halensis.de/werminghoffalbert.html（2014年2月13日確認）.

31)　*Steveling*, Juristen（前注19）), S. 114-115, 135-136.

32)　*Schreuer*, Besprechung von Rudolf His, Das Strafrecht der Friesen im Mittelalter, in: ZRG Germ. Abt. 23 (1902), S. 325-329；これについては、この他、*Naendrup*, Trauerrede, in: UA Münster Best. 5 Nr. 262 fol. 008 recto.

招聘される決定的要因となったことと思われる。いずれにせよ、シュロイアーと彼より4歳年下のヒスが、同僚として互いに親しい関係を築いていたことは明らかである[33]。形式的要件ではあったが、ヒスは教授としての地位をプロイセンにおいて認められる必要があった。このことは1908年4月10日に実現された[34]。年俸4,400マルク、住宅費補助660マルク、こうした待遇のもとに、ヒスは、ドイツ法史、民法、刑法、国際法および商法を担当する正教授職に就いた。同学部は明らかに彼に大きく譲歩していた。というのは、ヒスが1学期の有給休暇を終えた後すぐに同大学での活動を始めていたからである[35]。なおまだ真に歴史の浅いミュンスター大学法・国家学部にとって、ヒスの人事は、正教授職としての最初の採用例であった[36]。ヒスがヴェストファーレンで過ごした最初の数年は、外部からみると、穏やかに過ぎた。この期間は、1900年春に誕生した、ルードルフ・ヒスとヘトヴィック・ヒス夫妻の一人娘、イルムガルト・ヒス（Irmgard His）の成長期にあたっていた[37]。

ヒスはミュンスター大学で短い間に著名な弟子を得た。エーリッヒ・モリトーア（Erich Molitor）——彼は、図書館長の息子で、その後すぐに同大学事務局長の娘と結婚した——は、1910年に、中世ドイツで広く用いられた法書、ザクセンシュピーゲルについての研究で法学博士の学位を取得した[38]。モリトー

---

33) *His*, [Nachruf auf] Hans Schreuer, in : ZRG Germ. Abt. 52 (1932), S. XXVIII-XXXVIII；シュロイアーに対する友情溢れる言及として、His, Totenglaube（前注18））, S. 3.
34) UA Münster Best. 5 Nr. 262 fol. 001 verso（裏面）.
35) UA Münster Best. 31 Nr. 27（頁番号欠如）.
36) *Holzhauer/Orths*, Geschichte der Rechtswissenschaftlichen Fakultät, in : *Ehlers* (Hrsg.), Die Rechtswissenschaftliche Fakultät der Westfälischen Wilhelms-Universität Münster. Ein Portrait, Münster 1997, S. 21-35 (28).
37) この誕生日を記したものとして、*His*, Chronik（前注14））, S. 314.
38) *Molitor*, Die Stände der Freien in Westfalen und der Sachsenspiegel, Münster 1910. この論文には、はしがきもヒスへの謝辞も掲載されていない。ヒスおよびミュンスター大学に対する関係をも含めてモリトーアの評価を行っているものとして、*Kroeschell*, [Nachruf auf] Erich Molitor, in : ZRG Germ. Abt. 80 (1963), S. 594-598.

アは 1914 年に大学教授資格を取得した[39]。1914 年 5 月 7 日には、彼の私講師就任講義と祝賀行事が行われた[40]。1922 年になってようやく、モリトーアはライプツィッヒ大学で最初の正教授資格を得た。この間の丸十年は、ヒスがエーリッヒ・モリトーアと緊密な人的交流を続けた時期であった。しかし、モリトーアがライプツィッヒ大学で重点的に取り組んだのは、法史ではなく、私法、特に労働法であった。彼は、その後、グライフスヴァルト大学でふたたび法史学の研究に戻った[41]。ルードルフ・ヒスのもとで、その後、大学教授資格を取得した者は誰もいない。

　第一次世界大戦の開始とともに、ヒスは、スイスとプロイセン、両国の橋渡しの役割を担うこととなった。彼が、スイス国民であると当時に、プロイセンの官吏でもあったからである[42]。ルードルフ・ヒスは、すでに 1914 年 8 月 17 日に、プロイセンの教育大臣に宛てて書簡を送っている。彼は、大学での義務の免除を求めていた。というのは、彼がスイス人として同国の兵役義務に服し、国境警備にあたろうとしていたからである[43]。しかし、彼の望みは叶えられなかった。というのは、職務を免除された彼が動員されたのはドイツ軍であったためである。語学の知識が優れていたところから、陸軍中尉ヒスは捕虜収

---

39) この間に刊行された個別テーマの単行論文に関する情報ははっきりしていない。*Molitor*, Der Stand der Ministerialen vornehmlich auf Grund sächsischer thüringischer und niederrheinischer Quellen (Untersuchungen zur Deutschen Staats- und Rechtsgeschichte 112), Breslau 1912. 父母への献辞を除き、同書には、研究を始めるまでの諸状況 (Entstehungszusammenhänge) はまったく記されていない。

40) *Molitor*, Die Entwicklung der westfälischen Freigerichte, in : Westfalen. Mittheilungen des Vereins für Geschichte und Altertumskunde Westfalens und des Landesmuseums der Provinz Westfalen 6 (1914), S. 38-49. 同書の 38 頁に付された注で、大学教授資格取得手続に関する経緯が述べられている。

41) *Kroeschell*, [Nachruf auf] Molitor（前注 38)）, S. 596 ; *Schlosser*, Art. „Molitor, Erich", in : Neue Deutsche Biographie 17 (1994), S. 726-727（同様に、http://www.deutsche-biographie.de/sfz64320.hrml（2014 年 2 月 1 日確認))。

42) ウルリッヒ・シュトゥッツの二重国籍について述べているものとして、この他、*Schultze*, Stuts（前注 7)）, S. XXII-XXIII.

43) ヒスの 1914 年 8 月 17 日付書簡、in : UA Münster Best. 10 Nr. 2859.

容所の郵便検閲部に勤務しなければならなかった。1916 年当時、ミュンスターの捕虜収容所Ⅱ（競馬の競争路に建設された建物）には 4 万人を超える戦時捕虜が収容されていた。ヒスは 1918 年 3 月まで、ある種の基準で選別された手紙を検閲する仕事に携わっていた。同大学で 1917 年／ 1918 年冬学期にヒスが担当すべき講義を彼に代わって引き受けていたのは、ライプツィッヒ大学出身の私講師ハインリッヒ・グリッチュ（Heinrich Glitsch）であった[44]。

　1920 年に、ヒスはフランクフルト・アム・マイン大学から招聘を受けた。しかし、この招聘は彼にとってヴェストファーレンの大学から離れてもよいと思わせるほど魅力的なものではなかった。彼はミュンスター大学の学部長に宛てて、「幾人かの同僚諸教授についてすでに行われてきたのと同様に、ラントの教育省は、当職の金銭的要望に応じて、当職への聴講料配分比率の増大を保障しております。貴職に内々でお知らせしますが、当職はミュンスター大学に残りたいという強い希望を抱いております」[45]と書いた。彼の留任交渉は成功し、ヒスはフランクフルト・アム・マイン大学への招聘を拒否した。インフレーションが始まっていたにも拘らず、ミュンスター大学は、ヒスがミュンスター大学を去った後になっても、彼の著書『ドイツ中世刑法（Strafrecht des deutschen Mittelalters)』第一巻の印刷費を補助するため、4,000 マルクを支給していた[46]。

　ヒスが大学の教師および試験官としてどのように活動していたかを知ることのできる資料はほとんど残されていない。奇異に感じられるかもしれないがヒ

---

[44] UA Münster Best. 10 Nr. 2859；グリッチュ（1880 年〜 1921 年）については、*Rüedi*, Henrich Glitsch, in：Schaffhauser Biographien Ⅲ 46 (1969), S. 83-87, この他、オンラインとして、http://www.yasni.info/ext.php?url=http03A02F02Fwww.winterthur-glossar.ch02Fuploado2Fdocuments02F201002F1102F0702F471.pdf&name=Heinrich+Glitsch&showads=1&1c=de-de&1g=de&rg=us&rip=de （2014 年 2 月 1 日確認）．

[45] ヒスの 1920 年 8 月 31 日付書簡、in：UA Münster Best. 31 Nr. 27（頁数欠如）．

[46] UA Münster Best. 31 Nr. 27；*His*, Das Strafrecht des deutschen Mittelalters. Teil 1：Die Verbrechen und ihre Folgen im allgemeinen, Weimar 1920, S. Ⅷ（同書のはしがきにおけるヒスの謝辞）．

スがほぼ二年近くも関わっていた一つのエピソードがある[47]。ヒスは、1922年／1923年冬学期に、第一次司法国家試験の委員として、パウル・ゴイセン（Paul Geusen）という受験生を担当した。ハム上級地方裁判所での試験に落第した彼は、試験官のヒスを粗野な言動で侮辱し始めた。ゴイセンはこう考えていた。ヒスがゴイセンを最初から落第させようとしており、ゴイセンの成績評価を実際よりも低くしようとしただけでなく、ゴイセンをドイツ軍の前線へと送り込むことに快感を覚えている、と。このケースをみても、ルードルフ・ヒスがユーモアを解さない人物であることは明らかである。ヒスは、事務手続に則り、多くの上級官庁に根回しをし、1923年2月にようやく彼の主張を認めさせた。プロイセン学術省は、ドルトムントの検事長（上級裁判所首席検事）に対し、試験官に対する侮辱があったことを訴因として、ゴイセンに対する刑事裁判手続を開始するように求め、この手続は実施された。しかし、区裁判所は、落第したこの受験生が憤慨してとった言動に犯罪行為は認められないとして、ゴイセンに無罪判決を下した。検察当局は1924年1月に控訴したが、第二審でも無罪判決が下された。検察官はこの事件を放置せず、1924年9月に上告した。この事件は、結局、その2か月後に上級地方裁判所が上告を棄却したことで終了した。この事件に関してヒスがどのような態度を示していたかを伝える資料は少なくない。それらをみると、憤慨した学生に対し、ヒスが怒りをこらえ、料簡の狭い争いをしていたことが分かる。同大学事務局長のペータース（Peters）――彼の弟子エーリッヒ・モリトーアの義父――の態度とは異なり、ヒスは検察当局の厳格路線を支持し、彼自身に向けられたゴイセンの非難を捨て置かなかった。ヒスが、正教授だけがすべての決定権を有するという旧い伝統的大学のイメージを当然視していたか否か、彼がこの種の事案に特に敏感に反応する性質であったか否かという点は、もはや確認することができない。

　ミュンスター大学内におけるヒスの名声はワイマール時代に一段と高まった

[47) 詳細については、UA Münster Best10 Nr. 2859.

ようにみえる。1928 年、ヒスは、『カロリナ法典（カール五世刑事裁判令）までのドイツ刑法史（Geschichte des deutschen Strafrechts bis zur Karolina）』を出版した年に、ヴィルヘルム大学の学長に選任された。当時の慣行では任期は一年とされていた。奇妙なことに、同じ年にヴィルヘルム・ヒス——7 歳年長のルードルフの兄——はベルリン大学の学長の任にあった。彼はベルリン大学医学部内科の教授であった[48]。ルードルフ・ヒスのミュンスター大学学長就任講演はゲルマン刑法史における葬送信仰に関するものであった。ヒスはこの講演で「民俗学・法史・宗教史、これら三者の限界領域」[49]に挑んだ。法と宗教との限界領域に踏み込んだヒスが取り上げた事象は後世の研究者が注目したものとはまったく異なっていたが、新しいテーマ——何十年も後のことであるが、ミュンスター大学では、卓越した研究グループ（Excellenzcluster）「宗教と政治（Religion und Politik）」において人文社会系諸科学の協同作業が行われている——を先取りしたものであった。

　ヒスの法学部におけるその後の役割、始まりつつあった国家社会主義に対する彼の態度、これらについて今、評価することはむずかしい。彼の人事記録には、1932 年 4 月に提出されたヒスの法学部宛不服申立て文書が収録されている。それは、彼への通知がないまま、彼の行政法講義と並行するかたちで競争講座が設けられたため、彼が履修者数の減少を懸念したという案件であった[50]。それが過失によるものか故意によるものかという点ははっきりしていない。国家社会主義者による政権掌握の後、ヒスの感情を害するような、意味不明の指示が増えていた。たとえば、1933 年になってすぐ、法・国家学部の名誉博士学位がヴェストファーレン南部地区国家社会主義大管区長官、ヨーゼ

---

48) 彼については、*Roquin*, Wilhelm His Jr. (1863-1934) – the man behind the bundle, in : Heart Rhythm 3 (2006), No. 4 ; April, S. 480-483（バーゼルおよびライプツィッヒにおける初期の家族史を含む）; 簡単な言及として、*Peipert/Roberts*, Wilhelm His（前注 14））; *His*, Chronik（前注 14））, S. 306-310 ; http://www.hu-berlin.de/ueberblick/geschichte/rektoren/his（2014 年 2 月 1 日確認）.

49) *Naendrup*, Totenrede, in : UA Münster Best. 5 Nr. 262 fol. 012 recto.

50) ヒスの 1932 年 4 月 19 日付書簡、in : UA Münster Best. 31 Nr. 27（頁数欠如）.

フ・ヴァークナー (Josef Wagner) に授与されたが、このことは、ヒスと同様、ミュンスター大学法史学教授のフーベルト・ナーエントループ (Hubert Naendrup) にもはなはだ奇異に感じられた出来事であった。1933 年に学長に昇格したナーエントループは、学長職に就く際にヴァークナーの支持を得ていたため、彼に明確に謝意を示していた。しかし、この名誉博士学位授与の結果、彼には決断に悩むことが増えた。名誉博士学位授与の計画は多数あったが、実際に付与されたことを示す証拠は残っていない。当時の学部長で、大学評議会[51]の構成員でもあったヒスのメモには「受理不要」[52]と記されていた。ヴァークナーの評価を巡って、法学部と学長室との間に対立があったのだろうか。これに続いて生じたもう一件の真相も定かではない。ルードルフ・ヒスは 1933 年10 月に学部長としての務めから、すでに罷免されていたユダヤ人の元同僚エルンスト・イザイ (Ernst Isay) に対し、今後は講義を行わないよう「勧告した」[53]。ヒスが、彼自身の見解とは別に大臣の訓令に基づいてそうしていたのか、それとも、彼自身の政治的立場を述べていたのかという点は、翌 1934 年に始まった別の事件と同様、不明確なままである。

この事件の概要は以下の通りである。ルードルフ・ヒスは夏季休暇をしばしばスイス東部のグラウビュンデン州で過ごし、ほぼ毎年のようにバーゼルを訪れていた[54]。1933 年／1934 年のクリスマス休暇にもバーゼルを訪れていた彼は 1934 年 1 月初めに凍結した路面で転び、膝蓋骨骨折で入院した。ヒスは、

---

51) 大学評議会のメンバーについては、*Steveling*, Juristen（前注 19)), S. 349.
52) UA Münster Best. 30 Nr. 531, fol. 110.
53) *Felz*, Im Geiste de Wahrheit? Die Münsterschen Rechtswissenschaftler von der Weimarer Republik bis in die frühe Bundesrepublik, in : *Thamer/Happ* (Hrsg.), Die Universität Münster im Nationalsozialismus. Kontinuitäten und Brüche zwischen 1920 und 1960 (Veröffentlichungen des Universitätsarchivs Münster 5), Münster 2012, S. 347-412 (364).
54) *His*, Chronik（前注 14)), S. 314；彼の父、ヴィルヘルム・ヒスも、いつもといってよほどバーゼルで休暇を過ごしていた。*Müller/O'Rahilly*, Wilhelm His（前注 14)), S. 75.

同僚のエアハルト・ノイヴィーム（Erhard Neuwiem）に何通も手紙を送り、学部内で生じた紛争の処理方法を相談していた。紛争の詳細は明示されていない。ヒスの同僚、リーエンハルト（Lienhardt）とエドゥアルト・ヴィレケ（Eduard Willeke）はヒスを心配していた。というのは、ヒスが、特定の委員会の審議から自分が締め出されていたことで悩んでいたからである。ヒスは自分の主張に拘っていた。彼は、反対意見を述べた者に対して、彼への支持票を依頼したが、委員会での協力は得られなかった[55]。2か月後、「講師団のリーダー」がヒス——彼はこの時期も学部長職を続けていた——の態度について苦情を申し立てた。この事件の真の当事者は上述のヴィレケであり、彼の教授資格を巡るいさかいが発端であった。1933年2月、同学部はヴィレケの大学教授資格取得を認め、彼に国家学の教授資格を与えた[56]。新たな問題は、ケェーニヒスベルク大学出身の私講師ブレナイゼン（Brenneisen）の助手ポストと関わっていた。しかし、この点に関する文書がもはや存在しない[57]ので、この不和が何を意味していたかという点ももはや調査することができない。

　その後、1934年9月に、ヒスは総統・ドイツ帝国首相アードルフ・ヒトラー（Adolf Hitler）に対する忠誠の誓いを行った[58]。ヒス一家のスイス家族史が強調しているように、ヒスは一貫して国民第一の自由主義者であった[59]。学部の同僚、フーベルト・ナーエントループは、ヒスが国家社会主義を「正しく理解できていない」ことを認めていた。しかし、ヒスは、彼なりの厳格な義務履行

---

55) ヒスの1934年1月3日付書簡、in：UA Münster Best. 31 Nr. 27（頁数欠如）.
56) *Holzhauer*, Walter Erman (1904-1982), in：*Pieroth* (Hrsg.), Heinrich und Walter Erman. Dokumentation der Gedenkveranstaltung am 19. September 2004 an der Rechtswissenschaftlichen Fakultät Münster (Münstersche Juristische Vorträge 16), Münster 2005, S. 13-36 (18).
57) 1934年3月14日の講師団リーダーの不服申立て、in：UA Münster Best. 31 Nr. 27. 本のタイトル頁で触れられている「B Ⅱ／1 Brenneisen」という資料は発見できなかった（2013年12月時点の書籍調査用資料による）.
58) 1934年9月21日付忠誠の誓い、in：UA Münster Best. 10 Nr. 2859（頁数欠如）. この他にも証明を行っているものとして、*Steveling*, Juristen（前注19））, S. 367.
59) *His*, Chronik（前注14））, S. 314；*Steveling*, Juristen（前注19））, S. 457.

を通じて、実際に「国家社会主義の理想」を直接かつ完全に果たしていた[60]。おそらく、ナーエントループは、1941年に刊行されたルードルフ・ヒスの功績を称えた小論において、事後的にではあるが、ヒスの同志としての栄誉を得ようとしていたことであろう。いずれにせよ、ヒスが表向き国家社会主義の思想と近い関係にあったことを証明できる資料は存在しない。ナーエントループが挙げるその他諸々の政治的示唆も、資料としての価値からみて、明確性に欠けている。1918年にドイツ帝国が没落した時、ルードルフ・ヒスは、一見すると、国家社会主義の立場から「悲嘆と憤慨」を示していた。これにより、彼は「黒、赤、金三色を旗印とする国際的共同体の敵」となった。その趣旨は、彼が講義でワイマール共和国三色国旗の色を上から「黒、赤、金」と述べていた[61]ことによる。実際、1920年代以降、ドイツ国家のシンボルに関するジョークが存在した。黄色、からし色、尿の色、また糞便の色というように表現上若干の違いがあるが、民主ドイツ国家の国旗に使われた金色は多くの者にとって癪の種であった。ドイツ国（ヴァイマル共和政）大統領パウル・フォン・ヒンデンブルク（Paul von Hindenburg）は、黒色・赤色・からし色について述べていた[62]。しかし、ヒスがこのグループに加わっていたか否かははっきりしていない。フーベルト・ナーエントループは熱狂的な国家社会主義者であるが、彼が1941年にヒスの活動を称える小論を執筆した時、彼はしかるべき言葉を並べ

---

60) *Naendrup*, Rudolf His. Ein Forscherleben im Dienste der deutschen Rechtsgeschichte, Münster 1941, S. 7 ; *Steveling*, Juristen（前注19)), S. 457.

61) *Naendrup*, His（前注60)), S. 7.

62) *Gusy*, Weimar – die wehrlose Republik? Verfassungsschutzrecht und Verfassungsschutz in der Weimarer Republik (Beiträge zur Rechtsgeschichte des 20. Jahrhunderts 6), Tübingen 1991, S. 166-167 ; *ders.*, Die Weimarer Reichsverfassung, Tübingen 1997, S. 88-89 ; *Hueck*, Der Staatsgerichtshof zum Schutze der Republik (Beiträge zur Rechtsgeschichte des 20. Jahrhunderts 16), Tübingen 1996, S. 245-246 ; この他、簡単なものとして、*Kroeschell*, Rectsgeschichte Deutschlands im 20. Jahrhundert, Göttingen 1992, S. 45；同時代のものとして、*Oborniker*, Praxis des Rechts. Strafrecht, in : Die Justiz. Zeitschrift für Erneuerung des Deutschen Rechtswesens 1 (1925/26), S. 320-324 (321-322).

立てて、政治的な同意を期待できるものと考えていた。ヒスが国家社会主義にどれだけ距離を置いていたかという視点を唯一の手掛かりとして、一体どの程度まで、スイス人のルードルフ・ヒス――彼を追悼する文章の多くは、ヒスがおとなしい人物であることを示している――がドイツの民主制に対する闘士と考えられるかを判定することはできない。その後の研究では、ヒスが「祖国」と「ワイマール共和国」とを明確に区別していたと記されている[63]が、こうした評価をすること自体、一つの賭けでしかない。

　しかし、ヒスを評価しようとする場合、考慮に値する点がもう一つある。それは、ヒスが定年に達した後に、教育省が 1935 年 5 月に彼の退職時期を延長していたという点である。ヒスは、1936 年 3 月に退職した後も、名誉教授として、それまで彼が担当していた教授職をさらに一年間担当した。この状況をみて、新学部長エアハルト・ノイヴィーム[64]は、ドイツ帝国・プロイセン学術省宛てに、ヒスが担当していた旧教授職を補充する必要性がない旨の書簡を送った。そこには、法史――このように、ノイヴィームは言う――の分野は、フーゲルマン（Hugelmann）、ナーエントループ、シューマン（Schumann）およびハラーマン（Hallermann）の諸教授によって十分にカヴァーされており、ヒスが担当していた民法、商法、国法および国際法の講義担当にも問題はない、と記されていた。新学部長が法史の教授職を廃止し、国民経済学第三講座担当教授職を新設するつもりで行動していたことは明らかである[65]。人事記録のように手を加えにくい資料から、これ以上に詳しい経緯を探り出すことはできない。周知のように、国家社会主義時代には明らかに学生数が減少していた[66]ので、ここから推測すると、ミュンスター大学が法律学の教授ポストを維持す

---

63)　*Felz*, Im Geiste der Wahheit?（前注 53））, S. 385.
64)　彼については、*Steveling*, Juristen（前注 19））、S. 264.
65)　ノイヴィームの 1936 年 2 月 25 日付書簡、in: UA Münster Best. 31 Nr. 27（頁数欠如）；この他、この論議については、*Steveling*, Juristen（前注 19））, S. 457-458.
66)　*Holzhauer/Orths*, Geschichte（前注 36））, S. 30；1933 年／1934 年から 1939 年／1940 年まで、学生数は 663 人から 255 人に減少した。その余の数値を示すものとして、*Felz*, Im Geiste der Wahrheit?（前注 53））, S. 363.

る実際的必要性はなかったことであろう。それでも、ヒスが30年以上もの長きに亘って努力して勝ち得た学問的名声に鑑みれば、まったくの無関心から、法学部がヒスの担当科目の存在価値を見る目を曇らせてしまったことは驚きという他はない。ルードルフ・ヒスは1935年にようやく大著『ドイツ中世刑法 (Strafrecht des deutschen Mittelalters)』の第二巻を出版した。ヒス自身は、新学部長が学術省に推薦した後任担当者たちの学力を、学問的にはまったく彼の足元にも及ばないとみていた。実際、同学部に与えたマイナスの影響の大きさ――ヒスの教授職が多年に亘って空席のまま据え置かれ、1941年になってようやく、それも短期間、ゲオルゲ・アントン・レェーニンク (George Anton Löning) によって埋められたこと[67]――を考えれば、同学部がこうした状況を無為に放置し、改善しようとする意思を意図的に持たなかったことが分かる。

こうした背景からみると、同学部の上述の同僚たちがヒスの死後短時間で作成した数通の追悼文――その多くは、同情心溢れる文体で書かれていた――があったはずであるが、それらはすべて失われ、今ではもはや目にすることはできない。1938年1月22日、67歳になっていたスイス人学者のルードルフ・ヒスはミュンスターで没したが、彼の死後も状況が慌ただしく展開したことに変わりはない。翌1月23日、元同僚で名誉教授のパウル・クリュックマン (Paul Krückmann) は「ヒスはドイツの法律学で最も洗練された頭脳の一人に数え上げられる」[68]と述べていた。地元紙のミュンスター新聞 (Münsterische Zeitung)

---

67) たとえば、*Holzhauer/Orths*, Geschichte（前注36)), S. 30；レェーニンクについては、*Sellert*, George Anton Löning – ein Jurist im Spannungsfeld freiheitlicher Wissenschaft und nationalsozialistischer Ideologie, in : *Saar/Roth/Hattenhauer* (Hrsg.), Recht als Erbe und Aufgabe. Heinz Holzhauer zum 21. April 2005, Berlin 2005, S. 319-331（ミュンスター大学との関連については、同書321頁および330～331頁）；*Mohnhaupt*, Rechtsgeschichte im Recht der Festschriften für Rechtshistoriker und Juristen zwischen 1930-1961, in : *Rückert/Willoweit* (Hrsg.), Die Deutsche Rechtsgeschichte in der NS-Zeit – ihre Vorgeschichte und ihre Nachwirkungen (Beiträge zur Rechtsgeschichte des 20. Jahrhunderts 12), Tübingen 1995, S. 139-176 (162).

68) UA Münster Best. 31 Nr. 27.

とミュンスター日報（Münsterische Anzeiger）はともにヒスの追悼文を掲載した。法学部は掲載費用として52.50ライヒスマルクを両社に支払った。この他、学部長は、クライ生花店（Blumenhandlung Kray）に10ライヒスマルクの葬儀用リボンを付けた花輪を注文した。愚かなことに、当時の学部長、マックス・カーザー（Max Kaser）[69]はこの行為で、学術省の通達に違反した。というのは、国家の資金で支払えるのは追悼文か花輪のどちらか一つだけであって、両方を同時に支払ってはならなかったからである。1938年1月27日の「回覧板」で、同学部長は、教授一人あたり4.45ライヒスマルクの分担金を徴収した[70]。葬儀の際、こちこちの国家社会主義者である植物学者のヴァルター・メヴィウス（Walter Mevius）[71]学長とマックス・カーザー学部長は、同大学および大学生全体に対するヒスの功績について述べた。フーベルト・ナーエントループは、ヒスを学者として評価する仕事を引き受けた[72]。ナーエントループは、前述のように、ルードルフ・ヒスが国家社会主義に対する精神的近接性を認めていたと述べた[73]。しかし、この指摘が実質的にもあてはまるのか、熱狂的な国家社会主義者のナーエントループがその折に行き過ぎた発言をしていたのかという点は、不明確なままである。それは、少なくともヒス自身が国家社会主義的言明をまったく残していなかった[74]からである。

彼の影響力（Schlaglichter）は、わずかではあるが、1950年代にまで及んで

---

69) カーザーについては、*Knütel,* [Nachruf auf] Max Kaser (21. 4. 1906-13. 1. 1997), in : ZRG Germ. Abt. 115 (1998), S. XVII-XLVIII（ミュンスター大学と学部長職については、同書XX-XXIII）.

70) UA Münster Best. 31 Nr. 27（頁数欠如）.

71) もちろんメヴィウスは党員ではなかった。彼については、*Sievers,* Rektor und Kurator der Universität Münster. Fürstentum zwischen Anspruch und Wirklichkeit, in : *Thamer/Droste/Happ* (Hrsg.), Die Universität Münster im Nationlsozialismus. Kontinuitäten und Brüche zwischen 1920 und 1960 (Veröffentlichungen des Universitätsarchivs Münster 5), Münster 2012, S. 27-59 (43-46).

72) UA Münster Best. 5 Nr262 fol. 007 recto-013 recto.

73) *Naendrup,* His（前注60））, S. 7.

74) ヒスの党員資格は知られていない。*Steveling,* Juristen（前注19）), S. 358.

いた。未亡人ヘトヴィック・ヒスは娘とともにデヒャナイ通り（Dechaneistraße）26番地の一家の家に住み続けた。第二次世界大戦後、彼女は長い間スイスで暮らした。それは、1948年／1949年に寡婦年金の支払を巡ってたびたび争いがあったからである。ヘトヴィック・ヒスが1953年に亡くなった時、当時の学部長ハリー・ヴェスターマン（Harry Westermann）は娘のイルムガルト・ヒス宛てにお悔やみの手紙を出した[75]。このような経緯をみると、法学部とヒスの遺族との接触が少なくとも緩やかに保たれていたことが分かる。それでも、娘の運命はヒス一家にとって一筋の光明であった。この娘は未婚──このことは、彼女の世代にあってはもちろん稀なことではなかった──で、長年に亘り父母の家で年老いた母と暮らしていた。彼女は1941年以降ストラスブールで司書として働いていた[76]が、終戦と同時にミュンスターに戻り、1950年代は失業者として暮らしていた。母の死後、イルムガルト・ヒスは1953年に補助金を請求する必要に迫られた。というのは、彼女は母の埋葬費用を自力で支払うことができなかったからである[77]。人事記録から、その間の経緯を詳しく知ることはできない。しかし、ルードルフ・ヒスが学者として成し遂げた業績は、私的な生活からみると、おそらく彼に何ももたらさなかったことであろう。

II. 学術的著作

「彼が刊行した著作の数は少ない」[78]。エーバーハルト・シュミットは、ルードルフ・ヒスを追悼する文章において、ミュンスターの法史学者のライフワークに対する評価を行うにあたり、この簡単な指摘から始めている。しかし、公表された著作の点数だけで学問的な貢献や功績を測ることはさほど有益ではな

---

75) UA Münster Best. 31 Nr. 27（頁数欠如）.
76) *His,* Chronik（前注14）), S. 314.
77) UA Münster Best. 10 Nr. 2859.
78) *Schmidt,* His（前注6）), S. XVII.

い。このことは、シュミット自身が1941年に無造作に認めていた通りである。ミュンスター大学図書館には、ヒスの全著作についての概観7頁分の資料しか残されていない[79]。しかし、成果の数よりも、彼が選んだテーマの独自性とそれに関連して彼が採用した研究方法論の方がもっとずっと重要である。ヒスは、同世代の多くの同僚諸教授と同様に、一旦提出した大学教授資格取得論文をその後一書にまとめて出版していた。他の同僚と同様に、彼の場合も、おそらくさほど多くの個別テーマに関する単独研究書は書かれていない。そのうえ、彼は大部の教科書も出版していない。それでも、特に記憶に残るのが密接に関連する三つの著作、1920年と1935年に刊行された二冊の『ドイツ中世刑法 (Strafrecht des deutschen Mittelalters)』、その中間に刊行された『カロリナ法典以降のドイツ刑法史 (Geschichte des deutschen Strafrechts seit der Karolina)』、これらである。この三冊は、ドイツ刑法史における大きな貢献であり、今なお、存在意義を有する。ヒスをこの時代の法史学者として位置付けようとすれば、まずもって挙げられるのがこれら三冊である。

ルードルフ・ヒスの著作目録をみると、28本の論文と37本の書評が挙げられている[80]。そこには、未公刊の博士学位取得論文の他、1896年にハイデルベルク大学で私講師として採用試験用講義を行ったことも記されている。印刷されたものとしては、何よりもまず大学教授資格取得論文、フリースラント刑法、二巻本のドイツ刑法、ハンドブック形式の単著、これら五点がある。中世に関するテーマを取り上げた諸論文——これらはしばしば専門誌であるサヴィニィ雑誌 (Savigny-Zeitschrift) に掲載された——はどれも80頁ないし90頁の分量に達していた。この他、中世写本の装飾画が若干ある。そこには風刺画も含まれている。たとえば、ヒスは1919年にグリム童話の「うまい商売 (Der gute Handel)」にも出てくる決まり文句の「農夫よ、金を持っているか (Bauer, hast du Geld)」について、わずか1頁であるが、小論を書いていた。彼は、もともとはスイスの地方自治体に端を発する歌詞がミュンスターの聖ランベルトゥス

---

79) UB Münster: Schriften von Rudolf His.
80) 以下の記述はこの著作目録による（前注79））。

歌謡（聖ランベルトゥスを守護神とする地区で花とランタンで飾られたピラミッド型の聖ランベルトゥスの椅子の周りを伝承された歌を歌いながら住民が周回する慣習）によって借用され、毎年9月17日にミュンスターの子どもたちにより歌われた[81]、と書いている。このような、民俗学的関心に充てる副次的時間——法史の研究という本業から離れるものの、マイナスにはならない時間[82]——の成果として、驚くほど溢れるユーモアを含め、往々にして厳密さを求められる刑法史の著作に豊かな彩りが添えられることとなった。1924年の「民間信仰におけるシジュウカラ（Meise im Volksglauben）」についての説明もその一例である。しかし、ルードルフ・ヒスがミュンスターやヴェストファーレンに関するテーマで学問的な説明を行っていたのは、わずか三回にすぎない。37本の書評——そのうち29本はサヴィニィ雑誌に掲載された——のほとんどは、彼自身の学問的関心の高さを反映したものであった。ヒスはフランスの著作を7件、オランダの書籍を3件、それぞれ取り上げているが、奇妙なことに、スイスの著作に関するものは稀にしかみられない。しかし、ルードルフ・ヒスは、フリートリッヒ・ゴットリープ・シュテーブラー（Friedrich Gottlieb Stebler）の民俗学に関する二冊を二度とも書評した際、彼が法史学分野のサヴィニィ雑誌の中で、スイスの慣習を取り上げることができた点を喜んでいた。彼は、「最も分かり易い自然・風俗の描写」と強い調子で褒め称え、「世の中から隔絶されたレッチェン谷（スイス・ヴァレー州ローヌ谷の北側にある谷の中で最大の谷）の型通りの描写」[83]に好奇心を抱いていた。それでも、このような気を引く表現は、ヒスの著作にはほとんどみられない。ヒスの場合、刑法史に関する厳密な文献学的・解釈学的研究が中核をなしていた。ヒスは、こうした研究によって、さらに一層理解を深めることができた。

---

81) *His*, Zu „Bauer, hast du Geld", in : Schweizerisches Archiv für Volkskunde 22 (1918-1920), S. 201-202.
82) *His*, Chronik（前注14）), S. 313による。「ルードルフ・ヒスの旺盛な関心」。
83) *His*, Besprechung von F. G. Stebler, Ob den Heidenreben [und] Das Goms und die Gomser, in : ZRG Germ. Abt. 24(1903), S. 403-406 (403, 406).

1　ドイツ中世刑法

ルードルフ・ヒスは、1920年に『ドイツ中世刑法、第一巻、犯罪とその効果・総論 (Das Strafrecht des deutchen Mittelalters. Teil 1: Die Verbrechen und ihre Folgen im allgemeinen)』を刊行した。ヒスは、1920年のキリスト教聖霊降臨祭（春分の日以降、最初の満月の次の日曜日（復活祭）を初日と数えて、50日後に祝われる移動祝日）の日に、慈善事業団体を急いで設立した。彼は、はしがきに署名したうえ、完成したこの本を最高齢に達していた旧師、アンドレアス・ホイスラー (Andreas Heusler) に献呈した。この作品が出版されるまで、ヒスは長期に亘る準備作業を行っていた。ヒスは、『中世史・近世史ハンドブック (Handbuch der mittelalterlichen und neueren Geschichte)』を執筆するため、すでに1900年に、神聖ローマ帝国皇帝カール五世により公布されたカロリナ刑法典 (Constitutio Criminalis Carolina) までに至るドイツ法の歴史を分冊としてまとめ上げる仕事を引き受けていた[84]。このハンドブック――学問的責任を負う編者はゲオルク・フォン・ベロウ (Georg von Below) とフリートリッヒ・マイネッケ (Friedrich Meinecke)[85]であった――には、1903年以降、歴史を扱ういろいろな分野の概観的資料が収録されることとなっていた。同書の大半は長文の原典研究に基づくものであるが、分量を抑えた読み易いものであった[86]。ヒスは、この点にジレンマを感じていた。彼は、大胆に資料を選別し、原典を集めた。しかし、頁数の制約から、彼が集めた多数の成果をベロウ／マイネッケ編のハンドブックにそのまま取り入れることができず、彼は妥協せざるを得なかった。

---

84)　*His*, Das Strafrecht des deutchen Mittelalters. Teil I: Die Verbrechen und ihre Folgen im allgemeinen, Weimar 1920（リプリント版 Aalen 1964), S. VII ; *Naendrup*, Rudolf His zum Gedächtnis, in : UA Münster Best. 5 Nr. 262, fol. 007 recto.

85)　これについては、*Cymorek,* Georg von Below und die deutsche Geschichtswissenschaft um 1900 (Vierteljahrschrift für Wirtschfats- und Sozialgeschichte. Beiheft 142), Stuttgart 1998, S. 57-58.

86)　このシリーズはこんにちでも「Oldenbourg」-Grundrissen (Oldenbourg Grundriss der Geschichte (OGG)) として継続されている。

彼は、ハンドブック用原稿の完成を先送りし、出典の明確な部分を独立した著作として刊行することとした。中世刑法の総論——ヒスは1919年に完成原稿を提出していた——は、その限りで、最初から独立した書物として構想されていた。仕上げの数年間は、世界大戦の影響をもろに受けた。ヒスは、ミュンスター捕虜収容所での作業のため、三年間も執筆を中断しなければならなかった。さらに、停戦後は総じて交通事情が芳しくなかったため、ヒスはハイデルベルクのドイツ法学辞典用資料保管文庫（Archiv des Deutschen Rechtswörterbuches）で仕上げの作業を行うことができなかった。彼にとっては、印刷費の調達も問題であった。彼に手を差し伸べたのは、スイス人のいとこ、エドゥアルト・ヒス゠シュルンベルガー（Eduard His-Schlumberger）であった。必要経費の総額からみると微々たる額ではあるが、ミュンスター大学法・国家学部も、同様に、大学省の資金から4,000マルクを拠出した。それでも、ワイマールのベェーラウ書店（Böhlau Verlag）から出版されたこの670頁の大著自体が、その存在価値を物語っている。

　生成しつつある歴史法学派では、刑法史は、当初、二次的なものとしかみられていなかった。法の成長過程を歴史的に跡付けることが、ゲルマニステンにとってもロマニステンにとってもまずもって従うべき伝統的路線——この路線は民法とその隣接領域、たとえば商法の歴史研究にもあてはまる——であった。刑法の領域では、たとえば1813年にバイエルンで、1840年にハノーヴァーで、1851年にはプロイセンで[87]というように、すでにたくさんの法典編纂活動が行われていた。そのため、歴史研究は刑法の分野では法解釈学でも法政策でもさほど重視されていなかった[88]。それゆえ、刑法史に関する大部の包括

---

[87] 19世紀の立法について概観を行っているものとして、*Schmidt,* Einführung in die Geschichte der deutschen Strafrechtspflege, 3. Aufl. Göttingen 1965, S. 478-480 ; *Rüping/Jerouschek,* Grundriss der Strafrechtsgeschichte, 6. Aufl. München 2011, S. 126.

[88] 刑法典立法化に賛成する初期の動きについては、*Rückert,* Art. „Historische Rechtsschule", in : HRG II (^{2}2012), Sp. 1048-1055 (1952). ヴェヒター（Wächter）についてこれと異なる見方をしているものとして、*Jungemann,* Carl Georg von Wächter (1797-1880) und das Strafrecht des 19. Jahrhunderts. Strafrechtliche Lehre und

的叙述が1842年になって初めて刊行されたという点は、なんら驚くにあたらない[89]。その後、分冊形式を採った『ドイツ刑法史 (Geschichte des deutschen Strafrechts)』の第一巻がヴィルヘルム・エドゥアルト・ヴィルダ (Wilhelm Eduard Wilda)[90]により刊行された。しかし、「ゲルマン刑法」の続巻は出版されず、未完に終わった。ヴィルダは、ゲルマンの原初的な法――ヴィルダは北欧の資料と土着の資料を概観することでゲルマンの原初的な法を解明しようとした[91]――に束縛されていた。彼の場合、ドイツの中世についても、近世に至るまでの歴史についても、時代を超えた全体に亘る通史的叙述はまったく行われていない。ヴィルダはそのための――長い期間に亘って耐久性を持ち得る――足場づくりを後世の研究者に委ねていた。彼は、いくつかの章、たとえば、法的保護領域からの排除、罰金刑を内容とする刑法、公開処刑、キリスト教布教地域の拡大といった個々の章の後に、総論上の諸問題を取り上げ、総論と軽犯罪に関する各論の詳細な説明とを区別して説明している。ヴィルダの著作には、たとえば、故意、未遂、正犯、共犯、未成年、また、殺人、名誉に対する罪、窃盗、偽証、そして外患誘致といった大きな章が見出される[92]。現代の刑法でも定着しており、刑法の中核に位置して大なり小なり解釈史を彩るこれらの事項についての説明方法は、80年後に登場したルードルフ・ヒスにも

Wirkungsgeschichte (Schriften zur Rechtsgeschichte 79), Berlin 1999, S. 49-55.

89) きわめて優れた学問史的位置付け (wissenschaftsgeschichtliche Einbettung) を行っているものとして、*Stutz*, Besprechung von Rudolf His, Das Strafrecht des deutschen Mittelalters I, in : Historische Zeitschrift 124 (1921), S. 285-293 (285-286).

90) ヴィルダ (1806年～1856年) については、*Eisenhart*, Art. „Wilda, Wilhelm Eduard", in : Allgemeine Deutsche Biographie 42 (1897), S. 491-493 ; *Kern*, Art. „Wilda, Wilhelm Eduard", in : HRG V (1998), Sp1415-1418.

91) *Wilda*, Das Strafrecht der Germanen, Halle 1842, Quellenüberblick, S. 7-115 ; これについては、*Hein*, Vom Rohen zum Hohen. Öffentliches Strafrecht im Spiegel der Strafrechtsgeschichtsschreibung des 19. Jahrhunderts (Konflikte, Verbrechen und Sanktion in der Gesellschaft Alteuropas. Symposien und Synthesen 3), Köln 2001, S. 231-235.

92) *Wilda*, Strafrecht (前注91))、Gliederung, S. XXI-XXIV.

そのまま引き継がれている[93]。

　少なくとも次に掲げる三つの著作には、ヴィルダの示唆が取り入れられている。ハインリッヒ・ブルンナーの『ドイツ法史（Deutsche Rechtsgeschichte）』とリヒャルト・シュレーダーの教科書、それに、ルートヴィッヒ・フォン・バール（Ludwig von Bar）の『ドイツ刑法史（Gechichte des deutschen Strafrechts）』、これらがそうである。ゲッティンゲン大学のルートヴィッヒ・フォン・バール教授は1882年に『ドイツ刑法史』を出版した。ドイツ刑法史というテーマは、ヴィルダの場合、複数の巻のうちの一冊であり、未完に終わった。フォン・バールは大胆にも地域と時代とを超越した包括的な叙述を試みていた[94]。彼は最初に狭義のドイツよりも広い地域を構想し、ローマ法から法継受以降の時代に至るまでを五つの時期に分けた[95]。彼は、その後に続く刑法理論の項でも、同じように、包括的な説明を行っていた。ルートヴィッヒ・フォン・バールにとってはいつも、法源の成立史や歴史的に限界付けられた時期こそが重要なのであって、解釈史や概念の厳密性は重視されていなかった。広い視野を有する彼の概説史は、フォイエルバッハ（Feuerbach）のバイエルン刑法典、1848年にフランクフルト国民議会で採択された統一ドイツのパウロ教会憲法およびライヒ刑法典（第一次改訂を含む）、これらを含む19世紀の記述で終わっている[96]。しかし、彼の結論には矛盾がある。同時代に登場したリヒャルト・レェーニンク（Richard Loening）[97]のような研究者は、ルートヴィッヒ・フォン・バールの

---

[93]　*Hein*, Vom Rohen zum Hohen（前注91）), S. 239（そこでは、ヴィルダとヒスの相互関連性が示されている）; *Schmidt*, Besprechung von Rudolf His, Das Strafrecht des deutschen Mittelalters I, in : ZRG Germ. Abt. 41 (1920), S. 438-463 (440), そこで強調されているところによれば、ヒスは「ブルンナーの考え方をモデルとしている」。このことは、本質的に、両者の間に違いがないことを意味する。

[94]　*Ludwig von Bar*, Geschichte des deutschen Strafrechts und der Strafrechtstheorien (Handbuch des Deutschen Strafrechts 1), Berlin 1882.

[95]　*v. Bar*, Geschichte（前注94）), S. 1-198, Gliederungsübericht, S. XI-XIV.

[96]　*v. Bar*, Geschichte（前注94）), S. 169-198, フォン・バールの著作に対する評価については、*Hein*, Vom Rohen zum Hohen（前注91）), 269-275.

[97]　1848年～1913年。*Hein*, Vom Rohen zum Hohen（前注91）), S. 269によれば、

研究内容に疑問を持っていた。包括的な叙述に向けて信頼できる基盤を提供する目的で行われた同時代の資料の解明――これについては、多数の資料集編纂事業やこれに準じる大規模な事業計画というかたちでの取り組みが全力で進められている――が十分に成功してきたといえるかといえば、この点は疑わしいようにみえる。レェーニンクは「このように明確な根拠を欠く歴史から、物事を正確に認識できるようにすることに役立つ視点が、その中でもこんにちの刑法体系を正確に構築できるようにすることに役立つ視点が得られる等ということは、わたくしにはまったく想像することができない」[98]と考えていた。

その数年後に大部の教科書で行われた、刑法史に関する簡潔な概説が、フォン・バールの試みよりもずっと多くの成果を上げた。たとえば、ハインリッヒ・ブルンナー[99]やリヒャルト・シュレーダーは、それぞれの教科書において、ドイツ法史と対置させながら、明白な文献上の根拠を添えて旧いドイツ刑法史を要約していた。ブルンナーの叙述はむろんゲルマン時代と中世初期に限定されていたが、彼は資料上の根拠に基づいて長大かつ包括的な説明を行っていた[100]。集めた素材を通覧して上位概念のもとにまとめ上げるという、ブルンナーの体系的整理の仕方は、ルードルフ・ヒスも含め、後の刑法史学者たちにとってしばしば見習うべきモデルとされている。リヒャルト・シュレーダー――彼の教科書は1889年以降多くの版を重ねている――も同様に中世刑法の

リヒャルト・レェーニンクは1880年代における博識なドイツ刑法史学者である。

98) *Loening*, Besprechung von Ludwig von Bar, Geschichte des deutschen Strafrechts und der Strafrechtstheorien, in : ZStW 3 (1883), S. 472-476 (473); 同様のものとして、*Schmidt*, Einführung（前注87））, §323 S. 389; *Kirsten/Oestmann*, Art. „Ludwig von Bar", in : *Rückert/Vortmann* (Hrsg.), Niedersächisische Juristen（前注10））, S. 259-263 (260).

99) *Stutz*, [Nachruf] Brunner（前注2））, S. XXXIX, これは、刑法史の章を、ブルンナーの著作の最も重要な部分と述べている。ブルンナーが与えた契機については、*Hein*, Vom Rohen zum Hohen（前注91））, S. 275-282.

100) こうした手法はどの部分についても最終改訂まで維持されていた。*Brunner*, Deutsche Rechtsgeschichte, 1. Band 2. Aufl., Berlin 1906, 2. Band bearb. Von Claudius Frhr. von Schwerin, Neuauflage, Berlin 1928.

略図を提示している。しかし、シュレーダー自身が最後に手を加えた1919年版でさえ、その分量は20頁に満たなかった[101]。その後の追加も、比較的小規模にとどまっていた。たとえば、彼の時代によく知られた、ザクセンシュピーゲルの刑法に関する博士学位取得論文が追加されている[102]。このような状況にあったため、ルードルフ・ヒスは、1920年に著作を刊行する際、必要な資料の大部分を独力で用意しなければならなかった。1901年の『中世におけるフリースラント刑法（Strafrecht der Friesen im Mittelalter）』はその一例である。その20年後に、彼は取り上げる素材の空間的範囲を拡大していた。

　ルードルフ・ヒスの大著における記述は、意識的に控え目に行われている。ウルリッヒ・シュトゥッツは、ヒスの地味な努力を誉め、特に「読者のために精選された原典資料を用い、簡素ではあるが熟達した、読み易い叙述（……）が行われている」[103]点を明示的に称えていた。「はしがき」では簡潔な表現が維持され、「序論」でも、わずかではあるが、研究の現状と方法論的基礎付けが考慮されている。ヒスの場合、よくみられるが、「原典資料」と題された章[104]が冒頭に置かれている。実際、中世刑法に関する多種多様な原典資料を集め、体系的に整理した点は、ヒス独自の学問的な寄与と言ってよい。ヒスは「最初から通史的な叙述」[105]を意図していなかった。それゆえ、ゲルマン民族大移動の時期から永久平和令（中世に国王等が国内の騎士たちに出した平和保持命令）へと辿る歴史的説明も、私闘・復讐制度ないし賠償金支払いによる贖罪制度が刑法の登場によって消滅する過程も、中世の犯罪行為とその克服の歴史の解明も、ヒスにとって重視されていない。むしろ、体系的整理を綿密かつ厳格に行うようにという要請から、広範囲に亘って解釈上の再構成を提言する論文

---

101)　この点での変更は行われていないものとして、*Schröder/Künßberg*, Lehrbuch der deutschen Rechtsgeschichte, 7. Aufl., Berlin, Leipzig 1932, S. 828-841.

102)　*Friese*, Das Strafrecht des Sachsenspiegels (Untersuchungen zur Deutschen Staats- und Rechtsgeschichte 55), Breslau 1898.

103)　*Stutz*, Besprechung von His, Strafrecht（前注89))，S. 286-287.

104)　*His*, Strafrecht I（前注84))，S. 1-2.

105)　*Schmidt,* His（前注6)), S. XX.

が生み出されてきた。もちろん、学識が十分に積み重ねられていない中世法の場合、学識が積み重ねられているその後の刑法学と異なり、解釈学はまったく磨き上げられておらず、明確な概念も形成されていない。そのため、ヒスの叙述には、非現実的と言わなければならないほど、時代遅れの部分がある。彼が、平和（神による休戦）、国、都市および村の治安について述べる場合、そこには、中世特有の基本的な平和（Frieden）の観念が存在する[106]。ヒスが中世法の総論部分から導き出す観点が多くなればなるほど、微細な部分に至るまで原典資料に即した説明が行われ、しかもそれぞれに変化に富んだ説明が行われているが、総じて、彼の説明は無色透明なものとなっているようにみえる。たとえば、「軽犯罪の概念と態様」と題する章では、「ドイツ語でさまざまに表現される軽犯罪（Missetat = fries. misdele, mndl. misdaet, mesdaet, mnd. misdat, mhd. missetat）や非行（Untat = fries. ondede, mnd. ondât, mhd. untat）のうち、特に問題とされていたのは、不適切または悪質な行為（unglückliche oder schlechte Tat）のみである。また悪事（Übeltat = fries. ewele dede, mndl. eveldaet, mnd. oveldat, mhd. übeltât）の場合に問題となるのは、最後の意味（mhd. übeltât）のみである。法規範および風俗規範に反する犯罪行為（Vergehen）は、中世の原典資料では、違法行為（Unrecht）、最も重大な犯行（Ungericht）、乱暴狼藉（Unfug）、それに猥褻行為（Unzucht）、これらに限定されている。これらのうち、最も重大な犯行（Ungericht = mnd. ungerichte, mhd. ungerichte）という表現は、深刻な違法行為（Unrecht）、乱暴狼藉（Unfug = mnd. unvoch, ungevoch, mhd. unfuogef）および猥褻行為（Unzucht = mhd. unzucht）に限られ、比較的軽微な類型のものとは明確に区別されている。（……）犯罪行為（Verbrechen）の主観的側面は ahd. fravali, mhd. frevel ――これらは、こんにちの意味における厚かましさ、ずぶとさ、ずうずうしさに対応する――と表示される」[107]と説明されている。脚注には大量の文献が掲げられ、一部では、中世の標準的なテクストから証拠となる原典資料が引用されている。

---

106) *His*, Strafrecht I（前注84））, S. 2-36.
107) *His*, Strafrecht I（前注84））, S. 38-39.

このような原文の抜粋というやり方は、ヒスの『ドイツ中世刑法』における仕事の仕方を特によく表している。どの原典資料にもいえるが、知識を得ようとする場合、つねに言語上いずれか特定の問題に焦点を当てることが重要である。ヒスは、――『ドイツ法律辞典（Deutsches Rechtswörterbuch）』の執筆に協力したり、8世紀から16世紀までフリースラントで使われていた西ゲルマン語群の古フリジア語に取り組んだりする中で彼自身が実践してきたように――語源学の訓練を経たうえで、中世諸言語のうち、法的にみて変動幅の小さな中核部分に注目してきた。彼はこうしたやり方で、非行（Untat）、悪事（Übeltat）、違法行為（Unrecht）および乱暴狼藉（Unfug）、これらの語を相互に区別してきた。このようにして得られた相違に比して、複数の宗教間に見られる違いや、世紀に着目した時期区分に基づく地理的相違や内容的相違は、ずっと色褪せたものとなっており、印象が薄い。ヒスは、こうしたやり方で、証拠を突き付けつつ、現代刑法との類似性や現代刑法に至る前段階の特徴を明らかにしてきた。しかし、彼の場合、中世法の特質、すなわち、現代法との原則的な違いがしばしば無視されている。エーバーハルト・シュミットは、1920年に書いた書評において、「ヒス博士が採った方法はわたくしには奇異に感じられる」[108]と批判的に論じていた。実際、独断的実力行使、自力救済、そして和解、これらの概念は、ヒスの著作では脇に追いやられていたようにみえる。

　それでも、ヒスは、「軽犯罪（Missetat）」という長文の節と「刑法体系」という大部の編（Teil）との間に、私闘と贖罪に関する二つの章を挿入していた。この編成は、ハインリッヒ・ブルンナーの教科書を模したものである。もちろん、ブルンナーはゲルマン時代とフランク時代だけしか取り上げておらず、それぞれの時代が二巻本の各冊に対応する。これに対して、ヒスは1,500年間という著しく長い期間についてブルンナーの方法を応用していたために時代区分ごとの特徴を明らかに棚上げせざるを得なかった[109]。このように、彼の本では、

108）　*Schmidt*, Besprechung von His, Strafrecht I（前注93））, S. 440.
109）　この点について批判的なものとして、*Schmidt,* Besprechung von Rudolf His, Geschichte des deutschen Strafrechts bis zur Karolina, in : ZStW 50 (1930), S. 619-

中世の節でも、通史的位置付けには付随的役割しか与えられていない。フランク時代の永らく平和が保たれた状況と対比すると、中世における私闘の「範囲拡大の重要性」に割かれた分量はわずか 1 頁でしかない。それでも、ごく短いリード部分に続けて、ヒスは、同時代的観点からみた私闘の現れ方、参加当事者の範囲に関する規範的枠組み、これら二つを集中的に取り上げていた[110]。その後、ヒスは、私闘の適法性[111]、私闘の制限[112]、さらにその構成に関する「直接的および間接的な方法」[113]、これらに触れていた。この章の末尾 2 頁に示された法実務の部分で、個別原典資料に関する長文の細かくて厳密な一覧表の後に示された、「もちろん、これらどの私闘禁止によっても、完全に私闘を規制することはできなかった」[114]という文章を目にして、読者は驚かれることであろう。この例が示すように、ヒスは近世の項でも 17 世紀のスイスの法源に至るまで十分に目を配り、「ここでも最終的には、氏族の繋がりが次第に弱体化するとともに、国家権力が強化されたことにより」、近世初期のスイス連邦では「旧い復讐法が衰退した」[115]と書いていた。このような広い範囲を対象としたうえで要点をまとめた文章は、ヒスの場合、稀にしかみられない。エーバーハルト・シュミットは、この点に焦点を当てて「想像力を働かせた研究成果を学問的著作として公表すること、原典資料を駆使すること、そして起源に関する原典資料に忠実に従いながら観察者の視点を細部から全体へと向かわせ、発展の姿を描き出すこと、これらはヒスにとって重要ではなかった」[116]と述べている。

　彼と同時代の人々にとって、何が望ましいかという点は明確であった。この

---

621 (620).

110) *His*, Strafrecht I（前注 84））, S. 263-270.
111) *His*, Strafrecht I（前注 84））, S. 270-281.
112) *His*, Strafrecht I（前注 84））, S. 281.
113) *His*, Strafrecht I（前注 84））, S. 289.
114) *His*, Strafrecht I（前注 84））, S. 294.
115) *His*, Strafrecht I（前注 84））, S. 296.
116) *Schmidt*, His,（前注 6））, S. XIX-XX.

点を解明するために、「発展史的、そして遺伝的な性質を有する要因」がすぐに考えられた。世俗の刑法に関する諸問題、教会法が世俗の刑法上の観念に及ぼした影響に関する諸問題、罪責と結果責任との関係に関する諸問題、中世の犯罪撲滅活動に関する諸問題、そして何といっても、「民族文化」の中に法を位置付けること、これらは意図しないまま、未解決の課題として残されていた。エーバーハルト・シュミットは、かつての同僚ヒスを、法史と古代法とを対立させることができるとする点で、法的旧風を墨守する者とみていた[117]。フーベルト・ナーエントループは、ヒスを追悼する文章で、これに酷似した表現を用い、ヒスは「仮説と再構成を拒否していた。彼にとって大事なのは、原典資料に即した事実研究と真実であった」[118]と述べていた。ヴァルター・シェーンフェルト（Walter Schönfeld）は、1929年に、ヒスにいわゆる新即物主義の代表的学者という烙印を捺した。「この点は、こんにち多くの者により支持されている」。というのは、彼の刑法史の著作が「最も厳密な設計図に従って石の上に石を積み上げた建物のよう」に堅固なものだからであり、また、彼が書く文章はどれも、ほとんど感動的といってもよいほど、人格から遮断された抽象的な言葉、感銘深いほどの簡潔さ、それに誇張のなさ、これらによって、彩られているからである。それでも、シェーンフェルト――彼は、ヒスの原典資料に対する精通ぶりに素直に感嘆していた――は、慎重に「著者（ヒス）は読者に対して簡単に、木を見るより森を見させているわけではない」[119]と考えていた。たとえこの評価が1928年に書かれた第二巻について行われたものであるとしても、シェーンフェルトの評価は、ヒスが感銘を与えた第一巻に対する評価と同じであり、一貫性を保っている。原典資料を包括的に認識すること、そ

---

117) *Schmidt*, Besprechung von His, Strafrecht I（前注93））, S. 462-463.
118) *Naendrup*, Rudolf His zum Gedächtnis, in : UA Münster Best. 5 Nr. 262, fol. 008 recto；これと同様のものとして、*Schmidt*, Besprechung von Rudolf His, Geschichte（前注109））, S. 621.
119) *Schönfeld*, Besprechung von Rudolf His, Geschichte des deutschen Strafrechts bis zur Karolina, in : ZRG Germ. Abt. 49 (1929), S. 572-575.

して、現行法上採用されている一連の秩序モデルに照らして解釈史的にみた類似性を禁欲的かつ緻密に構成すること、このような特質を有するヒスの研究成果によって初めて、後の時代のすべての刑法史研究のための基盤が築かれた。それでも、ヒス自身は、歴史的性格を明らかにしようとして中世を素材とすることにまだためらいを感じていた。この点で、ヒスの叙述は、この時期に続々と刊行されつつあった[120]ドイツ私法に関する多くの概説書やハンドブックの記載内容と類似する。ドイツ私法の場合、もちろん、執筆者は大胆に、解釈学史における伝統的理解を普通は1900年の民法典まで捉えており、数世紀に亘るきわめて長期の展望を示していた[121]。しかし、ヒスは、このような最近の歩みに同調していない。それゆえ、ウルリッヒ・シュトゥッツが強調しているように、ルードルフ・ヒスとドイツ私法の代表者たちとの間には、まさしく論点ごとの再構成を放棄するという点で本質的な違いがある[122]。古代法の収集者としてたくさんの資料を手に入れ、みずから節度をもって取り扱うという点において、ヒスの著作は、――彼以前の旧来の、しかし、1899年までしばしば拡大して行われた――ヤーコプ・グリム（Jacob Grimm）のドイツ古代法の構成に似ていた[123]。たとえ、同時代の書評者たちが、消化の良くない食べ物にたとえて、理解不能の点があるとヒスの研究における問題性の核心を突いていたとしても、広い範囲に亘って原典資料を脚注に取り入れていること、言葉のうわべだけでなくその意味内容にも深い考慮を払っていること、これらがヒスの本を近付き易く読み易いものにしている。

---

120) *Holzhauer*, His（前注15))、So. 1046、これは、追加資料として、1900年までの時期における民事法分野の著作を挙げている。
121) 教科書およびハンドブックについての文献の例は前注9) をみよ。
122) *Stutz*, Besprechung von His, Strafrecht I（前注89))、S. 291.
123) *Grimm*, Deutsche Rechtsaltertümer, 2. Bände, 4. Aufl., bearb. von Andreas Heusler und Rudolf Hübner, Leipzig 1899 ; ヒスとグリムの方法論的類似性については、*Fehr*, Besprechung von Rudolf His, Geschichte des deutschen Strafrechts bis zur Karolina, in : Schweizerische Zeitschrift für Strafrecht/Revue Pénale Suisse 42 (1929), S. 296-299 (297).

1935年に大部の第二分冊——これは「犯罪各論」を取り扱っている——を出版したことで、ヒスは、中世の刑法各論研究の先駆者として、1920年に彼が切り開いた道をさらに歩み続けた。同書第28章では、一言の導入もなく、最初の頁で神への冒涜と虚偽の宣誓が取り上げられていた[124]。エーバーハルト・シュミットは、「ヒスが犯罪各論の構成について明言していないため、読者が個々の犯罪類型をみてこの点を独力で推論しなければならない」とコメントしていた[125]。シュミットは、そもそも「なぜかの説明が求められるすべての問題」について、「遺憾ながら、ヒスは暗示するにとどめている」と述べていた[126]。このように、大部の原典資料集はあたかも「鉱区」のようなものとなっている。この「鉱区」は、「中世における刑法の発展過程とその内容を真に歴史的に把握するための」「出発点」[127]となるに違いない。実際、エーバーハルト・シュミットは、第二分冊用の資料収集が第一分冊の場合よりずっと控え目に行われたことに感嘆する一方で、素材の歴史的分類が第一分冊の場合ほど明確ではないことに不満を述べていた。シュミットは、「ヒスの著作を読んで、わたくしは、『ヒスが一般的・文化的・政治的な背景、それらの背景のもとに行われている動き、それらの動きの進展、これらについて明確に記述していない』という点について、繰り返し遺憾の意を示してきた。彼が頻りに述べている法的状況には、ある種の偶然性が含まれている。本来、読者は、無数の細かな事実をすべて閲覧することによって初めて、中世法固有の観念が何かを知ることができ、また、その理解を一層深めることができるはずだからである」[128]と述べていた。しかしながら、ヒスの著作には、本来必要とされる中世法固有

---

124) *His*, Das Strafrecht des deutschen Mittelalters, Teil 2 : Die einzelnen Verbrechen, Weimar 1935, S. 1.
125) *Schmidt*, Besprechung von His, Strafrecht des deutschen Mittelalters II, in : ZRG Germ. Abt. 5 (1936), S. 623-637 (623-624)；これに類似するものとして、*Stutz*, Besprechung von His, Strafrecht II（前注124)), S. 338.
126) *Schmidt*, Besprechung von His, Strafrecht II（前注125)), S. 629.
127) *Schmidt*, Besprechung von His, Strafrecht II（前注125)), S. 637.
128) *Schmidt*, Besprechung von His, Strafrecht II（前注125)), S. 630.

のものについての説明が欠けていた。ここにいう「固有の観念」とは、文化および民族精神の中に法史を位置付けることである[129]。この点において、ヒスの包括的な著作はなるほど原典資料の「取扱いの素晴らしさ」では優れているが、原典資料が厳密に何を示唆しているかという点では成功例とは言えない。それゆえ、彼の場合、「何が偶然の出来事なのかの解明」[130]は依然として残されたままである。シュミットと異なり、ウルリッヒ・シュトゥッツはヒスの著作に対してもっとずっと好意的な判定を下していた。彼は、歴史家からみると異質な、法解釈学的色彩の強い編別構成をヒスが採用している点について「著者を非難しない」[131]ようにしていた。というのは、犯罪各論の叙述に際して、歴史的経緯の記述を放棄することが「さほど多くは行われて」いなかったからである。それにも拘らず、たとえば、ヒス自身が解明した、ドイツ中世史上、横領概念が知られていたか否かという点の検討に際して、ヒスが概念の明確化に取り組んでいた点を、シュトゥッツは徹底的に批判していた[132]。それでも、シュトゥッツは、最終的に、ヒスが「退職する前に」熱心に資料を収集していた点と、原典資料の解読に精通していた点を称賛している。

　実際、ヒスは、彼の『刑法』の第二部で、「狭義の窃盗の判断基準はフランク時代におけるものと同じである。窃盗は、拾得の意図のもとに他者の保管のもとにある他者の動産を違法と意識しつつひそかに盗み出すことである」と述べて、微細な部分に至るまで解釈学に関する回顧を行っていた。この定義に従って、ヒスは、原典資料の文章等を分解し、それぞれを個々の構成要件該当性判断基準——「a) 動産（Bewegliche Sache）（……）、b) 他者の物（Fremde Sache）（……）、c) この物が他者の保管のもとになければならない（Die Sache

---

129) その限りで、肯定的評価を行っているものとして、*Joranson*, Besprechung von Rudolf His, Geschichte des deutschen Strafrechts bis zur Karolina, in : The American Historical Review 34 (1929), S. 801-802, この書評は、「文化史」にとってのヒスの存在意義を強調している。
130) *Schmidt*, Besprechung von His, Strafrecht II/ZStW（前注 8）), S. 429-430.
131) *Stutz*, Besprechung von His, Strafrecht II（前注 1）), S. 340.
132) *Stutz*, Besprechung von His, Strafrecht II（前注 1）), S. 340.

muß in fremdem Gewahrsam stehen)（……）、d) 盗み出す（Wegnahme）（……）、e) 違法と意識しつつ（Bewußt widerrechtlich）（……）、f) 拾得の意図（Aneignungsabsicht）（……）、g) ひそかに（Heimlichkeit）（……）」[133]——のもとに包摂した。これによれば、ヒスは、あからさまな窃盗とひそかな窃盗とを区別し、大規模窃盗と小規模窃盗とを区別し、その後にそれぞれの類型に対応する処罰について述べている。ヒスが採用した方法からみると、中世の唯一の原典資料にこの定義が知られていないということは、さほど重要ではない。彼は、いろいろな資料を用いて、中世にこれらの観点が盗みの可罰性を肯定するうえで決定的であったことを実証してきた。原典資料自体に定義が欠けている——ザクセンシュピーゲルがそうであるように、定義が記されている場合でも、往々にして、簡単にしか述べられていない——点は、多かれ少なかれ、法解釈史研究から得られた定義によって補充されている。たとえば、「盗人は絞首刑に処されるものとする（Den Diep sal man hengen）」という表現がその一例である。しかし、ヒスは、中世のドイツ法がどの程度まで所有という法的観念を知っていたかという点を検討していない。

　ルードルフ・ヒスが中世の刑法規範を主体的に取り上げた前提には、暗黙裡にではあるが、「刑法上の保護法益という観念が完全に存在した」という認識があったはずである。「自由に対する罪」という章では特にこの点がはっきりと強調されている[134]。ヒスは、この節で、外部から認識可能な行動——ここにいう行動は、現代の視点からみると、人身の自由（強制のもとに置かれないという意味での消極的自由）に限定されている——を上手に列挙している。有益な内容を有するこの章は、「拘束と違法逮捕」という項目から始められ、その後、乞食やユダヤ人への子どもの売渡しへと展開されている。ヒス自身、これらの章で指摘しているが、彼が吟味した多くの原典資料では、侮辱という一定の方式を伴う行動類型が掲げられ、一部では、ある種「生命の危機」を生み出す行

---

133)　*His*, Strafrecht II（前注124））, S. 175-176.
134)　これについては、この他、*Schmidt*, Besprechung von His, Strafrecht II（前注125））, S. 625-626.

動様式も取り上げられている[135]。このようにみると、中世には「人身の自由」という法益はまったく存在しなかったことが分かる。13点の文献リストを掲げて、ヒス自身がなぜそのような見出しを採用したかを実証的に説明していたにも拘らず、中世の学識法以外の法を記述するために、彼がなぜ違法行為というカテゴリーを必要なものとみなしたのかという点は明らかではない。ごく稀にではあるが、ヒスは、抽象的概念規定に原典資料上の裏付けがないことを明言している。彼は、近親相姦に関する節で、「この言葉は史上まだ新しく、こんにちの意味のそれは、ルター（Luther）の場合に初めて見出される」[136]と強調していた。

ヒスは、このように、現在に至るまでの通史的把握に代えて、学識法ではない、土着の法を中世の刑法に基づいて解釈していた。そのために必要とされた資料の収集[137]も、30年以上に亘る、拡散した素材の精選と体系的整理も、厳密性の追求と意欲的作業の実施の両面で十分に満足のゆくものとなっている。同時に、ヒスの叙述は文字通り控え目であり、彼は、時代を画する姿を示すようにという誘惑に駆られることもなければ、そのようにすべきであるという要請にも抵抗してきた。推測すると、なぜヒスが学校教育に影響を及ぼさなかったのか、そして結果的に、ヒスがなぜ一匹狼になったのかという疑問を解くカギがここにあるように思われる。実際、エーバーハルト・シュミットの書評もウルリッヒ・シュトゥッツのそれも、ヒスの活動が道標を示すものであると評価していた。それは、ヒスが、中世史家や法史家がこんにちまで依拠している有用な「鉱区」を開発したからである。原典資料の探求過程で彼が発揮した厳密な検討作業は、今後も、一切の留保なく、信頼に値するものといえよう。しかし、比較的最近の原典資料集や学修書がルードルフ・ヒスを著名な刑法学者[138]とあっさりと分類しているのをみると、本質的に、大きな過ちを犯して

---

135)　*His*, Strafrecht II（前注124））, S. 140-141.
136)　*His*, Strafrecht II（前注124））, S. 165 Anm. 10.
137)　原典資料と文献リストを挙げているものとして、*His*, Strafrecht I（前注84））, S. IX-XVI, および *His*, Strafrecht II（前注124））, S. IX-XI.

いるようにみえる。というのは、実際、ほとんど注目されていないが、ヒスの研究は法史家の著作であって、文献学を学んだ刑法解釈学者の著作ではないからである。ルードルフ・ヒスは確かにシュトゥッツの著作で「現代の学者」として紹介されているが、原典資料が法の発展や現行法にとって重要ではないという理由で、ヒスはほとんど法律家とはみなされていない[139]と、シュトゥッツは鋭く指摘していた。

2 カロリナ法典までのドイツ刑法史

ルードルフ・ヒスは、『ドイツ中世刑法（Strafrecht des deutschen Mittelalters）』の第一巻および第二巻を出版したが、その間、1928年に、『カロリナ法典までのドイツ刑法史（Geschichte de deutschen Strafrechts bis zur Karolina）』を刊行している。カロリナ法典という中世の重罪刑事裁判規則を表記するにあたり、もともとの「C」に代えてドイツ語らしく「K」を用いて「Karolina」と書いたことは、すでに広く認知されている。200頁に満たない薄さのこの本は、専門外の者のための概説書として、幅広い読者層に向けて書かれた。ヒスは、中世および近世についてのハンドブックという構想を考慮して脚注を付けていないが、各節の冒頭に文献リストを掲げた後、分量的に多目の説明が行われている。末尾の要約的説明は長文であり、上述の二巻本に見られたものに類似する。最初の編「軽犯罪（Missetat）」[140]ではこの時代の犯罪行為に関する概念の説明から始められ、その後に、現代の刑法総論で論じられる諸問題——故意、共犯、未遂、緊急避難、正当防衛等々——が続く。ヒスは第二編「軽犯罪の効果（Die Folgen der Missetat）」を、歴史的な年代順に二つの部分に分けている。

---

138) *Sellert/Rüping*, Studien- und Quellenbuch zur Geschichte der deutschen Strafrechtspflege. Band 1 : Von den Anfängen bis zur Aufklärung, von Wolfgang Sellert, Aalen 1989, S. 43.
139) *Stutz*, Besprechung von His, Strafrecht I（前注89)), S. 291-292.
140) *His*, Geschichte des deutschen Strafrechts bis zur Karolina, München und Berlin 1928, S. 1-46.

彼は、ゲルマンの原始時代[141]とその後の時期——この時期は彼にとってフランク時代からカロリナ刑法典にまで及んでいる[142]——とを区別した。しかし、それでいて、時期を画する基準は示されておらず、いつものように、ある種の特質を示すはずの発展過程も示されていない。原典資料研究と言葉の意味内容研究は法的理解の中核をなすはずである。もちろん、ある書評が記しているように、「一つ一つ調べてみると、作業方法や研究成果の点で、異論を感じる余地があるのかもしれない」[143]が、「われわれの時代の最も原典資料研究に熟達した刑法史学者の一人の筆になる」叙述には十分に感謝の念が向けられなければならない。

　ヒスの幅広い視野は同時代の諸見解を反映したものであった。ヒスは、原始時代を考慮していたため、「国家について」述べることになんの困難も感じていなかった[144]。氏族の集団を強調している点もなんら驚くにあたらない。それでも、ヒスは世俗の刑法が始まった状況をわずか2頁にすべてまとめていた。ヒスは、「すでにゲルマンの諸状況に関して最も古い時期になされた複数の報告によって」、「氏族の集まりに対する干渉の例が、すなわち、国家の干渉」[145]の例が存在することを証明していた。こうした見解の当否はすでにその当時から争われていたが、幾人かの書評をみると、伝統的な見解に従っている点で、執筆者らはヒスに明示的に賛成していた[146]。この他、おそらくはカール・フォン・アミラ（Karl von Amira）[147]およびその他の者に倣って、ヒスは、世俗の刑

---

141)　*His*, Geschichte（前注140））, S47-57.

142)　*His*, Geschichte（前注140））, S57-105.

143)　*Schmidt,* Besprechung von His, Geschichte（前注109））, S. 619.

144)　*His*, Geschichte（前注140））, S48.（例示されているのは、姦通者の殺害である）.

145)　*His*, Geschichte（前注140））, S49.

146)　*Haff,* Besprechung von Rudolf His, Geschichte des deutschen Strafrechts bis zur Karolina, in: Vierteljahrschrift für Sozial- und Wirtschaftsgeschichte 32 (1929), S. 213-214 (213).

147)　先鋭化しているものとして、*Amira*, Grundriß des germanischen Rechts, 2. Aufl., Straßburg 1901, S. 147; 3. Aufl., Straßburg 1913, S. 240-241; 彼の方法について包括的に述べているものとして、*Landau/Nehlsen/Schmoeckel* (Hrsg.), Karl von Amira

法と宗教界の刑法とを区別していた[148]。ヒスは、中世初期以降、ゲルマンでは、私闘——騎士階級の私闘および非騎士階級の私闘を含む——が全面的または部分的に禁止されているとみていた[149]。彼はほぼ2頁を使って、中世までのドイツにおけるその歴史を辿った。ヒスにとってはむしろ異例にあたるが、彼は、当該箇所でその歴史的背景を解明するだけでなく、長期に亘る展望を描くための準備作業を行っていた。とはいえ、これらの節の説明はむしろ最小限度のものでしかない。概念の歴史的変遷を辿ることの重要性は、どの概念についても、まったく変わらない。ヒスは、法律効果について叙述する場合も、広い視野を保っていた。彼は、ゲルマンから筆を起こし、フランク時代を経てラント平和保持運動に至るまで、もともとは金銭での償いを柱としていた罰金刑法が、次第に、身体的拷問を科す刑罰をも取り入れるように変わっていった過程について述べている[150]。もちろん、これらの節でも、法解釈学の歴史を考慮して、時間と空間の制約を超越した再構成が図られている。ヒスは、ゲルマン原始時代とフランク時代という二つの時代区分の合間に、死刑の種類——たとえば、名誉刑としての斬首（打ち首）、不名誉な絞首刑等々——について述べていた[151]。しかし、これらの刑がいつ、どこで実施されていたかという点は未解決のまま残されている。概要のみ挙げれば、ある説では15世紀とされ、別の説では13世紀とされている。ヒスは文献学的な厳密性を追求し、語義に強く固執していたが、それだけに、中世史全体の中に刑法史を組み入れることにはほとんど関心を向けていなかった。

　このようにみると、この著作の第三編は、歴史的年代順による分類とはかけ離れており、犯罪各論の概観を提供していることが分かる。ヒスは、そこで、

---

　　zum Gedächtnis (Rechtshistorische Reihe 206), Frankfurt am Main 1999.
148)　*Haff*, Besprechung von His, Geschichte（前注146)), S. 214について、ヒスはこの点でまだあまりに控え目であった。
149)　*His*, Geschichte（前注140)), S. 58.
150)　*His*, Geschichte（前注140)), S. 70-71.
151)　*His*, Geschichte（前注140)), S. 82.

個々の可罰的行動に関する同時代の、学識法以外の見解に触れることなく、直ちに、そしてまったく唐突に、宗教犯罪を論じていた[152]。実質的にみると、ヒスは、この第三編をもって、彼の『ドイツ中世刑法』第二巻を先取りした[153]ことになろう。彼自身がみずからに課した「体系化の追求」という要請は一部では素晴らしい成果をもたらした。ヒスは、宗教裁判所で行われた無権限の訴えを一種の政治的犯罪行為とみており、明らかな刑事制裁としてこのような行為に罰金を科すべきだと考えていた[154]。ヒスは、租税犯罪（特別刑法）と対外的戦争への参加（国際刑法）という二つの節の間に、彼なりの考えに基づいて、狭義の刑法を盛り込んでいる。そこでは、秩序違反行為と上司の指揮命令に対する単なる不服従行為とが区別されていなかった。彼がこの本の第二編でラント平和保持運動を中世の革新的現象であると明確に指摘していただけに、ヒスの考慮はますます奇異の念を抱かせることとなろう。同様に、『ドイツ刑法史』の末尾には、だしぬけに、よその家の入り口や窓辺で夜の闇に紛れて聞き耳を立てるといった、同時代の人々が一目見ただけですぐに犯罪的な意図を推測するような振る舞いが記されている[155]。スイスの法史家、ハンス・フェーア（Hans Fehr）は、この点に注目して、「ヒスの著書は『法学提要史（Institutionengeschichte）』の素晴らしい研究であるが、それ以上に、法史における精神史の研究書といえよう。しかし、彼は後継者をわずかしか見出せないであろう」[156]と述べている。

　これらヒスのハンドブック形式の著作は、国際的にも十分に関心を集めていた。ポーランド、スイス、フランス、オランダ、そしてアメリカ合衆国においても、彼の著作に対する書評が刊行されている[157]。アメリカのある書評者は、

---

152) *His*, Geschichte（前注140)), S. 106.
153) そのようなものとして、この他、*Schmidt*, Besprechung von His, Strafrecht II（前注125))、S. 623.
154) *His*, Geschichte（前注140))、S119.
155) *His*, Geschichte（前注140))、S180.
156) *Fehr*, Besprechung von His, Geschichte（前注123))、S. 299.
157) その概要を示すものとして、*Naendrup*, His（前注60))、S. 57.

現行法関係者への配慮がわずかながらもみられる点を取り上げ、「総じて、本書は一筋の光明のように啓蒙的なものであり、法史と比較法に携わる法律家は本書から注意深く学ぶ価値がある」ことを強調していた。もちろん「実務に従事する法廷弁護士や事務弁護士からみると、『金銭的インセンティヴは何もない』」[158]という点も指摘されている。なんといっても、法史はすでに当時から、「法史は金にならない」という問題を抱えていた。

3　中世フリースラントの刑法

　ルードルフ・ヒスの刑法史に関する最初の大作は、1901年に刊行された『中世フリースラントの刑法（Das Strafrecht der Friesen im Mittelalter）』であった。1892年に提出されたが、印刷に至らなかった法学博士学位取得論文において、ヒスは、フリースラントの法史にすでに触れていた。彼は1895年に、古フリースラント裁判所構成法に関するフィリップ・ヘック（Philipp Heck）の大著について長文の書評を発表していた。彼はヘックが「一連のきわめて興味深い、そして、部分的には意外な結果を明るみに出した」ことを、証拠を挙げて、指摘していた。しかし、当時まだ25歳であったヒスは、若気の至りか、厚かましくも、「書評子は、いまだ印刷に至っていないが、1892年夏学期にバーゼル大学法学部に提出した法学博士学位取得論文『フリースラントの伯爵と自治体首長（Ueber Graf und Schultheiß in Friesland）』において、ヘックが同書第一編において得たものと本質的に同じ結果に到達している」[159]との文章を脚注に入れていた。利益法学の偉大なトップ・ランナーであったフィリップ・ヘックではあるが、法史学者としてはほとんど記憶されていない。というのは、同時代の

---

158)　*Riddle*, Besprechung von Rudolf His, Geschichte des deutschen Strafrechts bis zur Karolina, in : Journal of American institute of criminal law and criminology 21 (1930), s. 148-152 (152) オンライン上、これと同様のものとして、http://scholarycommons.law.northwestern.edu/cgi/vieewcontent.cgi?article=2179&context=jclc（2014年2月3日確認）.

159)　*His*, [Besprechung von] Heck, Philipp, die altfriesische Gerichtsverfassung, in : ZRG Germ. Abt. 16 (1895), S. 217-227 (217 Anm. 1).

人々からみて、彼の場合、法律学的方法と歴史的文献学的方法とを混同する度合いが強かったからである[160]。それでも、厳密にいえば、歴史的文献学的方法こそがヒスの方法的特徴——ヘックは、彼の刑法に関する著書のはしがきで、ヒスから得た肯定的論評に対し、明文で謝意を表していた[161]——であったといわなければならない。それは、その少し前に、当時議論を呼んだ、ザクセンシュピーゲル刑法に関するフリースラント人の法学博士学位取得論文が刊行されていたが、ヒスは、これをみて、彼の言によれば、フリースラント刑法の原典資料に行きあたったと書いていたからである[162]。

その時点まで最も分量が多かったヒスの著書（380頁超）は三つの節に分けられていた。最初に、「軽犯罪（Missetat）」、その後、「軽犯罪の効果（Folgen der Missetat）」、最後に、「個別違反行為（einzelne Vergehen）」というように、である。彼は、後に『ドイツ中世刑法』および『カロリナ刑法典までのドイツ刑法史』についてもおおむねこれと同じ構成を採用している。われわれは、ハインリッヒ・ブルンナーが採用したモデルを彼の著作を通していつでも明確に知ることができる[163]。しかし、ヒスは、刑法史研究の当初から、特別の外形的独創性を発揮することを求めてはいなかった。彼は、あらかじめ用意された融通の利かない枠組みの中に原典資料を無理やりにはめ込んだが、それは、大量の資料を秩序付け、そして、法律的な問題提起を行ううえで資料を選別するためであった。もちろん、彼は、実際には、法律的な問題提起を行っていない。法解釈学史という点で著作の体系的構成をさらに洗練させようとすれば、原典資

---

160) これについては、*Kleinheyer/Schröder* (Hrsg.), Deutsche und Europäische Juristen aus neun Jahrhunderten, 5. Aufl., Heidelberg 2008, S. 194；ヘックの法史分野での論争相手に言及しているものとして、他に、*Schoppmeyer*, Juristische Methode als Lebensaufgabe. Leben, Werk und Wirkungsgeschichte Philipp Hecks (Beiträge zur Rechtsgeschichte des 20. Jahrhunderts 29), Tübingen 2001, S. 37 Anm. 209.

161) *His*, Strafrecht der Friesen（前注29）), S. VI.

162) *Friese*, Strafrecht（前注102）), S. VIII. そこで、ハインリッヒ・ブルンナーの「独創的な仕事」における方法に倣ったことが明示されている。

163) *Brunner/Schwerin*, Rechtsgeschichte II（前注2）および3）), S. 703-886.

料の中から現代刑法の内容と関連する部分を拾い出すことが有益である。ミュンスター大学におけるヒスの前任教授ハンス・シュロイアー（Hans Schreuer）は、少なくともブルンナーの体系構成に厳格に従うことによって、ヒスの著作が「近付きやすいものとなった」[164]ことに賛意を示している。ヒスは、中世の法源の性質が原則的にきわめて異なっていることにすぐに気付いたが、彼は、この点に関心を示さなかった。『フリースラント刑法』の導入の章では、8世紀以降中世初期の法規の集成である『フリースラント法書（Lex Frisionum）』から始まり、多数の地域法の説明を経て、15・16世紀の記録文書に至るまでの原典資料に関する概観が行われている[165]。きめ細かく厳密な原典史料解明の技術——これはすでに1901年に完璧に披露されていた——は、ルードルフ・ヒスの法史研究が最後まで有していた長所の一つであったといえよう。彼はすでに1937年に旧東フリースラントの法源に関する包括的な論文を公表し、種々の手書き文書が互いに有する相互関係を解明し、そして、各法律文書に記載された、彼自身の見解ではきわめて重要な、相互に調整された罰金表の内容を明らかにしていた[166]。

　後に出版された刑法史の単著でもそうであったが、ヒスは、1901年に公表した『フリースラント刑法』で法的な内容に焦点を当てていた。彼は、法的な内容をいつも文献学的観点からする厳密な作業や語源の探求と密接に結び付けていた。ヒスは、軽犯罪の効果と題した節で通史的な説明を行っていた。ゲルマン原始時代の部分では、世俗刑法と宗教刑法とを基本的に区別すること[167]で、彼はカール・フォン・アミラの教えに忠実に従っていた。もちろん、ヒスは、「フリースラントの原典資料を用いて、フォン・アミラの見解とブルンナーの見解を仲介しよう」[168]と試みていた。ヒスは、そこで、法の保護を受ける

164）　*Schreuer*, Besprechung von His, Strafrecht der Friesen（前注32））, S. 326.
165）　*His*, Strafrecht der Friesen（前注29））, S. 1-14.
166）　*His*, Untersuchungen zu den älteren Rechtsquellen Ostfrieslands, in : ZRG Germ. Abt. 57(1937), S. 58-137.
167）　*His*, Strafrecht der Friesen（前注29））, S. 165.

ことができない行為に関する古典的見解を、浪費癖、裁判所の処分、「非常事態」、魔女裁判の場合の訴追行為等、いくつかの法律用語に即して詳しく説明していた。もちろん、事柄の性質からみて全面的に重要なのは 15 世紀の都市諸法である。これら都市法によれば、召喚に従わないときは、法の保護を受けることができなかった[169]。

ヒスは、たとえ彼自身が原典資料に用いられている言葉を他の言語と同様に同時に自由に使いこなせていた場合であっても、資料から得られた成果を文書記録のない旧い時代へとそのまま反映させることはなかった。フリースラント最古の法的遺産である「フリースラント法書」に死刑についての記述が一か所だけあることを彼自身認識していた。彼はこの点について自信を持ち、「フリースラント法の最も旧い時代に、死刑は重要な役割を果たしていたに違いない。『キリスト教への改宗に際して、古い異教徒社会の刑罰が、その宗教的性質のゆえに、捨て去られた』と考えることがやはり自然であろう」[170]と書いていた。ヒスの学問的著作は原典資料中の諸概念を極端な厳密さをもってまとめたものにすぎないと同時代の者はヒスを過小評価していたが、ヒスのさまざまな努力がいつも称賛に値しかつ勤勉なものであったという点を考慮すると、こうした評価は正当ではない。同時代の多くの者がそうであったように、ルードルフ・ヒスも、いささかも疑うことなく、原典資料から確実に得られる部分を捨て去り、アミラとブルンナーの思索の成果を模倣して、当時支配的なゲルマンのイデオロギーに基づく方法的諸観念に同調した。ウルリッヒ・シュトゥッツは、その慧眼をもって、法の保護を受けられない状況がゲルマンには共通し

---

168) *His*, Strafrecht der Friesen（前注 29))，S. 165 Anm. 1；少なくとも、いわゆる棺台裁判法（棺台に安置された死者を前にして殺人者を判定する中世の神明裁判の法）について、しかしながら、おそらくヒスは、カール・フォン・アミラの理論よりも、ブルンナーの理論に心酔していた。これについては、*Schultze*, Besprechung von His, Der Totenglaube in der Geschichte des germanischen Strafrechts, in : ZRG erm. Abt. 51 (1931), S. 548-550 (550).

169) *His*, Strafrecht der Friesen（前注 29))，S. 187.

170) *His*, Strafrecht der Friesen（前注 29))，S. 190.

てみられるというブルンナーのアイディアには疑問があることを 1915 年の時点ですでに述べていた[171]。しかし、法史および北欧の研究を通してこうした制約から解き放たれたのは、ようやく 1960 年頃になってからのことであった。この点で決定的な役割を果たしていたのは、カール・クレッシェル（Karl Kroeschell）[172]、クラウス・フォン・ゼー（Klaus von See）[173]らの著作であった。これに対して、ヒス自身は、原典資料が存在しない領域に果敢に挑戦した。たとえば、彼は、異端信仰――キリスト教徒が守るべき教えを前提とする不法行為――や貨幣偽造――貨幣を前提とする不法行為――を行った者に対する死刑を取り上げていた。彼は、「死刑の態様はどれもきわめて古く、古代の儀式に由来する。絞首刑、車裂きの刑、それに溺死、これらは確実に非キリスト教的な人身御供に由来する」[174]と考えていた。『ドイツ中世刑法』では、概して、このような推測は稀にしかみられない。しかし、この点は、ヒスの基本的なものの見方が年月を経て次第に変化してきたというよりも、むしろ、推測すれば、参照された原典資料が著しく増えたためであると考えられる。このように比較してみると分かるが、彼の二巻本の主要著作は、実際、文献学的・解釈学的な法史研究の傑出した成果として、特筆に値する。他方で、ルードルフ・ヒスは、1928 年のハンドブック形式の著作で、ゲルマンの死刑に関するカール・フォン・アミラの理論を長期に亘り支配的見解へと高めることに貢献していた[175]。

　ここで、一点、補足を加えよう。フィリップ・ヘック――彼も、ルードルフ・ヒスと並んで、フリースラント法史の優れた専門家の一人である――は、

---

171) *Stutz*, [Nachruf] Brunner（前注 2)), S. XI.
172) *Kroeschell*, Die Sippe im germanischen Recht, in : ZRG GermAbt. 77 (1960), S. 1-25. この論文は、伝統的理論（Lehre）の中に、「大きな穴をあけた」(23 頁)。
173) *See*, Altnordische Rechtswörter. Philologische Studien zur Rechtsauffassung und Rechtsgesinnung der Germanen (Hermaea, Neue Folge 16), Tübingen 1964.
174) *His*, Strafrecht der Friesen（前注 29)), S. 197.
175) *Hein*, Vom Rohen zum Hohen（前注 91)), S. 329.

年下のヒスが書いた包括的な書籍を批判すべきものと考えていた。ヘックは、綿密かつ包括的な書評において、ヒスはきわめて勤勉であり、完璧を期して、称賛に値する努力が払われている旨を実証していた[176]。しかし、他方で、彼は、決定的ダメージを与えるほどの鋭さを発揮して、個々の点についてヒスに遠慮のない批判を加えた。というのは、フィリップ・ヘックにとっては、ルードルフ・ヒスが描いた全体像が散漫で恣意的なものと映っていたからである[177]。ヘックは、ヒスが個々の原典資料を別々に切り離して検討し、各地域の特殊性を顧慮していなかったために、歴史的発展それ自体を不明瞭なものにしてしまっていたと考えていた。ヘックがヒスに対して慎重さが欠けていると非難したり、原典資料の裏付けがない仮説があるとしたりしてヒスを咎めたことには、もちろん、驚かされる[178]。というのは、ヒスのその後の著作を対象とした、後の時期の複数の書評で、ヘックはおしなべてこれと正反対の評価を行っていたからである。ヒスはこうした意見を喜んで受け入れてはいなかったはずである。たとえば、フィリップ・ヘックは、「ドイツ皇帝選挙制時代の選挙権に関する解釈が恣意的であり、(……) その後に現れたさまざまな情報の整理が不完全である」と明示的に述べていた[179]。ヘックがなぜこのように正反対の評価を下したのか、その理由は不明である。ヒスがヘックの批判を全面的に受け入れ、その後、言葉の意味解明に集中して取り組んでいたならば、こうした見方が定着することはなかったであろう。というのは、彼の主著の構想全体に対する肯定的評価はどれも完全に一致していたからである。おそらく、フィリップ・ヘックは、原典資料に最も通暁した者として、この後輩の著作の弱点を、そして、多くの者と異なり、ヒスの原典資料の読み方に欠陥があることを実際に見抜いていたことであろう。しかし、彼の単著刊行のわずか数年後に、これ

---

176) *Heck*, Besprechung von Rudolf His, Das Strafrecht der Friesen im Mittelalter, in : Göttingische gelehrte Anzeigen 164 (1902), S. 850-878 (851).
177) *Heck*, Besprechung von His, Das Strafrecht der Friesen (前注 176)), S. 854.
178) *Heck*, Besprechung von His, Das Strafrecht der Friesen (前注 176)), S. 878.
179) *Heck*, Besprechung von His, Das Strafrecht der Friesen (前注 176)), S. 862.

と緊密な関わりのあるテーマで第二巻が刊行された点に着目すると、ヘックは、もしかすると、ヒスの法史家としての重要性を軽視し過ぎていたのかもしれない。

　このようなヘックの見方がある一方で、参考になるのが、ヘルマン・クナップ（Hermann Knapp）の評価である。クナップは、『フリースラント刑法』と『ドイツ中世刑法』の双方を書評した唯一人の人物である。『全刑法雑誌（Zeitschrift für die gesamte Strafrechtswissenschaft）』編集の総責任者として、彼は、1902 年と 1921 年にルードルフ・ヒスの単著の書評を担当した。彼は、論評の対象を記述内容に限定していた。クナップは、フリースラント刑法に関する初期の著作を称えて、このテーマが「称賛に値する執筆者の一人」であるヒスの著作に見出されると述べた[180]。ヘルマン・クナップは、もちろん、これとの関連ではフィリップ・ヘックの著作に触れていない。これに似た賞賛の言葉がそれから 20 年後に送られたが、その表現はこれよりも大げさなもので、ヒスの整理から得られたドイツ中世刑法の総論は「本当に素晴らしい」と激賞されていた。ヒスは、正当な評価であるが、ヴィルダとブルンナーの優れた学問的後継者として登場したのである[181]。ヘルマン・クナップも、他の多くの書評者と同様、この種の続編がすぐに刊行されることはないだろうと確信していた。クナップは、ヒスの学問的方法論についても、また、初期の著作により強く表れていた書評を担当できた喜びについてもまったく触れていない。このようにみると、フィリップ・ヘックの批判が未解決のまま残されていたことが分かる。当時、原典資料に最も通暁していたヘックが加えたこの批判の当否を今の時点で論じることは、むろん難しいであろう。

---

180)　*Knapp*, Besprechung von Rudolf His, Das Strafrecht der Friesen im Mittelalter, in : ZStW 22 (1902), S. 615-617 (615).

181)　*Knapp*, Besprechung von Rudolf His, Das Strafrecht der Friesen im Mittelalter, in : ZStW 42 (1921), S. 682-685 (683).

4 短編論文とヴェストファーレン法史

　これらと異なり、短編の、部分的にヴェストファーレン地域史に関する諸論文の場合、ルードルフ・ヒスは、主著にみられた解釈学的・概念的な厳密性から開放され、より一般的で文化史的なアプローチにより法史を取り上げていた。彼は最後まで中世写本の装飾画を取り上げていた。たとえば、1937 年にデュイスブルク北方、ヴェーゼル市の市庁舎に飾られた、ゴシック後期ドイツの画家デリック・ベェーゲルト（Derick Baegert）が描いた裁判所のイメージについての法史と文化史の限界に関する短編論文がそうである。その少し前、ミュンスター市の州立美術館（Landesmuseum）で、デリック・ベェーゲルトの展覧会が開かれた。ヒスは、彼の小規模なスケッチについての一文をそのカタログに寄せている[182]。彼はそこで、自分が法に関わるシンボル——宣誓するために、三本の指（中指・人差し指・親指）を広げた右手を高く掲げた姿、裁判所の絵に描かれた悪魔の姿、参審裁判所（区裁判所内に設置される刑事裁判所）の参審裁判官や中世都市参事会会員の職務服等々——の愛好者であることを認めている。この絵は最近の文献でもしばしば好んで取り扱われている[183]。この点からみると、ヒスは、法図像学の古典期代表者のために先導的役割を果たしたことが分かる。

　特に強調されなければならないのが、「中世ヴェストファーレンの法と国制」[184]に関する小さな壁掛け地図である。その作成にあたり、ヒスは、ヴェストファーレン県（Provinz Westfalen）の公文書相談所および同所長ハインリッヒ・グラスマイアー（Heinrich Glasmeyer）と共同作業を行った。1930 年から

---

182) His, Das Weseler Gerichtsbild des Derick Baegert, in : Westfalen 22 (1937), S. 237-242. この 1937 年版はヒスの死後に刊行された。
183) そのようなものとして、たとえば、Sellert, Recht und Gerechtigkeit in der Kunst, Göttingen 1993, S. 71-73.
184) His, Recht und Verfassung Westfalens im Mittelalter (Bildwiedergaben ausgewählter Urkunden und Akten zur Geschichte Westfalens, Mappe 2), Velen 1930.

1935 年までに全部で 7 冊が刊行された。この 7 冊は緩やかに結び付いたシリーズを形成していた。ルードルフ・ヒスは、唯一、法史を専門的に取り扱った号の執筆を担当した。この号は、当時の水準からみると、技術面でも教育効果の面でも社会の要請を十分に満たすものであった。全部で 18 点、中世および近世の古文書と原典資料の抜粋が、一枚ずつ複製された。ヒスは、そのための書き換えと現代語訳を担当した。彼の時代にあって、中世低地ドイツ語で書かれた原文を、標準語とされた新高地ドイツ語へ移し替えることは異例であった[185]。初期の原典資料集は、教育目的のものを含め、読者がラテン語と中世低地ドイツ語の知識を備えていることを当然の前提としていた[186]。第二次世界大戦後でさえ、このような状況はまだ残っていたのである[187]。ルードルフ・ヒスは、ここで、履修者やこの種の地図を利用しようとする者のために、従来のやり方に反対する姿勢をはっきりと示した。彼がどのようなやり方でこれらの原典を講義に組み入れたかという点は明らかではない。それでも、この 7 冊はミュンスターに今なお残されている[188]。ヒスは、転写と現代語訳の後に、内容に関する説明を加えていた。それらの説明は簡潔なものであったが、関係者の伝記、取り上げられた法律問題、これら双方についての正確な参考資料を提供するものであった。ヒスには、もう一つ別に、方法論に忠実な点があった。彼は、国制に関する通史の執筆をここでも拒否した。彼が原典資料の編集に際して行った一般的な導入用の説明はわずか半頁にとどまり、添付された原典資料

---

185) *His*, Recht und Verfassung（前注 184）), Nr. 1, 5, 12, 13-14, 15, 16-17, 18-19.
186) 　良く知られた同時代の構成として、*Altmann/Bernheim* (Hrsg.), Ausgewählte Urkunden zur Erläuterungen der Verfassungsgeschichte Deutschlands im Mittelalter. Zum Handgebrauch für Juristen und Historiker, 5. Aufl., Berlin 1920 ; *Loersch/ Schröder/Perels* (Hrsg.), Urkunden zur Geschichte des deutschen Privatrechtes. Für den Gebrauch bei Vorlesungen und Übungen, 3. Aufl., Bonn 1912.
187) 　*Planitz* (Hrsg.), Quellenbuch der Deutschen, Österreichischen und Schweizer Rechtsgeschichte einschließlich des Deutschen Privatrechtes, Graz 1948 ; *Erler* (Hrsg.), Quellen zur Vorlesung Deutsche Rechtsgeschichte, Frankfurt am Main 1959.
188) 　Katalogrecherche im Verbundkatalog am 28. Januar 2014.

のそれぞれを一つか二つの文章で要約しただけであった。それでも、ヒスがヴェストファーレンの原典資料を彼の講義で分かり易く具体的に説明できるように組み入れていたという点については、多くの賛成意見がある。それゆえ、ヒスを、刑法分野の概念や解釈学を取り上げた法史家と狭く規定することは、彼の関心が歴史に限られていたという誤解を招く点で、不当な評価となろう。

　ルードルフ・ヒスは、国制史の論文を何度も公表していた。ヒスは、『フリースラント刑法』の刊行からわずか二年後の1903年に、テューリンゲンの貴族階級の法史に関する論文を早くも刊行している。この論文は、執筆から数十年を経た1965年にヴィッセンシャフトリッヒェ・ブーフハンドルンク社（Wissenschaftliche Buchhandlung）から復刻された[189]。ヒスは、この論文で、オットー・ツァリンガー（Otto Zallinger）——彼は、12世紀ないし13世紀に職封貴族（封建体制下の諸侯、都市等が個別に有する支配特権（干渉排除権）を有する家系）がなぜ減少したかについて書いていた[190]——の主張を取り上げた。ヒスは、多くの原典資料を通覧する中で、テューリンゲン地方の各貴族の家系に目を通し、家長が支配特権を有する旨、記載されていたか否かという点についてそのつどコメントを加えた。そのうち五つの家系では例外なく13世紀末までに、旧い貴族は消滅していた[191]。ヒスは、そこから、歴史上さらに古い時代へと目を向けるとともに、支配特権を半分しか持たなかった従前の職封貴族が14世紀ないし15世紀にどのようにして社会的・法的な地位を上昇させることができたのかを明らかにした。この論文は、彼のその他の論稿と同様、歴史的に意味のある情報を実質的に書き間違えていた。中世に自由が認められていたか否か、また、中世の貴族一家に対する関係が取り上げられていたか否かという点

---

189) *His*, Zur Rechtsgeschichte des tühringischen Adels, in : Zeitschrift des Vereins für tühringische Geschichte und Altertumskunde 22/N. F. 14 (1903), S. 1-35 ; Sonderausgabe (Libelli 106), Darmstadt 1965.

190) *Zallinger*, Die Schöffenbarfreien des Sachsenspiegels. Untersuchungen zur Geschichte der Standesverhältnisse in Deutschland, Innsbruck 1887.

191) *His*, Rechtsgeschichte（前注189)), S. 6-7.

について包括的に検討することは、ヒスのテーマではなかった。たとえ彼が勇気を奮って言葉遣いにさほど重きを置いていなかったとしても（「もっと簡単な言回しで」[192]）、彼はみずから設定した枠の中に閉じ籠り、家族の名称が自分に固有の名称か他人のそれかという点だけを記述していた。そこで得られた結論が彼の関心に沿うものではないため、この論文は、偶然かもしれないが、末尾では結論に代え、補遺として、彼がその後に気付いた原典資料のリストが掲げられている[193]。

　ルードルフ・ヒスは、1928年10月15日、ヴェストフェーリッシェ・ヴィルヘルム大学学長として、当時普通に行われていた学長就任講演を行った。こんにちでは、どの学長も、関心のある個別主題に限らず、どんなテーマでも、ウインクを交えて楽しみながら、講演を行っているようにみえる[194]が、以前は、そうではなかった。ヒスは、――後に公刊された――就任講演の初めに、やや思わせぶりにではあるが、法律家以外の人々にとって、法律家の仕事が無味乾燥であり、些事に拘っているようにみえることを認めていた。彼が、法律学とその他の分野との限界領域に関するテーマを優先的に取り上げたのはこの点を考慮したためである[195]。それに続けて、彼は、ゲルマンの死者崇拝についてスケールの大きい概観を示した。こうして、彼の話は、さほど強調しないのに大方の反応を得て、異様な雰囲気を醸し出した。ハンス・フェーアは、ヒスの著作の中に畏怖の観念――中世刑法の特徴を形成しているのがこの観念である――への言及がないことにとうに気付いていた[196]が、ヒス自身もそのことに気付いていて、多くの典型例を収集していた。いくつかの村――そこでは、死者を縛り付けたり、遺体を掘り起こして斬首したりすることが行われてい

---

192)　*His*, Rechtsgeschichte（前注189)), S. 11.
193)　*His*, Rechtsgeschichte（前注189)), S. 35. これは、8頁の補遺である。
194)　*Vec*, Denkmöglichkeiten – Der 38. Deutsche Rechtshistorikertag in Münster, in : Rechtswissenchaft. Zeitschrift für Rechtswissenschaftliche Forschung 1 (2010), S. 454-463 (454).
195)　*His*, Totenglaube（前注18)), S. 3.
196)　*Fehr*, Besprechung von His, Geschichte（前注123)), S. 298-299.

た[197]——の最近の事例をみると、強制がないのに、20世紀までそのような慣行が存在していたことが分かる。ヒスは、近世初期のスイスの原典資料やヴェストファーレンの裁判所判決だけでなく、奇妙にみえるかもしれないが、北欧の散文作品でもあるサガをも、鉱脈として活用していた。ヒスはこれらの素材すべてが「ゲルマン的」——彼自身、表題でこのように記している——であるか否かという点について詳しく説明していないが、それでも、旧く西暦紀元前に遡る諸観念の探求に基づいて、彼は十分な成果を上げていた。数か月前に亡くなったローマ教皇フォルモスス（Papst Formosus）の遺体が、後任教皇の命令により897年にローマで切断された件——ミュンスター大学でのヒスの前任者、ハンス・シュロイアー[198]はこの事件につとに注目していた——は、ゲルマン刑法の適用例としてほとんど記録されていない。それでも、関連文献をみると、ヒスが収集した事例が、幽霊のように影を落としていることが分かる。ヒスは、ここでも、用意周到な原典資料研究者であることを示している。今、振り返れば、あちこち散在する言い伝えを確実に収集する方が、内容上疑わしい古ゲルマン時代の宗教法の研究よりもずっと重要であるように思われる[199]。

ルードルフ・ヒスは、学長就任講演の最後に、18世紀市民社会の学識法時代特有の資料に言及した。彼はゲーテを引用し、ミュンスター大学の先人物故者に敬意を表し、「現代の教養人」が重視する最高度の礼節と「旧い時代のものの見方」とを対比した[200]。このような新旧の対比は、わずかではあるが、ヒスの他の著作にも見出されている。このように旧い時代から現代まで時間的対象を拡げていても、ヒスには、おそらく、歴史と取り組む特別の動機はなかった

---

197) *His*, Totenglaube（前注18）), S. 5.

198) ヒスがシュロイアーを模倣したという点については、この他、*Schultze*, Besprechung von His, Totenglaube（前注168))，S. 548, 550.

199) 偶然性はまったくないが、*Maihold*, Die Bildnis und Leichnamsstrafen im Kontext der Lehre von den criminal excepta, in: ZRG Germ. Abt. 130 (2013), S. 78-102 は、ヒスによって整理された証拠をしばしば引用しており、彼の論文の第一部で、より古いモデルに強く依拠している。

200) *His*, Totenglaube（前注18))，S. 19.

ことと思われる。むしろ、この学長就任講演は、彼が原典資料に対して抱いた高揚感を法史と関わりのない一般大衆にいかにうまく伝えられたかという点についての稀な成功例を示している。こんにちの読者も、ヒスが纏っている陰鬱で不気味さを感じさせる文体から逃れることはできていない。このテーマは、生涯ずっと、ヒスの頭を離れなかった[201]。

III. 後世への影響と評価

　ルードルフ・ヒスの名は、特に、上下二巻の『ドイツ中世刑法』により、われわれによく記憶されている。彼の刑法史の存在意義は、たとえば、エーバーハルト・シュミットの『ドイツ刑事司法史入門（Einführung in die Geschichte der deutschen Strafrechtspflege）』が抜群の影響力を示したことから、早々に失われてしまった。1947年に初版を刊行し、1965年まで改訂を続けたシュミットは、何十年もかけて、この分野の方法論を確立した。その後、登場したのが、実務における法規範の適用例であり、各時代を代表するイメージであり、偉大な刑法学者の学説概観等々であった。こうして、短期間のうちに、ヒスの文献学的・解釈学的アプローチに代わって、まったく新しい認識方法が登場した。伝統的に法解釈を重視してきたドイツ私法では、第二次世界大戦後に複数の教科書が刊行されているが、事態はほとんど変わっていない[202]。その後の、法律学および法史学の分野での刑法史研究から学際的・歴史的な犯罪研究[203]へとい

---

201) *His*, [Besprechung von] Paul Fischer, Strafen und sicherunde Maßnamen gegen Tote im germanischen und deutschen Rechte (1936), in : ZRG Germ. Abt. 57 (1937), S. 641-643.
202) *Mitteis/Lieberich*, Deutsches Privatrecht（前注9））。この本は、1950年以降、版を重ねている。
203) 概要を述べているものとして *Blauert/Schwerhoff* (Hrsg.), Kriminalitätsgeschichte. Beiträge zur Sozial- und Kulturgeschichte der Vormoderne (Konflikte und Kultur – Historische Perspektiven 1), Konstanz 2000 ; *Schwerhoff*, Historische Kriminalitätsforschung (Historische Einführungen 9), Frankfurt 2011.

う変化は、ヒスの著作を、これまで以上に強く、脇役へ追いやってしまった。ゲルマン古法から離れ、資料のあるキリスト教社会の研究成果を活かして、資料を欠く非キリスト教社会へ、時代を遡ってそれを逆に投影するような研究アプローチを捨て去った結果、1950年代以降、——数十年前に初めて刊行されたヒスの偉大な法史研究の成果を、文字通り、古びたものとしてしまう——新しい動きがみられるようになった。このような重点の変化は、カール・フォン・アミラやハインリッヒ・ブルンナーだけでなく、ルードルフ・ヒスにもあてはまる。影響力の大きいスイス人の法史家で、ボン大学で教えたウルリッヒ・シュトゥッツは、すでに1915年の時点で、「優れた学問研究の賞味期間も限られている。通用するのは30年だろうか、長くて40年だろうか」[204]ときわめて冷静に述べて、偉大なゲルマニストの学説に対する彼自身の評価を解説していた。実体からみて、法史は、パラダイムの変遷——パラダイムの変遷という考えは、その十年後にようやく、精神科学の分野で一般的にその価値を認められるようになった[205]——を先取りしていたことになる。そして、シュトゥッツが示した30年間という期間を考慮すると、ルードルフ・ヒスがブルンナーの歩んだ道を同様に歩み続けるには、ヒスはあまりにも若過ぎたといえよう。

　それでも、思慮深く、徹底的に、精緻な細分化を行って原典資料の解明に努めていた点で、ヒスの主著は、学識法ではない中世刑法規範に関する原典資料を発見し、それと深く取り組むための出発点としての役割を今後も担うことであろう。資料収集における勤勉さの陰に彼の人柄が隠れて見えなくなっているかもしれないが、研究者としてのヒスは、細い小道をゆっくり歩み、自制してみずからを売り込むこともなく、機敏に立ち回ったりしないタイプの研究者であった。ヒスは、ある意味で退屈な人物であったが、それでも、察するに、彼

---

204) *Stutz*, [Nachruf] Brunner（前注2)), S. XLIV.
205) *Kuhn*, The structure of scientific revolutions, Chicago 1962（ドイツ語訳として、*Kurt Simon*: Die Struktur wissenschaftlicher Revoltuionen (Suhrkamp Taschebuch Wissenschaft 25), Frankfurt am Main 2001).

自身、このような抑制的態度が学者には必要であると感じていたことであろう。それが正しい態度であるかどうか、われわれには分からないが、そのように行動すべきであるという彼の姿勢——ヒス自身、それについて大げさに語ることはなかったが、ヒスはこうした態度を貫くことで、北欧の言葉、中世のフリース語、そしてその他多くの方言を使いこなしてきた——は、研究対象と取り組むときに示される、彼なりの慎重さや謙虚さからも明らかになろう。ヒスの退任で空席となった法史学教授職がすぐに経済学講座に転換されたほど、法学部におけるヒスの存在感は薄かったということになる。

　結局、ルードルフ・ヒスがミュンスター大学法学部の形成過程に大きな影響を与えた人物であったかどうかという問いに対して、今ここで単純にそうであるとかそうではないとかと答えることはできない。ミュンスター大学に30年間在籍し、その間、学部長職に就き、さらに学長にも選任されたことはすでに明らかな事実であるが、彼が理想の指導者像とみなされることはなかった。もちろん、ヒスに関しては、一つの珍しい伝統を、すなわち、こんにちまで存続するドイツ法史教授職のスイスとの密接な結び付きを、すぐに思い浮かべることができよう。ヒスの後継者の一人、ルードルフ・グミュール（Rudolf Gmür）はベルン大学からミュンスター大学に転じ、名誉教授に就任した後にスイスに還った[206]。その後任の、アンドレアス・ティーア（Andreas Thier）も、ミュンスター大学で短期間活動した後、ツューリッヒ大学へ移った。現在、同大学の法史担当教授職を務める筆者は、ティーアの後任として、ベルン大学からミュンスター大学へ移籍した。筆者の場合、スイスに水源を持ち、首都ベルンをも流れるアーレ川のほとりから、エムス川の支流でミュンスター市内を流れるアー川のほとりへという表現で、ミュンスター大学とスイスとの結び付きを説明することができよう。法史研究所の図書室には、確認される限り、スイスとの結び付きの足跡が多く遺されている。少なくともこの点において、ヒスがその教授職を象徴する伝統を形成したことに間違いはない。

---

206)　ミュンスター大学とベルン大学との関連を述べているものとして、*Gerhard Otte*, [Nachruf von] Rudolf Gmür, in ZRG Germ. Abt. 120 (2003), S. 958-961.

ベルント・J・ハルトマン

ハンス・パーゲンコップ（1901年〜1983年）
―― ミュンスター大学地方自治研究所創設者

Ⅰ．大学教育と職業活動
Ⅱ．研究：大学教授資格取得論文の挫折
Ⅲ．教育：パーゲンコップの客員教授職
Ⅳ．教科書類とその他の出版物
Ⅴ．国家社会主義
Ⅵ．客員教授職の継続
Ⅶ．ま　と　め

ヴェストフェーリッシェ・ヴィルヘルム大学地方自治研究所（Kommunalwissenschaftliches Institut（KWI）[1]創立当時の所長、ハンス・パーゲンコップ（Hans Pagenkopf）は、実務と学理との緊密な結び付きを代表する人物の一人である。パーゲンコップは市長および収入役として積んだ行政実務の経験を講義に盛んに取り入れ、活用した。彼の最初の教科書は講義の成果である。彼は、法と経済の、それゆえ、法律学と経済学の交錯領域に早くから取り組んできた。

I. 大学教育と職業活動

ハンス・エーリッヒ・ヴィクトール・パーゲンコップ（Hans Erich Viktor Pagenkopf）は、マックス・パーゲンコップ（Max Pagenkopf）、メータ・パーゲンコップ（Meta Pagenkopf）夫妻の子として、1901年11月4日、こんにちのポーランド北西部、バルト海に面したシュチェチン近くのフィンケンヴァルデ（Finkenwalde）に生まれた[2]。父マックスは東プロイセンのティルジット（こんにちのロシア連邦カリーニングラード州ソヴィェツク市）にある発電所・路面鉄道株式会社の財務部門責任者であった。母メータ（旧姓ショーリヌス（Scholinus））は専業主婦であった[3]。ハンスはティルジットの男子中級学校（1909年～1914年）卒業後、ベルリン・シャルロッテンブルク（1914年～1915年）の上級実業学校

---

1) 小稿の作成に際して尽力された元研究室員のミヒャエル・ゼント（Michael Sendt）、ヨハンナ・ツァンガー（Johanna Zanger）、両氏と、内容上有益な示唆を与えられた、ミュンスター大学のボド・ピーロート（Bodo Pieroth）、ニューカッスル大学のダニエル・ジーメンス（Daiel Siemens）（ロンドン在住）、両教授に感謝する。
2) パーゲンコップ一家はその氏の「g」をノルトライン＝ヴェストファーレン州にあるハーゲン市の「g」と同じように鼻濁音で発音していた。
3) このことは、少なくとも中流家庭の習慣を反映したものである。パーゲンコップの履歴書（1935年3月12日付および1942年6月8日付、in: UA Bestand 31 Nr. 178 Bd. 1（頁数欠如））には、この点の記載はない。大学で用意された書式には母に関する記入欄がない（1963年3月16日付人事記録（Personalbogen）、in: US Bestand 8 Nr. 8941（頁数欠如））。

に進学し、その後ふたたびティルジット（1915年～1922年）の上級実業学校に通った。彼はティルジットの学校で「成績良好のため口述試験免除での大学入学資格」を得て、学歴を終えた[4]。（ラテン語が教えられていなかった）上級実業学校の卒業証書は、（ラテン語を必修科目とする）実業ギムナジウムの卒業証書と同様、正当に学修が行われたことを証明していた[5]。その後、パーゲンコップはベルリン大学、ゲッティンゲン大学およびケルン大学で法律学と国家学を修めた[6]。おそらくは父の希望を入れてのことであろうが、パーゲンコップは、ベルリン大学での学修（1922年夏学期から4ゼメスター）と並行して、実習生として「基礎的商業教育」を受けた[7]。彼はこれら二つの分野の最終試験に合格した。パーゲンコップは1925年に、3ゼメスター通ったゲッティンゲン大学で国民経済学の学位取得試験に合格した。その後、1926年に、2ゼメスター学んだケルン大学で、彼は法学博士の学位を取得した（評価は「優」であった）[8]。彼が25歳で提出した博士論文のテーマは「不利益取扱いの禁止（Das Maßregelungsverbot）」であるが、知られる限り、この論文は公刊されていない。

　法学博士の学位を取得した年に、パーゲンコップはハーゲン市の株式会社クレェックナー製作所の法律顧問となった。二年後の1928年、彼は医師の娘で、6歳半も若いエレオノーレ・マリー・パオリーネ・パーゲンコップ、旧姓ケーア（Eleonore Marie Pauline Pagenkopf, geb. Kehr）と結婚した。ともにエヴァンゲリッシェ（福音派）教会に属していた二人の間に三人の娘が、長女ベァベル

---

[4] 1935年3月8日付履歴書、in : UA Bestand 31 Nr. 178 Bd. 1（頁数欠如）．

[5] 参照されるものとして、*Detjen*, Politische Bildung. Geschichte und Gegenwart in Deutschland, 2. Aufl., München 2013, S. 8 ; *Rothenburg*, Geschichte und Funktion von Abbildungen in Lateinischen Lehrbüchern. Ein Beitrag zur Geschichte des textbezogenen Bildes, Frankfurt 2009, S. 53f.（バーデン地方の例が挙げられている）．

[6] Pagenkopf, Personalbogen vom 16. 03. 1963, in : UA Bestand 8 Nr. 8941（頁数欠如）．

[7] 1942年6月8日付履歴書、in : UA Bestand 31 Nr. 178 Bd. 1（頁数欠如）．

[8] Mitteilung des Dekans der Rechtswissenschaftlichen Fakultät der Universität zu Köln vom 15. Juni 1942, - 541/1942 in : UA Bestand 31 Nr. 178 Bd. 1（頁数欠如）；博士学位取得50周年記念式典（Golddoktorjubiläum）で更新された証書については、in : UA Bestand 37 Nr. 42（頁数欠如）．

(Bärbel) は 1929 年、次女ローレ (Lore) は 1935 年、三女ユッタ (Jutta) は 1940 年に、全員デュッセルドルフで生まれた。

　パーゲンコップの関心がどこにあったかを伝える場合にまず思い出されるのは、国家社会主義ドイツ労働者党 (NSDAP) が後継党員養成のために設けた「政治大学校 (Hochschule für Politik)」での活動である。1932 年 10 月 1 日以降、同党の党員となっていた[9]パーゲンコップはボーフムで、党のために国家法および地方自治法に関わる諸問題に関する講義を講師として担当した。彼は、後に、ハーゲンとアルンスベルクの「ナチ党所管大管区指導者養成学校」での講義、それに、ドルトムント、デュッセルドルフおよびミュンスターの各行政学院での講義も担当した[10]。1933 年 3 月 5 日のドイツ帝国議会選挙の後、パーゲンコップはハーゲン市で、最初は（無給の）市会議員を務め、後に同市の市長および市収入役（後者が本務であった）に就いた。パーゲンコップは、1933 年 12 月から国家社会主義ドイツ労働者党ヴェストファーレン南部大管区で地方自治政策部の名誉部長に、また 1935 年 1 月からは財政・租税制度について権限を有する地方自治政策本部のドイツ帝国中央管理部名誉所長になった[11]。パ

---

9) 　パーゲンコップは、1935 年 9 月 23 日に、ミュンスター大学の副事務局長になった、in : UA Bestand 8 N. 8941（頁数欠如）。パーゲンコップは、それ以前、ドイツ人民党 (D. V. P.=Deutsche Volkspartei) に所属していた。参照されるものとして、*Hansen*, Wohlfahrtspolitik im NS-Staat, Motivationen, Konflikte und Machtstrukturen im „Sozialismus der Tat" des Dritten Reiches, Augsburg 1991, S. 453.

10) 　1942 年 6 月 8 日付履歴書、in : UA Bestand 31 Nr. 178 Bd. 1（頁数欠如）；参照されるものとして、*Hansen*, Wohlfahrtspolitik im NS-Staat, Motivationen, Konflikte und Machtstrukturen im „Sozialismus der Tat" des Dritten Reiches, Augsburg 1991, S. 453f.；*Klee*, Personenlexikon zum Dritten Reich, Frankfurt am Main 2003, S. 447, 見出し語「パーゲンコップ」参照。

11) 　*Hansen*, Wohlfahrtspolitik im NS-Staat, Motivationen, Konflikte und Machtstrukturen im „Sozialismus der Tat" des Dritten Reiches, Augsburg 1991, S. 453；地方自治政策中央本部 (Hauptamt für Kommunalpolitik) の設置について参照されるものとして、*Matzerath*, Nationalsozialismus und kommunale Selbstverwaltung, Stuttgart u. a. 1970, S. 170ff.（特に Fn. 42, 55, 92, 130, 136, 156, 225）、また国家社会主義のもとでのパーゲンコップの参加については、後述Ⅴ参照。

ーゲンコップは二度目の博士学位取得手続を 1934 年末に終了した。ベルリン大学で取得した政治学博士学位取得論文のテーマは「分権型地方自治（Die dezentralisierte Selbstverwaltung）」[12]で、評価は「良」であった。この論文は、国家社会主義が掲げた「公益は私益に優先する」という建前に「限界」があるとみて、1933 年 12 月 15 日の地方自治体基本法（Gemeindeverfassungsgesetz）を顧慮しつつ、地方自治体を「国家政策的教育の道具」と位置付けたものである。パーゲンコップは、彼なりの表現でこのことを次のように述べていた。

> ミュンスター大学法・国家学部から与えられた、地方自治体経済の分野についての講義依頼に応えるという課題を果たすべく……[13]。

ミュンスター大学法・国家学部の求めに応じて、ドイツ帝国およびプロイセンの学術・教育・民族教育大臣はパーゲンコップに対し、1935 年夏学期から「地方自治体経済（地方自治財政制度を含む）」の講義を行うよう依頼した[14]。翌 1936 年、パーゲンコップはハーゲンからデュッセルドルフに転居し、同様に、同市の収入役に就き、同年、さらに市長になった。パーゲンコップは、その後 1937 年 4 月 29 日に 35 歳の若さで、（正規の）「上級行政職務就任資格」を取得した。

パーゲンコップは 1938 年にミュンスター大学地方自治研究所の「創設者」[15]

---

12) Lebenslauf vom 08. 03. 1935, in : UA Bestand 31 Nr. 178 Bd. 1（頁数欠如）．この博士学位取得論文は独立して刊行された。In : Jahrbuch für Kommunalwissenschaft, Bd. 2（1935）, S. 94-167；パーゲンコップの手になる以下の引用は 98 頁および 167 頁にある。

13) *Pagenkopf*, Personalbogen vom 16. 03. 1963, in : UA Bestand 8 Nr. 8941（頁数欠如）．

14) Der Reichs- und Preußische Minister für Wissenschaft, Erziehung und Volksbildung, 13. April 1935 – WIP Pagenkopf a/b II, in : UA Bestand 31 Nr. 178 Bd. 2（頁数欠如）．

15) *Fürst*, Doppelrezension u. a. zu Pagenkopf, Das Gemeindefinanzsystem und seine Problematik, Siegburg 1978, in : AfK 18（1979）, S. 298（298）; *Menger/v. Mutius,* in : Pagenkopf, Das Gemeindefinanzsystem und seine Problematik, Siegburg 1978, S. V

兼初代所長となった。この研究所は文字通り彼が「設立した」[16]ものである[17]。地方自治研究所は、ドイツ帝国学術・教育・民族教育大臣の1938年10月5日付訓令により、当時のミュンスター大学法・国家学部内の機関として、大学の資金で設置された[18]。この時代、地方自治分野はまだ「歴史の浅い学問」[19]であった。当時、地方自治という名称を共有する研究所は、ミュンスター大学の他には、十年前に設置されたベルリン大学（所長はクルト・イェーゼリッヒ（Kurt Jeserich）であった）と一年前に設置されたフライブルク・イム・ブライスガゥ大学（所長はテオドール・マウンツ（Theodor Maunz）であった）の二つしかなかった[20]。三研究所のうちの二つが国家社会主義の時代に設置されたことは偶然ではなく、行政法学の下位分野である地方自治が、地方自治体の政治学的把握に役立ち、また、地方自治体に対して容易にイデオロギー的な影響を及ぼすことができるということと深く関わっていた。ドイツ帝国政府は、地方自治体という組織に特別の意味を見出していた。1935年1月30日のドイツ地方自治体規則（Gemeindeordnung）――その前文には、「国家社会主義を標榜する国家の基本法」と書かれ、実際にも個々の条文で「典型的な国家社会主義の法律」と定められている[21]――によれば、地方自治体が「真の民族共同体を

(V)；他に参照されるものとして、*Mallmann*, Re, 3. Aufl., Münster Westfalen 1975, in：JZ 1961, S. 616, Rezension zu Pagenkopf, Einführung in die Kommunalwissenschaft. パーゲンコップは、1961年にはまだ、ある書評で、彼が「特にミュンスター大学の地方自治研究所の設置を通じて名を成した」ことについて賞賛されていた。

16) *Pagenkopf*, Personalbogen vom 16. 03. 1963, in：UA Bestand 8 Nr. 8941（頁数欠如）．
17) Amtsblatt der Westfälischen Wilhelms-Universität Münster 1 (1938), Sp. 77（そこには、パーゲンコップが、「撤回という留保を付して、地方自治研究所の運営を引き受ける」よう「委嘱された」旨の記載事項がある。参照されるものとして、„RErz-Min. 25. 7. 1938 – W P Pagenkopf d -")．
18) *Weiß*, 50 Jahre Kommunalwissenschaftliches Institut der Westfälischen Wilhelms-Universität Münster, in：NVwZ 1988, S. 810 (810).
19) *Hilberath*, Aufgabe und Stand der Kommunalwissenschaft und ihr Verhältnis zur Staatswissenschaft, in：ZgS 99 (1939), S. 694 (695).
20) *Hilberath*, Aufgabe und Stand der Kommunalwissenschaft und ihr Verhältnis zur Staatswissenschaft, in：ZgS 99 (1939), S. 694 (694, 700ff., 712).

創設し、最終的意思決定を下す民族同胞は、地方自治体に対して、真に連帯の感情を見出すことであろう」[22]と書き表されており、地方自治体は、「国家目標の達成」に向けて、国家への協力義務を負うとされていた。

　パーゲンコップは、地方自治研究所所長の地位にあったことから、地方自治という新設科目の講義担当をも委嘱された。1939 年夏学期以降、委嘱の範囲は「地方自治分野の全領域」に拡大された[23]。むろん、地方自治研究所も、第二次世界大戦中、不幸な経験をした。まず、1939 年 9 月には事業そのものが中止されなければならなかった。1940 年に、三学期制の最初の学期開始とともに講義は再開されたが、1941 年夏から所長自身が兵役に就かなければならなかった。パーゲンコップは、最初、――婉曲的表現であるが――「戦時行政部門の責任者」として、「ウクライナ地域行政機構の再興」[24]に専念していた。

---

21)　*Burgi*, Kommunalrecht, 3. Aufl., München 2010, §3 Rn. 21；この他、参照されるものとして、*Ipsen*, Niedersächsisches Kommunalrecht, 4. Aufl., Stuttgart u. a. 2011, S. 35（引用文あり）；*Low*, Kommunalgesetzgebung im NS-Staat am Beispiel der Deutschen Gemeindeordnung 1935, Baden-Baden 1991, および *Matzerath*, Nationalsozialismus und kommunale Selbstverwaltung, Stuttgart u. a. 1970, S. 132ff.

22)　RGBl. 1935 I S. 49；そこにはボン基本法の引用もある。この他にもまだ参照されるものとして、*Schmidt*, Kommunalrecht, Tübingen 2011, Rn. 40,「民族共同体」という概念の歴史学的論議について一般的なものとして、*Oltmer* (Hrsg.), Nationalsozialistisches Migrationsregime und „Volksgemeinschaft", Paderborn 2012；*v. Reeken/ Thießen* (Hrsg.), „Volksgemeinschaft" als soziale Praxis. Neue Forschungen zur NS-Gesellschaft vor Ort, 2013. および *Schmiechen-Ackermann* (Hrsg.), „Volksgemeinschaft"：Mythos, wirkungsmächtige soziale Verheißung oder soziale Realität im „Dritten Reich"? Zwischenbilanz einer kontroversen Debatte, Paderborn u. a. 2012, これらはすべて、「国家社会主義『民族共同体』」という叢書の一冊である。

23)　Reichsminister für Wissenschaft, Erziehung und Volksbildung, 21. 04. 1939 – W P Pagenkopf E, in：UA Bestand 31 Nr. 178 Bd. 1（頁数欠如）；この他、参照されるものとして、Amtsblatt der Westfälischen Wilhelms-Universität Münster 2 (1939), Sp. 51. 当時のカーザー学部長がこの申請をドイツ帝国学術・教育・民族教育大臣（Reichsminister für Wissenschaft, erziehung und Volksbildung）に送付したのは、同研究所開設前日のことであった（3. 11. 1938-1339/38, in UA Bestand 31 Nr. 178 Bd. 2（頁数欠如））。

在任中の 1941 年 9 月、パーゲンコップは「戦功十字勲章二級十字章」を授与された[25]。戦時任務実施時の格別の功労に対して付与された[26]この栄誉は、たいていの場合、軍務での功労に対して与えられる勲章であった[27]が、パーゲンコップの場合はこれと異なっていた。

その直後の 1942 年春、パーゲンコップは、ミュンスター大学で大学教授資格取得の手続を終えるため、兵役を中断した。しかし、この手続は 1942 年 6 月に早くも停止した。このため、パーゲンコップはすぐに兵士として再志願する旨を海兵隊砲兵部隊に届け出た[28]。パーゲンコップが一兵卒としてフランス西部の海岸地域で戦闘に従事していた間、ドイツ帝国学術・教育・民族教育大臣は「総統の名において」彼を客員教授に任命した[29]。大学教授資格取得手続のその後の展開と客員教授任命の経緯については、後に改めて触れる（後述 V）。

パーゲンコップは、負傷もせず（「右足麻痺、左右鼓膜の外傷性穿孔、筋肉リューマチ、数値 500」と記されている）、捕虜にもならず（1946 年 3 月 14 日除隊）、この戦争を切り抜けた[30]。しかし、パーゲンコップがミュンスターに帰還する数週間前に、経営学講座正教授のルードルフ・ヨーン（Rudolf John）がパーゲンコップの後任所長の地位に就いた（同学部 1946 年 1 月 12 日決定）ため、パーゲン

---

24) Lebenslauf vom 08. 061942, in : UA Bestand 31 Nr. 178 Bd. 1（頁数欠如）.

25) Lebenslauf vom 08. 061942, in : UA Bestand 31 Nr. 178 Bd. 1（頁数欠如）.

26) 参照されるものとして、*Absolon*, Die Wehrmacht im Dritten Reich, Band V : 1. September 1939 bis 18. Dezember 1941, Boppard am Rhein 1988, S. 269.

27) *C. Hartmann*, Wehrmacht im Ostkrieg, 2010, S. 198, Fn. 198（戦功十字勲章二級十字章受賞者は 270 万人であった）.

28) Dekan Kaser an den Reichsminister für Wissenschaft, erziehung und Volksbildung, 18. 03. 1943 – Az. 103/43, in : UA Bestand 31 Nr. 178 Bd. 1（頁数欠如）.

29) Der Reichsminister für Wissenschaft, Erziehung und Volksbildung, Urkunde vom 20. Mai 1943 – W P Pagenkopfg (a), in : UA Bestand 31 Nr. 178 Bd. 2（頁数欠如）; Abschrift, in : UA Bestand 31 Nr. 178 Bd. 1（頁数欠如）; 参照されるものとして、Amtsblatt der Westfälischen Wilhelms-Universität Münster 6 (1943), S. 47（「地方自治研究所長」は「客員教授に選任された」。参照されるものとして、„RErzMin. 20. 5. 1943 – W P Pagenkopf g (a) -").

30) *Pagenkopf*, Personalbogen vom 16. 03. 1963, in : UA Bestand 8 Nr. 8941（頁数欠如）.

コップは「元の」所長職[31]に戻ることができなかった。パーゲンコップが教育活動を継続するために同学部との接触を再開したのは、ようやく1954年2月になってからのことである。パーゲンコップは、その間、鉄鋼・石炭企業や鉱山会社の法律顧問として働いた[32]他、弁護士資格をも取得し、本務として、1949年に大学と関係なくライン河畔ボンに設立された「財政租税研究所（Institut Finanazen und Steuern）」の取締役兼事業執行責任者となった（1969年まで）[33]。パーゲンコップは1973年夏学期に71歳で最後の講義を行った。それに続けて、二冊の教科書、『地方自治入門（Einführung in die Kommunalwissenschaft）』と『地方自治法（Kommunalrecht）』が刊行された。パーゲンコップが最後に個別テーマの研究書を出版したのは79歳のときで、それは彼が1983年2月23日にミュンスターで死去する二年前のことであった。

II. 研究：大学教授資格取得論文の挫折

その後公表された、パーゲンコップの著作に関するある書評は、パーゲンコップを「長期に亘り大都市の市長と収入役の経験を積まれた地方自治法分野の指導的な教育者兼研究者」[34]と褒め称えている。初めに実務的活動に触れ、「教

---

31) この地位はその後、ハンス・J・ヴォルフ（Hans J. Wolff）、クリスティアン・フリートリッヒ・メンガー（Christian Friedrich Menger）、ハンス・ウーヴェ・エーリヒセン（Hans Uwe Erichsen）、そして、ヤンベルント・エェベッケ（Janbernd Oebbecke）によって継承されている。今後の継承者としては、ヒネルク・ヴィスマン（Hinnerk Wißmann）がすでに招聘されている。

32) *Pagenkopf*, Personalbogen vom 16. 03. 1963, in：UA Bestand 8 Nr. 8941（頁数欠如）.

33) *Pagenkopf*, Personalbogen vom 16. 03. 1963, in：UA Bestand 8 Nr. 8941（頁数欠如）; *ders*., Mitteilung an das Dekanat vom selben Tag, in：UA Bestand 8 Nr. 8941（頁数欠如）; 参照されるものとして、*Klee*, Personenlexikon zum Dritten Reich, Frankfurt am Main 2003, S. 447, 見出し語「パーゲンコップ」.

34) *Hettlage*, Doppelrezension zu Pagenkopf, Einführung in die Kommunalwissenschaft, 3. Aufl., Münster Westfalen 1975, und zu *ders*., Kommunalrecht, Bd. 1 Verfassungsrecht, 2. Aufl., 1975, in DÖV 1977, S. 144.

育と研究」が後に置かれているように、通常とは逆の順序で役職等が列挙されていたことが、彼の活動の重点がどこにあったかを適切に物語っている。パーゲンコップは理論家というよりは実務家であったし、研究者というよりも教育者であった。大学での経歴として、伝統的な類型に属する職がほとんど挙げられていないが、1930年代——この時期、多くの事案で、大学教授に必要な形式的資格の欠如が、国家社会主義ドイツ労働者党への関与があったことで代替されていた——についていえば、彼の経歴はまったくの例外とはいえないものである。パーゲンコップは少なくとも学術補助者や正規（定員枠内）の助手ポストを経験していない[35]。彼が委嘱された担当業務は講義—— 1935年夏学期から1973年夏学期まで（1941年から1945年までの中断については前述）——であり、担当した期間は総計25年に及んだ。パーゲンコップは私講師であった。その地位は、厳密にいえば、正教授、講座の員外教授、講座と無関係の員外教授のどれよりも下位にあった。それゆえ、パーゲンコップがヴェストフェーリッシェ・ヴィルヘルム大学で「名誉教授」となるまで「38年間」教えたという内容の、複数の地方紙に記載された記事[36]は、二重の意味で正確ではない（そこに用いられている言回しと数値は大学広報部の発表[37]に基づいているが、その原稿自体はパーゲンコップが自筆で作成したものであった[38]）。

---

35) *Pagenkopf,* Personalbogen vom 16. 03. 1963, in : UA Bestand 8 Nr. 8941（頁数欠如）.
36) „Die Große Zeitung gratuliert : Prof. Dr. Dr. Hans Pagenkopf 80 Jahre", Münsterischer Anzeiger vom 4. November 1981（頁数欠如）および „Große Verdienste um die Kommunalwissenschaft. Prof. Dr. Dr. Hans Pagenkopf ist gestorben", Westfälische Nachrichten vom 3. März 1983（頁数欠如）; 彼の「名誉教授就任（Emeritierung)」を取り上げたものとして、他に、*Hansen,* Wohlfahrtspolitik im NS-Staat, Motivationen, Konflikte und Machtstrukturen im „Sozialismus der Tat" des Dritten Reiches, Augsburg 1991, S. 454.
37) Nr. 577/73 – A, C1, B 4,9 vom 5. 7. 1973, Nr. 1. 098 – A, C 1 vom 2. 11. 1976, Nr. 1. 992 – A, C1 vom 02. 11. 1981 und Nr. 2. 280 – I, II, IV vom 02. 03. 1983, alle in : UA Bestand 207 Nr. 56（頁数欠如）.
38) 参照されるものとして、Schreiben vom 24. 10. 1981 an die Presse- und Informationsstelle der Universität, in : UA Bestand 207 Nr. 56.

パーゲンコップは正教授、講座の員外教授、講座と無関係の員外教授というように、学術的意味を持つどの地位にも必須であった大学教授資格の取得を拒否していた。というのは、彼が 1942 年春に地方自治研究所所長として自分の勤務先の法・国家学部宛てに提出した大学教授資格取得の申請書[39]に対して同学部からまっとうな結果が得られなかったからであった。この手続に関して、パーゲンコップは、約 20 年後の 1963 年に、同学部に宛てた意見書で次のように記している。

> わたくしの大学教授資格取得論文「金銭補償（Der Finanzausgleich）」はミュンスター大学法・国家学部に 1942 年に提出された。わたくしのメモでは、この論文は、第一審査委員の法学博士、ノイヴィーム（Neuwiem）教授により肯定的に評価されている。しかし、第一審査委員はミュンスター爆撃で命を落とした。また、同論文は、第二審査委員、法学博士ビューラー（Bühler）教授の管理下で、戦争の影響を受け、行方不明となった。そして、わたくしの大学教授資格取得手続は、1942 年夏、わたくしの再度の兵役召集とこれに続く前線への配属により、中断された[40]。

しかし、彼のこのような説明は言い訳としか思えない。確かに、ノイヴィームは実際に空爆で命を失っている[41]。しかし、その死亡時期は、周知のように、大学教授資格取得手続が終了した後の 1943 年 11 月のことであった。彼の大学教授資格取得手続は確かに 1942 年夏に事実上中断「された」が、その理由は

---

39) 1942 年 6 月 8 日付のパーゲンコップによるカーザー学部長宛文書、in : UA Bestand 31 Nr. 178 Bd. 1（頁数欠如）（ドイツ帝国大学教授資格取得規則（Reichshabilitationsordnung）による「大学教授資格取得の許可を求める正式申請」）。
40) *Pagenkopf*, Personalbogen vom 16. 03. 1963, in UA Bestand 8 Nr. 8941（頁数欠如）.
41) *Felz*, Im Geiste der Wahrheit? Zwischen Wissenschaft und Politik : Die Münsterschen Rechtswissenschaftler von der Weimarer Republik bis in die frühe Bundesrepublik, in : *Thamer/Droste/Happ* (Hrsg.), Die Universität Münster im Nationalsozialismus. Kontinuitäten und Brüche zwischen 1920 und 1960, Münster 2012, S. 347 (374) ; *Steveling*, Juristen in Münster. Ein Beitrag zur Geschichte der Rechts- und Staatswissenschaftlichen Fakultät der Westfälischen Wilhelms-Universität Münster/Westfalen, Münster 1999, S. 540.

ハンス・パーゲンコップ（1901 年～ 1983 年）　99

もちろん彼の論文を紛失したためでもなければ、パーゲンコップ自身が述べているような彼の再召集によるものでもない。反対に、彼の大学教授資格取得論文は今でも同学部に保管されている蓋然性が高く[42]、しかも、この論文は——パーゲンコップ自身が認めていたように[43]——内容が薄いものと判定されていた[44]。第一審査報告書[45]を書いたのは国法学者・行政法学者・教会法学者としてのエアハルト・ノイヴィーム（Erhard Neuwiem）（1889 年～ 1943 年）であった。彼は 1930 年／ 1931 年冬学期にミュンスター大学に招聘され、「宗派の色彩が強く、政治的には目立たない」人物と記されていた[46]。しかし、ノイヴィームがこの手続を開始するにあたり、ひと悶着あったことが想起されなければならない。

　「ドイツにおける金銭補償と第二次世界大戦被害者向け負担調整（Der Finanz- und Lastenausgleich in Deutschland）」というテーマは、論文の、特に大学教授資格取得論文のあり方からいえば、もともとふさわしいものではない。とりわけ基本的な側面、つまり憲法的な側面からみて問題があるだけでなく、驚くほど多くの細か

---

42)　パーゲンコップの人事調書（in : UA Bestand 31 Nr. 178 Bd. 1）には、「1. 7. 1942 – 590/42」という見出しのもとに、学部長職の書簡が収録されている。この書簡によれば、同学部はパーゲンコップに対し「その希望に応じて、当該大学教授資格取得論文一部をドルトムントの個人住所に宛てて」（書留便で）送り、もう一部は「法学博士ビューラー教授から」送付された。

43)　後注 52）に記したパーゲンコップの回答書参照。

44)　このことをはっきり見通しているものとして、*Steveling*, Juristen in Münster. Ein Beitrag zur Geschichte der Rechts- und Staatswissenschaftlichen Fakultät der Westfälischen Wilhelms-Universität Münster/Westfalen, Münster 1999, S. 278, Fn. 127.

45)　UA Bestand 31 Nr. 178 Bd. 1（頁数欠如）（1942 年 6 月 11 日付の 5 頁分）.

46)　参照されるものとして、*Felz*, in : *Thamer/Droste/Happ* (Hrsg.), Die Universität Münster im Nationalsozialismus, Münster 2012, S. 347 (348, 362) (1931) および *Steveling*, Juristen in Münster. Ein Beitrag zur Geschichte der Rechts- und Staatswissenschaftlichen Fakultät der Westfälischen Wilhelms-Universität Münster/Westfalen, Münster 1999, S. 264 (1930)；1933 年 5 月 1 日以降の国家社会主義ドイツ労働者党におけるノイヴィームの党員資格について参照されるものとして、*Steveling*, a. a. O., S. 359.

な事項がすべて盛り込まれたかたちで叙述されている点でも、当該資格取得用の論文としてふさわしいものではない。

このテーマも、論文自体も受理されなかったが、その後、著者が付した論文概要に対しても、「著者固有の学問的価値によるもの」ではないというコメントが付されている。この論文は、論文構成、テーマの狭さ、時代遅れの法的基礎、文献の選択、重要度判定の誤り、それに上っ面だけの分析の浅さ、これらすべてにおいて消極的に評価されている。パーゲンコップは、「いつもではない」が、「憲法を頂点とする国内法体系のもと、全体的な関連性を考えて、個々の研究を緩やかに組み入れるうえで、独特の方向感覚を持っていた。しかし、優れた法理論は彼のもとにはない。」

もちろん、第一審査報告書にすべての疑問点が挙げられていたわけではない。たとえば、「政治的に目立たない」ノイヴィームは、公的行政という用語に、「こんにちの」、つまり1942年の、「国家の行政だけでなく、国家社会主義ドイツ労働者党の行政をも」含めていた。ノイヴィームは、「こんにち、大学教授資格取得論文にとって決定的に重要なのは、形式面ではなく、提出された論文の内容、特にその執筆の意図——この意図が論文構成を決め、かつ実質を充実させる——である」という点、また、「公法と私法との『対立』」は「克服されたものとみなされ」なければならないという点、これらを考慮して、ドイツ民族共同体法の前提に、統一体の存在があると考えていた。しかし、パーゲンコップの論文には「こうした記述およびこれに類似した記述」がなかったため、彼の大学教授資格取得論文が国家社会主義的法思考を誤解しているという非難が向けられることとなった。この非難の当否は、当時は評価しにくかったものであるが、パーゲンコップの論文だけでなく、ノイヴィーム自身にも確実にあてはまる点であった。

パーゲンコップの論文にこのような基本的問題点があったにも拘らず、ノイヴィームは妥協を図った。彼の論文は「特に法律学的・理論的な方向性において必要とされる要請の多くを満たしていなかった」が、それでも、同論文に特

に行政政策の「等価値性」が示されている点が長所とされた。等価値性は、行政実務家であり、同時に（……）国家社会主義ドイツ労働者党の地方自治政策中央当局の責任者であったパーゲンコップからみても、行政政策に不可欠の本来的性質であると考えられていた。彼に与えられる大学教授資格は、広く公法分野全域に亘るものでも、狭く行政法だけに限定されたものでもなく、その中間の「新しい意味の行政学分野」、つまり、行政法、行政学および行政政策、これらを包含するものであった。ノイヴィームが（制限付きの）教授資格をパーゲンコップに与えるように推薦していた点を考慮すると、その意気を阻喪させるような消極的内容の第一審査報告書をみていたパーゲンコップが、ノイヴィームが資格取得に前向きの結論を述べたものと判断したことは誤りとは思われない。

　財政学者アルフォンス・シュミット（Alfons Schmitt）[47]の第二審査報告書では財政学分野のみの教授資格であれば推薦可能という結論が示された。その後、決定的重要性を持つオットマール・ビューラー（Ottmar Bühler）の第三審査報告書が学部長のもとに届いた[48]。当時、公法分野の正教授であったビューラーは、（中断はあったものの）1920年以降、ミュンスター大学に籍を置いていた[49]。彼は、以下のように辛口の評価を述べ、大学教授資格を付与できないという判断を下した。

　　総じてこの論文は地方自治分野の講義を著者に委嘱することを正当とするものではなく、大学教授資格取得の要件とされる、当該分野全体に亘っての学問的深化を

47）　UA Bestand 31 Nr. 178 Bd. 1（頁数欠如）（1942年6月15日付1頁半）.
48）　UA Bestand 31 Nr. 178 Bd. 1（頁数欠如）（1942年6月22日付2頁半）.
49）　*Steveling*, Juristen in Münster. Ein Beitrag zur Geschichte der Rechts- und Staatswissenschaftlichen Fakultät der Westfälischen Wilhelms-Universität Münster/Westfalen, Münster 1999, S. 265, 273f., 486f.；ビューラーは国家社会主義ドイツ労働者党の党員ではなく、「政治的にみて望ましくない大学教授」に分類されていた。参照されるものとして、*Steveling*, a. a. O., S. 358, 387f.；*Tappe/Kempny*, Ottmar Bühler：„Meine Stellung zum Nationalsozialismus", in：StuW 2009, S. 376.

示したものでもない。

　こうして、1933 年以降ミュンスター大学に所属し、1937 年以降（1943 年に召集されるまで）学部長であった法史家マックス・カーザー（Max Kaser）（1906 年～ 1997 年）のもとに、内容を異にする 3 通の審査報告書が届けられたことになる。カーザーは、旧ナチ党員を審査し、償いをさせたうえで復権させる、いわゆる非ナチ化手続で「危険性なし」と判定され、「政治的に目立たない人物」とみなされていた[50]。短期間での審査結果を受けて、同学部長は、第三審査報告書の作成からわずか 2 日後に、意見書の要点をパーゲンコップに伝えた[51]。しかし、カーザーは「このような事情に鑑み」、「現在の法制のもとで大学教授資格取得手続をさらに続行する」ことをパーゲンコップに「勧めなかった」。このため、パーゲンコップは、正教授ではなく、「本務たる実務で修得した知識と能力」に基づいて「客員教授への任用」が得られるよう、方針を転換した。所管の教育省の指導要領によれば、正教授に必要な学問的適性が客員教授任用の要件とされていたにも拘らず、同学部は、この要件を満たしていないパーゲンコップにも「行政実務家としての大きな功績と寄与」があると判定し、この申請を支持した。パーゲンコップは 1942 年 6 月 28 日付の書簡で、「6 月 24 日付の書簡」につき同学部長に対して「丁重に」謝意を述べていた。パーゲンコップの文章によると、彼は、次のように記している。

---

50) *Felz*, Im Geiste der Wahrheit? Zwischen Wissenschaft und Politik: Die Münsterschen Rechtswissenschaftler von der Weimarer Republik bis in die frühe Bundesrepublik, in: *Thamer/Droste/Happ* (Hrsg.), Die Universität Münster im Nationalsozialismus. Kontinuitäten und Brüche zwischen 1920 und 1960, Münster 2012, S. 347 (349, 374, 376) ; *Steveling*, Juristen in Münster. Ein Beitrag zur Geschichte der Rechts- und Staatswissenschaftlichen Fakultät der Westfälischen Wilhelms-Universität Münster/Westfalen, Münster 1999, S. 259ff., 445, 504, 646；1938 年 10 月 1 日以降の国家社会主義ドイツ労働者党におけるカーザーの（最初の）党員資格について参照されるものとして、*Steveling*, a. a. O., S. 359.

51) Brief vom 24. Juni 1942 – 667/42, in: UA Bestand 31 Nr. 178 Bd. 1（頁数欠如）.

貴職および貴学部の同僚諸氏がわたくしの申請に対して最大の好意を向けられたことを伺い、安堵しました。とはいえ、わたくしが提出した大学教授資格取得論文が（……）必要な要件を充たさなかったと貴学部が判断された点が依然としてわたくしの精神的負担となっています[52]。

III.　教育：パーゲンコップの客員教授職

　カーザーがパーゲンコップとの間で確約したことはさほど多くはない。それから一年も経たない 1943 年 5 月 20 日に、パーゲンコップを客員教授として任用する手続が行われた。彼の任用期間は、「学術活動を行うドイツの大学の教授団へ所属する期間」[53]とされた。パーゲンコップに付与された客員教授としての権利は、「同学部全体で、彼の学問分野に属する諸科目の講義と演習を担当すること」であった。彼の任用が兵役期間中に行われたため、カーザー学部長は、軍事郵便で、新任の客員教授が帰還後「全力を挙げて（……）地方自治研究所を発展させ」、「この研究所が、同研究所が掲げる目的の達成に必要な学術研究を支えるための（……）拠点となる」[54]ように御努力戴きたいとの要望を伝えた。

　パーゲンコップは返書の中で学部長に対し、「わたくしの人事案件に関する貴職の御配慮と御努力に心から」感謝し、パーゲンコップ自身「みずからにふさわしい地位を研究所に新設する方向で格別の努力を払う」旨を約束していた[55]。パーゲンコップが客員教授職で満足していたかどうかという点は、明らかではない。パーゲンコップは、1942 年 6 月 24 日付のカーザーの（彼を元気

---

52) UA Bestand 31 Nr. 178 Bd. 1 （頁数欠如）.
53) Der Reichsminister für Wissenschaft, Erziehung und Volksbildung, Urkunde vom 20. Mai 1943 – W P Pagenkopf g (a), Abschrift in : UA Bestand 31Nr. 178 Bd. 1 （頁数欠如）.
54) *Kaser* an Pagenkopf unter dem 16. 061943 – Az. 220/43, Feldpost-Nr. 47 337 F, in : UA Bestand 31 Nr. 178 Bd. 1 （頁数欠如）.
55) Brief vom 27. Juni 1943, in : UA Bestand 31 Nr. 178 Bd. 1 （頁数欠如）.

付けるものではないにせよ、それでも少なくとも）親切な言葉にも拘らず、なおも大学教授資格取得を目指す再度の試みを躊躇っていた。それでいて、パーゲンコップは、自分が客員教授でしかないのに、時として「大学の正教授（Universitätsprofessor）」[56]という、客員教授よりも上位の職名を詐称していた。こんにちでも、この点は、彼への不快感を抱かせることであろう。

　客員教授への任用に先立ち、カーザー学部長が同学部名の申請書で書いていたように、パーゲンコップは「地方自治分野全域に亘って多数の論文を公表していた」[57]。カーザーはいささかも美化することなく、次のように述べていた。

　　（パーゲンコップの）業績は学問的に深みのある研究というより、内容を要約したり説明したりするものであるが、それでも、彼の論文は、彼が地方自治体の活動に関する専門家であることをよく示している。

　パーゲンコップは、法律学と国民経済学との「限界領域」、特に地方自治体の目からみて「近年ふたたび格別の注目を浴びている行政科学分野（行政学と行政管理手法）」で経験を積んでいた。この点は次のように説明されている。

　　本学部は、法学博士パーゲンコップの客員教授職に関する適性を、正規の教授職の適性の有無という点からは、一切判断していない。というのは、地方自治という分野には正規の教授職が存在しないからである。それでも、本学部は、実務における彼の寄与、特に彼の功績を根拠に、本件申請を認めてもよいと考える。（……）地方自治体の活動における彼の役割により、パーゲンコップは、実務上傑出した名

56）　1958 年にミュンスターのアッシェンドルフ書店（Aschendorff Verlagsbuchhandlung）のもとで刊行されたパーゲンコップによる注釈書『戦争効果通則法（Allgemeines Kriegsfolgengesetz）』の 1 頁には、著者について「法学博士、ハンス・パーゲンコップ、大学正教授（Universitätsprofessor）」と記載されていた。この評価をそのまま受け入れているものとして、*Eberstein*, Rezension zu Pagenkopf, Allgemeines Kriegsfolgengesetz, 1958, in : JZ 1958, S. 766.

57）　Dekan *Kaser* an den Reichsminister für Wissenschaft, Erziehung und Volsbildung, 18. 03. 1943 – Az. 103/43, in : UA Bestand 31 Nr. 178 Bd. 1（頁数欠如）.

声を得ていた。この名声は、国家社会主義ドイツ労働者党の地方自治政策部局への招聘および全国市町村連絡協議会の会長職就任により十分に証明されている。

この大学教授資格取得手続の中断については、カーザーが書いた申請書の理由欄に記されているが、この点をもっと詳しく説明しているのが同大学学長ヴァルター・メヴィウス（Walter Mevius）の意見書である。メヴィウスは、パーゲンコップが教育者として「全幅の信頼を得ており」、ドルトムント市の副市長という過大な負担を伴う職に就いていたにも拘らず、「研究を続けようと努力し」ていた点を強調している。彼によれば、パーゲンコップは、地方財政の分野では「権威」とみなされていた[58]。

パーゲンコップの客員教授職就任を支持する外部審査報告書を書いたのはテオドール・マウンツ（Theodor Maunz）であった。フライブルク・イム・ブライスガウ大学地方自治研究所所長という地位からみて、彼は審査報告書作成の適任者であった[59]。マウンツの評価によれば、パーゲンコップは「地方自治業務の傑出した実務家」であり、「基本的体系書」は書いていないが、特に「教育に適した概説書と実務を正確に記した業務報告書を数多く執筆している」。特に地方財政制度の領域——パーゲンコップはこの領域に「特別の愛情を込めて、異例に豊富な専門的知識をもって」取り組んでいた——では、彼こそが「最もその特徴を発揮することができる」。パーゲンコップは、「国家社会主義に立脚した財政立法の権威的解釈者として、地方自治体に対して個々の財政立法に特有の状況を的確に」伝えることができている。「地方財政制度の重要な専門家である」パーゲンコップはその活動全体を通して「地方自治実務の現場と、実務経験の記録化および教育現場に適した応用力」との有機的関連性を明確に示している。

---

58) Rektor *Mevius* an den Reichsminister für Wissenschaft, Erziehung und Volksildung, 23. 03. 1943 – 523/43, in：UA Bestand 31 Nr. 178 Bd. 2（頁数欠如）.

59) *Maunz* an das Reichsministerium für Wissenschaft, Erziehung und Volksildung, 4. 3. 1943, in：UA Bestand 31 Nr. 178 Bd. 1（頁数欠如）.

パーゲンコップは、「地方自治ゼミナール」——彼はこのゼミナールをすべてのゼメスターで提供していた——の他、彼が担当した講義科目、たとえば、「地方自治入門」、「地方自治法第一部（組織法）」、「地方自治法第二部（経済法）」、それに「地方税法と国・地方自治体間の財政調整（Kommunal Abgabenrecht und Finanzausgleich）」においても「教育現場に適した応用力」を発揮していた[60]。パーゲンコップは、夏学期も冬学期も、すべてのゼメスターで一週間に6時間の講義を行った（1962年／1963年冬学期から1972年夏学期まで）。パーゲンコップは、——すでに早くからそのように言われていたが——委嘱された講義を「熱心にかつ誠実に」[61]行っていた。こんにちに至るまで客員教授の権利に違いはないが、パーゲンコップは、講義以外でも、大学教授資格を取得した学部の同僚と協力して、博士学位論文の作成指導にあたっていた[62]。パーゲンコップは、「テーマの設定にあたり、副指導教授として関与する各専門家と適時に連絡」を取り合っていた[63]。

みずからは大学教授資格取得論文の必須要件を充足できていなかったパーゲンコップの研究指導は、時の経過とともに、次第に甘くなっていった。パーゲンコップは、1973年に、当時の学部長であった、ヨハネス・ヴェセルス（Johannes Wessels）宛の礼状に次のように記していた。

> 1973年5月17日付の、親愛の情が込められた貴職の書簡を拝見して、わたくしは、30年前の客員教授任用日にわたくしが戦地から帰還したことを思い出しました。

---

60) Dekan *Schelsky* an den Kultusminister des Landes Nordrhein-Westfalen, 15. 05. 1963 – 129/63-Sch/Bl., in : UA Bestand 8 Nr. 8941（頁数欠如）.
61) Dekan *Kaser* an den Reichsminister für Wissenschaft, Erziehung und Volsbildung, 18. 03. 1943 – Az. 103/43, in : UA Bestand 31 Nr. 178 Bd. 1（頁数欠如）
62) 参照されるのは、2011年8月23日の表現形式における2010年5月18日の法学部博士学位論文規則（Promotionsordnung）第7条第3文である。この規定によれば、客員教授は、「本務として活動する試験実施権利者が、論文指導関係を成立させる」前に、同条第2文により、指導を引き受ける準備を整えているときに限り」、「博士学位論文作成指導を引き受ける」ことができる。
63) Vermerk des Dekans vom 23. 08. 1943, in : UA Bestand 31 Nr. 178 Bd. 1（頁数欠如）.

(……) ヴェストフェーリッシェ・ヴィルヘルム大学におけるわたくしの約40年に及んだ教育体験および貴学部の同僚諸氏との調和のとれた共同作業を、わたくしはいつも友情と感謝とともに、思い返すことができます[64]。

IV. 教科書類とその他の出版物

　パーゲンコップは個別テーマの研究書を比較的多く出版していた。その中には、1957年11月5日の大戦およびドイツ帝国崩壊に起因する損害の一般的規律のための法律（Gesetz zur allgemeinen Regelung durch den Krieg und den Zusammenbruch des Deutschen Reiches entstandener Schäden）（大戦の結果に関する通則法（Allgemeines Kriegsfolgengesetz - AKG））（BGBl. I S. 1747)[65]の注釈書、杜撰に行われていた地方自治体予算編成の法的根拠[66]に関する説明、――関連法制定後最初の――地方自治体予算編成の法的根拠に関する説明[67]、これらがある。とはいえ、パーゲンコップ自身は執筆活動の重点を教科書類に置いていた。このことは彼にとって正しい選択であった。これらの教科書は講義の成果である。『地方自治入門』についても『地方自治法』についても、彼は講義の名称を書名に採用した。

　『地方自治入門』[68]はこのテーマに関する最初の教科書であった[69]。同書で

---

64) UA Stand 37 Nr. 42（頁数欠如）；ヴェセルスも38年間教育に従事した。

65) *Pagenkopf*, Allgemeines Kriegsfolgengesetz. Kommentar, Münster Westfalen 1958（Aschendorffs Juristische Handbücherei Bd. 61, 339 S. そのうち注釈に割り当てられている頁は半分にも満たず、残りの頁は法律の条文と施行規則の規定が再掲されている).

66) *Pagenkopf*, Die fehlerhafte Haushaltssatzung, Bonn 1965 (Schriftenreihe seines Bonner Instituts „Finanzen und Steuern", Heft 79, 55 Seite).

67) *Pagenkopf*, Die Haushaltssatzung, zugleich ein Beitrag zur Reform des Gemeindefinanzrechts, Köln u. a. 1972 (Carl Heymanns).

68) *Pagenkopf*, Einführung in die Kommunalwissenschaft, 3. Aufl., Münster Westfalen 1975 (Aschendorffs Juristische Handbücherei Bd. 63, 284 S.)；初版（1960年）と第2版（1961年）はともに248頁であった。「教科書」という表記は第3版（S. III）に

は、「地方自治の課題、概念および構成」(12頁) に続けて、「ドイツの地方自治体および地方自治体連合の史的展開」(63頁)、そして「現在の地方自治体ならびに地方自治体連合の対外的および対内的な構成」(188頁、その半分は地方自治体の経済的基盤に関わる) について説明されている。この「実務と学理」にとって手頃な教科書兼ハンドブックは、国家の監督に関する10頁と事項索引をもって終わる[70]。初版刊行当時、地方自治体の組織法は、地方自治体の経済法や財政法に比して、「いまだ成熟しておらず」、そもそも学術文献に乏しいという非難の声があった[71]。学術文献の少なさは今なお課題として残されたままである。「学術文献や判例で数十年来取り上げられてきた (……) 論点の多くが『議論の深まりを示す』ことなく放置されている点は、第3版でも最後の版でも変わりがない[72]。それゆえ、『法の発展、判例および学術文献の最新の状況を考慮した』旨、はしがきで述べられているが、この点は、パーゲンコップの場合、まったく長所になり得ない」[73]。

示されている。

69) 参照されるものとして、*Mallmann*, Rezension zu Pagenkopf, Einführung in die Kommunalwissenschaft, 1960, in : JZ 1961, S. 616. これに含まれた評価によれば、パーゲンコップは「彼の実務経験と学術活動に基づいてかねてよりこの題材に精通した最良の知識人の一人」である。初版が刊行された1960年の時点で、地方自治研究所の設置はベルリン大学のそれから32年、フライブルク・イム・ブライスガウ大学のそれから23年遅れていた。

70) *Hettlage*, Doppelrezension zu Pagenkopf, Einführung in die Kommunalwissenschaft, 3. Aufl., Münster Westfalen 1975, und zu *ders.*, Kommunalrecht, Bd. 1 Verfassungsrecht, 2. Aufl., 1975, in DÖV 1977, S. 144.

71) *Mallmann*, Rezension zu Pagenkopf, Einführung in die Kommunalwissenschaft, 1960, in : JZ 1961, S. 616. (たとえば、地方自治体の経済活動に対して設けられた種々の障壁に関する説明は) ; この他、*ders.*, Rezension zu Pagenkopf, Einführung in die Kommunalwissenschaft, 1960, in : JZ 1961, S. 712.

72) *Hettlage*, Doppelrezension zu Pagenkopf, Einführung in die Kommunalwissenschaft, 3. Aufl., Münster Westfalen 1975, und zu *ders.*, Kommunalrecht, Bd. 1 Verfassungsrecht, 2. Aufl., 1975, in DÖV 1977, S. 144 (正当なことに、『入門』では「問題にされていなかった」にせよ、「十分明らかにされてきた」論点が深く論及されている)。

パーゲンコップが包括的説明を試みた1971年の『地方自治法』[74]は、それ自体、前著『地方自治入門』を種本としていた。ある書評で「読者にとって無視し得ない欠点」として正当にコメントされているように、「少なからず重要な部分の（……）文言がほぼ重複していた（たとえば第28章ないし第30章）」[75]。この教科書はこの版（同時に最終版でもある）では二分冊となり、――パーゲンコップの講義内容を反映して――第一巻は（地方自治体の）組織法に、第二巻は（地方自治体の）経済法に充てられている。

　文章表現力の巧みさ、解説の見事さ、そして学問的な質の高さといった点で、パーゲンコップの教科書が標準的著作として成功しているか否かという点は、書評の間でも見方が分かれている[76]。『地方自治法』をみても、パーゲンコップの本は、「学術文献と判例」の参照がきわめて不十分であり、現状が十分に評価されていないという指摘が（前著と本書と二冊出版されているので）再度

73）　*Pagenkopf*, Einführung in die Kommunalwissenschaft, 3. Aufl., Münster Westfalen 1975, S. III.

74）　*Pagenkopf*, Kommunalrecht, Köln u. a. 1971 (Carl Heymanns Verlag, 443S.)、その後、二冊に分けられた。Kommunalrecht, Bd. 1 : Verfassungsrecht, 2. Aufl., Köln u. a. 1975, Bd. 2 : Wirtschaftsrecht, 2. Aufl., Köln u. a. 1976.

75）　*Sendler*, Rezension zu Pagenkopf, Kommunalrecht, 1971, in : AfK 11 (1972), S. 181 (182) ; これと同様の見解を示すものとして、*Püttner*, Rezension zu Pagenkopf, Kommunalrecht, 1971, in : JZ 1973, S. 259 (259)（「部分的に、同一内容」）および *Knemeyer*, Doppelrezension u. a. zu Pagenkopf, Kommunalrecht, 1971, in : AöR 99 (1974), S. 170 (170)（いくつかの部分で……繰り返されている。）これらの非難があてはまる個所として、*Pagenkopf*, Einführung in die Kommunalwissenschaft, 1. Aufl. 1960. S. 133-154 および *ders*., Kommunalrecht, 1. Aufl. Köln u. a. 1971, S. V, 303-330 参照。

76）　これと反対の見解を採るものとして、*Püttner*, Rezension zu Pagenkopf, Kommunalrecht, 1971, in : JZ 1973, S. 259 (259)（引用あり）および *Sendler*, Rezension zu Pagenkopf, Kommunalrecht, 1971, in : AfK 11 (1972), S. 181 (184) ; 逆に、これに賛成の見解を採るものとして、*Loschelder*, Rezension zu Pagenkopf, Kommunalrecht, 1971, in : DVBl. 1972, S. 435（「卓越した筆遣い」による「ドイツ地方自治法の主要な包括的展望における」分類整理が「十分に達成されている」；「多くの愛着と情熱が込められた」地方自治体の経済法）および *Stern*, Rezension zu Pagenkopf, Kommunalrecht, Bd. 1 Verfassungsrecht, 2. Auf. 1975, in : A ; R 102 (1977), S. 139 (139).

なされなければならない[77]。この指摘に対して、パーゲンコップ自身は第2版でまたもや、「判例（……）、学術文献（……）が最新の状況に従って考慮されている」という説明を付して、反発する姿勢をみせた[78]。さらに、大学教授資格取得手続から知られる通り、「多くの事項に関して説明が細か過ぎるだけでなく、あまりに技術的であるだけでなく、法学教育上必要な基本問題が欠けていたり後回しにされたりしている」[79]という原則的な非難がここでもあてはまる。実際のところ、概して「蘭の花」のように一部の特殊な愛好家しか関心を持たない話題について、パーゲンコップの場合には、地方自治体の財政法・経済法というテーマについて、「おそらくは著者の関心の有無が決め手となっていようが」、「部分的には骨の折れる作業を重ねて」包括的な説明が加えられている[80]。これに対し、重要な諸問題（例：自治体の異議申立て[81]、自治体組織間の紛争[82]および地方自治体営造物に対する許可[83]）については十分な説明が行われて

---

77) *Püttner*, Rezension zu Pagenkopf, Kommunalrecht, 1971, in : JZ 1973, S. 259 (259) ; この他、参照されるものとして、*Knemeyer*, Doppelrezension u. a. zu Pagenkopf, Kommunalrecht, 1971, in : AöR 99 (1974), S. 170 (170).（「それでも、旧法時代の余計なものが遺されている」）および *Sendler*, Rezension zu Pagenkopf, Kommunalrecht, 1971, in : AfK 11 (1972), S. 181 (183f.)（「最近の十年間の判例の入念な組み入れによる叙述等は同書の内容を豊かにし、かつ生き生きとしたものにすることであろう」「時として、偶然入手した資料のみに基づいて記述されたという印象を受ける」）。第2版についても同様の批判を加えているものとして、*Stern*, Rezension zu Pagenkopf, Kommunalrecht, Bd. 1 Verfassungsrecht, 2. Auf. 1975, in : A；R 102 (1977), S. 139 (140).

78) *Pagenkopf*, Kommunalrecht, Bd. 1 Verfassungsrecht, 2. Auf. Köln u. a. 1975, S. V.

79) *Püttner*, Rezension zu Pagenkopf, Kommunalrecht, 1971, in : JZ 1973, S. 259 (259).

80) *Knemeyer*, Doppelrezension u. a. zu Pagenkopf, Kommunalrecht, 1971, in : AöR 99 (1974), S. 170（172, 173；第2版から、二巻本として独立した説明が行われている）および *Sendler*, Rezension zu Pagenkopf, Kommunalrecht, 1971, in : AfK 11 (1972), S. 181 (182).

81) *Pagenkopf*, Kommunalrecht, 1. Aufl., Köln u. a. 1971, S. 51；Bd. 2, 2. Aufl., Köln u. a. 1976, S. 58f.（両者まったくの同文）.

82) 事項索引によると、論及されているのは、国家監督措置に対する権利保護のみである。参照されるものとして、*Pagenkopf*, Kommunalrecht, 1. Aufl., Köln u. a. 1971,

いない[84]。そもそも、「最小限の記述」であれば、「学問的に深める余裕はない」[85]はずである。本書が「特に細部へのアプローチ」を可能とし、「そうすることで、実務家にとっても参照に値する重要性を有する」[86]という評価は、誉め言葉というよりも、却って、皮肉なことに見せしめのために行われているようにみえる。

　パーゲンコップは、終生、執筆活動を続けた。晩年の作品は、1978年と——亡くなる二年前の—— 1981年に刊行されている。この二冊は、ドイツにおける財政調整と第二次世界大戦被害者に対する西ドイツの補償政策、つまり負担調整の問題を取り扱っている。パーゲンコップは、彼が大学教授資格取得論文で取り上げたこのテーマを、その後も決して放棄したわけではなかった。そこで取り上げられていたのは、「地方自治体財政制度とその問題性」[87]である。この問題は、教科書で頻繁に取り上げられる典型的テーマ[88]であると同時に、法政策の問題でもあった。たとえば、パーゲンコップは、地方自治体の収入を60パーセント増やそうとして、売上税の税率を12パーセントから15.5パーセントに引き上げるよう提案している[89]。さらに、彼にとっては、「複雑

S. 440, 430ff.；Bd. 2, 2. Aufl., Köln u. a. 1976, S. 402, 390f.

83) *Pagenkopf*, Kommunalrecht, 1. Aufl., Köln u. a. 1971, S. 135；Bd. 2, 2. Aufl., Köln u. a. 1976, S. 150f.（両者まったくの同文）。

84) 参照されるものとして、*Püttner*, Rezension zu Pagenkopf, Kommunalrecht, 1971, in : JZ 1973, S. 259 (260)；*Sendler*, Rezension zu Pagenkopf, Kommunalrecht, 1971, in : AfK 11 (1972), S. 181 (183).

85) *Püttner*, Rezension zu Pagenkopf, Kommunalrecht, 1971, in : JZ 1973, S. 259 (260).

86) *Knemeyer*, Doppelrezension u. a. zu Pagenkopf, Kommunalrecht, 1971, in : AöR 99 (1974), S. 170 (173).

87) *Pagenkopf*, Das Gemeindefinazsystem und seine Problematik, 1978 (Schriftenreihe zum deutschen Kommunalrecht, hrsg. Von Menger und von Mutius in Verbindung mit dem Kommunalwissenschaftlichen Institut der Universität Münster, Bd. 15, im Verlag Reckinger & Co., Siegburg, 189 S.).

88) *Fürst*, Doppelrezension u. a. zu Pagenkopf, Das Gemeindefinazsystem und seine Problematik, 1978, in : AfK 18 (1979), S. 298 (298)（「教科書としての性格（Lehrbuch-Charakter）」）。

で経費の掛かる制度」、つまり、地方自治体に割り当てられた財政負担配分制度の簡素化も重要な関心事であった[90]。この点は、たとえ、経済的観点からの論証を通じて、そうした簡素化が「問題性を多く」[91]孕んでいるという非難がパーゲンコップに向けられるとしても、変わりはない。この点については、次の書評が参考になろう。

> パーゲンコップの著作は、何よりも深みのある、しかも情報豊富な教科書兼参考書であるという点で重要なものであるが、この本は、どちらかといえば財政法分野の著作であって、一方の地方自治法と、他方の財政学的観点からの問題提起および革新的な試みを結び付けようと試みたものではない。財政学的観点に基づく問題性の明確化はむしろごくわずかであり、引用部分に限定されている[92]。

この引用の最初に用いられた「著作」という言葉の趣旨は、——普通に考えられているように——書評の対象とされた彼のこの本だけに限られるわけではなく、控え目にみても、パーゲンコップの学問的著作全体に対する総括的評価としても理解することができよう。好意的に受け入れられた彼の最後の著書——『連邦諸ラントにおける財政調整—理論と実務』[93]というテーマの300頁をはるかに超える個別テーマの研究書——も、この点ではなんら変わらない。同書は、書評でコメントされているように、パーゲンコップが自身の「80歳の誕生日に向けて出版した」[94]ものである。パーゲンコップがこのような副題

---

89) *Pagenkopf*, Das Gemeindefinazsystem und seine Problematik, 1978, S. 149.

90) *Pagenkopf*, Das Gemeindefinazsystem und seine Problematik, 1978, S. 152ff.

91) *Hedtkamp*, Rezension zu Pagenkopf, Das Gemeindefinazsystem und seine Problematik, 1978, in Finanzarchiv N. F. 39 (1981), S. 377 (378).

92) *Fürst*, Doppelrezension u. a. zu Pagenkopf, Das Gemeindefinazsystem und seine Problematik, 1978, in : AfK 18 (1979), S. 298 (299).

93) *Pagenkopf*, Der Finanzausgleich im Bundesstaat – Theorie und Praxis, Stuttgart u. a. 1981 (Verlag W. Kohlhammer, 336S.).

94) *Hettlage*, Rezension zu Pagenkopf, Der Finanzausgleich im Bundesstaat, 1981, in : AöR 107 (1982), S. 326 (326).

を付けたのは、実務の重要性を強調するとともに、理論的考察を加えることも個々の研究者に求められなければならないと考えたからであり、別の書評でも、このテーマの「政策的・実務的重要性」[95]が最初に指摘されていた。パーゲンコップがこのテーマの権威者であることは、「彼がこの主題に関する出版物を多く刊行しているという事実から明らかになるだけでなく、彼がこの領域において豊富な実務経験を有するという事実から」[96]もしばしば認められている点である。この書評は、以下のような褒め言葉で結ばれている。

> 総じて、パーゲンコップのこの本は、豊かな学識と専門的知識を背景として書かれた、ドイツ憲法史における財政調整の現象形態に関する権威ある解説となっている[97]。

このように、書評者の称賛が歴史的な部分に限定して行われ、『連邦諸ラントにおける財政調整―理論と実務』に関する個別テーマの研究書の主要部分が除外されている点からみて、パーゲンコップの研究が持つ弱点は依然として人目に晒されたままであった[98]。

V. 国家社会主義

国家社会主義ドイツ労働者党は、パーゲンコップに党員番号 1,344,414 を付

---

95) *Mößle,* Rezension zu Pagenkopf, Der Finanzausgleich im Bundesstaat – Theorie und Praxis, 1981, in : Die Verwaltung 18 (1985), S. 257 (257).
96) *Mößle,* Rezension zu Pagenkopf, Der Finanzausgleich im Bundesstaat – Theorie und Praxis, 1981, in : Die Verwaltung 18 (1985), S. 257 (257).
97) *Mößle,* Rezension zu Pagenkopf, Der Finanzausgleich im Bundesstaat – Theorie und Praxis, 1981, in : Die Verwaltung 18 (1985), S. 257 (259).
98) 少なくとも、*Pagenkopf,* Der Finanzausgleich im Bundesstaat – Theorie und Praxis, Stuttgart u. a. 1981, S. 7 では、歴史的分析が彼の「特別の関心事」と表示され、叙述のほぼ五分の一がこのテーマに割かれている。

与し、彼の行動を監督した。パーゲンコップは、1934年8月20日の官吏および国防軍兵士の宣誓に関する法律（Gesetz über die Vereidigung der Beamten und der Soldaten der Wehrmacht）[99]に従って「ドイツ帝国およびドイツ民族の指導者、アードルフ・ヒトラー」に対する忠誠と服従を求める宣誓を行い、もちろん『ヒトラー万歳』と署名し、1937年には「父母や祖父母にユダヤ人がいない」[100]旨の「就任時宣誓供述」を行った。「行軍中」の1935年に書かれたある履歴書には、パーゲンコップが「1932年晩夏以降、集中的に活動した」[101]旨、記載されている。「党員身分を保持したまま」その七年後に書かれた、続きの欄は以下のように記載されている。

> わたくしは、1933年春から1933年11月30日まで、郡庁内地方自治政策部門責任者の職に就き、以後、1937年7月まで、ヴェストファーレン南部地区大管区地方自治部門責任者の職にあった。1935年1月に、わたくしは、国家社会主義ドイツ労働者党の地方自治政策中央本部（財政・租税部門を含む）内のドイツ帝国上部責任者に、1940年12月には、同じ中央本部内のドイツ帝国本部責任者に任用された。1938年11月9日以降、わたくしは、ナチ突撃隊ヴェストファーレングループ指導部の突撃隊親衛隊少佐の地位にある[102]。

「財政・租税問題報告者」としての活動について、おそらく1935年に記入された書類では、「中央当局において」この活動に従事し、「国家社会主義ドイツ労働者党帝国指導部の地方自治政策」に関与したとみられる。1938年10月にドルトムント市で、ユダヤ系とみられるこの地方自治体が、市立劇場と市の新塔との間に建っていたユダヤ教会堂（シナゴーグ）「そのもの」を「時価よりはるかに安値で」売却する旨を決定したという事案に、パーゲンコップもドルト

---

99) UA Bestand 31 Nr. 178 Bd. 2（頁数欠如）.
100) *Pegenkopf*, Erklärung gegenüber dem Universitätskurator in Münster vom 26. 02. 1937, in : UA Bestand 8 Nr. 8941（頁数欠如）.
101) Lebenslauf vom 12. 03. 1935, in : UA Bestand 31 Nr. 178 Bd. 1（頁数欠如）.
102) Lebenslauf vom 08. 06. 1942, in : UA Bestand 31 Nr. 178 Bd. 1（頁数欠如）.

ムント市長として関与していた。パーゲンコップは国家社会主義ドイツ労働者党地区責任者と異なる立場を採ったが、これは政治的な立場ではなく、あくまでもビジネスのテクニックによるものであった[103]。パーゲンコップは、1939年以降、ミュンヒェンの国家社会主義ドイツ労働者党帝国指導部地方自治政策中央当局の名誉責任者に就任した。1942年に彼の客員教授への採用が話題となったとき、当該区域を管轄する国家社会主義ドイツ労働者党の大管区人事責任者はパーゲンコップを次のように評価していた。

　党の古参闘士として彼が果たした功績と大学における長期の活動、特に彼の地方自治研究所でのその発展に向けての諸活動、これらから判断して、当職は、客員教授職が彼に与えられることを無条件に正当と考える[104]。

この大管区人事責任者は1943年1月19日に「兵士ハンス・パーゲンコップ」に宛てて次のように書いていた。

　貴殿が今次戦争における第一次出撃時に有した階級に基づいて今回は上の階級が付与されることが確実であるにも拘らず、貴殿がこのたびの第二次出撃に際してみずから、一兵卒としての召集を希望されていることは、きわめて高く評価されるべき点であり、真の国家社会主義者の思想を表したものである。貴殿の一身に関する懸案事項──それについて当職は依然として最も高い関心を払っている──が、貴

---

103) *Klotzbach*, Gegen den Nationalsozialismus. Widerstand und Verfolgung in Dortmund 1930-1945. Eine historisch-politische Studie (Schriftenreihe des Forschungsinstituts der Friedrich-Ebert-Stiftung), Hannover 1969, S. 248f.；尤もこれとは異なる趣旨で参照されるものとして、*Felz*, Im Geist der Wahrheit? Zwischen Wissenschaft und Politik：Die Münsterschen Rechtswissenschaftler von der Weimarer Republik bis in die frühe Bundesrepublik, in：Thamer/Droste/Happ (Hrsg.), Die Universität Münster im Nationalsozialismus. Kontinuitäten und Brüche zwischen 1920 und 1960, Münster 2012, S. 347 (362, Fn. 135)（パーゲンコップが「取り壊し」に際して執った行動は、「ナチ突撃隊親衛隊中佐」としては誤りであった）。

104) UA Bestand 31 Nr. 178 Bd. 1（頁数欠如）。

殿が期待しているように推移していないことを、当職もきわめて遺憾に思う。しかしながら、当職が数日前に行った法学博士カーザー教授との話し合いに基づいて、当職は、今後得られる結果が貴殿の期待を考慮したものとなることを、希望をもって確信することができる。いずれにせよ、この問題は前向きに処理されるであろう。当職はむろんその経過を見守りたい[105]。

パーゲンコップは、国家社会主義ドイツ労働者党を介して、同学部に圧力を掛けていたのだろうか。大管区人事責任者の書簡はこの話合いについて具体的なことを何も述べておらず、パーゲンコップの人事記録にもこの点を窺わせる記述はまったくみられない。大管区人事責任者による、信頼できる1943年4月12日付および同月22日付の「党員ハンス・パーゲンコップ」宛文書[106]——それらによれば、パーゲンコップは、客員教授への任用を求める所管大臣宛申請書を、すべての部局の賛成意見書を添えて提出していた——は、少なくともこの点を肯定する十分な証拠ではない。国家社会主義ドイツ労働者党が「党の古参闘士」を政治的に歓迎していたであろうという点は、十分に理解することができる。このことは、客員教授職についてのみならず、(これよりも価値の高い)大学教授資格取得——しかし、同学部はこれをパーゲンコップに与えることを拒否していた——についてもあてはまる。

VI. 客員教授職の継続

その後、パーゲンコップは、ゲッティンゲンのゴータ生命保険株式会社本社の法務部長として活動した。彼は、戦後、退職により一時受けていたドルトムント市社会保障給付金を、勝訴判決[107]を得て、再度受給していた。彼は1954年にミュンスター大学法学部——同学部は、戦時捕虜の帰還以降、沈滞期にあ

---

105) UA Bestand 31 Nr. 178 Bd. 2 (頁数欠如).
106) UA Bestand 31 Nr. 178 Bd. 2 (頁数欠如).
107) *Hansen*, Wohlfahrtspolitik im NS-Staat. Motivationen, Konflikte und Machtstrukturen im „Sozialismus der Tat" des Dritten Reiches, Augsburg 1991, S. 454.

った――と接触を始めた。パーゲンコップは、ホルスト・イェヒト（Horst Jecht）学部長に宛てて、「わたくしはふたたび学問的な仕事に従事し、その一環として、ミュンスター大学での講義を再度喜んで引き受ける」積極的意思がある旨を記した書簡を送った。パーゲンコップ――彼は、当時まだ客員教授の肩書を称していなかった――は、1954年2月27日付の書簡で、客員教授職が継続しているか否かの審査を求める旨、同学部長に申し出た。パーゲンコップは、これに関連して、彼が1948年12月に行われた非ナチ化手続でグループⅣ（シンパ）[108]への分類が決定され、被選挙権「だけ」が認められていない旨をも伝えた。パーゲンコップは非ナチ化審査の担当機関に対して再審査を求めたが、先の結果に変更はなかった。確かにハーゲンの中央委員会は、1951年9月に、免除の方向に向けて満場一致で彼をグループⅤに分類し直したが、デュッセルドルフの特別代議員による確認書では、グループⅣという判定が維持されていた。この手続は最終的に「非ナチ化終結法（Entnazifizierungsschlußgesetz）により」――この法律は1952年2月5日にノルトライン・ヴェストファーレン州で可決された[109]――停止されたままとなっている。

　同学部は、パーゲンコップの客員教授職が継続しているか否かという彼の照

---

108) パーゲンコップの非ナチ化手続を概観しているものとして、*Hansen*, Wohlfahrtspolitik im NS-Staat. Motivationen, Konflikte und Machtstrukturen im „Sozialismus der Tat" des Dritten Reiches, Augsburg 1991, S. 454；責任に関する5分類（Ⅰ主犯（Hauptschuldige）、Ⅱ有罪（Belastete）、Ⅲ軽度の有罪（Minderbelastete）、Ⅳシンパ（Mitläufer）、Ⅴ責任なし（Entlastete））について参照されるものは、*Reichel*, in：*Schildt* (Hrsg.), Deutsche Geschichte im 20. Jahrhundert. Ein Lexikon, München 2005, 見出し語「非ナチ化」, S. 132 (132) のみである。
109) 1952年2月5日のノルトライン・ヴェストファーレン州非ナチ化終結のための法律（Gesetz zum Abschluß der Entnazifizierung）第1条第1項、第4項、第8条（GVBl. S. 15）によれば、まだ終了していない非ナチ化手続および再審査を求める非ナチ化手続は停止され、もはや再開されない。行政実務（Verwaltungspraxis）について参照されるものとして、*Krüger*, Entnazifiziert! Zur Praxis der politischen Säuberung in Nordrhein-Westfalen, Wuppertal 1982 および *Lange*, Entnazifizierung in Nordrhein-Westfalen. Richtlinien, Anweisungen, Organisation, Siegburg 1976.

会を求める申し出に対してすぐには回答しなかった。多くの同僚は 1954 年 3 月 6 日に学部長に対し、即座に態度を明らかにするよう求めた[110]。パーゲンコップがグループⅣ（シンパ）なのかグループⅤ（無罪）なのかという点はどの審査報告書でも重視されていなかった。ハンス・J・ヴォルフ (Hans J. Wolff) は、1954 年 3 月 13 日付のわずか 1 頁半の意見書で、パーゲンコップが黙示の意思表示により客員教授職を放棄したと述べ、その結果、客員教授職は「消滅した」とみなした。というのは、パーゲンコップが 1951 年以降教育活動を再開できるようになっていたのに、彼がゲッティンゲンのゴータ生命保険株式会社の法律顧問として生活費を得「なければならなかった」点を優先し、教育業務を意図的に放棄したと考えたからである。ハンス・ウルリッヒ・スクーピン (Hans Ulrich Scupin) が書いた 2 頁の 1954 年 5 月 6 日付第二意見書は、大学基本規程の法的評価に基づいて、――少なくともこんにちの法状態とは反対の評価であるが――教育活動と客員教授職との間に必然的な因果関係はなく、教授職は継続していると結論付けた。第三意見書を提出したフリートリッヒ・クライン (Friedrich Klein) は、1954 年 6 月 2 日付の 7 頁に亘る審査報告書において、二つの先行する意見書がともに「判断されるべき論点について決定的な法的基礎―― 1939 年 2 月 23 日のドイツ帝国教育・学術・民族教育大臣の回覧公報 (Runderlass des Reichsministers für Erziehung, Wissenschaft und Volksbildung) ―― WA460/39 (b) ――を見逃していた「点で、問いに答えていない」と述べた。この法的基礎を考慮して、クラインは、客員教授職は存続するという結論を導いた。四番目の同僚、カール・ミヒャエリス (Karl Michaelis) も、同様に、1954 年 6 月 11 日付の 7 頁から成る審査報告書でこの結論に賛成した。第一審査報告者ヴォルフがこれらの報告書を読んで納得し、了解する旨を示したので、同学部は、1954 年 6 月 16 日に、パーゲンコップの「客員教授職が有効に継続していること」を確認した[111]。

---

110) Anfrage Pagenkopfs vom 27. 02. 1954, Vermerk des Dekans vom 06. 03. 1954 und die vier Gutachten, in : UA Bestand 37 Nr. 42（頁数欠如）.

111) Beschluss der „engeren" Fakultät anläßl. Ihrer Sitzung am 16. 6. 1954, Protokoll-

VII. ま と め

　パーゲンコップに対する肯定的評価——「地方自治体活動の代表的専門家」（カーザー学部長の言葉）、地方自治体財政分野の「権威」（メヴィゥス学長の言葉）——は、「地方自治体の組織法、財政法および租税法分野での多くの出版物を通じて」実証された「この題材の格別の専門家」という表現で彼の地元に受け入れられているだけではない[112]。パーゲンコップは、ドイツ全土に亘り、「地方自治体財政制度の重要な専門家」[113]として、また「地方自治政策の高名な実務家」[114]として専門分野の世界であまねく知られている。パーゲンコップ自身は、彼の研究に課された学問的要求をつねに尊重していた。しかしながら、その成果をみると、個々の作品は概してかなり平均的なものであり、長い間、学問的な要求水準を達成できずに終わっていた。パーゲンコップは、学者として、彼自身が熱望した教育資格——これは大学教授資格に具体化されている——の取得を生涯ずっと拒否されていたにも拘らず、特に教育者としてみると、教育面では成果を上げていた。パーゲンコップの教育現場との近さは、彼が特に重視していた行政実務——終戦まで彼は同時に政治的活動も行っていた

---

　　buch Nr. 2, S. 69, in : UA Bestand 37 Nr. 42（頁数欠如）.
112)　参照されるものとして、*Menger/v. Mutius*, in : Pagenkopf, Das Gemeindefinanzsystem und seine Problematik, Siegburg 1978, S. V (V)；地元紙はそれぞれに、彼をトロヤ戦争に参加したギリシャの老将ネストルになぞらえて「老大家」と呼んだり、地方自治の権威の一人と呼んだりしていた。たとえば、„Die Große Zeitung gratuliert : Prof. Dr. Dr. Hans Pagenkopf 80 Jahre", Münsterischer Anzeiger vom 4. November 1981（頁数欠如）および „Große Verdienste um die Kommunalwissenschaft. Prof. Dr. Dr. Hans Pagenkopf ist gestorben", Westfälische Nachrichten vom 3. März 1983（頁数欠如）.
113)　*Maunz* an das Reichsministerium für Wissenschaft, Erziehung und Volksbildung, 4. 3. 1943, in : UA Bestand 31 Nr. 178 Bd. 1（頁数欠如）.
114)　*Stolleis*, Geschichte des öffentlichen Rechts in Deutschland, Vierter Band : Staats- und Verwaltungsrechtswissenschaft in West und Ost 1945-1990, München 2012, S. 65.

——との近さに対応する。たとえば、彼は、「学者と実務家」[115]双方に推薦すべき書物の書評欄を担当していた。彼は、自著の初版が「学界と実務界にともに好意的に受け入れられた」ことを報告し[116]、彼の最後の本のタイトルページの1行目に「ミュンスター（ヴェストファーレン）大学教授（Professor an der Universität Münster/Westf.）」とサインし、2行目に「元ドルトムント市長・収入役（Bürgermeiset und Stadtkämmer von Dortund a. D.）」と小さく印刷していた[117]。彼の死亡通知は、もちろん「ヴェストフェーリッシェ・ヴィルヘルム大学客員教授」（原文ママ）と記されている[118]。

パーゲンコップは、地方自治体の財政法・経済法の視点に立脚した彼特有の職務に対応させて、早くから経済・財政・法の三分野の交錯領域で法律学と経済学の双方を視野に入れて活動していた。それにも拘らず、われわれは、彼が国家社会主義の時代に担った役割が次第に小さくなると考えられるような場合でさえも、ミュンスター大学法学部にとって有用な一人のモデルとして彼をみるとき、彼を矮小化して、条件を付してきた。というのは、パーゲンコップには、学問的な感覚という点からみて、体系の形成や概念の創造がなく、また原理論の意識を第一に考える研究者たちと異なり、学問的独創性が彼に欠けていたからである。実務上の諸問題と技巧的な細目に限定された彼の論文は、私見では、大学教授資格の当否という点からみて、決して十分とは言い得ない。「『経営学士』の資格しか持っていない者や『純然たる地方自治体学者』」[119]は、

---

115) *Pagenkopf*, Rezension zu Klaus Stern/Günter Püttner, Die Gemeindewirtschaftsrecht – Recht und Realität, 1965, in : JZ 1967, S. 71 (72).

116) *Pagenkopf*, Kommunalrecht, Bd. 1 : Verfassungsrecht, 2. Aufl., Köln u. a. 1975, S. V.

117) *Pagenkopf*, Die Finanzausgleich im Bundesstaat – Theorie und Praxis, Stuttgart u. a. 1981, S. 3.

118) 1983年3月2日フランクフルター・アルゲマイネ・ツァイトゥンク（FAZ Nr. 51 vom 2. März 1983), S. 28 ; Westfälische Nachrichten vom 2. März 1983（頁数欠如）。

119) パーゲンコップの特徴を描写しているものとして、*Weiß*, 50 Jahre Kommunalwissenschaftliches Institut der Westfälichen Wilhelm-Universität Münster, in : NVwZ 1988, S. 810 (811).

1938 年以降、一人も地方自治研究所に招聘されていない。たとえ教育と実務における評価の高さが学問研究にとっても——最重要の判断基準とはいえないにせよ——重要な判断基準であることに変わりがないとしても、学問的活動を理論と実務的関連性の両面に亘って実践することは、法学者にとって必要な資質である。このような特質が、独創性のある研究のためにどれだけ有用かという点は、先になってみなければ分からない。というのは、教育と実務との結び付きが欠けるならば、学問研究は硬直化することとなるからである。

ボド・ピーロート

脇役から主役へ

国法学者、フリートリッヒ・クライン（1908 年～ 1974 年）

Ⅰ．ミュンスター大学における活動
Ⅱ．第三帝国における学者の経歴
Ⅲ．再任用の困難性
Ⅳ．ボン基本法のもとでの学術的著作

I. ミュンスター大学における活動

　フリートリッヒ・クライン（Friedrich Klein）は、活動期間の最初の25年間（1949年～1974年）全体を通じて、憲法、すなわち、ドイツ連邦共和国基本法に決定的な影響を与えた一人である。基本法コメンタール――彼が執筆したのはその第2版である――にはこんにちでもなお彼の名が冠せられており、初版の著者、ヘァマン・フォン・マンゴルト（Hermann von Mangoldt）の後、そして現在の第6版の編者、クリスティアン・シュタルク（Christian Stark）の前というように、両者に挟まれて、彼は『フォン・マンゴルト／クライン／シュタルク（von Mangoldt/Klein/Stark）』として広く知られている。このように、フリートリッヒ・クラインは、1950年代および1960年代のミュンスター大学教授の中では、引用された頻度の最も高い法学者であった。

　大学教授を回想する場合、個人の著作だけでなく、後継者として育成した一門の弟子たちも手掛かりとなり得よう。1950年から1974年までの25年間をみると、17人という誇るべき数の公法学者がミュンスター大学で大学教授資格を取得している[1]。フリートリッヒ・クラインはそのうちの5人を指導した。その氏名と資格取得年を年代順に挙げると、ヘルムート・リッダー（Helmut Ridder）（1950年）、エーリッヒ・キュッヒェンホフ（Erich Küchenhoff）（1965年）、ハラルト・ヴェーバー（Harald Weber）（1970年）、ディーター・ヴィルケ（Dieter Wilke）（1972年）、そしてギュンター・バーバィ（Günther Barbey）（1973年）、これらがいる。その他、彼は多くの大学教授資格取得手続で副査（第二審査委員）を務めた。法学部内の三人の公法学者が、広範囲に亘って一致して、申請者に大学教授資格を認めることは稀であった[2]。フリートリッヒ・クラインの弟子

---

[1] *Stolleis,* Geschichte des öffentlichen Rechts in Deutschland, Band IV, 2012, S. 65 は、ミュンスター大学における「ハンス・ユリウス・ヴォルフ（Hans Julius Wolff）、クラインおよびスクーピン（Scupin）、彼ら三人のもとで大学教授資格取得論文を書いた多くの者の目から見た」ヴォルフの「人となり」について述べている。

のうち、二人は、1977年に彼の追悼論文集を編集した。この論文集には、彼の弟子や同僚が多数執筆している[3]。同学部が計画した学問的な追悼式典の一つは、フリートリッヒ・クラインの遺族の明示の希望に基づいて、実施されなかった。

広い意味での一門の弟子たちには、博士学位取得論文執筆者や学生たちも含まれる。フリートリッヒ・クラインは、博士学位取得論文執筆者にとって、驚くほど勤勉な指導者であった。彼はミュンスター大学在職中に全部で137人の博士学位授与に携わった。1960年代に彼が学位授与に関与した件数は毎年10件に達していた[4]。もちろん、博士学位取得論文の当時の平均的な分量がこんにちの状況――一つの博士学位取得論文が200頁に満たないことはほとんどなく、500頁を超える論文がもはや稀な例外ではなくなっている――よりもはるかに少なかった点が考慮されなければならない。

1945年／1946年冬学期から1973年／1974年冬学期まで、各学期の講義要項が示す通り、彼は全部で119科目の講義を担当していた。その大半は国法お

---

2) ハンス・ユリウス・ヴォルフから大学教授資格取得論文の執筆指導を直接に受けた者を挙げると、クリスティアン・フリートリッヒ・メンガー（Christian-Friedrich Menger）(1952年)、エルンスト・ヴォルフガンク・ベェッケンフェルデ（Ernst-Wolfgang Böckenfölde）(1964年)、マルティン・クリーレ（Martin Kriele）(1966年)、およびラルフ・ドライアー（Ralf Dreier）(1970年)がいる。ハンス・ウルリッヒ・スクーピン（Hans Ulrich Scupin）から大学教授資格取得論文の執筆指導を受けた者には、ゲオルク・クリストフ・フォン・ウンルー（Georg-Christoph von Unruh）(1964年)、ヴォルフガンク・マルテンス（Wolfgang Martens）(1968年)、ハインハルト・シュタイガー（Heinhard Steiger）(1970年)、ヴェルナー・クラヴィーツ（Werner Krawiez）(1974年)、それにディーター・ヴィドゥケル（Dieter Wyduckel）(1977年)がいる。この他、この時期に大学教授資格を取得した者として、ハンス・ウーヴェ・エーリヒセン（Hans-Uwe Erichsen）、アルベルト・フォン・ムーティウス（Albert von Mutius）およびヴェルナー・ホッペ（Werner Hoppe）――彼を指導したのは、1967年以降、ヴォルフの後任としてミュンスター大学で教えていたメンガーであった――がいる。

3) *Wilke/Weber* (Hrsg.), Gedächtnisschrift für Friedrick Klein, 1977.

4) 参照されるものとして、Bestände 33 und 39 des Universitätsarchivs Münster.

よび憲法（30 科目）と国際法（34 科目）である。彼は、この他、一般国家学（17 科目）、租税法（16 科目）、協同組合法（3 科目）の講義をも担当していた。さらに、彼は、同名の各法分野について定例開催のゼミナールを実施し、公法分野で 13 回分、演習コースと補習授業を担当していた。彼の講義を履修した卒業生たちから筆者が直接に聴いたところでは、ミュンスター大学教授たちの中で、彼の評判は相当に高かった。彼の物腰や態度は幾分かそっけないものであったが、彼の講義自体は明晰であり、よく構成されていた。彼は、習慣として、朝 8 時に講義を開始し、──おそらくは 1960 年代後期の学生騒動を考慮したためであろうが──、語り口には、「君たちはまだ目が覚めていないだろうから、君たちがわたくしの講義を邪魔することはないでしょう」[5]といったように、ユーモアが込められていた。

　フリートリッヒ・クラインは、研究と教育に加え、大学教授が果たすべき第三の職務、すなわち大学の管理運営にも真面目に取り組んでいた。彼は 1950 年から 1952 年まで学部長を務め、1965 年から 1967 年まではヴェストフェーリッシェ・ヴィルヘルム大学の学長を、その後の二年間は前学長として学長代理を務めた。ある報告書には、彼がその職務をたぐいまれな巧みさと各方面からの支持を得て全うした、と記されている[6]。彼が学長の任期を終えたとき、ミュンスター大学学生自治会がたいまつ行列で彼を称えたことが、その明白な証である。これに関連して、なお触れておかなければならないことがある。それは、彼がドイツ国法学者協会（Vereinigung der Deutschen Staatsrechtslehrer）会長という名誉ある地位を 1953 年から 1955 年まで占めたこと、そして 1965 年から 1967 年までドイツ国際法学会会長（Vorsitzender der Deutschen Gesellschaft für Völkerrecht）を務めたこと、これらである。彼は、数十年間に亘って、租税問題担当者をメンバーとする職業別のドイツ大学教授連合（Berufsverband der

---

5) 2012 年 5 月 10 日に行われたハインハルト・シュタイガー（Heinhard Steiger）へのインタヴュー。

6) 参照されるものとして、*Wilke/Weber,* in : *dies.* (Hrsg.), Gedächtnisschrift für Friedrich Klein, 1977, S. VIII.

deutschen Hochschullehrerverband）の常任助言者として、折々に諮問事項に答えていた。さらに、彼はいろいろな協議会、審議会等の役職に就いていた他、依頼に応えて多数の法律鑑定書を作成していた。

　正当なことに、彼はどの活動においてもしばしば賞賛を得ていた[7]。これらの賛辞で簡単に触れられていたのが、1944年にミュンスター大学教授に任用されるまでのフリートリッヒ・クラインの職歴[8]と旧ナチ党員の審査と復権に関わる非ナチ化――そこには1945年から1950年までの一時的な公職追放が含まれる――の問題である。フリートリッヒ・クラインの業績で魅力的な点は、いかにして彼が、国家社会主義の嵐の中を泳ぎ渡り、ボン基本法のもとで自由を尊重する立憲国家の闘士の一人となっていったかという点であった。

II. 第三帝国における学者の経歴

1　経歴と大学教授資格取得

　1939年にフランクフルト・アム・マイン大学で行われた大学教授資格取得手続の過程で、フリートリッヒ・クラインが法学部に提出した履歴書には、次のような記載がある[9]。

　　わたくしは1908年7月10日に、こんにちの地方郵政局監査官マックス・クライ

---

7)　参照されるものとして、上記追悼論文集（Gedächtnisschrift für Friedrich Klein）のまえがきの他、ヴィルケの追悼文（*Wilke*, Nachruf AöR 99 (1974), 647ff.）および十年ごとの誕生日に掲載された新聞記事――二つの地方紙、Westfälische Nachrichten および Münstersche Zeitung に掲載された、二度の学長選挙および逝去に関する記事。

8)　参照されるものとして、*Rüthers*, Die unbegrenzte Auslegung, 7. Aufl. 2012, S. 479 Fn. 3「国家社会主義の時代における公法分野の歴史は、1945年から後、細心の注意を払って秘密の扉に包まれたタブーであった」。

9)　他の出典が記載されていない限り、以下で引用する資料は Bestände 8 Nr. 8872 および 37 Nr. 22 des Universitätsarchivs Münster による。

ン（Max Klein）とその妻マグダレーナ、旧姓フリート（Magdalena geb. Fried）の息子として、バイエルン州北東部オーバーフランケン地方のバンベルクに生まれた。1910年に父母がフランクフルト・アム・マインに移り住んだ後、わたくしは1915年春に保育園に通い、1918年の復活祭の日にフランクフルト・アム・マインのヴェーラー実科ギムナジウムの第一学年に入学した。12年間の学校生活を終え、「良（gut）」という成績で高校卒業資格試験に合格した後、わたくしは、1927年の復活祭の日に、修了証明書を得てこの学校を後にした。第3ゼメスター（1928年夏学期）にミュンヒェンのマクシミリアン大学法・国家学部に学籍登録を行った時期を除き、わたくしは学生時代（1927年夏学期から1930年／1931年冬学期まで）ずっと、フランクフルト・アム・マインのヨーハン・ヴォルフガンク・ゲーテ大学法学部に正規の学生として所属した。1931年3月14日、わたくしは、フランクフルト・アム・マイン上級地方裁判所司法試験局で、「良」の成績で第一次司法国家試験に合格した。裁判所での司法修習活動中、わたくしは、フランクフルト大学法学部で1931年／1932年冬学期から1934年／1935年冬学期まで公法（国法および行政法（交通法を含む）[10]）担当の法学博士ギーゼ（Giese）教授の助手を務めた。わたくしは1933年7月26日にギーゼ教授の指導のもとに公法（国法）で法学博士学位取得論文を提出し、「優」の評価を得た。1935年4月4日、わたくしは、ベルリンのドイツ帝国司法試験局で大試験（第二次司法国家試験）に「良」の成績で合格した。1935年8月15日以降、わたくしは、ドイツ帝国財務省で働き、1936年8月16日から1937年4月18日まではライプツィッヒ南税務署の職員として、1937年4月19日以降はライプツィッヒ上級財政官庁人事総務部の職員として働いた。1933年5月1日以降、わたくしは国家社会主義ドイツ労働者党の党員（党員番号2,536,124）である。1933年11月1日以降、わたくしはナチ突撃隊に所属した。わたくしは、1935年8月15日以降、ドイツ帝国公務員同盟（Reichsbund der Deutschen Beamten：Reich Federation of German Civil Servants (NS-Beamtenbund (National Socialist Civil Servants Federation))）（会員番号746,822）の、また1934年7月23日以降、国家社会主義法学教員連盟（Nationalsozialistischer Rechtswahrerbund；National Socialist Association of German Legal Professionals）（会員番号78,545）の各会員である。1938年9月26日から10月15日まで、わたくしはバイエルン州南東部オーバーバイエルン、シュタルンベルガーゼー湖の東方に位置するバート・テェルツ（Bad Tölz）で行われた「ドイツ帝国公務員研修」の第34教習課程に参加した[11]。

---

10) ここに挙げられた交通法は誤植であり、国際法と訂正されなければならない。

大学教授資格取得論文、学部での学問的な研究報告（それに続く討議を含む）、これらに基づいて、彼は、1939年7月12日に「大学教授資格を有する法学博士（Dr. jur. habil.）」の学位を取得した。彼は公法の模擬授業審査に合格した後、1940年1月6日に法学部の申請に基づいてドイツ帝国学術・教育・民族教育大臣から、国際法、国法および行政法（財政法および租税法を含む）分野の教授資格を有する講師に任用された。彼は、1942年に兵役召集されるまで、フランクフルト・アム・マイン大学法学部で兼職を続けた。

2 学問的著作

a 博士学位取得論文と初期の論文

1933年から1941年までに書かれた学問的著作を細かく眺めてみると、次のことが明らかになる。ヒトラーがまだ完全に政権を掌握する前に書かれ、1934年に公表された彼の博士学位取得論文『制度的保障と法制度上の保障（Institutionelle Garantien und Rechtsinstitutsgarantie）』は、国家社会主義の影響をさほど受けていなかった。音楽になぞらえていえば、フリートリッヒ・クラインがこの論文で奏でていた音は、通奏低音（basso continuo）として、その後の法律学分野の著作全般を貫くものとなっている。彼にとって重要であったのは、保障という法制度を「法理論および法律構成の観点から把握すること、そして、体系的・解釈学的にこれを取り扱うこと」(1頁) であって、——こんにちの視点から批判的に付け加えると——、カール・シュミット（Carl Schmitt）による着想が有する意味と目的の背景やこの着想が同時代の法律学に即座に広く受け入れられた理由の背景を探求することではなかった。というのは、立法者を拘束する度合いを高めることに執筆の動機があったからである。このことは、こんにち、憲法上、基本法第1条第3項および第19条第2項に定められているが、ワイマール憲法には規定されていなかった[12]。制度的保障は、伝統的な市民法

---

11) RDB=Reichsbund der Deutschen Beamten; NSRB=Nationalsozialistischer Rechtswahrerbund
12) 参照されるものとして、*Maurer*, Staatsrecht I, 6. Aufl. 2010, §6 Rn. 21.

秩序に対して国家ができるだけ手出しできないようにすることに役立ってきた（後述 145 頁以下をも参照）。この博士論文は異例に勤勉な活動を反映して 345 頁にまとめられた。しかし、その結果、参照された学術文献は増え、多様な見解が登場し、それらの見解に用いられた概念が多義的になり、その度合いがエンドレスに拡大してゆくこととなり、読解にかなり苦労するものとなった。それに比して、独創性や新たな知識の獲得という点からみると、同書は格別に目立つものではない。一方で、フリートリッヒ・クラインは、カール・シュミットの学説に基づいて、「堅牢な法律的基礎」(6 頁) を構築しようとした。他方で、ワイマール憲法に含まれた制度的保障と法制度上の保障 (328 頁) に関する彼の結論は、実際には、ゲアハルト・アンシュッツ（Gerhard Anschütz）がすでに示していたリストの内容と同一である[13]。この博士学位取得論文は「優」に値すると評価されていた。

　国家社会主義グループによる政権の掌握は、フリートリッヒ・クラインの場合、1934 年に書かれた二つの論文——彼がこれらの論文を書いたのはフランクフルト・アム・マイン大学法学部助手の在任中であった——の内容に反映されている。最初の論文[14]で、彼は、議会の立法権を政府に移譲する授権法（Ermächtigungsgesetz）を、「他の複数の授権法の解釈で採用された、詭弁を用いて抽象的に解釈する方法によら」ないで、「原則として制限的に解釈する」ことに賛成した。彼は、残念ながら他の多くの者と同様に、授権法という、民主主義の法治国家から生まれた巨大な怪物を完全に回避できるものと考えていた[15]。第二の論文[16]において、彼は、人事記録の閲覧権限を官吏に認める旨の

---

13) 参照されるものとして、*Anschütz,* Die Verfassung des deutschen Reichs vom 11. 8. 1919, 14. Aufl. 1933, S. 520.
14) 1933 年 3 月 24 日の民族および帝国の緊急事態の除去のための法律（Gesetz zur Behebung der Not von Volk und Reich）第 2 条、RVBl. 1934, 319ff.
15) 参照されるものとして、*Frotscher/Pieroth,* Verfassungsgeschichte, 12. Aufl. 2013, Rn. 615ff.
16) Nationalsozialistischer Staat und Einsicht der Beamten in ihre Personalnachweise（国家社会主義を標榜する国家と身分証明書における公務員の表示形式）, RVBl

ワイマール帝国憲法（Weimarer Reichsverfassung）第129条第3項第3文という規定が「現在の国家社会主義的で集団主義的な国家・法の見方、そして総統原理とは相容れない」[17]という理由から、「実際の諸関係を通じて時代遅れになったものとして、（……）明示的な法律上の措置がなくても失効したものと」宣言されなければならないとする帝国大臣の処分を正当とした。この論文の末尾では、不適切かつ非実際的な登記の回避が職務監督官庁に求められている旨、指摘されている。

b　大学教授資格取得論文と同時期の論文

幾分か分裂した印象を示しているのは、1941年に刊行された彼の大学教授資格取得論文『国際法における間接責任──国際法主体が、他の国際法主体の国際法違反行為について負うべき責任の範囲（Die mittelbare Haftung im Völkerrecht. Die Haftung eines Völkerechtssubjektes für das völkerrchtswidrige Verhalten eines anderen Völkerechtssubjektes）』である。一方で、フリートリッヒ・クラインは、「個々の概念的基準を（……）体系的・解釈学的に取り出す」という純粋に法律的な研究方法に忠実であった（67頁）。フリートリッヒ・クラインは、この論文で取り上げた、連邦国家内の分邦国家（Gliedstaat）が国際法に違反する行為を行った場合に中央国家が責任を負うか否かという点につき、「実際上最も重要な適用事案」（129頁）に即して、肯定説を採った。この種の責任を認めることは、こんにち、「確固たる慣習法」とみなされている[18]。それ以外の国際法主体間での従属関係について、彼は、『ハーヴァード／フェアドロス／ライト（Harvard-Verdross-Wright）』の見解（277頁）、それゆえ西側の国際法学説に同調している。

他方で、フリートリッヒ・クラインは、この本の序論（XXVII-XXX頁）で、

1934, 438ff.
17）「総統」というのは、「国家社会主義の国法の中心的概念であった」（*Carl Schmitt*, Staat, Bewegung, Volk, 1933, S. 36）。
18）*Ipsen,* Völkerrecht, 4. Aufl. 1999, §40 Rn. 9.

当然のことながら、当時の時代思潮に全面的に敬意を払っていた。重要なのは、「現実的な民族間秩序の形成」を目標としつつ、「国家主義的な国際法思想を克服すること」である。これについて、彼は、カール・シュミットが前提として掲げた「帝国（Reich）」概念を「ある特定の世界観に基づく思想・原理に支配された広域秩序上の概念」とみなしていた。ここにいう広域秩序は、当該地域からみて異質な勢力の介入を排除する機能を有する。この広域秩序の保証人・保護者は民族である。ここにいう民族は、みずからが果たすべき課題が残されたままであり、「将来性がある」ことを十分に認識している存在である。そのためには、「自由主義的・マルクス主義的な思考」も克服されなければならない。序論は、もちろん、その実質において、本心ではなく、口先だけの信仰告白を表したものでしかない。ここに登場する広義の国際法主体は、「現在のところ（まだ）技巧的な国家――当該国家が民族的基礎に基づいて成立しているか否かは重要ではない――であって、（いまだ）民族共同体ではない」(140頁)。国家社会主義的法思考については、わずかにかっこ書きでの追加という点でのみ感じ取ることができる。

　フリートリッヒ・クラインが1940年と1941年にこれら二つの論文[19]を『公法雑誌（Archiv des öffentlichen Rechts）』に書いたのは、もちろん彼が戦後に学者としてのキャリアを継続するためであった。両論文はともにその冒頭で総統命令を取り上げていた。一方で取り上げられていたのは、1939年3月16日の総統命令――この命令をもって、保護領としてのボヘミアおよびモラヴィアが成立した――であり、他方で取り上げられていたのは、1939年9月25日の総統命令――この命令は、占領されたポーランド領域での軍政に関わる――であった。ポーランドについては、これとは別に総統名で下された二つの重要な文書がある。まず、1939年10月12日の総統命令――この命令は、その余の未

---

19)　Die staats- und völkerrechtliche Stellung des Protektorats Böhmen und Mähren（保護領としてのボヘミアおよびモラヴィアの国法上および国際法上の地位）, AöR 70 (1940, 255ff.；Zur Stellung des Generalgouvernements in der Verfassung des Großdeutschen Reiches, AöR 71 (1941), 227ff.

公表の総統命令を通じて発効した[20]——によって、ポーランド総督府が創設された。この間に総督に任命された法学博士ハンス・ミヒャエル・フランク（Hans Michael Frank）は、総統の口頭による授権に基づいて、1940年8月15日に、「ポーランド領域について」という追加部分を削除するよう、命じた。総督府の地位に関する論議は、総督府がみずから実現した法的状態の評価に集中した。総統命令は、国法分野における当時のどの学説によっても、憲法および制定法としての効力を承認されていた[21]。

　1939年3月のドイツ軍によるチェコスロヴァキアのボヘミア地域およびモラヴィア地域の占領、それに、1939年9月のポーランドにおける襲撃、これらの行動が国際法と合致するか否かという論点は、国家社会主義独裁のもとで実際に出ていなかったし、この点が論じられる可能性も明らかではなかった。フリートリッヒ・クラインは、もちろん、国家社会主義の用語法のもとに、これらの行動の正当化を認めていた。たとえば、彼は、チェコスロヴァキア国が「この間に同国固有の生存能力を回復していなかった」[22]と述べていた。彼の見解がこれよりももっと明確に示されているのは、ポーランドについてのそれである。侵略行為を正当化するため、「占領された東部地域の生活全般に亘って示されていた、混沌とした状況」という表現が用いられた。これに対して、ドイツ人たちは「秩序、つまり、統治を正当化する要素」を持ち出した。彼が引用した法学博士フランク総督の言葉によれば、ポーランド国民は「自分たちの国土を所有するという当然の要請をまったく考慮しない状態に陥っている」うえ、ポーランドの民政的・軍事的諸要素が民族上のドイツ人に対して加えた「歴史上二度とない非人間的で残虐な惨劇」によって、ドイツの行動が正当化

20）　参照されるものとして、*Klein,* AöR 71 (1941), 231 Fn. 8.
21）　「総統意思の全能性」について参照されるものとして、*Horst Dreier,* Die deutsche Staatsrechtslehre in der Zeit des Nationalsozialismus, in : VVDStRL 60 (2001), S. 9 (53ff.).
22）　*Klein,* AöR 70 (1940), 258 ; この段落における以下の引用の出典は、*ders.,* AöR 71 (1941), 233, 244 und 254.

される、と述べられている。

　フリートリッヒ・クラインは、これら二つの地域について似たような結論に達していた。彼によれば、「わが総督府は、ドイツ帝国保護領としてのボヘミアおよびモラヴィアと同じように、これまで言い伝えられてきた、われわれの時代の革命的大変革においてしばしば時代遅れの気分にさせられる、国法および国際法の古びた伝統的学説をもってポーランドを捉えることはできないし、また、現に存在する、あるいはかつて実際に存在した国際法上のまたは国法上のいずれかの範疇にポーランドを分類することもできない。総督府という機構は、『国家社会主義が掲げる国家の観念によって作り出された、他に見習うべきモデルが存在しない、独特の、自立した、固有の法則に従う、そして、国家社会主義の民族主義を反映した基本観念に十分に対応する不滅の創造物』である。また、総督府は、『最大限の法創造行為および法形成行為』を成し得る存在であり、『政治的な着想および法律的な形成物という点で、現に存在するかまたはかつて存在した、広義の公法分野における機構のいずれにもあてはまらず』、そして、『国法上および国際法上、存在意義を認められてきたこれまでの概念類型のどれにも該当しない』」[23]。

　クラインのこの結論は二通りの意味に解釈することができる。その一つは古典的国際法を認めたうえで、古典的な国際法が前提とした諸概念があまりに抽象的なものであることに着目し、抽象化が優先された理由を、著者が国際法的分類についての長い説明を省けるようにすることにあったとみる解釈である。もう一つの解釈は、個別具体的事案の処理にあたり、古典的国際法が捨て去られたとみる解釈である。この古典的国際法との訣別という解釈は、第一論文よりも、第二論文の方にずっと強くみられる。「ドイツの権力行使が意図した結果をもたらした」[24]ことによって、総督府が「本来的にそうあるべき大ドイツ

---

23) *Klein,* AöR 71 (1941), 227 (255f.), 彼自身が引用したものとして、AöR 70 (1940), 255 (258).

24) *Klein,* AöR 71 (1941), 258；この段落における以下の引用の出典は、ebd. 260, 265, 262 und 266.

生活圏・経済圏にとって、絶対的に必要で、持続的かつ全面的に不可欠の存在」であるという事態が生じている。カール・シュミットが用いた意味での大ドイツ秩序により、「大規模かつ高度に発展した民族の政治的指導のもとでの」平和が保障されることとなる。この民族とはもちろん——なんと傲慢なことか！——ドイツ民族に他ならない。もともと、民族性に着眼する思考は、「歴史的、政治的、軍事的、経済的、文化的にみてまったく異質の諸民族や諸民族群を図式的に一つのものとして取り扱う、民主主義的で平等を目指す原理とは相容れないものである」。このようにして、総督の言葉をもって活動する総督府は、「われわれドイツ民族の、来るべき世界帝国形成に向けて活動する、アードルフ・ヒトラーの国家社会主義的帝国の橋頭保」となった。

　こうした帝国の行動様式は、それらの行動がどれもチェコ人やポーランド人の利益のために行われていたということを通じて正当化されている。「異なる民族に対してもそれぞれの民族性を原則として尊重し、ドイツ化の試みを個々の点で断念することは、民族、民族性、人種、これらに関する国家社会主義的な見解に対応する行動である。このような方針のもとに、帝国は、チェコ民族に対して、その民族生活の、その個性に応じた自主的発展を保障している」[25]。ハプスブルク帝国とは異なって、ドイツから国交断絶を通告される危険性があったとき、今の支配者はボヘミアとモラヴィアを「一体として統括する職権」を有していた。総督府は、ポーランドについて「土着の、特にポーランド住民の非ナチ化およびドイツ化」を進めることはまったく意図していなかった。フリートリッヒ・クラインが、ドイツによる支配の拡大に直面し、また「純粋に法的に行われた、一度も自主的に行われたことのない管理が」ポーランドに与えられたという事実に直面して、それらを真に受けていたか否かという点は、明らかではない。

　1944年5月1日に、フリートリッヒ・クラインは、オットマール・ビューラー（Ottmar Bühler）の後任として、ドイツ帝国学術・教育・民族教育大臣（署

---

25) *Klein*, AöR 70 (1940), 272; この段落における以下の引用の出典は、ebd. 276f.; AöR 71 (1941), 235 und 248.

名アードルフ・ヒトラー、連署ゲェーリンク（Göhring））から、ミュンスター大学の員外教授に任用された[26]。それに先立って、適格審査が行われた。国家社会主義ドイツ講師団——フリートリッヒ・クラインはこの団体に1941年に加入していた——は、「学問的検討を経た政治的判断」の中で、「クラインの政治的な態度と見解は、どの点でも申し分なく、こんにちの国家および世界観に対する彼の考え方は絶対的に肯定される」[27]と書いていた。国家社会主義ドイツ労働者党ヴェストファーレン北部大管区中央本部の政治的判断でも、「こんにちの国家に対する彼の考え方は全面的に肯定することができる」[28]という点が確認されている。1944年／1945年冬学期の教授陣容はすでに決定されていたため、この学期、フリートリッヒ・クラインは講義を担当しなかった。

c　まとめ

　国家社会主義が支配した十年間に公表された彼の学問的著作を、注目に値しないものとして簡単に傍らへ押しやることはできない。学問の世界でみられる決定的な第一歩がそうであるように、通例、実際に考えられていることがそのままのかたちで文章に表されることはない（少なくとも筆者の世代は、学問に関してそのようにしつけられている）。これらの業績は平常時に書かれたものではない。数年間に亘り学者としてのキャリアを形成しようとして努力され、始められた[29] 他の多くの学者の研究成果と比較してみると、フリートリッヒ・クラインのそれはどちらかといえば中庸に属する。彼は、確かに強い信念を持ったガチガチの国家社会主義者ではなかったが、それでも、彼が国家社会主義者と一緒になって行動していたことに変わりはない。クラインの指導教授であったフ

---

26)　その招聘手続について参照されるものとして、*Steveling,* Jursiten in Münster. Ein Beitrag zur Geschichte der Rechts- und Staatswissenschaftlichen Fakultät der Westfälischen Wilhelms-Universität Münster/Westf., 1999, S. 534ff.

27)　この引用の出典は、*Steveling,* S. 539f. Fn. 166 による。

28)　Schreiben vom 5. 5. 1943 an der Kurator der Universität Münster.

29)　参照されるものとして、*Dreier,* in : VVDStRL. 60 (2001), S. 9 (17f.) ; *Stolleis,* Geschichte des öffentlichen Rechts in Deutschland, Band III, 1999, S. 256.

リートリッヒ・ギーゼ (Friedrich Giese) について「目立たないようにするために、少しはそうであったかもしれないが、実際は、日和見の態度で付和雷同するようなことはまったくなかった」[30]とミヒャエル・シュトライス (Michael Stolleis) は書いているが、このことはおそらくクラインについてそのままあてはまる。クラインについては、多分、「……キャリアを積み重ねるために」という表現を付加することがより適切であろう。

III. 再任用の困難性

さほど驚くことではないが、戦後の占領期に行われた、フリートリッヒ・クラインに対する非ナチ化手続は、「難航を極めた」[31]。この行政手続は、法学部、大学、ヴェストファーレン州 (Provinz Westfalen) 行政長官[32]、軍政下の諸部局 (大学に派遣された教育将校 (University Education Officer)、非ナチ化審査担当の特別代議員、それにドイツ人占領下の諸都市非ナチ化委員会)、その後これに加わったノルトライン・ヴェストファーレン州文化大臣および内務大臣[33]、これらの間で書類のやり取りを繰り返し、約五年の歳月をかけて行われた。1945年10月、フリートリッヒ・クラインは、イギリス軍事政府によって解雇された。彼は、まずもって1940年および1941年に書かれた二つの論文のせいで、「好ましから

---

30) *Stolleis,* Friedrich Giese, in : Diestelkamp/Stolleis (Hrs. g), Juristen an der Universität Frankfurt am Main, 1989, S. 117 (126). ギーゼ自身は、1945年11月20日付のフリートリッヒ・クラインについての彼の「証明書」の中で、国家社会主義ドイツ労働者党への入党についてギーゼ自身がクラインに対し「当時の強制された状態を認識したうえで」勧めていたことをはっきりと述べていた。

31) *Felz,* Im Geiste der Wahrheit? Die Münsterschen Rechtswissenschaftler von der Weimarer Republik bis in die frühe Bundesrepublik, in : Thmaer/Droste/Happ (Hrsg.), Die Universität Münster im Nationalsozialismus. Kontinuitäten und Brüche zwischen 1920 und 1960, 2012, S. 347 (377).

32) 参照されるものとして、Bestand 9 Nr. 911 des Universitätsarchivs Münster.

33) 前注4) および9) に挙げられた Beständen des Universitätsarchivs Münster の他、詳細を述べているものとして、*Steveling* (前注26)), S. 630ff.

ざる人物である」と判定された。1945 年／1946 年冬学期に教授陣の継続雇用が認められたが、公法分野の講義実施に障害が生じた[34]ので、当時の学部長、ヴァルター・ホフマン（Walter Hoffmann）は、フリートリッヒ・クラインが「何よりもすぐに、暫定的にせよ、二つの講義科目を担当してもよい旨の判断が 1946 年に軍政のもとで出されるよう、努力した。クラインは、フリートリッヒ・ギーゼ教授の推薦状と、ヴィルヘルム・ザウアー（Wilhelm Sauer）、ヴァルター・シュミット゠リンプラー（Walter Schmidt-Rimpler）、両教授の審査報告書を添付した。これらはフリートリッヒ・クラインの免責を訴えるものであった。「国家社会主義に対して明確に距離を置いて」いた[35]オットマール・ビューローが 1946 年 1 月 23 日付で提出した、クラインにとってあまり好意的とはいえない審査報告書——そこでは、フリートリッヒ・クラインのケースが政治的な危険性の有無という点で限界事例にきわめて近い旨、記されていた——は、学部長が介入したことにより、その後、学部長の手元では採用されなかった。

　実際、フリートリッヒ・クラインには、1946 年夏学期と 1946 年／1947 年冬学期にそれぞれ講義を担当する一時的な許可が与えられた。1947 年 4 月、軍事政権はフリートリッヒ・クラインに対して、「政治的に受け入れ難い」という理由で、「強制解任命令」を下した。1947 年末、召集された彼は、軍事政権による「名簿登載決定」を通じて、「資産封鎖なし」という記載の追加とともに、シンパを意味するカテゴリーⅣに分類された。法学部は、全期間を通じて、クラインの講義担当許可を支持した。結局、彼は、その後、1949 年 7 月 29 日に、再審査を経て、免責を意味するカテゴリーⅤに分類された[36]。クライ

---

34) 当初予定されていた講義は「イギリスの国法・憲法（Englisches Staats- und Verfassungsrecht）」と「民主主義的傾向の一般国法学（demokratische, allgemeine Staatslehre）」であったが、いずれも行われなかった。というのは、「英米の法制度の研究や民主制の一般理論に時間を割くことは、目下のところ、しない方がよいと思われたからである」（Vorlesungsverzeichnis WS 45/46, S. 10）。
35) *Stolleis*（前注 29）), Band III, 1999, S. 289.
36) 「非ナチ化審査部の上司」による免責証明書。

ンは、1946年2月にはまだシンパという分類結果を受け入れていたにも拘らず、四年後には、彼が非ナチ化手続を受けなければならない事態を「馬鹿げたこと」と記していた[37]。1950年3月24日、フリートリッヒ・クラインは、ノルトライン・ヴェストファーレン州のクリスティーヌ・トイシュ（Christine Teusch）文化大臣から一代限りの正教授兼租税法研究所所長に任命された。その後、彼は、最終的に、1951年9月1日から、通常の正教授となった。彼は、1974年3月25日に亡くなるまでミュンスター大学にとどまり、ニュルンベルク大学（1955年）およびマールブルク大学（1959年）への招聘を拒否した。

IV. ボン基本法のもとでの学術的著作

1 個別テーマの研究書、論文および法律鑑定書

フリートリッヒ・クラインが1949年以降に公表した著作が実証するように、初期の作品における国家社会主義的色彩の表現は、彼自身がそのように考えていたためというよりも、彼の学問的なキャリア形成の仕方に起因するものであった。彼はすでに1949年に『新ドイツ憲法（Neues deutsches Verfassungsrecht）』に関する包括的な著書を刊行した[38]。この書物では、降伏という行為を巡る国法上および国際法上の諸問題、そして、降伏の結果として生じるドイツの法状態、これらに関する短い編に続けて、最も分量の多い第三編で、連合軍司令部

---

[37] 参照されるものとして、彼の1946年2月18日付および1950年1月4日付の学部長宛書簡；ここで明るみに出された「心理的要因」について参照されるものとして、*Stolleis*（前注29)), S. 247.

[38] 同書は、Frankfurter Grundriss für das juristische Studium 第26巻として刊行された。ハンス・ユリウス・ヴォルフ（Hans Jurius Wolff）は、1949年10月24日付のミュンスター大学法学部長宛書簡——この書簡において、彼は、フリートリッヒ・クラインの任用を求める同学部の申請を、「外面的な美しさが欠けている点のみ」を指摘したが、「同書の分量および内容に鑑みて」、「大いに歓迎した」——において、同書の刊行地を知った。

および統合経済領域の他、占領地域における憲法的な構造が取り上げられていた。最後の編は、ドイツ諸ラントの憲法の説明に充てられている。この本は簡潔な表現と体系的によく整理された説明によって、こんにちでもなお、1945年から1949年までのドイツにおける占領制度の法的基礎に関する最善の素材を提供している。

フリートリッヒ・クラインには、1948年に再開された『公法雑誌（Archiv des öffentlichen Rechts）』の最初の号で、巻頭論文掲載という栄誉が与えられた[39]。彼は、この論文で、国連安全保障理事会での投票権を巡る当時の論点について態度を明らかにしていない。投票権付与の是非、民主主義原則や国家間の平等、それに国家主権に関しても、賛成とか反対とか明確に態度を示していない。もちろん、フリートリッヒ・クラインは、「『平等』という文言は、数学の論理からいえば、判断行為に参加するすべての国家の意見が同一の比重を有することを示す」という表現で、彼自身の主張を黙示的に仄めかしていた。彼が結論部分で思慮深く確認していたように、国連発足当時の指導者たちは、国家主権の廃止というゴールに向けた歴史的発展過程において実際に活動していたし、彼らは「ニュルンベルク国際軍事裁判所の判決――この判決は、力強く、国家の（完全な）主権の時代に終止符を打った――に」言及していた。クラインは「一里塚」という言葉でこの判決を肯定的に評価している。この点からみても、クラインは、スッキリするくらい、同時代に活動していた他の多くのドイツ人法律家――彼らは一様に、ニュルンベルク裁判に対してむきになって反対していた[40]――とは異なった態度を示していた。

終戦後の1949年10月20、21日にハイデルベルク大学で開催された第一回ドイツ国法学者協会（Vereinigung der Deutschen Staatsrechtslehrer）第一回研究大会においてフリートリッヒ・クラインが報告者四人中の一人に選ばれたこと

---

39) *Klein,* Das Vetorecht der Großmächte im Weltsicherheitsrat, AöR 74 (1948), 3ff.；以下は、40頁および43頁からの引用である。

40) 参照されるものとして、*Hans Hattenhauer,* Europäische Rechtsgeschichte, 2. Aufl. 1994, S. 722ff.

は、同僚が彼を特に高く評価していたことを示す徴憑といえよう。彼に与えられたテーマは、「ボン基本法第 19 条第 4 項における一般条項の適用範囲（Tragweite der Generalklausel im Art. 19 Abs. 4 des Bonner Grundgesetzes）」[41]であった。クラインは、ドイツにおける公的行政と司法との関係の法史的・思想史的発展を、法治国家の発展という言葉で特徴付けていた。「法治国家の掲げる理念が基本法に明言されていることは、法治国家の存在意義を考慮しながら一貫してこの規定を広く解釈する姿勢を正当とするだけでなく、そのような解釈を実施することをも義務付けている」(78 頁)。このように理解することにより、クラインは一つの解釈可能性を開いた。連邦憲法裁判所は後にこの可能性を肯定しただけでなく、一貫して判例と学術文献の動向に従っている。このことは、一般的な路線表明についてあてはまるだけでなく、多くの個別的言明にもあてはまる。注目されるのは、フリートリッヒ・クラインが、基本法第 19 条第 4 項に関して当時述べられていた諸見解に対し、いかに多くの点で異論を唱え、また法実務において自分の意見を押し通していたのかという点である。

たとえば、連邦憲法裁判所は、裁判所による審査が「事実的にも法的にもすべての範囲に亘って」行われなければならないこと (94 頁)、基本法第 19 条第 4 項が国内法人に対して適用され得ること (102 頁)、公権力という概念には司法も立法も含まれないこと (105 頁、107 頁)、そして、特別権力関係を例外としないこと (108 頁)、これら四つの点でクラインの見解に従っている[42]。彼は、ある一つの点で、こんにち一般に承認されているよりもはるかに進んだ見解を述べていた。それは、主観的権利が侵害された場合に初めて権利保護が与えられるのではなく、法的に保護された利益が侵害された場合にも権利保護が認められるべきである (115 頁) という点である。司法権の及ばない主権行為があり得るかという論点は確かにまだ解決されていないが、それでも、例外事案に限って、この点は肯定されている (111 頁)。フリートリッヒ・クラインのこの

---

41) *Klein,* in: VVDStRL. 8 (1950), S. 67ff.
42) 判例上の論拠を挙げている点において参照されるものとして、*Jarass,* in: ders./Pieroth, Grundgesetz, 12. Aufl. 2012, Art. 19 Rn. 32ff.

学会報告は、言葉の本当の意味で新時代を開く画期的なものであった。ハンス・ユリウス・ヴォルフの評価によれば、「講演終了後の拍手とそれに続く内輪の会話に秘められた評価がともに証明しているように、クライン氏は、この講演で、一流のドイツ国法学者の仲間入りをしたことになる」[43]。

　フリートリッヒ・クラインは、その後、憲法裁判権がドイツ連邦共和国の政治的判断過程において果たすべき役割如何というテーマを巡る最初の大規模な論争に関わった。連邦憲法裁判所の手続に入る以前の準備手続段階では、1950年代初め、再軍備――コンラート・アーデナウアー（Konrad Adenauer）を首相とするドイツ連邦政府は再軍備を目指していたが、社会民主党は再軍備に反対していた――を巡る論争が行われていた[44]。クラインは、この準備手続段階で、当時の首相、社会民主党のヒンリッヒ・ヴィルヘルム・コップ（Hinrich Wilhelm Kopf）が率いるニーダーザクセン州政府のために有用な法解釈論を示す鑑定意見書を書いた。彼は、この意見書で、「ドイツ連邦共和国の立法機関が1952年5月27日のヨーロッパ防衛共同体設立条約に賛成しなければならなくなるような内容の条約同意法（Vertragsgesetze）の採択決定により、防衛組織法（Wehrverfassung）上の諸規定の基本法への採用が必要となるか否か」[45]という点について肯定説を述べていた。彼は、この意見書を提出することで、社会民主党のドイツ連邦議会における院内会派の見解を支えた。しかしながら、アーデナウアーの連立政府が1953年秋の連邦議会選挙で憲法改正に必要な三分の二の多数を獲得した結果、連邦憲法裁判所は、この院内会派による規範統制申立てについてそれ以上に裁判する必要がなくなった。これに基づいて可決された基本法第142a条の文言は、上述の諸条約が基本法と合致する旨を述べており、それゆえ、フリートリッヒ・クラインの法的見解の正しさが確認されたこ

---

43)　前注38）に挙げられた書簡。
44)　その要約を行っているものとして、*Wild,* BVerfGE 2, 79 – Wiederbewaffung III, in : Menzel (Hrsg.), Verfassungsrechtsprechung, 2000, S. 65ff.
45)　Der Kampf um den Wehrbeitrag, 2. Halbband, Das Gutachtenverfahren (30. 7. – 15. 12. 1952), 1953, S. 456ff.

ととなる。こうした一連の経緯をみると、政治的には確かに保守的であった[46]にせよ、クラインが党略的配慮によって左右されるような人物ではなかったことが分かる。

2 基本法大コメンタール

a 功績

国法および租税法についての多数の個別研究や論文と並ぶ、フリートリッヒ・クラインの学問的な主要業績[47]は、生涯の最後の20年間に刊行されたものである。これは、最初、ボン基本法コメンタール（Kommentar zum Grundgesetz）と名付けられていた。彼は、ヘルマン・フォン・マンゴルト（Hermann von Mangoldt）の死後、1955年以降、第2版の準備を引き受けた。1974年までに刊行された八分冊は、三巻にまとめられ、内容的には、基本法の第91b条まで及んでいた。第一巻は1957年に、第二巻は1964年に、そして第三巻は1974年に刊行された。この『フォン・マンゴルト／クライン』の注釈書は2,500頁を超える大部のもので、基本法についての最初の大コメンタールであった。この著作はフリートリッヒ・クラインの死後、継続して刊行されているが、特徴的なこととして、その後の版は、もはや単独の著者によるものではなくなっている。11人の著者を擁し、14巻に分かたれた第3版[48]は、未完に終わっている。というのは、クラインによって刊行された部分が四巻本で終わっ

---

46) クラインはヴィリィ・ブラント（Willy Brandt）の東方外交政策——この東方外交政策のゆえに、1968年、国外被追放者同盟（第二次世界大戦後に、旧ドイツ東部やその他の当時の東側諸国からドイツ人追放措置によって放逐された民族ドイツ人（故郷喪失者）の利益を代弁するために組織された非営利団体、故郷放逐者同盟）からブラントに対して「ドイツ東部・自己決定権のための功績メダル（Plakette für Verdienste um den deutschen Osten und das Selbstbestimmungsrecht des Bundes der Vertriebenen）」が授与された——に対するクラインの否定的な態度に言及する。

47) 最も重要な著作は、1977年のGedächtnisschriftのはしがきおよびWilke, AöR 99 (1974), 647ffの追悼文で強調されている。

48) 参照されるものとして、Maurer, NJW 2000, 2258.

ていたからである。第 4 版から最後に刊行された第 6 版までは、クリスティアン・シュタルクの編集になる三巻本のコメンタールである。執筆者の人数は優に 50 人を超えている。フリートリッヒ・クラインの功績はたびたび賞賛されている。彼の弟子、ディーター・ヴィルケは、クラインの没後に刊行された第三巻のはしがきで、クラインの功績を「憲法の文言に対する忠実性、概念の厳格性、体系化における鋭敏性、徹底した几帳面さ」[49]と整理していた。

特に注目されるのは、1955 年の第一分冊の 100 頁に亘る、こんにちの言い方からすると、一般的基本権理論[50]に関する、最初の包括的な注釈である。フリートリッヒ・クラインが試みた多くの分類方法と彼が生み出したカテゴリーはいずれも重要なものであり、その後こんにちまで、受け継がれている。なるほど、クライン（と彼の助手エーリヒ・キュッヒェンホフ[51]）が体系化した基本権カタログは、正当なことに、連邦憲法裁判所の判例を通じて何度も更新され、こんにちではすでに古びたものとなっている[52]。しかし、彼が作り出した体系は、思索のうえでは一つの準備作業と評価されるべきである。というのは、こんにち、われわれは皆、この準備作業の御蔭でまったく別の概念（たと

---

49) これに賛同する者として、*Mallmann,* JZ 1975, 103 の他、*Giese,* AöR 80 (1955/1956), 490「卓越した」；*Ule,* DVBl. 1956, 67「並外れた勤勉（……）、構想力の大きさと手際の見事さ」；*Menger,* MDR 1957, 703「傑出した学問的な正確性・明確性」；*Rößler,* DÖV 1958, 719「学問的水準を高めた感銘深い功績」；*Köttgen,* AöR 85 (1960), 65 (81)「基本法の注釈作業に対して、広範囲に亘って突破口を開いてきた功労」；*Walter Schmidt,* NJW 1975, 917「感銘深い」；*Maurer,* NJW 2000, 2258.「感銘深い思索の成果」。

50) 参照されるものとして、*Pieroth/Schlink,* Grundrechte. Staatsrecht II, 28. Aufl. 2012, Rn. 18ff.

51) 彼について参照されるものとして、*Pieroth,* Erich Küchenhoff: Grenzgänger zwischen Recht und Politik, in: Freundeskreis Rechtswissenschaft (Hrsg.), Schlaglichter 8, 2009, S. 77ff.

52) 参照されるものとして、*Walter Schmidt,* Grundrechte – Theorie und Dogmatik seit 1946 in Westdeutschland, in: Simon (Hrsg.), Rechtswissenschaft in der Bonner Republik. Studien zur Wissenschaftsgeschichte der Jurisprudenz, 1994, S. 188 (197f.)；*Maurer,* NJW 2000, 2258.

えば、規範形成、内在的・体系的・物的・人的な観点における憲法上の保障の限界という見方に代えて、互いに衝突する憲法および基本権の競合という見方）を用いたり、一部ではまったく異なった解決を導いたりしているからである。それ以上に、フリートリッヒ・クラインが用いた緻密な区別は、時としてこんにちでもなお、連邦憲法裁判所の判例上、通常の枠からはずれて、憲法の牴触という法概念を用いることに反対するために、活用されている[53]。

連邦憲法裁判所は、同裁判所が下した最も有名な裁判の一つ、1958年6月15日のリュート事件判決（Lüth-Urteil）において、決定的な場面でフリートリッヒ・クラインの考えを採用した。この点に関する一節を紹介しよう。いわく、「基本権が何よりも公権力の介入から個人の自由を保障することに向けられているという点に疑問の余地はない。基本権は、国家に対する市民の防衛権である。(……) しかし、基本権自体は、価値中立的な秩序たろうとする意思を持っていない（BVerGE 2, 1 [12]；5, 85 [134ff., 197ff.；6, 32 [40f.]）。基本法が基本権の章で客観的価値秩序を標榜していること、この点で基本権の有効性が原則的に強化されていること、これら二点はともに正しい（Klein – v. Mangoldt, Das Bonner Grundgesetz, Vorbem. B III 4 vor Art. 1 S. 93）。このような価値体系の中核は、社会共同体内で自由に発揮される人間性とその尊重という点に見出される。この価値体系は、憲法に基づく原則的判断基準であり、すべての法分野で一律に適用されなければならない。この価値体系が、わが国の立法、行政および司法に対して、各機関が掲げる基本方針とそれぞれが発展を目指してなすべき内発的刺激を提供する。この価値体系は、当然のことながら、民法にも影響を及ぼしている。民法典上のどの規定もこの価値体系に反してはならず、どの規定もこの価値体系の精神に基づいて解釈されなければならない」[54]と。同裁判所は、

---

53) 参照されるものとして、*Böckenfölde*, Zur Kritik gegenwärtiger Grundrechtsdogmatik, in：ders./Edward/Schumann, Grundrechte in Deutschland und Europa. Reden zur Ehrenpromotion in Münster, 2002, S. 11 (19ff.)；*ders.*, Schutzbereich, Eingriff, verfassungsimmanente Schranken, in：Der Staat 42 (2003), 165 (177).

54) BVerGE 7, 198 (204f.).

このような理解のもとに、基本権と合致する解釈を採用し、私法における基本権の間接的第三者効を根拠付けた[55]。基本法第19条第1項第2文による基本権という名称を明示するようにとの要請に関する連邦憲法裁判所の判例についても、フリートリッヒ・クラインは、強い影響を及ぼしていた。同裁判所は、確定の判例において、この規定を狭く解釈していた。それは、「立法者の活動を不必要に妨げ」ないようにするため、条文上の根拠を明らかにする必要があると考えられたからである[56]。クラインは、さらに一歩を進め、「役に立たないため」、この規定は「適用され得ない」と述べていた[57]。

b　批判

憲法の発展の跡を振り返ってみると、その他の場面——もちろん、場面に応じて状況はまったく異なったものとなり得るが——では、フリートリッヒ・クラインは無視されてきた。1950年代に分冊形式で出版されたコメンタールの最初の数冊に対する書評が示すように、いくつもの批判がクラインの著作に対して加えられていた。(1)基本法第1条第1項、第2条第1項および第6条第1項に見られる基本法の特質が否定されている[58]。この点は、「重要な局面で、基本法が定める基本権体系に対して憂慮すべき侵害が行われていること」[59]を意味する。この点は、こんにちでもまだ、基本法第1条第1項所定の人間の尊

---

[55]　もちろん、ここで引用された場面でクラインが述べていたのは、ワイマール帝国憲法（Weimarer Reichsverfassung）と対比した場合の、ボン基本法上の基本権の形成力の強化についてのみであって、第三者効についての帰結ではない。クラインは第三者効についての帰結を明示的に拒否していた（Vorbem. A II 4 S. 61ff. 参照）。クライン学説の受容についてこの他に参照されるものとして、*Rensmann,* Wertordnung und Verfassung. Das Grundgesetz im Kontext grenzüberschreitender Konstitutionalisierung, 2007, S. 98ff.

[56]　BVerfGE 35, 185 (188).

[57]　Vorbem. B XV 3b S. 133.

[58]　参照されるものとして、Art. 1 ANm. III S. 147 ; Art. 2 Anm. III 5b S. 167 ; Art. 6 Anm. III 3 S. 266.

[59]　*Rößler,* DÖV 1958, 719.

厳を守るため、真剣に討議されるべきである[60]。(2) 行政の現場で経済合理性を尊重し、基本権を国家の政策判断より優先させるという考えが欠けている[61]——こんにちの国法理論では、この点が異議なく肯定されている[62]。(3) 無条件に保障される基本権、すなわち、自由権に対して、基本法第2条第1項が定める公共の福祉（いわゆる共同体の留保）という概念が拡張され過ぎている[63]。連邦憲法裁判所はこのような行き過ぎを、表現の自由に関するメフィスト事件判決（Mephisto-Urteil）において、また、信教の自由および思想信条の自由に関するいわゆる加持祈祷者事件決定（Gesundbeter-Beschluss）において、簡明かつ的確に退けている[64]。(4) いわゆる特別権力関係がある場合、基本権は制限される[65]——この点は、正当にも、「クラインの見解が正しいとすれば、（憲法の下位に立つ個々の）法律等は、随意の特別権力関係を随意に創設することにより、基本権をまったく実体のないものに変えることができる」[66]という表現ですでにその出版当時から注目されていた。

その後出版されたこのコメンタールのどの分冊にも、これほどまでの学問的・実務的な反響は見られない。これまでの評価をみると、「最初の数年の解釈論に見られた法律構成上の大胆な変化が（……）第三巻では著しく減少している」[67]こと、そして、フリートリッヒ・クラインが亡くなった当時、このコメンタールが「停滞段階」にあった[68]こと、これらが明確になっている。こ

---

60) この意味を述べた例として、*Enders,* in : Friauf/Höfling (Hrsg.), Berliner Kommentar zum Grundgesetz, Stand : Juli 2012, Art. 1 Rn. 60ff.
61) 参照されるものとして、Vorbem. A II 4 S. 61.
62) 参照されるものとして、*Rüfner,* Grundrechtsadressaten, in : Isensee/Kirchhof (Hrsg.), Handbuch des Stattsrechts, 3. Aufl., Band IX, §197 Rn. 68ff.；*Stern,* Das Staatsrecht der Bundesrepublik Deutschland, Band III/1, 1988, S. 1411ff.
63) 参照されるものとして、Vorbem. B XV 3a S. 130.
64) BVerfGE 30, 173 (192)；32, 98 (107).
65) Vorbem. B XVI 3 S. 135.
66) *Haman,* NJW 1956, 542；この点は、既決囚裁判（Strafgefangene-Entscheidung）（BVerfGE 33, 1）を通じて確認されている。
67) *Schmidt* NJW 1975, 917.

の他、基本法上の統治機構に関する諸規定、たとえば、立法権限に関する諸規定についても、クラインには優れた著作があり、それらは、「全著作の中でも出色の業績に数えられている」[69]。クリスティアン・ペスタロッツァ（Christian Pestalozza）——彼は、『フォン・マンゴルト／クライン』の第3版における複数の巻のうちの一つで立法権限に関する節の注釈を担当していた——は、はしがきで、前任者クラインのこの主題に関する功績の特徴を適切な表現で述べた後、「現状を正確に捉えて的確に整理したうえで、体系的に仕上げた貴重な労作」[70]という言葉で締め括っていた。

---

68) *Stolleis*（前注1)), Band IV, S. 137.
69) *Mallmann*, JZ 1969, 714.
70) *v. Mangoldt/Klein/Pestalozza*, Das Bonner Grundgesetz, 3. Aufl., Band 8: Art. 70 bis Art. 75. Die Gesetzgebungskompetenzen, 1996, S. V.

ミヒャエル・ヘークマンス

正義のための戦いの中で
——刑事訴訟法学者、カール・ペータース（1904 年〜 1998 年）

　Ⅰ．伝説の刑事訴訟法学者とその人柄
　Ⅱ．ミュンスターへの招聘を受けるまでのカール・ペータースの生活
　Ⅲ．ミュンスター大学時代

I. 伝説の刑事訴訟法学者とその人柄

　法学博士・名誉哲学博士・名誉医学博士カール・ペータース（Karl Peters）教授は、1998年7月2日、ミュンスターにおいて94歳の高齢で没した[1]。彼が亡くなったことで、ドイツ刑事法学は、トロヤ戦争で活躍したギリシャの老将ネストルにも比すべき、刑事訴訟法分野の最長老[2]、そして、何といっても戦後ドイツで国際的に最も高く評価されていた重要な刑事法学者を失ったことになる。二度に亘って大部の祝賀記念論文集（70歳を寿ぐ古稀記念論文集[3]および80歳を祝う傘寿記念論文集[4]）が贈呈された法律学者がごく少数であるという事実からみても、彼が学者として傑出した人物であり、特別の栄誉に値する存在であったことが分かる。ペータースは、数十年以上に亘り、ヴェストフェーリッシェ・ヴィルヘルム大学の他、ミュンスター市とも深いゆかりがあった。彼の最も重要な著作のいくつかは、彼がミュンスター大学法学部教授として活動していた16年間に出版された。多くの出来事に加え、われわれには1957年の「刑事訴訟・行刑研究所（Institut für Strafprozeß und Strafvollzug）」の設立もペータースの活躍に負うところが大きい。その後1964年1月14日に犯罪学を研究対象に加えたこの研究所はさらに拡充され、こんにちでは、犯罪科学研究所（Institut für Kriminalwissenschaften）となっている[5]。カール・ペータースを、ミュンスター大学法学部の開設以来、こんにちに至るまで、同大学で研究と教育に従事した最も重要かつ最も著名な刑事法学者と呼ぶことは、決して誇張ではな

---

1) 小稿の作成にあたり資料の収集・整理に大きな御助力を戴いた研究補助者アレクサンドラ・テオドロポウロス（Alexandra Theodoropoulos）女史に感謝する。
2) *Tiedemann*, NJW 1998, 2957.
3) *Baumann/Tiedemann* (Hrsg.), Einheit und Vielfalt des Strafrechts – Festschrift für Karl Peters zum 70. Geburtstag, 1974.
4) *Wasserberg/Haddenhorst* (Hrsg.), Wahrheit und Gerechtigkeit im Strafverfahren – Festgabe für Karl Peters aus Anlaß seines 80. Geburtstags, 1984.
5) UA Bestand 9 Nr.1760.

い。

　小稿の見出しでカール・ペータースを刑事訴訟法学者と表記した点については、若干の説明が必要であろう。というのは、たとえば木版彫刻がそうであるように、こうした限定を付すことは一種の単純化に他ならないからである。筆者が「刑事訴訟法学者」という表現を選んだのは、彼の著作から推測して、カール・ペータースが学問的活動のほぼすべてを刑事訴訟に振り向けていた点を考慮したためである。彼の活発な学問的活動が終わりを告げてから丸20年を経たこんにち、そして、個別テーマに関する最後の研究書[6]が刊行されてから約30年が経った今でも参照される頻度が特に高い刑事訴訟法分野の二冊の著書が現代の刑事法学（Strafrechtswissenschaft）に大きな影響を及ぼしている。その一つは、「刑事訴訟における誤判の原因」調査研究のための大規模プロジェクトに関する三巻本の報告書（Bericht über das Großprojekt zur Erforschung der „Fehlerquellen im Strafprozeß")[7]であり、他の一つは、教科書『刑事訴訟』[8]である。前者の基礎資料となったのは、1951年から1961年まで行われ、成功裏に終わった1,100件の再審手続研究であった。この研究は、瑕疵ある判決（瑕疵の大部分は捜査の段階ですでに生じていた）の原因を探求する際、こんにちでも妥当する有益な情報を提供している。これと同様に、彼の教科書は刑事手続法（Strafverfahrens*recht*）に焦点を絞っていたわけではなく、訴訟行為としての手続、対極にある被疑者と訴追者によるさまざまな努力の産物としての手続を対象としていた。このように、カール・ペータースは、刑事訴訟法（Strafprozessrecht）が刑事訴訟それ自体を形成するのではなく、刑事訴訟の枠組み（フレームワーク）を提供するにすぎないと考えていた[9]。それゆえ、刑事手続（Strafver-

---

6) 刑事訴訟教科書（Strafprozesslehrbuch）（後注8)）の第4版（最後の版）は1985年に刊行された。1979年には、Justiz als Schicksal: ein Plädoyer für „die andere Seite"., (Berlin: De Gruyter,) が刊行されている。

7) Fehlerquellen im Strafprozeß – Eine Untersuchung der Wiederaufnahmeverfahren in der Bundesrepublik Deutschland, Bd.1 Karlsruhe 1972, Bd.3 Karlsruhe 1974.

8) Strafprozeß, Ein Lehrbuch, 1. Aufl. Karlsruhe 1952, 2. Aufl. Karlsruhe 1966, 3. Aufl. Karlsruhe 1981, 4. Aufl. Heidelberg 1985.

fahren）を理解しようとする者は、刑事手続法（Strafverfahrensrecht）という名の法制度を取り上げるのではなく、現実の刑事手続そのものを取り上げて観察しなければならない。この点こそ、カール・ペータースが彼の教科書の最初において読者に訴え掛けていたことであった。

> それゆえ、最初に、若い法律家たちに一度は訴訟の手ほどきを行う必要がある。大切なのは、手続には生き生きとした流れがあるというイメージを彼らに伝えることである。（……）刑事訴訟では複数の事象が連続して現れるという点が明確に意識されなければならない。どの事象にも、倫理的・文化的・政治的・法的・人間的な観点からみて重要な意義がある。どの事象にも、数百年に亘る社会学的・心理学的な経験が反映されている[10]。

こうした見方は、教科書についていえば、当時は他に例をみないものであったし、議論の余地がないほど適切な見方であるにも拘らず、筆者のみるところ、こんにちでさえ、多くの教材でまともに受け止められていない。このような状況から考えると、カール・ペータースの大教科書（großes Lehrbuch）は、刑事手続に関する文献の一里塚とみなされてよい。この教科書はこんにちまで圧倒的に多くの注目を集めており、この教科書自体、今なお、学生たちにとって必読の文献となっている。この教科書は、もう一つ別の点でも前例のないものであった。というのは、「おそらくは唯一、愛という言葉」[11]が含まれた教科書だからである。

> 正義は、むろん、最高の価値ではない。価値の最上位に位置するのは愛（Liebe）である。（……）刑事司法の領域で活動する者は、二重の地位を占めている。この者は、一方で、国家の一機関として正義と、それも正義とのみ結び付けられ、正義の実現を義務付けられているだけでなく、同時に、他方で、一人の人間として愛と結び付

---

9) *Tiedemann*, Der Strafprozeß im Denken von Karl Peters, JZ 2000, 139 (141).
10) *Peters*, Strafprozeß（前注8））, 4. Aufl., S. 1.
11) *Dünnebier*, Besprechung von Peters, Der neue Strafprozeß, NJW 1976, 323（上記教科書に対する書評を含む）.

けられている。(……) 裁判を行う者も、一方で、法の秩序、主権の秩序、そして不可侵性の秩序、これらのすべての秩序に従って行動しなければならないが、同時に、他方で、一人の人間として、愛を実現しなければならない。愛は、決して、弱さを意味するわけではなく、あらゆるものを受け入れている。愛の光は、無条件かつ全面的に、法の実現に関わるあらゆる場面に届くよう、考慮されなければならない[12]。

このような事情があるため、——こんにちでは全面的に正当な理解であるが——、刑事手続法という分野が何よりもまずカール・ペータースの名前と結び付けられている（筆者が小稿の見出しでペータースを刑事手続法と（のみ）関連付けた理由がこの点にあるように読者にはみえるかもしれない）と考えられるとすれば、そうした認識は、学者カール・ペータースを正しく評価していないこととなろう。クラウス・ティーデマン（Klaus Tiedemann）は、ペータースを追悼する一文において、彼を、刑事手続法だけに限定せず、むしろ「『刑事法学全域』に通じたおそらくは最後の代表者」であると位置付けていた[13]。カール・ペータースは、特に1940年代および1950年代に、少年法および少年刑法の分野で、個別テーマの研究書[14]、注釈書[15]、それに論文を多数公表していただけでなく、行刑改革の擁護者であり、犯罪者教育学の創設者とみなされていた[16]。彼のこの優れた著作は出版当時やや軽視されていたようにみえるが、その一方で、刑事手続法学におけるカール・ペータースの影響力はこんにちまで少しも減少していないようにみえる。ペータースが学問的に多産であった時代をまったく経験していない後進の者からみれば、上述のペータースの著作が彼をたんなる手

---

12) *Peters*, Strafprozeß（前注8)), 4. Aufl., S. 70f.; 4. Aufl. S. 87f. には、この引用が含まれる他、挿入文によって補充されている。
13) *Tiedemann*, NJW 1998, 2956.
14) Werdendes Jugendstrafrecht, Bonn 1947 ; Erscheinungsformen und Ursachen der Jugendverwahrlosung und Jugendkriminalität, Bonn 1947 ; Das Recht des unehelichen Kindes, Bonn 1947 ; Jugendstrafrecht, Bonn 1948.
15) Jugendgerichtsgesetz, Berlin 1942 ; Reichsjugendgerichtsgesetz, Berlin 1944.
16) *Tiedemann*, NJW 1998, 2956.

続法学者にすぎないという一面的なイメージに引き下げているようにみえるかもしれないが、実際のところ、彼は決してそうではなかった。

　とはいえ、カール・ペータース自身が果たした研究者および大学教授としての役割と存在意義に関する記述も、同じように不完全なものでしかない。同時代の生き証人や彼の弟子たち、たとえば、ユルゲン・バウマン（Jürgen Baumann）とクラウス・ティーデマン（Klaus Thiedemann）は、彼の誕生日に向けた祝辞およびその後の追悼文において、学問的功績に加えて、つねにというよりもむしろそこに重点を置いて、カール・ペータースの人間性と正義感を強調していた。司法という煩雑な仕組みの中で身を擦り減らすような立場に追い込まれている人々をみる場合、人間性と正義感は特に重要な視点である。たとえば、彼は、多くの刑事弁護活動をボランティアとして無償で引き受けていたし、特に連邦憲法裁判所の——エホバの証人についての多くの有罪判決が、相次いで発生した代替役務の拒否という理由で、基本法第103条第3項に違反していると判断していた[17]——裁判で勝訴していた。カール・ペータースは名誉教授となった後に弁護活動の比重をさらに増やし、体力——最後の数十年は失明の恐れがますます大きくなっていたが——が許す限り、弁護活動を続けた。カール・ペータースは、感銘深い書物『宿命としての司法』[18]の中で、一方の、ケルンでの検察官としての、ハム上級裁判所陪席裁判官としての、最後に弁護人としての、それぞれの職務に直接携わった豊かな経験を述べながら、他方の、普通の一般人として、手続の能動的主体としての原告に対する助言者、受動的主体としての被疑者や被告人に対する助言者としての経験をそれぞれ書き記している。この本が呼び起こした、人間誰しもが持つ共感表現としての正義感や、自己批判をなすべき旨の警告は、どの行にも示されているが、すべての手続参加者に向けられたものである。この本は、おそらく、最も印象深いやり方で、ペータースの本質的な特徴として、彼が鋭敏な学問的洞察力と本当に温かみのある人間性とを体現した存在であることを明らかにしている。こ

17）　BVerfGE 23, 191.
18）　*Karl Peters*, Justiz als Schicksal, Berlin u.a. 1979.

れらは、カール・ペータースが——同時代人に限らず——他の時代の刑事法学者を含め、誰よりも先んじてそのように考え、行動していたことを示している。彼のこのような人柄は、もちろん、かなりの緊張とおそらくは欲求不満をももたらしたことであろう。カール・ペータースは、重苦しい気持ちをわれわれに抱かせるものの、フィクションを用いた短い書簡の中で、「有罪判決を無罪とするための」13の助言を併記して、このことをはっきりと文章として残していた。ここでは、その中の四点に限って、再現しておこう。

　　（……）
　2.　正義と善が一致することは稀でしかない。それゆえ、正義の取扱いは控え目になされなければならない。
　3.　正義を要求する権利を有すると信じる者には、判決のみが与えられる（……）。
　9.　上訴の申立に注意せよ。審級制の恩恵は、わが身を滅ぼすリスクに他ならない。
　10.　それにも拘らず、上告を申し立てる場合、上告が明らかに理由を欠くものとして退けられても、驚くことはない。「わたくしの弁護人は連邦通常裁判所のある刑事部の元部長であった」とか「わたくしの弁護士は刑法の教授であった」とかという話を聞いて、わたくしが答えられるのは、「弁護人の肩書をうっかりして聴き過ごしてしまっていました。でも、「裁判官だけが法を知る」（Jura novit curia）のです。このことをドイツ語で言い換えれば、法の解釈主体が変わっても法についての理解に違いはないということになります（……）」[19]

　こうした表現をみるだけでも、カール・ペータースには、学者に必要な鋭い洞察力と人間に求められる思いやりとが比類のないかたちで結び付いていることが分かる。この結び付きこそが、グライフスヴァルト大学（1942年）、ミュンスター大学（1946年）、そしてテュービンゲン大学（1962年）への各招聘を含め、カール・ペータースにその功績にふさわしい最高位の学問的栄誉をもたらした。カール・ペータースは、（すでに触れた70歳祝賀記念および80歳祝賀記念の二冊の論文集と並んで）1984年に犯罪者教育学における功績を称えて、マール

---

19)　*Peters*, An einen unschuldig Verurteilen, StV 1988, 457.

ブルク大学教育学部から「名誉哲学博士 (Dr. phil. h. c.)」という名誉学位を受けた。1989 年には、ヴェストフェーリッシェ・ヴィルヘルム大学医学部が、彼の精神医学および心理学の観点を含む学際的な研究活動を理由に、「名誉医学博士」の学位を彼に授与した[20]。1973 年に、ドイツ犯罪学会 (Deutsche Kriminlogische Gesellschaft) はベッカリーア・ゴールド・メダル (Beccaria-Medaille in Gold) の授与で彼を称えた[21]。1975 年に、彼は、ローマ教皇パウロ六世から、上級騎士修道会大十字星章 (聖シルベストロ教皇騎士団勲章) を授与された[22]。

　それにしても、注目されるのは、カール・ペータースが、学問の世界に生きる大学教授として理想的なキャリアを一直線に歩んできたわけではない、という点である。学問の世界へ転じる前に、彼が裁判実務の場で 12 年間を検察官として過ごしたという事情が、こうした判断を下す理由のすべてではない。12 年間という期間が注目を引く特別の理由は、カール・ペータースが、そのうちの 10 年間につき大学教授資格を取得していたため、最終的に 1942 年にグライフスヴァルト大学で最初の教職に就くまでの間、みずからの意思で検察官の職務を続けたわけではないという点にある。このことからみても、彼の学問的経歴が、そして彼の人生行路の一部が、同時代の人々にとってまったく異例であったことが分かる。それゆえ、彼が体験した逆境とそうした事態をもたらした有為転変について以下で明らかにされるべきであろう。そうした事情が結果的にカール・ペータースを真理と正義を追求する闘士としたことであろう。彼が特にわれわれの記憶に残っているのは、このためと思われる。

---

20) Pressemitteilung Westfälische Wilhelms-Universität vom 7. Juli 1998.
21) *Deutsche Kriminologische Gesellschaft* (Hrsg.), Zur Verleihung der Beccaria-Medaille 1973 an Adolf Portmann, Karl W. Peters, Christfried Leszczynski, Hamburg 1974.
22) Pressemitteilung Westfälische Wilhelms-Universität vom 7. Juli 1998. この勲章の詳細については、http://de.wikipedia.org./wiki/Silvsterorden（2013 年 3 月 29 日最終確認）。

II. ミュンスター大学への招聘を受けるまでの
カール・ペータースの生活

　カール・アルベルト・ヨーゼフ・ペータース（Karl Albert Josef Peters）は1904年にコープレンツに生まれた。彼は家庭内で宗教的に寛容なカトリック教育——学問的な生活との明らかな親和性はこれに付随するものであった——を受けた。彼の父、哲学博士フランツ・ペータース（Franz Peters）はミュンスターの州政府上級学校監督機関の副長官となり、1923年から1936年まではヴェストフェーリッシェ・ヴィルヘルム大学の副事務局長を務めた。カール・ペータースの兄は、後に国法学者となったケルン大学教授、法学博士ハンス・ペータース（Hans Peters）（1896年～1966年）である。彼の妹マリア（Maria）は、後に、グライフスヴァルト大学の民法学者、法学博士エーリッヒ・モリトーア（Erich Molitor）教授と結婚した。

　父の職業に制約されて、カール・ペータースはミュンスターで育った。彼は1913年から1922年までミュンスターの、797年に設立されたドイツ最古のパオリヌム・ギムナジウムに通った。高校卒業資格試験合格後、彼は、最初ケーニヒスベルク大学で（1922年夏学期）、その後は、ライプツィッヒ大学で過ごした1923年／1924年冬学期を除き、1924年／1925年冬学期までずっとミュンスター大学で法律学を学んだ。1925年7月16、17日の両日、彼は、ハムで受験した第一次司法国家試験に合格した。成績は「良（gut）」であった[23]。こんにちの基準からみると注目に値するが、カール・ペータースは1925年7月28日に早くも裁判所修習生に任命されている。同様に、彼は明らかに早い段階で法学博士学位取得論文を作成していたはずである。彼はこの論文を、博士学位審査許可申請書とともに、1926年7月にヴェストフェーリッシェ・ヴィルヘルム大学法・国家学部の学部長に提出した。95頁から成る論文のテーマ

---

23) Protokoll des Promotionsverfahrens, UA Bestand 33 Nr. 762.

は、「複数議院制下で国民代表議院と併存する第二院の本質と地位（Wesen und Stellung der neben Volkshause stehenden Kammern im parlamentarischen Mehrkammersystem)」である。このテーマは刑法上のそれではなく、むしろ法学博士ヨーゼフ・ルーカス（Josef Lukas）教授の指導を受けた国法学上のテーマであった。1929年に、最終試験が行われた。その直後、カール・ペータースは検察官に任命された。それ以後、彼はもっぱらケルンの検察庁で働いた[24]。一年後の1930年、彼はハートヴィッヒ女史（Hatwig）、旧姓マイスター（Meister）と結婚した。二人の間に1931年と1934年に二人の娘、ギーゼラ（Gisela）とディートヒルト（Diethild）が生まれている[25]。

　一見すると、この検察実務の経験がカール・ペータースを結果的に刑法に向かわせたようにみえる。というのは、早くも1932年に刊行された彼の大学教授資格取得論文[26]では、刑の量定に触れることで、明らかに実務経験から着想を得たテーマが取り上げられていたからである。カール・ペータースがこの論文で研究していたのは、刑事制裁を科す際に、刑事裁判官が従うべき法律上の制約と刑事裁判官がなし得る刑事政策的裁量の余地との間でどのような選択を行うかという点であった。彼は、刑事政策概念を比較的狭い意味で用いていた。というのは、この概念が、犯罪行為の解消という目標に合わせて限定され、（個別具体的事案においても）この目的を達するうえで適切な手段の選択に限られていたからである[27]。「刑事裁判官の刑事政策的活動は（……）本質的に法律効果の決定に」[28]関わる。このことは、特に個別具体的事案における判断の重点を一般予防に置くか特別予防に置くかの選択についても、この目的を達成

---

24) 彼自身の記載によると、カール・ペータースは、一時、エッセン、ミュンスターおよびコーブレンツの検察庁でも働いていた。UA Bestand 207 Nr. 74. 推測すると、彼の最初期の肩書は司法官試補であった。

25) Personalblatt Krl Peters, UA Bestand 207 Nr. 74.

26) *Peters*, Die kriminalpolitische Stellung des Strafrichters bei der Bestimmung der Strafrechtsfolgen, Berlin 1932.

27) 参照されるものとして、*Peters*（前注26））, S. 5ff.

28) *Peters*（前注26））, S. 236.

するうえでの適切な制裁手段の選択についても、ともにあてはまる。ペータースは、当時、少年犯罪に関する刑事手続で初めて実行され、法政策的に初めて論議された、保護観察のための刑の執行停止という制度に明らかな共感を示していた[29]。

　カール・ペータースは、28歳という若さで私講師に採用された後、普通ならば短期間に正教授職への招聘を期待してもよかったはずであった。しかしながら、1942年は戦争の最中にあり、正教授職に招聘されるまで、さらに十年の歳月が流れた。同世代の多くの者、たとえば、ゲオルク・ダーム（Georg Dahm）、フリートリッヒ・シャフシュタイン（Friedrich Schaffstein）、ホルスト・シュレーダー（Horst Schröder）やハンス・ヴェルツェル（Hans Welzel）の場合と比較して、彼の招聘が異例に遅くなった点は説明を要する[30]。その理由は、少なくとも、学術的な資格が欠けているとか、出版された業績が少ないとかということではない。というのは、ペータースの業績リストには、1942年より前の時点でさえ少なからざる数が挙げられていたからである[31]。カール・ペータースは同僚から「学問的観点においてきわめて好意的に評価されて」[32]いた。

　カール・ペータースの招聘に適した正教授職もおそらくたくさんあったはずである。周知のように、国家社会主義者による政権の掌握とその後に大学を対象として行われた一連の統制措置により、どこでも、ユダヤ系の教授や政治的に好ましからざる教授は、大学から追放されていた[33]。その結果、正教授職が

---

29) 参照されるものとして、*Peters*（前注26）, S. 234ff., 238.

30) セバスティアン（Sebastian）について参照されるものとして、*Felz*, Im Geiste der Wahrheit? - Die Münsterschen Rechtswissenschaftler von der Weimarer Republik bis in die frühe Bundesrepublik, in : Hans-Ulrich Thamer/Daniel Droste/Sabine Happ (Hrsg.), Die universität Münster im Nationalsozialismus, Münster 2012, S. 347, 377f.

31) その一覧を含むものとして、Festschrift zum 70. Geburtstag（前注3）, S. 621-635；その後の追加分を記載するものとして、Festgabe zum 80. Geburtstag（前注4）, S. 473-476.

32) UA-MS B II4 Nr. 9 この引用の出典として、*Lieselotte Steveling*, Juristen in Münster, Münster 1999, S. 526.

33) *Steveling*（前注32）, S. 399 の説明によれば、（1932年にドイツ帝国の諸大学法学

空席となったり、若くて政治的に受け入れ可能な私講師を求める需要が高くなったりした。ミュンスター大学法学部も、1935年から1945年までほぼ全期間を通じて、大学統制の結果として、またその他の理由から、空席となった刑法の正教授職を埋めなければならなかった。1930年代初めに刑法分野の二つの正教授職を占めていたのは、エルンスト・ローゼンフェルト（Ernst Rosenfeld）[34]、ハインリッヒ・ドロスト（Heinrich Drost）[35]の両教授であった。ローゼンフェルトは定年のために1935年に名誉教授となり[36]、また、初期のフリーメーソン結社に属していたというややこしい事情で、ドロストは自主退職を申請し、1937年末にそれが認められた[37]。ローゼンフェルトが占めていた正教授職は1935年にヴィルヘルム・ザウアー（Wilhelm Sauer）に譲られた。それは、彼がケェーニヒスベルク大学からミュンスター大学に「懲戒処分として左遷」されたためである[38]。これに対し、ドロストの教授職は空席とされ、1941年に初めて、いわくつきのヨハネス・マルティン・リッター（Johannes Martin Ritter）によって埋められた。リッターは、1942年春に召集されて兵役に就き、同年夏、戦傷のため亡くなった[39]。リッターの死後、第二講座の刑法教授職が終戦まで補充されなかったので、その後、刑法はヴィルヘルム・ザウアー一人

　　部で雇用されていた378人の）法学者のうち120人が該当する。これら120人は、上級公務員原職復帰法（Gesetz zur Wiederherstellung des Berufsbeamtentums）に基づき、人種的または政治的な理由で、失職していた。
34) 1909年以降の正教授職就任者について参照されるものとして、*Steveling*（前注32）), S. 278.
35) アンドレアス・トムゼン（Andreas Thomsen）の後任として1931年10月1日に招聘された。この点につき参照されるものとして、*Steveling*（前注32）), S. 284；*Felz*, Im Gesite der Wahrheit? - Die Münsterschen Rechtswissenschaftler von der Weimarer Republik bis in die frühe Bundesrepublik, in : Thamer/ Droste/ Happ (Hrsg.), Die Universität Münster im Nationalsozialismus, Münster 2012, S 362.
36) *Steveling*（前注32）), S. 437.
37) *Steveling*（前注32）), S. 439ff.
38) *Steveling*（前注32）), S. 337ff., 453ff.
39) *Steveling*（前注32）), S. 527.

に委ねられた。彼は定年により 1946 年 10 月 1 日に名誉教授となった[40]。

このように、カール・ペータースをミュンスター大学やその他の大学へ招聘する機会は以前から十分にあったはずである。また少なくとも 1933 年以後の数年間、ペータースの著書は、当時の権力者たちの関心の的であった。たとえば、彼は、1933 年 7 月の『Juristische Wochenschrift』誌に、「国家社会主義と刑法（Nationalsozialismus und Strafrecht）」という題で、予想される権威主義的刑法のイメージ——彼自身はこのイメージに共感していたようにみえる——を描いていた。

> 国家における革命は普遍的事象の一つである。（……）革命の理念はどの分野にも影響を与えてきた。（……）法秩序もこの激しい嵐に対して扉を閉ざすことはできないし、閉ざしてはならない。人間生活における秩序は台頭する新たな思想の内容に対応しなければならないし、どの秩序も民族と無縁のものではない。
> （……）秩序はつねに個人と関わる。刑法は現に個人と関わっているし、将来においても個人との関わりを欠かせない。個人がどのように責任を負うべきかという観点は、新たな社会的変化に対応するうえで、いつも重要な判断基準となっている。この点は、すべての運動方針を総統が独裁的に決定し、他はこれに従わなければならないという、ナチスの総統優越原則にも典型的に現れている通りである。（……）
> 実体を形式に優先させること——この点こそがこの動きの一つの特徴として強調されていた——は、個人の自由や個人の安全の領域で、制約をもたらしている。自由主義刑法の基礎である刑法典第 2 条第 1 項の法的保障は、破壊されてしまった。慣習法の排除も類推の禁止も、本来のあるべき法では、まったく認められない[41]。

同じ年、ペータースは、司法関係者に向けて、「刑法における法適用の課題（Aufgaben der Rechtsanwendung im Strafrecht）」という論文を書いた。彼はこの論文で、裁判官が体系に適った厳格な法適用義務を負っている旨を述べていた。

　このように、この新しい国家は、国内の諸機関に対し、それら諸機関がこの国家

---

40) *Steveling*（前注 32））, S. 605.
41) *Peters*, JW 1933, 1561-1564（以上の引用の出典は S. 1561, 1562, 1564）.

の見解を受け入れることを、つまり、この国家が認めた諸々の価値基準とこの国家が下した諸々の評価結果をそれら諸機関が具体的に実行することを求めている。そうすることによって初めて、(……) 刑の量定における統一性が (……) より確実に達成される。裁判官の人柄が反映される状況はなるほど将来においても排除され得ないし、排除されるべきでもない。しかし、求められていること、また求められなければならないことは、国家社会主義者が担うべき基本的立場を実現できるよう、努めることである[42]。

カール・ペータースは、1934年、学界関係者ではなく一般大衆に宛てたケルン新聞 (Kölnische Zeitung) 紙上の論文「新しい刑法への道 (Der Weg zum neuen Strafrecht)」でこれに似た考えを明らかにした。

法律が法を適用する者に自由裁量の余地を認めている場合、新しい思想は、いつでもどこでも、法的に実現することができる。このことはまず刑の量定についてあてはまる。(……) たとえば、侮辱行為や猥褻行為の場合の人種差別の禁止、堕胎の場合の民族構成員数の維持といった法的保護に値する諸利益は、国家社会主義の価値基準に基づく評価のもとで尊重される[43]。

カール・ペータースは、このような趣旨の著作を公表することで、彼自身の本来の姿を国家社会主義者の目から逸らしてきたに違いない。このような仮の姿は、彼が政治的に受け入れ可能な、それゆえ、招聘可能な人物であることを意味していた。しかも、彼は1933年5月1日に国家社会主義ドイツ労働者党とナチの突撃隊に加入した。彼は1934年11月に突撃隊から脱退したが、それでも、終戦まで党員資格 (党員番号 Nr. 2,099,184) を備えていた[44]。それにも拘らず、ペータースはどこからも招聘されることはなく、彼は1932年にケルンの税務署所属の検察官に配属された。その後、彼は一般事件および少年事件を

---

42) *Peters*, Deutsches Recht 1933, 178-180 (179f.).
43) *Peters*, Kölnische Zeitung Nr. 615 vom 5. Dezember 1934, S. 1-2 (2).
44) 1947年1月6日付法学部長の照会に対するペータースの自筆の記載、UA Bestand 37 Nr. 27 ; *Steveling*, (前注32)), S. 360.

検察官として担当した[45]。

　カール・ペータースは、1935年以降の数年間、刑事政策に関する多くの論文を続けて公表した。注目されるのは、彼が実態に即した論述を行っていたという点である。彼の論述では、それにとどまらず、所管官庁の刑法委員会が公表した諸提案に対する明確な批判も行われている[46]。また、少年刑法の分野では、カール・ペータースの研究がますます高い比重を占めるようになっていた。彼は、少年刑法分野でイデオロギーと密接に関わる原理的問題についての意見陳述を比較的簡単に回避することができた。この点で目立つのは、この時期に彼が出版した個別テーマの研究書である。『偽証と訴訟の結末』[47]で、彼は、偽証が行われた多数の複雑な手続を素材として、結論に影響を及ぼすような偽証がなぜ数年間も見抜かれなかったのかの理由を探求すべく、検察官としての彼自身の経験を述べていた。この本は、思考過程や言葉遣いからみて、実際に刊行された1939年当時ではなく、戦後の1950年代であったとしても、十分に刊行されたはずである。カール・ペータースは同書に述べられている経験をその後も長い間はっきりと記憶していた。というのは、同書は、わずかではあるが、その後の著名な研究「刑事訴訟における誤判の原因（Fehlerquellen）」を進めるうえでの動機と刺激を提供していたようにみえるからである。1942年と1944年に刊行された少年裁判所法（Jugendgerichtsgesetz）に関する二つの注釈書も、これと同様にイデオロギーから離れ、内容が考慮されて読まれている[48]点で驚かされる。

　もちろん、カール・ペータースは、戦後の著作でも、国家社会主義とは距離を置いていた。彼の教科書では、この点について以下のように記されている。

---

45)　*Wasserburg*, StV 1999, 176f.
46)　たとえば、刑の留保を伴う警告について参照されるものとして、Deutsches Strafrecht 1934, 310-317 (312)；少年拘禁規則（Jugendarrestverordnung）については、ZStW 60 (1940/41), 551-566 (566).
47)　*Peters*, Zeugenlüge und Prozeßausgang, Bonn 1939.
48)　*Peters*, Jugendgerichtsgesetz, Berlin 1942；Reichsjugendgerichtsgesetz, Berlin 1944.

国家社会主義時代の刑事手続法が悲運に見舞われた本当の原因は、決して前述したさまざまな改革が行われたためではなく、国家社会主義ドイツ労働者党が司法に介入したこと、法を政治の道具にしたこと、法の習俗規範的基礎に動揺を与えたこと、裁判官の独立性を無に帰せしめたこと、そして、司法を副次的なものに貶め、個人の保護を欠き、まったく統制不能のものとしてしまったこと、これらにあった[49]。

　カール・ペータースは、わずか数行のこの文章で、彼自身1933年に宣伝活動をしたことが間違いであったと明確に自己否定していた[50]。しかしながら、カール・ペータースは、——明らかになる限り——たとえば、フリートリッヒ・シャフシュタイン[51]とは違って、彼自身の以前の表現を決して明示的に明らかに後悔したことはなかったし、誤りを犯したとして撤回したりすることもなかった。それでも、彼は、少なくとも、別途公表したアイヒマン訴訟（Eichmann-Prozess）に対する意見表明で彼自身の拒絶姿勢を示唆していた。

　　当初は正しく認識できず、また正しく評価することのできなかったシステムを初めに肯定していた者は、その後、消極的姿勢であるが、我慢を繰り返すこととなる。(……) 国家権力が掲げた達成目標とそのために用いられた手段の認識に少なくとも疑義が生じたのであれば、たとえ学問上広範囲に亘って中立的なテーマや政治的分野で非難されないようなテーマが学術的研究の対象とされるとしても、それでも、学問全体が一体のものであるという事実や、学問が望ましくない部分や命取りとなるような取り返しのつかない結果を招く部分を学問から排除すると実際には中途半端な部分しか残らず、排除自体が恣意的なものとなるといった事実は、変えられないままで残る。(……) 現実について何も知らないとか、将来の発展を予測できなかったとかという理由でかつてこのシステムを肯定する態度を採っていたときは、そのような態度を採ったことについて説明したり、行動で示したりすることが一段と強

---

49) *Peters*, Strafprozeß（前注8))。この引用は 1. Auf. Karlsruhe 1952, S. 60f. であるが、この引用個所は 4. Aufl., S. 72 まで変更されていなかった。
50) 前注42) の引用参照。
51) 参照されるものとして、*Berit Feldmüller-Bäuerle*, Die strafrechtliche Kieler Schule, Hamburg 2010, 198 における要約がある。

く義務付けられるのであって、そのような肯定的態度は、刑法上、なすべき行為を行わなかった不作為として非難に値するものと判断される可能性がある。しかしながら、みずからが採った行動や沈黙によって、他の者が同じように消極的な行動を採ったり沈黙したりすることにどの程度影響を与え、それに伴って権力者の地位をどれだけ強化する可能性があるかという点を、一体誰が予測しようとするのだろうか（そのような予測をしようとする者などはいるはずがない）[52]。

この引用部分の内容は、別の言い方をすると、要するにカール・ペータースが国家社会主義の時代における彼自身の行動を略述している——そして、後悔している——個所に他ならない。カール・ペータースについてわれわれが知っていることすべてが示す通り、カール・ペータースは、その内心において決して国家社会主義者ではなく、信心深く強い正義感を有するキリスト教徒として育った[53]。この正義感こそが、たとえ慎重で用心深く行われたにしても、彼をして最終的にこの政権に対する反対の姿勢を採らせた。

クラウス・ヴァッサーブルク（Klaus Wasserburg）がカール・ペータースの交友範囲について述べているところによると、特に政治的理由で公職を罷免された人々、たとえば、プロイセン農業省の上級参事官で社会民主主義者であったカルッツ（Karutz）、ノルトライン＝ヴェストファーレン州ヴァンネ＝アイクル（Wanne-Eickel）の元市長で中央当局のメンバーでもあったキヴィット（Kiwit）、さらに、ケルン大学のスペイン語講師で陰謀法（Heimtückegesetz）違反で弾劾されたヴェルナー・バインハウアー（Werner Beinhauer）らは彼の友人であった。カール・ペータースは、バインハウアーが刑事罰を受けず、解雇を免れるように全力を尽くし、彼を守った。このバインハウアーと特に親しい関係にあったのが、後にナチス政権下で1934年に設けられた政治犯等を扱った民族裁判所により1943年12月に国防力破壊工作を理由に死刑を宣告され、1944年に処刑されたグライフスヴァルトの主任司祭アルフォンス・マリア・ヴァクスマン

---

52) *Peters*, Gedanken eines Juristen zum Eichmann-Prozess, in : Kurt Ihrenfeld (Hrsg.), Eckart-Jahrbuch 1961/62, S. 229-251 (244).

53) *Rehbein*, MschKrim 81 (1998), 377-380 (378)； *Wasserburg*, StV 1998, 176.

(Alfons Maria Wachsmann)[54]である。ペータースはヴァクスマンの弁護団に参加し、実兄のハンス・ペータースと一緒に、結果的にうまくゆかなかったが、ベルリンでの人脈を通してヴァクスマンに恩赦が与えられるように努めた[55]。同じ事件で、グライフスヴァルトの助任司祭フリートリッヒカール・フェルスター（Friedrichkarl Förster）は懲役刑に処された。カール・ペータースは服役中の彼を刑務所に訪ねている。フェルスターに対する審理に際し、特別法廷の裁判長は、ヴァクスマンの友人だからという理由で、カール・ペータースを威嚇していた[56]。さらに指摘されなければならないのが、実兄ハンス・ペータースの影響である。ハンス・ペータースはレジスタンスに積極的に参加していた。彼はベルリンのレジスタンス活動グループを支援し、訴迫されたユダヤ人を助け、ドイツの法律家、ヘルムート・ヤーメス・フォン・モルトケ伯爵（Helmuth James Graf von Moltke）を中心に反ナチ運動を行っていた市民レベルの抵抗グループ、クライザウアー・サークル（Kreisauer Kreis）の一員であった[57]。このようにみると、おそらく1930年代半ば以降、カール・ペータースがナチ体制に対して明確に反対の態度を採っていたものとわれわれは考えることができる。カール・ペータースのこのような態度には、彼が受けたキリスト教教育とそれに基づく正義感が反映されているといえよう。こうした態度は、1930年代後半に普通に行われるようになったが、彼自身が学問的著作において政治的に控え目に振舞うという彼自身の態度と合致していたことであろう。

　カール・ペータースは、その後一体どのようにして、上述の「こんにちでは理解することも受け入れることもできないはずの」[58]国家社会主義的法政策に対する理解の姿勢を1933年以降の数年で示すようになったのだろうか。ヴ

---

54) この判決の原文は http://de.wikipedia.org/wiki/Alfons_Maria_Wachsmann に公表されている（2013年3月22日最終確認）。
55) *Wasserburg*, StV 1999, 176 (177).
56) *Wasserburg*, StV 1999, 176 (177).
57) その出典として、wikipedia, http://de.wikipedia.org/wiki/Hans_Peters_(Rechtswissenschaftler)（2013年3月22日最終確認）。
58) *Wasserburg*, StV 1999, 176 (177).

ッサーブルクはカール・ペータースが採った理解の姿勢を、当時の権力者が示した、階級対立を克服し、社会的な諸関係を改善するという約束事への最初のおもねりの表現であるとほのめかしている[59]。この指摘は、上に掲げたペータースの手になる数行の内容と合致する。この他、党への忠誠の姿勢を示すことで、彼自身強く求めていた学問で指導的役割を果たし得る正教授職に就く能力があることを証明するという望みもおそらくは重要な役割を演じていたことであろう。

　彼がこうした行動を選んだ陰に、一体どのような動機が隠されていたのだろうか。カール・ペータースの種々指摘されていた諸論文は、彼の学問的経歴を審査する際、明らかに考慮されていなかった。われわれが知っているのは三件の異議申立手続であるが、どの手続でも、彼の申立は認められていない。1935年に行われたグライフスヴァルト大学での最初の申請は通らなかった。一見すると、当時の学部長、法学博士エーリッヒ・モリトーア（Erich Molitor）教授――前述のように、彼はペータースの姉マリアと結婚していた[60]――とペータースが姻戚関係にあったことが不許可の理由であったようにみえる。カール・ペータースにはその後1938年にイェーナ大学の正教授職についての話が持ち込まれた。同大学法学部は、ペータースが1933年以来ナチ党の党員であることと、「世界観からみて篤い信仰心を持ったカトリック教徒として行動している」[61]こととの狭間で、採用の有無をためらっていた。結局、カール・ペータースは、イェーナ大学法学部が決断を先送りしているという理由で、採用申請を取り下げた[62]。彼は、1941年の半ば頃、ミュンスター大学のドロスト（Drost）が占めていた正教授職の後任募集手続に応じたが、「大学政策上の理由

---

59)　*Wasserburg*, StV 1999, 176 (177).
60)　*Steveling*（前注32））, S. 560 Fn. 99.
61)　Schreiben des Reichsdozentenbundführers vom 1.7.1938. この引用は、*Felz*（前注35））, S. 378 による。
62)　Vermerk des Thüringischen Ministers für Volksbildung vom 4.7.1938. この引用は、*Wasserburg*, StV 1999, 176 (177)；*Steveling*（前注32））, S. 560 Fn. 99 による。

から」[63)]この申請は認められなかった。そのため、彼は、1942年、短期間であったが、ケルン上級地方裁判所に属する検察庁で部長検事に就いていた[64)]。

彼は二度目の挑戦で初めて、最終的には1942年10月1日のことであるが、グライフスヴァルト大学からある正教授職への招聘を受けた。しかし、この招聘は、特に戦争の影響で候補者が決定的に不足し、彼以外に候補者が見つからないというきわめて消極的な理由によるものであった[65)]。カール・ペータースは、その傑出した業績にも拘らず、良くても第二順位者とみなされていた。というのは、それまでの行動から、イデオロギー的にみて少なくとも信頼できない人物であるとの評価が下されていたからである。あるいは、まことしやかに言い伝えられた彼に対する不信感——法律学の世界では、どこかの正教授職の助手として数年間働いたという経験がなく、司法実務出身で、「大学特有の文化」に馴染んでいない者に対してこのような不信感が一般に向けられていた——も含まれていたのかもしれない。

最後の段階まで残っていたのは、彼の党員資格に関する問題である。しかし、カール・ペータースは、終戦後のソヴィエト占領地区で何事にも煩わされず、グライフスヴァルト大学で講義を行うことを許された。同地の大学が1946年3月に閉鎖されるまで、彼の講義担当は続いた[66)]。この点も、彼が当時の政権に批判的な態度を採っていたことの今一つの根拠と考えられる。彼に対する非ナチ化手続も迅速にかつ異議なく進められた[67)]。

III. ミュンスター大学時代

グライフスヴァルト大学法学部の閉鎖後、あたかも間奏曲（Intermezzo）の

---

63) UA-MS B II4 Nr. 9 この引用は、*Steveling*（前注32）），S. 526 による。
64) UA Bestand 207 Nr. 74.
65) Hans Peters. この引用は、*Wasserburg*, StV 1999, 176 (177) による。
66) 1947年9月16日付のペータースの履歴書、UA Bestand 207 Nr. 74.
67) *Felz*（前注35）），S. 376；*Steveling*（前注32）），S. 606.

ように、数か月間続けたフライブルクのドイツ・カリタス連盟（Deutscher Caritasverband）本部児童福祉課学術調査員としての仕事を挟み、彼は1946年11月にミュンスター大学でかつてザウアーが就いていた正教授職の講義を担当することとなった。カール・ペータースが同大学刑法・刑事訴訟法・民事訴訟法担当正教授職への正式な招聘を受けたのは1948年11月1日のことであった[68]。興味深いことに、ミュンスター大学が彼を招聘するにあたり、今度は、ヴェストファーレン地域社会との繋がりが彼に有利に働いた。この繋がりは、当時の同学部学生自治会の希望に適っていた[69]。その後、1962年にテュービンゲン大学——彼は同大学で十年間活動し、同大学の名誉教授となった——に移籍するまで、彼はこの正教授職を16年間保持した。

ヨハネス・マルティン・リッター逝去後の後任として、1946年5月、刑法第二講座の正教授となったのはアルトゥール・ヴェークナー（Arthur Wegner）であった[70]。ヴェークナーは、むろん刑法の他にも国際法を、さらに特に情熱をこめてカトリック教会法の講義をも担当していた[71]ので、その後ずっと刑法関係のほとんどの講義がカール・ペータースに委ねられた。1947年から1959年までの記録をみると、彼の担当科目が、犯罪学から、実体刑法、手続法、少年刑法、そして行刑（刑罰執行）法まで、刑法の全分野に亘っていたことが分かる。カール・ペータースが教授陣に加わったことは、学生たちにとって幸運なことであった。というのは、彼は私講師の時代に誰からも高く評価されていたからである[72]。ヴェークナーが1959年に転出し、アルミン・カウフマン（Armin Kaufmann）による代講が行われた後、カール・ペータースは、ようやく教育においても彼本来の関心領域、特に刑事手続法にふたたび集中する

---

68) Erlass des Kultusministers des Landes Nordrhein-Westfalen vom 16. Februar 1949, UA Bestand 37 Nr. 27.
69) *Steveling*（前注32）), S. 606.
70) *Steveling*（前注32）), S. 608ff.
71) *Felz*（前注35）), S. 378f.; *Steveling*（前注32）), S. 687.
72) *Steveling*（前注32）), S. 606.

ことができた。さらに、カール・ペータースは、1954 年 6 月 16 日に行われた「参加者限定教授会」の第 500 回会議で、法・国家学部の学部長に選出された[73]。彼は翌年、学部長代理職に就いたが、カール・ミヒャエリス（Karl Michaelis）が転出したため、再度、学部長に就任した[74]。さらに、カール・ペータースは 1954 年から 1962 年までハム上級地方裁判所刑事部第二法廷の裁判官に就いた[75]。これらの職務には大きな負担が付き物であったが、彼はきわめて高い学問的生産性を保っていた[76]。彼は、刑法総論の他にも、最初は少年刑法[77]に著述の重点を置き、1950 年代半ば以降は刑事手続法と行刑法に重点を移していった。しかし、彼の最初の主著である前述の教科書『刑事訴訟』[78]が刊行されたのは、何といってもミュンスターにおいてであった。この本を書いた他、彼は、多数の博士学位取得論文執筆者を指導し、1955 年に刊行された著名な弟子ユルゲン・バウマン（Jürgen Baumann）[79]の大学教授資格取得論文を指導した。

---

73) Sitzungsprotokoll der 500. Fakultätssitzung vom 16. Juni 1954, UA Bestand 30 Nr. 639.

74) *Steveling*（前注 32)), S. 682.

75) Erlass des Justizministers des Landes Nordrhein-Westfalen vom 8. Mai 1954, UA Bestand 207 Nr. 74 ; *Ulrich Weber*, JZ 1998, 892.

76) Schriftenverzeichnis in der Festschrift zum 70. Geburtstag（前注 3)), S. 621ff. 参照。

77) ペータースは 1947 年から 1962 年までに少年法の領域では全部で四冊の個別テーマに関する単独研究書と専門雑誌および記念論文集のために少なくとも 47 本の論文（記念論文集への寄稿を含む）を書いた。

78) 前注 8) 参照。

79) ユルゲン・バウマン（Jürgen Baumann）。1955 年、「現代経済取引における担保権の刑法的保護（Der strafrechtliche Schutz bei den Sicherungsrechten des modernen Wirtschaftsverkehrs）」というテーマで大学教授資格取得。1959 年以降テュービンゲン大学教授、1988 年に名誉教授となる。1976 年から 1978 年までベルリン司法部評議員（Berliner Justizsenator）。1960 年に初版が刊行され、最後の 11 版（2003 年）まで出版された刑法総論教科書（Lehrbuch Strafrecht, Allgemeiner Teil）の著者。同書は、その後、ウルリッヒ・ヴェーバー（Ulrich Weber）およびヴォルフガング・ミッチュ（Wolfgang Mitsch）によって継続して刊行されている。ペータースの二番目の弟子——彼に対する専門分野の学界での評価は低くない——クラウ

ミュンスター大学は、カール・ペータースを採用したことにより、文字通り、同大学最初の偉大な刑法学者を獲得したこととなった。ペータースは、中心となって同学部の戦後の再建に貢献し、後々まで長く影響が残るようなかたちで同学部の学問的名声を高め、新たな価値を創造した。しかし、講義担当業務の多さやその他の多様な活動だけでなく、少なくとも 1950 年代半ば以降に顕在化した前述の同僚アルトゥール・ヴェークナーに対する関係も、次第にカール・ペータースの負担となっていった。というのは、ヴェークナーが明らかに難しい人間であったためである。いずれにせよ自分自身が同僚の間で居心地がよいとは思っていなかったうえに、カール・ペータースに対する関係で自分が冷遇されているといつも考えていたヴェークナーは、自分が同学部内での多くの陰謀の犠牲者であると感じていた。その結果、彼は学部の同僚の多くと折り合いが悪かった[80]。これに加えて、政治的見解における彼の変わり身の早さも挙げられなければならない。変わり身の早さは、平和主義者からヴァイマル共和政時代のドイツ在郷軍人組織の一つ、鉄兜団（Stahlhelmer）の一員へ、さらにナチ政権の追随者を経て、最後には共産主義者になったという点にも現れている[81]。この共産主義者という選択が、最終的に 1959 年のヴェークナーのドイツ民主共和国への「逃亡」という結果を生み出した。カール・ペータース自身もこの逃亡と決して無関係ではなかった。

> カール・ペータースは、ヴェークナーがミュンスターから離れた日の夜に、ヴェークナーの家主から、ヴェークナーがミュンスターを去って他所へ転居しようとして、駅へ向かっている旨を知らされた。カール・ペータース夫妻はすぐにミュンスター中央駅へ向かったが、ハム行きの列車は発車した後だった。二人は自家用車でハムへ向かった。ライプツィッヒ行きの列車が予定より遅れて発車した。そこで、二人は待合室に向かった。二人はプラトンの本を読んでいるヴェークナーを見つけた。

ス・ティーデマン（Klaus Tiedemann）は、後に、ペータースのテュービンゲン大学在職時に大学教授資格を取得した。

80) *Steveling*（前注 32)), S. 687ff.
81) *Felz*（前注 35)), S. 378.

夫妻は彼と向かい合わせに座った。ペータース夫妻は、彼が一、二年間公式にではないが休暇を取るか否かを検討するよう、ヴェークナーに提案した。（……）しかし、彼は、自分の決心は変わらないと述べ、この申し出を拒否した。ライプツィッヒ行きの次の列車が出るというアナウンスを聞いて、彼らは互いに友情を惜しみつつ別れを告げ合った[82]。

　ヴェークナー――彼は後にハレ大学で、一代限り認められた正教授職に就いた――に対する刑事手続および懲戒手続が開始された。この手続で、カール・ペータースは彼を強く擁護した[83]。その結果、ペータース自身も同学部内でますます難しい立場に追い込まれていった。「ペータースは、1945年以降ふたたび拡充に努めてきた『彼自身、深い愛着を感じていた』学部内で、もはや自宅にいるような居心地のよさを感じられなくなっていた」[84]。結局、彼は、1962年／1963年冬学期に、弟子のユルゲン・バウマンの勧めもあって、その間に招聘を受けていたテュービンゲン大学に移籍した[85]。彼はテュービンゲン大学で、重要な著作、すなわち、大規模に計画された研究プロジェクト「刑事訴訟における誤判の原因」を扱う三巻本の資料集の執筆に携わった[86]。

　1972年に名誉教授となった後、彼は、もちろん、彼自身が愛した故郷であるミュンスターへ戻った[87]。彼はこの地で1998年に亡くなるまで生活し、高齢になっても学問の世界で根気強く研究を続けただけでなく、数え切れないほどの刑事弁護を引き受けた。さらに幸いなことに、彼は長期間に亘って彼を支えた最愛の妻とともに至福の時を過ごすことができた。約68年間に及んだ結婚生活の後、ハートヴィック・ペータース夫人は彼の死より数か月前に旅立った[88]。カール・ペータースはミュンスターの聖マウリッツ墓地（St. Mauritz-

---

82) *Steveling*（前注32))，S. 691. カール・ペータースがこれを引用している。
83) *Steveling*（前注32))，S. 691, 701.
84) *Steveling*（前注32))，S. 705.
85) *Steveling*（前注32))，S. 705；*Baumann*, JZ 1974, 66.
86) 前注7)。
87) *Tiedemann*, NJW 1998, 2956 (2957).
88) *Wasserburg*, StV 1999, 176.

Friedhof）に埋葬されている。

　ミュンスター市とミュンスター大学法学部は、それぞれに深い関わりを有した者の一人としてカール・ペータースの名前を挙げることに、大きな誇りを持っている。カール・ペータースは、偉大な学者であり、同時に深い思いやりを示した人間として、ミュンスターで多くの人々に幸福をもたらしてきた。若い頃に（おそらくは）弱点として受け止められたことを、戦後の正義と人間性を求める戦いに参加することで、彼は失った以上に多くのものを取り戻したことであろう。カール・ペータースがもたらした恩恵は、ミュンスター大学法学部と学問に限らず、数え切れないほど多くの人々に個人的体験を通じて広く行き渡っている。

ディーター・ビルク

ミュンスター大学の租税法
——オットマール・ビューラー（1884年〜1965年）

　Ⅰ．ミュンスター大学（1920年〜1942年）：独自の租税法学の創始
　Ⅱ．ケルン大学（1942年〜1952年）：決定的な時期—租税法学の定着と拡充
　Ⅲ．ミュンヒェン大学（1952年〜1965年）：名誉教授職就任後の研究と教育
　Ⅳ．ビューラーの国家社会主義に対する態度
　Ⅴ．租税法学の発展にとってのビューラーの意味

オットマール・ビューラー（Ottomar Bühler）は 1884 年 8 月 12 日にスイスのツューリッヒに生まれた。彼は、テュービンゲン大学、ミュンヒェン大学およびベルリン大学で法律学を学んだ。1911 年、彼はテュービンゲン大学で、ヴュルテンベルク州法上の、行政機関を被告とする事件の民事裁判管轄権に関する論文により、法学博士の学位を取得した。1912 年、第二次司法国家試験に合格した彼は、1913 年、ブレスラウ大学[1]で公法の大学教授資格を取得し、同大学で私講師となった。

I. ミュンスター大学（1920 年 〜 1942 年）：独自の租税法学の創始

　1919 年 12 月 6 日、彼は、ミュンスター大学の公法、一般行政学および行政法の員外教授への招聘[2]を受けた。彼はすぐに電報で招聘を受諾する旨を伝え、「招聘されかつ要請されたポストが産業法（Industrierecht）ではなく、租税法であるものと理解し、受諾致します……」と言い添えた。法・国家学部は行政法学者[3]を求めていたが、しかし、ビューラーは最初から並外れた粘り強さを発揮して、租税法に学問的な注意を向けるように努めた。彼は、1919 年 12 月 11 日、同学部に宛てて、「わたくしは、わたくしの担当科目の中に、租税法が明示的に掲げられることを格別に重視しております」と書いた。同学部はこれに対して慎重な態度を示し、租税法は行政法の一部であるため、講義委嘱に際して租税法に特に触れる必要はない旨を返信した。1919 年 12 月 16 日、ビューラーは同学部に対し改めて、「追加の科目であれ、あるいは労働法に代替する

---

1) ブレスラウは、当時、50 万人以上の住民ときわめて著名な大学を有するドイツで七番目に大きい都市であった。
2) 以下の記述および文言の引用は、特に断らない限り、ミュンスター大学およびケルン大学の所蔵文書中の原典資料に依拠したものである。これについては、*Birk*, in : *Raupach/Tipke/Uelner*, Niedergang oder Neuordnung des deutschen Einkommensteuerrechts, Band 1, 1985, S. 1 をもみよ。
3) *Steveling*, Jursiten in Münster, 1999, S. 265.

科目であれ」、自分に対する講義委嘱の中に租税法が含まれるという理解への同意を求めた。彼は、同学部の希望を考慮しながらも、彼の講義担当科目中の産業法という記載に異議を申し立てた。彼は、教育・研究の両面に亘り、租税法という科目名称を独立させる必要がある点を強調した。彼の粘り強さは功を奏した。1919年12月24日、同学部長の州所管大臣宛書簡には、「現在、招聘中の私講師、ビューラー博士のたっての希望に基づき、当学部は従前の申請を変更し、上記の者に対し、租税法講義の担当を委嘱することを希望致します。これに伴い、委嘱対象科目の全容は、行政法、特に租税法、労働法および産業法、国法および国際法となります」と記された。ビューラーは、1920年1月16日、同学部の申請に基づき、ラントの学術・芸術・民族教育担当大臣により、ミュンスター大学教授に任用された。

彼は1922年にハレ大学の正教授に転出したものの、一年後にはふたたびミュンスター大学に戻り、当初の計画のもとに新設された正教授ポストに就いた。この正教授職には租税法の担当が明示されていた。同学部は、この間に、以前の留保を捨て去り、招聘提案中で初めて、同学部が「歴史の浅い租税法学」の育成に重点を置くことを強調していた。ビューラーはこの職に就任し、すぐに租税法を拡充し、彼の活動分野の冒頭に「租税法ゼミナール（Seminar für Steuerrecht）」を掲げた。当時の彼は、租税法の他にも、国法・行政法上の諸問題と集中的に取り組んでいた[4]。1926年、彼は、ルール地域の官庁機構に関する著作集を出版した[5]。プロイセンの諸州の再編成に関する改革が行われたとき、ビューラーは国家・行政の組織に関する論議に積極的に取り組み、「ヴェストファーレン地区計画」[6]という構想に参加した。彼はこれに関連して

---

4) これについては、*Felz*, Recht zwischen Wissenschaft und Politik. Die Rechts- und Staatswissenschaftliche Fakultät Münster 1902-1952, 2014, S. 323ff.（未公刊の博士学位取得論文草稿）.

5) *Bühler/Kerstiens* (Hrsg.), Die Behördenorganisation des Ruhrgebietes und die Verwaltungsreform, 1926.

6) これについては、*Felz*, Recht zwischen Wissenschaft und Politik. Die Rechts- und Staatswissenschaftliche Fakultät Münster 1902-1952, 2014, S. 324ff.（未公刊の博士学

1931 年に「地区と行政（Raum und Verwaltung）」と題した論文を書いている。この論文はヴェストファーレンにおける行政機構の組織編成を対象としたものであった[7]。1933 年に、ルール地域諸都市の財政状況に関する本が出版された。彼は、この本で歳出削減措置を提案し、地方自治体組織法上の諸問題を取り上げていた[8]。

1934 年 4 月 12 日、州所管大臣は「他の諸部局との交渉を経て、『租税法ゼミナール』を『租税法研究所（Institut für Steuerrecht）』という名称へと変更すること」を承諾した。こうして、ドイツの大学では最初の「租税法研究所」が誕生した。ビューラーの強い希望だけでなく、ドイツの租税法学をみずから発展させようとしたミュンスター大学法・国家学部の賢明な招聘政策も、このことを可能にした。ビューラーは、法律学的研究の必要性が高まることで、一つの法分野が急速に発展することを承知していただけでなく、租税法が行政法から解放されること、しかもその解放の過程がなお進行中であること、その解放が学問によって裏付けられなければならないこと、これらを自覚していた最初の学者たちの一人であった。

ビューラーは、その後の数年間、租税法のみに特化して研究する道をさらに押し進めた。1938 年 10 月 31 日、同大学本部と州学術省に宛てて、「……当職は、憲法および行政法の講義担当の免除と、国際財政法（internationales Finanzrecht）が国際法と緊密な関係にあるところから、国際法の講義担当をも希望致します」[9]と書いた。彼の国際法への関心は、このように、租税法によってもたらされたものであった[10]。ビューラーは、国境を越えた経済活動から必然的

位取得論文草稿）; *Felz*, Im Geiste der Wahrheit ? Zwischen Wissenschaft und Politik : Die Münsterschen Rechtswissenschaftler von der Weimarer Republik bis in die frühe Bundesrepublik, in : *Thamer/Drost/Happ* (Hrsg.), Die Universität Münster im Nationalsozialismus Kontinuitäten und Brüche zwischen 1920 und 1960, Münster 2012 (Veröffentlichungen des Universitätsarchivs Münster Band 5), S. 347 (361).

7) *Bühler*, Raum und Verwaltung, 1931.
8) *Bühler*, Die Finanzlage der Ruhrgebietsstädte, 1933.
9) 書簡の原典における強調個所。

に多種多様な租税法上の諸問題が生じることを早くから認識していた。彼は、二重課税に絡む諸問題や諸外国の租税法秩序を取り上げ、1937年にはすでに研究目的でアメリカ合衆国を訪問し、1938年に国際租税協会（International Fiscal Association, IFA）の共同発起人となっていた[11]。

　カーザー学部長は、1938年11月30日に、ビューラーの書簡に記されたこの申し出を冷たく退け、「ビューラー教授はミュンスター大学にとどまったうえで、担当される講義を租税法と国際法に限定しようと希望されています。しかし、貴教授に租税法分野のみの科目担当を認めることは、公法諸分野を担当される他の諸教授の負担を過度に増やす結果となるだけでなく、後述するように、公法担当教授職ポストをすぐに私法担当教授職ポストに変更する必要性が特に高い当学部の人的構成を考慮すると、当学部にとって到底認めることができません」と述べた。カーザー──民法学者でローマ法を重んじたロマニステンの一人である──は、それに続けて、民法分野の窮状を訴え、さらに立入って、「それゆえ、当学部は、可能な限り早期に、公法学者一人分の人事枠を減らし、それに代えて、民法の担当者一人を、それも民事訴訟と労働法の講義をも兼担できる教授を獲得できるよう、最大限の努力を払わなければなりません。このため、五年以内に名誉教授となり退任されるフーゲルマン（Hugelmann）教授のポストは削減せず、むしろそれ以前に予定されるビューラー教授の転出によって生まれる人事枠をこれに充てることが当学部の切迫した状況に適うといえます」と補足した。

　ミュンスター大学に租税法講座を定着させ、さらに拡充する可能性はこうして失われていった。研究および教育を租税法に特化する度合いをますます高め

10）　もちろん、この観点から、ビューラーは、1940年に刊行された著作に「現代国際法の展開における中立、封鎖および潜水艦戦（Neutralität, Blockade und U-Boot-Krieg in der Entwicklung des modernen Völkerrechts）」という表題を付けていた。この著作では、国際法に欠けている点が示され、ドイツの戦争行動が国際法上正当化される旨、記されている。これについては、後述「Ⅳ」（189頁）。

11）　これについては、www.ifa.nl/．

ようとするビューラーの試みは同学部の中で強い抵抗に遭っていた。このことは、前述の学部長書簡からも容易に読み取れよう。ビューラーはミュンスター大学の学者の間でますます孤立していった。新しい活路を探る可能性はこうして十分に整っていたことになる。

　実際、ケルン大学の公文書が示すように、ミュンスター大学で行き違いがあった後、ビューラーとケルン大学法学部との話し合いが盛んに行われた。ビューラーがケルン大学法学部長との間で交わしたいくつかの手紙によれば、同学部長は1941年8月20日に学長に宛てて、「……ミュンスター大学法・国家学部は、ビューラー教授が異例ともいえるほど特化して租税法の研究教育を行っている点をまったく評価しておりません。……。同大学も、みずから主催する租税法研究所の規模をできる限り大きくしたいというビューラー教授の計画を、同様の理由で、全面的に支持してはおりません。この点こそ、ビューラーがミュンスター大学を退職しようとした理由です。彼は、ケルン大学の、特に経済・社会科学部（Wirtschafts- und Sozialwissenschaftliche Fakultät）であれば、租税法上の諸問題を取り上げようとする意義を十分に理解して貰えるものと考えております。……」[12]と書いていた。学長は、所管官庁との話合いの後、慎重を期して、法学部長に対し、「ビューラーをケルン大学に招聘する積極的な動機は『何よりもまずビューラー教授その人にあるようにみえます』。『政策的観点からみると……ビューラー教授との交渉がすべて順調に進んでいるようにはみえません』[13]。とはいえ、この疑念はその後払拭されているか、少なくとも相対化されているかもしれません」と回答した。この回答を受けて、ケルン大学法学部は、1941年12月19日、在ベルリンの帝国教育・学術・民族教育大臣宛に書簡を送り、新設の（当時ケルン市の資金による）租税法担当教授職をビューラーに委ねること、彼を新設の租税法研究所所長に任用すること、これらを内容とする申請を行った。租税法は「無数の経済問題を解決するうえで重要な科目である」。租税法の内容は「経済の実情を最も強く反映したものでな

---

12)　書簡の原典における強調個所。
13)　学長の1941年8月14日付けヤールライス（Jahrreiß）学部長宛書簡。

ければならない」。「博士ビューラー教授はこの分野の第一人者であり、この任務を果たすのに最適の人物であるようにみえる。また、博士ビューラー教授は、ミュンスター大学で高い水準を有する租税法研究所を拡充されたものの、ミュンスター大学ではその優秀さを発揮することができないまま終わった。しかし、同教授は、法律学の隣接分野を含め、わがケルン大学経済・社会科学部が実施する大規模な教育活動を通して提供することの可能な広い裁量の余地を今後大いに活用され、当地の必要性に適した租税法研究所 (Steuerrechtsinstitut)――現在運営中の租税法研究所を当地へ移転することも彼は考えている――をこのケルンに設立されることであろう」。

このようにして、ビューラーはミュンスター大学を去り、ミュンスター大学租税法研究所も短命に終わった。

II. ケルン大学（1942 年 ～ 1952 年）：決定的な時期――租税法学の定着と拡充

ビューラーは、1942 年、財政・租税関連のドイツ法・国際法研究に向けてケルン大学法学部に新設された租税法正教授職に採用された[14]。

しかし、ミュンスター大学にとって幸いなことに、租税法研究所のケルン移転は実現しなかった。ミュンスター大学法学部はビューラーの過大な要求に対して確かに最初は明らかには抵抗していなかった。しかし、ミュンスター大学本部は、ビューラーと幾度も書簡を交わす間に、怒りを募らせ、（書簡を交換する過程で――幸いにも介入はされなかったが――監督官庁もこの問題に関心を寄せるようになった）この件に関する態度を明らかにした。1942 年 10 月 1 日付のミュンスター大学事務局長のメモでは、「当職は、法学部長のカーザー教授（データベースで確認済み）に、租税法研究所がビューラー教授個人のために設置されたことはなく、ミュンスター大学のために開設されたこと、そして、ビューラ

---

14) これについては、*Nipperdey*, Rede, in ; FS für Ottmar Bühler zum 70. Geburtstag, 1954, S. 5 がある。

ーが同研究所のポストに採用されたからといって大学の施設を勝手に処分できないこと、これらを回答した。事務局長のこのメモの内容は予算案に明確には反映されていない。その後、ビューラーが占めていた教授職が補充されたが、その際、租税法関連の講義等を今後担当できる教授を探すようにという要望が記録された」[15]旨、記されている。最終的にビューラーの希望は認められず、彼は、1943年に、ミュンスター大学に返還しなければならなかった書籍を移籍後は賃借するという形式を採ることで大学と合意した[16]。

　ビューラーは1943年6月18日にケルン大学法学部で「ドイツ租税法の指導理念（Die leitende Ideen des deutschen Steuerrechts）」[17]と題する就任講義を行った。彼は、この講義で、租税法を行政法の付録としてではなく、行政法とは別に独立した一つの分野として定着させるよう、提案した。「われわれが有する租税関連の法律には、文言上、それらの意図するところを国民に理解させるという役割があるが、それを実現することは往々にして容易ではない。……わたくしは20年間も公法の他の分野とともに、租税法を大学の講義で教えてきたが、わたくしは、租税法自体が、実際のところわれわれが法・経済学部の若者たちに馴染ませ、理解させることが最も難しい分野の一つであるといわなければならないと考える。……少し前まで、租税法は法律学の一分野であるとは十分に認められていなかった。この点を考慮すると、われわれの租税法が生まれるもととなった行政法がおよそ40年をかけてようやく真の法律学分野であるという地位を獲得したことが思い出され、感慨無量のものがある。……」[18]。

　1946年4月29日、ビューラーは、ケルン大学本部に対し、計画中の助手複数名のポストを認めるよう申請した。というのは、助手がいなければ研究所の仕事を進めることができないからである。彼は申請書において、将来を見越し

---

15) ハナク（Hannak）学内上級監査主任のメモ。これについても、*Steveling*, Juristen in Münster, 1999, S. 533.
16) *Tappe/Kempny*, StuW 2009, S. 378.
17) AöR 33, Bd. (1943), S. 122ff.
18) AöR 33, Bd. (1943), S. 127.

て、国際租税法および外国租税法研究の重要性が高まるだけでなく、研究と実務との連携を保持する必要性も増大するという点を強調していた。彼は、「この数日間、英米の税率とドイツの税率との比較について学術的支援を求める緊急の要請が多くの官庁から寄せられている。この種の比較は、将来、わが研究所にとって大きな比重を占める仕事となろう」と述べていた。

ケルン大学の租税法研究所の存在意義と学術的名声はすぐに高まった。ほどなく、同研究所は専門分野の枠を超えて大きく成長し、経済学の学識を有する第二助手が採用された。ビューラーがこうしたやり方で集め、育成した教え子のグループは急速に拡大した[19]。租税法分野でも学問的観点からの教育が最初に行われた。そうした教育の持続的な効果はすぐに発揮された。租税に関する法律相談を担当し、後に指導的リーダーとなった者の多くはケルン大学でこのような教育を受けていた。社会的に重要な役割を担った租税法実務家のキャリアの多くがこのケルン大学の研究所で形成されたのであった[20]。

ケルン大学法学部で租税法を確立するためにビューラーが用いた指導方法の効果は、学術的にみても、のちのちまで長く残るものであった。ケルン大学法学部は、このことにより、他のどの大学もこんにちまで挽回することのできないほどの優位を築いてきた。彼の重要な後継者、たとえば、アルミン・シュピターラー（Armin Spitaler）、クラウス・ティプケ（Klus Tipke）、ヨアヒム・ランク（Joahim Lang）、そしてヨハンナ・ハイ（Johanna Hey）といった学者はみな、ビューラーが基礎を作り、拡充してきた同研究所の名声をさらに発展させてきた。その結果、ケルン大学は、こんにち、指導的な租税法研究所を提供することができている。また、彼が築いたいわゆる「ケルン学派」[21]がドイツ租税法

---

19) 多くのことを示しているものとして、*Rädler,* Ottmar Bühler, in : Juristen im Portrait, Festschrift zum 225jährigen Jubiläum des Verlages C. H. Beck, 1988, S. 199ff.

20) これについては、*Pöllath/Heukampf,* Steuer-Rechts-Beratung – Eine kurze Aufschreibung aus knapp 100 Jahren, in : FS für Wienand Meilicke, 2010, S. 549ff.

21) これについては、*Tipke,* Die Steuerrechtsordnung, Band 3, 2. Auflage, 2012, S. 1302ff.

学上の議論に依然として決定的な影響を及ぼしている。ケルン大学とミュンスター大学に設けられた二つの租税法研究所の発展に関する大学公文書を研究した者は、こうした過去を振り返って、ケルン大学がチャンスをものにし、ミュンスター大学はチャンスをつかみ損ねたというに違いない。しかし、少なくとも、ビューラーがミュンスター大学で基礎を築いたドイツ最初の租税法研究所がビューラーの希望とは違ってミュンスター大学に残り、——たとえその歩みがケルン大学のそれに比して、遅々たるものであったとしても——さらに発展できたという点は、当時のミュンスター大学本部の英断の御蔭であったといわなければならない。

1950年秋、ビューラーは、三か月間、アメリカ合衆国とカナダへ二度目の研究旅行に出かけ——最初の研究旅行は1937年に行われた[22]——、多くの大学に滞在した。彼は16頁から成る詳細な旅行報告書を作成している。この報告書はケルン大学の公文書として保存されており、彼がいかに聡明さと注意深さを発揮して政治的発展、社会的経済的相違、生活条件・労働条件を記述していたかを示す何よりの証拠となっている。彼にとって何より印象的だったのは、当時のアメリカ合衆国で、規模の大きい法学部であればどの学部でも、租税法担当教授を少なくとも一人、往々にして二人は抱えていた点、それに、租税法がしばしば例外なく講義科目兼試験科目となっていた点であった。当時のドイツはこれらの点でアメリカ合衆国よりはるかに後れを取っていたことになる。

III. ミュンヒェン大学（1952年〜1965年）：名誉教授職就任後の研究と教育

1952年にケルン大学名誉教授となってからすぐ、ビューラーはミュンヒェ

---

22) 彼が承諾を得るのに苦労した手続上の障害については、*Felz,* Recht zwischen Wissenschaft und Politik. Die Rechts- und Staatswissenschaftliche Fakultät Münster 1902 – 1952, 2014, S. 93f.（未公刊の博士学位取得論文草稿）.

ンに居を移しミュンヒェン大学非常勤講師として活動を続けた。彼は租税法に関する一連の講義を行う他、特に国際租税法の研究に注力した。寄付金と自己資金を元手にして、彼は、国際租税法研究センター（Forschungsstelle für internationals Steuerrecht）を設立した[23]。彼は、租税法ゼミナールにおける教え子たちに声を掛け、互いにリスペクトし合えるグループを自分の周りに集めることに成功した。その中には、後にビッグネームとなったアルベルト・レートラー（Albert Rädler）と、彼が専門分野の教育面で大きな影響を与えたアルント・ラオパッハ（Arndt Raupach）がいる。レートラーの話によれば、ビューラーは特にゼミナールで履修者たちとハイレベルの論争を行っていたという。「ゼミナールの水準から離れるが、学問的にまだ十分に熟していないような高度の内容の講演を聞かなければならなかった者は決して少数ではなかった。彼は、ミュンヒェン大学での講義で、推測するとアメリカの諸大学を訪れたときに目にしたようなやり方で、学生を一人一人指名して実務を叩きこんだ」[24]。

80歳代になってもまだ、彼は、租税法学の中心にいた。1964年、彼は——たとえレートラーの助力があったとはいえ——斯学の原論的著作『国際租税法原理（Prinzipien des Internationalen Steuerrecht）』[25]を出版した。1955年から1962年まで連邦租税裁判所所長を務めたヘスデルファー（Heßdörfer）は、彼の80歳記念祝賀会での祝辞において、租税法学における彼の指導的役割を称讃し、「彼の気質から十分に考えられることであるが、彼の融通の利く懐の深さの御蔭で、後輩たちは最初から正しい道を歩むことができ、成長してきた」[26]と考える旨、述べていた。

1965年春、退職後もビューラーはケルン大学の教授会に出席して、新たに

---

23) *Rädler*, Ottmar Bühler, in : Juristen im Portrait, Festschrift zum 225jährigen Jubiläum des Verlages C. H. Beck, 1988, S. 197.
24) *Rädler*, Ottmar Bühler, in : Juristen im Portrait, Festschrift zum 225jährigen Jubiläum des Verlages C. H. Beck, 1988, S. 198f.
25) München 1964.
26) StuW 1964, Teil 1, S. 403.

ロンドンへ研究旅行に出掛ける決意を固めている旨、語っていた。しかし、この旅行から——永年に亘って彼を支え続けた「協力者中の中心人物」[27]レートラーはこう述べている——「戻ってきたとき、彼には死の兆候が表れていた」[28]。1965年5月27日、ビューラーはミュンヒェンで亡くなった。この高名なケルン大学名誉教授がミュンヒェンのルートヴィッヒ・マクシミリアン大学に後々まで残るアカデミックな影響を遺したという事実をこんにちでもわれわれに思い出させるのが、オットマール・ビューラー奨励賞(Ottmar-Bühler-Förderpreis)の存在である。この賞は、ミュンヒェン大学企業経営税務研究所(Institut für betriebswirtschaftliche Steuerlehre)により、企業経営税務分野での特に傑出した学問的業績に付与されている[29]。

IV. ビューラーの国家社会主義に対する態度

レートラーは、1988年に刊行された論文「法律家の肖像(Juristen im Portrait)」[30]において、「オットマール・ビューラーは国家社会主義者ではない。イデオロギー的には、彼はまったく正反対の人物であった。彼が国家社会主義体制に対して拒絶的態度を採ったことには、彼が生涯を通じて敬虔なカトリック教徒であったという点も大きく影響していたことであろう」と述べていた。パオシュ(Pausch)は、1977年に刊行された論文でこれと異なる見方を示し[31]、ビューラーと、国家社会主義ドイツ労働者党のゴリゴリの代表的理論家、ラインハルト(Reinhardt)事務次官——彼はナチス党のイデオロギーを取り入

---

27) ビューラーは著書(Prinzipien des Internationalen Steuerrechts, 1964, S. VI)のはしがきで彼をこのように呼んでいた。
28) *Rädler,* Ottmar Bühler, in : Juristen im Portrait, Festschrift zum 225jährigen Jubiläum des Verlages C. H. Beck, 1988, S. 198.
29) これについては、www.steuern.bwl.uni-muenchen.de/ottmar_buehler-foerderpreis/index.htm.
30) Festschrift zum 225jährigen Jubiläum des Verlages C. H. Beck, 1988, S. 196.
31) *Pausch,* DStZ/A1977, S. 210.

れた租税法論文を多く公表し、租税法を国家社会主義的に改造する作業を手掛けていた——との間に緊密な結び付きがあったことを指摘していた[32]。

　タッペ／ケンプニィ（Tappe/Kempny）は、国家社会主義に立脚した違法国家でビューラーが果たした役割を詳しく取り上げ、ケルン大学とミュンスター大学の公文書を用いて評価している[33]。彼らが導いた結論は多岐にわたる。それによれば、ビューラーは党員ではなかったし、イデオロギーに関する問題が生じた場合でも、彼は控え目に行動していた[34]。フェルツ（Felz）も、ビューラーの役割を立ち入って取り上げている。ビューラーの教育活動についても、ビューラーの外国出張申請に対する許可手続についても、さまざまな意見が示すように、ビューラーの政治的信頼性には何度も疑念が示されていたとフェルツは指摘する。しかし、ビューラーは、他方で、いろいろな発言の中で、彼に向けられた疑念を払拭しようと努めていた[35]。シュトライス（Stolleis）[36]とフォス（Voß）[37]も、ビューラーがこの体制のイデオロギーに対してよそよそしい態度を採っていたことを明らかにしている。ビューラーは、いわゆる租税調整法（Steueranpassungsgesetz）の悪名高い第1条には注釈を加えていなかった。同条では、租税に関する複数の法律はどれも国家社会主義の世界観に照らして解釈されなければならない旨、規定されていた。1938年に刊行された彼の租税法教科書（Lehrbuch des Steuerrechts）第二巻にも、国家社会主義に対する信仰告白は見出されない。このことから、彼には、政治的に信用ならないという批判が向けられていた[38]。この教科書の「第三帝国における租税立法（Steuergesetz-

---

32)　*Voß*, Steuern im Dritten Reich, 1995, S. 51ff.
33)　StuW 2009, S. 376.
34)　そのようなものとしては、*Tipke*, StuW 1984, S. 370 もある。
35)　*Felz*, Recht zwischen Wissenschaft und Politik. Die Rechts- und Staatswissenschaftliche Fakultät Münster 1902–1952, 2014, S. 90ff.（未公刊。博士学位取得論文草稿）.
36)　*Stolleis*, Geschichte des öffentlichen Rechts in Deutschland, Band 3, 1999, S. 284.
37)　*Voß*, Steuern im Dritten Reich, 1995, S. 55f.
38)　このことを示すものとしては、招聘の前段階にあたる1941年8月14日付ケルン大学学長の同大法学部長宛書簡もある。そこでは、「政治的観点からみると、ビュ

gebung im Dritten Reich)」と題された章は、法律の列挙に終わっている[39]。ビューラーは国家社会主義的観点から法を改造することに伴う諸問題を取り上げていない。「というのは、ビューラーは」――フォスが明言しているが――「彼自身が拒否している国家社会主義的世界観に対する態度を明らかにしないで済ませることができたからである」[40]。彼は、それに代えて、国際租税法と取り組む頻度をますます高めてきた。このことも、彼が国家社会主義と関わりを持っていないことの証拠であると評価された[41]。

ミュンスターの国立公文書館（Staatsarchiv Münster）には、1935年から1937年にかけてミュンスター大学学長を務めた、確信的国家社会主義者[42]、フーゲルマン（Hugelmann）の遺品に属する文書が収蔵されている。ビューラーは、1933年5月、フーゲルマンに対して、8頁から成る詳しい意見書を書き送っていた。この文書には「国家社会主義に対する私見（Meine Stellung zum National-sozialismus）」という表題が付されていた。学長にも提出されたこの意見書が出された背景には、彼が担当した講義の一つで経験した彼なりの苛立ちが、そして、国家社会主義を信奉する履修者との間での意見の大きな隔たりがあった。ビューラーは、1933年以前の自分の態度についてこう書いている。すなわち、「……わたくしは、自分の講義で、一国の社会的な政策綱領に掲げられたいくつかの、それも最も重要な論点に関して、国家社会主義に広く賛同していた。時期により異なるが、わたくしが国家社会主義ドイツ労働者党に参加していたかまたは参加しようとしていたこと、当時こうした方向で実施されていた禁止条項を考慮してわたくしが警告を受けていたこと、これら二点の真偽を巡っ

ーラー教授の場合、すべてが順調に進んだわけではない」（前注4））と述べられていた。

39) *Bühler*, Lehrbuch des Steuerrechts, Band II, 1938, S. 14ff.
40) *Voß*, Steuern im Dritten Reich, 1995, S. 56.
41) *Rädler*, Ottmar Bühler, in : Juristen im Portrait, Festschrift zum 225jährigen Jubiläum des Verlages C. H. Beck, 1988, S. 196 ; *Peters*, Rede anläßlich der Gedächnisfeier für Ottmar Bühler am 23. November 1965, 1966, S. 10.
42) *Stolleis*, Geschichte des öffentlichen Rechts in Deutschland, Band 3, 1999, S. 290.

て、わたくしが当時いろいろな方面から指摘を受けていたことにより、わたくしが国家社会主義に賛同していたという点は、広く認められていたものと考えられる。また、わたくしは、特に国家社会主義の外交に関する政策綱領について、いくつかの点で批判的な観察を行っていた（この点では警告は顧慮されていなかった）」。この意見書は、ビューラーの態度がひどく分裂していたことを示す何よりの証拠となっている。彼の意見書自体に一貫性がないという点は、この意見書の結論と正反対の内容を有する次の文章、すなわち、「これらすべてを考慮に入れたとしても、わたくしはそれほど簡単に転向（データベースによれば、国家社会主義への「転向」）したわけではない。それゆえ、また、冒頭に挙げたさまざまな出来事があったため、わたくしは、新しい国家社会主義が登場した初期の頃は、何が正しいかを考えるうえである程度慎重に行動していた」という文章によっても、よく示されている。ビューラーは少なくとも政治的には信頼できない者という範疇に分類されていたため、しばらくの間、配置転換や一時解雇が検討されていたが、しかし、結果的に、そうした措置は採られなかった[43]。

　彼がその後の数年間、つまり、1933年以後の数年間、国際租税法の体系化作業を重視していたという点を示す証拠は何も見出されていない。もちろん、ビューラーは議会制、民主主義体制および市民政党に対して批判的な立場を採り、「国家による権威主義的課税」[44]を支持していた。1940年に刊行された、現代国際法の発展における潜水艦戦に関する論文で、彼は、中立諸国へのドイツの進駐行動と地雷戦・潜水艦戦という戦法をともに正当化しようと試みていた[45]。彼はこの論文で国際法の欠陥を非難し、第二次世界大戦中に生じた、敵

---

43) *Tappe/Kempny,* StuW 2009, S. 377.
44) これについては、*Felz,* Recht zwischen Wissenschaft und Politik. Die Rechts- und Staatswissenschaftliche Fakultät Münster 1902 – 1952, 2014, S. 322（未公刊の博士学位取得論文草稿）.
45) *Bühler,* Neutralität, Blockade und U-Boot-Krieg in der Entwicklung des modernen Völkerrechts, 1940, S. 78.

国との間での兵器の対等性という考え方に異議を唱えている[46]。しかし、この論文に、国家社会主義に特有の思想はみられない。ビューラーは、終戦から16年経った1961年に、「赤色テロと褐色テロの数値比較（Roter und Brauner Terror in Zahlen）」と題する論文を公表した。彼はこの論文でチャーチルを引用していた。チャーチルは、ヒトラーの進軍による最悪の事態は克服できるものであり、やがてよりよい時代を迎えられるという希望を1937年にはまだ表明していたのである。ビューラーはその後、「ヒトラーの実力行使から四年経っても、ヒトラーの本当の姿は、チャーチルのような大物政治家にさえまだ明らかになっていなかった。われわれドイツ国内のひそかな反ヒトラーの勢力とまったく同様に、チャーチルも、恐怖と希望との間でいつも右往左往していた」[47]と付記している。ビューラーは自分を「ひそかな反対勢力」とみていた。

　ティプケの判断はこうである。「われわれは、ビューラーがレジスタンスの闘士であったといった話はまったく知らない。ビューラーはレジスタンスにまったく関わっていなかったし、そうすることでうまく切り抜けていたのである」[48]。この説明こそがビューラーの態度を正しく伝えている。このことは、1942年1月25日付ケルン大学法学部長宛書簡の中の次の一節によっても証明されている。「まずわたくしの『政治的過去』がどのようなものであったかという点については、貴職が御存じの通り、『あなたは政治的に問題のある人物ではなかった』と簡潔に、明言されている。わたくしは、ワイマール時代、国法学の担当教員がどこかの政党と関係を持つことは望ましくないという態度を採っており、政党政治には一切関わっていなかった……。わたくしは、1932年夏学期に、国家社会主義とファシズムに関する講義を行ったが、それは学問

---

46) *Bühler*, Neutralität, Blockade und U-Boot-Krieg in der Entwicklung des modernen Völkerrechts, 1940, S. 47ff, 63ff.
47) *Ottmar Bühler*, Roter und Brauer Terror in Zahlen. Von der Überlegenheit der kommunistischen Propaganda und der Lage auf Grund des Eichmann-Prozesses, 1961, S. 18. 強調されているのは、ここだけである。
48) *Tipke*, StuW 1984, S. 372.

の客観性という観点から行われた。わたくしは、その際、第一次世界大戦後にオーストリアからイタリアに割譲された地域の自治権を巡るいわゆる南チロル問題を取り上げたことで——まさしくこの問題に触れただけで——国家社会主義思想に共鳴する聴講者たちから吊し上げられた。この騒ぎは聴講者たちとの話合いで表面的に解決されたが、それでも、この騒ぎが起きたせいで、わたくしは、急激な体制変換に伴って新体制が攻撃すべき相手として想定されることとなった。この点は、誰かと誰かが争っているという話を作り出すことで——学説の争い等、このような対立関係を作り出すことは、学界では決して稀ではない——、幾分か強調され過ぎたきらいがある」。ビューラーは、あるときはぶつかり、またあるときは妥協することにより、この時代を巧みに切り抜けてきた[49]。

V. 租税法学の発展にとってのビューラーの意味

　ビューラーは国法・行政法の分野でもっぱら活動し、特に公法的観点から租税法と取り組んできた。しかし、フルーメ（Flume）のような優れた民事法学者でさえも、ビューラーは民事法、特に商法・団体法（Handels- und Gesellschaftsrecht）分野に関して特別の才能があり、その才能が高度に熟達していることを認めていた[50]。ビューラーは、大学教授資格取得論文で、ドイツ行政法判例における公法上の主観的権利の保護を論じていた[51]。彼はこのテーマをその後も再三にわたって取り上げ[52]、1955 年には、基本法に定められた裁判を受ける権利の保障という観点（基本法第 19 条第 4 項）からこのテーマを改めて取

---

49) この点について分かり易く、しかも多くの証拠を示しているものとして、*Felz*, Recht zwischen Wissenschaft und Politik. Die Rechts- und Staatswissenschaftliche Fakultät Münster 1902 – 1952, 2014, S. 90ff.（未公刊の博士学位取得論文草稿）。
50) *Flume*, in : *Rädler/Raupach*, Ottmar Bühler zum 100. Geburtstag, 1984, S. 16.
51) Stuttgart 1914.
52) たとえば、*Bühler*, Zur Theorie des subjektiven öffentlichen Rechts, in : Festgabe für Fritz Fleiner zum 60. Geburtstag, 1927, S. 26 をみよ。

り上げていた。しかし、大学における経歴からみて、彼の学問研究活動の中心にあったのは、最初から租税法であった。ビューラーは、ミュンスター大学に籍を置いた最初の数年ですでに、租税法の学問的研究を究める必要性があることを確信していた。その後の活動が示すように、租税法研究が彼のライフワークとなったのは、このような事情による[53]。

　彼は、――租税法の周辺領域に関する著作もあるが――租税法の中心に位置する諸問題、たとえば、所得税法、企業会計、家族課税、生存を最小限担保する租税制度等の項目を取り上げていた。彼が「国際的観点を意識し」始めたのは、1920年代半ばのことであった。ビューラーはこの点にますます魅了された。彼はイギリスの所得税を研究し、約十年後には、フランスおよびイタリアの租税法を研究し、その後ふたたび、租税負担の国際比較に回帰した。ビューラーは外国の大学や研究者との間で多くの人脈を形成しており、1950年にはアメリカ合衆国とカナダに長期旅行を行っていた[54]。この他、外国の学会出席や専門分野の研究施設訪問を目的とした多数の旅行も行われた。こうしたことは、こんにちの目からみると、われわれにとってなんら異例なことではないが、当時はまったくの例外であり、その実現には多くの難題が横たわっていた。

　ケルン大学に転出する前にビューラーが経験したミュンスター大学法学部との軋轢は、確かに、前世紀の30年代および40年代に、法律学の教育・研究を巡る状況下で租税法分野の独立性を推進し、その重要性を訴えるうえで必要な転機となった。当時、ビューラーに、この点に関する迷いはまったくなかった。ビューラーは、こんにちなお多くの法学部で行われているようであるが、租税法を「付随的領域」として扱うことをまったく考えていなかった。逆に、彼は、すでに90年前の時点で、この法領域が途方もなく大きな発展可能性を

---

53) *Peters*, Rede anläßlich der Gedenkfeier für Prof. Dr. Dr.h.c. Ottmar Bühler am 23. November 1965, 1966, S. 9.

54) *Rädler*, Ottmar Bühler, in : Juristen im Portrait. FS zum 225jährigen Jubiläums des Verlags C.H.Beck, 1988, S. 197.

秘めており、国際化がますます進展し、必要とされる解釈学が相当程度不足しており、そして抜きんでた国民経済学や企業経営学からみて租税の重要性が一段と高まっているといった点を認識していた。このため、彼は、租税法、特に実務上重要な租税法各論[55]を学問的に前進させることにすべての力を注いだ。彼の多くの著作はこんにちなお重要性を有するが、ここでは、今なお彼の第二の功績——ビューラー自身はこの論文で達成した進捗部分にはまだ内容が伴っていないという辛口の評価を行っていた——として挙げられる論文を取り上げよう。ケルン大学法学部は 1960 年 1 月に国際租税法に関する講演を彼に依頼していた。ビューラーはケルン大学法学部長宛の書簡で、「今や租税法に起因する嵐 (horror juris fiscalis) が吹き荒れています。この嵐は民事法でも広範囲に亘って大きな影響を及ぼしています。わたくしは講義でこの点について学問的観点から多少とも意見を述べることができます。というのは、租税法全体がまさしく車の第五の車輪を意味しているからです。国際租税法の重要性はこのことからも明らかです」[56]と書き記していた。しかし、彼の活動は国際租税法研究に尽きるものではない。租税法だけを集中的に研究することにより、そしてまた、国際的な人脈網を早くから構築し、学問的な議論や租税政策論議で自己の立ち位置を明確に提示したことにより、彼は歴史の浅い租税法学が学問全体の中できちんと位置付けられるように気を配っていた。この点でも、彼を租税法学の開拓者 (Vorkämpfer) とみることができよう[57]。

ティプケは、正当にも、「学派は、構成員の間に共通の確信があってこそ、生き続けることができる。そこでは、精神的な支えとなる先達や厳格な教師はまったく必要とされていない」[58]と述べていた。確かに、ビューラーの狙いは「思索面でのケルン学派 (Kölner Denkschule)」を創設したり、ケルン学派の先

---

55) *Tipke*, Die Steuerrechtsordnung, Band 3, 2. Auflage, 2012, S. 1289.
56) ビューラーの 1960 年 1 月 14 日付法学部長、法学博士エルマン教授宛書簡。
57) これに似た見解を採るものとして、*Nipperdey*, in : FS für Ottmar Bühler zum 70. Geburtstag, 1954, S. 5 ; *Tipke*, StuW 1984, S. 373 :「租税法のパイオニア」。
58) *Tipke*, Die Steuerrechtsordnung, Band 3, 2. Auflage, 2012, S. 1305.

達や厳格な教師とみなされたりすることにはなかった。しかし、彼は、そのきっかけを作り、学問的観点から租税法に注力することを通じて、学派成立の条件を整えたのであった。一門に共通する理解であるが、この条件は、後に、租税法を正義の秩序として発展させるため、彼の弟子たち、特にティプケによって、利用された。その後、多くのことが行われた。こんにち重要性を有する租税法担当教授職や研究所がドイツの大学に設けられ、租税法学者の数は当初の何倍にも増えている[59]。しかし、実態をみると、ドイツ諸大学法学部における租税法の位置が根本的に変わったわけではない[60]。租税法のみに特化した教授職の数は相変わらず少ない。教育面をみても、租税法は必須科目として設置されておらず、重点領域（旧選択科目）の、それも脇の方に押しやられている。

1964年——ビューラーはとうの昔に名誉教授となっていた——に、彼の原論的著作『国際租税法原理』が出版された。この本は、こんにちでもまだ、国際租税法の標準的書籍の一冊に挙げられている。この本は、彼が数十年を掛けて行った取り組みの集大成であるとともに、国際租税協会——ビューラーは1938年に創立されたこの協会の発起人の一人であった——における実りある討議の成果でもあった。

ビューラーは——ティプケが1984年の書評で表現したところによれば——「租税法のパイオニアの一人であり、彼の著作は租税法学の発展史における里程標である」[61]。もちろん、彼の著作は、当時の学問水準に照らして評価されなければならない。ビューラーが捜し求めたのはスケールの大きな道筋であった。彼は租税法学の体系化に努めたのであって、細部の叙述や分析に努めたわけではない。彼は、当初から、経営における裁量の余地とその税務的結果——

---

59) これについては、特に、*Tipke*, Die Steuerrechtsordnung, Band 3, 2. Auflage, 2012, S. 1297ff.

60) 批判的なものとして、*Tipke*, Die Steuerrechtsordnung, Band 3, 2. Auflage, 2012, S. 1300もある。彼は、ビューラーを「実務にとって取るに足りない机上の空論を披露することを敢えてやってのける」ような数百人の国法学者と比較している。

61) *Tipke*, StuW 1984, S. 373；しかし、これよりも抑制した表現で書かれた最近のものとして、*ders.*, in：Die Steuerrechtsordnung, Band 3, 2. Auflage, 2012, S. 189.

これこそが日常の税務判断と関連法規の適用の決め手となっている——との間に密接な関係があることを見通していた。それゆえ、ビューラーは1934年に、ラインハルト事務次官が自分の名前で「ドイツ租税制度全般の根本的簡素化」計画[62]を公表したとき、「すぐに明らかになることであるが、この法律のように、簡単な、それも多分に法律効果を明確化している文言だけが立法化されるならば、経済社会の実情が多種多様であるため、裁判所は格別に大きな裁量の余地を手に入れることであろう。逆に、立法者が明確な結論を導き出せていない論点について最初からできるだけ明文規定を設けないようにしようとすれば、立法者が比較的詳しく知っている問題だけが規律されることとなる。この場合には、単純化の結果として、必要以上に裁量の余地が拡大するという事態がふたたび訪れる」[63]と述べて、この計画に懐疑的態度を示した。ビューラーは、税制の急激な簡素化を約束するような政策綱領に対して疑問を抱いていた。そして彼は、正当にも、そうした疑問を持ち続けていた。税制簡素化の実現に向けた約束はこれまでに何度も繰り返されてきたが、どの立法者も租税の簡素化を実現できていない。ここにビューラーの見識の正しさが反映されている。

---

62) Reichssteuerblatt 1933, S. 1030. 興味深いのは、時代が違っていても、課税の簡素化を目指した政治的発言がいかに類似しているかが明らかになっている点である。「課税の多さと租税法の複雑さを終わらせなければならない。社会的に公正な課税制度を作らなければならず、課税は経済的に堪えられるものでなければならない」。

63) *Bühler*, Steuervereinfachung, 1934, S. 47f.

ハインツ・ホルツハウアー

生活事実から法へ
—— ヴァルター・エルマン（1904 年～ 1982 年）

- Ⅰ．経　　　歴
- Ⅱ．系　　　譜
- Ⅲ．国家社会主義
- Ⅳ．職 業 活 動

I. 経　　歴

　ヴァルター・エルマン（Walter Erman）[1]は1904年9月19日にミュンスターに生まれた。同地のシラー・ギムナジウムに通い、1922年に高校卒業資格試験に合格した後、彼はミュンスター大学で法律学を学び始めた。ミュンヒェン大学およびベルリン大学で学修を続けた後、彼は、ふたたびミュンスター大学に戻り、ハム上級地方裁判所司法試験局の第一次司法国家試験に合格した。彼は1929年に同様にハムで、第二次司法国家試験に合格した。ヴァルター・エルマンは名誉教授、博士ハラーマン（Hallermann）のもとで「学問的視点からみた所有権（Wissenschaftliches Eigentum）」に関する研究[2]で法学博士の学位を取得した。ヴァルター・エルマンはその後すぐに裁判実務に就き、1930年にミュンスター地方裁判所で判事補となった。彼は1945年までこの職にとどまった。上級地方裁判所裁判官への最初の採用は1932年／1933年に行われたが、就任から三年目に、ヴァルター・エルマンが軍人として東部戦線に派遣されたことで、この職務は中断した。その後、エルマンには、再度、上級地方裁判所裁判官として採用される可能性が訪れた。しかし、複数の裁判所長が異例ともいえるほど肯定的評価を下していたにも拘らず、ドイツ人に必要な血の純血性が欠けているという理由で、彼は、任官を拒否された。

　これと同じ理由で、彼は、学者として経歴を積むうえでも、恵まれた状況にはなかった。この点は、学者の家系に育ち、天賦の才に恵まれたこの若者——彼の父と曾祖父、そして伯父は有名な大学教授であったし、ヴァルター・エル

---

1) 本章は、当初、Festschrift für Volker Beuthien zum 75. Geburtstag に掲載された。本書への再録を許された C.H. Beck 社に感謝したい。当初の原稿の導入部は、フォルカー・ボイティエン（Volker *Beuthien*）の人柄に言及したものであり、本書では割愛されている。
2) これは、エルンスト・ハイマン（Ernst Heymann）により編集された叢書「Abhandlungen zum Handels-, Gesellschafts- und Landwirtschaftsrecht」の第52巻として1929年に刊行された。

マンは二度の司法国家試験に優秀な成績で合格し、さらに博士学位試験でも最優秀の成績を得ていた——に与えられた試練の前触れであった。ヴァルター・エルマンは、彼が博士学位取得論文を執筆していた1926年夏学期および1926年／1927年冬学期に、ミュンスター大学法学部に出願し、同学部の正規の助手に採用された。彼は1930年／1931年冬学期から私法分野の補習授業の有給非常勤講師を務めた。彼は1933年夏学期からは商法の補習授業を、また1940年夏学期からは民事訴訟法の補習授業をもそれぞれ担当した。1935年、ヴァルター・エルマンは、空席となっていた半日業務の助手ポストに応募した。彼は報酬を当てにしていたが、この非常勤職の報酬は、この間に、廃止されていた。学部長は彼の報酬支払申請を認める旨を付して転送したが、ベルリンの「全ドイツ講師職団体（Die Deutsche Dozentenschaft）」はこの申請それ自体が「非アーリア的である」との理由で、これを拒否した。彼の申請を拒否したこの同僚に対し、学部長はその後、エルマンが彼に「今後なんらかの進展があっても彼がエルマンの要望を妨害しないよう」[3]に求めている旨を伝えた。

　このような要望が伝えられたことには、理由があった。それは、以前にも、ヴァルター・エルマンの大学教授資格取得論文審査申請が認められていなかったからである。ヒトラーが政権を掌握した直後、大学の基本規程では認められていなかったのに、「ミュンスター大学政治統制・人事統制委員会」[4]が組織された。この委員会はナチ党の大管区長官[5]により創設されたが、その精神的支柱（spiritus rector）は「同大学配属政治将校」として振舞っていた哲学博士・名誉神学博士のカール・アントン・ヨーゼフ・マリア・ドメニクス・バウムシュタルク（Karl Anton Joseph Maria Domenicus Baumstark）教授であった。1934年

---

3) Universitätsarchiv Münster Bestand 30, Nr. 49.
4) *Steveling*, Juristen in Münster. Ein Beitrag zur Geschichte der Rechts- und Staatswissenschaftlichen Fakultät der Westfälischen Wilhelms-Universität Münster/Westf., 1999, S. 375.
5) 同委員会決定を含む1933年7月18日付書簡（Bundesarchiv Berlin, Berlin Document Center (BDC), Baumstark Anton, Nr. 2711）の導入部参照。

の国家社会主義ドイツ労働者党の準軍事組織・突撃隊の幹部エルンスト・レーム（Ernst Röhm）らが粛清されたレーム事件（Röhm-Affäre）が大学に及ぼした余波で、彼は射殺されなかったものの、強制的に名誉教授職に退かされた[6]。同委員会は、1933 年 4 月 7 日の「官吏制度再建法（略称：公務員法）（Gesetz zur Wiederherstellung des Berufsbeamtentums（kurz：Berufsbeamtengesetz））」が定める二重の観点——血統上アーリア人であるか否か、政治的に信用できるか否か——に従って、全教員をふるいにかけた。最終報告書に記載された通り、何人かの教授が上記のいずれかの観点のもとで排除された。その後、同委員会は、特にヴァルター・エルマンについて、他の六人と同様、「血統上アーリア人でないことを理由とするこの法律の排除規定があてはまる」か否かを確認するため、この点の審査が行われていなかったときは、「法律が求める範囲内で血統上の純粋アーリア人であることを証する文書」の提出を求める旨の勧告を行った[7]。この追加リストは同委員会から当該措置の実施権限を有する学長宛に転送された。当時の学長は、1933 年夏学期の初めに選任された国家社会主義者、博士フーベルト・ナーエントループ（Hubert Naendrup）教授——法律家で法・国家学部のメンバー——であった。特にヴァルター・エルマンに関するこの委員会提案に対し、彼は、「血統上の純粋アーリア人であることを証する文書の提出を求められるバウムシュタルク氏の要請に異論はない」[8]とのみ述べ、慎重に振舞った。

　ヴァルター・エルマンの大学教授資格取得論文申請手続が進まなかった事情を示す文書はない。エルマンが 1954 年 10 月 27 日にミュンスター大学の学部長宛に出した書簡[9]によれば、法学部は 1932 年末にすでに彼の大学教授資格取得論文を受理しており、1932 年／1933 年冬学期末に就任講義が行われるは

---

6) 彼については、*Heiber*, Universität unterm Hakenkreuz Teil 1, 1991, S. 466ff.；*Steveling*（前注 4））
7) 前注 5），Nr. 2714.
8) 前注 5），Nr. 2717.
9) Universitätsarchiv Münster, Bestand 30, Pers.-Akte Walter Erman Nr. 161.

ずであったが、この講義は行われなかった。ヴァルター・エルマンが同じくミュンスター大学の学部長に宛てた1945年9月10日付書簡では、詳細な年月日は記載されていないが、「わたくしの場合、曾祖母がユダヤ人であるという理由では、私講師の職にとどまることに問題はないという点が明らかにされた後に」[10]、エルマンが当時、大学教授資格取得論文提出申請諸原本を取り下げていたことが述べられている。「契約交渉の際の行為態様に関する責任について(Zur Haftung für das Verhalten bei Vertragsverhandlungen)」と題した大学教授資格取得論文[11]について当該資格取得の許可を求める1933年7月8日付け申請書はこの文書に含まれていない。これには別の文書が添付されている。この添付文書は、ルードルフ・ヒス (Rudolf His) 学部長がこの大学教授資格取得論文をヴァルター・エルマンに送り返したときに添えられた文書で、そこには、「大学教授資格取得手続を正式に開始するため、すぐに障害を取り除く」[12]よう、学部長自身も望んでいる旨、付記されていた。

　このことが示すように、ヴァルター・エルマンの博士学位取得問題に関する同学部の取り組みはエルマンが申請書を提出してすぐに始まったわけではない。実際、エルンスト・ヤコビ (Ernst Jacobi) の大学教授資格取得論文に関する投票手続はすでに1933年5月17日に、ルードルフ・ヒスのそれは1933年5月14日に、またパウル・クリュックマン (Paul Krückmann) のそれは1933年6月15日にそれぞれ始まっていた。しかし、学部長のメモによると、同じ法学部の一員である民事法学者、フーベルト・ナーエントループ学長はヴァルター・エルマンの論文を読まずに数週間机上に置いていただけでなく、彼の大学教授資格取得を妨げていた。ヴァルター・エルマンは、──決して彼が独断で取得手続を始めたのではなく、専門を同じくする学長の了解を得て、また、1925年以降再度ロザンヌで生活していたが1933年以降ミュンスターに戻った

---

10) 前注9)。
11) 前注9)。
12) 前注9)。この書簡に日付は付されていないが、別人の鉛筆書きで「7月」と追記されている。

父を介して個人的に親しい同学部の同僚の了解のもとに——すでに 1932 年末に大学教授資格取得手続を始めていたのであって、彼は、そのことを通じて、1933 年 1 月 30 日以降に生じたような障害が未然に防止されるという希望をもっていたと考えられる。1932 年にまだ適用されていたプロイセン大学法によれば、大学教授資格取得——講義資格付与を含む——の可否に関する判断は大学の、しかも学部の専権事項であり、学部には、大学教授資格取得の可否に関する判断結果を所管官庁に届け出る義務があるにすぎない。プロイセンでは、ヒトラーの政権掌握の初期にあたる 1932 年 7 月に、当時のライヒ首相フォン・パーペン（von Papen）によるプロイセン暴動が起きていた。その結果、プロイセンの大統領職とすべての官庁の責任者は次世代の担当者に交替した。ヒトラーの配下にとってすることが何もないという危惧をゲッベルス（Goebbels）が抱く[13]ほど、内務省と同省下部の警察機構が決定的に組織変更された当時も、学術・文化・民族教育省ではこのような粛清と無縁であった[14]。ヒトラーの政権掌握後、プロイセンの内閣官房は、短期間であるが、従前の左派共和制の考え方が優先する場となっていた。当時、プロイセンの諸大学ではまだ、法治国家のもとで日常業務が行われるとの望みを持つことができた。

　しかし、ヒス学部長は、彼自身がヴァルター・エルマンに宛てた書簡に記した「大学教授資格取得手続の封鎖」という言葉で、何を考えていたのだろうか。当時、大学教授資格取得申請は一般に禁止されていなかったし、実際、春にもう一つ別の大学教授資格取得手続が進行していた[15]。いわゆる大学教授資格取得手続の封鎖は、ヴァルター・エルマン個人に対して向けられていたに違いない。この「封鎖」という言葉は、バウムシュタルク委員会が作成したリス

---

13) *Joseph Goebbels*, Tagebücher, 1924-1945（ラルフ・ゲオルク・ロイト（Ralf Georg Reuth）編による補訂版（1999 年）の 1932 年 7 月 22 日の項）.
14) *Huber*, Deutsche Verfassungsgeschichte, Bd. 7, 1. Aufl. S. 1032.
15) 1933 年 2 月 11 日にエドゥアルト・ヴィレケ（Eduard Willeke）は国家学の教授資格を取得していた（Chronik der WWU für die Zeit vom 15.10.1932 bis 15.10.1933, S. 26）。

トにエルマンの名が挙げられていた点と関係があるのかもしれない。ヒス学部長が「封鎖」の廃止を希望したということは、1933年4月7日の法律によりエルマンに対して、消極的にはともかく、積極的になんらかの加害行為を行わないという判断を学長が下すことを意味するようにみえる。しかし、この希望は、結局、欺かれてしまった。学長はエルマンに対して確かに何の措置も執らなかった。しかし、公文書類中に見出されるが、ヴァルター・エルマンの大学教授資格取得申請日の前日にあたる1933年7月7日に、所管大臣の命令が下された。この命令によって、進行中の大学教授資格取得手続はすべて、理由のある例外事例を除き、当分の間、停止された[16]。ヴァルター・エルマンは、上述の書簡が作成された時点で、大臣の命令が下された事実をまったく知らなかったし、ヒス学部長も明らかにこの命令の存在を知らされていなかった。大臣がこの命令を下した理由は、官吏法（Berufsbeamtengesetz）——その第3条が悪名高いアーリア人条項である——が過去に複数の学部で十分に考慮されず、その結果、大学教授資格取得と連動した講義担当資格が一部で事後に剥奪されなければならなかったという点にあった。どの学部も、大学教授資格取得に関する学部内基準を事態の変化に合わせる必要性に迫られた。その後1933年9月21日に下されたもう一つの命令では、学部による許可に加え、講義担当資格の付与に大臣の承諾も必要と改められていた[17]。

1933年11月、大学教授資格取得手続の封鎖という制度は廃止された[18]。この廃止命令では、二つの新しい要件が追加されていた。その一つは、アーリア人血統に属する旨の宣言であり、他のそれは、よく知られた要件であるが、講師職に就いている者の間で存在感を有することを証する資料の提出である[19]。ヴァルター・エルマンの大学教授資格取得論文に関する決定書には、上述のどの文書も含まれていない。ヴァルター・エルマンの大学教授資格取得手続に専

---

16) Aktz. U 1 Nr. 1564, UA MS 30/49.
17) Aktz. U 1 Nr. 2106, UA MS 30/49.
18) Aktz. U 1 Nr. 2508, UA MS 30/49.
19) Aktz. U 1 Nr. 2532, UA MS 30/49.

門家の立場で関わったヤコビ、クリュックマンおよびナーエントループの各賛成意見は当該文書に含まれているが、彼ら三人とヒス学部長が一緒になっても、学部の過半数を占めることはできなかった。同学部が 1933 年 7 月 8 日よりも前にすでにエルマンの大学教授資格取得案件を取り上げていた可能性をこの文書は排除していない。というのは、当時、学部教授会の議事日程と議事録を文書化することはまだ慣例となっていなかったからである。1933 年 7 月 7 日の封鎖命令による手続停止が実行されなかったのは、その結果である。1933 年 11 月の封鎖制度廃止以後も、大学教授資格取得手続に関わるこれらの文書には、1934 年 3 月 28 日付メモのかたちで記された、ナーエントループ学長自身が構想した、大学教授資格取得との関連でヴァルター・エルマンの非常勤職務範囲を拡大する旨の学長コメントを除き、何も含まれていない。当時、ヴァルター・エルマンの教授資格取得手続は正式には終了しておらず、一時的に停止していただけのようにみえる。当時通用していた国家社会主義の諸規定によれば、ヴァルター・エルマンは「人種上の理由」では不利益を被っていなかったようである。というのは、彼の場合、先祖に占めるユダヤ系の比率は、最初に設けられた限度内にとどまっていたからである。18 世紀まで遡って調べることができるが、ある百科事典[20]によれば、先祖のエルマン家はベルリンの立派なユグノー派の一家であった。

II. 系　　譜

　15 世紀半ば以降こんにちまで、スイス中南部シャフハウゼンにエルマティンガー（Ermatinger）[21]という姓を名乗る家族が多数住んでいた。この名前の由

---

20) Meyers Lexikon, 7. Aufl. 4. Bd., 1926 その編集作業を主導したのは、ジャン・ピエール・エルマン（Jean Pierre Erman）、パウル・エルマン（Paul Erman）およびゲオルク・アードルフ・エルマン（Georg Adolf Erman）の三人であったが、伯父のゲオルク・アードルフ・エルマンを除く全員がヴァルター・エルマンの直系の先祖であった。

来は、コンスタンツの西方約 1 時間の距離の、ウンターゼー湖南岸に位置するエルマツィンゲン村にある。ヴァルター・エルマンの最も古い先祖はアンドレアス・エルマティンガー（Andreas Ermatinger）である。彼は 1533 年にコンスタンツ出身のマルガレーテ・ブッテラー（Margarete Butterer）と結婚し、当時シャフハウゼンで同地の代表的産業であったガラス彩色画業を営んでいた。息子のヤーコプ（Jacob）は同じ手仕事の缶細工業に転職した。彼は 1588 年にアルザスのミュールハウゼン（フランス名、ミュルーズ）に移り住み、同地でロジーナ・ハウザー（Rosina Hauser）と結婚した。その後、二人は「エルメンディンガー（Ermendinger）」と称するようになった。彼らの子孫は今でもこう称している。ヤーコプとロジーナの一家の子どもたちはミュールハウゼンで多数の同業者の子どもたちと、また富裕な都市貴族と結婚した。ハンス・ヤーコプ・エルメンディンガー（Hans Jacob Ermendinger）の五男は缶細工業を継がず、先祖と同様、毛皮加工職人となり、1695 年にジュネーヴに移住した。この一家のヨハネス・エルメンディンガー（Johannes Ermendinger）は 1707 年に 46 歳で、10 歳年下のクレール・ベロー（Claire Beraud）と結婚した。彼女は、フランス中部ロアンヌの北、ロワール川に近いヴィヴァン（Vivans, Vivanais）地域のアノネー（Annonay）出身の外科医——彼は、ナント勅令の廃止後、信仰を理由に亡命し、ジュネーヴで生活した——の娘であった。この夫婦の子供たちは、最終的に、フランス語を話す都市で育ち、フランス語を母語とした。この家族はその後フランスに同化して名前をフランス語綴り風のエルマン（Ermend）と、最後には発音に近いエルマン（Erman）と綴るようになった。1721 年、ヨハネス・エルマンは、マルセイユで猛威を振るった流行病ペストのため、事業で大きな損失を被った。その一年前、フリードリヒ一世は、ポツダム勅令を新たに出した。ブランデンブルク選帝侯はこの勅令に基づいて 1685 年にユグノー派を招き入れ、定住者を優遇した。当時のユグノー派が最初の移住例となっ

---

21) この家族の歴史に関する以下の記述は後注 30）に掲げたヴィルヘルム・エルマン（Wilhelm Erman）の著作から借用した。閲覧を許された博士ユルゲン・エルマン（Jürgen Erman）氏に感謝する。

たという事実が契機となって移住が続いた。その後、同化政策という名で行われた統合推進の抑圧から逃れるため、彼らはさらにプロイセンへ移住した。フリードリヒ一世はポツダム勅令を廃止し、当初の優遇措置すべてを改めるとともに、適用範囲を新たな移住者にも拡げ、特にフランスからスイスに移住したユグノー派にもこれを適用した。ヨハネス・エルマンはジュネーヴではドイツ改革派教会に所属していたが、彼は、プロイセン国王の招聘に応じ、妻と五人中三人の子を連れてベルリンに移住し、フランス人社会に溶け込んだ。彼は靴下製造工としてすぐにささやかな幸せを手に入れた。息子ヨハネス・ジョルジュ（Johannes Georges）は手袋製造工となった。この息子は1734年に、同じ羊毛製造業者団体に所属し、しかも隣に住んでいた商人の娘スザンヌ・メルシエ（Susanne Mercier）と結婚した。二人は息子をジャン・ピエール（Jean Pierre）と名付けた。ジャン・ピエールは職人兼商人という父の職業を継がなかった。良妻賢母の母の影響を受けて、彼は、6歳でロワイヤル・フランセ中学校（Collège Royal Français）に入学した。

フランスの中等教育機関はジャン・ピエールに基本的に適したものであった。複数の試験に合格し、宿題でも、必修科目の範囲を超えて、熱心に勉強を続けた結果、彼は17歳で教師に任命された。1766年、彼は、31歳で校長となり、高名な教育機関のトップに就いた。子供の頃から、彼は聖職者になろうと考えていた。しかし、フランス人社会には大学も神学校もなかった。彼はフランス人社会の中で暮らす聖職者に教えを請い、聖職者になるための準備を一人で進め、1974年に神学の試験に合格した。同じ年に彼は、必要とされた国王の認可を得て聖職者に叙階された。彼の叙階は、当時一流の、ドイツ人、特に廷臣が訪れるフランス人社会の教会、すなわち、ベルリンのネオゴチック様式の建物を有するヴェルダー教会で行われた。教育者と聖職者という公職の兼任は当時のフランス人社会では異例なことではなかった。しかし、称賛に値したのは、ジャン・ピエール・エルマンが、主要な公職およびしばしばこれと結び付いたたくさんの管理業務ならびに名誉職の他、学問にも取り組み、成果を公表していた点である。1772年に、ベルリンのフランス人社会は100周年を祝

った。教会役員会の委任を受けて、ジャン・ピエール・エルマンは、教え子のフレデリック・レクラム（Frederic Reclam）と一緒に、祝賀記念の文書を起草した。その準備にあたり、全プロイセンにおける亡命者の歴史に関する資料が集められた。フランス人学者たちがこの仕事に向けて関連資料を手に入れようとしていたとき、エルマンは自分でまとめるために必要な資料をすでに自力で集めていた。これらの資料に基づいて、1782年から1799年にかけて、書籍九巻が出版された[22]。この仕事に際して、エルマンは、何度も短期間の協力者を得ていたが、うち二巻については、彼の貢献が特に大きかった。すなわち、最初の六巻の中心となったのは早世した弟子で共著者のレクラムであったが、それに続く二巻については彼の長男パウル・ジョルジュがその役を果たした。

　この著作が宮廷内で高い評価を得たところから、著者エルマンは、ベルリン科学アカデミー（Berliner Akademie der Wissenschaften）に歴史家として受け入れられ、ブランデンブルク選帝侯が設けた特別のポスト、「ブランデンブルク史料編纂者（Historiographe de Brandenburg）」に任命された。彼の後にこの職に就いた者は皆無である[23]。エルマンがアカデミーで行った複数の講演は後に二つの著作にまとめられている。その一つは、国王フリートリッヒ一世の王妃である女王ルイーゼ（Luise）に捧げられた「ソフィー・シャルロットの伝記に用いるための報告書（Memories pour servir a l'histoire de Sophie Charlotte）」（1808年）である。他の一つは「科学文学アカデミー報告書（Memoires de l'Academie des sciences et belles-lettres）」中に1786年から1803年にかけて刊行された、神話学、歴史学、地理学および自然科学の領域を素材とする文学における間違いと誤解に関する「文学上の誤り」である。ジャン・ピエール・エルマンの著作目録には84点が挙げられている。その中には、特別の機会に行われた説法や彼がそ

---

22) *J.P. Erman/P.C.F. Reclam*, Memories pour servir a l'histoire des refugies françois dans l'Etat du Roi, Paris : Champion 1782-1799.

23) 彼の前任者は、到底、小者とは言い得ないサミュエル・プーフェンドルフ（Samuel *Pufendorf*）であった。彼はこの地位をブランデンブルク選帝侯の死の直前にあたる1688年に引き受け、1694年に亡くなるまでその地位にあった。

の史料編纂職にあった時期に行った研究が多数含まれている。

　フランス人社会を代表する人々の間で、ジャン・ピエール・エルマンは高い地位を占めていた。決定的なものではないが、ルイーズ・ルコック（Luise Lecoq）との結婚も役立っていたはずである。ジャン・ピエール・エルマンの義父は商人で、国営たばこ工場の工場長の職にあった。ル・ルコックの系譜は、中世盛期（ヨーロッパ史において 11, 12, 13 世紀を中心とする時代）にまで遡るものであり、この系譜に属する者には議員、高い身分の宮廷官吏、それに司教もいたし、最後ではないがエティエンヌ・マルセル（Etienne Marcel）もいた。マルセルは、14 世紀に商人から選ばれたパリの代表者（Prevot des marchands de Paris）——こんにちの概念でいえば、首都の市長——として、三部会（貴族・聖職者・第三身分の三階級から成る身分制議会）において第三身分の利益を代表した人物である。彼は、その後、いわゆるジャクリーの乱（1358 年北部フランスにおける農民の大反乱）の農民たちと一緒になって、王権と貴族階級に対して蜂起し、命を失った。彼の名は、パリの 1 区と 2 区にまたがる大通り（rue Étienne-Marcel）とメトロ 4 号線の駅名（Étienne Marcel）に残されている。

　ジャン・ピエール・エルマンの伝記に示されたハイライトは、1806 年 10 月 28 日に行われたナポレオンとの会談であった。ナポレオン一世率いるフランス帝国軍とフリートリヒ・ヴィルヘルム三世率いるプロイセン王国軍が同年 10 月 14 日に交戦したイエナ・アウエルシュタットの戦いの後、勝者のフランス軍はベルリンに入城し、翌日の午前中、ベルリンの王宮で支配権を象徴する宝物を受け取った。エルマンは、フランス聖職者の長老、同時に全ベルリンの聖職者の長老として、皇帝ナポレオンに拝謁した。半時ほどの会談で、エルマンはプロイセン王宮への愛着心を吐露し、最後に、皇帝の人間性に訴え掛けた。彼はナポレオンから敬意を払われ、プロイセンにとっては辛いフランス人占領時代に繁栄した後期愛国文学史に名を遺すことができた。

　ジャン・ピエールとルイーゼは、早世した娘の他に二人の息子をもうけた。長男の（ジャン・）ジョルジュ（Jean George）は父の後を継いでフランスの中等学校で教師を務め、ヴェルダー教会で聖職者の職にも就いた。ところが、彼

は 1815 年に悲惨で謎めいた死を遂げる。彼は熱病の発作でエルベ川支流のハーフェル川に転落し、救助された。皇帝の怒りのせいで、彼はその後キャリアを積む機会を絶たれた。彼はこうした状況のまま亡くなった。彼にはこうした結果が予想できなかったのである。

　1764 年に生まれた次男のポール (Paul) は、知的な性質を受け継いだが、方向性は異なっていた。彼もフランスの中等学校に通った。この中等学校は、彼自身がそうであるように、才能あふれる卒業生を教職に就かせたり、――彼が二度目の説教代行の前に断念しなかったにせよ――、父と同様に彼をも説教壇に送り込んだりした。あらかじめテクストとして彼に与えられたのは、いわゆるピラト問題、すなわち、新約聖書ヨハネによる福音書でイエスの言葉に対してピラト（ポンティウス・ピーラートゥス）が返した言葉「真理とは何か (Was ist Wahrheit?)」という問題を扱った作品であった。彼と同世代の者が経験したように、この問いは、いわゆる「カント危機」――ドイツの劇作家ハインリッヒ・フォン・クライストがカントの『判断力批判』を読んで「人生は難しいゲームだ」と悩んだこと――と呼ばれた問題である。彼はこのテクストを前にしてひるんだ。ポール・エルマンは学生時代からずっと、自然科学に関心を抱いていた。この関心事が、宗教や哲学のあらゆる教義から彼を遠ざけることとなった。彼が知識を得たのは個人授業を通してであった。当時のベルリンではまだ著名な学者らによる大学設立が行われておらず、大学の学修で得られる水準の個人授業が普通に行われていた時代であった。おそらくは 1784 年に経験したことであろうが、聖職者としてのキャリアが中断したことをポール・エルマンが、なんら敗北と考えていなかったのは、このためである。ポール・エルマンが、まったく望まなかったのにその意志に反して、国王の甥の息子である、当時 13 歳で後の国王フリートリッヒ・ヴィルヘルム三世に対して弁証法を講じる教師として国王に推薦されたとき、彼はまだ弱冠 20 歳であった。この「謁見」――言い伝えでは、この言葉が使われている――において、おそらくはこの若者の態度に苛立ち、国王は、みずからの問いに対するポール・エルマンの解答に怒りを示した。国王が示した態度は啓蒙主義時代のものというよ

り、絶対主義時代のそれであった。

　1792 年、ポール・エルマンは、「貴族アカデミー（Academie des nobles）」という名の貴族のために設けられた軍事教練校の教授となり、物理学を教えた。1806 年、彼は、アレクサンダー・フォン・フンボルト（Alexander von Humboldt）の推薦を受けて科学アカデミー（Akademie der Wissenschaften）の会員となった。翌年、彼の名は、新設されるベルリン大学教授職候補者名簿に登載された。それに続いて、物理学教授職への招聘が行われ、最初のゼメスターにあたる 1810 年／1811 年冬学期に彼は二つの教育機関で講義を行った。学問の歴史をみると、彼が電気と地磁気の講義を行っていたことが分かる。履修者の中にはアルトゥール・ショーペンハウアー（Arthur Schopenhauer）がいた。ショーペンハウアーは、その「短い略歴」の中で、彼が教えを乞うた教授陣について記しているが、ポール・エルマンについて「最も熱意があった」[24]と付記していた。1802 年に行われたポール・エルマンとカロリーネ・イツィッヒ（Karoline Itzig）との婚姻には、ル・コック一家が深く関わっていた。彼女の祖父、ダニエル・イツィッヒ（Daniel Itzig）（1722 年～1799 年）は、プロイセンのユダヤ人社会の「最長老」であった。この家族が豊かな資産を持てるようになったのは、彼が企業家・銀行家として活動した結果であるが、フリートリッヒ二世の宮廷ユダヤ人（キリスト教徒の貴族を相手に資金運用や資金貸付を行ったユダヤ人銀行家、金融業者）という事実的地位も影響していた。ヴィリバルト・アレクシス（Willibald Alexis）は彼を「ユダヤ人侯爵」と呼んでいたほどである。1791 年、ユダヤ人の法的権利を保障したプロイセンのユダヤ人解放法（Emanzipationsgesetz）（1812 年）が定められる 20 年も前に、国王は、ダニエル・イツィッヒとその子孫のため、キリスト教を信仰する市民家族が有するすべての権利を彼に与えた。その後になされたキリスト教への改宗によって、ダニエル・イツィッヒの息子、（ダニエル・）エリアス・イツィッヒ（(Daniel) Elias Itzig）は、後にその多くの子どもたちがそうであった[25]ように、ヒツィッヒ（Hitzig）と

---

24)　*Shopenhauer*, Werke, hrsg., von Eduard *Griesebach*, Leipzig 1921-1924, Bd. 6, S. 257.
25)　長男のユリウス・エドゥアール（Julius Eduard）（1799 年に洗礼を受けるまでは

名前を改めた。彼の息子はミリアム・レフマン（Miriam Leffmann）と結婚した。彼女もある銀行家の娘であった。この婚姻から生まれたカロリーネがポール・エルマンの妻となった。

ポール・エルマンとカロリーネ・イツィッヒ／ヒツィッヒ（Karoline Itzig/Hitzig）には、娘七人の他、1806年生まれの一人息子（ジョルジュ・アドルフ）アードルフ（(George Adolphe) Adolf）がいた。彼も、祖父が1813年まで校長を務め、父が1817年まで教えていたフランスの中等学校に通った。アードルフは際立った数学の才能を示した。彼は、後に、著名なドイツの天文学者フリートリッヒ・ヴィルヘルム・ベッセル（Friedrich Wilhelm Bessel）の助手見習いを務め、地磁気を測定する研究旅行に参加し、1834年に、彼の師匠の娘、マリー・ベッセル（Marie Bessel）（1816年～1902年）と結婚した。同年、彼は、員外教授職に就いたが、フランスの中等学校での地位はなお保持されたままであ

イサク・エリアス（Isak Elias））は、創造力を発揮することもなく、法の分野においてと同様に、文芸（belle lettres, schöne Literatur）分野――そこにはこの時期、後期ロマン派を代表するドイツの作家、エルンスト・テオドール・アマデウス・ホフマン（Ernst Theodor Amadeus *Hoffmann*）も参加していた――にも手を染めた。この長男は、短期間、商人として働いた。後に、彼は、ハレ大学とエアランゲン大学で法律学を学び、その後、プロイセンの裁判官になった。彼はベルリンで詩人たちの社交的集まりの中心にいた。ホフマンは、イタリアのカプチン会托鉢修道士モンテネグロのセラフィン（Seraphin of Montegranaro；Serafino da Montegranaro）に因んで名付けられた、セラピオ兄弟団（Serapionsbrüder）という小説家の継続的集まりを概観する中でこの集まりのことを述べていた（ヒツィッヒはオットマールのことである）。1807年の惨劇（ポオレオン戦争）の後、ヒツィッヒは、国家に負担を掛けないようにするため、退官し、書籍出版業者となり、成功した。ホフマンと同様、同じ年、1814年に彼は裁判官に復帰し、ベルリン宮廷裁判所の刑事部および未成年者後見部門に配属された。彼は刑事法の分野で「プロイセン諸国刑事司法雑誌（Zeitschrift für die Kriminalrechtspflege in den preußischen Staaten）」および「ヒツィッヒ現代・外国刑事司法年報（*Hitzig's* Annalen der heutigen und ausländischen Strafrechtspflege）」を創刊した。彼は、最後に、ヴィルヘルム・ハリンク（Wilhem Haring）（ヴィリバルト・アレクシス（Wilibald *Alexis*）のこと）と一緒に、「新判例集」を編集した。この判例集は、ヴォレール（A. Vollert）により受け継がれ、1842年から1865年まで36巻が刊行された。

った[26]）。この夫婦には子供が十人いた。アードルフ（ジャン・ピエール・アドルフ）（Adolf（Jean Pierre Adolphe)、1854 年 ～ 1837 年）は、優れたエジプト学者[27]で、ベルリンのエジプト博物館館長、そしてベルリン大学教授であった。彼の弟ヴィルヘルム（Wilhelm）（1850 年 ～ 1932 年）は図書館司書となり、最後にはボン大学図書館館長となった。専門分野では、彼は図書館学者として知られている。ジャン・ピエールの伝記[28]とポール・エルマンの伝記（1922 年）[29]を通して、また彼の自叙伝[30]を通じて、ヴィルヘルムは一家の史料編纂者となった。一番下の弟ハインリッヒ（シャルル・アンリ（Charles Henry)、1857 年 ～ 1940 年）は、法律学を学び、ロザンヌ大学の正教授となり、1902 年に新たに設立されたミュンスター大学法・国家学部に招聘された。

III. 国家社会主義

上述の系譜が証明するように、ヴァルター・エルマンは父方から「八分の一ユダヤ人の血」を受け継いでいた[31]。1933 年に彼の大学教授資格取得を妨げた原因は、それゆえ、ユダヤ人血統にではなく、官吏法（Berufsbeamtengesetz）

---

26) アードルフ・エルマンの学問的重要性については、*Walter Kertz*, Biographisches Lexikon zur Geschichte der Geophysik, 2002, S. 88 および *derselbe*, in : Zur Geschichte der Wissenschaften, Bd. 3, *Walter Kertz*, Geschichte der Geophysik, S. 169, 186, 201f., 241（ポール・エルマンについても同様。この指摘につき、ミュンスター大学の同僚、博士ユルゲン・ウンティート（Jürgen *Untiedt*）教授に感謝する）.

27) 彼も備忘録として、„Mein Werden und mein Wirken", Leipzig 1929 を遺している。彼の生誕 150 周年を記念して、ブレーメン大学は 2004 年 9 月 17 日 ～ 19 日に「アードルフ・エルマンとドイツのエジプト学史」と題する国際シンポジウムを挙行した。

28) Jean Pierre Erman, Berlin, 1914.
29) Paul Erman, 1927.2532.1.
30) *Wilhelm Erman*, Erinnerungen. Bearbeitet und herausgegeben von Hartwig *Lohse*. Veröffentlichungen aus den Archiven Preußischer Kulturbesitz, Bd. 38, 1994.
31) 不正確なものであるが、*Horst Göppinger*, Juristen jüdischer Abstammung im „Dritten Reich", 2. Aufl. 1990, S. 334：「祖父母ともアーリア人ではなかった」。

の適用過程に求められなければならない。同法第 3 条は「官吏で、アーリア人の血統を持たない者」に関わる。「混血児」の問題は、すでに 1933 年 4 月 11 日の第一次施行規則第 2 号（Nr. 2 der 1. Durchführungsverordnung）に、しかも、その後の 1935 年のニュルンベルク法（Nürnberger Gesetze）、特に 1935 年 11 月 14 日のライヒ市民法（Reichsbürgergesetz）第一次施行規則においても厳密に規定されている。それによれば、「ユダヤ人混血児」とは、少なくとも祖父母の一方が該当する、「四分の一ユダヤ人の血」を有する者をいう。このことはヴァルター・エルマンにはあてはまらない。彼はこの制限を超えていなかった。知られているところから判断すると、八分の一ユダヤ人の血統はまったく問題視されていなかった。この点は、後に公表されたニュルンベルク法についてのどの解説でも一致して認められていた点である。バウムシュタルク委員会のどの決定でも、確かに、「血統上の純粋アーリア人であることを証する文書」が必要とされていた。しかし、この点は、混血児問題に関する法律規定の枠内の話である。というのは、やたらに長い複合文の末尾で明示的に、「アーリア人血統の欠如による排除を認める法律」が援用されているからである。特にナーエントループ学長は一貫して現行諸規定に従って行動していた。

　もちろん、上述した官吏の解放や強制退職に関する規定はすべて適用されていたし、公務員の「粛清」という内部の論理を唯一の理由として、「ユダヤ人排除方針の維持」という考えも貫かれていた。それゆえ、公務員職就任、ここでは、大学教授職就任の可能性が以前よりも厳しく統制されていたと考えられる。しかし、ヴァルター・エルマンの申請が異なる取扱いを受けた理由については何も知られていない。雇用の場合の規定内容と解雇の際のそれとは当初から全面的に対応していた。1933 年 5 月 5 日の大臣通達では、「空席の補充に応募する申請書に添えて、『わたくしは、法律上の義務に従い、わたくしの祖父母四人がアーリア人であり、特にユダヤ人に該当しないことを宣言します』[32]という内容を記した候補者自身の意思表明書が提出されなければならないこ

---

32) Universitätsarchiv Münster, U.1. Nr. 920.

と」がすでに命じられていた。1871 年 8 月 31 日のライヒ官吏法（Reichsbeamtengesetz）は、1933 年 6 月 30 日の法律によって改正され、第 1a 条、第 6 条が新たに規定された[33]。1933 年 10 月 18 日のプロイセン大臣通達によって、大学教授資格取得許可に関する手続は変更された[34]。

　1933 年 4 月 7 日の官吏法（Berufsbeamtengesetz）によれば、「非アーリア人」公務員に加え、「血統確認に関する本人の宣言の内容からみて、国家社会主義を標榜する国家を無条件に擁護することに反対する」者も就職の機会を与えられなかった。バウムシュタルク委員会のリストに掲げられた大学教授たちについて挙げられた理由は「血統確認に関する本人の宣言の内容からみて、国家社会主義を標榜する国家を無条件に擁護することに反対する」者という点だけであった。しかし、ヴァルター・エルマンの場合、この点はあてはまらない。というのは、彼の父ハインリッヒはプロイセン国民のつもりでいたし、ヴァルター・エルマンは一貫して政治的に問題視されるような人物ではなかったからである。また、バウムシュタルク委員会のリストに挙げられていた名前をみると、ヴァルター・エルマンの欄には、他の六人と同様、「非アーリア人血統」と記されていた。ヴァルター・エルマンの大学教授資格取得手続で血統証明書の提出が彼に求められていなかったことも明らかである。このような経緯をみると、1933 年 7 月 8 日以前には彼への大学教授資格付与を疑問視するような事情は何もなかったし、それ以降は同年 11 月まで、大学教授資格取得封鎖が命じられていたため、その審査をすること自体、不可能であった。ヴァルター・エルマンは、しかし、その後、この手続を簡単には進めようとしなかった。

　彼はこうした慎重姿勢をその後もとり続けた。ハインリッヒ・エルマンが 1902 年以降活動していたミュンスターでは、エルマン一家の親戚一同がユダヤ人血統から程遠いという点、つまり、彼の一家——彼の親戚にはドイツロマン派の作曲家、ヤーコプ・ルートヴィヒ・フェーリクス・メンデルスゾーン・バルトルディ（Jakob Ludwig Felix Mendelssohn Bartholdy）も含まれる——がプロ

---

33)　RGBl. 433.
34)　Aktz.U.1. Nr.2532.1, UA MS 30/49.

イセン文化史に残る家柄であるという点、これらがよく知られていた。バウムシュタルクがすぐにヴァルター・エルマンのことを思い付いたという点は後からとってつけた理由だったことであろう。バウムシュタルクはナチ党大管区本部の庇護のもとに活動していたので、彼が集めた人事情報は党本部の検閲を受けていた。1926年以降は、ゲッティンゲン大学の博士アヒム・ゲールケ（Achim Gehrke）がユダヤ人身分カードを作成していた[35]。彼は、「職能階級別人種記録集」の別冊として、1928年から1932年までドイツ諸大学に在籍した大学別教授特集号を出版した[36]。ゲールケが1933年に最初の人種研究専門家としてライヒ内務省に奉職したとき、ヴィルフリート・オイラー（Wilfried Euler）が彼のチームに助手として加わった。オイラーは、イツィッヒ夫妻の子孫に関する研究を担当した[37]。エルマン一家は、このようにして、当初から国家社会主義の「系譜学者」の餌食になっていた。ミュンスターのナチ党大管区本部への情報の流れもその一翼を担ったバウムシュタルクもすべて、歴史の必然であり、歴史の一コマであった。

　他方、ヴァルター・エルマンの母系血統に属する者たちは、確かに国家社会主義者と狭義の交友関係を保ってはいたものの、国家社会主義者とみなされるような人物は誰もいなかった。彼は、当時、彼の母方の親戚と彼自身のロシア血統がまだ知られていなかった点をそのまま放置することができた。ヴァルター・エルマンは、父が再婚して授かった子である。父の再婚は、最初の妻の死後、ロシアのジャーナリスト、アレクサンダー・ヘルツェン（Alexander Herzen）（1812年～1870年）の孫娘との間で行われた。その系統にユダヤ人の祖先はいなかった。ヘルツェンは19世紀のロシアでスラブ主義者と対立していた「西欧主義者」であった。スラブ主義者も西欧主義者もともに当時の政府

35）　*Walter Laqueur* (Editor), The Holocaust Encyclopedia, Yale University Press, 2001, S.421f. S. 125.
36）　Bundesarchiv Berlin, RMI 15.01/6570 Personalakte Dr. Achim Gehrke (März 1933-Febr. 1941) Bl. 173 (RS)/174.
37）　前注36), Bl. 133.

に敵対していた。1830年代に国外追放されたヘルツェンは、ヨーロッパへ逃れた。彼は恩赦を受けた後もヨーロッパにとどまり、社会主義や平和主義に関する著作を遺した。これらの著作が認められ、彼は、ロシア皇帝アレクサンドル二世の最初の統治時代に、支配層に入り込んだが、1863年のポーランド革命とともに、彼の影響力はなくなった。アレクサンダー・ヘルツェンは、1812年に、ロシア貴族社会の最高位に属するヤコヴレフ（Jakowleff）侯爵とシュトゥットガルト出身のルイーゼ・ハーク（Luise Haag）の子として、モスクワで生まれた。彼はいとこのナターリャ（Natal'je）と結婚した。二人の長男、アレクサンダー・アレクサンドロヴィッチ（Alexander Alexandrowitsch）（サーシャ（Sascha）、1839年～1906年）はフィレンツェの高等研究所（Istituto superiore）で生理学者になり、イタリア人女性と結婚した。彼は、その後ロザンヌに住み、同地の医科大学で働いた。その娘、ネリーナ（Nerina）は、ハインリッヒ・エルマンの最初の妻の死後、彼の後妻となり、ヴァルター・エルマンを産んだ。ヴァルター・エルマンは、ロシア血統の「混入」により、官吏法（Berufsbamtengesetz）施行規則が定める軽微な制限に反して、八分の一のユダヤの血をもたらされたのではないかと恐れた。アーリア人であるとかアーリア人ではないとかという点は、当時はほとんど特定することのできない曖昧な概念であって、ロシア人やスラブ人が後に東方を征服した結果として、人種研究者や国民性重視の政治家の視野に入ってきたものであった[38]。その後、ボルシェビキとユダヤ人は同列に置かれた[39]。アレクサンダー・ヘルツェンはボルシェビキではなかったが、それでも、彼は革命の先駆者の一人であり、また、1933年当時に誰からも喜んで受け入れられなかった人々のために、社会主義者・平和主義者として振舞っていた。

　ヴァルター・エルマンはすでに戦争が始まっていたためにすぐ入隊し、1942年以降、東部戦線にいた。彼は二度負傷し、鉄十字勲章一等を含め、何度も表彰された。彼の退役時の身分は、陸軍少尉、そして予備役陸軍中尉であった。

---

[38] *Dietmut Majer*, „Fremdvölkische" im Deutschen Reich, 1981, S. 125.
[39] *Dietmut Majer*, 前注38), S. 129.

終戦前に負傷したため、彼は、ロシアの戦時捕虜になることを免れた。1945年に、彼はどうにかこうにか、帰還することができた。

IV. 職業活動

　ヴァルター・エルマンは、戦後すぐにミュンスター地方裁判所で裁判官としての活動を再開することができた。彼は、1945年／1946年冬学期には早くも、法・国家学部での非常勤講師職にも復帰した。1946年には大学教授資格取得も認められ[40]、ヴァルター・エルマンは「瑕疵ある契約に基づく人的団体の取扱い（Zur Behandlung der auf fehlerhaften Verträgen beruhenden Personengesellschaften）」という題目で教授就任講義[41]を行った。彼は1948年に官吏資格のない員外教授に任じられた。ヴァルター・エルマンの裁判官としてのキャリアをみると、彼は1946年にようやくミュンスター地方裁判所所長に昇進した。その後、彼は、ヴュルツブルク大学への招聘を断ったように、イギリス占領地区を統括する中央裁判所の所長職をも辞退したが、1948年にイギリス占領地区最高裁判所裁判官に就任した。任地がケルンになったため、彼は、ミュンスター大学で得た教授資格を放棄し、この資格をケルン大学法学部での教授資格に転換する許可を得た。彼は1956年にデュッセルドルフ地方裁判所司法試験局長となり、その二年後、ケルン大学法学部正教授職への招聘を受けた。この正教授職は、同大学銀行法研究所所長職との併任職であった。その後、彼は、カー

---

40)　1945年9月10日付添付文書（前注9））をもって、ヴァルター・エルマンは、1933年7月8日付大学教授資格取得申請書とともに、大学教授資格取得論文「契約交渉の際の行為態様に関する責任についての研究（Beiträge zur Haftung für das Verhalten bei Vertragsverhandlungen）」を提出し、「一部圧縮のうえで」民事実務雑誌復刊19巻（AcP N.F. Bd. 19）に掲載するようにという指摘を受けた（AcP 139, NF. 19 (1934), S. 273-336 参照）。

41)　ヴァルター・エルマンは、翌年、「瑕疵ある契約に基づいて設立された人的団体（Personalgesellschaften auf mangelhafter Vertragsgrundlage）」（1947年）という個別テーマの単独研究書を刊行した。

ルスルーエの連邦通常裁判所裁判官への任用を拒否した。というのは、このポストがケルン大学での教育と両立しなかったからである。ナチ党の支配と戦争によっておよそ12年間も留め置かれていた昇進のチャンスは決して不意に訪れたわけではなかった。エルマンが学校時代から優れた才能を持っていたことは、彼があらゆるテストで最高点を取っていた――二度の司法国家試験の成績は「優」であり、博士学位取得論文は「最優秀」と判定されていた――ことに現れている。彼の場合、高校卒業資格試験の際に体操で「2」をとったのが、最低の成績であった。

　ヴァルター・エルマンの学術論文は多くない[42]。どの論文も、実務上重要性を有する現実的なテーマを取り上げており、書かれた文章も明快で簡潔である。彼の名前は、こんにちまで、彼によって始められた携帯用ドイツ民法典注釈書（Handkommentar zum BGB）と結び付けられている。彼はこの注釈書で債権総論を担当した。その第12版は2008年に刊行されている[43]。しかし、ヴァルター・エルマンの職業活動の中心にあったのは、司法国家試験の委員を含む教育活動であった。彼は既存の教育機関をさほど評価していなかったので、彼自身、そうした機関から意識して遠ざかっていた。彼は、格別の謙虚さと特段の慎み深さを示しつつ、言葉についても、真理についても、また人についても、簡素を好んだ。

　ヴァルター・エルマン裁判官の調停と和解に対するこだわりは際立っていた。彼の息子ハンスは、この点について次のような素晴らしい逸話を伝えてい

---

42) 前注2）、40）および41）に挙げられたものの他、「職業生活断章（Gedanken zum Beruf der meisten Arbeitsjahre meines Lebens）」（私家版、刊行年、出版社ともに不明。Allg. II 5961という記号のもとにミュンスター大学法学部第一図書室（Jur. Seminar I）に所蔵）；Die Globalzession in ihrem Verhältnis zum verlängerten Eigentumsvorbehalt, 1960；Personalgesellschaften auf mangelhafter Vertragsgrundlage, 1947.

43) 第9版まではミュンスターのアッシェンドルフ出版社（Achendorff Verlag）から、その後同じミュンスターのアッシェンドルフ法律書出版社（Aschendorff Rechtsverlag）から、第12版以降はVerlag Dr. Otto Schmidtだけから出版されている。

る。ミュンスター地方裁判所で裁判官としての活動を再開した最初の年に、エルマンは、運河を航行する船の船員とその妻アマンダとの離婚事件を取り扱った。幸いにも離婚が認められた二人は、共有資産の分割方法に関してエルマン裁判官に助言を求めた。ヴァルター・エルマンには、夫婦の共有にかかる曳航用蒸気船——同船は、ドルトムント・エムス運河の通行というこの地域特有の事情に対応した運航手段である——を運河の（ミュンスター西南方のゼンデン近く、リッペとエムスの間に位置する）フェンネ湿原方面に向かうある区間で係留するという方策が至当と考えられた。というのは、この蒸気船が土地の若者たちの恋愛と深く関わっていたからである。彼は自転車で係留地に行き、当事者の立場に立って、係留された蒸気船を換価して、元の夫に所有させる別の蒸気船と、元の妻に新しい生活の糧をもたらす農夫用荷馬車とに公正に分割した。このような処理方法が、1944年にようやく定められるに至った資産規則（Hausratsverordnung）に実効性を付与したことも確かである。

ヴァルター・エルマンと彼が生まれたミュンスター市との間にはいつも繋がりがあった。彼がケルン大学に移る際に学部長に宛てて書いていたように、ミュンスター大学との別離は彼にとって簡単に受け入れられることではなかった。重病を患った彼は、人生を終えるためミュンスターへ戻り、数日して1982年11月6日にハーヴィックスベックで亡くなった。

死後、ヴァルター・エルマンの遺骨はミュンスター市中央墓地にある一族の墓に埋葬された。そこには、1902年から1925年までミュンスター大学法・国家学部のローマ法担当正教授であった彼の父（カール）ハインリッヒ・エルマンも埋葬されている。この墓地は2004年に廃止され、「エルマン」とのみ銘が刻まれた墓石はミュンスター大学法学部棟の中庭に移し替えられた。その後、この墓石は、ヴェストフェーリッシェ・ヴィルヘルム大学法・国家学部と繋がりのある二人の教授の記念碑となっている。この異例ともいうべき方法で顕彰碑が設けられた背景には、ヴァルター・エルマンが国家社会主義の時代に、彼の家族的出自を理由として、二度と忘れられないほど不当に虐げられていたという不幸な事実があった。

マティアス・カスパー

ミュンスターのフリースラント出身者
——ハリー・ヴェスターマン（1909 年～ 1986 年）

Ⅰ．はじめに
Ⅱ．仲立ちの姿勢（1909 年～ 1939 年）
Ⅲ．不毛かつ過酷な時期（1940 年～ 1949 年）
Ⅳ．肥沃な時期（1951 年～ 1968 年）
Ⅴ．集積か後退か（1968 年～ 1986 年）
Ⅵ．要約：何がヴェスターマンの成功を決めたか
Ⅶ．むすび：ハリー・ヴェスターマンと宝物の発見

I. はじめに

1 ハリー・ヴェスターマンの簡単な紹介

ハリー・ヴェスターマン（Harry Westermann）の表面的な経歴は簡単に紹介することができるし、実際、すでに多くの個所で公表されている[1]。ヴェスターマンは、1909 年、ドイツ北東部、ニーダーザクセン州フリースラント（北海沿岸地域）の東方、グリマーズム（Grimersum）に生まれ、高校卒業資格試験合格後、フライブルク大学、ヴィーン大学、そしてゲッティンゲン大学で法律学を学んだ。彼は 1933 年にゲッティンゲン大学で法学博士の学位を取得し、1940 年に大学教授資格を得た。1935 年に第二次司法国家試験に合格した彼は、プラハ大学で、初めは、補修コース担当教員として、その後、1945 年までは私講師および員外教授として、1949 年からはミュンスター大学で、1974 年に名誉教授として退くまで、正教授として活動した。ミュンスター大学で彼は最初、法学部長を、その後 1953 年から翌 54 年にかけて、学長を務めた。1986 年、彼は旅行中のバンクーバーで亡くなった。

2 小稿の対象

これまでに公表された、ヴェスターマンに対する評価をみると、特に、彼の著作、それに、彼の多種多様な活動の一部に、なかんずく、学問分野における彼の輝かしい功績[2]に光が当てられている。小稿はそこにとどまってはならな

---

[1] 限定的なものとして、Wikipedia/Harry Westermann；*Kollhosser,* in: Recht und Juristen im Münster, Redaktionsbeilage der NJW 1994（ミュンスターで開催されたドイツ法曹会議第 60 回大会），S. 78f. さらに、（幾分詳しいものとして）*Schulte,* in: Grundmann/Riesenhuber, Deutschsprachige Zivilrechtslehrer des 20. Jahrhunderts in den Berichten ihrer Schüler, Bd. 1, 2007, S. 305f. 参照。また、追悼文の一例として、*Rüthers,* JZ 1986, 744.

[2] 限定的なものとして、*Schulte*（前注 1)），S. 305；*Rüthers,* JZ 1986, 744；*Steveling,*

いし、またそうするつもりもない。小稿の意図は、ヴェスターマンの生涯における それぞれの段階を辿り、彼が 1950 年代および 1960 年代の最も成功した民事法学者の一人に祭り上げられるに至った事情を解明することにある。彼の著作については彼の教え子ハンス・シュルテ（Hans Schulte）の論稿[3]ですでに取り上げられ、部分的に詳細かつ正確な評価が行われていることを考慮すると、小稿では、彼の著作についての記述を簡略化することができるし、全体的なまとまりを損なわずに、彼の生活の各断面を織り込むことができよう。とはいえ、文献資料や生き証人との対話によって明らかになる範囲で、彼がどのように生活し、彼がなぜ成功できたのかの解明に重点が置かれるべきであろう[4]。さらに、小稿では、ヴェスターマンがミュンスター大学にとってどのような存在であったかという点にも触れることとしたい。

II. 仲立ちの姿勢（1909 年〜 1939 年）

1 幼少年時代

ハリー・フリートリッヒ・ヴェスターマン（Harry Friedrich Westermann）は、1909 年の聖金曜日（復活祭直前の金曜日）に、北海にほど近いフリースラント地区改革派教会（カルヴァン派）の中心地ともいわれたアウリッヒ（Aurich）の

　（後注 31)）S. 650ff.; *Kollhosser*（前注 1)), S. 78 参照。
3) *Schulte*（前注 1)), S. 305, 308ff. むろん、（協同組合法を含む）団体法は省略される。こうした説明には、部外者たる読者からみると、それが後にみる師弟間での内輪の話のような部分にのみ関わるにすぎないといった欠点がある。
4) 筆者は、2013 年 1 月に、ヴェスターマンの息子、法学博士ハルム・ペーター・ヴェスターマン（Harm Peter *Westermann*）教授から（1 月 18 日、フランクフルト・アム・マイン郊外ケェーニヒシュタイン・イム・タウヌス市（Königstein im Taunus)）、さらに、法学博士ベルント・リューテルス（Bernd *Rüthers*）教授および法学博士ベルンハルト・グロスフェルト（Bernhard *Großfeld*）教授からも詳しい話を伺った。草稿の段階でお目通し戴いたこれらの方々に感謝したい。

西方約 20 キロメートルにあるノルデン（Norden）管内の小村で生まれた。記録によれば、4 月 9 日は、アメリカ人探検家、ロバート・エドウィン・ピアリー（Robert Edwin Peary）が北極点に最初に到達した日であり、ヴェスターマンが 1945 年から死ぬまで籍を置いたヴェストフェーリッシェ・ヴィルヘルム大学の命名者の生誕 50 周年記念行事が行われた日からほぼ 2 か月経っていた。

　ハリー・ヴェスターマンの父は改革派教会の牧師、ペートゥルス・ハルム・ヴェスターマン（Petrus Harm Westermann）であり、母はその妻、ヘンリエッテ・エリザベート・ヴェスターマン、旧姓ドゥンクマン（Henriette Elisabeth Westermann, geb. Dunkmann）であった。母はルター派の教徒であった[5]。父のペートゥルス・ヴェスターマンはエムス河畔のボルスム（Borssum）に住む漁師一家[6]に生まれたが、この家では、二人の息子に——当時としては異例なことに——大学教育が授けられた。父は 1898 年[7]にグリマーズムで牧師の職に就いた。長男が生まれた時、彼はすでに 38 歳近くになっていた[8]。母、ヘンリエッテはアウリッヒの印刷会社経営者の娘であったが、当時すでに 31 歳になっていた[9]。この結婚から三人の娘が生まれた[10]。ハリーは、姉たちとは 6 歳な

---

5) *Anneessen/Dieken*, Die Familien der Kirchengemeinde 1698-1900 und die Geschichte des Dorfes Grimersum von den Anfängen bis zur Gegenwart, 2008, S. 390. 筆者はホプコ・サンダース（Hopko *Sanders*）牧師（Krummhörn-Grimersum 在住）に対し、その積極的な情報提供、および、注 5)、7)、10)、12)、13) および 14) に示した事項に対応する記事および出典のコピーの提供に感謝したい。

6) 彼の父、ハルム・ヘールト・ヴェスターマン（Harm Geerd Westermann）（1830 年 7 月 2 日ボルスムに生まれ、1906 年 12 月 28 日ボルスムで逝去）は漁師兼植木屋であった。参照されるものとして、Universitätsarchiv Münster（以下、UA-MS と略記）Bestand 8 Nummer 9198 Bd. 2, Fragebogen, S. 31 ——そこには、以下に示す書誌的記載もある。

7) *Ph. Meyer*, Pastoren der Landeskirchen Hannovers und Schaumburg-Lippes seit der Reformation, Bd. 1, 1941, S. 349 参照。

8) ペートルス・ヴェスターマン（Petrus Westermann）（1871 年 5 月 25 日ボルスムに生まれ、1940 年 1 月 26 日レーアで逝去）。

9) ヘンリエッテ・エリザベート・ヴェスターマン、旧姓ドゥンクマン（Henriette Elizabeth Westermann, geb. Dunkmann）（1878 年 10 月 9 日生まれ、1943 年 3 月 23

いし10歳も年の離れた、末っ子であった。姉たちがこの小さな弟の成長に関与できるなどという状況を考えにくいことは十分に想像することができる[11]。

1909年4月29日のハリー・ヴェスターマンの洗礼——この洗礼をグリマーズムで行ったのは彼の父ではなく、教区監督の一人であった[12]——から数日後、一家は1909年5月に、オランダとの国境に近いエムス河畔レーア（Leer）郊外のイェムグム（Jemgum）に引っ越した。それは、ペートゥルス・ヴェスターマンが同地の教区の改革派教会牧師に任ぜられたからである[13]。その二年後の1911年にはもう、一家はレーアに移った。というのは、ペートゥルス・ヴェスターマンがレーア地区の中心であるグローセ・キルヒェ（Grosse Kirche）の牧師二名中の一人に選ばれたからであった。彼は、1939年に退職するまで、この職を誠実に務めた[14]。フリースラントにおける改革派教会主任司祭にとって、こうした出来事は明らかに出世を意味していた。彼の出世の先にあったのは、せいぜい、教区監督の地位に就くことであったろう。というのは、1882年以降、ハノーヴァー州エヴァンゲリッシェ改革派教会に帰属することとなったフリースラントの改革派教会の精神的な中枢機関はアウリッヒに所在する教

日逝去）、http://www.grabsteine-ostfriesland.de/grabstein/19025 参照。彼女の父は印刷所所有者のアードルフ・ヘァマン・フリートリッヒ・ドゥンクマン（Adolf Hermann Friedrich Dunkmann）（1831年2月18日ヴェスターアッペルンに生まれ、1895年7月3日レバート・アイルゼンで逝去）。

10) リュディア・ヨハンネ（Lydia Johanne）（1899年4月20日生まれ）、フリーダ（Frieda）（1900年7月12日生まれ）、アッダ（Adda）（1903年6月10日生まれ）。*Anneessen/Dieken*,（前注5）S. 390 参照。

11) 2013年1月時点でのハルム・ペーター・ヴェスターマンによる口頭での情報。

12) Taufbuch der reformierten Gemeinde Grimersum, 1909, Eintrag Nr. 8.（登録第8号）.

13) Taufbuch der reformierten Gemeinde Grimersum, Freier Eintrag（頁番号欠如、1909年5月5日、牧師代理ディルク・ホムフェルト、ヴィドゥルムによる登録）および *Meyer*（前注7））S. 573.

14) *Meyer*（前注7））Bd. 2, 1942, S. 64 および http://www.leer.reformiert.de/kirche-heisfelde.html 参照。ペートゥルス・ヴェスターマンは1918年にレーアの改革派教会の年史を手書きで公表していた。この年史は2000年に印刷されて刊行された。

区総監督だったからである[15]。

　ハリー・ヴェスターマンはこうしてレーアで成長した。彼はレーアで1915年から1919年まで小学校に、その後、レーアの市立文科系ギムナジウム（humanistische städtische Gymnasium）に通った。彼は、1928年の復活祭に、高校卒業資格試験に総合評価「良」で合格した[16]。特に足りなかったのは、図画の点数で、担当者の署名入り文書でも卒業証書でも「不可」と判定されていた[17]。それでも、ドイツ語の教師だけは、ヴェスターマンが二、三の言葉を添えて感銘深い絵を描いていたことを書面や口頭でよく伝えていた。このことは、彼がその後の生活でさまざまなかたちで実証している通りである。

2　勉学、博士学位取得論文および司法修習（1928年～1935年）

　ヴェスターマンは、高校卒業資格試験に合格した後、神学ではなく、法律学を学ぶことを決めた。それは、自宅からできるだけ遠く離れて勉学に専念するためであった。1928年夏学期から1928年／1929年冬学期まで、彼は、フライブルク大学に履修届を出した[18]。しかし、彼は、さらに遠くへ移り、1929年夏学期にはヴィーン大学で学修し、オーストリア一般民法典（ABGB）の講義を聴いた。この判断は、彼にとって、後に有利に働くこととなった[19]。しかし、

---

15) ハノーヴァー地区エヴァンゲリッシェ改革派教会における東部フリースラント改革派自治体（reformierte Gemeinden Ostfrieslands in der Evangelisch-reformierten Kirche der Provinz Hannover）について詳しい *Nordholt,* Die Entstehung der Evangelisch-reformierten Kirche der Provinz Hannover, in : Die Evangelisch-reformierte Kirche in Nordwestdeutschland. Beiträge zu ihrer Geschichte, der Landeskirchenvorstand Nordwestdeutschland (Hrsg.), 1982, S. 91ff.（特に125ff.）のみ参照。

16) Fragebogen anlässlich der Einstellung in Münster, UA-MS Bestand 8 Nr. 9198 Bd. 1 S. 31 参照。

17) ハルム・ペーター・ヴェスターマンが2013年1月の話合いにおいて触れていたところによれば、彼の父に格別音楽の才能があったわけではない。

18) 前注16)における証拠参照。

19) ヴェスターマンがドイツ・プラハ大学（Deutsche Universität Prag）でオーストリア法をも講義すべきものとされていたプラハ時代については、後述Ⅲ1参照。

彼は、1929年／1930年冬学期をフライブルクで過ごした。この時期、国家試験が刻々と近付いていた。そのため、ヴェスターマンは学修の最後の三ゼメスター（1930年夏学期から1931年夏学期まで）をふたたび郷里に近いゲッティンゲン大学で過ごし、卒業した。七ゼメスターを過ごした後、彼は国家試験受験届を出し、1931年12月4日、ツェレ上級地方裁判所管内で第一次司法国家試験に合格した。成績は「良」であった[20]。

ヴェスターマンのゲッティンゲン大学生活は、1930年春に始まるはずであった。彼は、当時はまだ運悪くまったく給与が払われなかった[21]司法修習生生活の大部分をふたたび地元のレーアで過ごした。彼はゲッティンゲン大学で卒業段階まで過ごしたわけではなく、法学博士学位を取得した（1933年12月6日）にすぎない。その理由は、おそらく、ヴェスターマンが当時ゲッティンゲンに住み続けていたわけではないという点にあろう。1932年3月1日に始まった司法修習の場として選ばれたのは、後に作成された身上書から明らかなように、最初、レーア区裁判所、その後、オスナブリュックの地方裁判所と検察庁、さらにレーアのクラーゼン（Klasen）弁護士事務所、そして、大規模区裁判所（großes Amtsgericht）という名が付されたレーア区裁判所、最後にツェレ上級地方裁判所、これらであった[22]。第二次司法国家試験は1935年8月27日にベルリンで行われ、評点はまたも「良」であった[23]。

　当時は普通のことであったが、ヴェスターマンはこの3年半の司法修習生活を法学博士学位取得論文のためにも活用した。指導教授はユリウス・フォン・

---

20) 前注16) における証拠参照。
21) そもそも帝政時代には、報酬がまったく支払われていなかった。その後、少なくとも、1920年代以降にあったのは、扶養手当であった。*Neugebauer*, Handbuch der preußischen Geschichte, Bd. 3, 2000, S. 60；*Ebert*, Die Normierung der juristischen Staatsexamina und des juristischen Vorbereitungsdienstes, 1995, S. 333-341；また1934年以降の時期については、*Palandt/Richter*, Die Justizausbildungsordnung des Reichs, 1934, Vorbem. zum 2 Teil Anm. 2.
22) 前注16) における証拠参照。
23) 前注16) における証拠参照。

ギールケ (Julius von Gierke) で、彼よりももっとずっと有名なオットー・フォン・ギールケ (Otto von Gierke) の息子であった。ユリウス・フォン・ギールケの母方はユダヤ系であり、1933 年以降に力を持つようになった犯罪的制度の特異な用語法でいえば「半ユダヤ人」であった。彼の父親は有名人であり、彼自身が保守的な考えを持っており、彼もドイツ全土に浸透していった国家社会主義に調子を合わせてほぼ服従していたことによって彼がしばらくの間は保護されていたとしても、ユリウス・フォン・ギールケも 1938 年、定年になる前の 63 歳で、それゆえ、当時の通常の例からみれば 5 年も前に、辞職を強要された[24]。もちろん、彼は 1934 年中頃にはすでに大臣の命令により、すべての試験委員職を失っていた[25]。ヴェスターマンは、むろん、1933 年 12 月 6 日になる直前に、口述試験を最上位の成績で突破していた[26]。彼のその後の経歴に関して、ユリウス・フォン・ギールケの名はもはや登場しない。彼の法学博士学位取得論文の表題は「ドイツ民法典における自己所有物に対する権利の法律構成 (Die Konstruktion des Rechts an der eigenen Sache im Gebiet des B. G. B.)」であり、ヴェスターマンが後に重点的に取り上げたテーマである物権法に深く関連していた。重要なのは、たとえば、ある者が自己の土地に不動産担保権を取得することができるという、われわれにとってこんにち自明の事実――このことを概念法学はまだ不可能なこととみなしている――であり、そして混同という法制度である。単著として出版されたこの博士学位取得論文は、アウリッヒの

---

[24]　彼について詳しいものとして、*Szabó*, Vertreibung, Rückkehr, Wiedergutmachung : Göttinger Hochschullehrer im Schatten des Nationalsozialismus, 2000, S. 147ff. 参照。そこで指摘されているところによれば、フォン・ギールケは、1938 年に刊行された商法教科書 (Handelsrechtslehrbuch) 第 5 版のはしがきで、今後はユダヤ人法学者の著作を引用しない旨を述べていた。

[25]　*Szabó*,（前注 24））S. 148.

[26]　前注 16) における証拠および UA-Göttingen Promotionsakte der Jur. Fakultät Nr. 3000（これによれば、口述試験は、フォン・ギールケの他、クンケル (*Kunkel*)、ジーゲルト (*Siegert*) およびライプホルツ (*Leibholz*) によって実施された。この引用は *Steveling*（後注 31））S. 649 mit Fn. 214 による）参照。

ドゥンクマン社（Dunkmann）、つまり、母方の系統に繋がる印刷所で印刷された。この本の分量は 51 頁であるが、当時の印刷事情を反映して、行間は詰まっていた[27]。この研究は利益法学と概念法学との間の論争になお強くとらわれたものであるが、それでも、解釈学上多く論じられたテーマを取り上げたものであった。たとえ同書が後々まで残るようなものではないとしても、意図した学位を早期に取得する目的を有する博士学位取得論文としてみると、同書は明らかに水準を超えている[28]。

3　ゲッティンゲン大学時代――補修コース担当教員から私講師までの暗黒時代（1935 年～ 1940 年）

法律家として成功するために必要な三つの関門、すなわち、司法国家試験、法学博士学位取得論文、それに大学教授資格取得論文、これらすべてを無事に終えた後、ハリー・ヴェスターマンは、ゲッティンゲン大学で補習授業を担当し、同時に、第二次司法国家試験に合格し、弁護士として法律事務所に勤務した。この決断が彼自身の好みによるものか、窮境からの脱出なのか、それとも学者という最終目標に近付くための過渡的な過程だったのかという点は確認することができない[29]。それでも、この決断は二つの意味で注目に値する。彼の補修授業は短期間のうちに評判を呼び、受講者が殺到した。言い伝えられていたところでは、この授業の参加者が数年を経た後にも変わらぬ気持ちを持ち続けていたし、また、学生たちが誰の講義に殺到するかを示す目的で、法学部で

---

27)　*Harry Westermann*, Die Konstruktion des Rechts an der eigenen Sache im Gebiet des B.G.B.,　刊行年の記載なし（1934 年と推測される）参照。同書には、はしがきがない。同書は父母に捧げられ、またユリウス・フォン・ギールケが「審査委員」の一人であったことを実証している。

28)　類似するとはいえ、さらに詳しいものとして、*Schulte*（前注 1））, S. 305, 312f.　いわく、「19 世紀および 20 世紀前期における民法の自虐的といえるほどの抽象性志向に走る無駄な努力」と。

29)　むろんヴェスターマンが後に記しているが、彼はもともと何よりも弁護士になろうとしていた。*Westermann*, 40 Jahre Lehre, 1979, S. 17 参照。

最も重要な民法の講義が複数行われる時間帯に自分の講義を行うといったやり方で、ヴェスターマンはゲッティンゲン大学法学部の同僚教授に刺激を与えていた[30]。いわば「同僚に迎え入れる」ことによって、好ましくない講座間の競争を終わらせるため、ヴェスターマンを法学部に迎えなければならないという見方がゲッティンゲン大学法学部の意見となったという噂が本当だったかどうかという点は実証されていないし、そうした噂の真偽は、どちらかといえば、疑わしいであろう。いずれにせよ、ヴェスターマンが1935年に始まった補習授業を1938年に辞し、1938年11月から1940年1月まで、最初は学生アルバイトとして、その後は助手として指導教授ヴァルター・ザウレ (Walter Saure) のもとで活動し、その後、ゲッティンゲン大学法学部のメンバーとなったこと、これらは確認されている。

それよりも前から、彼は補習コース担当教員としての活動と並行して、ゲッティンゲンのフェーゲ (Föge) 弁護士事務所で第二次司法国家試験合格の弁護士として働いていた。というのは、このフェーゲ弁護士事務所が国家社会主義と真っ向から対立し、民主主義を実践する事務所とみなされていたからである[31]。第二次司法国家試験最終試験合格から二年経っても彼には弁護士資格が付与されていなかった。国家社会主義の地区責任者は、党の意見書にヴェスターマンについて否定的な評価が書かれていたことを理由に、彼に弁護士資格を付与することを拒否した。当時の意思決定機関が彼のような育成済みの弁護士を政治的に不適切だとみていたことだけが、地区責任者のこうした判断をもたらした理由のすべてではない。この他、ヴェスターマンが外国人女性と婚姻していたこと、1933年9月に国家社会主義ドイツ労働者党に入党してからわずか一年後の1934年11月に党員資格を失っていたこと、これらも考慮されていた[32]。彼が自分の意思で国家社会主義ドイツ労働者党を離党したのか、党から

---

30) 2013年1月のハルム・ペーター・ヴェスターマンの口頭での情報。*Westermann*（前注29)), S. 11 参照。

31) *Steveling*, Juristen in Münster, Beiträge zur Geschichte der Soziologie Bd. 10, 2000 S. 651 mit Fn. 244 をみよ。

除名されたのかという点は、書類を見る限り、断言できる状況にはない。少なくとも彼の息子ハルム・ペーター・ヴェスターマン（Harm Peter Westermann）が記しているように、ヴェスターマンは、政治的にドイツ国民（Deutsch-National）に同調していた父の押し付けや要望だけを考慮し、ドイツ福音主義同盟（Deutsche Christen）に所属しないまま、1933年9月、国家社会主義ドイツ労働者党に加入したが、一年後には党から除名されていた。というのは、彼が、武器携帯を要する演習への参加を拒んでいたからであった[33]。ヴェスターマン自身、後に、1945年以降普通のこととなった、旧ナチ党員の審査・復権に関する非ナチ化手続を回顧していたが、ナチ突撃隊への参加およびこれと結び付いた国家社会主義ドイツ労働者党に入党していなかったならば、彼は弁護士になれなかったはずである[34]。それゆえ、彼がそのように行動していなかったとすれば、伝統的な意味でのどの法律職も、裁判官であれ、学者であれ、官庁のキャリア職であれ、彼に閉ざされていたことであろう。ヴェスターマンは外圧に負けて、1937年後半、国家社会主義にふたたび加入を申請し、閉鎖的な国家社会主義ドイツ労働者党——同党は1939年5月まで彼の入党を認めていなかった——から党員番号5,218,380号を付与され、党員資格を得ていた。とはいえ、彼は同党内では何の役職にも就いていなかった。ナチの突撃隊は彼をゲッティンゲン第82連隊司令部に隊長[35]として送り込んだ[36]。

---

32) *Steveling*（前注31））S. 650.
33) 彼の息子ハルム・ペーター・ヴェスターマンの2013年1月の口頭での情報。国家社会主義が支配していた時期の改革派教会における状況については、*Friedrich Middendorff*, Der Kirchenkampf in einer reformierten Kirche. Geschichte des Kirchenkampfes während der nationalsozialistischen Zeit innerhalb der Evangelisch-reformierten Kirche in Nordwestdeutschland, 1961, S. 8ff.
34) Anlage 1 zu Military Government of Germany, Fragebogen im Rahmen der Entnazifizierung, UA-MS Bestand 37/50（番号欠如）における記載参照。
35) この隊長（Rottenführer）は、こんにちの軍事的理解によれば、一等兵より下位に位置する。
36) *Steveling*（前注31）), S. 650. その証拠として、UA-MS unverz. Sichtungsausschuss der Universität v. 26. 9（1947年と推定される）。

小稿では、紙幅の制約から、この点に触れることはできない。また、「第三帝国」没落から 20 年後に生まれ、若い時にドイツ民主共和国への旅行で独裁制の影響を少々感じ取ったくらいの筆者には、なぜ彼がそのように行動したかという点についての心情や動機について判断する能力もない。ヴェスターマンが熱烈な国家社会主義者ではなかったということは、少なくとも、存命する同時代の生き証人や非ナチ化手続の公文書から明らかである[37]。逆に、彼のプラハ時代に関する個所で示されるように、就職の途を確保するため、彼がやむなくこの体制に協力しただけなのだということを示す証拠はたくさんある。しかし、大学教授資格取得論文の指導者の選択は、一目見ただけで正反対のことを示しているようにみえる。ヴェスターマンは 1940 年 2 月 24 日にゲッティンゲン大学法学部で大学教授資格を得たが、彼の指導教授は「農地法学者」のヴァルター・ザウレであった。ザウレは、1933 年 5 月 1 日以降、国家社会主義ドイツ労働者党の党員で、後にナチス親衛隊の幹部となった。彼の地位は、軍隊の階級組織でいえば、大佐と少将の中間に位置するものであった。彼は、負担になるとはまったく考えられていなかったナチス親衛隊の人種・入植監督本部の幕僚として活動していた[38]。ザウレは 1938 年から 1940 年まで、大学教授資格のない教員としてゲッティンゲン大学で教えていたが、1940 年 1 月に、ドイツ・プラハ大学（Deutsche Universität Prag）に移籍し、同大学で 1940 年から 1942 年まで学長を務めた。ヴェスターマンがザウレの政治的立場を考えて彼を指導教授に選んでいたかどうかという点は、疑わしいであろう。しかし、指導教授の選択に際して、ザウレがどのような学問的評価を受けていたかをヴェスターマンが考えていなかったことは確かである。ヴェスターマンは正規のル

---

37) 2013 年 1 月におけるリューテルス、および彼の息子ハルム・ペーター・ヴェスターマン、両氏との会話。
38) ザウレ（1899 年、ヘッセン州北部ヴァルデック近郊のラットラーに生まれ、1951 年 4 月 18 日フランクフルト・アム・マインで逝去、ヘッセン州議会議員、自由民主党）について詳しい *Mísková*, Die Deutsche (Karls-)Universität vom Münchener Abkommen bis zum Ende des Zweiten Weltkriegs, 2007, S. 99f. 参照。

ートを経た大学教授ではなかったし、物権法の研究を認めてくれる指導教授を必要としていた。この点からみると、ゲッティンゲン大学に着任したばかりのザウレが彼の眼にこれ幸いと映ったに違いない。山林利用権（用益権）を取り上げたヴェスターマンの大学教授資格取得論文は、一目見てすぐ分かる通り、指導教授の国家社会主義的な関心事にも、当時の時代風潮にも適合したものであったし、広範囲に亘って政治とかけ離れた、協同組合法・物権法に大きく関わるものであった。この論文を、日和見の態度を採りつつ、当時の制度と対内的に折り合いを付けながらも、前進を試みたものと評価することには、十分な理由がある。

　ゲッティンゲン大学在籍時代、ヴェスターマンには家族が増えた。ハリー・ヴェスターマンは、1936年8月13日、ドイツ語ドイツ文学専攻のオランダ人女子学生「パウラ」シルト（„Paula" Schilt）と結婚した[39]。三人の息子のうち、二人はゲッティンゲンで生まれていた。テュービンゲン大学法学部名誉教授、ハルム・ペーター・ヴェスターマンは1938年1月8日に生まれた。1965年に医師の免許を得て、またその一年後に医学博士の学位を取得し、後にオルデンブルクで医局長として活動したヤン・ヴェスターマン（Jan Westermann）が呱呱の声を上げたのは1940年2月26日、一家がプラハに引っ越す数週間前のことであった。その後、プラハで三男のヘールト（Geerd）（1942年〜1998年）が生まれた[40]。ゲッティンゲン大学時代にヴェスターマンが公表した業績は記載

---

[39]　パウリーネ・コルネリア・エリザベート・ヴェスターマン（Pauline Cornelia Elisabeth Westermann）。シルト（Schilt）家出身。1911年7月18日ヘルモンド（オランダ）に生まれ、1996年ミュンスターで逝去。前注16）における証拠参照。

[40]　ヘールト・ヴェスターマン（Geerd Westermann）（1942年12月29日プラハに生まれ、1998年3月4日ミュンスターで逝去）は最初法律学を学んだが、よりにもよって、中級ドイツ民法の単位を取得することができず、その後、美術史を学び、1975年にミュンスター大学で哲学博士の学位を取得した。彼は、その後、ミュンスターの土地利用連盟景観・記念碑保護官として活動した。http://www.lwl.org/westfaelische-geschichte/:Portal Westfälische Geschichte. ヘールトは、兄弟の情報によれば、乳幼児の頃に経験した栄養不良の後遺症で一生涯ずっと苦しんでいた。

されていないが、大学教授資格取得論文は1942年に刊行された。

III. 不毛かつ過酷な時期（1940年〜1949年）

1　プラハ時代──ドイツ・プラハ大学法学部スタッフ
　　（1940年〜1945年）

　ハリー・ヴェスターマンは、大学教授資格取得論文をまだ作成中であり、ドイツ・プラハ大学の指導教授から指導を受けていた[41]。戦争は数か月前に始まっており、ドイツ帝国は1939年5月に旧チェコのズデーテン地方を併合していた。プラハ大学という名を有するドイツ語圏最古のこの大学は、1882年に、ドイツ・プラハ大学（チェコ＝ドイツ・カール・フェルディナント大学）とチェコ・カレル大学（ドイツ帝国立チェコ・シャルル・フェルディナンド大学）とに分割された。チェコ・カレル大学は、すでに1939年11月に、流血の事態を引き起こした[42]学生騒動の後、閉鎖されていた。その後、チェコの学生たちは制度上追放され、ドイツの「残余大学」はベルリンの教育省の監督下に置かれた。

　ヴェスターマンはプラハで、最初、またもやザウレの助手として活動した。彼は、1940年6月、「日当制の講師」に昇進した。この職は、通常の給与体系および公務員への任用を伴う私講師とは別の地位であった[43]。それと同時に、民法および民事訴訟法の講義資格が彼に付与された。この昇進により、ヴェスターマンの身分は実質的に保障されることとなった。彼は、この機会に、まだゲッティンゲンに住んでいた家族を呼び寄せた。一家は、家族に適したプラハ

---

41) 大学教授資格取得論文の審査手続は1940年2月24日にゲッティンゲン大学で行われた。そのために必要な模擬講義を彼はすでにプラハで行っていた。ヴェスターマンは彼の人事調書（前注16））に、すでに1月からプラハで就業していたことを記載していた。引越費用の受取りは1940年7月と記載されていた。

42) 1,200人の学生とユダヤ人教授らが強制収容所に送られた（いわゆる「プラハ特殊活動」）。

43) 前注16）における証拠参照。

第8区のシュライアーホーフ通り（Schreierhof）25番地に住んだ。彼らの家は、たとえ豪壮な邸宅といえないにせよ、他のプラハ大学教授にも引けを取らないもので、「ユダヤ人の資産をドイツ人名義に強制変更するアーリア化が行われた」大邸宅を有する地域にあった。ヴェスターマンは、官吏に登用される可能性がなかったため、ふたたびナチの突撃隊から脱退した[44]が、国家社会主義労働者党の党員資格は保持していた。彼はその後も、同党で役職に就くことはなかった。ドイツがソヴィエト連邦に進撃していた1941年10月、大学教員の採用を目的として、プラハ上級地方裁判所に上級地方裁判所人事管理委員会という部局の設置が検討された。時の法学部長はまずヴェスターマンを候補者に推薦したが、彼は採用されなかった。その理由は、ヴェスターマンが多数の講義を抱えて過度の負担に陥っていたこと、法学部が彼の裁判官職併任による負担の増加を不適切とみていたこと、彼の負担増加で押し出された多くの同僚が兵役義務に服する結果となっていたこと、そして特に彼の追加召集が予測されたこと、これらにあった[45]。ヴェスターマンが召集されずに済んだのは、何よりも法学部が彼の人物についてドイツ帝国国防本部長官に推薦したからであり、彼が胃の病気を患っていたこともプラスに働いた[46]。

　ヴェスターマンの学問上の指導教授で、以前の雇用者でもあったザウレは、1942年初夏、有名ではあるが評判の悪い、ボヘミア・モラヴィア地区——国家社会主義者たちはチェコをこのように呼んでいた——のドイツ帝国国防本部長官ラインハルト・ハイトゥリッヒ（Reinhard Heydrich）と激しく対立し、それがもとでプラハから追放された。ハイトゥリッヒ自身もほどなく1942年6月4日に銃で暗殺された。息子のハルム・ペーター・ヴェスターマンは、ナチの親衛隊が暗殺者を探して自宅に入り込んできたことを、今でもよく覚えている[47]。ザウレの追放後、ヴェスターマンは保護者のない状況に置かれていたこ

---

44) *Steveling*（前注31)), S. 650f.
45) UA-MS Bestand 8 Nr. 9198 Bd. 1 S. 12.
46) 2013年1月のハルム・ペーター・ヴェスターマンによる口頭での情報。
47) 2013年1月のハルム・ペーター・ヴェスターマンとの会話。*Mísková*（前注

とであろう。それでも、ヴェスターマンは法学部内で適時にネットワークを作っていた。特に彼を庇護したのは、結果からみれば、正式な学問上の指導教授ザウレよりもずっと良い関係を築いていた商法・会社法研究者フリートリッヒ・クラウズィンク（Friedrich Klausing）であった。ヴェスターマンも教室では優れた教師という評判を得て、第二次世界大戦がスターリングラードで決定的な転機を迎えた1942年12月21日に、プラハ大学法学部の員外教授に任命された。ヴェスターマンの新たな指導者、フリートリッヒ・クラウズィンク——彼は、この間、ドイツ・プラハ大学（Deutsche Universität in Prag）の学長になっていた——は、1944年8月5日から6日にかけて、深夜に自殺した。というのは、確信的な国家社会主義者であった彼は、シュタッフェンブルクの副官であった次男[48]のフリートリッヒ・カール[49]が7月20日の暗殺団の一員だったことに堪えられなかったからである。フリートリッヒ・クラウズィンクが、この不名誉だけでなく、個人犯罪に対する家族の共同責任を恐れていたか否か、また解任処分実施後に生じ得る社会的没落も自殺の原因となっていたか否か[50]といった点を推し量ることはできない。クラウズィンク一家と良好な関係にあったヴェスターマンはクラウズィンクの未亡人から助けを求められた。それは、フリートリッヒ・クラウズィンクの遺産の四分の一に相当する息子フリートリッヒ・カールの相続分の国庫への返還を求めるという卑劣な方法が考えら

---

38)), S. 139ff. 参照。
48) 最初に生まれた息子は東部戦線で行方不明となった。
49) 大尉フリートリッヒ・カール・クラウズィンクはスターリングラードで重傷を負った後、1944年初めから、ヒトラー暗殺計画を企てたフォン・シュタウフェンベルク指揮下の部隊の総司令部で活動した。彼について詳しいものとして、*Rüthers*, Verräter, Zufallshelden oder Gewissen der Nation ? – Facetten des Widerstandes in Deutschland, 2008, S. 38ff. ; *ders*., Spiegelbild einer Verschwörung? Zwei Abschiedsbriefe zum 20. Juli 1944, JZ 2005, 689ff. 参照。
50) クラウズィンクは1944年8月5日に教授職を解任された。*Rüthers*, JZ 2005, 689, 690 および彼について詳しいものとして、*Mísková*（前注38)), S. 183ff. 特にS. 211ff.（そこでの指摘によれば、ナチ突撃隊がクラウズィンクに自殺を勧告した）参照。

れていたからである。返還を求める理由は、父の自殺の数日後にあたる 1944 年 8 月 8 日にフリートリッヒ・カールに有罪判決が下され、直ちに死刑が執行されたことにあった。この死刑判決は被告人の市民権をすべて停止させただけでなく、死刑に処された者の財産——それゆえこの息子の遺留分——をも国家に帰属させた。ヴェスターマンは、この件で、熟達した法律家であるだけでなく、老獪な弁護士でもあることを実力で示した。死刑に処された裏切り者の財産で国家が私腹を肥やすとか、国家がどちらかといえば偶然に連続して起きた二件の死亡事件を奇禍として国家が節度をわきまえない不条理な行動を採っているとかという点を論証することに代え、ヴェスターマンは、彼得意の武器を用いて、次のように反撃した。

> 暗殺行為が行われた日の夜、神の思し召しによって助かった総統と帝国首相は、暗殺加担者、つまり「向こう見ずな犯罪者の一味」がドイツ民族共同体から一貫して排除されている旨を公式に述べていた。この総統の意思が明らかに法という名称を伴う決定的基準となっていた。総統のこの宣言によって、加担者は破廉恥で違法な存在となった。というのは、民族共同体に属する者だけが法共同体に属する資格を有するからである。プラハ大学学長の死亡事故が 8 月 5 日から 6 日にかけて発生した時、当該謀議に参加した彼の息子にはもはや相続資格がなかった。というのは、彼は法的に存在していないはずだからである。それゆえ、父の遺産すべては残存家族にのみ帰属する[51]。

こんにちの眼からみると、まったくばかげた論証であるが、プラハの当局はこの説明を完全に受け入れた。もちろん、ヴェスターマンが解釈の無限性——この言葉遣いからベルント・リューテルス (Bernd Rüthers) による有名な本の表題[52]が連想される——に全面的に賛成していたとか、国家社会主義の法制度がそのようなものであったとかという点をこの文書から導き出すことは誤り

---

51) ヴェスターマンの手紙のコピーがフリートリッヒ・クラウズィンク未亡人の遺品の中にある。この引用は、*Rüthers*, JZ 2005, 689, 690 による。
52) *Rüthers*, Die unbegrenzte Auslegung, 1968, 7. Aufl 2012.

であろう。むしろ、まったく逆である。ヴェスターマンは、現実からみて国家社会主義の法制度に共感できるような場合であっても、内心ではとうの昔に国家社会主義の法制度とは距離を置いていた。ヴェスターマンは確かにレジスタンスの闘士ではなかった。とはいえ、現実主義への強いこだわりのせいで国家社会主義の法制度に対して日和見主義的態度を採っていたとしても、彼自身の関心に沿う限り、自分がそのように行動できると考えれば、そのように行動した者に対して彼は支援を惜しまなかった[53]。1944年／1945年冬学期の初め、この間にプラハで学部長代理に昇進していたヴェスターマンは、ドイツ帝国国防本部長官の明示の禁止措置に反して、法学部教授会でフリートリッヒ・クラウヅィンクの追悼演説を行った[54]。後日、ヴェスターマンの非ナチ化のための、宣誓と同じ効力を有する保証書において、ある学生は次のように思い出を語っている。

---

53) ベルント・リューテルスがミュンスター大学に提出した大学教授資格取得論文「解釈の無限性（Die unbegrenzte Auslegung）」の執筆計画についてヴェスターマンに報告した1963年当時に、ヴェスターマンがリューテルスと行った会話もこのような評価に賛成している。まだ存命の、国家社会主義により苦しめられた同僚が多数いることに鑑みて、このようなテーマはキャリアのうえでマイナスになるとのブロクスの懸念にヴェスターマンも賛同していた。*Rüthers*, Die unbegrenzte Auslegung, Nachwort zur 7. Aufl., 2012 参照。リューテルスがミュンスター大学で大学教授資格取得論文について実際に体験した難しさについては同書（S. 478）参照。ヴェスターマンはもちろん副査としてきわめて肯定的な意見を述べるとともに全力で彼を支援した。ヴェスターマンのリューテルスに対する支援については、*Schulte*（前注1）), S. 305, 312 をも参照。

54) 彼はまた、その明示的な指示に背いて、その埋葬に参加した。*Steveling*（前注31)), S. 651f. および同所に挙げられている典拠参照。ヴェスターマンは、秘密情報機関の監視下に置かれていた。というのは、同機関は彼を政治的に信頼できないとみていたからである。*Mísková*, Die Deutsche (Karls-)Universität vom Münchener Abkommen bis zum Ende des Zweiten Weltkriegs, 2007, S. 199f. 参照。同様のものとして、*Felz*, Im Geist der Wahrheit, in : Thamer/Droste/Happ (Hrsg.), Die Universität Münster im Nationalsoziailismus. Kontinuitäten und Brüche zwischen 1920 und 1960, 2012, S. 317, 380 Fn. 316.

ヴェスターマン教授の講義には脱線がまったくなかった。わたくしの知る限り、彼の講義で国家社会主義的な風潮が醸し出されたことは一度もない。しかし、ヴェスターマン教授がユーモアあふれるやり方で「第三帝国」の弊害を明らかに弾劾し、その後、彼があの時代にあのような環境のもとで敢えて批判を恐れずにあのように行動した点に驚いたことを、わたくしは、はっきりと思い出すことができる。また、彼が無条件にナチス的意味での法の歪曲に反対していたこと、そして、彼が「思想統制」にいつも厳しく反対していたこと、これらをわたくしは、よく知っている……。彼は、講義では民主主義的な政府の長所をはっきりと述べていた……[55]。

ヴェスターマンの大学教授資格取得論文やプラハ時代に書かれた論文等を注意深く読むと、この引用に現れた印象を裏付けることができる。彼の論文——不動産担保に関するドイツ法およびオーストリア法についての二部構成の、こんにちでもなお読むに値する、党派性のない比較法研究[56]等々——のほぼすべてにおいて、土地法と森林法が取り上げられている。確かに、これらの論文には、時として国家社会主義的な色彩の濃い血統や土地に関する特異な専門用語[57]が見出される。たとえば、「土地は民族生活圏の一部である」という理由で「土地法は民族法である」といった言回しがそうである[58]。それでも、こうした国家社会主義的フレーズが概して彼の大学教授資格取得論文や大学教授就任講義の導入および要約の部分にみられること、それゆえ、この種の負担を負

---

55) 1946 年 10 月 18 日、リンダウにおける司法修習生ハンス・フィッシャーの宣誓に代わる意見書のコピー（Abschrift der Eidesstattlichen Erklärung des Referendars）。UA-MS Bestand 8 Nr. 9198 Bd. 1 S. 35 参照。

56) *Westermann*, Hauptfragen des Bodenkreditrechts nach BGB und ABGB, Prager Archiv 1944, 213ff., 429ff.

57) 最悪の言い方だが、今聞いてみると、この文は次のように聞こえる。すなわち、「森林は、精神的・民族的諸価値の中で、ゲルマン系ドイツ人の生きる喜びとドイツ人を維持し、ふたたび覚醒させるための手段という特性を有する……」(*Westermann*, Forstnutzungsrecht, 1942, S. 3f.)。

58) *Westermann*, Die Bestimmung des Rechtssubjekts durch Grundeigentum, 1942, S. 100f.（これは、大学教授資格取得用の講義にかなり加筆して、短編であるが、個別テーマの単独研究書としてまとめたものである）.

わされた教員や品位を貶めるこのような制度を支える他の高位高官に宛ててこうしたフレーズがおそらくは発せられたのであろうということ、それにも拘らず、国家主義的な色彩の著作が彼の著作全体を代表するような存在となっていないこと、これらが全体として確認されなければならない[59]。また、ヴェスターマンは一貫してこれらのフレーズを解釈学上の諸問題に限定して抑制的に用いていた[60]。このようにみると、どうしても避けられないとか、自力では克服できないとかといった場合に限って、ヴェスターマンが実際になし得ることを彼なりに工夫して歩調を合わせていたにすぎないといった印象を筆者も受けている[61]。

2　挫折と再出発(1945年～1950年)──ミュンスターでの難しい出発

プラハでは、長い間、第二次世界大戦の間接的影響は感じられていなかったようにみえる。それは、電気や水道等の生活環境がますます悪くなっていた点

---

59) これに酷似したアプローチがみられるのが、「ライヒ森林法の生成 (Werdendes Reichsforstrecht)」と題された論文 (ZAkDR 1943, 206-209.（第一章における言葉の響きは国家社会主義的である（同上 S. 206 l. Sp.）)) および「土地基本法の一部としての地所法の新たな規律 (Die Neugestaltung des Liegenschaftsrechts als Teil des Bodenverfassungsrechts)」と題する論文 (ZAkDR 1943, 189-193) である。これら二点は、国家社会主義的志向が明確な「ドイツ法協会雑誌 (Zeitschrift der Akademie für deutsches Recht)」に掲載された。彼はその師ザウレを介してこの雑誌と近付きになった。これと同様の評価を行っているのが Schulte (前注 1)), S. 305, 312 の場合である。

60) もちろん、ある判例評釈における言明がいわゆる「激しい痛み」をもたらす場合がある。その言明によれば、「少なくとも、民族秩序の根本的な大変革から契約の不合理性が導かれるような事案の場合、契約行為基礎の客観的決定という考え方に同意されなければならない」(Westermann, ZAkDR 1942, 366, 367 参照)。というのは、このことは、解釈の無限性へと向かう方向を狙っているからである。この種の「逸脱」は、彼の場合、例外にとどまる。

61) おそらくは幾分か批判的なものとして、彼の弟子の Schulte (前注 1)), S. 305, 311. そこでは、本章が対象としたものと異なり、「初期の作品」についてより詳しく述べられている。

が見逃されていたためであった。ドイツ帝国が1939年に設けた国境を越えて、連合軍が進撃した1945年1月、ようやく、モルダウ河畔の中心都市に最初の爆撃が行われた[62]。ハリー・ヴェスターマンは、家族とともに、彼自身が後に最終講義で述べた通り、「過酷な時期が終わるまで」[63]そこにとどまっていた。義務意識によってそうしたのか、他に選択肢がなかったためなのかという点は、確かめることができない。少なくとも、それは危険な選択であった。確かに、ドイツ国防軍の無条件降伏後初めて、プラハは5月9日に赤軍により占領された。長期に亘り虐げられていたチェコの民衆が突如として5月5日に蜂起した時、ヴェスターマン一家はもちろんまだプラハにとどまっていた。シュライアーホーフの住まいのすぐそばに、道路封鎖用のバリケードが設けられた。息子のハルム・ペーターが述べているように、同地に残っていたドイツ人たちが反乱者と呼んだパルチザンがヴェスターマン夫妻を射殺しようとしたことがあった。チェコ人の家事使用人の助けがなければ、彼らは助からなかった。この使用人はヴェスターマン一家の身元を保証し、ヴェスターマン一家が品行方正であると証言していた[64]。事は急を要した。ヴェスターマンはホラント出身の妻——彼女はむろん婚姻によりドイツ国籍を取得していた——のために、彼女がオランダ人であることを証する公文書を偽造した。パウラ・ヴェスターマンはこの証明書を携え、三人の子供を連れて、スウェーデン大使館に亡命を申

---

62) ヴェスターマンは、まだ1945年1月の段階で、ドイツ研究振興協会 (Deutsche Forschungsgemeinschaft) の資金提供による学術賞にスロバキアで応募することができた。Fragebogen（後注64)) S. 3 参照。

63) *Westermann*, 40 Jahre Lehre – Abschiedsvorlesung gehalten am 18. Juli 1974, Aschendorff, 1979, S. 9.

64) 2013年1月15日の対話におけるハルム・ペーター・ヴェスターマンの話。ハリー・ヴェスターマンは、彼自身の情報であるが、1945年3月以降、国民突撃隊 (Volkssturm) に入っていた (Military Government of Germany, Fragebogen im Rahmen der Entnazifizierung, S. 3, UA-MS Bestand 37/50（番号欠如）参照。しかし、*Mísková*（前注38)), S. 223 では、ヴェスターマンは、国民のために行われた法学部の召集対象者に指名されていなかった)。その結果、このことも、暴動を起こした住民と衝突した理由となり得る。

請し、その後、ブリュン（Brünn）で編成された、赤十字による最後の輸送、つまり、いわゆるオランダ人列車――この輸送には、テレズィーエンシュタット（Theresienstadt）強制収容所のオランダ人捕虜も含まれていた――に何とか乗り込み、やっとのことでオランダに着いた。彼女は、子どもたちとともに、アムステルダム近郊のホイセン（Huisen）に住む母と親戚のもとに辿り着いた。ドイツ人――ドイツ人の同胞たちは1945年5月7日の夜まで激しく戦い、最後の数分までプラハの大部分を廃墟にしていた――であったヴェスターマンには、このように他国へ逃れる道は閉ざされていた。5月9日、赤軍がプラハの数キロメートル手前まで迫っていたとき、5月8日にプラハ住民と停戦後の自由通行権を約束していた部隊の撤退とともに、彼はまずアメリカ軍の占領ラインの背後に逃れ、その後、バイエルンに、さらにレーアに辿り着いた。それは、彼の姉たちが長い間レーアに住み続けていたからであった。

　これにより、一家は別々に住むこととなった。一か月後、家族は、それぞれがうまくやっていることをお互いに耳にした。しかし、家族が一堂に会するには1947年2月まで待たなければならなかった。というのは、特別の許可がなければ、オランダからドイツへの越境もドイツからオランダへの越境も不可能だったからである[65]。ヴェスターマンは、家族手当の給付および旅費の支給を求める申請書――この申請書はミュンスター大学事務局に1946年3月14日に届いた――に、「わたくしの住所がレーアにあるため、ミュンスターではクイーパー・フェヒトゥルップ（Kuiper-Fechtrup）ホテルに住んでいます。家内と子供たちはまだオランダにいます。彼らは、国境封鎖が解除され次第、すぐにドイツに戻る予定です」[66]と書いていた。

---

65) オランダの状況は楽なものではなかった。住宅事情は特にひどく、その結果、息子の一人は叔父のもとに「疎開」しなければならなかった。年長の二人の息子はオランダで学校に通わなければならなかった。母は、ドイツ国籍の保持とドイツ人との婚姻がもとで、あからさまに敵視されていて、毎週、警察に出頭しなければならなかった。2013年1月のハルム・ペーター・ヴェスターマンの口頭での情報。

66) UA-MS Bestand 8 Nr. 9198 Bd. 1 S. 31. ヴェスターマンは早くも1946年にはレーアで五部屋ある住まいを探し求めていたが、見つけることは難しかった。この経験

ヴェスターマンは、プラハから避難した直後、ゲッティンゲン地方裁判所の裁判官のポストを得ようと努めていた。その後、彼は、経済学者、ヴァルター・ホフマン（Walter Hoffmann）の紹介でミュンスター大学とコンタクトをとることとなった[67]。戦時の混乱により法・国家学部が衰退していたため、ミュンスターでは補充の必要性が生じたが、このポストは、正教授職ではなく、代理職であった。法・国家学部の教育機能は戦争のため 1944 年 11 月に完全に停止し、同学部の大部分はゲッティンゲンに、残った部分はビーレフェルト東方のバート・ザルツウフレン（Bad Salzuflen）に疎開した。その後、法・国家学部は 1945 年 11 月 3 日に学生数約 300 人をもって教育活動を再開した[68]。レーニンク（Löning）教授[69]の正教授職が空席であった。というのは、「彼がその当時、ロシアの戦時捕虜収容所からまだ帰還していなかった」[70]からである。そのため、この正教授ポストを補充する代理職としてヴェスターマンを採用する旨の申請が行われ、この申請はイギリス占領軍司令部により 1945 年 12 月 11 日に有効なものと確認された。これにより、ヴェスターマンは、1945 年 12 月 17 日から、ミュンスター大学の教壇に立つことができた。1945 年／1946 年の冬学期、彼は、民事訴訟法の講義と民法の補習授業を担当した。ヴェスターマンは与えられた機会をうまく捉え、聴講者、特に中・上級の学生——そのほとんどは戦線からの帰還者であった——を引き付けた。彼は、90 パーセント以

が、後に家族全員が一緒に住む理由となったかどうかについて、関連文書から読み取ることはできない。UA-MS Bestand 8 Nr. 9198 Bd. 1 S. 34 の「Ergänzung der Pendelanweisung」参照。

67) *Steveling*（前注 31）), S. 649.
68) *Felz*（前注 54）), S. 373f.
69) 法史学者のゲオルゲ・アントン・レェーニンク（George Anton *Löning*）（1900 年～1946 年）は 1941 年にグライフスヴァルト大学からミュンスター大学に招聘された。*Richter*, Eintrag *Löning,* in : Neue Deutsche Biographie, Bd. 15, Berlin 1987, S. 49 参照。
70) UA-MS Bestand 8 Nr. 9198 Bd. 1 S. 19 および . *Steveling*（前注 31）), S. 649 参照。この代理職は月額 683.54 ライヒスマルクの給与を伴っていた。レェーニンクは 1946 年 2 月にロシアで戦時捕虜となり、死亡した。

上も爆撃で破壊され、「何もない」状況にあったこの町の、生気を失った法学部を、最悪の条件のもとでふたたび作り上げたメンバーの一人となった。ヴェスターマンは、約30年後に行われた最終講義において当時の想い出を「教室の数は極端に不足していました。当時、入学定員制限制度が設けられていたにも拘らず、学生数が増えたため、教室が慌ただしく増築されました。費用面で帳尻を合わせるため、冬でも暖房はなく、一部の教室には窓さえありませんでした。教科書も法令集もなく、筆記用の紙も乏しいものでした。これらはどれも、生活面での極端な窮乏状態の中で起こったことでした」と述べていた。それにも拘らず、ヴェスターマンは、この時期を——少なくとも回顧談として——精神的には豊かで満足のゆくものと感じていた。おしなべて年長の学生たち——ほぼ全員が戦争に参加していた——の学修動機はきわめて高く、「それぞれが他の誰よりも高い要求をみずからに課していました」[71]。

ミュンスター大学法学部はすぐに世間に知られるようになった。このことは、その後、法学部が優れた教員を獲得することに役立った。ヴェスターマンは、1946年3月、空席であったフーゲルマン（Hugelmann）およびヘルムート・ゲオルク・イーゼレ（Helmut Georg Isele）の二つの正教授ポストを補充するリストのそれぞれ第二位に指名された。第一位に挙げられていたのは、当時名声のあったオイゲン・ロッヒャー（Eugen Locher）（元ベルリン大学、当時エァランゲン大学）であったが、彼は1946年8月11日に死去した[72]。その結果、ヴェスターマンを推すことでは一致がみられたが、任用手続は遅れた。というのは、公法部門の厄介な同僚、カール・ゴットフリート・フーゲルマン（Karl Gottfried Hugelmann）——彼は1935年から1937年まで学長として大学を統括していた[73]——がまだ名誉教授になっていなかったからである。いずれにせ

---

71) *Westermann*（前注63))、S. 19f.
72) レーアのケェーニッヒ通り17番地（Königsstraße 17）に住むヴェスターマンに宛ててホフマン学部長から送られた電報のコピー、日付なし、UA-MS Bestand 37/50（番号欠如）参照。
73) 彼については、*Felz*（前注54))、S. 369ff., 377；*Steveling*（前注31))、S. 576ff., 659

よ、いわゆるニュルンベルク法（Nürnberger Gesetze）（「ドイツ人の血と名誉を守るための法律」（Gesetz zum Schutze des deutschen Blutes und der deutschen Ehre）と「帝国市民法」（Reichsbürgergesetz）の総称）の生みの親の一人であった[74]フーゲルマンに対する政治的審査は一向に終わらなかった[75]。むろん、この場で、種々の申請のあれこれを詳しくなぞる必要はない[76]。ヴェスターマンは、1946年末にハノーヴァー州エヴァンゲリッシェ改革派協会管理部副代表への採用申請書を提出することにより、この問題の早期解決を試みた[77]。ヴェスターマンの採用申請は認められたが、今振り返ってみると、ミュンスター大学側がなお招聘の努力を重ねる旨約束していたことから、ヴェスターマンがこの申し出を断ったことが、わが大学にとって幸いとなった。それでも、ヴェスターマンが正教授に任用されるまで、さらに数年の月日が流れた。1947年初めの時点では、フーゲルマンが名誉教授となるか否かがまだはっきりしていなかった[78]。

参照。

74) *Felz*（前注54)), S. 370 参照。フーゲルマンは、ドイツ法協会（Akademie des deutschen Rechts）のこの委員会で活動していた。同委員会はいわゆるニュルンベルク人種法（Nürnberger Rassegesetz）の専門用語の解釈を行い、日常語に言い換える手助けをしていた。

75) フーゲルマン（1879年9月16日～1959年10月1日）は、終戦時、法学部の部分移転でゲッティンゲンへ移った。彼は1945年9月に名誉教授職への就任を申請した。それは、大学教授の給与全額を引き続き受領するためであった。というのは、解雇の場合、政治的不適格者として給与全額は支払われなかったからである。*Steveling*（前注31)), S. 576 参照。

76) 細目については、UA-MS Bestand 8 Nr. 9198 Bd. 1 S. 40, 43, 45, 47, 48, 54, 62, 75, 76 参照。

77) UA-MS Bestand 8 Nr. 9198 Bd. 1 S. 36. 彼は、ミュンスター大学で補習授業担当教員（Repetitor）としてもう一度働くことを考えて、以前から活動していたようである。これにつき、ホフマン学部長による1946年4月25日付書簡の批判的論調 UA-MS Bestand 37/50（番号欠如）参照。

78) それにも拘らず、彼は、1947年9月16日に68歳に達し定年を迎えた。結局、フーゲルマンは不適格者（第5等級）と判定され、名誉教授職に就いた。*Steveling*（前注31)), S. 569ff., 574 ; *Felz*（前注54)), S. 377 参照。

そのため、ヴェスターマンはその後の数学期も相変わらず非常勤職に甘んじなければならなかった。それでも、1947年は、ヴェスターマン個人にとって、よい年であった。というのは、妻のパウラと三人の息子がオランダからの出国を許され、一家は二年後についに悲惨な境遇を終わらせることができたからである。この私生活における幸運も決して偶然に訪れたものではなかった。ヴェスターマンは、家族との再会を果たすために、巧みな外交手腕を発揮しなければならなかった。彼はこの間にイギリス占領軍司令部の将校と親しくなっていた。この将校の助言に基づいて、レーアに成人教育機関が創設され、開校と引き換えに、ヴェスターマン夫人が三人の子供たちを連れてオランダを出国することができるよう、イギリス占領軍司令部が尽力するという約束が交わされた[79]。この約束が果たされたことで、フーゲルマンという人的障害が取り除かれた。彼が1947年4月1日に名誉教授となったからである[80]。

　しかし、ミュンスター大学でも州政府のあるデュッセルドルフでも、彼の任用を巡る審議がさらに延々と続いた。1945年5月になっても、ヴェスターマンの任用はまだ宙に浮いたままであった。ヴェスターマンのケースは最高意思決定機関の政治判断に委ねられた。この間にノルトライン・ヴェストファーレン州政府の首相に上り詰めていた、ヴェストファーレンの前首相、ルードルフ・アーメルンクセン（Rudolf Amelunxen）──彼は第一回州議会選挙の後アルノルツ（Arnolds）内閣の社会保障大臣であった──さえ、ヴェストファーレン州に不利益が生じないよう、ヴェスターマンの任用促進についてわざわざ所管の教育省に働きかけたほどであった。この間にフーゲルマンが名誉教授となっていたにも拘らず、ヴェスターマンの任用がさらに遅れた理由として、ヴェスターマンの非ナチ化手続上の「判定」がまだ終了していなかったといった事情もあったのかもしれない。1947年10月1日付教育大臣の書簡では、「財務大臣閣下がヴェスターマンの招聘に……同意された後、本官は、内閣に提出するため、非ナチ化に関する中央委員会が行う『判定』に関する証明書を必要とす

---

79)　2013年1月の息子ハルム・ペーター・ヴェスターマンの情報。
80)　*Steveling*（前注31）), S. 588.

る」という表現で、ヴェスターマンの任用が 1946 年 11 月 4 日にすでに認められていた旨、述べられている。ヴェスターマンはなるほど 1945 年 11 月にはすでにイギリス占領軍司令部により「良好」と判定されていた。大学の選考委員会もこのことを確認していた。中央委員会が彼を最初に「シンパ」(第四等級)に分類していたのに対して、ヴェスターマンは不服を申し立て、それが認められた。その後、ヴェスターマンは、1948 年 9 月 8 日に、非ナチ化に関する委員会により第五等級（責任なし）に分類されている旨、記載している[81]。最終的に、この判定結果とアーメルンクセンによる働きかけとの相乗効果で、事態は打開された。1948 年 10 月 4 日に、任用の合意書が提出された。ヴェスターマンは 1948 年 10 月 20 日にこの合意書に署名していた。この合意には、もちろん同時に兼職として、複数の所長職を有する法学研究所（Rechtswissenschaftliches Institut）の所長職だけでなく、協同組合制度研究所（genossenschaftliches Institut）所長職への就任要請も含まれていた。

　このような経緯があったにも拘らず、ヴェスターマンの任用はまたもデュッセルドルフで停止した。ミュンスター大学法学部は 1948 年 12 月 9 日に改めて州政府に警告文を発した[82]。州政府では、1949 年 2 月 14 日の閣議においてようやく、長い間空席が続いた民法・民事訴訟法担当の正教授職にヴェスターマンを予定通り採用する旨の最終決定が行われた。その任命書は 1949 年 4 月 7 日に彼に手渡された。しかし、ヴェスターマンは、ミュンスターで彼に宿舎が斡旋されるか否かによって、就任宣誓を行うか否かを決めようと考えていた。ドイツ連邦共和国創設直後の 1949 年 10 月末に、一家はミュンスター大学への就任に至る最後のハードルを越えた。ヴェスターマン一家五人はグレーヴェナ

---

81) UA-MS Bestand 8 Nr. 9198 Bd. 1 S. 83 参照。ヴェスターマンの非ナチ化につき詳細なものとして、*Steveling*（前注 31)), S. 650f. ──これに付された証拠 UA-MS Bestand 37/50（番号欠如資料多数）参照。不適格者という分類を行った最終文書には確かに 1948 年 11 月 28 日という日付が付されているが、しかし、この手続はそれ以上、問題とならなかった。

82) UA-MS Bestand 8 Nr. 9198 Bd. 1 S. 75.

一通り 148 番地の三階に五部屋ある宿舎に引っ越すことができた。この宿舎は、もちろん、当初は、1 組の夫婦とある年嵩の夫人と共同で使用しなければならなかった。この夫婦はすぐに自分たちの住まいを手に入れたが、年嵩の夫人の方はそうではなかった。ヴェスターマンはまたもや現実的な策略家であることを示した。彼は年嵩の夫人に対して明け渡しを求める訴えを提起し、迅速に処理するため、この夫人に少し小さな住まいを斡旋した。彼は、夫人に転居用資金を貸与することで、夫人の同意を得た。最終的に、民法・民事訴訟法担当正教授としての宣誓は 1950 年 11 月 7 日に行われた[83]。ヴェスターマンのミュンスター大学への着任は最後であった。彼が正教授となったのはほぼ 40 歳の頃であった。彼は、講義とは別に、彼自身の学問的関心事に専念し、ミュンスターでその名を高めることに取り組むことができた。彼はこのことを素早くやり遂げた。

ヴェスターマンが 1945 年から 1949 年までに出版した著作については、現在、記録がない。この点は、時代状況が安定していなかったこと、紙が欠乏していたこと、そして、ヴェスターマンが 1951 年に刊行された物権法の大部の教科書を執筆する準備に充てていたこと、これらに起因したものであろう。

IV. 肥沃な時期（1951 年～ 1968 年）

1　ミュンスター大学における昇進の早さ——学部長および学長

ミュンスター出身の写真家、ヴィリィ・ヘンシャイト（Willi Hänscheid）は、個展——この個展は後に書籍化された——において、1957 年から 1968 年までを「肥沃な時期」[84]と呼んでいた。ヴェスターマン自身の肥沃な時期が始まっ

---

83)　UA-MS Bestand 8 Nr. 9198 Bd. 1 S. 24.
84)　*Haunfelder/Hänscheid*, Die fetten Jahre : Münster 1957（1968 年までの写真を添えた），2. Aufl. 2005. この章の見出しがヴェスターマンの身体的特徴をあてこすったものではないという指摘を脚注で明示することは許されよう。彼は、人事調書（前注

たのは、それより少し前であったが、遅くとも 1968 年には同様に終わりを告げた。ヴェスターマンは、ミュンスター大学に任用される前、そしてミュンスターへ転居する前から、特にその素晴らしい講義を通じて、その名を馳せていた。また、彼の組織・行政に関する手腕が注目を集めるのにさほど時間はかからなかった。学年歴でいえば 1952 年／1953 年になるが、ヴェスターマンは早くもミュンスター大学法・国家学部の学部長になった。ミュンスターで依然として復興作業が行われていたこの時期、同学部にとって重要な幾多の決断が行われた。たとえば、1951 年から 1953 年にかけて法学部棟（Juridicum）――そこには、こんにち、法学部と経済学部が入居している――が新築された。同棟が建設されるまで、同学部が利用できるスペースはきわめて限られていた。ヴェスターマンは、新しい法学部棟が 1954 年に利用できるようになっても、大学の研究室を利用できず、もっぱら自宅で研究しなければならない状況であったことを、1956 年に、大学本部に認めさせている[85]。

　彼の仕事は学部長職で終わらず、学年歴でいえば 1953 年／1954 年には学長に選任された。学長職を引き受けたことで、彼は、大学全体を視野に入れて復興計画を続行することができた。ミュンスターでは徐々に安定に向かっていたが、それでも、敗戦の影響がなお日々の生活を支配していた。シュロスと呼ばれる城館（Schloss）の再建が終わったため、大学本部は 1954 年にシュロスに入居できた。さらに、彼は、たとえば、シュラウン通りに建つエヴァンゲリッシェ改革派の大学教会の修復、そして、大学基本規程の制定に向けて尽力した[86]。しかし、すべてうまくいったわけではない。たとえば、ヴェスターマンは修復されたシュロス内で 10 教室を維持し、さらに拡充するよう全力を尽く

---

16)) によれば、身長 186 センチメートルであり、本書添付の写真で分かるように、年齢を重ねても、痩せて骨ばっていた。

85) UA-MS Bestand 8 Nr. 9198 Bd. 1 S. 115. 1957 年になって初めて、ヴェスターマン一家はメェルマンス小路 15 番地（Möllmannsweg 15）に自分たちの住まいを持てた。

86) 1974 年 7 月 19 日付ミュンスター新聞（Münstersche Zeitung）の記事および UA-MS Bestand 8 Nr. 9198 Bd. 1 S. 228 参照。

したが、最終的に、こんにちシュロスの上にそびえたつ塔に席を譲らなければならなかった[87]。

2　引き抜きの試み——ヴェスターマンは誠実にミュンスター大学にとどまる

ヴェスターマンが学者としてどのような成果を上げたか、その質がいかに高いものであったのかが歴史の浅い連邦共和国で人に知られるのに、さほど長くはかからなかった。彼は十年間に四つの大学から招聘された。四という数字は、ミュンスター大学への最初の招聘を除いたものであり、アーデナウアー首相在任時代のほぼすべてに亘って行われた。ミュンヒェン大学（1954年）、ケルン大学（1959年）、ヴィーン大学（1961年）、そして、フライブルク大学（1964年）、これらがそうである。少なくともミュンヒェン大学への招聘（学長職在任中）と彼が大学生活を過ごしたフライブルク大学への招聘の二件は、ミュンスター大学にとって、火災事故にも相当する危ういものであったし、ミュンスター大学にとどまる特別の事情がなかったとしたならば、ヴェスターマンは確実に移籍していたことであろう。残留交渉の詳細はヴェスターマンの人事記録に仔細に記録されているが、ここでその一つ一つを再現することはできない。たとえ規模が違っていたにせよ、総じて、ヴェスターマンが毎回断固としてミュンスター大学の研究教育環境を改善していたことは明らかである。ミュンヒェン大学がブロマイヤー（Blomeyer）の後任教授として彼を招聘したことは、彼にとってまたとない栄誉であった[88]。彼にとって重要な問題は聴講料の配分であった。ヴェスターマンは年額10,000ドイツマルクを要求したが、回答は7,000ドイツマルクにとどまっていた。招聘のたびにしばしば問題となったのは、特に捉えどころのない事情であった。ヴェスターマン一家はミュンヒェン南西部のグレーフェルフィンク（Gräfelfing）に転居しようと考えていた[89]。と

---

87) 2013年1月のリューテルス氏の口頭での情報。
88) 同時期にマックス・カーザーが、四年後にロルフ・ディーツがミュンヒェン大学に招聘された。

いうのは、ミュンヒェン大学での講義が交通量の多い地区で行われていたうえ、ヴェスターマンは毎日大学に通わなければならないこととなるからである。彼が自動車の運転免許を取得したのは大人になってからであり、積極的に習ったわけではなかったので、運転に習熟していなかった。この点が拒絶の決定的理由となった[90]。ミュンヒェン大学への招聘が世間の注目を集めていたとき、ヴェスターマンは別の大学からまたも悩ましい招聘を受けた。この招聘は、彼を高く評価し、賞賛するものであるというだけにとどまらず、検討に値する内容を含んだものであったため、彼は最初の招聘よりもむしろこちらの招聘を受けるかどうか、真剣に考えた[91]。それでも、彼は、最終的に、誠実さを発揮してミュンスター大学にとどまった。ケルン大学への招聘 (1959 年) は彼にとってさほど心を揺さぶられるようなものではなかった。彼はミュンスター大学で特に懸案の給与を巡る問題の解決にあたった[92]。

ヴィーン大学への招聘 (1961 年) は、ヴェスターマンが協同組合法の分野で特色ある研究を行っていたこと、そして、彼が特にプラハ大学時代にオーストリア法研究を経験していたこと、これらに基づいて行われていた。彼はドイツ民法典とオーストリア一般民法典との比較法的研究を行っていた[93]が、この研究はミュンスター大学にとっておそらく現実にはさほど危険なものではなかった。ヴェスターマンはこの間に 55 歳になっていたが、今度はフライブルク

---

89) 1954 年 6 月 2 日付ミュンヒェン大学エルメナウ (*Elmenau*) 法学部長の手紙参照。この手紙には、子どもたちが通う学校と住まいの建築計画に関する情報が記されていた。UA-MS Bestand 8 Nr. 9198 Bd. 1 S. 119 およびその裏面。
90) 息子ハルム・ペーター・ヴェスターマンの口頭での情報。*Steveling* (前注 31))、S. 653f. m. Fn. 236 によれば、健康上の理由が追加されている。
91) 2013 年 1 月の息子ハルム・ペーター・ヴェスターマンの情報。
92) UA-MS Bestand 8 Nr. 9198 Bd. 1 S. 131-132 参照。1957 年 9 月 9 日付、両面に書かれた 4 頁の手紙で、ヴェスターマンは、ミュンヒェン大学への招聘の際に約束された給与の昇給が、予期に反して聴講料が高額となりすぎることから、その計算違いを厳しく追及しないようにしていた。
93) この点について、後にヴェスターマン (前注 63)) S. 18 は、むしろ懐疑的な姿勢を示していた。

大学への招聘（1964 年）によってふたたび煩わされることとなった。当時の学部長シェルスキィ（Schelsky）の書簡では、考え得る最高の給与水準にヴェスターマンがランクされていたことが明確に示されている[94]。しかし、招聘の諾否の検討に際して、給与の額は問題にならなかった。というのは、ヴェスターマンは、この時期、鑑定書の作成や仲裁手続への参加を通じて、少なくとも学部の同僚たちよりもずっと多く稼いでいたことが確かだったからである[95]。

3　ネットワーク構築者

　ヴェスターマンは、任用された後すぐに、ミュンスター大学でリーダーシップを発揮した。教授の任用の場合が典型であるが、彼は、学部内であらゆる重要な局面に決定的に関与した。しかし、ヴェスターマンが何事も一人で決めていたわけではない。当時優勢であった民法の分野で、カーザー、ディーツ、ヴェスターマンは三巨頭、略して「K-D-W」と呼ばれていた。この略号の発音は、当時新興のベルリン西地区に建てられたことから、「西のデパート（Kaufhaus des Westens）」の頭文字をとって、KaDeWe と呼ばれた老舗百貨店を連想させる。この「西のデパート」がなかったなら、法学部には何もなかったと言ってよいほど、彼ら三人は存在感を発揮していた。ローマ法の正教授、マックス・カーザー（Max Kaser）は、ヴェスターマンと一緒に 1954 年にミュンヒェン大学への招聘を受け、その後ゲッティンゲン大学への招聘（1951 年）を単独で受けていたが、彼はいずれの招聘をも拒否していた[96]。彼は 1933 年以来所属し

---

[94]　UA-MS Bestand 8 Nr. 9198 Bd. 1 S. 161.
[95]　彼の息子ハルム・ペーター・ヴェスターマンが 2013 年 1 月に行われた対話において述べていたところによると、ブライスガウですでに購入を予定していた、傾斜地に立つ家への引越し、そして、ドイツの南部で住まいの移転を繰り返すことは、特にヴェスターマン夫人には考えられないことであった。この拒絶には多くの理由が関わっていたと思われるが、文書類および同時代の証人による限り、これ以上明らかにすることはできない。
[96]　マックス・カーザー（1906 年 4 月 21 日生まれ、1997 年 1 月 13 日逝去）。ミュンスター大学における彼の役割について詳しいものとして、*Steveling*（前注 31)), S.

ていた同学部を去って、1959年にハンブルク大学へ移籍した。労働法学者、ディーツ——彼は1950年代初めにミュンスター大学に赴任した——は、1958年にミュンヒェン大学に移籍した。これら同僚たちの移籍はヴェスターマンにとって確かに痛手であったが、彼はすぐに、学部内の主導権を握るために、新しいパートナーを見つけた。1960年代の新しい三巨星は、ブロクス、シェルスキィ、ヴェスターマンの三人であった。法社会学者、ヘルムート・シェルスキィ（Helmut Schelsky）[97]は1960年にミュンスター大学に着任した。ヘーファーメール（Hefermehl）の後任として、すでにミュンスター大学で大学教授資格取得論文を書いていたハンス・ブロクスが1962年に任用された背景には、ヴェスターマンの決定的なサポートがあった。大学教授資格取得論文を書いていない、司法部出身のライニッケ（Reinicke）とヴェセルス（Wessels）——ヴェッセルスはヴェスターマンのもとで博士学位取得論文を書いていた——の任用もすべてヴェスターマンの御蔭である。ヴェスターマンにとっては、講義の質を確保することの方が著作目録の豊富さよりもずっと重要であった。彼はまた著名な大家をミュンスター大学へ呼ぼうと努めた。ディーツの後任候補者は、当時すでにヴェスターマンのように連邦共和国全域に知られたヴォルフガンク・ヘーファーメール（Wolfgang Hefermehl）であったが、彼は労働法分野でほとんど何も書いていなかったに等しい[98]。

他方で、ヴェスターマンには多くの同僚の感情を害するような行動もあっ

260f., 515f., 644ff., 670および、1945年までの時期に触れた *Felz*（前注54))、S. 373f. 参照。

97) 彼について詳しいものとして本書所収、*Gutmann/Wittreck/Krawiez,* Helmut Shelsky (1912-1984) —— Von der späten Skepsis einer euphorischen Generation 参照。

98) ヘーファメール（1906年〜2002年）はヴェスターマンに不快の念を抱いていたため、わずか3ゼメスター（1959年／1960年冬学期〜1960年／1961年冬学期）しか在籍せず、その後、ハイデルベルク大学へ移籍した。*Steveling*（前注31))、S. 671参照。また、ヘーファメールについて詳しいものとして、その弟子、*Peter Ulmer,* in: Grundmann/Riesenhuber (Hrsg.), Deutschsprachige Zivilrechtslehrer des 20. Jahrhunderts in Berichten ihrer Schüler, Bd. 1, S. 239ff. 参照。

た。というのは、彼が批判をためらわなかったからである。彼の「舌鋒の鋭さ」は周りを心配させ、「君の話は簡単過ぎて、腹が立つ」[99]といった彼の言葉が伝説にさえなった。彼は同僚を無遠慮に批判した。ヴェスターマンは特に英国への亡命から帰国していた同僚の刑法学者のヴェークナー（Wegner）――彼は高齢になってからプロテスタントの説教者からカトリックへと改宗し、カトリック神学の学修を終えただけにとどまらず、カトリックのやり方に関する知識をこれ見よがしにひけらかしていた――を、公然と意地悪く挙げつらった。ヴェークナーはもちろんヴェスターマンから指弾を受けた被害者の一人にすぎない。彼の人生には、多くの出来事があった[100]。

ヴェークナーは、結局、――ヴェスターマンやディーツとの間にあった確執も移籍の一因となったことであろうが――1960年代初めにハレ大学（原文通り）に移籍し、もちろん同地でドイツの再統一とホーエンツォレルン領邦君主家の再興を求めて活動した。このことは、しかし、彼が学者として活動するうえですぐに命取りになった。刑法学者のペータース――彼はヴェークナーの先行きを心配し、彼の行動に腹を立てていた――もヴェスターマンとは折り合いが悪かった。彼は同学部を1962年に去り、弟子バウマン（Baumann）の紹介によりテュービンゲン大学に移籍した[101]。公法分野でヴェスターマンと同じ役割を演じていたのは、ハンス・ユリウス・ヴォルフ――ヴェスターマンはプラハ大学で一緒に数年を過ごした経験から彼を高く評価していた――であった。一人一人はそれぞれに最優先事項を抱えていたにも拘らず、当時の学部は全体として、同僚同士、きわめて良好な人間関係を築いており、広範囲に亘って平和であった。この学部は時には大家族のような雰囲気を醸し出していた[102]。たと

---

99) 参照できるのは、*Kollhosser*（前注1)), S. 78 ; *Rüthers,* JZ 1986, 744 のみである。
100) 彼については、*Felz*（前注54)), S. 378f. 参照。
101) リューテルス氏の情報。ペータースについては、本書所収の *Heghmanns,* Im Streit für die Gerechtigkeit : Der Strafprozessrechtler Karl Peters (1904-1998) 参照。
102) そのようなものとして、少なくとも *Steveling*（前注31)), S. 710f. による特徴付け（Charakterisierung）参照。

えミュンヒェン大学に移籍したディーツがペータースとヴェークナーの転出について、「ミュンスターにはまだヴェスターマンと取るに足らない連中が残っている」[103]と悪口を言っていたとしても、このことに変わりはない。

ヴェスターマンはミュンスター大学の内部に際立ったネットワークを築いていただけではなかった。彼の人脈はさらに広がり、連邦共和国全域、そして部分的ではあったが、オーストリアとオランダにも及んでいた。たとえば、ヴェスターマンは、1951年に、民法学者研究大会 (Zivilrechtslehrervereinigung) およびドイツ・オランダ法曹研究大会 (Deutsch-niederländische Juristenvereinigung) の共同発起人となり、こんにちなお実施されている、ミュンスター大学・ナイメーヘン大学の交流事業を始めた。交流活動の相手は、他大学法学部にとどまらず、法律実務、特に裁判実務と行政実務にも亘っていた[104]。このことは、たとえば、ヴェスターマンが大量にこなしてきた鑑定書に現れているだけではない。彼は、ミュンスター大学全体を発展させるために、つねに、産業界や行政実務といつも連絡をとっていた。彼は、特に自分が長い間に亘って副会長を務めていたミュンスター大学後援会 (Fördergesellschaft der Universität Münster) を介してこの人脈を利用した。ミュンスター大学、ミュンスター市およびその周辺地域、これらの間で築かれたネットワークをさらに充実させるため、彼は、毎年、城内庭園 (Schlossgarten) でサマーフェストを開催した。ミュンスターで伝説となっているのが、1950年代末に彼が推進したローテンベルゲ山荘 (Landhaus Rothenberge) である。この山荘はオランダ出身の実業家一家からミュンスター大学に遺贈されたものであるが、何世代にも亘る学生たちが、ミュンスター北西部、ヴェットリンゲン (Wettringen) 近くの人里離れたところにあるこの山荘を利用して、指導教員と一緒にゼミを行うことができた。ヴェスターマンはゼミ生とともにこの山荘を定期的に利用した。彼はここで3泊ない

---

103) *Steveling*（前注31）), S. 711 参照。
104) すでに1954年に刊行され、その後、連邦住宅建設大臣の委託で作成された鑑定書、„Bauliches Nachbarrecht（建設相隣法）"、Schriftenreihe des Bundesministers für Wohnungsbau 参照。

し4泊のゼミ合宿を行い、ゼミ生たちと集中討議を行った。もちろん、彼は、時にカッとなって衝動的に行動するフリースラント人特有の気質に由来する自分の弱点を知っていた。自分の報告がうまくいかないのではないかと思う報告者がいた場合、彼は、「自分が常軌を逸した行動をとらないようにするため」[105]、決まって議論の司会役を助手たちに任せていた。

4 教員、助言者および研究者──こんにち知られている著作の執筆

ヴェスターマンのゼミナール──この範疇には、選抜された多数の優秀な博士学位取得論文執筆予定者に、他の講座の助手でありながら、彼が育成に値するとみた者も加わった私的なゼミナールも含まれている──は、彼の教育活動にとって、講義と同様、中心的な役割を演じていた[106]。彼は、しばしば標準とされた授業時間数よりも多くの講義を担当し、学長職在任中でさえ、毎週3ないし4時間の講義を担当していた。非常時には、たとえば、ヴァカンスの時期でも、彼は週12時間も講義を担当した。当時の講義担当義務は週6時間であって、こんにちのように9時間ではなかった[107]。彼は講義で、たぐいまれな教育能力を発揮し、つねに多数の聴講生を引き付けた。学生たちはしばしば、──彼の講義が学年歴で開講されていなかった場合でも[108]──好んで「ハリー」──学生たちは親愛の情を込めて彼をこう呼んでいた──が担当していた講義のすべてを聴講した。彼がしばしば個々の聴講生をまともに相手にしてい

---

105) 2013年1月の電話での会話におけるリュテルス氏の情報。彼は、今でも、ヴェスターマンと一緒にローテンベルゲ山荘で何度も行った合宿ゼミのことをはっきりと覚えている。
106) *Rüthers*, JZ 1986, 744 および2013年1月の会話における私的なゼミナールについての詳細な報告参照。
107) 「高額」となった聴講料をミュンヒェン大学の招聘に起因する昇給分に算入することの是非を巡る大学本部との争いに関するヴェスターマンの記述（前注92））参照。
108) 多くのものに代えて、2013年1月のベルント・リューテルスおよびベルンハルト・グロスフェルトの情報ならびに *Kollhosser*（前注1))、S. 78f.; *Rüthers*, JZ 1986, 744 参照。

なかった場合でも、そのために彼の人望が失われることはなかった[109]。

仕事における二本柱、すなわち、教育と研究に加え、ヴェスターマンは何十年も実務の助言者として相談を受け、たくさんの鑑定書を書き、再三にわたって仲裁手続に関与した[110]。彼が特に助言を与えたのは、政治スキャンダルを起こしたフリックス社事件（Die Flicks）である。彼の鑑定書は、——おおむねそうであるように——会社法分野の紛争に向けた実定法解釈学だけでなく、しばしば立法論にも及んでいた。彼の人事記録には、中規模企業の諮問委員会委員——この職は、当時は普通のことであったが、有給であった——という副業に従事することの許可も記載されている[111]。

ヴェスターマンの広範囲に及ぶ活動は、この時代の多数の出版物から読み取ることができるだけでなく、彼が単独所長や共同所長または主催者として参加していた多くの研究所の活動からも読み取ることができる。ヴェスターマンは、任用直後から、協同組合制度研究所（Institut für Genossenschaftswesen）の共同所長を引き受けていた。この研究所は、彼がまだ任用される前に、彼の協力を得て1947年に設立された機関であって[112]、こんにちまで経済学者と法律学者の学際的研究施設となっている。1960年代初めに協同組合制度担当の正教授ポストが空席となった一時期、彼はこの研究所を単独で運営していた[113]。協同組合法は、ヴェスターマンが大学教授資格取得論文を書いていた時期以降ずっと、彼の研究テーマであった。彼は、ミュンスター大学に奉職する前から、

---

[109] 言い伝えられているのは、（ひげを蓄えたヒッピーに対する）次のような言葉である。いわく「ひげが生えすぎて何も見えなくなる前に、また会えてよかった」と。また、おしゃべりの学生が休んだとき、「彼が遺した空白部分が、欠席した彼の代わりに存在している」と。*Kollhosser*（前注1）, S. 79 参照。

[110] 多くのものに代えて、*Rüthers,* JZ 1986, 744 参照。

[111] UA-MS Bestand 8 Nr. 9198 Bd. 1 S. 172f.

[112] その根拠について詳しいものとして、*Peters,* in: Vorstand der Forschungsgesellschaft für Genossenschaftswesen (Hrsg.), Genossenschaftliche Forschung und Praxis, Münster 1974, S. 20f. 参照。

[113] 個別的な点については、*Boettcher,* in: Genossenschaftliche Forschung（前注112）) S. 16, 18 参照。

土地法学者・森林法学者として名を成しており、旧森林組合の協同組合的性質を取り上げていた。土地法・森林法の研究は、1945年以降、もちろん下火になっている。ヴェスターマンは、しばしばそうであるように、時代の特徴をよく捉えていて、1956年に、ディーツと一緒に、鉱業法・ヨーロッパ石炭鉄鋼共同体法研究所（Institut für Bergrecht und Recht der Montanunion）を創設した[114]。ヴェスターマンの業績の中では、本来の鉱業法に関する著作よりも物権法およびその周辺領域に関するものが中心になっていたが、産業界による経済復興の奇跡を実現した、歴史の浅いボン共和国（Bonner Republik）では、鉱業法が政策面でより重要な地位を占めていた。その後、ヨーロッパ石炭鉄鋼共同体という構想が統合の初期段階にあたることが判明し、ヨーロッパ経済共同体が創設された時、ヴェスターマンはこの研究所の名称を1960年代初めに鉱業法・エネルギー法研究所（Institut für Berg- und Energierecht）に改めた[115]。さらに、ヴェスターマンは都市計画法中央研究所（Zentralinstitutut für Planungsrecht）――この研究所はこんにちでは公法部門に限定されている――の創設にも重要な役割を果たした。ヴェスターマンは時代の特徴をよく知っており、土地法学者の立場を活かし、技術万能の1970年代に空想に満ちた土地計画とそれに基づく地域改革が行われるはるか以前に、この研究所を他の同僚と一緒に創設した。

　1950年から1968年までの時期に書かれたヴェスターマンのその余の著作をみると、すでに確立していた物権法と協同組合法という二本の柱の他、特に団

---

114)　*Felz*（前注54）），S. 382.
115)　この名称は、彼の後任ヴォルフガンク・ハルムス（Wolfgang *Harms*）およびヴォルフラーム・ティム（Wolfram *Timm*）のもとでも維持されていた。二番目の後継者ティムが1999年に名称を「ドイツ・ヨーロッパ企業法研究所（Institut für Deutsches und Europäisches Unternehmensrecht）」と改めた。その後、同研究所は、小稿の筆者の発議に基づいて、2009年に再度「企業法・資本市場法研究所（Institut für Unternehmens- und Kapitalmarktrecht）」と改名した。ヴェスターマンの講座の目下の正教授はフラウケ・ヴェーデマン（Frauke *Wedemann*）である。彼女は、2012年以降、ヴォルフラーム・ティムにより選ばれた後継者としてミュンスター大学で教えている。

体法（Gesellschaftsrecht）が——それも団体法全般に亘って——付け加わった点が注目される。小稿の課題は、ヴェスターマンの著作を逐一取り上げて事細かに論評することにはない[116]が、彼の業績の中で、灯台のように指標的役割を果たした作品として挙げられるのが、『物権法大教科書（gorßes Lehrbuch zum Sachenrecht）』——同書は1951年以降第5版まで刊行されている——と『人的団体法ハンドブック（Handbuch der Personengesellschaften）』である。両書とも、こんにちなお、彼の息子によって編集され、継続されている[117]。

5　三本柱と集光レンズでみた彼の著作の全体像

以下では、簡単ではあるが、代表的研究分野ごとに、著作の概要を明らかにすることとしたい。彼の業績を細かく分けようとしなければ、三本の柱を取り出すことができる。第一に、鉱業法・土地計画法を含む物権法、第二に、団体法、そして、——本来的には団体法の一部にすぎないが——第三の柱として、協同組合法、これらである。このように分けたのは、ヴェスターマンの場合、これら三分野に特別の意味が与えられているからである。彼の業績全体を眺めて特徴を捉えようとすれば、法学方法論に関する問題提起も取り上げることができよう。というのは、これがヴェスターマンの第四の研究分野を成していたからである。以下の叙述には、1968年から1974年までの時期も含まれる。というのは、ヴェスターマンの研究に関していえば、1968年以降の大学改革は区切りとはなっていないからである。

---

116)　前述Ⅱ2および *Schulte*（前注1）), S. 305, 314ff. のもとでなされている、ヴェスターマンの著作の一部についての説明参照。

117)　*Westermann*, Handbuch der Personengesellschaften. 同書はもちろん1967年に初めて刊行され、その後、加除式資料として継続刊行されている（共同編集者は、現在、ヨハネス・ヴェアテンブルフ（Johannes Wertenbruch））。このほか、*Westermann*, Sachenrecht, 8. Aufl. 2011 (Hrsg. v. Harm Peter *Westermann, Gursky* und *Eickmann*)

a 物権法

物権法は、ヴェスターマンが研究生活を始めた当初から再三にわたって取り上げていたテーマである。ここでは、細目に立ち入る余裕がない。彼の大教科書は、実定法解釈学を深く勉強している学生、他の法分野、特に債務法・民法総則との関連性に関心を抱いている学生、そして斜め読みの能力を涵養しようとしている学生、また、鉱業法[118]や土地法のようなヴェスターマンの趣味ともいえる個別領域の勉学を通して独力で学修する用意がすでに整っている学生にとって、思索力を高めるものであった。国家試験の準備を考えると、大教科書の読破は、講義ノートや簡略版教科書（Kurzlehrbuch）より負担が大きい。C.F. ミュラー社（C. F. Müller）で彼自身が始めた「重点シリーズ（Schwerpunktereihe）」の中で、彼が、1969年と1973年に、あたかも蒸留酒のように濃縮された簡略版の物権法を提示したことは、なんら驚くにはあたらない[119]。さらに新たな段階を示したのが、エルマン創始のコンパクトな携帯用民法典注釈書（Erman'scher Handkommentar zum BGB）の初版から第6版（1952年、1958年、1962年、1967年、1972年、1975年）まで続いた、物権法の主要部分（民法典第854条ないし第924条、第929条ないし第936条、第1006条および第1007条、第1112条ないし第1203条ならびに区分所有権および有期居住権に関する法律（Gesetz über das Wohnungseigentum und das Dauerwohnrecht））の注釈である。内容面で彼の関心を呼んだのは、実定法解釈学上の諸問題の他、特に債務法との関連であった。最終的なものではないが、このことは、多くの論文で取り扱われている相隣権の研究から読み取ることができる[120]。しかしながら、フラストレーション

---

118) *Westermann*, Sachenrecht, 5. Aufl. 1966, §§ 7 IV, 61 II 4, 71 III. 尤も、全体として、686頁中のわずか5頁しか書かれていない。鉱業法に関するヴェスターマンの功績について、筆者は、専門的知識を欠くため、これ以上検討することができない。ヴェスターマンの著作のこの部分について詳しいものとして、*Schulte*（前注1））, S. 305, 324f. 彼は、この法領域で現在でも活動している専門家の一人である。

119) *Westermann*, Sachenrecht, 1969, 2. Aufl. 1973；この他、彼は、このシリーズの民法総則の執筆を担当した。

120) „Der Flughafen im Raum- und Nachbarrecht", Zeitschrift für Luftrecht 1957, 259. ま

解消のため、隣人を侮辱するつもりで、「つまらない男」を意味する陶製の小人を庭先に置く権利が認められるという点にヴェスターマンが関心を抱いていると推定することは、まったくの誤りである。ヴェスターマンは、遅くとも1950年代半ばには、経済法学者としての地歩を固めた。ヴェスターマンは、評価の基礎理論の他にも、特に、環境汚染規制法および建物相隣権、生成中の建築法典（Baugesetzbuch）を含む都市空間規制法といった、こんにちでは公法分野に委ねられるような題材に至るまで、さまざまな問題に関心を寄せていた。しかし、ヴェスターマンは、視野の狭い人物ではなく、彼自身の本来の専門分野がカヴァーする範囲をはるかに越えて広い視野を持っていた[121]。この点をみても、ヴェスターマンが都市計画中央研究所（Zentralinstitut für Raumplanung）の有力な指導者の一人であったことも明らかになる。彼が時として時代に先んじていたことを証明しているのは、1958年に刊行された「空気浄化および清浄な空気の維持ならびに相隣権の改善のためにどのような立法措置が必要か」と題された短編である。

b 団体法

団体法分野でこんにちなおヴェスターマンの功績が残されているかを団体法学者に尋ねてみると、たちどころに『人的団体法ハンドブック（Handbuch der Personengesellschaften）』という答えが得られよう。この本は1967年に刊行され、こんにちまで加除式資料として出版されている。「ハンドブック」という言い方は、もちろんハンザ同盟都市特有の最も適切かつ控え目な表現であった[122]。この本は、こんにちに至るまで、学問的にみて多くの要請に応え得る一

た、„Die Funktion des Nachbarrechts. Zugleich eine Untersuchung der Bedeutung des Immissionsschutzrechts für das Privatrecht", FS *Larenz* 1973, S. 1003 のみ参照。内容上の重点について詳しいものとして、*Schulte*（前注1))，S. 305, 319ff.

121) その手本として、*Westermann*, Die Befugnis zum Bauen nach der Rechtsprechung und dem BBauG als Frage der Inhaltsbestimmung des Grundeigentums im Rahmen von Art. 14 GG, FS *Nipperdey*, Bd. II, S. 765.

122) レーアと異なり、ミュンスターは、たとえその重要性がこんにちずっと少なくな

冊である。よく言えば、この本は体系的注釈という点に特徴がある。というのは、同書は、少数の実務家が二、三週間かけて週末を利用し、実務用に書き写す手掛かりという以上の価値を有するものだからである。この点に着目するのは、実務が今では時としてハンドブックという概念と結び付けられていることによる。この本には、人的団体法上重要な個々の問題に対する答えが見出されるし、また実務上重要な租税法にも言及されている。個別的事項の説明はこれまでのものとはまったく違っている。ヴェスターマン記念論文集（Festschrift für Westermann）の末尾に収録されている団体法関連論文のリストを仔細に吟味してみると[123]、ヴェスターマンの業績から、ヴェスターマンをもっぱら人的団体法学者であるとか、彼を特にこの主題に集中して研究を進めた人的団体法学者であるとかと決め付けることはほとんど考えられない。まず目立つのは、1959年まではそもそも協同組合法に関する論文だけが刊行されていたこと、そして、専門誌「Steuer und Recht（租税と法）」に掲載された最初の論文「有限責任会社の事業目的への適応（Anpassung der GmbH an den Zweck des Unternehmens）」が影響力のある場所に掲載されたわけではなかったこと、これらである。1963年から少しずつ増えてきたのが一般団体法（allgemeines Gesellschaftsrecht）に関する論文である。一般団体法の重点は株式法および組織変更法にあり、そして一般団体法というテーマ設定は、当時の大学教授がほとんど手掛けておらず、実績ある実務家もまだ明確に態度を明らかにしていなかったものである。株式法の中では、明らかに、取締役会および経営監理役会に関する法に焦点が当てられている。それゆえ、こんにちの表現でいえば、ヴェスターマンの死後数年してようやく流行りのテーマとなった「コーポレート・ガヴァナンス」分野も彼の研究対象に含まれる。ヴェスターマンと同時代の根っからの団体法学者がみれば、「コーポレート・ガヴァナンス」という概念の使用は解決済みの問題を改めて問題視することを意味するため、きっとびっくりすることであろう。この点は、ヴェスターマンがここでも時代に一歩先んじていたこと

　　っているとはいえ、いうまでもなく、歴史上のハンザ同盟に属する。
123)　*Hefermehl/Gmür/Brox* (Hrsg.), FS Westermann, 1974, S. 619-621.

を、また、きわめて広い範囲に及んだ実務への助言と仲裁人としての活動経験が彼のテーマ選択に影響を及ぼしていたことを、それぞれよく示している。エルマン版の『社団法・財団法（Vereins- und Stiftungsrecht)』における彼の注釈をみても、ヴェスターマンを人的団体法学者という狭い枠で捉えることは彼を過小評価することになるという点が示されている。

c 協同組合法

ヴェスターマンは、大学教授資格取得論文執筆作業に取り組んで以来、協同組合法を取り上げてきた。というのは、古い時代には協同組合法はまだなかったものの、基本的に森林組合の形式を採る協同組合として、森林利用活動が組織化されていたからである。これら森林組合は、きわめて著名な先例、ドイツの経済学者フランツ・ヘルマン・シュルツェ＝デリッチュ (Franz Hermann Schulze-Delitzsch) が考案した購入協同組合やドイツの地方政治家フリートリッヒ・ヴィルヘルム・ライファイゼン (Friedrich Wilhelm Raiffeisen) が考えた信用協同組合と並んで、共同組合制度の一つの出発点となっている。しかし、筆者は協同組合法のまったくの素人であり、この点にさらに立ち入ることはできないので、彼の多くの論文が協同組合法上のテーマに触れていたことを以下で確認するにとどめたい[124]。ヴェスターマンがこれらの論文で論じていたのは、共同組合という団体内での組合員の法的地位如何であり、また協同組合というアイディアそのものであった。彼は、このアイディアが自由ときずなとの統合から生まれたとみていた[125]。彼にとっては、このような、どちらかといえば古典

---

124) ここでも FS Westermann, 1974, S. 619-621 参照。協同組合法に関する彼の論文の多くは、1969 年に論文集として再度刊行された。*Westermann*, Rechtsprobleme der Genossenschaften, 1969, S. 176.

125) *Westermann*, Das rechtliche Wesen der Erwerbs- und Wirtschaftsgenossenschaften, in : Vom Wesen der Genossenschaften und ihre steuerliche Behandlung, Bd. I der Quellen und Studien des Instituts für Genossenschaftswesen an der Universität Münster, Neuwied 1951, S. 62, 67f. いわく、「協同組合の特質は、一貫して、協同組合が、すべての人的共同体にみられる、さまざまな矛盾対立する意見相互の間で、また緊

的テーマと並んで、1957年の競争制限禁止法（GWB）制定前でまったく論じられていなかったが、カルテル法・競争法という観点もまた、重要なテーマであった。ヴェスターマンは特に、リベートや値引きのために商品を提供する行為の限界如何という論点を取り上げていた。1960年代初めに協同組合法改正の計画が頓挫したが、決定的なものではないにせよ、ヴェスターマンが当時の報告者草案に反対して行った抵抗もその一因となったことであろう。その詳細な経緯については、協同組合制度研究所所長退任時に行われたヴェスターマンに対する評価が参照されなければならない[126]。

d 法学方法論全体に関する問題提起

ヴェスターマンは狭い意味での法学方法論研究者ではなかったが、彼は、方法論に関する問題提起についても再三にわたって取り組んでいた。その始まりは彼の博士学位取得論文であった（上述Ⅱ2)）。方法論に関する彼の最も重要な研究――それは、当時の議論の影響を決定的に受けていた――は、その後1955年に短編論文として仕上げられた彼の学長就任講義として公表された論文「民法分野の裁判所による紛争解決制度の本質と限界（Wesen und Grenzen der richterlichen Streitentscheidung im Zivilrecht）」である。われわれにとってこんにち自明の評価法学との対比でいえば、この論文は、若干の者により、フィリップ・ヘック（Phillip Heck）に由来する利益法学の継続的発展の一例として賛美されている[127]。ヴェスターマンがヘックのアイディアを全面的に乗り越え、

張をはらんだ両極端の意見相互の間で、内部的な調整を図ろうとする点にある。というのは、協同組合が一人一人を……協同組合の中で個人として位置付けることによって初めて、メンバー一人一人の任意の服従というかたちで、自由の確保と相互の拘束が可能となるからである……」と。

126) 特にフィーホフ（*Viehoff*）論文およびベットヒャー（*Boettcher*）論文ならびにヴェスターマン自身の回顧――in : Vorstand der Forschungsgesellschaft für Genossenschaftswesen (Hrsg.), Genossenschaftliche Forschung und Praxis, Münster 1974, S. 3ff., S. 15ff., S. 25ff. ――参照。そこでは、前述の言明の証拠も挙げられている。

127) そのようなものとして、たとえば、*Felz*（前注54)), S. 382, *Rüthers,* JZ 1986, 744.

ヘック以外の者の名前を最初に発見していたということに対して、その他の者は疑義を呈していた[128]。法学方法論を巡る歴史がこうした文脈でどのように判断されるにしても、ここで確認できるのは、実務と近いところにいたヴェスターマンが方法論的基礎をいつも念頭においていたということであり、また、方法論の問題が彼を駆り立てていたということである。ヴェスターマンこそは、実務との近さと方法論に対する意識とをうまく調和させた好例といえよう。しかし、法学方法論研究者としてのヴェスターマンがこんにちもはや重要性を持たないことも確かである[129]。ヴェスターマンのその余の論文の中に法学方法論に関するものがあるとしても、また、彼の本来の研究にもしばしばこうした方法論の応用が明らかに確認され、彼自身がそのことを公表していたとしても、こうした評価に変わりはない[130]。ヴェスターマンは、もちろん、第二次世界大戦後にみられた自然法理論の注目に値する大変革[131]を懐疑的というよりも否定的にみていた。「司法に馴染む、実定法を超えた価値の序列」をどのように見出すかという問題に対する答えは、「時代により、また文化に応じて、内容からみても、まったく異なっている」[132]。

――ヴェスターマンへの追悼文で「発展し続ける」と記されている。

128) そのようなものとして、特に彼の弟子 *Schulte*（前注 1))，S. 305, 331f. その説明では、ヴェスターマンに名称盗用者という汚名が擦り付けられている。ヴェスターマンの功績を幾分か相対化しているものとして、*Rüthers/Fischer/Birk,* Rechtstheorie, 7. Aufl. 2013, Rn. 524ff., 特に Rn. 532：――そこでは、「改宗した」「ヘックの方法論的立場を……明らかにしている」と述べられている。また Rn. 136（「文章を仕上げた」）をも参照。

129) これについて詳しいものとして、*Schulte*（前注 1))，S. 305, 332f. これには証拠が付されている。

130) *Schulte*（前注 1))，S. 305, 331 mit Fn. 135 のもとでの証拠参照。これと一致するものとして *Westermann*, Person und Persönlichkeit als Wert im Zivilrecht, 1955（全 55 頁）; *ders.*, FS Arnold, 1955, 281; *ders.*, FS 150 Jahre OLG Hamm, 1970, S. 15 参照。

131) この点について読む価値のある最近のものとして、*Foljanty,* Recht oder Gesetz. Juristische Identität und Autorität in den Naturrechtsdebatten der Nachkriegszeit, 2013.

132) *Westermann,* Wesen und Grenzen der richterlichen Streitentscheidung im Zivil-

V. 集積か後退か（1968年〜1986年）

1　輝かしい訣別と後味の悪い虚しさ——正教授職の終焉
（1968年〜1974年）

　最初の講義からほぼ20年、ヴェスターマンはこうしてミュンスター大学にうまく根付いただけでなく、歴史の浅い連邦共和国で指導的民法学者の一人に数え上げられるまでとなった。ヴェスターマンは、コンラート・アーデナウアー首相時代に——そして、ルートヴィヒ・エァハルト（Ludwig Erhard）首相時代を含めて——特徴的であった正教授のイメージを最もよく体現していた。それでも、議会外野党が登場し、また遅くとも1968年にはミュンスターにもみられるようになった学生騒動が各地で起こったことによって、ヴェスターマンの眼には、時代の暗雲——それは夕立という以上に深刻な事態をもたらしていた——が一気に取り払われたように映った。座り込みによって講義も妨害されるという体験は、彼にとって、トラウマとはならなかったにせよ、少なくとも心に刻み込まれるほど多大な影響があったに違いない。その際に、ヴェスターマン自身が封鎖された教室の前の階段に腰を下ろして、参考資料を読んでいたといった逸話も言い伝えられている。好奇心を持った学生が、一体そこで何をしているのかと彼に尋ねた時、彼は「君たちがわたくしに仕事をさせないので、わたくしは今なんとか金を稼いでいるんだ」[133]と答えたという話もある。しかし、学生騒動が収まった後の講義の雰囲気はもはや以前のそれと同じものではなかった。彼は1974年に行われた最終講義で、「わたくしがもっと面白い

---

recht, 1955, S. 17. 全般的に詳しいものとして、*Schoopmeyer,* Juristische Methode als Lebensaufgabe. Leben, Werk und Wirkungsgeschichte Phillip Hecks, 2001, S. 232ff.；*Rückert,* Savigny Zeutschrift (GA) 2008, 199, 228ff.（特に231）および要約を行っているものとして、*Schulte*（前注1））, S. 305, 334.

[133]　2013年1月のハルム・ペーター・ヴェスターマンの口頭での情報。

講義をしていたら、きっと多くの履修者がいたことであろう。それでも、ここ数年の経験からいえるが、君たちとわたくしとの間には多くの、それも活発に討論したよい想い出がある」[134]と明言していた。古城ホテルの一つ、シュロス・ヴィルキングヘーゲ (Schloss Wilkinghege) で開かれた65歳祝賀会の席で、彼はもっとはっきりと、「今思い出せば、わたくしの講義が難解であるといわれた原因は、わたくしが感情を込めて講義し、目の前にいる少なくとも素質のある一部の学生だけを相手に話していたという点にあったといわなければならない」[135]と述べていた。

　教え子の一人、シュルテ (Schulte) によれば、ヴェスターマンは、このような一部の学生との討論というやり方を講義に持ち込んだことによって、ミュンスター大学在職時代の最後の数年間、教育する喜びを台無しにしてしまった。また、ヴェスターマンが考える大学とはまったく異なるマスプロ大学の登場も彼から教育する熱意を奪ったことであろう。彼は大学を、大多数の学生の教育を担当する教育組織と少数のエリート養成大学との二つに分けることに賛成していた。彼が後者に席を置こうとしたことは明らかである[136]。彼は、法・国家学部を二つの学科に分ける案に反対したことを遺憾に思って、分割案の実現に向けて努力したが、うまくゆかなかった[137]。

　ヴェスターマンが共同決定型の大学に馴染めなかったというのは正しい。というのは、彼にとって、そのような運営方法は正教授の地位の引き下げを意味していたからである[138]。シュルテは、学生たちの参加が許されていた学部教授

---

134) *Westermann*（前注64)），S. 7.
135) *Westermann*, in: Genossenschaftliche Forschung（前注112)），S. 30. ただ、幾分か宥和的表現として、後日、次のように述べられている。「講師と学生との関係は確かに変わってきたが、それでも、諦めなければならないというほど悪化していたわけではない」と。
136) *Schulte*（前注1)），S. 305, 337f.
137) この点については、ヴェスターマン自身の言明参照。*Westermann,* in: Genossenschaftliche Forschung（前注112)），S. 25.
138) ヴェスターマンの懸念を簡明に説明しているものとして、*Boettcher,* in: Genos-

会での経験を次のように伝えている。ある時、一人の学生がヴェスターマンに「ヴェスターマンさん (Herr Westermann)」と話しかけた。このような呼び方は、当時の習慣では、同僚だけに許された言い方であった。「学生側のこうした反抗の姿勢にヴェスターマンは激怒し、すぐにこの学生を怒鳴りつけた（これ以外の言い方はできない）。『君にとって、わたくしはまだヴェスターマン教授 (Herr Professor Westermann) だ』……等々。それはひどいものだった」[139]。この学生はその後いつもヴェスターマンを「Herr Professor Doktor Westermann」と呼んでいたが、そのことで、彼の怒りはますます強まったようにみえる。

この時期、どの学部に対しても口を出していた大学本部側の官僚主義の増長も、彼に不快の念を抱かせる一因となった。彼は、最終講義に際し、並み居るシュロスの多くの大学幹部の前で、彼なりの皮肉な言い方とミュンスター風の言葉遣いで、大学本部が当時どのようにみられていたかという点について述べた。「こんにち、わたくしは長期に亘った活動に基づくいくつかの観点についてのみ、わたくし自身が『なるほど幾分か問題であると考えてはいるものの、それでも根本的に好ましい』とみていた講義についてだけ話すこととします。このため、わが大学の本部については何もお話しできません」[140]と。

ヴェスターマンがミュンスター大学で今後も引き続き敬意を払われる存在であり、また彼が高く評価され、なお強い影響力を持ち続けると考えられたとしても、上述した状況が、彼に、できるだけ早い時期、すなわち65歳になったらさまざまな公務から離れ、教育活動を終えるという決断を早めさせた。彼の回顧録をみると、上述の理由、すなわち、彼が今からは学問的な研究計画と進行中の立法計画に対する鑑定書作成に全面的に集中しようとしている[141]こと

---

senschaftliche Forschung（前注112))、S. 18参照。ヴェスターマンいわく、「それは何といっても、学費が値上げされるのに、サーヴィスが却って低下するマスプロ大学に切り替わるのではないかという、大学それ自体についての心配であった」と。

139) *Schulte*（前注1))、S. 305, 336.
140) *Westermann*（前注64))、S. 9 ; *ders.,* In : Genossenschaftliche Forschung（前注112))、S. 30.
141) UA-MS Bestand 8 Nr. 9198 Bd. 1 S. 221-222.

が、この決断の大きな原因であったようにみえる。1974年7月18日に超満員のF1教室で行われた最終講義はもちろん華々しく演出された退場劇であった。この講義には過去40年間に学んだ履修者が近隣はもとより遠くからも馳せ参じ、地元のメディアでも大きくかつ詳細に報道された[142]。この他、特筆されるのが、祝賀記念論文集――これは彼の65歳の誕生日に捧げられたものであって、70歳になって初めて贈られたものではない[143]――と祝賀記念講演会――この行事は、長年に亘った共同所長の退任を称えるものであった[144]――である。法学部は、彼の75歳の誕生日に改めて学術記念集会を開催した[145]。

1968年から1974年までの時期における彼の著作については上述（Ⅳ4））のことがあてはまる。この時期における彼の成果は数量的には「肥沃な時期」に比して増えている。というのは、推測するに、彼が教育に割く時間が減ったためであろう。

2 その後の著作（1974年～1986年）と死後の影響

ヴェスターマンは、名誉教授となってからも活動を続けた。彼は、エルマン版およびハンドブック人的団体法の注釈作業を続行し、またいくつかの論文を、特に記念論文集への寄稿のかたちで公表した他、鑑定書の作成や仲裁手続への参加を通して実務への影響力を保持した。しかし、彼が名誉教授職への早期退職を求める書類に記していた、物権法教科書の新版を準備する時間はもはや彼に残されていなかった。1973年に、所有権概念を巡っていまだ進行中の論議についての補遺が公表されたが、それは従来の思考にとどまるものであっ

---

142) 地元の二紙「ウェストファーレン通信（Westfälische Nachrichten）」および「ミュンスター新聞（Münstersche Zeitung）」の記事のみ参照。これらの報告や記事を収録するものとして、UA-MS Bestand 8 Nr. 9198 Bd. 1 S. 227-236.
143) *Hefermehl/Gmür/Brox* (Hrsg.), Festschrift für Harry Westermann, 1974 参照。
144) すでに前述した Genossenschaftliche Forschung（前注112））参照。
145) シュリューターおよびグロスフェルトの祝辞、リューテルスの祝賀講演、これらはすでに刊行されている。In : Akademischer Festakt der Fachbereiche Rechtswissenschaften und Wirtschafts- und Sozialwissenschaften, 1984.

た[146]。彼のその後の著作に新しいテーマを見つけることはもはや期待できない。

　総じて、彼は、特定のテーマに焦点を合わせて研究する度合いを強め、そして、65歳の誕生日祝賀会の折に予告していた通り、法律以外の自由な活動や地元のサッカー協会の顧問としての活動にあてる時間を増やすため、法律の世界から整然と姿を消した[147]。彼は早期退陣の理由として研究活動に集中することを挙げていたが、一部は撤退に他ならなかった。

　1977年、ドイツ連邦共和国は彼に連邦大功労十字賞を授与した。この賞を彼に授与したのは、時のノルトライン・ヴェストファーレン州文部大臣ヨハネス・ラウ（Johannes Rau）である[148]。ヴェスターマンは、77歳の誕生日を迎えてから約2か月後の1986年5月31日、カナダ西部ブリティッシュ・コロンビア州、バンクーバー近郊のチリワック（Chilliwack）に旅行中、心不全で亡くなった。死によって自分がすぐに忘れ去られるであろうということについて、ヴェスターマンはまったく心配していなかったに違いない。それは、物権法大教科書やハンドブック人的団体法のような著作がなお残されるからである。また、1990年以降、法学部が毎年実施する法学博士学位取得者祝賀会において当該年度の最優秀学位論文執筆者三人にハリー・ヴェスターマン賞（Harry Westermann-Preis）——その懸賞金を提供するのはハリー・ヴェスターマン記念財団である[149]——を授与するというかたちで、法学部も彼の功績を追憶している。1995年、法学部は、法学部棟J3教室（元のH3教室）——ヴェスターマ

---

146) *Schulte*（前注1），S. 305, 309 がこの他に述べているように、民法総則の大教科書を執筆する準備はまだ完了していなかった。
147) ヴェスターマンが行ったさまざまな活動を詳しく描写したものとして、Genossenschaftliche Forschung（前注112）S. 31 参照。
148) 1977年7月7日の報告と記事、UA-MS Bestand 8 Nr. 9198 Bd. 1 S. 244 参照。
149) その財政的基盤は、学生、友人およびかつての依頼者の寄付によって築かれた（*Kollhosser*（前注1）S. 79 参照。コロサーは決定的役割を演じた主導者であった）。ヴェスターマンと深い交わりを結んだ多くの人々がいたことは、ヴェスターマンの死後も同様に証明されている。

ンは多年に亘りこの教室で講義を行っていた――前のフロアで、二枚の記念銘板の除幕式を行った。ヴェスターマンと並んで法学部で顕彰されたのは、ハンス・ユリウス・ヴォルフ（Hans Julius Wolff）――ヴェスターマンとともに、1945年から1970年にかけてミュンスター大学で大きな役割を担った人物――であった[150]。

ヴェスターマンは、文字通り最高のアカデミックな教師であった[151]。このため、教え子たちの間にも彼の記憶がなお残されている。ヴェスターマンのもとで大学教授資格取得論文を書いた、狭い意味での教え子としてはマンフレート・ニチュケ（Manfred Nitschke）がいる。彼は、1966年／1967年冬学期に、こんにちでも団体法学者の間でなお知られている、法人として組織された人的団体についての研究（Schrift zu körperlich strukturierten Personengesellschaften）（1970年刊行）で大学教授資格を取得した後、すぐにベルリン自由大学に教授職ポストを得たが、ほどなく1972年に早世した。弟子のハンス・シュルテ（Hans Schulte）は1968年に大学教授資格取得論文を書いた。彼は1969年から正教授として名誉教授となるまで一貫してカールスルーエ工科大学に在籍した。三人目は法哲学者・民法学者のヤン・シャップ（Jan Schapp）である。彼は、1977年にようやく、それゆえ、ヴェスターマンが名誉教授となった後に、環境保護法分野のテーマで大学教授資格取得論文を書いた。彼は1978年から名誉教授となるまでギーセン大学で教えた。広い意味でヴェスターマンの弟子といえるかどうか、決め兼ねる者もいる。最初に挙げられるのはハンス・ブロクス（Hans Brox）である。教育能力に優れた上級地方裁判所判事をすぐ法学部に迎え入れるため、彼の大学教授資格取得論文（1959年）を指導したのはヴェスターマンであった。ブロクスはもちろんヴェスターマンの助手ではなかったし、

---

150) 銘板除幕式の際に行われたグロスフェルトの祝賀講演は刊行されている。In: *Großfeld/Pottmeyer/Michel/Beckmann* (Hrsg.), Westfälische Jurisprudenz – Beiträge zur deutschen und europäichen Rechtskultur – Festschrift aus Anlass des 50jährigen Bestehens der Juristischen Studiengesellschaft Münster, 2000, S. 391ff.

151) ヴェスターマンのこの側面について、*Schulte*（前注1))、S. 305, 335f. のみ参照。

ヴェスターマンはブロクスを学生として処遇したこともなかった[152]。ベルンハルト・グロスフェルト（Bernhard Großfeld）はヴェスターマンのもとで大学教授資格取得論文を書いてはいなかったが、彼の指導下に博士学位取得論文を書いていた。ベルント・リューテルス（Bernd Rüthers）も広い意味の弟子に数えることができる。彼は確かにヴェスターマンのもとで博士学位取得論文も大学教授資格取得論文も書いたわけではないが、大学教授資格取得論文作成の際、彼の影響を大きく受けていた[153]。少し前に早世したルッツ・ミヒャルスキ（Lutz Michalski）もハリー・ヴェスターマンのもとで博士学位取得論文を書き、息子ハルム・ペーター・ヴェスターマンの指導を受けて大学教授資格取得論文を書いた[154]。ハルム・ペーターも父ハリー・ヴェスターマンの直接の弟子の一人と言ってよい。というのも、彼は少なくとも父の弟子以上に父の研究分野に近いところにいる[155]し、ハリー・ヴェスターマンがハルム・ペーター・ヴェスターマンに及ぼした影響が普通の師弟関係をはるかに超えたものであるという点に争いはないからである。

VI. 要約：何がヴェスターマンの成功を決めたか

今、振り返ると、ハリー・ヴェスターマンの輝かしい名声を生み出し、そし

---

152) 同様に、*Schulte*（前注1）, S. 305, 308. ブロクスについて詳しいものとして、本書所収の *Schulte*, Wie würden Sie entscheiden? Hans Brox (1920-2009) 参照。
153) ベルント・リューテルスの口頭での情報。すでに前述した前注53）および *Schulte*（前注1））, S. 305, 312 参照。
154) 最後に挙げられるべき者はカール・ハインツ・ダヴィド（Carl-Heinz *David*）である。彼は都市計画研究所（Raumplanungsinstitut）の出身で、後に、ドルトムント工科大学で教えた。*Schulte*（前注1））, S. 305, 307 参照。
155) この場合、少なくとも、早世したマンフレート・ニチュケ（Manfred Nitschke）は除かれている。この父と子が似ている点について *Schulte*（前注1））, S. 305, 308 をも参照。ハルム・ペーター・ヴェスターマンについては、賛辞（Laudatio）, in *Aderhold/Grunewald/Klingberg/ Paefgen* (Hrsg.), Festschrift für Harm Peter Westermann, 2008, S. Vff. のみ参照。

て部分的にこんにちなお生み出し続けているものは何かという疑問が浮かび上がる。それは、単純化すれば、彼の活動分野全体に亘って[156]、途方もないほどの準備を行って、多くのものを一つにまとめ、際立った成果を生み出したものは何かという点である。たくさんある新聞のうちの一つが彼の最終講義に関する記事に「ヴェスターマン、説明しにくい存在（Das System Westermann ist nur schwer zu erklären)」[157]というそのものズバリの見事な見出しを付けていた。ヴェスターマンの特徴の一つは、いつも時代に少し先んじていたという点にある。それでも、ヴェスターマン——彼ははっきりした物言いと際立った階級思考を有する旧制大学の正教授である——は往々にして考えられないほど進歩的であり、彼の時代にあっては革命的ともいえるほどのアイディアを持っていた。もう一つのポイントがこれに加えられなければならない。ヴェスターマンは抜群のネットワーク構築者であった。彼がネットワークの構築という概念を知らなかったとしても、こんにち、現代の教育が大学教授全員にあらゆる需要をすべて同時に満たす能力を備えることを期待しているという点をヴェスターマンはすでに先取りして実行していた。彼は教育および研究の点で優れていただけでなく、法学部のために、職分を問わずさまざまな官職にある者と接触していた。彼は、狭いミュンスター大学の中にとどまらず、さらに広い範囲で影響を及ぼすべく、決定権を有する部局とも再三にわたって人的関係を築いていた[158]。彼のこうした行動は、実定法解釈に重点を置いたものでも、「純然たる教育」を体現したものでもない。ヴェスターマンの使命感は外交手腕と一体のものであると同時に、かなりの程度において実務の感覚とマッチしていた。研究と実務を結び付けることが新しいと広く考えられていた時代に、彼はミュン

---

156) 最終講義で三つの仕事、すなわち、教育、研究および大学行政について記している（*Westermann* (前注 64)), S. 8f. 参照)。明確さを求めるならば、第四の仕事として、法的助言（Rechtsberatung）が加わる。
157) 1974 年 7 月 19 日のドイツの情報サイト「報道記事と反響（Presse-Echo）」（定期刊行物の記載なし）からの抜粋、UA-MS Bestand 8 Nr 9198 Bd. 1 S. 230 参照。
158) 同様の特徴付けを行っているものとして、*Schulte*（前注 1))，S. 305, 337f.

スター大学のために研究と実務の一体化を示したよい見本であるとこんにちでもみなされている。またハリー・ヴェスターマンが秀でた人物であったことも、彼の成功に寄与していたに違いない。記されているところでは、彼はユーモアとウィットに溢れ、機知に富んでいた。これらの長所は、敵対者からみると、つねにではないにせよ、容易く受け入れがたいものであったことであろう。彼は個性が強く、怒りっぽくもあった。後に同僚となったコロサー(Kollhosser) は、簡潔に「論争になると彼は尻込みせず、東部フリースラント人特有の粗野な性格を丸出しにした。……それでも、彼はいつも正攻法で戦った。彼は術策を弄することをまったくしなかった。たばこの煙が充満すると、そのたびに窓を開けて空気が入れ替えられた。……もちろん、彼は、友好関係を保つことを優先していた」[159]と述べている。自分の意見を押し通す我の強さはあっても、彼が信頼できる人柄の持ち主であるという点は、筆者にも納得することができる。彼のこうした人柄は、目標を達成するための戦いの後押しとなっただけでなく、推進するに値するとみなされたプロジェクトや人物を最後まで支援し、それらのプロジェクトや人物が苦境に陥ったときや異なる意見が主張されるようになったときに、打開策を見出す役割を果たしていた。彼のこのような人柄は、1950年代および1960年代に限らず、こんにちでも、党派性のないテクノクラートよりもずっと高く評価される点である[160]。彼の場合、最終的なものではないが、これらの能力はどれも内心の明確な世界観と一体となったものであり、彼の世界観は父母の家で培われたプロテスタンティズムに由

---

159) 同様の彼らしさを示しているものとして、リューテルスおよびグロスフェルトとの間で行われた対話も挙げられる。彼の息子ハルム・ペーターは、別の対話の際に、父が時として執念深い性格だったという点を補足していた。
160) 同様の特徴付けを行っている同時代人の記事として、*Rüthers* JZ, 1986, 744. その末尾で、次のように述べられている。「彼は、偉大な教育者であると同時に、傑出した学者であり、また創造力豊かな実務家であり、そして——表に現れることはないが——慈悲深い人間であった。これら四つの側面が別々に『並行して』存在していたわけではなく、彼自身の才能と能力が一度に結合ないし統合して完成したものであった」と。

来するものであった[161]。こうして、ボン共和国の時代における「暗黒時代のミュンスター大学」にあっても、彼は輝くことができたのである。

VII. むすび：ハリー・ヴェスターマンと宝物の発見

　以上をもって、本来の作業は終わったこととなる。最後に一つだけ、不思議な、むしろ滑稽ともいうべき、それでいて本当にあった出来事を付け加えておこう。約四年前に筆者が保険法専攻の同僚からヴェストファーレン風シュニッツェルの食事に招かれて、アペリティフを飲んでいた時、同僚の夫人──この夫人は建築家としてミュンスターで働いていた──から、ハリー・ヴェスターマンを知っているかと尋ねられた。どのような趣旨の質問だったのか分からず、深く考えないまますぐに「知っている」と答えたところ、一見してありそうもないように思えるが、しかし、実際にあった話を聞かされた。この夫人は、ヴェスターマンが以前に住んでいたメルマンスヴェーク（Möllmannsweg）の家の撤去と新築を受注していた。作業員が現場でパワーシャベルを動かしていたところ、木製の壁の裏側に金庫がみつかった。この建物の当時の所有者[162]はこの金庫のことを知らなかった。ハリー・ヴェスターマンとパウラ・ヴェスターマン夫妻の相続人たちでさえ、その存在を知らなかった[163]。驚いたことに、この金庫には装飾品と多額の旧ドイツマルクが詰まっていた。もしパワーシャベルの作業員（物権法的にいえば占有補助者）が撤去用の道具を使って、衝撃でへこんだものの鍵が掛かっていた金庫から中身を取り出していなかったら、中身はすんでのところで発見されていなかったはずである。筆者は、数日

---

161) 多くのものに代えて挙げられるのが、2013年1月のベルンハルト・グロスフェルトとの対話である。
162) メルマンスヴェークの土地と家屋は、1969年にパウラ・ヴェスターマンが亡くなった後、まず賃貸に出され、その後、売却された。
163) ハルム・ペーター・ヴェスターマンは、この事実を確認した後、後の所有者が、ハリー・ヴェスターマンの物権法やその他の法的論拠に立ち戻ることなく、金庫の中身をヴェスターマンの相続人に引き渡したことを指摘していた。

後の司法国家試験でこの事案を使って物権法的観点を検討するという楽しみを得た。この件の詳細に興味はないが、もちろん、正当なことに、埋蔵物発見者の権利取得は認められない（民法典第984条）[164]。

　それでも、ハリー・ヴェスターマンとミュンスター大学について振り返ってみると、埋蔵物の件が小稿の本題からまったく外れているともいえないことが心に留めて置かれるべきであろう。ヴェスターマンは、爆撃で廃墟と化したミュンスターで、ミュンスター大学という大きな宝物を見つけた。彼はこの宝物を積極的に活用し、第二次世界大戦による混乱の後に再建したのであった。反対に、ハリー・ヴェスターマンを得たミュンスター大学は、空席を埋めることができただけでなく、きわめて有能な人材を得ることができた。この宝物を用いて、ミュンスター大学はこれまで長期に亘り、発展を続けることができた。法学部はこんにちでもなお誇りをもって、ハリー・ヴェスターマンという宝物を思い出すことができよう。

---

164)　ハリー・ヴェスターマンをまだ覚えているかどうかという質問に対する回答をみると、ミュンスター出身の多くの受験生の場合、彼の講義等につき高い満足度が示されている。また、物権法にさほど関心を持たない者の場合にも、金庫自体の所有権の帰属と金庫の内容物のそれとがはっきりと区別されるという指摘がみられる。

ニルス・ヤンゼン、セバスティアン・ローセ
（協力者：ダヴィド・ケスレ、ユリアネ・ライブレ）

マックス・カーザー（1906 年〜 1997 年）
―― 学者生活のダイジェスト

- Ⅰ．初　　　期
- Ⅱ．ミュンスター大学
- Ⅲ．ハンブルク大学およびザルツブルク大学
- Ⅳ．人　　　物
- Ⅴ．教師としてのカーザー
- Ⅵ．外国との関係
- Ⅶ．著　　　作
- Ⅷ．原 典 改 編
- Ⅸ．何が残されたか

533年、東ローマ皇帝ユスティニアヌス一世（Justinian）は『学説彙纂』（Digesta, Pandectae）を公表した。これは古代ローマの法律家たちが表した著作の中から学問的観点に基づいて選び出された断章を集めた資料集である。ユスティニアヌス皇帝は、法を新しい言葉で表現することを意識的に放棄していた。というのは、彼にとって、法典を新たに編纂することは誠実さに欠けるだけでなく、無用の行為と思われたからである。彼の「主たる功績は、古典期という黄金時代の創造物の中から重要な部分を取り出して保存するという点にあった」[1]。しかし、そこでは個別の法律問題が根本的に討議されていなかったと果たしていえるのだろうか。そこで重視されていたのは、ただ「選ばれた最高然は何か（quid optimum fuisset eligere）」[2] という視点のみであった。

　『学説彙纂』、すなわち、「ユスティニアヌス一世が手掛けた本来的に重要な立法上の成果（vero maximum opus）」[3] は、マックス・カーザー（Max Kaser）の学問的著作の主たる対象を成していた。カーザーは、当時ロマニステンの立場から原典の歴史的かつ徹底的な研究が行われた時代の検討結果を要約整理し、ローマ私法およびローマ民事訴訟に関する複数のハンドブックとして刊行した。これらの書籍はこんにちでも権威ある業績とみなされている。この仕事により、カーザーは、20世紀における偉大なロマニステンの一人に数え上げられるようになった。こうした評価は、一方で、彼の研究以降に、新しい包括的な叙述もローマ私法の改訂新版もまったく刊行されていないという事実から明らかになるし、他方で、彼の弟子や同僚、また批判者たちがカーザーの具体的な活動について言及した多数の論稿からも明らかになる。これまでに、「カーザーの著作にみられる基本的思考に沿って法史学という専門分野の発展史を跡付ける学問史的な試みが行われてきた」[4]。カーザーの人柄や著作は、彼と同時代の人々の証拠や証言の中に、また種々の論争の中に見出される。これらの論

---

1) *Kaser*, Das Römische Privatrecht II, 34.
2) *Constitutio* Tanta, 1.
3) *Constituito* Tanta, 1.
4) *Giaro,* Kaser, 231.

稿の中から最善かつ最重要の個所を選び出しかつ再構成するために、われわれは、ユスティニアヌス一世がかつて行ったのと同様、各論稿を執筆した法律家をメンバーとする委員会を設けることとしたい。そうすることで、カーザーの生の姿を伝えることができよう。惟うに、カーザーの生涯を記した学者たちの名前が「忘れ去られる」[5]ことが「あってはならない」。それゆえ、以下の引用に際しては、出典名をそれぞれの評価の冒頭に掲げることとする[6]。これと同じ理由から、参照文献のすべてが補遺に掲載される[7]。小稿の目的は、もちろん、ユスティニアヌス一世の場合と異なり、現存する矛盾の解決[8]にではなく、彼に対する評価のすべてを正確に紹介することにある。異なる見方——見解の相違は、そのような評価を下した者の存在意義を示している——があれば、それらが後世に伝えられなければならない。ある学者の著作全体を「かたちよく整理する」ために、そして「できる限り綺麗に説明する」[9]ために、その人の生活がどのようなものであったかを説明する原文を抜き書きすることも、十分に考え得る選択肢の一つといえよう。

I. 初　　　期

Knütel *XVII seines großen Nachrufs*. カーザーは 1906 年 4 月 21 日にヴィーンで生まれた。彼の父母は、当時の「中世史・近世史」担当私講師、哲学博士、クルト・カーザー（Kurt Kaser）（1870 年～ 1931 年）とその妻、オイゲーニエ、旧姓ミヒニオゥスキィ（Eugenie, geb. Michniowski）であった。

① Mayer-Maly *zum Symposion für Kaser*. カーザーという名前は、チーズ（Käse）の製造および管理を表す。オランダ人と同様、オーストリア人も

---

5) *Constituito* Tanta 10.
6) もちろん、これと異なるものとして、*Constituito* Deo auctore, 13.
7) 参照されるものとして、*Constituito* Tanta, 20.
8) 参照されるものとして、*Constituito* Deo auctore, 4 und 8.
9) 参照されるものとして、*Constituito* Deo auctore, 7.

チーズを意味する「Käse」を「Kas」と発音している。

② Medicus *in seinem Glückwunsch zum 80. Geburtstag.* ザルツブルク、チェルニウツィー（ウクライナ西部の都市、チェルニウツィー州の州都、ドイツ語でチェルノヴィッツ（Czernowitz））およびグラーツで学校生活を送った後、カーザーは、1924年から1928年までグラーツ大学に通った。彼にとって最も重要な意味を持つこの大学の教師は、アルトゥール・シュタインヴェンター（Arthur Steinwenter）であった。

③ Knütel *XIX seines großen Nachrufs.* イヴォ・プファフ（Ivo Pfaff）の『法学提要』（Institutiones）に関する素晴らしい講義が、すでに初日にして、彼のローマ法に対する関心を目覚めさせた。ローマ法史の担当教師はグスタフ・ハーナウゼック（Gustv Hanausek）であった。彼自身の学問上の師匠で、後に父の友人となったアルトゥール・シュタインヴェンター（1888年～1959年）はきわめて多才な人であり、彼の幅広い教養はカーザーに多くの感銘を与えた。

④ Medicus *in seinem Glückwunsch zum 80. Geburtstag.* カーザーは、1928年11月、まだ22歳の時に、グラーツ大学で法学博士の学位を取得した。

⑤ Kaser *135 seiner Selbstdarstellung.* わたくしは故郷のグラーツを美しい街、わたくしにとって特に好ましい街と思っていた。

⑥ Knütel *XIX, XX seines großen Nachrufs.* カーザーはその後、1929年の初めに、シュタインヴェンターの勧めで、オーストリア教育省の奨学金を受け、ミュンヒェン大学のレオポルト・ヴェンガー（Leopold Wenger）のもとに移った。その目的は、彼が運営するパピルスおよび古代法史研究所（Institut für Papyrusforschung und antike Rechtsgeschichte）で大学教授資格取得論文を書き始めることにあった。しかし、カーザーは、ほぼ半年後、ギーセン大学のオットー・エガー（Otto Eger）の申し出を受けて、彼のもとで、教職に伴う負担軽減のための研究室補助員に就任した。ヴェンガーおよびシュタインヴェンターの推薦があったため、エガーは、カーザーに注目していた。

⑦ Hackl *525 seines Nachrufs*. その後、ギーセン大学で過ごした三年間は、カーザーの素晴らしい学問的なキャリアにとって決定的な意味を持っていた。

⑧ Kaser *138 seiner Selbstdarstellung*. わたくしはギーセン大学においてドイツの大学生活がいかに有意義なものであるかを初めて経験した。

⑨ Knütel *XX seines großen Nachrufs*. 彼は1931年にギーセン大学法学部に大学教授資格取得論文を提出した。その主要部分は、1932年に、『訴訟物としての原状回復請求権——古典期ローマ法における、裁判上の請求権の実体法的性質論に関する一考察（Restituere als Streitgegenstand. Ein Beitrag zur Lehre von der materiellrechtlichen Beschaffenheit der in iudicium deduzierten Ansprüche im klassischen römischen Recht）』という題名で刊行された。

II. ミュンスター大学

Knütel *XX seines großen Nachrufs*. ハンス・クレラー（Hans Kreller）がテュービンゲン大学へ転出したため、ミュンスター大学法学部のローマ法・民法担当教授職が空席となり、カーザーは1932年／1933年冬学期に、特別代理人という資格で講義を担当するよう委嘱された。彼は、民法入門を兼ねた民法総則という、文字通り難しい講義をすぐに、担当しなければならなかった。この代理職は1933年夏学期まで延長された。1933年10月21日、彼は、ヴェストフェーリッシェ・ヴィルヘルム大学ミュンスターの「ローマ法・民法」担当の正規の教授職に就いた。

① Knütel *XXI seines großen Nachrufs*. 彼は、長い間、ミュンスター大学法学部の正教授の中で最年少者であった。すぐ上の同僚とはかなり年齢差があった。

② Kaser *139 seiner Selbstdarstellung*. 土地柄も住民気質もわたくしにはまったく異質であったにも拘らず、わたくしはすぐにミュンスターに馴染んだ。

③ Knütel *in seinem kleinen Nachruf.* 同じ年に、彼は、数学を学んでいた学生のエルナ・レーニンク（Erna Lehning）と結婚した。学術研究活動に支障が生じないように、彼女は彼に関わるすべての雑事を引き受けていた。二人の幸せな結婚生活は高齢になるまで続いた。

④ Kaser *in seinem Brief vom 22. Dezember 1933 an den Universitätskurator.* 本書簡をもって、わたくしは、わたくしがこんにちエルナ・レーニンクさんとドルトムントで結婚したことを衷心よりお知らせ致します。マックス・カーザーより。

⑤ Kaser *139 seiner Selbstdarstellung.* われわれオーストリア人（グラーツ）と北ドイツ人（ミュンスター）との関係はきわめて順調に推移している。わたくしは、われわれの結婚生活――この婚姻から一人息子と一人娘が生まれた――の中に、最大の安らぎを見出している。

⑥ Knütel *XXI seines großen Nachrufs.* この点は、われわれ夫婦の知り合いの誰もがおのずと抱く印象に他ならない。

⑦ Medicus *451 der Festschrift Juristen im Portrait.* ローマ私法第一分冊の完成後、家族は不満を露わにした。出版社のメモによれば、「夫であり父である人が長年に亘って家庭生活から奪われた」からであった。家族は、彼の大作の成立にいろいろなかたちで貢献していた。特に絶えずカーザーを支えていた夫人は、夫の仕事に支障が生じないよう、納税申告に至るまで、万事を処理していた。

⑧ Wubbe *2 seines Artikels „Bei Max Kaser in Münster"* カーザーは、1959 年／1960 年冬学期までの 27 年間、ミュンスター大学にとどまった。どの年も、何かがあったというよりも、終始、波乱に満ちた年であった。

⑨ Felz *374 über die Münsterschen Rechtswissenschaftler.* 法史学者カーザーと民法学者ハンス・シューマン（Hans Schumann）は、それぞれ、1933 年以降および 1935 年以降、ミュンスター大学での教育活動において、政治的には控え目に過ごしていた。

⑩ Knütel *XXII seines großen Nachrufs.* カーザーは、まったくと言ってよいほ

どノンポリ人間であった。時として彼は、彼にとって政治は「汚れ仕事」であるとほのめかしていた。国家社会主義が支配した時代——彼はいつも国家社会主義のことを「野蛮な行為」と表していた——のさまざまな経験が、毎回、彼のこうした判断を強めていた。彼はミュンスター大学法学部の学部長——1937年4月1日発効——に任命された。彼は、1942年まで、文字通り慎重な配慮を有する諸課題との取組みが必要となるこの職務を、自分には向いていないと公言していたものの、そうした印象からは窺い知れないほど巧みに、果たしたものと思われる。

⑪ Kaser *in seiner Mitteilung vom 3. November 1938 an den Kurator und den Leiter der Dozentenschaft.* 本書簡をもって、わたくしは、わたくしが本年4月29日付の、国家社会主義ドイツ労働者党（NSDAP）への加入申請に基づいて、ミュンスター北部地区事務所で党員候補者カード第7,3421号を受領したことを衷心より届け出ます。ハイル＝ヒトラー　カーザー。

⑫ Schwarz *in seinem Brief vom 19. Juli 1939 im Auftrag für den Reichsminister für Wissenschaft, Erziehung und Volksbildung, Bernhard Rust, an den Universitätskurator in Münster.* カーザー教授は、これまで、本学の人事記録調書に、彼自身と彼の妻がドイツ血統である旨の証明書を提出していない。それゆえ、わたくしは、カーザー教授に対し、ドイツ官吏法（Deutsches Beamtengesetz）所定の公文による証明書を直ちに提出するよう、要請した。

⑬ Knütel *XXIII seines großen Nachrufs.*「ドイツおよびイタリアからもたらされた民族的自省の精神」に対する検討、「異人種の影響」への言及、または、「ドイツ民族固有の人種意識の再度の覚醒」といった言回しは確かにたんに言葉の綾として使われた表現ではない。しかし、このような言葉遣いをしても国家社会主義に反対する者に対してさほど威嚇的な効果が生じないような時代からみると、こうした表現をすることに十分な理由があったことが分かる。というのも、われわれは、国家社会主義が実際そうであったように、途轍もない結果が生じた点について十分な知識を持っているからである。ここでの目的を考えてみれば、研究上の関心に値するものだ

けが実際にあったこととして叙述される点が「強調」されなければならない。

⑭ Knütel *XXV seines großen Nachrufs*. ここでは、戦後、カーザーがエルンスト・レヴィ（Ernst Levy）と心温まる友情を築いていたこと、そして、彼らのグループ——そこでは、この交友がかなりの驚きをもって受け止められていた——では、誰も彼に対して冷淡な態度を採ってはいなかったこと、これらが述べられている。

⑮ Knütel *XXV seines großen Nachrufs*. 第二次世界大戦の際、彼は初め心臓病のために召集されなかった。1943年10月10日に壊滅的な空襲があり、住まいは焼け、家族はミュンスター東方、ヴァーレンドルフ（Warendorf）市東部のヘェトマール（Hoetmar）村に疎開した。家族は、全財産と幸いにも焼け残ったカーザーの専門書一式を持参して、駅舎内の炊事場に隣接する一部屋に住んだ。それからすぐ、カーザーは高射砲部隊に召集されたが、短期教育の後、ミュンスター市の連隊本部へ配置替えとなった。彼は軍隊での功名心を求めてはいなかった。この間、彼は週2日ミュンスター大学で講義を行うことを許されていた。

⑯ Felz *373 über die Münsterschen Rechtswissenschaftler*. 教授たちは召集されて軍務に就き、教授ポストは空席のまま放置され、さらに3学期制が採用された。1939年以降、そのテンポは緩やかになったが、最後には空爆を受けて、法学部の活動はほぼ完全に停止した。ミュンスター市の中心部は、この空爆で90パーセント以上破壊された。

⑰ Schumann *in seinem Brief an Kaser vom 17. November 1944*. 残念ながら、法学部は活動を停止していた。しかし、教授陣は、法学部のために、担当する学生たちとの繋りを維持すべく、通信手段を用いて、軍務でミュンスターから離れていた学生たちを指導した。わたくしはベルリンに滞在したままこの種の指導を続けている。わたくしは、ミュンスター市に残るただ一人の同僚である貴職に、わたくしへのさらなる御支援を願い、また、論文をさらに数多く発表されるよう希望する。貴職に時間的なゆとりが認め

られるならば、幸いである。

⑱ Kaser *in seinem Brief an Schumann vom 26. November 1944*. ミュンスター大学は終始一貫して絶望的な状況にある。実際、今や被害をまったく受けていない家は一軒もない。図書室には足を踏み入れることさえできない。それは、数日続いた土砂降りで床は海面のように水浸しになり、誰も近付けなくなったからである。わたくしの勤務地はミュンスター市東南のグレメンドルフ（Gremmendorf）であるが、ここも今やかなりひどい状況にある。われわれはバラック建ての持ち家を失い、今では頑丈な建物に住んでいるとはいえ、暖房はなく、時として灯りや水もなく、洗濯や洗顔にも困る状況にある。幸いにもわたくしはザイラー（Seiler）氏の住まいに避難することができた。この住まいはグレメンドルフ村の緊急宿泊所となっている。われわれはここで、午後のひと時、水や灯りがあれば、一時的にせよ、のどかなやもめ暮らしをしている。

⑲ Hackl *526 seines Nachrufs*. 1945年3月、捕虜となった彼はほぼ一年間アメリカとフランスの収容所で過ごした。彼は1946年2月にヘットマールの家族のもとに帰還し、秋から、法学部での授業を再開した。

⑳ Knütel *XXV, XXVI seines großen Nachrufs*. フランスの収容所にいた間、彼は、関心を寄せる収容所仲間を相手に法律の講義を行い、次の著作（古代ローマにおける法（ius）について）の構想を練っていた。

㉑ Felz *376 über die Münsterschen Rechtswissenschaftler*. ハンス・シューマンは、非ナチ化手続で「問題なし」と判定され、カーザーと同様、1946年8月から講義を再開した。

㉒ Hoffmann *in seiner Nachricht an Kaser vom 27. Juli 1946*. わたくしは貴職に「今後、貴職が法学部の一員として職務に従事できる旨、わが軍事政権は確認する」旨の吉報をお伝えすることができる。それゆえ、わたくしは貴職に、貴職が直ちに職務を開始されるよう、お願いしたい。

㉓ Medicus *448 der Festschrift Juristen im Portrait*. しかし、ミュンスター大学の図書館は焼け落ち、研究所図書室もまだ開設されていなかった。ローマ

法のように、国際的規模で営まれている研究分野の文献収集は、もはや挽回が難しいほど遅れた状況にあった。

㉔ *Medicus in seinem Glückwunsch zum 80. Geburtstag.* 多くの大学から招聘されたが、カーザーは、四半世紀以上もの長い間、ミュンスター大学への忠誠を守り続けた。彼は1959年冬学期に初めてハンブルク大学へ移籍し、1971年に同大学名誉教授となった。

㉕ *Knütel XX seines großen Nachrufs.* すでに1930年代に明らかになっていたが、わずか27歳で正教授に任命されたカーザーへの期待は決して小さくなかった。ハイデルベルク大学への招聘（1937年）とフライブルク大学への招聘（1939年）がそのことを物語っている。ハイデルベルク大学の招聘を拒否した時は、多大な感謝を示す記事がミュンスター市の地方紙に掲載されたほどであった。カーザーの名声は当時すでにこれほど大きいものとなっていた。

㉖ *Dekan Berkenkopf in seiner Notiz an den Rektor der Universität Münster, Karl Hugelmann, vom 5. März 1937.* カーザーの退職は法学部にとってきわめて不都合であり、大きな痛手であった。というのは、彼は素晴らしい学者であると同時に、傑出した教師でもあったからである。カーザーと学生たちとの間には信頼関係が生まれており、カーザーは学問に向き合う真摯な同僚意識と教師の権威をともに体現した存在であるといつも受け止められていた。それゆえ、カーザーの離脱は法学部にとって何物にも代えがたいほど大きな損失を意味していた。

㉗ *Münsterische Zeitung vom 24. /25. April 1937.* 若い私講師たちの御蔭で、カーザーは、当然のことながらますます決断しにくく、肥大化してきた職務――この職務は、ハイデルベルク大学の教授職と違って、われわれノルトライン・ヴェストファーレン州立大学の活動に必然的に付随するものである――に専念するだけでなく、それ以上に、法・国家学部の学部長として、さらに大きな責務を新たに引き受けていた。

㉘ *Knütel XXVI, XXVII seines großen Nachrufs.* このため、多くの法学部が彼

の獲得を試みた。マールブルク大学（1948年）、グラーツ大学（1951年）、ゲッティンゲン大学（1952年）、ハイデルベルク大学（1956年）、それにヴィーン大学（1958年）の各法学部が招聘を試みたが、彼はすべて拒絶した。カーザーは、結局、ハンブルク大学からの招聘（1959年）に応じた。カーザーは表向き住宅問題を拒絶の理由としていた。しかし、より本質的な理由は、カーザー一家がこの間にミュンスターのプリンツ・オイゲン・シュトラーセ（Prinz-Eugen-Straße）12番地に希望通りの住まいを見つけていたことだけでなく、サヴァティカル・リーヴが認められる等、研究条件が絶え間なく改善されていたことにあったと思われる。重要な文献類は、パウル・コシャーカー文庫（Bibliothek Paul Koschakers）——彼は1951年に亡くなった——の取得により、改善されていた。

㉙ Rektor Strugger *an die Kultusministerin des Landes NRW, Christine Teusch, vom 19. Sptember 1952.* ゲッティンゲン大学やボン大学への途中転出により法学博士カーザー教授を失うという、ミュンスター大学が蒙る特大級のリスクを避けるため、ミュンスター大学学術評議会の名において法・国家学部内にローマ法研究所（Institut für Römisches Recht）を設置する旨、申請することをお認め戴きたい。同研究所の運営を法学博士カーザー教授に委ねることについても文化大臣の御理解をお願いしたい。

㉚ Knütel *XXVII seines großen Nachrufs.* 学問的評判、個人的影響力、そして、どの訪問者にも親切に接する芯の強さ、これらカーザーの長所が即座に、多くの若い研究者がミュンスター大学の彼の研究所を訪れるという結果をもたらした。というのは、カーザーは彼らの研究を実質的にという以上に、決定的に促進したからである。

㉛ Kaser *in seinem Brief an Hans Brox vom 2. Mai 1966.* わたくしは、ミュンスターで経験した、波乱に満ちた年月を楽しく回想することができる。この年月はわたくしの学問的人生の中核を形成した時期であった。ミュンスター大学での教職体験を通じて、わたくしは、いろいろな世代の同僚や教え子と知り合い、一緒に研究することができた。総じて調和のとれた、満

足のゆく生活であったというよい印象がわたくしの記憶に残っている。

III. ハンブルク大学およびザルツブルク大学

　Landwehr *12 über Kaser in Hamburg.* カーザーは 1959 年 11 月 24 日にハンブルク大学正教授に任命された。彼は、同時に、「ローマ法・比較法史ゼミナール（Seminar für Römisches Recht und Vergleichende Rechtsgeschichte）」の事業執行所長兼「民法・一般法学ゼミナール（Seminar für Bürgerliches Recht und Allgemeine Rechtswissenschaft）」の共同所長にも就任した。

① Knütel *XXXII seines großen Nachrufs.* このゼミナールは、カーザーの指導のもとに、早々に国際的研究拠点の一つになった。

② Landwehr *20 über Kaser in Hamburg.* カーザーはハンブルク大学で過ごした 12 年を回想し、――彼自身の言葉によれば――「万事、快適な環境」だったと述べている[10]。

③ Kaser *141 seiner Selbstdarstellung.* 1960 年代末、ヨーロッパの多くの大学と同様に、ハンブルク大学でも、学問を取り巻く環境には暗い影が差していたが、それでも、わたくしは、いつも対立を避けて、どのグループとも距離を置いていた。わたくしは、1971 年秋にみずから申し出て、名誉教授となった。名誉教授の資格を得て母国オーストリアへ凱旋することは、長い間のわれわれの願いでもあった。わたくしの妻も多くの旅行を経験してオーストリアに馴染み、同国について知ろうと積極的に勉強していた。

④ Knütel *XXXVIII seines großen Nachrufs.* カーザーが故郷オーストリアへ戻ろうと考えていることを耳にしたヴォルフガンク・ヴァルトシュタイン（Wolfgang Waldstein）とテオ・マイヤー・マリィ（Theo Mayer-Maly）は、カーザーをザルツブルク大学に迎えようとした。彼らの望みは、カーザーを客員教授に任命し、新設の正教授職の代理者という資格で 70 歳の満了時

---

10)　*Kaser*, Selbstdarstellung, 141.

まで受入れ、同時に同大学のローマ法研究所（Institut für Römisches Recht）共同所長に任用するというかたちで、実現された。

⑤ Medicus *452 der Festschrift Juristen im Portrait*.　ザルツブルク大学では、彼が愛好したローマ法が法曹養成教育上依然として重要な地位を占めていた。カーザーはこの大学でその後数年に亘ってローマ法の講義を担当した。

⑥ Knütel *XXXVIII seines großen Nachrufs*.　彼はザルツブルク大学で多くの学生に感動を与え、尊敬された。

⑦ Hackl *527 seines Nachrufs*.　学問的思索を深める場はさらに拡大され、正教授職代理期間中に、いわゆる「カーザー・ゼミ（Kaser-Seminar）」として制度化された。この催しでは、内外の著名な専門家にゲスト講演の機会が与えられただけでなく、同大学所属の他のローマ法学者やカーザー自身を含め、最新の研究成果についての討議が行われた。

⑧ Mayer-Maly *zum Symposion für Kaser*.　ザルツブルク大学法学部はカーザーの働きによってかなりの名声を得た。この名声は、一時期、本当に大きなものとなった。

⑨ Behrends *290 seines Nachrufs*.　彼は、ザルツブルク市内からザルツバッハ川を挟んで反対側、ドイツ・バイエルン地方のアインリンク（Ainring）の、モーツァルテウム（Mozarteum）という綺麗な名前の老人ホームに入居した。多くの同僚や弟子たちとの間で交わされた緊密な学問的・人間的交流は晩年まで続いた。

⑩ Knütel *XXXIX, XL, XLI seines großen Nachrufs*.　カーザーの創作力は、アインリンクで過ごした日々も、普段通り維持された。「頁を開かない日は一日もない（nulla dies sine paginis）」という言葉がまだ通用していた。もちろん、カーザーの集中力や体力が80歳代半ばを超えてから徐々に衰えを見せていたことも明らかである。この時期、カーザー夫人による彼への介護が重要な役割を果たしていた。

⑪ Hackl *528 seines Nachrufs*.　「夫婦のどちらかが死んだら、わたくしは生き

ていても死んでも、ハンブルクへ戻る」とあなたはいつも冗談めかして言っておられましたね。それでも、あなたは、幸いなことに、数日前に85歳の誕生日を迎えられました。

⑫ Knütel *XLI seines großen Nachrufs*. カーザーにとって、世間は次第に意味のないものとなっていった。彼は、もはや妻を支えられなくなったこと、もはや学問的な活動ができないことを嘆いていた。

⑬ Giaro *231 über Kaser*. カーザーは1997年1月に亡くなった。学者としてのカーザーは、ロマニステンが伝統的に継承してきたパラダイムを用いてなし得ることをすべて行い、できないことがほとんどなかった人物であった。

⑭ Knütel *in seinem kleinen Nachruf*. ドイツのローマ法学が勝ち得た国際的栄光は、われわれの過ごした20世紀前半以降、三人の巨星、ヴォルフガング・クンケル（Wolfgang Kunkel）、フランツ・ヴィーアッカー（Franz Wieacker）、それに、マックス・カーザー、彼らの影響力に多くを負っている。

IV. 人　　　物

Knütel *XLI seines großen Nachrufs*. マックス・カーザーは、――彼の学問的活動が際立っていたことには十分な理由がある――、学問的活動を成し得る最良の条件と数々の長所を兼ね備えた人物である。長所としては、抜群の才能と傑出した知識、厳格な自己規律と極度の勤勉さ、驚嘆に値する集中力と並外れた記憶力、優れた健康状態と特に認識と真理に対する飽くなき探究心、これらが挙げられる。

① Mayer-Maly *zum Symposion für Kaser*. カーザーは長い生涯をローマ法の発展に捧げた。彼はこの分野の重要性を深いところまで理解していた。

② Zimmermann *100 über Kaser und das modern Privatrecht*. 一体、南アフリカの司法（Rechtspflege）の何がカーザーに感銘を与えたのだろうか。ローマ法が南アフリカでこんにちまで通用しているという事実ももちろんこの

ことと結び付いている。

③ Medicus *452 der Festschrift Juristen im Portrait.* カーザーは、どの問題についても話すときでも、自分の書架からぴったりあてはまる本をすぐに取り出し、該当する頁を迷うことなくすぐに見つけ出した。

④ Medicus *451 der Festschrift Juristen im Portrait.* 彼は早朝から机に向かうのを常としていた。「軽食」を摂るため、短時間の中断はあるものの、彼は、講義のない日にはしばしば昼食時まですでに 7、8 時間は研究していた。それに続いて、短い、誰にも邪魔されない昼寝が慣例となっていた。その後、3、4 時間、彼は机に向かって仕事を続けた。附言すれば、カーザーは、校正や索引づくりもすべて自分で行っていた。本文中のどの行も、彼自身の筆になるものであった。

⑤ Wacke *19 seines Nachrufs.* ヴェルナー・フルーメ（Werner Flume）が、カーザー夫人は「マックス、ハンドブックの原稿 3 頁分を新しく書き終えたら、朝ご飯にしましょう」と夫に注文していたと、冗談めかして語った話がある。この逸話は伝説になっている。

⑥ Knütel *XLI seines großen Nachrufs.* 彼は、日常、散歩も運動もほとんどしなかった。

⑦ Wubbe *in seinem Carmen gratulatorium.* 著者は早朝から働いていた（Auctor hora matinali）／イメージが湧くや否や彼はすぐに文章化した（vix aurora nascitur）／マイヤー・マリィはまだ就寝中である（dormit adhuc）／学問に邁進する日々（studiis corripitur）／非公式に活動している者は誰もいない（Legit opera aliorum）／古典的な整理（corrigit, vituperat）／研究計画を書面に書き記すこと（scribit pensum foliorum）／みずからに課されたこと（quod sibi impostuerat）。

⑧ Knütel *XLII seines großen Nachrufs.* カーザーは音楽の才に大層恵まれていた。彼は音楽を好み、進んでコンサートに足を運び、チェロを上手に弾きこなした。ミュンスター大学在職中の数十年の間、彼は、毎週のように、同僚と組んで、四重奏を演奏していた。ハンブルク大学では、彼は演奏を

辞めていたが、その理由は、彼がうまく演奏できないという点にあった。このことは、多分に彼の気質に関わる典型的特徴を示している。彼の要求水準はきわめて高かった。完璧を期すというのが彼の目標であり、完璧にやり遂げられなかったことに彼は苛まれていた。

⑨ Knütel *XXXVII seines großen Nachrufs.* カーザーは本質的に引っ込み思案であり、時として気の弱さを示していた。彼にとって、大人数のグループや「大人数の集まり」への出席は歓迎されるものではなく、明らかに居心地のよいものではなかった。おそらく、彼は心理的には小規模の個人的会話に親しみを感じていたことであろう。

V. 教師としてのカーザー

　Knütel *in seinem kleinen Nachruf.* カーザーは生涯を通じて私利私欲と無縁の活動を多く行っていた。たとえば、国際的規模で指導力を発揮した『サヴィニィ雑誌（Savigny-Zeitschrift）』の編集という長期の献身的作業、『ローマ法研究（Forschungen zum römischen Recht）』叢書の編集活動、さらに助言、助成および校正のための無数の活動――彼は、直弟子だけでなく、アドヴァイスを求めて集う多くの人々に対していつも即座に対応していた――、これらがそうである。

① Medicus *in seinem Glückwunsch zum 80. Geburtstag.* ドイツ語圏の若い学者たちだけでなく、世界中の他の地域から訪れる多くの者も、このような恩恵を受けていた。

② Kaser *141 seiner Selbstdarstellung.* わたくしが「弟子（Schüler）」という言葉で考えていたのは、ロマニステンの才能ある後継研究者のことであった。わたくしは彼らにわたくしの学説を教え込んだのではない。わたくしは、現時点で有用と認められている研究手法を彼らが体得できるように道案内したにすぎない。わたくし自身も時として彼らから学問的な知見を得てきた。

③ Knütel *XXVII seines großen Nachrufs.* カーザーがミュンスター大学在職当時に育成したドイツ出身の弟子の中でまず挙げられるのはフリッツ・シュヴァルツェンス（Fritz Schwarzens）である。彼がその後に育てた狭義の弟子のうち、最初に手掛けたのはディーター・メディクス（Dieter Medicus）である。少し後の教え子がハンス・ヘルマン・ザイラー（Hans Hermann Seiler）であった。

④ Wubbe *3 seines Artikels „Bei Max Kaser in Münster".* わたくしはミュンスターで1957年1月の第1週をこのように過ごした。わたくしがすぐに同地に馴染めるよう、カーザーは気配りをしてくれた。彼は助手のディーター・メディクス氏をわたくしに紹介してくれた。爾来、わたくしは、同氏と友情を育んでいる。

⑤ Wubbe *4 seines Artikels „Bei Max Kaser in Münster".* カーザーは、わたくしへの信認を示し、過分の評価であるが、高過ぎる前評判を含め、わたくしを称えられた。わたくしはこの点について今なお彼に心から感謝し、このことを少なからず誇りとしている。彼は1958年夏学期にサヴァティカル・リーヴを得た。彼は、博士学位取得論文をまだ書いておらず、ましてや大学教授資格取得論文も書いていない外国人の一介の助手でしかないわたくしに、彼の正教授職を代理して、毎週2時間の基幹科目講義をゼンケンベルク・ハウス（Senckenberghaus）という名の講義棟で行い、『学説彙纂』を取り上げた毎週2時間のゼミを演習用教室で行うことを許した。ドイツの大学は「正教授のみによって構成される教育機関」であるという、1968年までずっと続いていた当時の慣例を思うと、このようなことはおよそ考えられない措置であった。

⑥ Landwehr *19 über Kaser in Hamburg.* カーザーがその後ハンブルク大学で指導した13人の博士学位取得者のうち、ハンス・ペーター・ベネーア（Hans-Peter Benöhr）（1971年）、フランク・ペータース（Frank Peters）（1972年）およびロルフ・クニューテル（Rolf Knütel）（1973年）の三人はハンブルク大学で大学教授資格を取得した。彼の弟子中の二人は他大学で、すな

わち、アンドレアス・ヴァッケ（Andreas Wacke）はテュービンゲン大学で、ゴットフリート・シーマン（Gottfried Schiemann）はミュンヒェン大学で、それぞれ大学教授資格を取得した。多くの修了者を輩出したミュンスター大学で法学博士学位を取得した者として、ディーター・メディクス（1961年）とハンス・ヘルマン・ザイラー（1965年）がいる。両名はミュンスター大学在職時のカーザーに指導を受けていた。このようにみると、カーザーが1959年〜1971年に担当したローマ法ゼミナールから、ローマ法の分野で、七人の私講師、そして後の教授が輩出されたことになる。

⑦ Wacke *19 seines Nachrufs*. カーザーは、助手たちに対してもきわめて誠実な態度を採っていた。彼は助手たちを自分のためにこき使うことをまったくしなかった。博士学位取得論文執筆者たちは、カーザーに提出した論文草稿をすぐに返されたが、そこには随所に手書きで、緻密かつ厳しいコメントが多数付されていた。

⑧ Medicus *in seinem Glückwunsch zum 80. Geburtstag*. わたくしは、12月22日に提出した大学教授資格取得論文が、早くも翌年1月の初めには、主査自身の詳細な判定所見を添えて、副査に送られていたことを、感謝の念とともに思い出す。

⑨ Knütel *XXXVI seines großen Nachrufs*. カーザーのザルツブルク大学在職時代、狭義の弟子たちのグループの末席に、カール・ハックル（Karl Hackl）が加わった。

⑩ Knütel *in seinem Glückwunsch zum 90. Geburtstag*. ドイツと外国を合わせると、彼にはきわめて多くの弟子たちがいる。カーザーはローマ法の原典に関する研究を通して弟子たちを大いに刺激し、熱狂させた。それは、法の生き生きとした姿が原典に映し出されているだけでなく、原典こそが法を活性化させる力を備えているからである。

⑪ Knütel *XXXVII seines großen Nachrufs*. カーザーはローマ法に国境を越えるという意味での国際性を付与した。その結果、ドイツの弟子たちも外国の研究動向に関心を持ち、真の充実感を味わうことができた。このことに

より、長期に亘る国際的な友好関係が生じたことは、カーザーの弛まぬ活動に由来する何よりの副次的効果である。

⑫ Hackl *527 seines Nachrufs.* ドイツにおける広義の「弟子」としては、ヘンリック・クピスゼウスキィ（Henryk Kupiszewski）、フェリックス・ヴッベ（Felix Wubbe）、ルイジ・ラブルーナ（Luigi Labruna）、トゥリオ・スパヌオロ・ヴィゴリータ（Tullio Spagnuolo Vigorita）、サンドロ・シパーニ（Sandro Schipani）らだけでなく、ザルツブルク大学在籍当時の、たとえば、マレク・クリヨヴィッチ（Marek Kurylowicz）、イグナツィオ・ブーティ（Ignazio Buti）、ブルース・W・フライアー（Bruce W. Frier）、ブルーノ・ヒューワイラー（Bruno Huwiler）やアルフォンス・ビュルゲ（Alfons Bürge）らの名も挙げられる。

⑬ Labruna *32 aus allievi stranieri di Max Kaser.* わたくしは、マックス・カーザーが、住所、国籍、学修方法、学修傾向、文化的・科学的・イデオロギー的な関心等をまったく異にする、われわれ多くの学生たちに、討論や共同研究の機会を繰り返し提供することを通じて、将来の進路を示されたことについて感謝したい。

⑭ Ankum *182 seines französischen Nachrufs.* マックス・カーザーは、ローマ法学者の仕事のやり方を彼から学ぼうとする若者たちに開放的な姿勢と寛大な心遣いを示した。

⑮ de los Mozos *164, 165 seines Nachrufs.* 彼は素晴らしい人物で、何事についても、示唆や助言を求めて彼を訪ねる人々に対して飾り気なく、親愛の情を示して、いつでも援助を与えた。

⑯ Spagnuolo Vigorita *625 seines Nachrufs.* カーザーが示してきたさまざまな長所、たとえば才能、主義、流儀、記憶力、粘り強さ、集中力といったものを弟子たちはそれぞれに吸収してきた。これらの長所は、おそらく、彼が格別の情熱を込めて研究し、仕事というよりも趣味として研究を続け、比較という手法を導入したことと関わりがあろう。カーザーは、どの学問分野にも例外なく一致してみられる歴史研究という手法を法律学の分野に

本格的に導入し、強化してきた人であった。

⑰ Wubbe 8, 9 seines Artikels „Bei Max Kaser in Münster". 再三にわたってわたくしの目を引いたことがある。それは、若すぎてそれほど経験を積んでいない者と対話する場合でも、カーザーみずから相手の主張に寄り添って、その趣旨をくみ取り、まとめ上げ、それも、カーザーが納得したという印象を相手が容易に感じられるようなやり方でこれらを実践する、彼の驚くべき能力とそれを可能とする基本的な準備であった。このことは、対話の相手に、自分の思考過程を余すところなく説明し、場合によってはみずからそれを完全なものとするような勇気——あるいは冒険心というべきかもしれない——を与えたことであろう。むろん、そうした主張の弱点を明らかにする必要がある場合、カーザーは、状況に応じてではあったが、対話を重ねるにつれて次第に、暫定的な同意をしたり、留保や拒絶を示したりしていた。

⑱ Knütel XXXV seines großen Nachrufs. 彼の講義はどれも有益であった。講義の内容はきわめて明快で分かり易く、口調はさほど変化に富んだものではなかったが、全体を構成する技術の素晴らしさは人目を引いた。外国人ゲストは、彼の講義が優れたドイツ語を同時に学ぶ最上の機会となっていると繰り返し感じていた。講義はつねに本題に集中して行われ、予定されたプログラムはすべて時間通りに進み、講義の資料はすべて確実に消化された。マックス・カーザーの場合、講義よりも『学説彙纂』解釈の授業、特にゼミナールの方に彼の特徴がはっきりと表れていた。

⑲ Landwehr 17 über Kaser in Hamburg. 『学説彙纂』解釈の授業は、冬学期、教室に150人の学生を、また時にはそれを超える数の学生を集めて行われた。カーザーの「ローマ法ゼミナール（Seminar über Römisches Recht）」は、夏学期に開かれた。ハンブルク大学以外にも広く知られたこのゼミナールでは、多数の客員教授、留学生、博士学位論文執筆者——彼らの中には後に同僚となった者もいる——らが内容の濃い報告を行っていた。

⑳ Knütel XLII seines großen Nachrufs. カーザーは、毎回の報告終了後すぐに、

報告者よりも明確に、報告の要点を整理し、問題の核心に「焦点を当て」ていた。

㉑ Wacke *16 seines Nachrufs*. ゼミナールには、概して、カーザーの長所が凝縮していた。彼はそこで輝いていた。どちらかといえば、彼は大教室では影の薄い存在であった。ディーター・メディクスは適切にも、「彼は大きなコンサートホールよりもむしろ室内楽を好んだ」という言い方で、彼の特徴を表現していた。

㉒ Knütel *XXXV seines großen Nachrufs*. カーザーが自宅で開いたゼミナールは、「彼の社会的活動のフィナーレ」を飾るものであった。参加者たちはそこで、豪勢なもてなしを受けて、尊敬する「マイスター」の調和のとれた私生活から好印象を得て、彼が魅力的な社会人であることを身をもって知ることができた。

㉓ Knütel *XXXVII seines großen Nachrufs*. カーザーの80歳の誕生日を祝う集まりで祝辞を述べたフランツ・ヴィーアッカーは、カーザーの最も注目すべき功績の一つとして、カーザーが格別に多くの弟子たちを育成していたのに、「学派」を形成しなかった点を強調した。彼が使った「学派」という言葉は、敢えていえば、ある種の理論や特定の学問体系を支持することを誓約させるという意味ではまったくなく、弟子たちがそれぞれのやり方で実質的に正しく、そしてきわめて手堅くローマ法の研究を行っているという意味においてである。

VI. 外国との関係

Knütel *in seinem Glückwunsch zum 90. Geburtstag*. 評価の高い外国の10大学から授与された名誉博士学位、10の学会の会員資格、それに多くの顕彰、これらは、古代ローマ法についての国際的研究における彼の抜きん出た学問的成果を明確に表す徴憑である。

① Zimmermann *99 über Kaser und das modern Privatrecht*. 附言すれば、ケー

プタウン大学のローマ法担当講座「W. P. シュライナー教授職 (W. P. Schreiner-Lehrstuhl)」は、応募しても採用されなかった学者たちによく知られたポストである。フーゴー・グロティウス (Hugo Grotius) の研究者として知られたオランダ・ライデン大学のロバート・フェーンストラ (Robert Feenstra) と並んで、マックス・カーザーの名もその中に含まれている。

② Wacke *13, 23 seines Nachrufs.* 彼は、内外国の多くの同僚と盛んに文通していた。しかし、カーザーは、ロマニステンの国際団体には関わっていなかった。

③ Knütel *XXVII seines großen Nachrufs.* 彼が 1958 年にリオ・デ・ジャネイロ大学でのゲスト講演——彼はこの大学から最初の名誉博士学位を授与された——に招待されたとき、彼は、航海中ずっと、特に下船の際の船橋でもポルトガル語の学習を続けていた。彼のポルトガル語はリオでの謝辞を現地の言葉で自由に表現できるほど上達していた。

④ Landwehr *12 über Kaser in Hamburg.* ほぼ毎年のように、法学部は、カーザーの提案に基づいて、外国の学者をゲスト講演のために招いた。彼自身も、外国との学問的なコンタクトを保持するため、喜んで、講演旅行に出掛けていた。たとえば、彼は、1961 年にバーゼル大学、ツューリッヒ大学、ジュネーヴ大学およびトリノ大学に滞在し、1963 年にプレトリア大学 (南アフリカ) の客員教授職を引き受け、1964 年には短期間トリノ大学に、1965 年にはナポリ大学に、1966 年にはウプサラ大学とボルドー大学にそれぞれしばらく滞在し、1970 年にはブダペスト大学への長期の講演旅行を行った。

⑤ Zimmermann *99 über Kaser und das modern Privatrecht.* カーザーのプレトリア大学での活動により、ハンブルク大学の彼のローマ法・比較法史研究所 (Institut für Römisches Recht und Vergleichende Rechtsgeschichte) と南アフリカの法学部との間に結び付きが生まれた。その結果、カーザーの研究書『ローマ私法 (Römisches Privatrecht)』が英訳され、彼は南アフリカ大学

（University of South Africa）から名誉博士学位を授与された。

VII. 著　　　作

Medicus *in seinem Glückwunsch zum 80. Geburtstag.* カーザーが公表した学問的著作の数はおよそ500点に及ぶ。ローマ私法およびローマ民事訴訟の全分野に亘る研究が含まれる。研究の重点は、所有権、担保権、婚姻および司法と訴訟法との限界領域、これらである。

① Benöhr, Hackl, Knütel und Wacke *5 der Festgabe für Kaser zum 80. Geburtstag.* 1930年以降に公表された著作をみると、特に古典期私法の諸問題がいよいよ増加しつつあることが分かる。

② Giaro *231 über Kaser.* クンケルやヴィーアッカーとは異なり、カーザーはローマの憲法史および刑法史と取り組み、継受史や近世私法史にも取り組んだ。

③ Hackl *529 seines Nachrufs.* ミュンヒェン大学での準備作業およびギーセン大学での出版に続いて、カーザーは1935年に、『ミュンヒェン大学研究叢書（Münchener Beiträge）』の一冊として、『余剰物はその者に属する（Quanti ea res est）』という表題で、古典期ローマ法における訴訟物の評価に関する研究書を刊行した。

④ Knütel *XXXVII seines großen Nachrufs.* カーザーは1943年に『古代ローマ法における所有と占有（Eigentum und Besitz im älteren römischen Recht）』という研究書を刊行した。

⑤ Knütel *XXXVII seines großen Nachrufs.* カーザーは、捕虜収容所から帰還後すぐ、著書『古代ローマ法（Das altrömisches ius）』の仕上げに取り組んだ。個別事案ごとに見出される具体的なRecht（正義の実体）に着目し、各先例の積み重ねに応じて段階的に形成される動向を取り上げ、意味的に狭く限定された文言で書き表される法律要件事実を抽象的規範のかたちに読み替えるというやり方を介して、一般的拘束力を有する行為規範として歴

史的に発展してきた概念を「ius」と名付ける点は、彼のこの著作を貫く基本的思考の一つである。

⑥ Medicus *447 der Festschrift Juristen im Portrait.* カーザーは1949年に、ベック社の『古代期学問ハンドブック（Handbuch der Altertumswissenschaft）』という叢書の一冊として『ローマ私法（Römisches Privatrecht）』の執筆を引き受けた。

⑦ Wacke *19 seines Nachrufs.* これにより、カーザーは「わたくしの代表作」[11]と自称する課題に取り組むこととなった。

⑧ Medicus *447 der Festschrift Juristen im Portrait.* カーザーは、1949年から1966年まで長い時間をかけて、ローマ私法研究における新たな信頼される基盤を作り出した。

⑨ Knütel *in seinem kleinen Nachruf.* 分厚い『ローマ私法ハンドブック（第一巻：古代ローマ法、前古典期の法、古典期の法（Altrömisches, vorklassisches und klassisches Recht）、1955年、第二巻：後古典期の展開（Nachklassische Entwicklung）、1959年、第一巻第2版、1971年、第二巻第2版1975年）』、それに、『ローマ民事訴訟ハンドブック（1966年）』を出版したことにより、マックス・カーザーの名声はいやがうえにも高まった。

⑩ Wacke *14 seines Nachrufs.* 読者は、見事な索引が付されたこの詳細な著作を手にすることで、いつでも、研究を進め、また深めるうえで参考になる示唆を見出すことができる。この種の史料を多く選び集めることは、CD-Romが登場するまでは、もっぱら記憶術を頼りとする職人技を必要とした。

⑪ Giaro *231 über Kaser.* カーザーは、1955年以降『古代期学問ハンドブック』の一冊として刊行された「大著（opus magnum）」『ローマ私法（Das römische Privatrecht）』をもって、疑いの余地なく、国際的なローマ法研究の第一人者に躍り出た。

---

11) *Kaser*, Selbstdarstellung, 143.

⑫ Medicus *448 der Festschrift Juristen im Portrait.* カーザーは執筆に際してモデルを持たなかった。というのは、彼の執筆基準は、法律的・体系的観点にではなく、歴史的観点に基づいていたからである。彼が考えていたのは、素材の時期による3区分（古代ローマ法、前古典期および古典期の法、後古典期の法）であった。

⑬ Zimmermann *103 über Kaser und das modern Privatrechts.* カーザーの大ハンドブックは、ローマ私法を固定された不動の体系としてみるのではなく、歴史的運命に左右される動態として追求することをわれわれに教えている。

⑭ Giaro *348 über Kaser.* 三つの連続する「パンデクテン体系」という新たな枠組みでローマ法を捉え直したこのハンドブックにより、カーザーは、体系の発展を顧慮せずに諸制度の歴史的発展のみを重視する見方を否定している。

⑮ Knütel *XXXI seines großen Nachrufs.* カーザーは、ハンドブックの第二巻を、カーザー自身が後に明言しているように、彼の学問的研究に際して、「一番多く学んだ」学者、エルンスト・レヴィに捧げた。

⑯ Medicus *449 der Festschrift Juristen im Portrait.* 第二巻では、第一巻の執筆以上に、パイオニアとしての仕事が多くを占めた。というのは、それまで、後古典期の発展はあまり研究されていなかったからである。良き古典期の法と対比すると、後古典期の法に関する研究は圧倒的に劣悪な状況にあった。

⑰ Medicus *448 der Festschrift Juristen im Portrait.* 後古典期の法については、エルンスト・レヴィの研究（西ローマの平民の法（West Roman vulgar Law）、1951年；財産法（The Law of Property）、1951年）により、まったく新しいイメージが生まれた。

⑱ Wubbe *7 seines Artikels „Bei Max Kaser in Münster".* 附言すれば、いつものように最大の注意を払って編集されているが、この時期に、簡略版教科書が登場した。その初版は1960年に刊行された。

⑲ Knütel *XXXII seines großen Nachrufs*. カーザーは、ハンドブック第二巻の刊行後、ベック社の叢書、簡略版法学教科書のために、『ローマ私法 (Römisches Privatrecht)』を書き始めた。同書は 1992 年までに全部で 16 回も版を重ねたが、その間に絶えず改訂と補充が行われただけでなく、英語、オランダ語、フィンランド語、スペイン語および日本語に翻訳された。

⑳ Knütel *XXXIII seines großen Nachrufs*. この「手軽なカーザー本」は、年の経過とともに、実質的に「手軽なハンドブック」といえるほど分厚いものになっていった。

㉑ Ankum 290 seines niederländischen Nachrufs. オランダの大多数の法律家は、世代を超えて、カーザー「簡略版教科書」のフェリックス・ヴッベによるオランダ語訳でローマ法を学んでいた。

㉒ Medicus *450 der Festschrift Juristen im Portrait*. この出版社は、同書刊行の通知に添えて、ハンドブック叢書向けに、『ローマ民事訴訟法 (Römisches Zivilprozeßrecht)』の執筆をも引き受ける用意があるかとカーザーに問い合わせた。カーザーはこれを引き受けた。

㉓ Knütel *XXXIII seines großen Nachrufs*. 彼は、その後次第に、ローマ私法に関する著書の補充として、ローマ民事訴訟法の解説が不可欠であると考えるようになった。

㉔ Medicus *450 der Festschrift Juristen im Portrait*. ローマ民事訴訟法の執筆に際し、彼はふたたび新たな困難に直面した。それは、手続法に関しても多数の個別的事項がローマの法源中に見出されるが、必要不可欠の手続の進行に関する基本原理はそうではなかったからである。この知識はこんにちでも欠けており、われわれが現代の諸観念を用いてこの欠落部分を補充することには疑問がある。

㉕ Hackl *534, 535 seines Nachrufs*. 手続の順序に関する基礎史料が伝承されなかったために生じた欠落を埋めるにあたり、カーザーは、十中八九そうであるらしいという仮説 (wahrscheinlichere Hypothesen) とそれよりも可能

性の少ない仮説（weniger wahrscheinliche Hypothesen）とを区別するために、ローマ時代の法的・社会的環境について大胆な推理力を発揮した。

㉖ Medicus *451 der Festschrift Juristen im Portrait.* 索引が追加され、校正を済ませたこの本は 1966 年に刊行された。

㉗ Knütel *XXXIII seines großen Nachrufs.* 1966 年に私法と民事訴訟法とをカヴァーしたハンドブック三部作が完成した。

㉘ Knütel *XXXIV seines großen Nachrufs.* 以前のマックス・カーザーと同様、おそらく、従前の研究成果とそれをもたらした研究方法について誰も疑問を抱かなかったことであろう。しかし、カーザーは従来の研究方法を捨てて新しい方法へ急激に転換した。彼はかなり早い時期から内心で、既刊のハンドブックの全面改定を決断していた。

㉙ Knütel *in seinem kleinen Nachrufs.* このようにして、彼はしばしば多くのテーマを繰り返し執筆し、欠陥のある自説を躊躇うことなく捨て去った。

㉚ Wacke *15 seines Nachrufs.* カーザーは、この他にも教科書として、見事な出来栄えの『ローマ法史（Römische Rechtsgeschichte）』を書いた（初版 1949 年、第 2 版 1967 年）。彼のローマ法史は、これよりもヴォリュームの薄いヴォルフガング・クンケルの概説書に比して、不当に低い評価を受けている。

㉛ Wacke *22 seines Nachrufs.* 彼はこの他にも優れた論文を数多く遺している。その中には、最も重要でありかつ最後の著作として、たびたび改訂された万民法（ius gentium）に関する研究書もある。

㉜ Wacke *499 der Festschrift für Kaser zum 70. Geburtstag.* 頻りに引用されたローマ私法およびローマ民事訴訟法に関するこれら三巻本の著者カーザーがまったく研究しなかった個別テーマが何かあるかを見つけることはきわめて難しい。

㉝ Kränzlein *629 der Festschrift für Kaser zum 70. Geburtstag.* 深い学識を備えたこの同僚は、ギリシャ法圏にも絶えず目を向け、独自の活動によりギリシャ法圏研究を推進した。

VIII. 原典改編

　Knütel *XXXIII seines großen Nachrufs.* ハンブルク大学在職当時、カーザーは多くの研究成果を生み出した。この時期には、原典改編に対する批判との原則的な対決も行われた。

① Backhaus *617, 618 über die Interpolationsforschung.* 原典の改編は、原典完成後、それと分からないようなかたちで、意図的に文言を追加したり削除したりして原典を変更することをいう。法史の分野で原典の改編が問題となるのは、ローマ法の法源中にこの種の変更があったか否かを確認するためである。

② Kunkel und Schermaier *218, 219 über Römischen Rechtsgeschichte.* 19世紀末以降、原典改編が行われているとの指摘は無数にある。それらの指摘のうち相当数は、というよりも、圧倒的多数は、批判的視点からの再審査を経て、こんにちではもはやあてはまらないことが、また、それらの指摘自体、きわめて疑わしいことが明らかになっている。

③ Knütel *XXXIV seines großen Nachrufs.* 原典改編があるのではないかとの主張の当否が検討されることで、しばしば、法律的な問題点を巡るきわめて魅力的かつ実りの多い実質的論議が行われるようになった。往々にして、原典の方がどの注釈よりもずっとよくなるという結果が生まれている。

④ Wubbe *5 seines Artikel „Bei Max Kaser in Münster".* カーザーは、ある面では、原典改編の有無について、確信を得ていた。彼の庇護のもとで、われわれ若い世代の研究者は、無意識ではあるが、大きな疑念を持つことなく、大胆に、またある意味で適切に、原典を研究することができた。わたくしは、カーザーから、再三にわたって、「注意しなさい。原典は改編されている。原典改編の有無に留意しないということは誤りである」という警告を受けていた。他面において、カーザーは、原典改編の有無を考えなくても済むわれわれの気楽さを羨ましがっていた。

⑤ Mayer-Maly et al. *XI ihres Glückwunschs zum 80. Geburtstag.* カーザーは、原典改編の有無を明らかにするようにという要請が強くなった時期に、研究を始めた。しかし、カーザーは後にこのような研究の方向性に対して強く疑問を抱くようになった。それでも、カーザーが初期に行った分析の重要性はますます高く評価されるようになっている。

⑥ Knütel *XXXIV seines großen Nachrufs.* マックス・カーザーは、原典改編批判の行き過ぎを鎮めるための、また、こんにち一般的に認められる研究方法を確立するための論文を多数公表している。

⑦ Knütel *in seinem Glückwunsche zum 90. Geburtstag.* カーザーが原典に忠実な研究を行った御蔭で、われわれは、こんにち一般的に認められる研究方法を手にすることができている。この方法により、われわれは、確実に成果を生み出せるやり方で、ローマ時代の法思考の素晴らしくかつ豊かな資産を解明することができる。

⑧ Giaro *290 über Kaser.* 正当なことに、カーザーは、「古典期の代表的人物がさほど関心を持たなかった事項をわれわれが研究しなくても、そのことはわれわれ現代のローマ法学者の恥ではない」とか、また「現代のローマ法学が古典期の代表的人物を並の人間のように評価していても、そのことによってわれわれのローマ法学の存在価値はまったく失われない」[12]とかと述べていた。

IX. 何が残されたか

Knütel *XLIV seines großen Nachrufs.* マックス・カーザーの著作にみられた徹底性という特徴を明らかに示しているのは、少しでも多くを知りたいという衝動とより完全な姿を描こうとする努力、これら二つの視点である。彼は入手可能な文献をすべて顧慮し、引用するだけでなく、(大小や繁閑に差はあるが)

---

12) *Kaser*, Methodologie, 50f., 95f.

引用個所について彼自身のコメントを付している。

① Wacke *15 seines Nachrufs*. カーザーの文章をみると、内容面に限定する地味なスタイルが採用され、気取った雄弁術はすべて退けられている。同様に、カーザーにとって、靄がかかったような曖昧な表現は否定されている。彼はこの点に関して厳格な師匠であったし、弟子たちにとっては彼自身が生きたモデルであった。

② Knütel *XLIV seines großen Nachrufs*. カーザーにとって、（従前の）見解も、法を守るという意思も願望も、重要なものではなかった。彼の場合、「法はいつも後回しにされている」と冗談めかし、誇張して責め立てる「非難」を、カーザー自身は楽しんでいた。彼にとって大事なのは、可能な限り真実に近付くことだけであった。

③ Végh *257 in seiner Omaggio a Kaser*. 「よいもの」を「もっとよいもの」と取り換えること、そして、いつも正確かつ的確に研究すること。

④ Behrends *289 seines Nachrufs*. 彼の著作には、多様な見解をすべて受け止める開放性と、各見解を結び付ける、稀な名人芸が反映されている。

⑤ Wubbe *179 der Festschrift für Max Kaser zum 70. Geburtstag*. カーザー自身はどんな場合にも「学問の世界では決してこれで終わりということはない」という言葉を、具体例を示しつつ、弟子たち——皆、同時に、彼の友人でもある——に教えていた。

⑥ Giaro *240 über Kaser*. 彼は、この分野の指導者として模範的な存在であり、研究方法についても研究の方法論についてもみずからの見解を示し、ロマニステンの誰もが認めている諸観念を受け入れていた。

⑦ Knütel *XVII seines großen Nachrufs*. ドイツの法律家はこんにち、われわれの法の基盤にあるもの——これこそ先祖代々の思考を作り出してきたものである——との関連性をほぼ見失っている。周知のように、マックス・カーザーはこの点に関するまったくの例外であり、純粋のロマニステンとしては最後の人物である。

⑧ Giaro *316 über Kaser*. カーザーは、法史（Rechtsgeschichte）という言葉で

ローマ法研究（Romanistik）を考え、ローマ法研究という言葉でローマ私法の解釈史（Dogmengeschichte des römischen Privatrechts）を考えていた。

⑨ *Giaro 239 über Kaser.* カーザーは、素材の取扱いという点で、聖書解釈学者（Exeget）というより法解釈学者（Dogmatiker）であったし、素材を個別に列挙する学者（Kasuist）というよりも「体系を重視する学者（Systematiker）」であった。どのテクストも、——それが、ヴィントシャイト（Windscheid）のいう法解釈学的「調和」（dogmatische „Harmonistik"）に代えて、歴史的「調和」（eine historische „Harmonistik"）を試みているとしても——、それぞれ一つ一つが全体像を表している。彼が取り上げていたのは、現実の法ではなく、純粋の法（le droit pur）であった。彼は歴史的視点を加味したヴィントシャイトであったといえる。

⑩ *Behrends 292, 293 seines Nachrufs.* 判例法からどのようにして法体系を生み出すことができるのだろうか。カーザーはこの問いに対して、ローマ人は、経験を積み重ねて法的感情を研ぎ澄まし、日常生活上直観を働かせて直接に事象を把えるやり方で「法概念」——つまり、「法的な生活現象を類型化したもの」——を確認する能力とともに、「法形相」相互の間に矛盾が生じないようにそれらを相互に関連させる能力を同時に獲得できるようになる、と答えた。

⑪ *Wubbe 9 seines Artikel „Bei Max Kaser in Münster".* カーザーは立ち止まり、「聞いてほしい。われわれの責務は、個々のテクストを解釈し、解釈結果を具体的に示すことである」と述べた。カーザーは、各テクストについて自分の見解を示したが、「自分の見解を他の者に押し付けない」という姿勢を維持した。

⑫ *Giaro 239 über Kaser.* こんにち、ローマ法の具体的裁判例に着目し、訴訟の実例を得ようと試みる者は、クンケルやヴィーアッカーの著作ではなく、カーザーの著作を参照すべきである。

⑬ *Benöhr, Hackl, Knütel und Wacke 5 der Festgabe für Kaser zum 80. Geburtstag.* マックス・カーザーが弛まぬ努力を積み重ね、研究を続けたことは、ロー

マ法学にとって何よりの幸運であった。

⑭ Giaro *346 über Kaser.* カーザーは、論争の対象となった法（ius controversum）の内容を体系的に提示するのではなく、個別的列挙を通して説明するという新しいアプローチを採用することで、古典期法曹法（klassisches Juristenrecht）の内容を相対化しただけでなく、「一般人の行動基準」に置き換えることで、古典期法曹の社会行動様式（klassischer Juristenstil）を相対化した。

⑮ Zimmermann *104 über Kaser und das modern Privatrecht.* ローマ法の研究は果たして法律学学修のための技術にすぎないのだろうか[13]。カーザーは、1967年に発表した論文でこの論点を別の角度から取り上げ、ローマ法がドイツの民法典に対していかに強く、いかに多くの点で影響を与えたかをはっきりと示すとともに、ローマ法学という巨大な遺産が、ドイツ法学に固有の解釈論を育成し、そして、「現行法に対する独創的批判を生み出す手掛かりをもたらして」[14]きたことを繰り返し指摘した。

⑯ Zimmermann *106 über Kaser und das modern Privatrecht.* カーザーの弟子や彼の狭義の友人がローマ法と現代法との関連性を繰り返し確認してきたこと、そして、このような研究成果によって、ローマ法研究が現代の裁判実務にも有用だという考えが承認されてきたこと、これらは決して偶然の出来事ではない。

⑰ Rainer *167 über Kaser und die dinglichen Rechte.* カーザーは、一方における、現代の民事法学（Zivilistik）や現代の民法（Zivilrecht）と、他方における、いわばへその緒に相当するローマ法、両者の密接な関わりを意識的に追い求めた。彼は、ローマ法にみられた法形相が基本的にその後もずっと維持され、発展してきたという点に、ローマ法研究の意味と目的を見出していた。

⑱ Zimmermann *109 über Kaser und das modern Privatrecht.* 法解釈学史研究

---

13) 参照されるものとして、*Kaser*, Klassieke Romeinse Reg, 191.

14) *Kaser*, Anteil des römischen Rechts, 344.

の成果を評価する場合、われわれが現在考える「よりよい解決策」――われわれの生活を形成する諸条件のもとでのより公正な解決策――という判断基準を用いることはできない。しかし、われわれが一体なぜ、そしてどのようにして、こんにち占めている地に到達しているのかをわれわれが初めて知ることができるという意味で、ローマ法研究は、われわれの現代法を理解するために、不可欠である。

⑲ *Giaro 314, 315 über Kaser.* われわれの民事法は確かに法典編纂を経験してきたし、今でも、法典編纂から離れるという段階に達してはいない。そうした時代を経験したカーザーは、「法の内容に関わる歴史」が、法規範の裁判実務での適用に関わる歴史に対して、間接的な影響しか持たず、また実務への影響という視点がおそらく意識されていないのではないかと主張する。ローマ法研究の責務は、「過去の法が『実際にどのようであったか』という事実を認識すること」[15]にあり、それがどのように適用されたかという実務面の解明は最優先事項ではなく、ローマ法学者がなすべき仕事でもなく、少なくともカーザーが果たすべき課題（Kasersgeschäft）ではない。裁判実務での適用例に関する史的展開を考慮するといった活動は、ローマ法学が掲げる目標の達成からみて「実施する価値もない、無駄な努力」であり、カーザーにとっておよそ程遠い作業であった。

⑳ *Zimmermann 113, 114 über Kaser und das modern Privatrecht.* カーザーの仕事には現代法律学にとっての遺産が含まれている。遺産の好例は、(1)「具体的な法思考形式」[16]こそが、法史的認識の達成目標と活動の中心であるとみること、そして、(2) この思考形式は、固定されたものではなく、絶えざる発展に服するとみること、さらに、(3) この発展に関する歴史的知識が現代法の理解を助けるとともに、「創造的な批判」[17]を通して現代法の継続的発展が加速されるとみること、さらに、(4) 歴史的観点を

---

15) *Kaser*, Studio e insegnamento, 81.
16) *Kaser*, Anteil des römischen Rechts, 344.
17) Ebd.

伴う法比較を行うことで、一国家の法律学をヨーロッパ全体に共通する法学へと再生させることが現代民事法学の本質的な責務であるとみること、そして最後に、(5)現代法のさまざまな要請に合わせて歴史的な経験と発展の系譜を説明することが、現代民事法の将来、そして法史学の将来に共通する重要な責務であるとみること、これらである。

㉑ Knütel *in seinem kleinen Nachruf.* かつてイタリアの大物ローマ法学者、ジュゼッペ・グロッソ（Giuseppe Grosso）は、カーザーのハンドブック三冊の特徴をきわめて分かり易く、「われわれが何でも見つけることができる深い渓谷」にたとえていた。

㉒ Mayer-Maly et al. *VIII ihres Glückwunschs zum 70. Geburtstag.* 最初に「カーザーの本」を読まないといったような状況はまったく考えられない。

㉓ Ankum *184 seines französischen Nachrufs.* カーザーの著作は長い間に亘りローマ法の基盤を築いてきただけでなく、次世代の研究者が無視し得ない出発点を成していた。

参 照 文 献 （Literatur）[18]

Ankum, H. (J. A.), In memoriam: Max Kaser (1906-1977), Revue historique de droit français et étranger 75 (1977), 181-184.

- In memoriam Prof. Dr. Max Kaser, Nederlands Juristenblad 72, 1 (1997), 290f.

Backhaus, R., Interpolationsforschung, in: H. Cancik/H. Schneider/M. Landfester (Hrsg.), Der Neue Pauly, Bd. 14 (2000), Sp. 617-619.

Behrends, O., Nachruf Max Kaser. 21. April 1906-13. Januar 1997, Jahrbuch der Akademie der Wissenschaften in Göttingen 1997, 288-295.

Benöhr, H. -P./K. Hackl/R. Knütel/ A. Wacke, Widmung, in: dies. (Hrsg.), Iuris professio: Festgabe für Max Kaser zum 80. Geburtstag, Wien/Köln/Graz 1986, 5f.

Felz, S., Im Geiste der Wahrheit? Zwischen Wissenschaft und Politik: Die Münsterschen Rechtswissenschaftler von der Weimarer Republik bis in die frühe Bundesrepublik, in: H. -U. Thamer/D. Droste/S. Happ (Hrsg.), Die Universität Münster im Nationalsozialismus. Kontinuitäten und Brüche zwischen 1920 und 1960, Münster 2012,

---

18) SZ=Zeitschrift der Savigny-Stiftung für Rechtsgeschichte, Romanistische Abteilung.

Bd. 1, 347-412.

Giaro, T., Max Kaser (1906-1997), Rechtshistorisches Journal 16 (1997), 231-357.

Hackl, K., In memoriam Max Kaser, Index 26 (1988), 521-538.

Kaser, M., Max Kaser [Selbstdarstellung], in : H. Baltl/N. Grass/H. C. Faußner (Hrsg.), Recht und Geschichte. Ein Beitrag zur österreichischen Gesellschafts- und Geistesgeschichte unserer Zeit. Zwanzig Historiker und Juristen berichten aus ihrem Leben, Sigmaringen 1990, 135-149.

- Das Römische Privatrecht, Bd. 2, 2. Aufl., München 1975.
- Der römische Anteil am deutschen bürgerlichen Recht, JuS 1967, 337-344.
- Klassieke Romeinse Reg in die Suid-Afrikaanse Praktyk, Tydskrif vir hedendaagse Romeins-Hollandse Reg (THRHR) 27 (1964), 177-193.
- Studio e insegnamento del diritto romano, Labeo 2 (1956), 80-83.
- Zur Methodologie der römischen Rechtsquellenforschung, Wien 1972.

Knütel, R., Max Kaser zum 90. Geburtstag, NJW 1996, 1121.

- Max Kaser † [Kleiner Nachruf], NJW 1997, 1492f.
- Max Kaser (21. 4. 1906-13. 1. 1997) [Großer Nachruf], SZ 115 (1998), XVII-XLVIII.

Kränzlein, A., Bemerkungen zur Praxisklausel καθάπερ ἐκ δίκης, in : D. Medicus/ H. H. Seiler (Hrsg.), Festschrift für Max Kaser zum 70. Geburtstag, München 1976, 629-634.

Kunkel, W./ M. Schermaier, Römische Rechtsgeschichte, 14. Aufl., Köln u. a. 2005.

Labruna, L., Allievi stranieri di Max Kaser, SZ 115 (1998), 22-32.

Landwehr, G., Max Kaser in Hamburg 1959-1971, SZ 115 (1998), 10-21.

Mayer-Maly, T., Symposion für Max Kaser, SZ 115 (1998), 1.

- /F. Wieacker/D. Nörr/Böhlau-Verlag, Sehr verehrter Herr Kaser [Glückwunsch zum 70. Geburtstag], SZ 93 (1976), VIIf.
- /D. Nörr/Böhlau-Verlag, Max Kaser zum 80. Geburtstag, SZ 103 (1986), XIf.

Medicus, D., Max Kaser zum 80. Geburtstag, NJW 1986, 1156f.

- Max Kaser, in : Juristen im Portrait. Verlag und Autoren in 4. Jahrzehnten. Festschrift zum 225 jährigen Jubiläum des Verlages C. H. Beck, München 1988, 447-453.

de los Mozos, J. L.[19], In memoriam Max Kaser, Revista de derecho privado 81 (1997), 163-165.

---

19) *Knütel,* Max Kaser (21. 4. 1906-13. 1. 1997), SZ 115 (1998), XLVIII Fn. 117. は彼を著者とする。

Rainer, J. M., Max Kaser und die dinglichen Rechte, SZ 115 (1998), 161-167.

Spagnuolo Vigorita, T., In memoriam Max Kaser (1906-1997), Studia et documenta historiae es iuris 64 (1998), 623-626.

Végh, Z., Omaggio a Kaser a Salisburgo, Labeo 19 (1973), 256f.

Wacke, A., Paulus Dig. 10. 2. 29 : Zur Pfand-Adjudikation im Erbteilungsprozess, in : D. Medicus/H. H. Seiler (Hrsg.), Festschrift für Max Kaser zum 70. Geburtstag, München 1976, 499-532.

- Max Kaser (1906-1997) [Nachruf], Seminarios complutenses de derecho Romano 9 (1997), 7-23.

Wubbe, F., Der Streitwert der actio Serviana, in : D. Medicus/H. H. Seiler (Hrsg.), Festschrift für Max Kaser zum 70. Geburtstag, München 1976, 179-200.

- [Carmen gratulatorium für Max Kaser zum 70. Geburtstag], abgedruckt in SZ 93 (1976), VIIf.
- Bei Max Kaser in Münster, SZ 115 (1998), 2-9.

Zimmermann, R., Max Kaser und das moderne Privatrecht, SZ 115 (1998), 99-114.

文書・記録・史料[20]

UAMs 10, Nr. 3397, Brief Kasers an den Universitätskurator zwecks Mitteilung seiner Vermählung vom 22. 12. 1933.

UAMs 10, Nr. 3397, Notiz des Dekans der Rechts- und Staatswissenschaftlichen Fakultät, Paul Berkenkopf, an den Rektor der Universität Münster, Karl Hugelmann, vom 05. 03. 1937.

UAMs 31, Nr. 164, Zeitungsartikel in der Münsterichen Zeitung zu Kasers Bleiben in Münster vom 24. /25. 04. 1937.

UAMs 31, Nr. 164, Mitteilung Kasers vom 03. 11. 1938 an den Kurator und den Leiter der Dozentenschaft betreffend die NSDAP-Parteianwärterschaft.

UAMs 10, Nr. 3397, Brief von Herrn Schwarz vom 19. 06. 1939 im Auftrag für den Reichsminister für Wissenschaft, Erziehung und Volksbildung, Bernhard Rust, an den Universitätskurator in Münster.

UAMs 30, Nr. 589, S. 69, Brief Hans Schumanns an Kaser vom 17. 11. 1944.

UAMs 30, Nr. 589, S. 68, Brief Kasers an Hans Schumann vom 26. 11. 1944.

UAMs 31, Nr. 164, Mitteilung von Professor Walther Hoffmann vom 27. 07. 1946 bezüg-

---

20) UAMs=Universitätsarchiv der Westfälischen Wilhelms-Universität Münster.

lich Bestätigung durch Militärregierung.

UAMs 5, Nr. 573, S. 38, Brief des Rektors der Westfälischen Landes-Universität, Siegfried Strugger, an die Kultusministerin des Landes NRW, Christine Teusch, vom 19. 09. 1952.

UAMs 31, Nr. 164, Brief Kasers an Hans Brox vom 02. 05. 1966.

トーマス・グートマン、ファビアン・ヴィトレク、
ヴェルナー・クラヴィーツ

ヘルムート・シェルスキィ（1912 年 〜 1984 年）
――幸福感溢れる世代の遅すぎた懐疑

- Ⅰ．ヘルムート・シェルスキィの歩み：ミュンスター大学へ、そしてふたたびミュンスター大学へ
- Ⅱ．現代の法律学におけるヘルムート・シェルスキィ：足跡の探求
- Ⅲ．法律学にとってのシェルスキィの持続的な刺激可能性

ヘルムート・シェルスキィ（1912 年～1984 年）　*321*

　ヘルムート・シェルスキィ（Helmut Schelsky）は、本書に収録されたミュンスター大学の「法学教授たち」の中でもいろいろな観点で際立っている。彼は、1960 年から 1970 年にかけて、また 1973 年から 1984 年まで、確かにヴェストフェーリッシェ・ヴィルヘルム大学法学部の教授であったが、いわゆる法律学者ではなかった。こんにち、彼の著作は法律家の間で、より具体的にいえば、もっぱら法社会学の業績であると評価され、論評の対象とされている（詳しくは後述 II.）[1]。彼の言い方によれば、彼はミュンスター大学で特に「法律学の初学者を法社会学に案内する」[2] 役割を任されていた。彼を「法社会学者」と呼ぶことは、彼の著作全体を大雑把にまとめた表現であり、よりよく言えば、簡略化した言回しである[3]。厳密にいえば、彼を「社会学者」と呼ぶことには疑問があるし、そう呼ぶとしてもせいぜい第二次的な意味でのそれでしかない。というのは、シェルスキィの大学教授資格取得論文からみて、彼が何よりも法哲学者ないし政治哲学者であることが明らかだからである[4]。

---

1)　参照されるものとして、*T. Raiser*, Grundlagen der Rechtssoziologie, 6. Aufl. Tübingen 2013, S. 148ff. および *ders.*, Helmut Schelskys Beitrag zur Rechtssoziologie, in: R. Feldmann/T. Gutmann/C. Weischer/F. Wittreck (Hrsg.), Helmut Schelsky. Ein Soziologe im zeitgeschichtlichen, institutionellen und disziplinären Kontext (Beiheft zur Zeitschrift „Rechtstheorie"), Berlin 2014, i. E.

2)　シェルスキィの著作「Soziologie – wie ich sie verstand und verstehe」, in: *ders.*, Die Soziologen und das Recht. Abhandlungen und Vorträge zur Soziologie von Recht, Institution und Planung, Opladen 1980, S. 7ff. (26) に、彼の研究関心を反映した文献目録が概括的に示されている。

3)　より詳しいものとして、*Raiser*, Grundlagen（前注 1)), S. 156f.；本質的に真の法社会学の論文が要約されているものとして、*Schelsky*, Die Soziologen und das Recht（前注 2))。

4)　シェルスキィは、正式に、1931 年からケェーニヒスベルク大学およびライプツィッヒ大学で、哲学の他、ドイツ学および歴史学を学修した（そして、これらの分野で、第一次国家試験を伴う博士学位論文審査に合格した）。博士学位論文審査は、1935 年にライプツィッヒ大学でアルノルト・ゲーレン（*Arnold Gehlen*）のもとで行われた（「1796 年のフィヒテ著『自然法』における共同体論（Die Theorie der Gemeinschaft in Fichtes „Naturrecht" von 1796)」)。また、1940 年にケェーニヒスベルク大学で完成された資格取得論文（Qualifikationsschrift）(「トーマス・ホッブス

シェルスキィは、専門分野で特別な地位を占める学者であると同時に、世間一般の水準からみてもきわめて優れた人物であった。本書で紹介される法学者の多くが法律学での貢献に基づいて「名声」を得ているのと異なり、シェルスキィは法律学者というよりは思想家であった。彼は、少なくとも初期の連邦共和国で、彼自身が創作した概念、特に『平均的な中産階級社会』(1953年)[5]や『懐疑的世代』(1957年)[6]といった概念によって、クロスワードパズルを解く名人のように高く評価されるようになった。1984年に亡くなるまで、社会的事象に対する彼の考えは支持され、論評され、——おそらくは最も説得力のある説明と思われたためであろうが——、一部では厳しく非難された[7]。

小稿では、好んで論争に参加し、大きく評価が分かれたこの学者の特に重要な局面のみが彼の著作[8]と活動とに基づいて取り上げられる。以下、まず経歴

――その政治理論（Thomas Hobbes. Eine politische Lehre）」）は、1981年に初めてベルリンで刊行された。――こうした専門分野の変化について詳しく述べており参考になるものとして、*K.-S. Rehberg*, Philosophische Anthropologie und die „Soziologisierung" des Wissens vom Menschen. Einige Zusammenhänge zwischen einer philosophischen Denktradition und der Soziologie in Deutschland, in: R. M. Lepsius (Hrsg.), Soziologie in Deutschland. Materialien zur Entwicklung, Emigration und Wirkungsgeschichte, Opladen 1981, S. 160ff.

5) *H. Schelsky*, Wandlungen der deutschen Familie in der Gegenwart, 1. Aufl. Dortmund 1953, S. 218；これについては、*H. Braun*, Helmut Schelskys Konzept der „nivellierten Mittelstandsgesellschaft" und die Bundesrepublik der 50er Jahre, in: Archiv für Sozialgeschichte 29 (1989), S. 199ff. および *C. Albrecht*, Reflexionsdefizit der Sozialstrukturanalyse? Helmut Schelsky und die „nivellierte Mittelstandsgesellschaft", in: *A. Gallus* (Hrsg.), Helmut Schelsky – der politische Anti-Soziologe. Eine Neurezeption, Göttingen 2013, S. 86ff.

6) *H. Schelsky*, Die skeptische Generation. Eine Soziologie der deutschen Jugend, 1. Aufl. Düsseldorf/Köln 1957.

7) „Funktionäre, Gefährden" sie das Gemeinwohl? (Stuttgart-Degerloch 1982) という書籍に基づいて詳細に論じているものとして、*C. Weischer*, Helmut Schelsky und das „Schwarze Jahrzehnt", in: *Feldmann u. a.*, Schelsky（前注1））, i. E.

8) シェルスキィに関する著作——たとえば、シェルスキィと直接に取り組んでいる文献等——について説明している著作目録を執筆しているものとして、*Dieter Wy-*

を概観し[9]——ミュンスター大学での数年を含む（下記I.）[10]——、ヘルムート・シェルスキィの著作が現代の法律学にどのように受け継がれているかを確認し（下記II.）、シェルスキィがわれわれの専門分野に与えた刺激のうち、現在も残されているものについて検討する（下記III.）。

I. ヘルムート・シェルスキィの歩み：ミュンスター大学へ、そしてふたたびミュンスター大学へ[11]

ヘルムート・ヴィルヘルム・フリートリッヒ・シェルスキィ（Helmut Wil-

---

duckel, in : F. Kaulbach/W. Krawietz (Hrsg.), Recht und Gesellschaft. Festschrift für Helmut Schelsky zum, 65. Geburtstag, Berlin 1978, S. 791ff. および in : Rechtswissenschaftliche Fakultät der Universität Münster (Hrsg.), Recht und Institution. Helmut Schelsky-Gedächtnissymposium Münster 1985, Berlin 1985, S. 105ff.（これらの資料ではもちろん、1933年から1945年までの部分が欠けている。）

9) 最新の——もちろん質的に納得のゆくもののみに限定されている——文献目録を掲げているものとして、*V. Kempf*, Wider die Wirklichkeitsverweigerung. Helmut Schelsky. Leben – Werk – Aktualität, München 2012.——この点について批判的な評価を示しているものとして（これは、ミュンスター大学図書館およびノルトライン・ヴェストファーレン州立図書館の詳細な史料研究に基づく）、*G. Schäfer*, Zur Herausbildung des philosophisch-soziologischen Denkens bei Helmut Schelsky in der Ära des Nationalsozialismus, in : Feldmann u. a., Schelsky（前注1)）, Fn57. 信頼できるものとして、*W. Krawietz*, Helmut Schelsky – ein Weg zur Soziologie des Rechts, in : Kaulbach/ders., Recht und Gesellschaft（前注8)）, S. XIIIff.

10) この点について最初の手掛かりを与えるものとして、Grußworte von *W. Schlüter* und *J. Schmidt*, in : Fakultät, Schelsky-Gedächtnissymposium（前注8)）, S. 11ff. bzw. 15ff.

11) 2007年、ミュンスターのヴェストフェーリッシェ・ヴィルヘルム大学（Westfälische Wilhelms-Universität Münster）は、シェルスキィの遺産の一部（引越し用のカートン35箱に納められた未整理資料）を受領し、翌年、それを、永続的保管・陳列公開の当否を判断させるため、ミュンスター大学図書館およびノルトライン・ヴェストファーレン州立図書館に引き渡した。すでにそのリスト（http://www.ulb.uni-muenster.de/sammlungen/nachlaesse/nachlass-schelsky.html）が示しているが、新しい情報を得ることが期待される。

helm Friedrich Schelsky) は、1912 年 10 月 14 日、ザクセン州ケムニッツ (Chemnitz) の中産階級に生まれ、「アンハルトという狭い地域」[12]で育った。デッサウ (Dessau) で高校卒業資格試験に合格した (1931 年) 後、彼は、ケェーニヒスベルク大学で哲学を学び始め、1 ゼメスターを経てライプツィッヒ大学へ学籍を移し、そこで長期に亘る助言者となったアルノルト・ゲーレン (Arnold Gehlen) と出会った。ゲーレンがシェルスキィに哲学から社会学への転向を促した[13]。シェルスキィは、この時期、ライプツィッヒ大学において集中的に国家社会主義ドイツ大学生同盟 (ナチ学生同盟 (Nationalsozialistischer Deutscher Studentenbund))――彼はこの同盟に 1932 年から参加し、1937 年に国家社会主義ドイツ労働者党 (NSDAP) の党員資格を取得した[14]――の活動に加わり、ライプツィッヒ大学から全国に向けて指揮を執った。後からみればもちろん疑問の余地があるが、彼はこの活動を通じて二つの才能を同程度に備えていることを周囲に示した。シェルスキィは専門分野の後進育成に成功しただけでなく、学術組織についても学術政策についても有能であることを早くから示したのである。学制改革に関する第一次プランが始まったのは 1935 年であった[15]が、彼はすでに 1934 年から「ローゼンベルク局」(ナチの理論的指導者アルフレート・ローゼンベルク (Alfred Rosenberg) が構想した文化政策・監督政策の実施機関) 傘下の「ドイツ帝国ドイツ学術奨励局」[16]哲学部門の顧問として活動していた。シ

---

12) *Schäfer*, Herausbildung (前注 9)), Ms. S. 3.
13) ゲーレンについて、また二人の関係についての詳細は、*Kempf*, Wirklichkeitsverweigerung (前注 9)) S. 38ff.; この他、*K.-S. Rehberg*, Leipziger Schule : Hans Freyer, Arnold Gehlen, Helmut Schelsky, in : D. Kaesler (Hrsg.), Klassiker der Soziologie, Bd. 2, 5. Aufl. München 2007, S. 72ff. 参照。
14) 詳細な証明を行っているものとして、*Schäfer*, Herausbildung (前注 9)), Fn. 22.
15) *H. Schelsky/K. Wagner*, Praktischer Plan zu einer Neuordnung des Studiums in der Philosophischen Fakultät, Leipzig 1935, 29S., in : Staatsarchiv Würzburg, RSF/NSDStB, 1* 10 phi 596. これについて詳しいものとして、*Schäfer*, Herausbildung (前注 9)), Ms. S. 8ff.
16) 詳細なものとして、*G. Leaman*, Deutsche Philosophen und das „Amt Rosenberg", in : I. Kolotin (Hrsg.), „Die besten Geister der Nation". Philosophie und Nationalsozia-

ェルスキィはこの「検閲・密告機関」[17]で学問的観点に基づく特任判事に就いていた。この職は、ナチ組織内部の「書誌学」部門およびその他の出版機関で別々に執筆活動に従事していた者が個人主義の残滓を残していたときに、改めてナチ組織への忠誠を誓わせる[18]役割を担うポストである。どんなに贔屓目に見ても、若きシェルスキィは、1933年から1945年にかけてナチ政権に対してどのような態度を採るべきかという問題に直面した他の人々と同様に[19]、非ナチ化手続にいう「シンパ」ではなかった。

その後のシェルスキィの人生をみると、戦闘行為への参加と学問的な資格取得・キャリア形成の歩みとが相互に繰り返されている。1938年、シェルスキィはゲーレンの助手としてケェーニヒスベルク大学に赴任した。彼は1941年にブダペスト大学のハンス・フライヤー（Hans Freyer）のもとで研修を受け[20]、1943年に、ストラスブール帝国大学（Reichsuniversität Straßburg）社会学・国家哲学の員外教授職に招聘された[21]。1945年、シェルスキィは、ケェーニヒスベルク（カリーニングラード）の戦いにおける「ケェーニヒスベルク要塞」の陥落から逃れた。彼はその後シュレースヴィヒ・ホルシュタイン州で、イギリス占領地区のドイツ赤十字社（Deutsches Rotes Kreuz e. V.）内に設けられた行方

---

lismus, Wien 1994, S. 41ff.; *J. -P. Barbian*, Literaturpolitik im „Dritten Reich". Institutionen, Kompetenzen, Betätigungsfelder, 2. Aufl. München 1995, S. 270ff. および *Schäfer*, Herausbildung（前注9)), Ms. S. 13ff.

17) ここでも、*Schäfer*, Herausbildung（前注9)), Ms. S14.

18) 唯一参照されるものとして、*H. Schelsky*, Sozialistische Lebenshaltung, Leipzig 1934, S. 27f.:「民族のために責任を果たしていない者または民族を害する者を排除すること、またそれ以上にそのものを処分すること、これが真の社会主義である。たとえば、不治の遺伝性の病を患っている人間の断種、民族共同体のための課題を果していない出版業者の検閲による教育、これらは社会主義的な活動である」。

19) すべてのものに代えて参照されるものとして、本書所収の *Bodo Pieroth*, Vom Mitläufer zum Protagonisten: Der Statsrechtler Friedrich Klein (1908-1974).

20) 彼について詳しいものとして、*Kempf*, Wirklichkeitsverweigerung（前注9))、S. 27ff S. 35f.

21) *Schäfer*, Herausbildung（前注9)), Ms. S35f.

不明者捜索機関の立ち上げに参加し、同時に、関係者個人の贖罪・名誉回復の仕事にも加わった。決定的なものではないが、この活動が——その後、多くの事柄を経験し、何度も失敗した後——シェルスキィにハンブルク大学社会学正教授への道を開いた（1953 年）。奉職後、シェルスキィは真の意味の社会学分野で旺盛な研究活動を行った。研究成果の公表により、シェルスキィはすぐに歴史の浅い連邦共和国で指導的な社会学者に伸し上がった[22]。産業社会学、家族社会学[23]、少年社会学、教育社会学、ジェンダー社会学[24]、そして最後に法社会学、これらに関する彼の研究は、社会学という専門分野の枠を超えて広く受け入れられた。

彼のその後の歩みには一貫性があるようにみえる。1960 年、シェルスキィは、ミュンスター大学の当時の法・国家学部に、社会学正教授として着任した。彼自身が求めたわけではないことが一目で分かるこの人事のポイントは、ミュンスター大学側にだけでなく、ドルトムント大学の側にもあった。というのは、ミュンスター大学では法・国家学部に「社会学研究センター（Sozialforschungsstelle）」[25]が設置されていたが、ドルトムント大学にはそうした施設が

---

22) 要約を行っているものとして、*F. Hillebrandt,* Auf der Suche nach Wirkung. Zum Einfluss Helmut Schelskys auf die Soziologie, in : Feldmann u. a., Schelsky（前注 1））, i. E. ——言及に値するものとして、たとえば、以下の著作がある : *Schelsky,* Wandlungen der deutschen Familie（前注 5）) ; *ders.,* Soziologie der Sexualität, 1. Aufl. Hamburg 1955 ; *ders.,* Ortsbestimmung der deutschen Soziologie, 1. Aufl. Köln 1959.

23) これについては、*J. Kopp und N. Richter,* „Wandlungen der deutschen Familie in der Gegenwart". Anmerkungen zur Aktualität der familiensoziologischen Perspektive Helmut Schelskys, in : Gallus, Helmut Schelsky（前注 5）), S. 156ff.

24) これについては、*P. Wöhrle,* Schelskys „Soziologie der Sexualität" zwischen Geschlechterkonstruktivismus und Soziologiefolgenabschätzung, in : Gallus, Helmut Schelsky（前注 5）), S. 170ff.

25) 以下の諸点について詳しいものとして、*O. Neuloh/N. Bettinger/R. Pardey/H.-A. Graf v. Schwerin,* Sozialforschung aus gesellschaftlicher Verantwortung. Entstehungs- und Leistungsgeschichte der Sozialforschungsstelle Dortmund, Opladen 1983 ; *J. Adamski,* Ärzte des sozialen Lebens. Die Sozialforschungsstelle Dortmund 1946-1969, Essen 2009 および *ders.,* Zwischen Soziologie und Wissenschaftsmanagement – Hel-

なかったからである。このセンターの運営は、ヘルムート・シェルスキィの学問的経歴の中で一つのピークを示している。彼は、この研究センターに大きな影響を与え、新しいテーマを生み出し、特に、新しいドイツ語でいえば、「新たな人材の発掘者（Talent scout）」――有能な後継候補者を周りに集め、一度も「学派」を形成しなかったものの、彼らをドイツの社会学の中に根付かせた――であることを証明してきた。ニクラス・ルーマン（Niklas Luhmann）はその好例である。しかし、ルーマンは、社会学研究センターの延長線上に位置することなく、遅くとも 1968 年以降はビーレフェルト大学を拠点に、かつての指導者を乗り越え、言葉の言外の響きを含め、シェルスキィの学問的ライヴァルとして彼と対等に扱われるようになっている[26]。

話を先に進めよう。シェルスキィのミュンスター大学での最初の活動は実際には 1965 年に終了した。というのは、シェルスキィがもう一つの「重要な柱」、すなわち、大学の政策立案・管理運営に活動の重心を移した[27]からである。彼は、政策立案の責任者として、後には大学設立委員会の委員として、文化大臣パウル・ミカート（Paul Mikat）の呼びかけに応え、ビーレフェルト大学の設

---

　　mut Schelsky an der Sozialforschungsstelle Dortmund, in : Feldmann u. a., Schelsky（前注1））, i. E.
26)　参照されるものとして、H. Schelsky, Die Soziologen und das Recht (1978), in : ders., Die Soziologen und das Recht（前注2））, S. 77ff. (90ff.) そこでは、「社会的な操作メカニズムへと法を一面化させてしまう（Vereinseitigung des Rechts zum gesellschaftlichen Steuerungsmechanismus)」(S. 90) という非難が行われている。その他、これとは正反対の見方をするものとして、N. Luhmann, Helmut Schelsky zum Gedächtnis, in : Zeitschrift für Rechtssoziologie 5 (1984), S. 1ff.
27)　要約を行っているものとして、H. Lübbe, Helmut Schelsky als Universitätsgründer, in : H. Baier (Hrsg.), Helmut Schelsky – ein Soziologe in der Bundesrepublik, Opladen 1977, S. 157ff. および ders., Helmut Schelsky als Soziologe universitärer Forschung. Pragmatien organisierter Interdisziplinarität, in : ZiF-Mitteilungen 2/2013, S. 1ff. (5ff.) この活動の背景については、彼自身の著作、Schelsky, „Einsamkeit und Freiheit. Die deutsche Universität und ihre Reformen", Hamburg 1963, 2. Aufl. 1973 および A. Söllner, Mehr Hochschule wagen! Helmut Schelsky und die Hochschulpolitik der 1960er Jahre, in : Gallus, Helmut Schelsky（前注5）), S. 100ff. 参照。

立に協力した[28]。彼の功績は、同大学にドイツ最初の「純粋の」社会学を対象
とする学部を設置しただけではない。このことは、ドルトムント大学からヴェ
ストファーレン東部のミュンスター大学へ移された社会学研究センターと実質
的に関わる[29]。彼が決定的役割を担った学際研究センター (Zentrum für Interdis-
ziplinäre Forschung) はきわめて重要な機関である。このセンターは最初、ノル
トライン゠ヴェストファーレン州デトモルト行政管区のギュータースロー
(Gütersloh) に置かれたが、後にビーレフェルト大学に移管された[30]。1970年に
「彼が創作した」学部で始まった彼の活動は短期間で、それも激しい紛争を巻
き起こしてすぐに終わった。しかし、そこでの活動は彼の理想を反映したもの
ではなかった (おそらく彼はまったく違ったものを考えていたはずである)。1973年、
シェルスキィはビーレフェルト大学から身を退き、なんとミュンスター大学法
学部へ舞い戻った。彼は同学部で法社会学・法哲学・国家哲学の正教授職に就
き、1978年に——早すぎた——名誉教授となるまで、この職にとどまった[31]。
1984年、ヘルムート・シェルスキィは心不全によりミュンスターで亡くなっ
た。死後、その希望で学部長に送られた手紙には、追悼学術集会を見合わせる
よう求めた旨、記されている。同様の集まりに多く列席した経験から、彼は

---

28) プログラム (綱領) に則したものとして H. Schelsky/P. Mikat (Hrsg.), Grundzüge
einer neuen Universität. Zur Planung einer Hochschulgründung in Ostwestfalen,
Gütersloh 1966 ; 第二次文献の中から挙げると、F.-X. Kaufmann, Die Institutionali-
sierung der Fakultät für Soziologie, in : ders. /R. Korff (Hrsg.), Soziologie in Bielefeld :
ein Rückblick nach 25 Jahren, Bielefeld 1995, S. 12ff.
29) ここでも、Adamski, Wissenschaftsmanagement (前注25)), Ms. S. 13ff.
30) 内部からみたものとして、H. Schelsky, Das Zentrum für interdisziplinäre For-
schung. Eine Denkschrift, in : ders. /Mikat, Grundzüge (前注28)), S. 71ff.；回顧を
行っているものとして、J. Kocka, (Hrsg.), Interdisziplinarität. Symposon über Ideo-
logie und Praxis der Interdisziplinarität. Schelskys Konzept und was daraus wurde,
Frankfurt/M. 1987. 掲載の諸論文。
31) 彼はこの措置を後に「人命救助」と名付けていた。参照されるものとして、A.
Gallus, Schillernder Schelsky. Zur Einführung, in : ders., Helmut Schelsky (前注5)),
S. 7ff. (11).

「この種の儀式はしない方がよい」[32]と考えていた。

　このような辛辣な表現は晩年の著作に特徴的である。晩年のシェルスキィは、彼の目からみて、社会の、学問体系の、特に社会学の、間違った発展を激しく非難しており、その度合いも次第に激しさを増していた。一部の表題だけみても、『労働は働くことではない（Die Arbeit tun die anderen）』[33]、『「反社会学者」の回顧録（Rückblicke eines „Anti-Soziologen")』[34]、そしてすでに触れた『団体幹部（Funktionäre）』に反駁を加えた論難書[35]等が挙げられる。すべてに共通するが、どの表現も、明確だと思われがちな言葉の意味が決してそうではないことを実証している。この点に触れること自体すでに、ヘルムート・シェルスキィの著作が今なお重要であることを示している。

II.　現代の法律学におけるヘルムート・シェルスキィ：足跡の探求

　現在の学問的営為の中で――おそらく息切れすることもあろうが――学者の重要性を引用頻度から推し量ろうとすればいつでも、主題に関連する教科書やハンドブックの説明をできる限り調べることが有用である。その結果は確実に印象に残るものとなるからである。

　どこでも利用できるインターネットを用いて簡単に調査しようとして、定評のあるカールスルーエ総合カタログ（Karlsruher Verbund-Katalog）[36]のサイトで（2000年から2012年までの）「シェルスキィ（Schelsky）」というキーワードを入力してみても、満足する結果は得られない。法律学分野の唯一の論文はフォル

---

32)　この引用は、*W. Krawietz*, Vorwort, in : Fakultät, Schelsky-Gedächtnissymposium（前注8)), S. 5 による。

33)　*H. Schelsky*, Die Arbeit tun die anderen. Klassenkampf und Priesterherrschaft der Intellektuellen, 1. Aufl. Opladen 1975.

34)　Opladen 1981.

35)　前注7)。

36)　参照されるものとして、http://www.ubka.uni-karlsruhe.de/kvk.html。

カー・リーブレ（Volker Rieble）ミュンヒェン大学教授のものであるが、詳しくみると、取り扱われているのはヘルムート・シェルスキィではなく、息子のヴィルヘルム・シェルスキィ（Wilhelm Schelsky）であることが分かる。ヴィルヘルム・シェルスキィは、ヘルムート・シェルスキィが労働組合役員を批判[37]した点を、同じようなやり方で、ジーメンスに属する「独立性を有する従業員の労働共同体」に対する批判に置き換えていた[38]。

広く読まれている法社会学および法理論の著作[39]を多数集め、検討してみても、内容のある結果はほとんど得られない。ライザー（Raiser）の教科書における詳細な叙述は例外である[40]。これに対して、ベーア（Baer）[41]、ヘッセ

---

37) 前注7）。
38) *V. Rieble,* Strafbare Arbeitgeberfinanzierung gelber Arbeitnehmervereinigungen. Zum Schelsky-Urteil des LG Nürnberg-Fürth v. 24. 11. 2008 – 3 KLs 501 Js 1777/2008, in : ZIP 2009, S. 1593ff.
39) 最後に挙げられた専門分野の拡大にあたっては、シェルスキィが二つの基礎分野をカヴァーする『法社会学・法理論研究年報（Jahrbuch für Rechtssoziologie und Rechtstheorie）』（Gütersloh 1970ff.）の創設者に数え上げられるという事情が考慮されている。
40) *Raiser,* Grundlagen（前注1）), S. 148ff. *Klaus F. Röhls,*（すでに1987年に刊行されていた）„Rechtssoziologie. Ein Lehrbuch" (Köln u. a.) は、シェルスキィの制度理論に若干の章を割き（特に393頁以下、404頁以下）、「法社会学における理論的萌芽（Theoretische Ansätze in der Rechtssoziologie）」に関する章でシェルスキィの名前を挙げていないが、彼の一連の研究を引用している。社会学の主要な理論に対してシェルスキィが懐疑の目を向けていたこと（ders., „Soziologie – wie ich sie verstand und verstehe" 前注2), S. 17参照）を想えば、このことは十分に理解できる。しかし、ちょうど1970年に刊行された論文「法社会学における体系的機能論・人類学・人的機能論の萌芽（Systemfunktionaler, anthropologischer und personfunktionaler Ansatz in der Rechtssoziologie）」（in : ders., Die Soiologen und das Recht（前注2)), S. 95ff. (95)）において、シェルスキィは、「法が、一般的な社会学の理論によって顧慮され、そして当該社会を成立させている法則という意味で認識されなければならない社会的現象であること」を示そうと試みていた。
41) *S. Baer,* Rechtssoziologie. Eine Einführung in die interdisziplinäre Rechtsforschung, Baden-Baden 2011.

(Hesse)[42]、それにクンツ／モナ (Kunz/Mona)[43]の法社会学教科書は、どれもシェルスキィに触れていない。これと同じことは、現在市販されているアドマイト／ヘーンヒェン (Adomeit/Hähnchen)[44]、ブッケル (Buckel) 他[45]、マールマン (Mahlmann)[46]、それにフェスティンク (Vesting)[47]の法理論分野の説明、クリューパー (Krüper)[48]の概観についてもあてはまる。シェルスキィへの言及がみられるのは稀であり、触れられる場合でも、好評を得て版を重ねた教科書の重版数が順番に示される点に特徴がある。シェルスキィに触れたどの本も、シェルスキィの存命中に初版が刊行されていたか、著者がシェルスキィと個人的に接触した経験があったかのいずれかである。レービンダー (Rehbinder) の法社会学[49]が前者の例であり、リューテルス (Rüthers) 他の法理論[50]が後者の例である。重要なのは、シェルスキィがどのような文脈で引用されているかという点である。レービンダーは三つの枠外番号と四つの脚注をシェルスキィに割いている[51]。レービンダーが特に興味を寄せた核心部分は、シェルスキィが用いた見出し語でいえば、「制度」と「人的機能論からみた法社会学の萌芽」の二つであった（詳細については、後述Ⅲ．(341 頁以下) 参照)[52]。リューテルスらは、

---

42) *H. A. Hesse*, Einführung in die Rechtssoziologie, Wiesbaden 2004.
43) *K.-L. Kunz/M. Mona*, Rechtsphilosophie – Rechtstheorie – Rechtssoziologie, Bern/Stuttgart/Wien 2006, S. 109ff.
44) *K. Adomeit/S. Hähnchen*, Rechtstheorie für Studenten, 6. Aufl. Heidelberg u. a. 2012.
45) *S. Buckel/R. Christensen/A. Fischer-Lescano* (Hrsg.), Neue Theorien des Rechts, 2. Aufl. Stuttgart 2009.
46) *M. Mahlmann*, Rechtsphilosophie und Rechtstheorie, 2. Aufl. Baden-Baden 2012.
47) *T. Vesting*, Rechtstheorie, München 2007.
48) *J. Krüper* (Hrsg.), Grundlagen des Rechts, 2. Aufl. Baden-Baden 2013.
49) *M. Rehbinder*, Rechtssoziologie, 7. Aufl. München 2009（初版の表題は、Einführung in die Rechtssoziologie (Frankfurt/M. 1971) であった).
50) *B. Rüthers/C. Fischer/A. Birk*, Rechtstheorie mit Juristischer Methodenlehre, 7. Aufl. München 2013（1. Aufl. München 1999).
51) 具体的に述べているものとして、*Rehbinder*, Rechtssoziologie（前注49))、Rn. 103f. および 112 ならびに Rn. 21 Fn. 43, Rn. 34 Fn. 5, Rn. 105 Fn. 36, Rn. 133 Fn. 8.

イェーリンク（Jehring）[53]の研究に関する第二次文献として、また、「聖書解釈学から得られた説明に客観性がない」という綱領の証拠として、シェルスキィを援用している[54]。比較してみると、シェルスキィの取扱いにはかなりの「違い」があることが分かる。コラー（Koller）はシェルスキィを純粋法学（Reine Rechtslehre）の巻の編者としてしか挙げていない[55]。

連邦共和国の法学史に関する現在の説明をみると、結局は、これにきわめて類似した結果が見出される。すなわち、シェルスキィについて何も述べていないか、せいぜい真の法社会学研究からみて枝葉末節にとどまる文献が挙げられるにすぎない。その代表例がミヒャエル・シュトライス（Michael Stolleis）による典型的な公法史[56]であり、また美辞麗句で飾られたヘルムート・シュルツェ・フィーリッツ（Helmut Schultze=Fielitz）の国法学者グループに関する叙述[57]である。シュトライスは、フォルストホフ（Forsthoff）の調査研究方法と比較するためにシェルスキィを援用した（183 頁）うえで、「動揺、膨張、新方針（Unruhe, Expansion, Neuorientierung）」という章（この章は 1965 年から 1975 年までを扱う）を書き始める際に「懐疑的世代」が消え去ったことに触れていた（395頁）。附言すると、シュトライスは、シェルスキィがビーレフェルト大学の創設に協力したこと（418 頁）、「雑誌『国家（Der Staat）』編集者グループの『真の伴奏者（rechter Flügelmann）』」と呼ばれていた政治学者ベルナルト・ヴィルム

---

52) *Rehbinder*, Rechtssoziologie（前注 49））, Rn. 103f., 112.――彼は、最後の引用個所でシェルスキィ（*Schelsky*, Systemfunktionaler, anthropologischer und personfunktionaler Ansatz in der Rechtssoziologie（前注 40））と関連付けている。

53) *Rüthers/Fischer/Birk*, Rechtstheorie（前注 50））, Rn. 522 m. Fn. 733（なお後注 60）をも参照）.

54) *Rüthers/Fischer/Birk*, Rechtstheorie（前注 50））, Rn. 807 m. Fn. 1055（そこで言及されているのが、*H. Schelsky*, Einsamkeit und Freiheit, Reinbek 1963, S. 282 である）.

55) *P. Koller*, Theorie des Rechts, 2. Aufl. Wien/Köln/Weimar 1997, S. 158 m. Fn. 25.

56) *M. Stolleis*, Geschichte des öffentlichen Rechts in Deutschland, Bd. IV, München 2012.

57) *H. Schulze-Fielitz*, Staatsrechtslehre als Mikrokosmos. Bausteine zu einer Soziologie und Theorie der Wissenschaft des Öffentlichen Rechts, Tübingen 2013.

ス（Bernard Willms）がシェルスキィの助手であった」（494頁）こと、これらにも触れている。これに対して、ミュンスター大学法学部の発展に関する簡潔な説明に、シェルスキィの名前はない[58]。シュルツェ・フィーリッツも、シェルスキィが実際に果した役割は、ミュンスター大学という組織の伝説的「系譜」の中で、ヴェルナー・クラヴィーツ（Werner Krawiez）[59]を学問的に指導した教員たちの中の一人にすぎないと述べている。

このような評価を受けているシェルスキィをここで敢えて取り上げるのは、はっきりいえば、彼自身の造語であるが、「時代遅れの努力」となるのかもしれない[60]。次の節（下記III.）は、すぐ上で述べた事柄がいくつもの点でシェルスキィに対する過小評価であることを裏付けるものとなろう。

III. 法律学にとってのシェルスキィの持続的な刺激可能性

シェルスキィの論文は概して美文調で書かれ、警句に満ち、しかも、論証力に富んでいる。彼の論文はどれも、後に体系的にまとめることを想定して書かれたものではない。彼は、決して自己完結を目指す閉鎖的な教義体系を求めたわけではない。仮に、このような教義体系があったとすれば、それに基づいて彼の学派が形成されたはずである。とはいえ、法社会学および法理論に関する彼の主要な研究業績[61]をみると、一連の足場が築かれていることが分かる。

---

58) *Stolleis*, Geschichte（前注56））, S. 64ff., 445ff.

59) *Schulze-Fielitz*, Staatsrechtslehre（前注57））, Tafel III.——この他、H. Schulze-Fielitz/W. Schmitt Glaeser, Der öffentlich-rechtliche Habilitationsvortrag (1992), in : Schulze-Fielitz, Staatsrechtslehre, ebd., S. 118 (119f., m. Fn. 5 u. 6 mit dem Verweis auf *Schelsky*, Einsamkeit 前注27））の中に、まだ二つの脚注が見出される。

60) H. Schelsky, Das Jhering-Modell des sozialen Wandels durch Recht. Ein wissenschaftsgeschichtlicher Beitrag, in : M. Rehbinder/H. Schelsky (Hrsg.), Zur Effektivität des Rechts (Jahrbuch für Rechtssoziologie und Rechtstheorie III), Gütersloh 1972, S. 47ff.（48：シェルスキ自身がここでもふたたび C. *Helfer*, Rudolf von Jhering als Rechtssoziologe, in : Kölner Zeitschrift für Soziologie 20 [1968], S. 552ff., [556] を引用している）。

彼はこれらの研究により、彼が生きた時代の理論闘争における（マルクス（Marx）の言葉を借りれば）「白兵戦」に勝ち残ることができた。彼が行った基礎的研究はこんにちでもなお重要な意義を有する。

1　社会学における法の回復

シェルスキィ自身が 1980 年に明らかにしているように、彼が研究活動を介して「達成しようと試みた目標」は、おそらく社会学者たちの間では例外といえようが、われわれの公共財である『連邦共和国』の成立基盤を成す法の存在価値を高める[62]こと」であった。この目標は、絵に描いた餅ではなかった。「法の認識に関する最新のドイツ社会学の成果を拒否する態度」[63]に対する彼の批判は、熟慮されたものであった。シェルスキィは、彼からみて不当な、「法の重要性に鑑みて、社会学者に法を委ねることはできない」という、機知に富んだ言回し[64]をまったく否定していたわけではない。彼は、1970 年頃に登場した、法律学を社会科学の一分野とみる新しい考えを、「法律学が有する合理性への侵害」[65]とみていた。

シェルスキィが法社会学・法理論に関する研究で行っていたのは、法概念の根拠を明らかにすることであった。彼が考える法概念は、行為や作用のすべてを多種多様な現実に合わせて体系的に描写できるような、包括的な概念である。彼は、特に社会学分野の専門家たちが「法の枠内でかつ法に従って行動する者を考慮していない」[66]点を非難し、何よりも切実な要請として、法社会学

---

61)　シェルスキィの法社会学および法理論に関する著作についての情報を最も明確に提供しているのは、依然として、*Krawietz*, Helmut Schelsky（前注 9)），これについては、*Schelsky*, Soziologie – wie ich verstand（前注 2)），S. 33 Fn. 23 である。

62)　*Schelsky*, Soziologie – wie ich verstand（前注 2)），S. 26（この圏点部分は原典中のイタリック体表示の反映である).

63)　*Schelsky*, Die Soziologen und das Recht（前注 26)），S. 77.

64)　*Krawietz*, Helmut Schelsky（前注 9)），S. XIII.

65)　H. *Schelsky*, Die juridische Rationalität, in : ders., Die Soziologen und das Recht（前注 2)），S. 34ff. (62f.).

の観点に立った社会行動理論の回復を挙げている。このような意味を込めて 1978 年に『法の理論 (Rechtstheorie)』誌に発表した論文「社会学者と法 (Die Soziologen und das Recht)」において、彼は、① 硬直的で前文化的な制度を維持するために (ゲーレンの場合)、② 権力分析・支配分析を行うためだけに (ダーレンドルフ (Dahrendorf) の場合、および、現れ方は異なるが、法的に保護された復古的支配関係の批判者の場合[67])、そして、③ 法と社会との継続的な相互作用を倫理的・政治的実態として捉えるために (このような理解は若きハバーマス (Habermas) にみられる)、そのつど「法の概念を消去してしまう態度」を、すなわち、彼なりの合理性と機能を備えた法の概念を消去してしまう態度を拒否していた。シェルスキィのこうした見方は、彼が批判した若きルーマンの「法の概念」——ルーマンは法をシステム的機能の点で社会統制装置にすぎないとみている——に対する拒否の姿勢にも通じる。シェルスキィはすでに八年前の論文「法社会学における体系的機能論・人類学・人的機能論の萌芽 (Systemfunktionaler, anthropologischer und personfunktionaler Ansatz in der Rechtssoziologie)」において、法の認識の仕方に関する彼の関心を素描していた。彼の考えでは、法というものは、(パーソンズ (Parsons) からルーマンへと至る路線におけるように) 社会全体の機能確保のために作用する社会的組織手段でもなければ、(マリノウスキィ (Malinowski) からゲーレンへと至る路線におけるように) 知性を備えた人間 (*homo sapiens*) という種の生物学的・人類学的な基本単位をたんに制度的に囲い込んだものでもない。彼はむしろ、「完全無欠で自律性ある人間となるようにするため、形式面に限らず、事実上何を行うべきか」[68]という問いへの解答を示す点に法の存在意義があると考えていた。シェルスキィは、単純に、法社会学が掲

---

66) 以下については、*Schelsky*, Die Soziologen und das Recht (前注 26))、S. 80.

67) これについては、*Schelsky*, Soziologiekritische Bemerkungen zu gewissen Tendenzen von Rechtssoziologen, in : ders., Die Soziologen und das Recht (前注 26))、S. 187f.

68) *Schelsky*, Systemfunktionaler, anthropologischer und personfunktionaler Ansatz in der Rechtssoziologie (前注 40))、S. 138.

げる複数の基本理念・指導理念——これらが毎回の評価の根拠となる——のうち、どれか一つだけを優先していたわけではない。彼が関心を向けていたのは、どちらかといえば、個々の行為とそれに対する社会的評価とを結び付ける法特有の機能如何、つまり、「唯一の政治的な仕組み如何であった。この仕組みにより、個々の行為に向けられた、他者が行った撤回不能な評価とみずからが下す撤回可能な自己評価との間でいずれを優先すべきかについて政策的・社会的な決断が下される」。それゆえ、この仕組みによって、「個々人が有する、社会的観点からの内容実現を伴う、自由と独立との調和が達成され、『人』と『制度』との調和が達成される」[69]。

シェルスキィは「法の外部的観察者から法の内部的観察者へ」[70]の転換を、つまり、社会学者から法理論家への転換を実践した。とはいえ、彼の研究の特徴は、社会科学的な説明と規範的な指示命令との限界を曖昧にしてしまうのではなく、むしろ両者の限界を明確に確定することを中心的課題に据えていた点にあった。シェルスキィの場合、「制度」という概念は、明確な理論的判断に基づいて引き出される社会学的な概念、つまり、分析的・記述的な概念である[71]。しかし、それと同時に、シェルスキィは、法社会学的アプローチに基づく認識、すなわち、彼のいう「基本的プログラミング」[72]が、それ自体、評価作業であることを意味する（意味しなければならない）という主張の当否を論じている[73]。「彼が考える、社会学の法思考に内在する哲学的観点が、根本的に」[74]この点に現れている。もちろん、彼自身は、この哲学的観点を、決して社会学の経験論的または理論的な研究と取り違えているわけではない。シェルスキィは、規範の形式で簡略化された社会学の創設をまったく考えていない

---

69) *Schelsky*, Soziologie – wie ich sie verstand（前注2））, S. 27.
70) *Krawietz*, Helmut Schelsky（前注9））, S. XIII.
71) Ebd., S. XXXI.
72) *Schelsky*, Systemfunktionaler, anthropologischer und personfunktionaler Ansatz（前注40））, S. 104.
73) Ebd., S. 141 ; *Krawietz*, Helmut Schelsky（前注9））, S. XXXV.
74) *Krawietz*, Helmut Schelsky（前注9））, S. LXI.

し、ましてや、法に規範的意味を付与する社会学の創設も考えていなかった[75]。彼の法社会学は、規範記述的な[76]ものにとどまり、彼の制度概念は規範的に開かれたものであった。

シェルスキィが用いる「制度」という言葉は、規範の形式で簡潔に表現することが比較的容易な概念である。シェルスキィは制度という言葉を用いて真の意味での概念の現代化を行うとともに、法的制度という概念との区別を図った。シェルスキィが考える実定法は、新しくかつ「第二次的な」(それゆえ、文化、社会、政治および規範に関わる) 必要性を満たす目的をもって、「自由意思のもとに目的達成に向けて意識して行動することにより、さまざまな社会的関係を意識的に形成しかつ規律する」[77]道具であった。シェルスキィは、一方で、実定法の存在意義を人類学的・生物学的に狭める主張に、たとえば、オーリュウ (Hauriou) の主張に、また特にゲーレンの主張には明確に反対していた。シェルスキィは、同時に他方で、「制度」という言葉を、人間が一定の動機に基づいて意識して行動を具体化する場面と捉え、集団内で各自が行うさまざまな行為の相互関連性を統一的に説明するための単純な道具ではないと考えた。このようにみると、彼が考えた「制度」は、民事法分野の「制度的法思考」に適合した、細部に拘る論証方法にとって有用な道具であったことが分かる。この論証方法によれば、どの主観的権利にも、その行使を制限する義務が内在する。すなわち、機能的にみて公正でありかつ共同体の趣旨に適う場合にのみ、権利の行使が許されるにすぎない[78]。多くの物事を包含する広い概念として法

---

75) Ebd., S. XXXVII.
76) Ebd., S. XXXVII.
77) *Schelsky*, Systemfunktionaler, anthropologischer und personfunktionaler Ansatz in der Rechtssoziologie (前注 40)), S. 122f.
78) 「制度を適法に利用しても、実質的には権利の濫用にあたる」という、問題の多い事象については、*L. Raiser*, Rechtsschutz und Institutionenschutz, in: Summum ius summa iniuria. Individualgerechtigkeit und der Schutz allgemeiner Werte im Rechtsleben. Ringvorlesung, gehalten von Mitgliedern der Tübinger Juristenfakultät im Rahmen des Dies academicus Wintersemester 1962/63, Tübingen 1963, S. 145ff.

を捉え、これに制度という名称を付した彼のアイディアは、学問的生産性の高いものであった。このことは、たとえば、オータ・ヴァインベルガー (Ota Weinberger) やニール・マコーミック (Neil MacCormick) の「制度化された法実証主義 (institutionalistisches Rechtspositivismus)」[79] やヴェルナー・クラヴィーツの著作[80]に示されている。

2 ヘルムート・シェルスキィの前後の時期の法学的合理性

シェルスキィが制度主義というアイディアをもって特別の挑戦を行ったことは、法律学者 (または法律学) が考える合理性と法的・制度的な実務 (立法、司法および行政) が求める合理性とを峻別する、彼なりの法理論的主張に他ならない。この主張は、極端な表現がみられるものの、ニクラス・ルーマンが後に行った分析[81]ほど優れたものではない。シェルスキィがライン・ヴェストフ

参照。ここでの出典は、ders., Die Aufgabe des Privatrechts. Aufsätze zum Privat- und Wirtschaftsrecht aus drei Jahrzehnten, Kronberg/Ts. 1977, S. 124ff. 個々人の主観的な自由の規律手段としての民事法的制度の理論の起源は、最終的に、シェルスキィの身元保証人のような役割を果たしているイェーリンクに遡るわけではない (この点について、Schelsky, Das Jhering-Modell (前注 60)), S. 147ff. 参照) が、シェルスキィをこの路線に組み入れることはできない。

79) N. MacCormick/O. Weinberger, Grundlagen des Institutionalistischen Rechtspositivismus, Berlin 1985 ; N. MacCormick, Institutions of Law : An Essay in Legal Theory, Oxford 2008. これについては、W. Krawietz, Begründung des Rechts – anthropologisch betrachtet : Zur Institutionentheorie von Weinberger und Schelsky, in : W. Krawietz/H. Schelsky/G. Winkler/A. Schramm (Hrsg.), Theorie der Normen. Festgabe für Ota Weinberger, Berlin 1984, S. 541ff.；その後、刊行されたものとして、M. La Torre, Law as Institution, Dordrecht 2010 および F. Belvisi, Verso l'inclusione. La teoria delle istituzioni e l'integrazione sociale mediante il diritto, Bologna 2012.

80) W. Krawietz, Ansätze zu einem Neuen Institutionalismus in der modernen Rechtstheorie der Gegenwart, in : JZ 1985, S. 706ff.; ders., Recht, Institution und Politik im Lichte der Institutionentheorie, in : P. Koller/W. Krawietz/P. Strasser (Hrsg.), Institution und Recht. Grazer Internationales Symposion zu Ehren von Ota Weinberger (Rechtstheorie, Beiheft 14), Berlin 1994, S. 5ff.

81) N. Luhmann, Das Recht der Gesellschaft, Frankfurt/M. 1993, insbes. Kap. 2, 5 und

ァーレン地区アカデミー (Rheinisch-westfälische Akademie) で行った最終講義で述べているように、「法的合理性は、(……) 原則として、個々人の意識の中にではなく、——制度的な、規則により別々に組織された——プロセスの中に存在する」[82]。法的合理性の有無の判断は、思考の産物について行われるのではなく、法律や判決について行われる。法律や判決は、社会的関係を考慮し、他者にもそのまま通用する「正しい行動」を意味する。法律や判決は、「真正の (Wahre) 行動」を意味せず、社会的関係内での相互的行為において「確実な (Gewisse) 行動」を意味し、「相対的に安定度の高い (Sichere) 行動」でしかない。人は皆、他者も同様に行動するという仮説のもとに、相互の行動を信頼することができる。というのは、法律や判決それ自体が「正しい (Richtige) 行動」であると評価され、法的合理性にとって本質的なものと評価されているからである」[83]。シェルスキィは、集団の構成員に共通する行動という観点から、集団単位で整理された行動を法的合理性という概念で法社会学的に分析した。彼のこのような説明では、哲学的な考えと、法的な理性およびその理性を根拠とする規範と、両者が対比関係に置かれていた。どの法制度についても個別事象ごとに、たとえば、「契約交渉」[84]過程ごとに段階的に別々の合理性が存在するという考えは、法の意味内容が立法段階であらかじめ統一されているという考えと両立しない——解釈の段階で統一性が必要だという考えとも両立しない——し、自然法や理性法を認める哲学的伝統の中に合理性が見出されるとか、理性が実定法のかたちで具体化されたという理論の中に合理性が見出されるとかという考えにも反する。法的制度には制度化されるまでの手続において

---

7 参照。

82) 「法的合理性の特徴を明らかにするために」、シェルスキィは、マックス・ヴェーバー (Max Weber) の「職務理論 (Amtstheorie)」に依拠している。彼にとって、この職務理論は、公人——公人が委任を受けたり担当したりしている職務は同じものではないが、互いに関連している——の制度的な協調的行動と反協調行動の中に示されている。Schelsky, Die juridische Rationalität (前注65)), S. 36ff. 参照。

83) Ebd., S. 35.
84) Ebd., S. 47.

すでに制度的合理性があるという考えは、「啓蒙主義によって感化され、その後われわれの精神科学で支配的となった、理性や合理性という概念」とは相容れない。というのは、法的制度に合理性があるという考えは、原則として「他方にいう理性の法廷よりも前の時代に」[85]それが存在していなかったはずだからである。シェルスキィの場合には、学問論からみた必然的結果として、「法の科学と立法や司法という法制度的実務とが合理的一体性を有するとか、両者は同一であるとか（……）という錯覚、つまり、法律学者の自己欺瞞や法律学者が育成した実務法曹の自己欺瞞——こうした錯覚は特に法律学によって生み出されたものであり、逃れ難いものである——」[86]が生じることとなろう。シェルスキィがここで試みていたのは、法体系内部で慎重な自己反省を行う際の最終的な解釈主権を、理論的経験の豊かな法社会学者だけに委ねることであった。というのは、シェルスキィの考えでは、法律学自体が存在形式からして解釈学であり、せいぜいあるプロセスを「第二次的に合理化する」[87]ために使われる道具にすぎないはずだからである。実際、法律学はこのプロセスを認識できないし、少なくともこのプロセスに「自律性ある学問的合理性を期待することができない」[88]。このようにみると、結局、法律学は、その名宛人に対し、指導理念、価値および原理を、たとえば、正義を規範の形式で示すことはできない。この点は、シェルスキィがラートブルッフ (Radbruch) の「法の理念論」に対して厳しく批判していることからも明らかである。意志の働きを理性や感情より優先させる主意主義に基づいて作られた法制度の登場人物が実際に利益を重視して法的効力を要求し、しかも、法として制度化された特殊な「合理性」の有無が審査される場合、法律学はせいぜい「信仰上の信念」としてしか法的効力を示すことができないであろう。さらにいえば、正義という理念も、せいぜいのところ、法教育の対象、すなわち、制度を安定させる「市民向け法

---

85) Ebd., S. 50.
86) Ebd., S. 34（この強調は、原典におけるそれである）
87) Ebd., S. 54.
88) Ebd., S. 54.

教育」[89)]の対象でしかない。

　計画[90)]、行動、プログラミング、政治的命令の「実施」、これらに関してシェルスキィが提案した「法的合理性」という観念は、技術的概念である。このことはもちろん、「自己決定可能な専門家の会議体の政治的・法的制度化」への賛成を意味するわけではない。この会議体は、議会と併存し、専門家の学識を通して「立法者・政府の法的合理性や理性を強化する」[91)]機能を有する機関であるが、シェルスキィの考えでは、その存在に関して「民主的正当化」[92)]は不要とされている。

3　シェルスキィの学際的な学問研究（法律学）

　ヘルムート・シェルスキィがこんにちでも重視されている理由は、つまるところ、学際的研究の理論・制度化に関する彼の論文にある。同種のことはこんにち、たとえば、ミュンスター大学法学部が「卓越クラスター『前近代および近代における文化の中の宗教と政治（Religion und Politik in den Kulturen der Vormoderne und der Moderne)』」（2007年〜2017年）に密接に関わっている点にも見出される。ビーレフェルト大学学際研究センター（Zentrum für interdisziplinäre Forschung）の創立に関わるシェルスキィの基本的考えは、一時的なものであったが、それは彼が考える学際性の原型でもあった[93)]。上述の学際研究センタ

---

89)　Ebd., S. 73.
90)　Ebd., S. 36. 参照されるものとしてはこの他、1960年代に生まれた三つのテクスト、すなわち、„Über die Abstraktheit des Planungsbegriffs in den Sozialwissenschaften", „Technische und soziale Aspekte der Planung" および „Planung der Zukunft. Die rationale Utopie und die Ideologie der Rationalität" (in : ders., Die Soziologen und das Recht（前注2）), S. 262ff., 276ff. und 288ff.) がある。もちろん、これら三点のうち、最後に挙げられたものが、すなわち、「合理性という概念を計画思考（……）に限定して用いる立場を採らないというイデオロギーが、皮肉なことであるが、基準として優れている（295頁）」こととなろう。
91)　EBd., S. 38.
92)　*Schelsky*, Die juridische Rationalität（前注65)), S. 40.
93)　*N. Luhmann*, Die Wissenschaft der Gesellschaft, Frankfurt/M. 1992, S. 458 Fn. 147.

一のような研究施設であれ、研究者のグループやクラスターであれ、一時的に設けられた研究組織であれ、彼は、特定課題の学際的研究を行う長期存続型研究所の設置に代えて、変更可能なしかも時間的に限定されたプロジェクトの促進を考えていた。シェルスキィの状況認識――専門分野の学際化がますます進展し、それに伴って、分野間のコミュニケーションは不要となる[94]という考え――と、彼の対処案――「意識して『学問全体』へ目配りし」[95]、特に学際的基礎研究を制度として独立させ、さらに強化すべきである[96]という提案――、これらはいずれも現実的なものであり、変更する必要はまったくない。学術審議会が表明した意見――同審議会が2012年11月に公表した報告書「ドイツにおける法律学の展望（Perspektiven der Rechtswissenschaft in Deutschland）」において、「特に人文科学・社会科学分野に属する法律学とその隣接分野との間での相互交流、法律学分野内での相互交流、両者の徹底」[97]を通じて「研究の活性化」を進めること、そして、大学の中でおよび学問体系全体の中で法律学を利用可能な共有資産とすること――は、この路線を継承したものである[98]。

シェルスキィ自身が強調するように、「学際性の理論化を目指す将来の試みよりも、種々の具体的なテーマで学際的な協力経験を（……）まず実行すること」[99]が、「実践を優先するシェルスキィの基本的立場」に適っている。シェ

---

94) *Schelsky*, Das Zentrum für interdisziplinäre Forschung（前注30))、S. 74.
95) *Schelsky*, Soziologie – wie ich sie verstand（前注2))、S. 22.
96) *Schelsky*, Die juridische Rationalität（前注65))、S. 38, 72f.
97) *Wissenschaftsrat*, Perspektiven der Rechtswissenschaft in Deutschland. Situation, Analysen, Empfehlungen, November 2012, S. 7. これを掲載しているサイトとして、http://www.wissenschaftsrat.de/download/archiv/2558-12.pdf（2014年1月6日確認）。
98) シェルスキィの社会学研究における「理解の普遍性」について、この他、*Lübbe*, Helmut Schelsky als Soziologe universitärer Forschung（前注27))、S. 1ff. 参照。
99) *H. Schelsky*, Soziologiekritische Bemerkungen zu gewissen Tendenzen von Rechtssoziologen, in : ders., Die Soziologen und das Recht（前注2))、S. 187ff. (187f.)：この圏点は原典のままである。

ルスキィが考える「組織的に学際研究を進める際の基本方針」[100]の内容を適切に述べているのはヘルマン・リュッベ（Hermann Lübbe）である。とはいえ、われわれは、シェルスキィが行った学際関連の研究から、学際研究の実践論（または学際研究の実際的理論）の根源的部分を直接に取り出すことができる。われわれは、この根源的部分に注目することで、こんにちでもなお、「過度の学際性論議」[101]が行われていても、シェルスキィが考える核心部分を明確に取り出すことができよう。

a シェルスキィが明白に認識していたように、学問体系の細分化がますます進み、それと同時に、学際的観点から知識の断片化が進んだ結果、学際研究の必要性が主張されるようになった[102]。専門分野の細分化とそれに伴う新分野の独立は、研究対象領域をどのように捉えるべきか、またどのような問題を提起すべきかを巡ってそのつど行われてきた。しかし、このような動きによって、認識された現実が機械的に図式化されることとなり、新たな盲点が生まれた。複数の分野に共通する問題提起とそれらに対する態度表明——これらは、「いずれか特定の専門分野の概念的枠組みに組み込むことのできないものである——は、やがてテーマとして取り扱われなくなり、また簡単に忘れ去られてしまった。新しい専門分野の登場は、このようにして、学問的課題に対して（……）さまざまな影響を及ぼしている」[103]。その結果、「各分野間の相互依存関

---

100) *Lübbe*, Helmut Schelsky als Soziologe universitärer Forschung（前注27）．シェルスキィの「実践のための研究」についてすでに述べているものとして、*Krawietz*, Helmut Schelsky（前注9））, S/XXVIII.
101) *E. Hilgendorf*, Bedingungen gelingender Interdisziplinarität – am Beispiel der Rechtswissenschaft, in : JZ 2010, S. 913ff.（913；シェルスキィについてはS. 919ff. 参照）.
102) これについてはすでに、*R. Stichweh*, Differenzierung der Wissenschaft, in : Zeitschrift für Soziologie 8 (1979), S. 82ff.；この他に参照されるものとして、*P. Weingart*, Wissenschaftssoziologie, 3. Aufl. Bielefeld 2013, S. 35ff.
103) *Stichweh*, Differenzierung der Wissenschaft（前注102））, S. 84.

係が消滅し、それとともに、どの分野でも、発展の可能性が失われた。(……)学際的研究は、「視野が狭くなることを可能な限り防ぐとともに、研究の空白を埋め合わせることを意味するにすぎない」[104]。学際性の要請は学問それ自体が有する固有の論理である。というのは、あまたある疑問点や問題点がこれまでの専門分野では適切に取り扱われておらず、また一度も適切に検討されてこなかったからである。シェルスキィが「学際性を考慮すべきだ」と主張するのは、こうした事情による[105]。

b　学際的研究を成功させるには、専門分野がかっちりした体系を持っているという意識を、すなわち、専門分野にはつねに一定の固有の研究対象があり[106]、つねに現実を認識する本来的な方法があるという意識を否定することから始めなければならない。どの専門分野もそれぞれに、認識には限界があり、固有の手掛かりがあるという点で、明確な意識を持っている。シェルスキィは飽きることなく、社会学への目配りに限定せず、この点を再三にわたって指摘してきた。このことは、「社会を超越論的に捉える必要があるという主張」[107]に通じるし、無条件に反応して、何も見ないまま行動し、解決できないのに法

---

104)　*Luhmann*, Die Wissenschaft der Gesellschaft（前注93))，S. 460.
105)　*Stichweh*, Soziologie – wie ich sie verstand（前注2))，S. 22.
106)　専門分野相互の間に同一性を見出し得るというアイディアについて個別的に述べたものとして、*R. Czada*, Disziplinäre Identität als Voraussetzung von Interdisziplinarität?, in : K. Bizer/M. Führ/C. Hüttig (Hrsg.), Responsive Regulierung. Beiträge zur interdisziplinären Institutionenanalyse und Gesetzesfolgenabschätzung, Tübingen 2002, S. 23ff.；*M. Quante*, Virtue and Rational Aspects of Interdisciplinary Research, in : ders. u. a., Inter- and Transdisciplinarity – a philosophical point of view, 2014, i. E. sub 2. 1 参照。
107)　シェルスキィは、この概念のカント的理解に遡りつつ、「社会の超感性的理論」について述べている。彼の理論には、「社会」自体と「社会学全体」との間に距離を置かなければならないという視点が批判的に採用されている。*Schelsky*, Soziologie –wie ich sie verstand（前注2))，S. 18、および、これについては、*Krawietz*, Helmut Schelsky（前注9))，S. XXXV.

律学固有の方法論を理論面でも規範適用面でもそのまま使用し、学問的立脚点を法律学分野の外側（ここでは、社会学）に求めるという主張の否定に繋がる。シェルスキィは、彼なりのやり方で、一見すると正反対の立場を採るユルゲン・ハバーマス（Jürgen Habermas）の研究に近い位置に立っている。ハバーマスは、著書『認識と関心（Erkenntnis und Interesse）』[108]以降、細分化の進んだ学問体系内で哲学が果たしていた旧い役割を引き継ごうとしてきた。

c　専門分野内での一体性確保と専門分野を超えた学際性の追求、これらを理論的に統合しようとすれば、何よりもまず、取り上げる論点をみずからの研究対象領域内に限定する各専門分野の研究者がいつも同じものを見続けるといった素朴な考えを、認識論の次元で（epistemologisch）克服することが必要となる。学問の対象を決定する要素は、当該分野固有の視野、観念および方法である。シェルスキィは、「特に各専門分野に固有のそれぞれの認識方法や体系的概念に共通する約束事として」[109]学際性が考慮されなければならないという。「『学際』という名称を冠しながら、何かしら固有の性質を併せ持つ包括的な学問分野」[110]は存在しないので、考えられるのは「各分野の概念や方法を相互に理解し合い、分野横断的な理論を発展させること」[111]のみである。しかし、シェルスキィ自身は（構造主義や二つ以上の要素間の相互連関分析を通して現象を解明するシステム理論のような）高度に抽象的で「専門分野を超越した」理論[112]とい

---

108)　Frankfurt/M. 1968.
109)　*Schelsky*, Soziologie –wie ich sie verstand（前注2））, S. 25.
110)　*Schelsky*, Die juridische Rationalität（前注65））, S. 58.
111)　*Schelsky*, Das Zentrum für interdisziplinäre Forschung（前注30））, S. 72f.；原典ではイタリック体表記。
112)　この点について、*Stichweh*, Differenzierung der Wissenschaft（前注102））, S. 93f.（(94) 参照。：「専門分野横断型の考えは、（……）基礎研究という枠組みに含まれており」、社会的現実の基盤に着目し、それらの構造的解明に向けて諸概念を使用する多くの専門分野にとって必要とされている）および *Luhmann*, Die Wissenschaft der Gesellschaft（前注93））, S. 459.

うかたちでは、いまだ分野横断的な理論を完成させておらず、適用範囲が中間的な構成を提示したにすぎない。彼の構成は、どの分野にも統一的に適用可能な理論的基礎を欠いている[113]が、実態を解明する機能の点では分野ごとに異なって展開することのできるものであり、一体性と識別力を失っていない。シェルスキィがいうように、学際的な観点から理論を形成しようとすれば、あらかじめ共有可能な概念、定理、発想および課題、これらが探求されなければならない。というのは、これらが専門分野相互間で対話するための「了解手段」[114]や媒介項として用いられるからである。彼は、この目的を達成するため、「制度」という社会学的[115]概念を提供している[116]。

d　シェルスキィの提言は、「メタ社会学的・学問的な認識論に向けたものではなく、行為者自身に向けたものであり、それも生活の実践に向けられたものであった[117]。彼の提言はプラグマティズムに近いものであるが、学際的な視野のもとで方法論に関する諸問題を取り扱う際に、彼が理論的試みの多様性を確保しようとしていない点は、なんら驚くにあたらない。むしろ、彼は多様性を追求すべきではないと考えていた。彼は、法社会学を発展させるために、「別々の役割を担う」「複数の社会学理論が併存することの長所を強調していた」。というのは、複数の理論が併存することで、「社会の現実の中からそれぞれの理論が相異なる局面を取り上げることが可能となり」[118]、それぞれの理論に「認

---

113)　「制度」概念はその一例である。*Schelsky*, Soziologie –wie ich sie verstand（前注2））, S. 25.
114)　*Schelsky*, Soziologie –wie ich sie verstand（前注2））, S. 25.
115)　*Krawietz*, Helmut Schelsky（前注9））, S. XXXI.
116)　参照されるものとして、*Schelsky*, Soziologie –wie ich sie verstand（前注2））, S. 25 および特に、「学際研究（Interdisziplinäre Studien）」の第一巻の中で1970年に刊行されたシェルスキィのテクスト、*Schelsky*, Zur soziologischen Theorie der Institution, in : ders., Die Soziologen und das Recht（前注2））, S. 215ff.
117)　*Schelsky*, Soziologie –wie ich sie verstand（前注2））, S. 20.
118)　*Schelsky*, Systemfunktionaler, anthropologischer und personfunktionaler Ansatz in der Rechtssoziologie（前注40））, S. 107.

識と実践において別々の役割」が付与されるからである[119]。シェルスキィは、特に、理論的基礎を活用できるかどうかについて判断するために、研究活動を実践する必要があると主張した[120]。この点において、一方のシェルスキィと、他方のミシェル・フーコー(Michel Foucault)およびリチャード・ローティ(Richard Rorty)との間に、さほどの違いはない。というのは、フーコーとローティの理論も「器用な手仕事」[121]であり、素人による趣味の手作業であり、もっと厳密にいえば、問題を解決しようとして、統合的で建設的な活動を推進するために適した道具を獲得しようとした試みの一つだからである。

e　シェルスキィが考える「組織的に学際研究を進める際の基本方針」[122]は、特に組織に関わる課題に答えるための方法であった。学際研究を成功させ、これに特別の「付加価値」を付けようとすれば、——まったく偶然に(それも表面的に)、他の専門分野との接触から何かを学び取るだけの——いわば「学際という観点で折々に機会を得た」[123]事例を間に挟んでさらに先へと進むこと、そして、この種の偶発的な事例の数々を一般化して、安定性のある構造を備えた社会行動理論へと高めること、これらが重視されなければならない。シェルスキィは、無味乾燥な分析——彼の分析では、「メタ学問的な観点からの実践を制度的に行う契機」[124]を創造することが優先されていた——を行いつつも、

---

119)　Ebd., S. 98.
120)　*Krawietz*, Helmut Schelsky（前注 9)), S. XXVIII.
121)　道具箱（工具箱 tool-box）の理論（Theorie als *tool-box*）について、*M. Foucault, Prisons et asiles dans les mechanismes du pouvoir (entretien avec M. D'Eramo), in : ders., Dits et écrits 1954-1988 par Michel Foucault, éd. Daniel Defert et François Ewald,* tome II, Paris 1994, S. 523. この他、参照されるものとして、A Talent for Bricolage. An Interview with Richard Rorty (January 1995, Interviewer : Joshua Knobe), in : The Dualist, 2, 1995, 56ff.
122)　*Lübbe*, Helmut Schelsky als Soziologe universitärer Forschung（前注 27)).
123)　概念的なもの（Begrifflichkeit）について参照されるものとして、*Luhmann*, Die Wissenschaft der Gesellschaft（前注 93)), S. 457ff.
124)　*Schelsky*, Soziologie –wie ich sie verstand（前注 2)), S. 22.

こうした課題に答えようとしてきたし、このような社会的装置の理念型を詳細に解明しようと試みてきた[125]。考えられなければならない一例を挙げれば、いろいろな専門分野の講義担当者を物理的に一つに繋ぎ合わせる仕組みが必要であろう。最終的なものではないにせよ、それぞれの学問分野の講義が専門を異にする者に対して行われ、学際的な研究者集団が形成され、また卓越集団が組成されるといった例はどれも、制度的にみると、こんにちなお、そうした仕組みの実践に関する経験が積み重ねられている過程といえよう。シェルスキィの個人的遺産が学問の所在地であるミュンスター大学にとってどのような意味を有するかという点をこんにち改めて考え直す意味は、おそらくこの点にあるに違いない[126]。

---

125) このことは、*Schelsky, Das Zentrum für interdisziplinäre Forschung*（前注30））に見出される。
126) シェルスキィは、ミュンスター大学創立200周年記念のための、多くの関心を集めた講演において、彼なりの独自の「総まとめ」を提示していた。H. *Schelsky*, Erfahrungen mit vier Generationen der deutschen Universität. Vortrag zum 200-jährigen Jubiläum der Universität Münster, in : ders., Rückblicke eines Anti-Soziologen（前注34）), S. 160ff.

ハンス゠ウーヴェ・エーリヒセン

行 政 法 学
―― ハンス・ユリウス・ヴォルフ（1898年～1976年）

Ⅰ．経　　　歴
Ⅱ．ミュンスター大学時代
Ⅲ．著　　　作
Ⅳ．大 学 教 員
Ⅴ．学術分野後継者の育成
Ⅵ．法学部にとっての存在意義

法学博士ハンス・ユリウス・ヴォルフ (Hans Julius Wolff) 教授——同姓同名の法史学者と区別するため、彼は好んで「ハンス・J・ヴォルフ (Hans J. Wolff)」という表記を用いた——は、ドイツ行政法学の大家であり、多年に亘りミュンスターで生活し、活動した人物である[1]。彼は、戦後、ミュンスターのヴェストフェーリッシェ・ヴィルヘルム大学に勤務し、1976年に亡くなるまで、誠実にかつ感謝の念をもってミュンスター大学にとどまった。

I. 経　　歴[2]

　1898年10月3日にヴッパータール近郊エルバーフェルト (Elberfeld) に紡績工場主の息子として生まれたハンス・J・ヴォルフは、1917年に教育課程を終えて第一次世界大戦に参加したが、重傷を負い、戦時捕虜となった。その後、彼はゲッティンゲン大学、ボン大学、ハレ大学、そしてミュンヒェン大学で法律学を学んだ。1922年に第一次司法国家試験に合格した後、彼は、最初は裁判所で、その後は行政官庁で修習生活を送った。彼は、行政官庁での修習中、フランスに占領されたラインラントで市長代理および郡長代理に就き、責任を負う仕事に従事した。1924年、彼はゲッティンゲン大学に「首都機構の基礎 (Die Grundlagen der Organisation der Metropole)」と題した論文を提出し、法学博士の学位を得た。指導教授はユリウス・ハチェック (Julius Hatschek) であった。1926年、彼は、ベルリンのプロイセン内務省の管轄下に、上級行政実務分野での司法修習最終試験に合格した。1929年11月4日、ハンス・J・ヴォルフは、フリートリッヒ・ギーゼ (Friedrich Giese) の指導を受け、フランクフルト大学に大学教授資格取得論文『機関と法人 (Organschaft und Juristische

---

[1] 筆者は、草稿に批判的に目を通され、多くの示唆を与えられたクラウス・アンダーブリュッゲ (Klaus *Anderbrügge*) 博士に謝意を表する。

[2] これについては、ヴェストフェーリッシェ・ヴィルヘルム大学の資料文庫に所蔵されているハンス・J・ヴォルフの人事調書 Bestand 207/16, 463/8, 8606/31 をもみよ。

Person)』³⁾を提出し、憲法・行政法、国家学・行政学の大学教授資格を取得した。ユダヤ人に好意的な態度を採ったことで短期間しか担えなかったプロイセン文化相大学局の一般事務職を経て、彼は1933年8月2日にフランクフルト・アム・マインのヨーハン・ヴォルフガンク・ゲーテ大学で、ヘァマン・ヘラー（Hermann Heller）の後任の終身正教授（persönlicher ordentlicher Professor）に就いた。しかし、彼は、国家社会主義ドイツ労働者党（NSDAP）——同党は、学生たちの間に広がっていた抵抗運動を気に掛けていた——の干渉により、政治的理由から教授職への就任を拒まれた。1935年から1939年まで、彼はラトヴィアのリガに設けられたヘルダー研究所（Herder-Institut）の公法担当正教授となった。彼はその地で福音主義改革派教会の集まりに積極的に参加し、1936年に協会管理委員会の会長に選ばれた。第二次世界大戦勃発後、ハンス・J・ヴォルフは約一年間ラトヴィア駐在ドイツ公使の顧問として、外国籍を有する民族上のドイツ人（Volksdeutsche）がラトヴィアから移住する際のドイツ文化財を救助するために、働いた。彼はこの活動によりドイツ国民保護栄誉勲章を受賞した。1941年、彼は、マールブルク大学の公法・法哲学担当正教授への招聘を断った後、在プラハのドイツ・カール大学（Deutsche Karls-Universität in Prag）⁴⁾に招かれた。彼は同大学で一年間、法・国家学部の学部長に就いた。この時期、ハンス・J・ヴォルフは主に書評を発表した。彼が書いた法律学論文の数は片手の指で数えられるほど少ない。彼は、プラハ上級地方裁判所に設けられた司法試験委員会委員の他、同地のドイツ科学アカデミー（Deutsche Akademie der Wissenschaft）の正会員にも就任した。

II. ミュンスター大学時代

戦後、ヴェストフェーリッシェ・ヴィルヘルム大学法・国家学部には二つの

---

3) C. Heymannsverlag, Berlin, 1955.
4) これは、1939年以降、ベルリンの教育省のもとに置かれた帝国大学の名称である。

公法担当「正教授ポスト」があったが、いずれも空席であった。その一つをフリートリッヒ・クライン (Friedrich Klein) が代理職という形式で占めていた[5]。戦後の「新しい」行政法の急激な発展に鑑みて、第二の教授職に行政法の担当者を充てることが必要とされた[6]。1946 年 5 月、同学部は 1943 年以降空席が続いていた公法担当教授職を埋める候補者リストの第一順位に、当時ライプツィッヒ大学で活動していたヴェルナー・ヴェーバー (Werner Weber) とハンス・J・ヴォルフとを同列に掲げた。第三順位に挙げられたのはアルノルト・ケットゥゲン (Arnold Köttgen) であった。しかし、招聘の対象はすぐにハンス・J・ヴォルフに絞られた。1946 年に彼はこの教授職の代理ポストを引き受けた。しかし、採用手続は難航した。というのは、彼が国家社会主義ドイツ労働者党のメンバーであったことが申請書に添付された調査用紙に記載されていたからである。これを受けて、学部長は、占領軍指令本部に対し、「その後の調査結果によると、公法分野にナチ党の党員はいないし、ミュンスター大学にナチ党の意のままに動く者はいない」[7]と報告した。ハンス・J・ヴォルフは後に、リガ駐在ドイツ公使の元専門担当官の情報に基づいて、ラトヴィアでの法律相談担当者としての活動が党員として行われたものではなく、地位の継承を伴うものであったというように訂正した。彼はプラハでは、「同地で彼自身に提供された党内での仕事をうまく断れるように」[8]、党員と自称していたにすぎなかった。マルティン・クリーレ (Martin Kriele) によって言い伝えられた、「わたくしは勇者ではないが、少なくとも妥協はしなかった」[9]という彼自身の自己評

5) これについては、本書所収の *Pieroth*, Vom Mitläufer zum Protagonisten: Der Staatsrechtler Friedrich Klein (1908-1974), S. 94ff. 参照。
6) Schreiben des Dekans 1. 4. 1946. Universitätsarchiv Münster, Bestand 31/Nr. 172, Schreiben des Rektors v. 2. 5. 1946, ebd. 以下については、*Steveling,* Juristen in Münster, 1999, S. 636ff. これには証拠が包括的に示されている。
7) Universitätsarchiv Münster, Bestand 13 Nr. 172.
8) Universitätsarchiv Münster, Bestand 13 Nr. 172.
9) これについては、*Felz,* in: Thamer/Droste/Happ, Die Universität Münster im Nationalsozialismus, Kontinuitäten und Brüche zwischen 1920 und 1960, 2012, S. 376,

価は総じて的確であろう。ヴェストファーレン県知事は、当初彼自身が主張した疑念を、後に 1946 年 9 月 28 日付けの軍政府宛の書簡をもって取り下げた。ハンス・J・ヴォルフは 1948 年に正式に無罪を宣告され、そして——彼がフランクフルトのヨーハン・ヴォルフガンク・ゲーテ大学への招聘を断った後——1948 年 12 月 13 日の州政府決定により、1948 年 11 月 1 日に遡って、公法・法哲学担当正教授、地方自治研究所 (Kommunalwissenschaftliches Institut) 所長兼法学部研究室 (Rechtswissenschaftliches Seminar) 所長に任命された[10]。パーゲンコップ (Pagenkopf) の引退後、ハンス・J・ヴォルフの指揮のもとにこの地方自治研究所は行政法行政学研究所へと大きく転換した。このことは、その後クリスティアン・フリートリッヒ・メンガー (Christian Friedrich Menger) の庇護のもとで行われた補充を含め、十分に証明されている[11]。

彼は 1947 年から 1948 年までイギリス占領地区行政法公法諮問委員会委員として、軍事政府規則第 165 号——この規則により、連邦共和国における行政裁判制度の基礎が築かれた——の作成に大きく貢献した。これらの経験から示唆を得て、彼が行政裁判所による権利保護の体系化のために献身的に活動したことを示す事実は無数にある。この体系化作業は、当時としては画期的な方法であったが、彼の弟子、クリスティアン・フリートリッヒ・メンガーが 1954 年に刊行した大学教授資格取得論文「行政裁判所による権利保護の体系化」において行われている。

ハンス・J・ヴォルフは、人物と学問的業績の両面で高く評価されたことにより、1952 年／1953 年の二年間、ドイツ国法学者協会 (Vereinigung der deutschen Staatsrechtslehrer) の初代会長に選ばれた。彼は、この他にも、ミュンス

380, 382f. をも参照。

10) 振り返ってみると、この一連の出来事は、健康を損ねたハンス・J・ヴォルフに到底耐え難いことを要求するほどの辛い過程だったといわなければならない。

11) もちろん、地方自治研究所の名において請け負った義務は見事なチームワークを発揮して結実した「ノルトライン・ヴェストファーレン州地方自治法 (Kommunalrecht des Landes Nordrhein-Westfalen)」2. Aufl. 1997 の出版という形で充たされた。

ター上級行政裁判所名誉裁判官（無給）、ハム上級地方裁判所司法試験委員会副委員長、ミュンスター・ハーゲン行政学院（Verwaltungsakademie Münster und Hagen）校長、さらに、ヴェストフェーリッシェ・ヴィルヘルム大学経済学社会科学学位審査委員会委員（1967年以降は委員長）として活動した。1958年／1959年、彼は、ヴェストフェーリッシェ・ヴィルヘルム大学法・国家学部学部長を務めた。

　ハンス・J・ヴォルフは1957年に国際法哲学・社会哲学学会（Internationale Vereinigung für Rechts- und Sozialphilosophie）ヴェストファーレン支部を創立した。彼は、最初、座長および支部長としてこの支部を牽引し、名誉教授に就任した1968年以降は名誉会員となった。頻繁に開催され、公法分野で重視されるようになった研究大会は識者の間で好評を博した。

　1973年、彼の仕事は、弟子と数人の同世代の先駆者たちが編集した75歳祝賀論文集『行政法の進展（Fortschritte des Verwaltungsrechts）』[12]により、高く評価された。

　70歳の誕生日を迎えた彼は、ヴェストファーレン・リッペ地域連盟からフライヘル・フォム・シュタイン賞（Freiherr-vom-Stein-Medaille）を受賞し、1969年、ドイツ連邦共和国功労勲章のうち、大功労十字章を受賞した。

III. 著　　作

　ハンス・J・ヴォルフは、大学教授資格取得論文「機関と法人──法理論・公法の研究（Organschaft und Juristische Person, Untersuchungen zur Rechtstheorie und zum öffentlichen Recht）」[13]──同書はその後すぐに叢書『画期的理論（Theorie der Vertretung）』[14]の第二巻として刊行された──で、機関に関する公法上の

---

12)　ハンス・J・ヴォルフにより公表された論文の一覧として、„Fortschritte des Verwaltungsrechts" Festschrift für Hans J. Wolff, 1973 S. 504ff.

13)　「機関」という概念がウィキペディアで「租税法上の概念」とみられているという点がすべてを物語っている。

諸問題を学問的に解決しようと試みた。彼の分析の素晴らしさと細分化の能力は、この公法分野の中心的テーマにおいて、新しい知見と認識の獲得に貢献した[15]。特に言及されるのは、機関法という根本概念を説明した行政法第二巻 (Verwaltungsrecht II)[16] の第1章である。しかしながら、彼の行政法の第4部 (4. Teil) 全体はこんにちまでこの分野の諸問題に答えるうえで不可欠の文献となっている。その要点は、第71章第1節b項（§71 I b）で、次のように記されている。

　　組織は、相互に密接に絡み合う諸要素（職務、機関、構成員）から構成され、共通の諸問題を計画に沿って事項的および空間的に分類しつつ、多種多様な社会的諸関係を秩序付ける存在である。組織は、専門化された部署の事業執行者（職務遂行者、機関構成員）の活動可能性を活かし、給付能力を強化し、組織全体の力を強固にするものである。しかし、組織がこのように力を強化したことの代償として、組織を支配する者（政治家、団体役員、経営者）の影響力が拡大し、逆に、人間同士が直接に触れ合う機会が（文書化作業を含む）減少し、社会的諸関係がすっかり図式化されてしまった。それに伴って、ルールが図式化され、組織が「装置」と化してしまったために、人が有する特異な能力と自主性が消されてしまった（官僚主義）。分業がそのつど必要な度を超えて行われる（組織の埒外）とすれば、組織の活動が二重に行われることとなり、しかも活動の内容に齟齬があれば、両者間で調整することが難しくなるために、時の経過とともに、両者の齟齬による損失が拡大することとなろう。
　　「組織」という言葉はもとより多義的である。言葉の使い方に違いがあり得るということは、この言葉で、ある場合には、社会的に組成されたもの（団体、営造物、財団）それ自体が示され、ある場合には、社会的に組成されたものの内部秩序（構造）が意味され、さらに別の場合には、組織が行う行為の（動的な）経過が示されるといった具合に、この言葉の意味はさまざまである。さらに、この言葉で示された現象は、種々の学問分野の、特に社会学、経営学および法律学の研究対象となっており、それぞれの学問分野で一部は事実的観点から、他の一部は規範的観点から

---

14) C. Heymannsverlag, Berlin 1934.
15) *Kriele*, Juristen im Porträt, 1988 S. 694f. をも参照。
16) 1. Aufl. 1962 ; 2. Aufl. 1966 ; 3. Aufl. 1970.

考察されている[17]。

　ハンス・J・ヴォルフは、全体主義的な総統国家において広範に亘り軽視され、後回しにされ、そして勝手に操作された行政法という専門分野を、第二次世界大戦後、多種多様に変化した社会環境の中で、解釈学レヴェルでいかに再生すべきかという課題に直面した、いわば戦後行政法学の「草創期メンバー」にあたる[18]。すでに1948年に印刷されていた、「行政法総論講義（Vorlesung über Allgemeines Verwaltungsrecht）」と題された草稿は、彼のこのような努力の何よりの表れである[19]。この草稿には、萌芽的なものではあるが、彼のさまざまな考慮が払われている。こうした考慮は後に決定的なかたちで現れた。1952年に簡略版教科書（Kurzlehrbuch）として企画され、1956年から「Kurzlehrbuch」というシリーズ名で、「Kurz」という名称を冠していても、実際には三巻本のヴォリュームを有する行政法ハンドブック（Handbuch des Verwaltungsrechts）として結実した書物がそうである。この本はその後すぐに、ドイツ連邦共和国における行政法の標準的著作となった[20]。

　オットー・マイヤー（Otto Mayer）による「憲法は消え去り、行政法は残る（Verfassungsrecht vergeht, Verwaltungsrecht besteht）」という言葉——この言葉は1923年に刊行された行政法第3版のはしがきに見出される——は、1945年以降の時期についても通用する。オットー・マイヤーは1923年にこうした評価を、「憲法と行政法との関係をしかるべく訂正する」必要があるという見方と結び付けていた。彼のこの言葉は、1945年以降に学問と実務で広く採用されてきた法律問題の解決策にも、そのまま応用することができる。エルンスト・

17）　この引用は 3. Aufl 1970 による。
18）　これについては、*Stolleis*, Geschichte des öffentlichen Rechts in Deutschland, Bd. IV, 2012, S. 171ff. をも参照。
19）　Archiv des Rechtswissenschaftlichen Seminars der Westfälischen Wilhelms-Universität, VwR A III 11b にある。
20）　*Bachof*, JZ 1977, S. 69ff.；*Kriele*, Juristen im Porträt, 1988, S. 694ff. をも参照。

フォルストホフ（Ernst Forsthoff）が1956年に刊行した『行政法教科書（Lehrbuch des Verwaltungsrechts）』[21]のはしがきには多くのことが盛り込まれている。このはしがきは、不確実性を生み出したこの時代の一つのドキュメントであったといえよう。

これに対し、ハンス・J・ヴォルフは、1956年に初版が刊行された『行政法Ⅰ（Verwaltungsrecht I）』の第8版[22]のはしがきで、次のように述べている。

> 履修者用に印刷に付していた講義録「行政法総論（Allgemeines Verwaltungsrecht）」の原稿に加筆し、簡略版教科書（Kurzlehrbuch）として刊行することを1952年に引き受けたとき、わたくしはまだ、ドイツ行政法の基本概念・諸原則を各論を織り交ぜつつ一冊にまとめるよう計画することができた。しかし、それが不可能なことがすぐに明らかになった。学説に触れなければならなかっただけでなく、行政組織法、公務員法、行政秩序法と給付法、行政手続法および行政争訟法の発展をも考慮すると……さらに二冊の本が必要となった。こうした配慮は──もちろん──刑法および刑事訴訟法に三冊の本が充てられ、周辺領域および手続法を除いても、民法に六冊が割かれているという状況と比べると、正当とされよう。というのは、社会的法治国家において、さほど遠い昔のことではないが、他の諸分野の状況に比して、行政法に関わる立法の数が爆発的に増加していること、行政法分野では立法より判例が今なお優越しており、行政法学上さまざまな諸問題を巡っての論議が増えていること等の事情からみて、実務上も理論上も行政法の重要性が一層高まっているからである。むしろ、実務上および理論上、行政法の重要性が高まってきたことが、この間に同様に量的拡大を示してきた行政法学説を、──法学教育上、行政法学説の比重が今なお軽く扱われているとしても──、行政法関連立法と同等に取り扱うことを要請している。
>
> 1956年に刊行された行政法第一巻の初版は、当時から、このような狙いを持っていた。しかし、その後、この簡略版教科書（Kurzlehrbuch）は版を重ねるたびに、他の二冊と同様に、簡略版ハンドブック（Kurzhandbuch）へとかたちを変えざるを得なかった。というのは、平面図のような分かり易い整理とできる限り簡潔な表現で、ドイツ行政法の現状と諸問題を体系的に説明するだけでなく、行政法の理解

---

21) C. H. Beck, 1956.
22) 1971年刊行。その文言は1968年に刊行された第7版はしがきと同じである。

を容易にし、より深みのある研究方法を指し示しながら、法律・判例・学説に触れつつ、行政法を説明する必要があったからである。こうして、わたくしには、方法に関してだけでなく、膨大な素材の選択と重点配分に関しても、関連文献の現状を考慮しつつ、学理と実務が最大限求めているものに応えることが必要であると思われた。これに対して、おそらく簡略版教科書に求められていることであろうが、教育面を重視し、主要な問題を読者の心に訴え掛けるように説明することは、後回しにされなければならなかった。簡略版教科書における説明にあたっては、この分野の体系がある程度固定されたものとなっていること、そして、法律学の他の諸分野ですでに行われているように、足りない部分の補充を完成度の高いハンドブックや教科書に委ねられること、これらが前提になければならない。……本書の執筆にあたっては、……適切な表現で体系をまとめ上げるという学問的な要請を考慮し、行政法の実務をより簡素化するよう努めた。

とはいえ、本書は、講義の手助けとなる簡略版教科書であると同時に、――学問的関心を抱いた学生のアカデミックな利用に尽きるわけではないにしても――、ギリギリに切り詰めた体系的説明によって概要の把握と理解が深まり、想定された簡明・的確な得心を可能とし、多数の言及が個別的諸問題のさらなる研究を活気付けるという意味では、文字通り学修書（Studienbuch）と言ってよい。個別的事項の多様化とラント法上の特殊性を反映して情報が溢れ、しかもそれらがしばしばもつれ合っていることから、法律状態が適切に描写され、しかも、ドイツのすべてのラントにおける学生と実務家が彼らにとって重要なことを見つけ出すことができるとするならば、分量の増加はもちろん我慢されなければならない。……[23]

このはしがきは、第二次世界大戦後に現れた需要に応えるとともに、法律学、そして法学教育において、民法と刑法に対する関係で、公法の独立を求める要求を示したものである[24]。同書は、学問的再出発の必要性を示すと同時に、第二次世界大戦後の法治国家の諸原則に基づき、国家的規模でのインフラ事業整備により生み出された公法の急速な発展を映し出している。また、同書は、憲法と行政法との関係について何も述べないことによって、フォルストホフとは違って、ハンス・J・ヴォルフが憲法と行政法との関係について何の問題も

---

23) C. H. Beck, 1971.
24) Verwaltungsrecht I, 1. Aufl. 1956 §1 をも参照。

感じていなかったということを示している[25]。ハンス・J・ヴォルフは、ボン基本法が行政法に優位するという原則になんら疑いを抱いていなかった。彼は、もちろん、「社会的法治国家における行政 (Verwaltung im sozialen Rechtsstaat)」と題した第11章で、現代憲法が以下のようなものであることを詳しく述べている。

　　(現在の憲法は)、現在の行政が抱える主要な問題に対する態度を暗黙の裡に示している。ここにいう主要な問題は、戦争による損害および追放による損害を補償することによって生じたものであり、また、きわめて狭い生活空間に閉じ込められ、国民の年齢構成がますます歪になったことで固定化されてしまった大衆の社会的貧困によって生じたものである。少なくとも連邦共和国は基本法第20条で、「民主主義的・社会的連邦国家」と自称しているうえ、基本法第28条で、諸ラントの憲法に適合する秩序が、この基本法の意味における共和国的・民主主義的・社会的連邦国家の諸原則に対応していなければならない旨を要求している。それゆえ、連邦共和国も国内諸ラントも、行政政策の観点からみると、社会的法治国家である。……憲法、行政および司法に関する国家活動のすべてが少なくとも実体法たる諸法に基づいて行われ、それゆえ、すべての義務があらかじめ法律上定義され、個々の国家権力の行使が法的に決定されかつ保障された形式で実施されている以上、国家もラ

---

[25] この点は1948年の講義案においてすでに明らかになっていた。注目されるのは、一方で、ミヒャエル・シュトライス (Michael *Stolleis*) が彼の Geschichte des öffentlichen Rechts in Deutschland, Bd. IV, 2012 の中で、戦争終結直後期における行政法の状況に関する論述において、エルンスト・フォルストホフの行政法教科書 (Lehrbuch des Verwaltungsrechts) に5頁以上——178頁から184頁まで——を割き、そしてこの教科書が「細部に行き渡るほどの着想力」と「当世風の現象形態の開放性」を備えていることを保証していながら、他方でミヒャエル・シュトライスが、ハンス・J・ヴォルフの行政法に対して半頁しか割かず、ハンス・J・ヴォルフを「小さな部分にまで細分化された体系的情報の厳密な仲介者」と分類している点である。こうした分類と評価は、ハンス・J・ヴォルフの著作を読み、行政法学と実務における彼のインパクトをほぼ評価することのできる者にとって、決して同意できるものではなく、少なくともさらなる説明が求められよう。O. *Bachof*, JZ 1977, S. 69f. および M. *Kriele*, NJW 1977, S. 28ff. および M. *Kriele*, Jursiten im Porträt, 1988, S. 694f. の評価をも参照。

ントも……形式的意味では法治国家である。……行政府が立法府から区別され、司法府が実質的に独立している以上、国家もラントも権力分立制の法治国家である。……すべての国家機関が（目標および理念として）、実際に生じている個々の利害衝突案件で客観的にみて価値の乏しい利益の追求を差し控え、同じく客観的にみて価値の高い利益の追求を優先させること、そして、そのように判断する際に人的・物的な同等性ならびに生活の安定性・法の安定性を確保すること、これらに配慮しなければならないとされている以上、国家もラントも実質的法治国家（実質的意味での法治国家）である[26]。

　さらに、この「はしがき」からは、歴史的発展の過程で諸問題の解決に向けてどのような学問的挑戦が行われてきたかという点を読み取ることができよう。ハンス・J・ヴォルフが感銘深い創作力を発揮して刊行した三巻本の「簡略版教科書」や個別出版物において示された法解釈学的な見方や提言の多くは次の世代に受け継がれ、こんにち、行政法学の一般常識になっており、学理と実務の双方に対して等しく影響を及ぼしている。

　ハンス・J・ヴォルフが「簡略版教科書」において公的行政（öffentliche Verwaltung）（行政学）という概念を取り上げたことは必然的な成り行きであった[27]。オットー・マイヤー（Otto Mayer）[28]とヴァルター・イェリネック（Walter Jellinek）[29]はまだ、公的行政を、立法とも司法とも異なる新種の国家活動とみなすことで満足していた。またフォルストホフは、行政は「記述することはできても、定義することはできない」[30]と考えていた。ハンス・J・ヴォルフは思い切って行政の定義を次のように試みていた。

　「行政は、実質的意味で捉えれば、特に当該事項に関する決断を下すことを通じて、多種多様なかたちで、掲げられた目的に沿って、通例は組織されたも

26）　*Hans J. Wolff*, Verwaltungsrecht I, 1. Aufl. 1956 ; 5. Aufl. 1963 § 11 II b をも参照。
27）　Vorlesungsmanuskript, 1948 § 1 をも参照。
28）　Verwaltungsrecht I, 3. Aufl. 1924, S. 7.
29）　Verwaltungsrecht, 3. Aufl. 1931, S. 5.
30）　Lehrbuch des Verwaltungsrechts, 5. Aufl. 1955, S. 1.

のにより、公益的に、責任を担うかたちで、計画の一部に限定して、みずから参加して実施し、具体的結果をもたらすことができるように、さまざまな業務を遂行することと定義される」[31]。しかし、この定義は、「掲げられた要件のすべてを達成することが難しい」と考えられ、「あまりに抽象的に」[32]すぎるものとみられよう。彼の定義は、「公的行政」という概念の定義を巡る論争の中で、あらゆる事案に通用するようなかたちで行われたものである。このような定義の仕方は、学問的にみると、多くの場面ですでに行われているものである。このような見方をすると、上述の定義は認識の仕方に関する歴史的発展の一つの過程であると受け止めることができよう。ハンス・J・ヴォルフのこの定義は、認識の過程で得られたさまざまな情報をできる限り包括的に組み込み、決定的瞬間を捉えようとした、彼の努力の表れでもある[33]。

このことは、公法と私法との判別基準に関する彼の定義にもあてはまる[34]。ハンス・J・ヴォルフの以下の文章は、指標として受け止めることのできる模範的な説明である。

　　公法と私法との判別基準は、当該法秩序を形成する諸法規が公法か私法かという点にある。若干の学説では、これと異なり、両者の判別基準が法律要件の相違に求められ、規範の結びの部分に相当する法律効果の相違にあるのではなく、効果が帰属する主体、すなわち、主観的権利義務が帰属する主体の相違が決め手であると考えられている[35]。「公法」は、もっぱら（通例は特定の）公権力行使主体を帰属主体とする諸法規の総括概念である。言い換えれば、ある者に（潜在的または明示的に）義務を負わせたり権利を付与したりするような法規から生じる義務、権利、請求権および法律関係は、いずれも公法的なものではない。逆に、国家、宗教共同体または、個人的関係を超越した人的集団に共通する業務の執行を義務付けられている主

---

31) Verwaltungsrecht I, 8. Aufl. 1971 §2 II a およびすでに行われていた 1. Aufl. 1956 §2 II a
32) *Ehlers*, in : Erichsen/Ehlers, Allg. Verwaltungsrecht, 14. Aufl 2010, §1 Rdn. 6.
33) *O. Bachof*, JZ 1977, S. 69 (70f.) をも参照。
34) これについては、*Hans J. Wolff*, AöR 76 (1950), S. 205ff.
35) Verwaltungsrecht I, §22 II e, 1. Aufl 1956 ; 5. Aufl. 1963 ; 8. Aufl. 1971.

体にのみ義務を負わせたり権利を付与したりするような法規から生じる義務、権利、請求権および法律関係は、いずれも公法的なものである。公権力行使の主体たる資格は、法規範、行政行為または組織の活動によって設定される。公権力行使の主体は法的に必要なものであり、それゆえ、公法は、法的に必要とされる主体に関する法と言い換えることもできる[36]。

公法が国家とその下部機構に関する特別法であるという説明[37]は、こんにちまで、すべての者に対して均一に適用される私法との違いを示す点で、最も説得力のある定義である[38]。

特に、ハンス・J・ヴォルフとヴォルフガンク・ジーベルト (Wolfgang Siebert)[39] によって基礎付けられた「行政私法 (Verwaltungsprivatrecht)」というカテゴリーも、現代給付国家の発展を概念的に把えたり、行政法を体系化したりするための努力の表れである。ハンス・J・ヴォルフは次のように述べている。

　公的行政の主体が、法規（たとえば、ノルトライン・ヴェストファーレン州市町村令 (Gemeindeordnung) 第18条……）もしくは行政行為、つまり、主権に由来する判断行為に基づいて、または、予算案に掲げられた特別の公的目的用資金の調達に基づいて、私法関係に入ることに同意する——その狙いは、私法上の形式で、直接的な公法上の行政（給付または操作）の目的を追求することにある——場合、その行為は、内容的にではなく、形式的にみて、「国庫の」活動である。この行為に適用されるのは特別行政私法（行政私法各論）である。特別行政私法の特殊性は、特に行政主体がもはや私法上の法律行為として私的自治を完全に活用することができず、少数の公法上の制約に服するという点にある[40]。

---

36) Verwaltungsrecht I, §22 II e, 5. Aufl 1963. 1. Aufl. 1956 §22 II e, 5. および Vorlesungsmanuskript 1948 §27; *Menger*, in : FS Hans J. Wolff, 1973, S. 149ff.; *Bachof*, VVDStRL 12, S. 37ff. (65); *Wolfgang Martens*, Öffentlich als Rechtsbegriff, 1969, S. 92f. をも参照。

37) *Erichsen*, Jura 1982, S. 537ff. 参照。

38) *Wolfgang Martens*, Öffentlich als Rechtsbegriff, 1969, S. 94；討議の現状については、*Ehlers*, in : Erichsen/Ehlers, Allg. Verwaltungsrecht, 14. Aufl 2010, §3 II 2 を参照。

39) Festschrift für Niedermeyer, 1953, S. 215/219ff.

これらの例にみられた法的構造は、公法分野の認識を新たにするうえで、また、公法分野の認識を他に伝える際に、いずれも基本的なものである。また、彼は、たとえば、物権性[41]という概念を公法へ導入したり、特別権力関係という伝統的な制度[42]と対決したりして、多くの革新的な試みを行っている。

　ハンス・J・ヴォルフは概念の精密さと公法体系の一貫性[43]を追求していた。彼の努力は、新たな認識を得たり、法を適用したりする過程での透明性を高めることに、また、法治国家で要請される予測可能性を高めたりすることに役立っていたし、そういえない場合でも、少なくともそれらに役立つような試みであった。

　彼の法哲学的・法理論的な、そして豊かな思想を反映した著作に表現されている学識は、彼なりの的確さと分別に基づいていた。たとえば、国法・行政法上の個別的諸問題に対する視点の選択と実際の取扱いは、つねにこのような的確さと分別に基づいて行われていた。彼はいつも「正義という名の法原理」——これは、ヴィルヘルム・ザウアー祝賀記念論文集 (Festschrift für Wilhelm Sauer) への彼の寄稿[44]の表題である——を重視していた。時代状況を異にする当時の言語慣用の傾向が現代のそれと対比され得るか否かという点はさておき、少なくとも、彼は、「法哲学における演繹的推論という形式」を起点に据

---

40) Verwaltungsrecht I, 5. Aufl., 1963, §23 II 3 b; すでに aaO, 1. Aufl. 1956. 8. Aufl. ではこの点が少しだけ修正されている。Vorlesungsmanuskript 1948, §28 においてもまだまったく伝統的な理解にとどまっていた。

41) これについては、*Norbert Niehues*, Dinglichkeit im Verwaltungsrecht, 1963 をも参照。

42) Allg. Verwaltungsrecht I 5. Aufl. 1963 および 8. Aufl. 1971, §32IV 3. なおこれについては、*Erichsen*, in : FS Hans J. Wolff, 1973, S. 219ff. 参照。

43) 時として、この点は、彼の教科書の構成からみても、あまりに細分化し過ぎたものと考えられている。この他、ハンス・J・ヴォルフが法律要件の確認過程と解釈論における論証過程とを緻密に分析し、いずれに属する問題であるかの判断を重視していたという点はこれまで誤解されてきたし、今でも誤解されている。

44) 1949, S. 103ff. これは、抜き刷りの形式で 1957 年に de Gruyter から新たに刊行された。

えて「正義の本質に関わる問題の核心部分」[45]を分析し、この間に実体のない言葉へと退化してしまった正義という抽象概念の内容を解明する合理的な手掛かりを得ようと試みている。

さらに、1955 年にノルトライン・ヴェストファーレン州研究集会（Arbeitsgemeinschaft für Forschung）で行われた講演を再現した『大学の法的組成（Rechtsgestalt der Universität）』[46]も忘れられてはならない。彼がこの論文で取り組んだ「根本問題」は、その解決策を巡り「法律家の間で永らく論争が行われ、今なおそうした状況にある」[47]ものであった。

> 「わたくしは、大学の法的性格如何という根本的問題とその位置付けに関する知見に基づいて、ドイツの組織法の中に、この問題に対する新しい解決策を求めようとする試みを取り込んだ。」この試みでは、大学が「国家の営造物」[48]であるという見解が詳しく取り上げられただけでなく、さらに、この法形式を通じて、「理性的かつ正当な利益が、つまり国家の供した資金の利用……に対して継続して影響を及ぼす」可能性が国家という資金提供者に与えられたこと、そして、……営造物の管理者たる国家が、学問分野の後継者育成に関する固有の利益を最も容易に主張することができること、これらも述べられている。

彼はこのように述べて、基本法第 5 条第 3 項およびノルトライン・ヴェストファーレン州憲法第 16 条と関連する研究・教育・学修の自由を援用し、大学を国家の営造物とみる理解への疑問を示している。

> なるほど、大学は国家機構の一部である。しかし、大学は、本来的に、国家の営造物ではあり得ない。というのは、大学の固有の活動は国家所管事項の範囲外にあるからであり、また、国家が自由な学問を保護する場として大学を認めている限り、

---

45) S. 106.
46) Westdeutscher Verlag, Köln und Opladen. 1956.
47) A. a. O., S. 5.
48) プロイセン一般ラント法（プロイセン諸国のための一般法典（Allgemeines Gesetzbuch für die Preussischen Staaten））§§ 1 および 2II12.

国家自体は営造物の管理者でさえなく、そもそも無力の存在だからである[49]。

これに加えて、基本権の一つである学問の自由には、同時に、「制度的保障が、すなわち、学問という、国家の作用から自由な領域での活動の保障」が含まれている[50]。社会的単位の一つである大学は、このようにして、ある種の自由を保障されている。それゆえ、われわれの州憲法——しかもわれわれの州憲法だけではない——は、大学の「自主管理」、すなわち、研究教育主体が自己責任を組織的に全うする仕組みを承認している。しかし、自主管理も、自己責任も、営造物の組織と調和しない。

ハンス・J・ヴォルフは、その後、大学に関する制定法および大学基本規程の諸規定の適用上、大学を社団とみなすべきか否かという問題に取り組んだ。彼は次のようにいう。

> 学問の保障は、大学という独立した社団法人組織を認めることで、国家による直接の管理から明らかに分離されている。むしろ、学問の保障は研究・教育を行う者の自主管理に委ねられている。このようにして、大学における学問、研究および教育の自由が組織的に可能となっている。他方で、大学自体は、意思決定機関を通じて研究・教育を行っているわけではない。大学という社団は、……「学問の保障を実際に担当する中間項」を確立しようと努めている。わたくしはこの中間項を、一方では研究・教育それ自体と区別し、他方では研究・教育のために必要な資金とも区別して、「研究・教育の実施母体」と名付けようと考えている。……大学を社団として組成することはきわめて適切である。それでも、社団性を一貫して認めることには重大な疑問がある。この疑念は、研究・教育がきわめて多額の資金と物的手段——これらは外部から大学に流れ込み、専門知識を持つ者によって管理されなければならない——を必要とするという事実から生じる[51]。

大学は、独立性を有する社団とはなり得ない。大学の自主管理は、みずからが掲げる固有の目的に適うか否かに関して他者の視点から行う管理である。このよう

---

49) A. a. O., S. 13.
50) A. a. O., S. 13. これと関連するものとして、*Thieme*, Hochschulrecht, 1. Aufl. 1956, S. 108.
51) A. a. O., S. 16f.

に考えることで、社団的性質も自主管理もその性質をすっかり変えてしまっている[52]。

ハンス・J・ヴォルフは、ヴェルナー・ヴェーバー（Werner Weber）[53]とフライブルクのバーデン・ヴュルテンベルク州最高行政裁判所の裁判[54]を援用しつつ、大学を、営造物と社団とを結び付けた混合組織とみる可能性を指摘し[55]、次のような結論を導いている。

> 国家は、……特定の地で学問研究・教育を自由に営もうとする者に対し、必要とされる人的物的手段を提供することを任務とする公法上の権利能力なき営造物を設置し、維持する。その際、国家は、営造物の管理者として、費目が定まった資金と部署ならびに官吏たる研究者・教育者を手元に抱えているが、それでも、国家は、学問研究・教育を憲法に適合するものにしなければならないという点で、行動を制限されている。というのは、大学という社団が有する、研究教育の自由を求める権利に対応して、必要な資金を調達することで自由な研究・教育を可能とし、かつ促進するという憲法上の義務が国家機関に課されているからである。研究・教育を行うため大学に任用された教員は、大学教授資格取得論文執筆予定者、名誉教授、名誉市民、名誉評議員、学長から学籍登録を許可された学生たち、これらの者と一緒に、権利能力を有する公法上の社団の構成員となり、当該社団を形成する。それゆえ、……大学は公法上の社団であるという指摘は正しいし、大学は国家の営造物であるという指摘も誤りではない。しかし、どちらも不完全であるので、どの指摘もやはり正しくない[56]。

権力、権限および利益に関わる実際的な知識と冷静な評価を反映した見解、すなわち、大学が「（国家管理）の営造物という性格と（自主管理）の社団とい

---

52) A. a. O., S. 17.
53) Rechtsstellung des deutschen Hochschullehers, 1952, S. 11.
54) JZ 1956, S. 18ff.
55) A. a. O., S. 19.
56) A. a. O., S. 19f.

う性格を併せ持つという見解」[57]が、長い時を経て、大学法（Hochschulgesetz）の文言に反映されるようになった。2004年11月30日のノルトライン・ヴェストファーレン州大学法第2条は、「大学は、……公法上の社団であり、同時にラントの営造物である」[58]と規定する。2006年10月31日のいわゆるノルトライン・ヴェストファーレン州大学自由法（Hochschulfreiheitsgesetz）第2条は初めて、大学を「ラントに属する公法上の社団」と明言した。

IV. 大学教員[59]

ハンス・J・ヴォルフの講義は、当時の多くの同僚とは異なって、① 行政法を適用する実務では、法適用の方法論に注意を払うことが大切であるという指摘、そして、② 行政法学という学問で大切なのは、実務の解釈論を通じて形成された学理を実践することであって、――多くの同僚の講義で実際に触れられてきたし、こんにちでもそうであるように――学説の流行を追い掛けることではないという指摘、これらを学生たちに理解させるものであった。高い関心を示した学生たちに対して彼が及ぼした影響は後々まで残る印象深いものであった。それと同時に、彼は、偉大な法学教師でもあった。特に、地方自治研究所に所属した助手、研究所の仕事に従事した博士論文執筆者や学生は皆、学部の学生たちにさまざまなよい効果をもたらした。よく知られているのは、儀式のように改まった雰囲気のもとで博士論文執筆者のために行われたゼミナールと、寛いだ雰囲気のもとで日常生じる問題を解決する示唆を与えた講義である。彼は、経験からか、ワインやビールを飲み過ぎたり、飲み過ぎたと思ったりしたときは、就寝前に頭痛止めの錠剤2錠を摂ることを強く勧めていた。

---

57) そのようなものとして、ハンス・J・ヴォルフの講演終了後に行われた激しい討論を踏まえた、彼自身による結びの言葉、a. a. O., S. 46.
58) GV NRW（ノルトライン・ヴェストファーレン州法律規則雑誌 Gesetz- und Verordnungsblatt für das Land Nordrhein-Westfalen）, S. 752ff.
59) これについては、*Kriele*, Juristen im Porträt, 1988, S. 694 (696f.) をも参照。

彼は、自宅で仕事をすることを優先し、何よりも『行政法』第一巻ないし第三巻の執筆用手書き資料を入れたカードボックスの内容を更新することを優先した。彼は自分の著作を準備するために助手たちを雇用していた。背が高く戦傷のため杖にすがって歩く潔癖な彼が地方自治研究所に姿を現すたびに、助手たちは緊張した。彼と出会って感銘や影響を受けた者の数は、学界、官界、法曹界等、どの世界でも多い。ハンス・J・ヴォルフが、自分のもとに集う弟子、補助者、履修者に、彼と地方自治研究所への愛着心を抱かせたことは、容易に理解されよう。弟子や助手たちは、彼を「師匠 (Meister)」と呼び、大家 (maestro) にふさわしい崇拝の念を示していた。ヴェストフェーリッシェ・ヴィルヘルム大学法学部は、1996年、法学部棟内に特色ある顔をありありと思い浮かべることができるようなレリーフを飾ることによって、研究・教育両面に亘って名声を遺し、しかも同学部の価値を高めた、真の意味での偉大な先輩法律家たちの活躍を思い起こさせようとした。

V. 学術分野後継者の育成

ハンス・J・ヴォルフは、専門分野の後継者を育成することもみずからがなすべき仕事の一つであると考えていた。彼は、主催した研究会で参加者に高い要求を突きつけただけでなく、地方自治研究所での仕事に興味を抱いた学生たちに、学問的挑戦の機会を求めて研究所の仕事を補助するポストに応募するよう何度も勧誘し、後継候補者の確保に努めた。彼はこのようなやり方で博士学位取得論文と大学教授資格取得論文の執筆候補者を絞り込んだ。彼を指導教授や副指導教授とし、彼から教えを受けて大学教授資格を得た者を挙げれば、ヘルムート・リッダー (Helmut Ridder)、クリスティアン・フリートリッヒ・メンガー (Christian-Friedrich Menger)、エルンスト・ヴォルフガンク・ベェッケンフェルデ (Ernst Wolfgang Böckenförde)[60]、マルティン・クリーレ (Martin Kriele)[61]、

---

[60] 彼は簡略版教科書の行政法第一巻の初版から第6版まで、同行政法第二巻の初版につき「実質的な協力作業」に従事した。

エーリッヒ・キュッヒェンホフ (Erich Küchenhoff)、クリストフ・フォン・ウンルー (Christoph von Unruh)、ヴォルフガンク・マルテンス (Wolfgang Martens)、ハインハルト・シュタイガー (Heinhard Steiger)、ラルフ・ドライアー (Ralf Dreier)[62]、そしてヴェルナー・ホッペ (Werner Hoppe) がいる。彼のもとで博士学位取得論文を書いた者としては、早世したディーター・フォルクマー (Dieter Volkmar)[63]の他、ミヒャエル・ホフマン・ベッキンク (Michael Hoffmann-Becking)[64]――彼は、後に会社法を専門として、こんにちまで高い評価を得ているデュッセルドルフの弁護士である――、ノルベルト・ニーヒュース (Norbert Niehues)――彼は、定年まで連邦行政裁判所第六部部長を務めた――、後にミュンスター市上級助役を務めたヘルマン・フェヒトルップ (Hermann Fechtrup)[65]、後のヴェストフェーリッシェ・ヴィルヘルム大学事務局長クラウス・アンダーブリュッゲ (Klaus Anderbrügge)[66]らがいる。

VI. 法学部にとっての存在意義

ハンス・J・ヴォルフは、法学部「草創期メンバー」の一人であった。1952年／1953年に就任したドイツ国法学者協会初代会長の選挙に反映された彼の声望、人格面での清廉潔白さ、そして積極的参加の姿勢、これらにより、学究 (homo academicus) ハンス・J・ヴォルフは法学部でかなりの発言力を持つようになった。プラハ大学在職時代に親交を結んだハリー・ヴェスターマンとともに、彼は、名誉教授になるまで、特に1960年代末までみられた法・国家学部

---

61) 行政法第一巻第5版の協力作業。
62) 行政法第二巻第2版および行政法第三巻初版の協力作業。
63) 行政法第一巻初版から第4版までの補助ならびに行政法第二巻および第三巻各初版の協力作業。
64) ポケット版行政法 (Verwaltungsrrecht, Taschenbuch) 第7版ならびに行政法第二巻および第三巻各第2版の協力作業に対する評価が特筆されている。
65) 行政法第一巻第3版および行政法第二巻初版への協力作業。
66) 行政法第一巻第3版および行政法第二巻初版への協力作業。

の法律学担当教授間に醸成された家族的一体感を高め、それを更新する役割を果たした[67]。

---

67) 民法学者ヨアヒム・ゲルンフーバー（Joachim *Gernhuber*）および国際法学者ゲオルク・ダーム（Georg *Dahm*）――彼は筆者に法律学への扉を開き、法学方法論を伝授した――と並んで、ハンス・J・ヴォルフは、筆者にとって、連邦共和国の、称賛に値する法学者の一人であった。筆者が 1967 年に、クリスティアン・フリートリッヒ・メンガー――彼はハンス・J・ヴォルフの後任として招聘された――の学術助手としてヴェストフェーリッシェ・ヴィルヘルム大学に勤めていた当時、地方自治研究所を訪れたハンス・J・ヴォルフと何度も会っていた。彼の親切な、それでいて慎ましやかな態度によって、筆者は法律学に関する話を聴くことができた。この話合いは筆者にとって十分な満足感をもたらし、「簡略版教科書」行政法第 1 巻を読むことで得られた感動をさらに深めることとなった。この点に触れるのは、小稿の読者諸氏の参考に供するためである。

ウルリヒ・シュタイン

刑法学者
——ヨハネス・ヴェセルス（1923 年〜 2005 年）

　Ⅰ．経　　　歴
　Ⅱ．大学教員としてのヴェセルス
　Ⅲ．ミュンスター大学のヴェセルス

「あのヴェセルス (Der Wessels)」——1970 年代初め以降にドイツ法の教育を受けた法律家で、この言葉を知らない者はほとんどいないであろう。この言葉は、法学教育の面だけでなく、同時に学問的な要請にも応えた三巻本の教科書についての広く流布した表現である。彼の教科書ほど、多くの世代の学生に対して、後々まで残るような力を付ける役割を果たした刑法の教材はないであろう。ヨハネス・ヴェセルス (Johannes Wessels) の『刑法総論 (Strafrecht, Allgemeiner Teil)』は、四半世紀以上に亘って毎年、改訂新版が出され、二冊の『刑法各論 (Strafrecht, Besonderer Teil)』も同様に、20 年以上もの間、毎年新版が刊行されている。本務校での活躍で学界の注目を浴びただけでなく、刑法の教育者 (Strafrechtslehrer) ——それも、「教育者 (Lehrer)」という表現がはっきりと強調されたかたちで——としての彼の、刑法分野の標準的教科書となったこの本を用いた講義——その講義は、教室外にも伝説的な評判を生み出した——も、ミュンスター大学が学ぶに値するよい大学であるとの評価を作り出した。彼は、数名の同僚たちとともに、決定的な役割を果たした。これにより、ミュンスター大学法学部は、1970 年代、つまり大学が拡張されたあの時代に、大きく成長しただけでなく、格別に魅力的な存在になった。ミュンスター大学法学部に対する高い評価はこんにちまで続いている。

I. 経　　歴

ヨハネス・フランツ・ヴェセルス (Johannes Franz Wessels) は、1923 年 6 月 20 日、ルール地域東端、ウンナ (Unna) 郡オーヴァーベルゲ (Overberge) ——ハムとドルトムントの中間に位置するベルクカーメン (Bergkamen) の一部に属する——で、鉱山労働者の息子として生まれた。彼は五人の兄弟姉妹とともに育ち、1941 年に、ハム近郊の豊かな伝統を有する文科系のハモネンゼ・ギムナジウムに通い、高校卒業資格試験に合格した[1]。この年代の多くの卒業生

---

1) ヴェセルス個人に関する以上の記述および以下の記述は、部分的に、筆者が 1990 年代半ば以降にヨハネス・ヴェセルス博士本人との間で、また犯罪学研究所 (Insti-

と同様、彼は、すぐに、ナチ時代の帝国勤労奉仕隊に入った。その後すぐ兵役に召集された彼は、1943年の初めに負傷したため、ふたたび除隊した。彼が戦争末期の数年と戦後期すぐの時期に法律学を学修することができたのは、このような事情による。彼は1943年夏学期にヴェストフェーリッシェ・ヴィルヘルム大学に学籍登録を行い、1944年／1945年冬学期にはベルリン・フンボルト大学に移った。しかし、1945年初め頃、ベルリン大学では戦争の影響で講義が行われていなかった。彼は、1945年／1946年冬学期にミュンスター大学に戻って法律学の学修を再開し、1947年7月22日にハム上級地方裁判所の司法試験局で第一次司法国家試験に合格した。その後の修習生生活を経て、彼は1952年1月3日にデュッセルドルフ地方司法試験局で行われた第二次司法国家試験に合格し、法学教育を終えた。

彼は充実した司法修習生活を送った。彼はこの時期に司法部で驚くほど迅速にキャリアの基礎を築いただけでなく、大学教師に必要な最初のキャリアも経験した。それは、民事法学者ハリー・ヴェスターマン（Harry Westermann）が彼を第一次司法国家試験終了直後に博士学位取得論文執筆候補者として受け入れ、指導者・推薦者として彼を支えたからである。ヴェセルスは修習生教育を受ける一方で、これと並行して、「同順位者の間接的占有改定（Der gleichstufige mittelbare Nebenbesitz）」というテーマで博士学位取得論文を書いた。彼は1952年2月28日に口述試験に合格した。

その数日後にあたる3月8日に、彼はノルトライン・ヴェストファーレン州

---

tut für Kriminalwissenschaften）の同僚諸教授および学術研究員との間で行った対話に基づいたものである。他の一部は、以下の文献による。Universitätsarchiv Münster, Akten der Rechts- u. Staatswissenschaftlichen Fakultät, Aktenz. B II 4 Nr. 15 ; *Küper/Welp*, Vorwort der Herausgeber zur Festschrift für Walter Stree und Johannes Wessels zum 70. Geburtstag, 1993, S. VII (VIIIf., XIf.) ; *Stveling*, Juristen in Münster. Ein Beitrag zur Geschichte der Rechts- und Staatswissenschaftlichen Fakultät der Westfälischen Wilhelms-Universität Münster/Westf., 1999 (zugl. Diss. Phil., Münster 1998), S. 703ff. ; *Wessels*, Der gleichstufige mittelbare Nebenbesitz, Diss. iur. Münster 1952（末尾に略歴が付されている）.

の判事補に採用され、裁判官の職務に従事した。彼の優秀さはすぐに知られるようになった。なぜなら、彼の昇進が最初から異例に早く、しかも最短距離を歩んだからである。きわめて短期間に終わった試用期間の後、1953 年 8 月 1 日にドルトムント地方裁判所裁判官に任用された彼の就職祝いが行われた。彼は、五年後の 1958 年 9 月 1 日には早くもハム上級地方裁判所裁判官に就任した。1961 年に、彼は、ノルトライン・ヴェストファーレン州法務省に転任した。こんにちでもそうであるが、このポストに就く者は、通例、一定の重要な地位に就く適性を有することが認められた者に限られていた。その数年後に彼は連邦裁判所裁判官の候補者に挙げられたが、それはなんら不思議なことではなかった。

　もちろん、彼は連邦裁判所裁判官に就任しなかった。というのは、予定された選任日程の数か月前にあたる 1965 年 2 月 1 日に、ヨハネス・ヴェセルスは、ヴェストフェーリッシェ・ヴィルヘルム大学ミュンスター（Westfälische Wilhelms-Universität Münster）の刑法・刑事訴訟法担当の正教授に採用されたからであった。こんにちの言い方に倣えば、このような大学教授職への「割り込み乗車」はむろん特例であったが、当時もこんにちも「研究教育の点で専門分野の独立研究者として適任である」と評価されるほとんどすべての要件が、彼には欠けていた。何よりも、ヴェセルスは大学教授資格取得論文を書いていなかった。しかし、大学教授資格取得論文の執筆は、当時、正教授職に招聘される原則的要件ではあったが、絶対的要件ではなかった。彼には、刑法や刑事手続法の分野の著作がなかった。彼の博士学位取得論文は刑法のそれではなく、民事法のテーマを取り扱っていたし、しかも、いわゆる「マイナーな」テーマであり、学者としての経歴を積むうえで無条件に要請されるような発展性のあるテーマではなかった。さらに、どこかの正教授職の助手――普通であれば、助手としての勤務経験を通して、学問的な師匠から指導され育成されて、大学教授の使命への手引きが行われる――としての活動も欠けていた。

　このように明らかな「割り込み乗車」を認めることは、学問的、教育的および人事的な観点から、例外を認める特別の必要性（この点については後述する）

がある場合、つまり、一定の外形的条件——これらの条件が存在することはきわめて稀である——がある場合を除けば、まったく考えられないであろう。補充を要するポストについて専門分野からみても人物からみても有資格者の人数が極端に限られているような労働市場はつねにこの種の外形的条件に該当するとみられよう——この場合、応募者は、普通に期待される経歴を提示することで足りよう。原則的事例であれば、専門分野に関する大学教授資格の取得やこれと同価値の学問的寄与があること——この寄与は、著作物のかたちで表されることもできる——、ならびに、助手もしくはこれに相当するポストの職務経験、これらを要求することに十分な理由がある。というのは、このような過程を経ることで、大学教授職に必要とされる種々の能力を経験上備えていることが推測されるからであり、また、そうした過程で生み出された著作物が研究の質を保証するという経験にも適っているからである。もちろん、物事には長短両面がある（コインの裏表）。それは、まったく同様の適性を有していても、別の進路に進んだがゆえに、大学への招聘の機会を得られず、その結果、——逆の立場から眺めると——学問への道を絶たれるという結果が生じ得るからである。もっとも、こうした指摘があてはまるのは、後継者確保の緊急性がきわめて高いにも拘らず、伝統的な研究者養成の過程のみでは、新たな招聘ポストを十分には埋められないといった場合だけであろう。このような緊急性のある場合には、「割り込み乗車を試みる者」にもチャンスが訪れよう。

　1960年代の法・国家学部は明らかにこのような状況にあった。刑法第二講座正教授職に就いていたのは、アルトゥール・ヴェークナー（Arthur Wegner）という得体のしれない人物であった。彼が、1958年に、おかしな事情でドイツ民主共和国へ移り住み、政治的庇護を求めた——彼はその後1963年にハレ大学正教授職に就いた[2]——後の数年間は、カール・ペータース（Karl Peters）が犯罪科学（Kriminalwissenschaften）（犯罪学（Kriminologie）を含む）を担当していた。ペータースは一時期、この正教授職の代理人という資格で、同学部の刑

　2）　この点について詳しいものとして、*Steveling*（前注1）), S. 684ff.

法分野を支えた。その後、ペータースが 1962 年 9 月 1 日にテュービンゲン大学からの招聘に応じてミュンスター大学から去った後、ミュンスター大学における犯罪科学を担う人材の新たな確保が必要となった。ペータースの転出から数日後、確かにヴァルター・シュトレー（Walter Stree）が新しい正教授職所有者に任命された。この人事がわずかでもうまく進んだのは、シュトレーがペータースの後任ではなく、問題の多いヴェークナーの後任であったためである。というのは、この補充人事がペータースの転出前に開始されていたうえ、ヴェークナーの担当講義が外部の新任非常勤講師――その人物こそ、上級地方裁判所裁判官、ヴェセルスであった――による特別講義というかたちで維持されたからである。1964 年にようやく、テオドール・レンクナー（Theodor Lenckner）がペータースの後任として招聘された。この時期に、刑法第三講座教授職が増設された。この講座増設は当時の教育制度の構造的な欠陥に応えるものであった。というのは、1950 年代に始まった社会現象であるが、高校卒業資格試験合格者の数と比率が明らかに上昇し、大学の専門分野数を急速に拡大する必要性が生まれていたからである。しかし、どの大学も、新たに設けられたポストを埋めるに十分な学問的後継者を養成できていなかった。それは、それまで正教授職の数が少なかったために、後継者を養成する可能性もきわめて制限されていたからである。さらに、関連するポストが著しく増加するであろうという、何の根拠もない政治的な予測や推測に基づいて、大学教授資格取得を求める学者の後継候補者数をさらに増やすことは無責任であると考えられた。このようにして、ミュンスター大学法・国家学部は、他大学を含め複数の招聘手続が先行し、採用候補者がきわめて限定されているために、人事が著しく難航すること、つまり、通常の経歴からみて大学教授資格をすでに取得した刑法学者を新しい正教授職のために獲得する見込みがほとんどないと考えられたことから、例外的な配慮が許されるものと考え、ヨハネス・ヴェセルスを「唯一の招聘候補者」として提案した。

　もちろん 1960 年代の諸大学にみられた構造的諸問題を考慮すると、なぜ同学部がまさしくヴェセルスだけを候補者に掲げ、他の法実務家を候補者としな

かったのか、その理由を明らかにすることはできない。何よりもまずヴェセルスが特別の専門的能力を有していたこと——彼がこの能力を備えていることは、裁判官のキャリア実績を通して実証されており、連邦通常裁判所裁判官候補者として推薦されるまでの期間が異例に短かったこともこの点を証明していた——、この点こそ、同学部が採用根拠として掲げた理由であり、そして同時に、招聘について最終的判断権限を有する学術省を納得させた理由でもあった。これと同様に、彼の素晴らしい教育力も明らかに重視されていた。というのは、彼は1962年／1963年冬学期以降、「刑法各論」講義担当の非常勤講師として教育力の高さを示していたからである。教師として優秀であるという評判は、招聘のために普通ならば必要とされる形式的な条件の不足を補って余りあるほどに、きわめて大きいものであった。

II. 大学教員としてのヴェセルス

　大学教授として必要な著作活動を早期に開始するようにという、招聘理由書に記されたヨハネス・ヴェセルスへの期待は、予想以上に早く、満たされることとなった。確かに、彼の著作目録は、三巻本の教科書の各版を個別に挙げなければ、きわめて短いものでしかない。しかし、重版の数を考慮するとすぐに、68冊という誇らしい数に行き着く。彼自身が最後に手を加えた版の分量は全部で800頁を超えている。この三巻本と比較可能な、新しい判例や学術文献の数が著しく増えている他の分野の著作で、多くの版を重ねている本をみても分かるように、毎回新版を準備しようとすれば、どの巻についても、——ヴェセルスにとっては自明のことであるが——、少なくとも専門雑誌や全集物への寄稿論文のような「比較的長編の」論文執筆と同程度の多くの努力が払われていなければ、根本的かつ完全なかたちでの現代化と改訂を進めることができないことが明らかである。

　ヴェセルスは正教授に採用されたその年にすでに、領得の概念について二本の詳細な論文を発表した[3]。ヴェセルスの著作と彼の人柄は、同学部が多かれ

少なかれ無批判のままに判例を概観しただけの論文を書くような法実務家をスタッフに迎えようとしていなかったのだという事実を明らかに証明するものであった。彼の分析や批判は、いつもきわめて原理的なものであり、徹底した学問的基礎付けを求める要請に応える点でいささかも疑問の余地はなく、実際に払われた考慮にも誤りはない[4]。これら二つの論文は、判例が採用したいわゆる統合理論（Vereinigungsformel）――この理論では、強盗、窃盗、横領等のような所有に関わる財産犯罪の場合、具体的な物だけでなく、物に化体された実質価値も同時に領得行為の対象となるとされる――に反対の立場を採ろうとしたものであった。この統合理論には、何度も異論が出されてきたし、今も異論が出されている。この解釈では、所有権ではなくて、所有権以外の種々の財産的利益が問題となる場合に、領得の意志の構成要件が曖昧なものとなってしまっている。機能を考慮した、一貫性のある、そして具体化が可能な領得概念を考えようとする彼の主張は確かに判例に影響を及ぼすことはできなかったけれども、それでも、実務上特に重要なこの問題を巡る論議を活性化したことにより、新たに持続性のあるインパクトを確実に与えた。それと同時に、両論文は、学者ヴェセルスの長所を浮き彫りにしている。彼は控え目で、慎重に行動し、過激なところも人を傷付けることもない人物であった。裁判官の仕事を経験したことから、十分に納得できかつ満足のゆく判断を下せるよう、ヴェセルスは、将来生じ得るケースを予測し、十分な考慮を加えて導く判断にどのような価値があるかを十分に意識していた。彼が過激に走ることなく、これまで――実際にまたは推測上――得られた知見のすべてを思い切って振り捨てたりせず、継続的発展を考慮して、いつも思慮深く行動していたという点は、なんら驚くにあたらない。実務の結論に関する彼の詳しい説明をみると、領得概念

---

3) Die Entwendung von Dienstgegenständen zu vorübergehendem Gebrauch, JZ 1965, 631-636 ; Zueignung, Gebrauchsanmaßung und Sachentziehung, JZ 1965, 1153-1158.
4) 職務の目的物が盗難にあった件に関する彼の論文は、ハム上級地方裁判所の裁判実務の結論（JZ 1965, 631 [632] をみよ）に反対するものであった――彼はこの判決が出る直前までハム上級地方裁判所に勤務していた。

に関する彼の主張の方がいわゆる統合理論よりもずっと応用範囲が広いことは明らかであろう。基本思想に忠実に、一貫性を持たせ、しかも全体との関連性を考慮すると、むしろ、統合理論が抱える問題点を取り除き、その価値を高めることの方が重要となろう。

その数年後に書かれた二つの論文では、手続法上の問題、特に被疑者の黙秘権[5]と上訴権[6]が取り上げられていた。この時期、刑事手続法の学生向け文献がほとんどなかったことを考慮すれば、両論文が学生向け雑誌に発表されたことは決して偶然とは言い得ない。ヴェセルスは学生たちに対して、手続法の核心をなす二つのテーマを、学問的に基礎付けられたやり方で明らかにした。個別具体的案件ごとに論点や手続の進行状況に応じてさまざまに展開される基本原則に着目すれば、両論文は新しい原則を提示したものでもなければ、従来の基本原則をさらに発展させようとしたものでもなく、判例や異説との比較検討を行いつつ、憲法上の法治国家原則とそれを具体化した刑事訴訟法上のルールからどのような結果が導かれるかを示そうとしたものであった。

1967年に書かれた、連邦通常裁判所の判決に対する詳細な評釈[7]は、刑法総論の本質的テーマに関わるものであった。というのは、1960年代半ば以降、学理においても裁判実務でも、このテーマがホットな話題となっていながら、未解決のまま残されていたからである。問われていたのは、因果関係、行為の義務違反性、そして、結果犯の場合の結果の帰責、これらの概念の間にどのような相関関係を認めるべきかという点である。言及された理論や原則がこんにちの学問的水準を反映していないという理由から、この研究を古びたものとして葬り去ろうとする態度はヴェセルスを正当に評価していないこととなろう。特に、過失犯の場合の結果帰責を、違法行為という観点からではなく[8]、罪責の観点から分類する主張は、こんにちの常識的な解釈論や概念理解に基づいて

---

5) Schweigen und Leugnen im Strafverfahren, JuS 1966, 169-176.
6) Die Aufklärungsrüge im Strafprozeß, JuS 1969, 1-10.
7) JZ 1967, 449-453 (Amerkung zu BGHSt 21, 59).
8) JZ 1967, 449 (451f.).

この問題を論じようとする者には、まったく想定し難い視点であろう。しかし、このような主張は当時の議論状況に対応したものであり、ヴェセルスが重点を置いた視点を誤解してはならない。彼の主張の要点を整理すると、過失の中心的要素、すなわち、注意不足 (Sorgfaltswidrigkeit) こそが「行為の実行の属性」であり (こんにちまで頻りに用いられている「注意義務違反 (Sorgfaltspflichtverletzung)」という言葉は誤解を招きやすい表現である)、これが構成要件的行為とは別に独立して存在するものではないというのが、彼の主張である[9]。このような見方は、当時、まったく新しいものとはいえないものの、通説とはなっていなかったし、このような見方がいろいろな観点で中核的機能を果たしていた。たとえば、このことは、過失による作為犯と過失による不作為犯との境界をどのように画するかという点についてあてはまる。ヴェセルスの論文によって促進されたこともあるが、少なくとも注意不足の要件を満たすだけで、過失犯を不作為犯に分類してはならないという立場が勝利を収めた。また、彼は、当時の、そしてこんにちでも維持されている判例——結果発生の有無を判断する際、「注意義務違反の因果関係」の存否を過失認定の基準とする立場——と真っ向から対立する考えを採っていた。事柄の性質上、判例の立場が必ずしも正しいとは限らないという理解はこれまでに学術文献で広く同意を得ているようであるが、当時は、この点について明示的な強調が必要とされた時代であった。因果関係の存在を示すことができるのは、評価ではなく、事実的状況のみである。行為の際の注意不足は、行為の属性に他ならない。行為は評価そのものを意味する。それゆえ、義務違反と結果発生との間に生じる特殊な関連性は規範的性質のみを有する[10]。さらに、結果帰責の判断基準と刑法的法益保護の補充性の判断基準との間に関連性——この関連性を認めることは、規範論的基礎付けにとってきわめて重要な局面であり、その後の数年間、学術文献により集中的に論議された——があるという指摘がすでに明示的になされているが、この点が強調されなければならない[11]。

---

9) JZ 1967, 449 (450f.).
10) JZ 1967, 449 (451).

1960年代末頃から、ヴェセルスは教科書の執筆とその絶えざる改訂を始め、その結果、教科書以外の執筆に充てる時間をほとんど持てなくなった。執筆に創作力が発揮されるこの時代の成果として特筆されなければならないのが、原則的事例の問題性を取り上げた二本の祝賀記念論文集寄稿論文[12]、通貨偽造犯の規制改革に関するもう一つの論文[13]、そして、密猟の犯罪構成要件を取り扱った論文[14]である。密猟を取り扱った文献はおそらくそれほど多くないであろうが、法実務上特に重要であるという理由で参照されることの多い彼の論文は、規範的な構成要件基準および白地条項の解釈基準に基づいて、故意の問題性を解明した重要な文献といえよう。意図的に教育用雑誌に発表されたこの論文は、現在でも、この特殊問題に関する教育用文献の「古典」となっている。

しかしながら、刑法学界でヴェセルスのイメージを決定付けた主要著作が実体刑法に関するこの三巻本の教科書であったことに疑いはない。1960年末まで、学者によって書かれ、学問的水準を十分に反映し、しかも、本質的に重要な部分を取り上げ、専門分野の同僚の間で学問的討議の素材としてだけでなく、できる限り多くの学生のための学修書（*Lern*-Buch）に適した内容を有する刑法の教科書はほとんど存在しなかった。その他の複数の法分野でも、状況は似たり寄ったりであった。上述した意図を有する教科書シリーズがこの時期に刊行されたことは、なんら不思議ではなかった。この教科書シリーズを発案し、長期に亘り編集の責任を担ったのは、ヴェセルスの博士論文を指導し、彼

---

11)　JZ 1967, 449 (452).
12)　Zur Problematik der Regelbeispiele für „schwere" und „besonders schwere Fälle", in : Festschrift für Reinhart Maurach zum 70. Geburtstag, hrsg. von Schroeder u. Zipf, 1972, S. 295-310 ; Zur Indizwirkung der Regelbeispiele für besonders schwere Fälle einer Straftat, in : Festschrift für Karl Lackner zum 70. Geburtstag, hrsg. von Küper, 1987, S. 423-437.
13)　Zur Reform der Geldfälschungsdelikte und zum Inverkehrbringen von Falschgeld, in : Festschrift für Paul Bockelmann zum 70. Geburtstag, htsg. von Kaufmann, Bemmann, Krauß und Volk, 1979, S. 669-681.
14)　Probleme der Jagdwilderei, JA 1984, 221-225.

の助言者ともなったハリー・ヴェスターマンであった。ヴェセルスの講義が異例に好評を博していたところから、刑法の執筆者としてヴェセルスに白羽の矢が立った[15]。1969 年に出版されたヴェスターマンの担当による二巻，すなわち，民法総則と物権法に続く，同叢書の第三巻として，1970 年春，ヴェセルスの『刑法総論』初版が刊行された。この本は 150 頁で，こんにちの基準からみると一見して薄手であり，記述の範囲も主要な部分に限定されていた。それでも，同書には，第一次刑法改正法（Erstes Strafrechtsreformgesetz）による変更点の他，第二次刑法改正法（Zweites Strafrechtsreformgesetz）――1973 年 10 月 1 日に予定されていたこの法律の施行は，実際には 1975 年 1 月 1 日に延期された――による総論に関する諸規定の新しい表現形式も追加されていた。版を重ねるたびに，旧法と新法が対比して記述された。新法への最終的な切り替えが行われたのは 1974 年秋に刊行された第 4 版においてである。新法のみに基づく記述はきわめて広い範囲に亘り新たな執筆を必要とした。すでに初版の表紙内側綴じ込み個所で，『刑法各論』の「1970 年秋刊行」が予告されていた。しかし，この予告は明らかに楽観的に過ぎるものであった。刑法典の新しい表現形式に合わせ，内容をアップ・トゥー・デイトなものとし，それに伴って記述の範囲を大幅に拡大し，各論の多くの改正部分の内容を更新するには，大量のエネルギー投下[16]が不可避となり，それなりの犠牲を必要とした。このため，『刑法各論』の刊行は数年遅れ，しかも，当初の計画に反して，二巻に分かたれ，どちらの巻も頁数は『刑法総論』のそれに匹敵する分量となった。1976

---

15) ヴェセルスが「総論」第 28 版（1998 年）――この巻は，もはや彼自身による執筆が行われなかった最初の巻にあたる――のはしがきで述べているように，1960 年代末頃に，ヴェスターマンにより，実体刑法（materielles Strafrecht）の巻の担当が彼に依頼された。

16) ここでも，第 28 版（1998 年）はしがきにおける，以下の書き出しの文章が参照される。いわく，「わたくしのかつての，博士学位論文執筆時の指導教授，法学博士，ハリー・ヴェスターマン教授が 1960 年代末頃，わたくしに，彼が創設した要点シリーズ（*Schwerpunkt*-Reihe）の実体刑法の執筆を依頼された時，わたくしは，どれだけ大変な仕事量になるかをまったく予測できていなかった」と。

年に『刑法各論 1 個人法益と社会法益に対する犯罪（Strafrecht, Besonderer Teil 1 – Straftaten gegen Pers；nlichkeits- und Gemeinsachaftswerte)』が刊行され、1977 年に後半の『刑法各論 2 財産的価値に対する犯罪（Strafrecht, Besonderer Teil 2 – Straftaten gegen Vermögenswerte)』が続いた。

この教科書は最初から好評を博した。「確立された、正当に名声を得た法律学の標準書」[17]という評価が過小評価であったことは、優れた教育を志向する[18]彼の基本構想からみて明らかである。彼の基本構想の一例は、上述した簡明な記述であるが、コンパクトなサイズが「学修可能な本」を生み出している。この狙いを達成するため、彼は派手な文章を書き連ねることを避け、内容上重要な部分に限定した。その結果、同書は、特に実務家によって書かれた多くの教材とは際立った特色を示している。ある書評で、同書は適切にも「ヴェセルスの本を手に取る理性的な学修者、よりよく言えば、必要な才能と旺盛な好奇心を備えている者は、国家試験用に簡潔にまとめられた要点を学ぶだけでなく、知識とともに構造を知るという意味で刑法を『実践する』ことができる」[19]と指摘されている。学問的に徹底した資料への目配りから異説についても万遍無く紹介され、多数の裁判例に触れられており、立入った記述は主に脚注で行われている[20]。このため、1997 年に、同書の改訂作業が新しい担当者に委ねられるまでに、頁数はほぼ二倍になっていた。それでも、体系的な理解を促進しようとした本来の教科書として、同書の記述は、そのコンパクトさをほとんど失っていない。しかし、この教材が広く浸透し、しかも大きな影響力を

---

17) このように──ヴェセルスにより担当された最後の版に関して──述べているものとして、Dieter Meurer, NJW 2000, 1014。これは、ヘッティンガー（Hettinger）により担当された『刑法各論 1』第 22 版（1999 年）に対する書評である。
18) Teubner, NJW 1975, 1877（『総論』第 4 版（1974 年）に対する書評「なんと輝かしい教育的成果であることか！」）；ders., NJW 1978, 692（『各論 2』初版（1977 年）に対する書評「思いやりのある教育から生まれた」）。
19) Teubner, NJW 1978, 692（（『各論 2』初版（1977 年）に対する書評）。
20) この点について適切なものとして、Meurer, NJW 2000, 1014（『各論 1』第 22 版（1999 年）に対する書評）。

維持している理由に関して、もう一つの本質的かつ重要な観点がある。それは、ヴェセルスがつねに複数の基本的見解を徹底的かつ信頼できるかたちで公平に説明し、理由を付してそれぞれの見解に対する彼自身の態度を明らかにし、自説の展開や宣伝の場としないという点で一貫性があることによる。この他、他の著作に多くみられる記述の類似性は、おそらく、ヴェセルスの三巻本の場合、ほとんどあてはまらない。他の著書では、往々にしてまったく不当なことに、「記述の不足」がみられるが、彼の場合はそうではない。この他にも、彼は、重点の置き方に関して、将来を見通す能力と恵まれた文才を備えていることを示していた。このことを示す一例を『刑法総論』から挙げておこう。彼は初版のはしがきに、「本書はこれまで相当に普及していると解される『社会的行為論』と『責任制限論』に従っており、それゆえ、『極端な目的論的体系』と旧来の『古典的体系』との間で両者を取り持つ役割を果たす」と記していた。実際、1960年代末にみられた、刑法解釈学の基本的理解における大変革は、なお学説論議の中心的テーマであった。その発展史の初めに位置する、ヴェセルスが短く『社会的行為論』と言い表した方向性――この方向性は、たいていの場合、『客観的帰責論』という見出しのもとで論議されていた――が勝利を収めるであろうということは、まだ確認されていなかった時代であった。ヴェセルスはかなり早い時期にその可能性をはっきりと認識し、そしてその可能性について当初からその説明の中に取り入れていた。彼の説明は当初は簡潔であったが、その後拡大され、その度合いはますます強くなった。このようにみると、現代の帰責論は、学術文献の中で次第に浸透し、また判例によって漸進的に採用されるよりもまだはるか以前の時期においても、「ヴェセルス本」で刑法を分かりやすく学んだ者には周知の事項となっていた。

III. ミュンスター大学のヴェセルス

　ヨハネス・ヴェセルスは、その生涯を通じて、出身校たるミュンスター大学法学部に忠実に生きた。彼は1972年にハイデルベルク大学から招聘を受けた

が、これを拒否した。1972年／1973年度に、彼は法学部の学部長となった。当時の学部長職はまだ経済学部と法・国家学部とを一緒に束ねていた。彼は、翌年、ヴェストフェーリッシェ・ヴィルヘルム大学評議会のメンバーとなった。彼はまた、1973年から1987年までハム上級地方裁判所司法試験局の局長代理を務めた。この職は司法試験委員会の委員長を兼ねており、普通考えられるレヴェルをはるかに超えた負担を負わされることが見込まれていた。彼は、大学教授として招聘されるずっと前から、ノルトライン・ヴェストファーレン州弁護士会懲戒委員会のメンバーとして（1962年〜1965年）、その後は、ノルトライン・ヴェストファーレン州憲法裁判所の補充裁判官として（1970年〜1988年）、無給でこれらの仕事を引き受けていた。義務の範囲をはるかに超えた彼の積極的な参加の姿勢は高く評価され、1989年にドイツ連邦共和国の功労勲章大功労十字章を授与された。ヴェセルスと彼よりも数週間前に古稀を迎えたヴァルター・シュトレー（Walter Stree）の二人に対して、1993年、一冊の記念論文集（Beiträge zur Rechtswissenschaft: Festschrift für Walter Stree und Johannes Wessels zum 70. Geburtstag）が捧げられた。この記念論文集には、異例に多くの同僚が、刑法以外の法律学の諸分野からも、執筆していた。この記念論文集は、被献呈者両名がいかに高い賞賛と評価を受けていたかを反映したものとなっている。

　長い間心臓病を患っていたとはいえ、1988年8月1日に名誉教授となった後も毎年版を重ねて主著を継続的に刊行することは、ヴェセルスにとって、当然になすべき最優先の仕事であった。改訂時期ごとに最新の学問的水準を反映させるため、彼は判例と学説の動向をきめ細かくフォローし続けていた。彼は、最後の数年間、年齢および病気の制約による仕事量の限界を悟り、息子の法学博士ハンス・ウルリヒ・ヴェセルス（Hans Ulrich Wessels）弁護士によるサポートを受けていた。彼は、満75歳を過ぎて初めて、『刑法総論』の改訂作業（第27版（1997年）以降）をヴェルナー・ボイルケ（Werner Beulke）に委ね――『刑法総論』第43版以降の改訂作業はボイルケの弟子ヘルムート・ザツガー（Helmut Satzger）に委ねられている――、また『刑法各論1』（第21版（1997年）

以降）をミヒャエル・ヘッティンガー（Michael Hettinger）に、『刑法各論 2』（第 20 版（1997 年）以降）をトーマス・ヒレンカンプ（Thomas Hillenkamp）に、それぞれ委ねた。このことは、彼にとって刑法学との訣別がさほど遠くないことを意味していた。彼は 2005 年 8 月 21 日に亡くなったが、その数か月前まで定期的に犯罪科学研究所（Institut für Kriminalwissenschaften）の図書室に姿を見せ、最新の発展状況についての情報を集め続けていた。

ハインツ゠ディトリッヒ・シュタインマイアー

波乱の時代の労働法
——アルフレート・ヒュック（1889年～1975年）と
　ロルフ・ディーツ（1902年～1971年）

Ⅰ．労働法の発展
Ⅱ．この時代の二人の主役
Ⅲ．評　　価

アルフレート・ヒュック

ロルフ・ディーツ

I. 労働法の発展[1]

　労働法という学問分野は、法律学の中ではまだ、比較的歴史の浅い分野である。労働契約は、こんにちまで、ドイツ民法典中に雇用契約の亜種として規定されており、民法典の当初の表現形式は労働契約に対して（まだ）特別の規定を設けていなかった。1902年になって初めて、フィリップ・ロートマール（Philipp Lotmar）が『ドイツ帝国私法上の労働契約（Der Arbeitsvertrag nach dem Privatrecht des deutschen Reichs)』[2]を刊行したことで、決定的な転機が得られた。このことから、彼は（近代）労働法学の創設者に擬せられている。当時は、労働法における契約自由の制限や労働協約というアイディアの実施を巡って最初の論議が行われていた時期にあたる。その後、第一次世界大戦によって、決定的な転機が訪れた。第一次世界大戦は、その実践的意義からみて、労働法を独自の自立性を持った一つの法分野へと発展させた。ワイマール共和国の時代は、労働法が目まぐるしく発展し、こんにちの労働法の基礎が築かれた時代であった。しかし、こうした発展は、その後「第三帝国」で労働法関係の立法が続いたことによって、急激に打ち切られた。というのは、「国内労働秩序に関する法律（Gesetz zur Ordnung der nationalen Arbeit)」（AOG）が制定されたことで、それまでとはまったく異なった制度が作られたからである。たとえば、集団的労働法制度は台無しにされてしまった。団結権は跡形もなく消えてしまった。というのは、団結権が——今では表向き克服された——階級闘争の表現に他ならないとみなされたからである。民間企業体でも「総統原理」が導入された。そこでは、通例、事業主が「経営責任者」として想定されていた。他方で、企業共同体も創設された。企業共同体は、「経営責任者」と信任理事会——使用者側の委員会——との信頼に満ちた協働を基礎とするものであった。

---

1) 小稿の作成にあたって支援を受けた、助手のマティアス・フレッシュ（Mattfias Flesch）氏に感謝する。
2) Leipzig 1902.

これに対して、個別的労働法は広範囲に亘って手が付けられないまま残された。この分野の法改正は、どちらかといえば、ワイマール時代の発展をさらに押し進めるものであった[3]。たとえ労働者の要保護性を補充しておらず、国家社会主義のイデオロギーを正当化するものであったにしても、この時代の発展は社会的には進歩したものであった。

第二次世界大戦後の発展をみると、連邦共和国の場合、集団的労働法の復活という特徴がみられる。これに対して、個別的労働法は、たとえそれが国家社会主義のイデオロギーから解放されるものであったにせよ、部分的にナチ時代の発展と結び付いたものであった。個別的労働法上の具体例を挙げると、解雇に対する保護という原則――これは1951年の解雇保護法（Kündigungsschutzgesetz）にふたたび見出される原則である――は、ワイマール時代の産物というよりも、国内労働秩序に関する法律第56条に初めて見出されたものであった。ワイマール時代に経営協議会法（Betriebsrätegesetz）第84条以下に定められた一般的な解雇に対する保護はまだ集団的労働法として構成されていた。それによれば、解雇に対する保護は、経営協議会を有する企業体においてのみ、しかも、経営協議会が当該異議申立てを理由ありとみなした場合に限って、認められていた。

これに似たことは、労働関係を人事法上の一身の法律関係（personenrechtliches Verhältnis）とみるか、人事法上の団体的法律関係（personenrechtliches Gemeinschaftsverhältnis）とみるかという議論についてもあてはまる。たとえば、すでに1889年にオットー・フォン・ギールケ（Otto von Gierke）が労働契約に人事法的な要素があることを強調していた[4]。使用者と労働者との共同体とい

---

3) *Hueck/Nipperdey*, Lehrbuch des Arbeitsrechts, Bd. 1, 7. Aufl. 1963.

4) *v. Gierke*, Die soziale Aufgabe des Privatrechts (1889), in : Quellenbuch zur Geschichte der deutschen Rechtswissenschaft,1950, S. 478ff., 500ff.；また、*Jobs*, Die Bedeutung Otto v. Gierkes für die Kennzeichnung des Arbeitsverhältnisses als personenrechtliches Gemeinschaftsverhältnis. Zugleich eine Studie über Wesen und Inhalt des Arbeitsvertrages, ZfA 1972, 305ff. をみよ。

うアイディアは、1923年のキール路面鉄道ストライキ（Kieler Straßenbahnstreik）事件[5]のライヒ裁判所の裁判にも見出される。このような考えのイデオロギー的高まりは、その後の「第三帝国」でもみられる。第三帝国では、労働関係も企業共同体という観点で把握されていた。これにより、労働関係は共同体の枠内で実現され、企業共同体という原則を除く諸原則はすべて劣後するという見方は労働関係によって排除されることとなる[6]。第二次世界大戦後、こうした考えはイデオロギー的観点に基づくバランス論から切り離され[7]、戦後期の労働法が形づくられた[8]。

II. この時代の二人の主役

この時代、ミュンスター大学では二人の労働法学者、アルフレート・ヒュック（Alfred Hueck）とロルフ・ディーツ（Rolf Dietz）が活躍していた。ヒュックがミュンスター大学で学問的キャリアを開始した頃、ディーツは、ミュンスター大学の正教授であった。ヒュックとディーツは、ワイマール共和国の民主制およびナチの独裁制のもとで活動していたが、ナチへの挑戦の仕方は異なっていた。彼らはその後、当時まだ歴史の浅い連邦共和国で活動し、この国で労働法の形成に決定的な役割を果たした。二人の伝記にはこの時代の記述が欠けている。また、ヒュックの生涯は知られている[9]ものの、ディーツのそれはほと

---

5) RG Urt. V. 6. 2. 1923 – III93/22 - RGZ 106, 272ff., 275 ; また、RG Urt. V. 16. 2. 1926 – III428/25 – RGZ 113, 87ff., 89 をみよ。

6) *Hueck*, Die Pflicht des Unternehmers zur Fürsorge für den Gefolgsmann nach dem Gesetz zur Ordnung der nationalen Arbeit, im Festschrift Hedemann, 1938, S. 312ff.

7) たとえば、*Hueck/Nipperdey*, Lehrbuch des Arbeitsrechts, Bd. 1, 7. Aufl. 1963, S. 477f. をみよ。

8) これについては、また、*Steinmeyer*, Betriebliche Altersversorgung und Arbeitsverhältnis, 1991, S. 16ff.

9) *Zöllner*, Alfred Hueck, in : Grundmann (Hrsg.), Deutschsprachige Zivilrechtslehrer des 20. Jahrhunderts in Berichten ihrer Schüler, Berlin 2007, S. 131-148 および *Weißhuhn*, Alfred Hueck, 1889-1975. Sein Leben, sein Wirken, seine Zeit. Frankfurt 2009.

んど知られていない。

1 ロルフ・ディーツ

　ロルフ・ディーツの学問的キャリアはケルン大学労働法経済法研究所（Institut für Arbeits- und Wirtschaftsrecht）の助手というかたちで始まった。この研究所を運営していたのはハンス・カール・ニッパーダイ（Hans Carl Nipperdey）とハインリヒ・レーマン（Heinrich Lehmann）であった。ディーツは1932年にケルン大学で民法、労働法および経済法について大学教授資格を取得した。彼の大学教授資格取得論文『契約違反および不法行為による請求権競合（Anspruchskonkurrenz bei Vertragsverletzungen und Delikt）』[10]は民法上の大きなテーマを取り上げたものであるが、この論文は彼が第一級の民法学者であることを示している。

　民法の古典的テーマを取り上げたことで、彼の労働法との関わりが生まれた。彼は、労働法を研究するにあたり、労働法がその核心部分において債務法であるという点を見失うことなく、それゆえ、労働者の保護という一般的要請に応えるために、民法の解釈作業を疎かにせずに労働法の研究を進めた。

　彼が民法の古典的テーマを取り上げていたことは、相続法および家族法における重要な論文、そして最終的なものではないが、シュタウディンガーの注釈書における家族法上の諸問題に対する注釈作業、これらによっても実証されている。

　彼の学問的関心は、商法と経済法にも向けられていた。それとともに、ふたたび労働法に関連するが、彼は団体法的解釈で労働法を作り上げた者の一人である。この点は彼が生きた時代の傾向の一つであったし、最近でも、労働法における論議を実りあるものとすることに役立っている。その一例は、アドマイト（Adomeit）である。彼は1986年に、労働契約は雇用契約と団体という要素を併せ持つ混合契約であるという考えを示した[11]。労働法と団体法（Gesell-

---

10）　*Dietz*, Anspruchskonkurrenz bei Vertragsverletzungen und Delikt, 1934.

11）　*Adomeit*, Gesellschaftrechtliche Elemente im Arbeitsverhältnis, 1986, S. 11f.

schaftsrecht) とを結び付ける考えは、近年明らかに重要性を増している。

　彼の教授としての活動は「第三帝国」が成立した年から始まった。彼は最初、ヴュルツブルク大学とキール大学で教授職の代理を務め、その後、ギーセン大学で正教授となり、1940年にブレスラウ大学に移籍した。

　彼はこの地で家族とともに追放される憂き目に遭ったが、その後1946年にキール大学に招聘され、さらに1950年にキール大学からミュンスターのヴェストフェーリッシェ・ヴィルヘルム大学に移籍した。彼はミュンスター大学で戦後の復興事業に携わった。1958年、彼は、アルフレート・ヒュックの後任としてミュンヒェン大学からの招聘を受け入れた。彼は同大学で1969年に名誉教授となるまで活動した。

　彼が亡くなったのは1971年3月29日のことであった。

　特に強調されなければならないのは、ロルフ・ディーツが1950年——それゆえ、彼のミュンスター大学在任中——に、民法学者研究大会（Zivilrechtslehrervereinigung）を設立した点である。彼は1969年に名誉教授となるまで、会長を務めた。

　ロルフ・ディーツの特徴は、学問と実務の結合にある。彼は、ミュンスター大学在職中、並行して、ハム上級地方裁判所の任期付裁判官としての活動も行っていた。

　研究業績に関して目を引くのは、ディーツが特に経営体組織法（Betriebsverfassungsgesetz）および公務員利益の実現に関する職員代表法（Personalvertretungsgesetz）の注釈を行っていたという点である。ディーツは、経営体組織法が制定された当時、経営体組織法の注釈書を刊行したが、この本は彼が亡くなるまでに4版を重ねた。同書は、瞬く間に、経営体組織法の標準的著作となった。彼の死後は弟子のラインハルト・リヒャルディ（Reinhard Richardi）がこの本の改訂作業を受け継いだ。2002年の第8版まで『ディーツ／リヒャルディ』の連名で刊行されたこの本は広く世間に知られている。彼の名は、死後30年以上経った2004年の第9版をもってようやく、共著者名から削除された。というのは、経営体組織法分野の変化が激しく、2001年の改正ではまったく新

しく書き下ろす必要が生じ、執筆者の数を増やさざるを得なかったからである。とはいえ、この注釈書がかつてロルフ・ディーツによって始められたということは依然として冒頭の頁で触れられている。検索エンジンが使われる時代に入る前は、ロルフ・ディーツがゲァハルト・ボルト（Gerhard Boldt）の協力を得てまとめ、編集した「労働法文献目録（Fundheft für Arbeitsrecht - Systematischer Nachweis der deutschen Rechtsprechung, Zeitschriftenaufsätze und selbständigen Schriften）」が便利な手段となっていた。

　歴史的観点からみると、ロルフ・ディーツの著作には、彼が活動していた時代の状況が反映されている。アルフレート・ヒュックと同様、ディーツも、彼の大学教授資格取得論文が示す通り、古典的民法から出発した。しかし、彼の教授就任講義『労働協約の援用（Berufung auf den Tarifvertrag）』（1933年出版）[12]においてすでに、この時代の労働協約に関する最新の論議が取り上げられていた。とはいえ、「第三帝国」で行われていたのは、圧倒的に、この時代の労働法についての研究であった。そこでは、「国内労働秩序に関する法律（Gesetz zur Ordnung der nationalen Arbeit）」の注釈だけでなく、経営責任者と労働組合代表[13]の法的地位が論じられ、また、経済界不祥事件関係者の懲戒に関わる名誉裁判所手続法（Ehrengerichtsordnung）[14]も取り上げられていた。

　すでに1934年の時点で、ディーツはハンス・カール・ニッパーダイ（Hans Carl Nipperdey）、アルフレート・ヒュックとともに「国内労働秩序に関する法律」の決定的注釈書を刊行した。この注釈書は4度改訂された。彼は「経営責任者および信任理事会（Führer des Betriebs und [den] Vertrauensrat）」と「社会的名誉裁判（soziale Ehrengerichtsbarkeit）」の二つの節で注釈を担当した。

　戦時中の1943年、彼は、『ドイツ人事法・家族法・相続法概説』[15]を公表し

---

12) *Dietz*, Die Berufung auf den Tarifvertrag, veröffentlichte Antrittsvorlesung, 1933.
13) *Dietz*, Die Stellung des Betriebsführers und des Vertrauensmannes, DArbR 1934, 101.
14) *Dietz*, Ehrengerichtsordnung der gewerblichen Wirtschaft vom 20. Januar 1937, 1937.

た。このタイトル自体からしてすでに、われわれは国家社会主義という時代思想の中核部分を推測することができよう。というのは、ディーツが、ドイツ人とユダヤ人との婚姻締結の禁止、いわゆる血統保護法（Blutschutzgesetz、正しくは「ドイツ人の血と名誉を守るための法律」(Gesetz zum Schutze des deutschen Blutes und der deutschen Ehre)）、民族共同体・法共同体における国民同胞の地位、これらをこの本で取り上げていたからである。この内容は、当時、著者に義務付けられていたことであり、若い学者にとっては功名心に駆られる課題であった。国家社会主義イデオロギーの中核部分を文章で——それも無批判に——表現する者がこの体制に対して内心で距離をとる等ということは、当時、到底できない相談であった。この時代にあって、国家社会主義の時代思想にこのように染まらないテーマを意識して取り上げていた法学者も確かにいなかったわけではない。もちろん、ディーツの場合も、彼がこのような微妙なテーマを慎重に取り扱い、法解釈論に限定していた点は考慮されなければならない。こうした行動からすぐに彼が内心ではこの体制と距離を置いていたといえるか否かという点は、ここでは残さざるを得ない。

　もちろんディーツは、このような経歴から、戦後もっと大きな問題を抱え込むこととなった。それは、旧ナチ党員の審査・復権に関する非ナチ化手続の過程で生じた問題である。

　ディーツは、「第三帝国」でそのキャリアを開始し、この体制を拒否する——このことは、広範囲に亘ってキャリアを放棄することを意味する——か、それとも、この状況を受け入れ、この体制のもとで職業面での将来的成功を求めるかという難しい選択を迫られた世代に属する。当時は皆、自分なりのやり方で決断していたのであり、今日的視点からの判断は慎重に行われなければならない。というのは、誰でもこのような状況に置かれたならば自省しなければならないからである。学問的著作でみる限り、ディーツは、ナチ体制の確信的なイデオローグでもなければ、ナチ体制に対する本物の批判者でもなく、日和

---

15)　*Dietz*, Deutsches Personen-, Familien - und Erbrecht, Ein Grundriß, 1943.

見に終始した。

　戦後、ロルフ・ディーツは研究の重点を明確に労働法に置き、1950 年代にはミュンスター大学で労働法の研究を行っていた。ここで強調されるのが、すでに 1948 年に刊行された、労働裁判所手続に関する注釈書と──経営体組織法（Betriebsverfassungsgesetz）制定後の──この法律に関する注釈書である。経営体組織法に類似するものとして発展した、公務員利益の実現に関する職員代表法（Personalvertretungsgesetz）も、同様に、彼の学問的取組みの対象となった。彼の労働法に関する著作は、集団的労働法と共同決定法に分かれる。彼がそこで考慮していたのは、特に、戦後発展してきた経営者と労働者の社会参加であった。

　民法分野で彼が特に研究したのは、婚姻法と婚約法である。このようにみると、彼は、総じて、ワイマール時代および「第三帝国」の時期に、彼が関心を抱いていた法領域に忠実にとどまっていたことが分かる。

2　アルフレート・ヒュック

　ロルフ・ディーツがケルン大学で学者としての修練を積んだ後、ミュンスター大学で正教授として活動していた頃、アルフレート・ヒュックはミュンスター大学で学者としてのキャリアを歩み始めた。彼はヴェストファーレン南部の出身で、フライブルク大学とミュンヒェン大学で学んだ後、ミュンスター大学を学問的な故郷に選んだ。彼が 1913 年に発表した、無形資産価値に関する博士学位取得論文[16]は、ミュンスター大学でエルンスト・ヤコビ（Ernst Jacobi）の指導を受けたものである。ヤコビは、フィリップ・ロートマール（Philipp Lotmar）とともに、（近代）労働法創設者の一人と目されている。

　アルフレート・ヒュックは、第一次および第二次司法国家試験に合格した後、最初、裁判所を選んだが、それと並行して、経済法の研究に取り組み、1918 年末、継続的供給契約（Sukzessivlieferungsvertrag）の研究によりミュンス

---

16) *Hueck*, Unkörperliche Geschäftswerte – Ein Beitrag zur Lehre vom Unternehmen, 1913.

ター大学で、民法、商法および民事訴訟法の大学教授資格を取得した[17]。審査委員の一人はエルンスト・ヤコビであった。大学教授資格取得論文を書いた後、ヒュックは、ミュンスター大学で最初、私講師として、後に講座と無関係の員外教授として講義を担当し、同時に、ハーゲン地方裁判所の裁判官となった。

ヒュックは、ハンス・カール・ニッパーダイと一緒に『労働法教科書（Lehrbuch des Arbeitsrecht）』を書いた。この本は戦後出版された最初の版ですでに2,000頁を超える二巻本のボリュームを持ち、当時の労働法の代表的概説書であった。この本は、1963年刊行の第7版および1970年刊行の最後の版でも二巻本である。同書はこんにちまでドイツ労働法の基本書となっている。

アルフレート・ヒュックは、1925年にイェーナ大学の商法・労働法・団体法講座への招聘を受け入れた。その後、彼は、ハイデルベルク大学への招聘を断ったが、最終的に1936年、ミュンヒェン大学の民法・商法・労働法および経済法ならびに団体法講座正教授への招聘を受け入れ、1958年に名誉教授となるまで、同大学で活動した。

1975年8月11日、アルフレート・ヒュックはミュンヒェンで没した。

学問的活動をみると、アルフレート・ヒュックは労働法および団体法に重点を置いていたことが分かる。アルフレート・ヒュックとロルフ・ディーツとの間には明らかな並行性がみられる。ヒュックはこれら二つの領域のどちらか一方だけに偏らず、二つの領域を全体としてさらに発展させ、広い視野を保とうと、努力を重ねてきた。

ワイマール共和国の時代、アルフレート・ヒュックは、最初1920年に労働法の領域で労働協約法に関する研究書を出版した[18]。彼はこの本で労働協約法の今日的理解のための基礎を築いた。彼は適切にも労働協約を私法上の、もっといえば債務法上の契約に分類し、労働協約が民法典中の契約類型のどこにも

---

17) *Hueck*, Der Sukzessionslieferungsvertrag, 1918.
18) *Hueck*, Das Recht des Tarifvertrages unter besonderer Berücksichtigung der Verordnung vom 23. Dezember 1918, 1920.

該当しないことを説明した。彼は、当時すでに、労働協約の規範的効力を明らかにしないまま、労働協約が個別的労働契約に及ぼす効果を論ずることに疑問を感じていた。後の論文で、彼は、規範定立契約をテーマとして取り上げたが、労働協約についてこんにち普通にみられる結論には至っていない。労働協約法はこの時代に発展を遂げた。彼の著書は、ライヒ裁判所——1926年以降は新たに設置されたライヒ労働裁判所——のみならず、労働法の実務でも大きな反響を得た。この本は、ミュンスター大学在職中すでに、彼が指導的な労働法学者であるという評判を生み出した。同様に、彼は、ミュンスター大学在任中、労働法分野での学問的活動を個別的労働契約に拡大し、1992年には、労働法のハンドブックを出版した。この本は多くの実務家との共著である[19]。1928年、最後に出版されたのが、彼とハンス・カール・ニッパーダイとの共著『労働法教科書（Lehrbuch des Arbeitsrechts）』である。アルフレート・ヒュックは、ミュンスター大学在任中、総じて、労働協約法および個別的労働法についての研究を深めることに専念した。彼は、1919年にワイマールで議決されたドイツ帝国憲法、すなわち、いわゆるワイマール帝国憲法第157条第2項（Das Reich schafft ein einheitliches Arbeitsrecht.）に基づいて定められた、一般労働契約法（allgemeines Arbeitsvertragsgesetz）に関する論議に多くの出版物[20]を介して参加していた。その後仕上げられた草案——彼がこの草案を作成した——がワイマール共和国の労働法となるはずであったが、これは法典として制定されていない。この点は、近年の多くの試みも経験してきたように、運命のいたずらという他はない。ワイマール時代の彼の著作をみると、著作の表題から読み取れるように、こんにちの労働法に関する論議と驚くほど似通ったテーマが取り扱われていることが分かる。たとえば、失業を避けるためになされた、協約で合意された賃金より低額の合意、労働協約の事後的効果、労働協約締結能力の恣意的否定、経営協議会法（Betriebsrätegesetz）の意味における一部業務停

---

19) *Hueck*, Handbuch des Arbeitsrechts, 1922, gemeinsam mit *Potthoff* u. a.

20) たとえば、*Hueck*, Arbeitsvertrag und Arbeitsverhältnis im neuen Arbeitsvertragsgesetz, Jherings Jahrb. Bd. 74 S. 358.

止、労働者の重度障碍者資格についての使用者の不知、経済危機と労働契約、これらがそうである。これらの項目はどれも当時の経済的社会的状況を反映したものであり、彼が、当時の労働法の実際の展開とさらなる発展にいかに注力していたかを示している。

　労働法分野における展開の実例は、――もちろん悲惨な出発ではあったが――「国内労働秩序に関する法律」であり、そしてその時代の「新しい労働法」であった。アルフレート・ヒュックは、この法律から逃れることができず、1934 年、ハンス・カール・ニッパーダイおよびロルフ・ディーツと共同で、「国内労働秩序に関する法律」、「ナチ政権下の労働管理官（Treuhänder der Arbeit）」および解雇保護法、これらの注釈書を出版した。彼がいくつもの論文で取り組んでいたのは、「古い」――それゆえ、伝統的な――諸問題、たとえば、「新しい労働法」における解雇保護、企業体のリスク、それに、労働関係の正当化事由（Begründung）、これらであった[21]。ロルフ・ディーツと同様に、アルフレート・ヒュックもこの時代の制約から逃れることができず、この時代に特有の労働法上の諸問題を研究した。彼は、あまり政治的な影響を受けない法分野へ乗り換えることで「新しい労働法」から逃れることができず、国家社会主義的な労働法を研究対象とした。ヒュックは、ナチ体制下に設けられた「ドイツ法アカデミー（Akademie für Deutsches Recht）」のたくさんの委員会に協力していた。彼は、労働法、契約法総則、損害賠償法および商法の各委員会に加え、国民法典（Volksgesetzbuch）――ドイツ民法典（Bürgerliches Gesetzbuch）の代用として、国家社会主義の諸原理に立脚した民法典（Zivilgesetzbuch）――のための中央委員会にも参加していた。彼はこの経験を戦後も重荷に感じていた[22]。1934 年、ヒュックは、「新しい労働法における解雇保護」[23]に関する論文

---

21) *Hueck*, Das Problem des Betriebsrisikos im neuen Arbeitsrecht, ZAkDR 1935, 920 ; *ders.*, Die Begründung des Arbeitsverhältnisses, DArbR 1938, 180.

22) *Weißhuhn*, Alfred Hueck 1889-1975 – Sein Leben, sein Wirken, seine Zeit, 2009, S. 110ff.

23) *Hueck*, Der Kündigungsschutz im neuen Arbeitsrecht, JW 1934, 1022.

で、「国内労働秩序に関する法律」を通じて解雇保護の分野がどのように改革されたかを包括的に示し、この——初めての個別的労働法に基づく——解決策をワイマール時代の集団法的規律と比較した。ヒュックは 1938 年に『概説ドイツ労働法教科書（Lehrbuch Deutsches Arbeitsrecht - Ein Grundriss）』を出版した。この本で彼は、実務家と学生の双方に向けて、「国内労働秩序に関する法律」がどのように適用されるかという点を説明していた。彼の評価によると、「国内労働秩序に関する法律」を通して労働法変革の基礎が築かれたが、この変革はまだ現行法として完成していない。そのため、ヒュックは、法的不安定性を回避するため、完成に向けた新しい規定の導入を求めた。彼は、1938 年に公表された、労働関係に関する法律「ドイツ法アカデミー」草案の作成にも参加したが、この草案も法律として成立せず、それまでに行われたすべての試み、またその後の試みと同じ運命を辿った[24]。

　もちろん、当時の彼の著作を読めば、少なくとも、彼がナチ体制に距離を置いていたことが分かる。アルフレート・ヒュックは、「第三帝国」のイデオロギーを脱してはいないが、思慮深いスタイルは保持されており、きちんとした法的論証が行われている個所ではナチのイデオロギー的スローガンは使われていない。

　階級闘争を克服するための国家社会主義イデオロギーに関して、ヒュックはその著書『概説ドイツ労働法教科書』で、企業と労働者との利害対立に触れていた。そこでは、「利害対立を否定することは、実際あるがままの事実に立脚するわれわれの大前提から離れることを意味する」[25]と記されている。

　ヒュック自身は、戦後、ナチ時代の労働法の展開について次のように記している。「これに対して、個別的労働法の領域では原則的変更はみられない。しかし、学説と判例は、おそらく、ライヒ労働裁判所の主導のもとに、目に見えないが徹底して、国家社会主義に煩わされることなく、社会的に進展著しい労

---

24)　たとえば、*Hueck*, Entwurf eines Gesetzes über das Arbeitsverhältnis, ZAkDR 1938, 298.

25)　*Hueck*, Deutches Arbeitsrecht – Ein Grundriss, 2. Aufl., 1944, S. 31.

働契約法がさらに拡大するよう、広い範囲で促進してきた……」[26]という説明がそうである。彼自身は国家社会主義的労働法の展開に関する自分の学術論文を——少なくとも戦後においても——国家社会主義のイデオロギーを促進するものとは考えておらず、法学者の通常の活動とみていた。

それにも拘らず、ヒュックがナチ体制に対して際立った批判的態度を採っていたと認めることはできないであろう。労働組合員の訴追をもたらすような国家の恣意的行為が労働者の連帯を破壊し、その効果が後々まで持続するという点をヒュックが広範囲に亘って無批判に述べていた点をわれわれは見過ごしてはならない。

当時すでに指導的な労働法学者の一人とみなされていたヒュックにとって、労働法からの全面的な転向は、職業活動を広い範囲に亘って放棄することを意味していた[27]。

終戦後、アルフレート・ヒュックは著作の中で、ワイマール時代および「第三帝国」の時代に彼が行っていたことに触れていた。たとえば、彼は、新しい解雇保護——連邦共和国創設前、最初は各ラントで、また占領地区で行われ、その後、ナチ時代に続けて発展した制度——のスタートに関わっていたし、新しい労働協約法上の個別問題と取り組み[28]、1950 年にすでに、ハンス・カール・ニッパーダイと一緒に新しい労働協約法（Tarifvertragsgesetz）の注釈書を出版していた。この本は今では第 7 版まで刊行されている。むろん同書の編者はこの間に交代し、今では『ヴィーデマンの労働協約法（Wiedemann, Tarifvertragsgesetz）』として知られている。この本に続けて 1951 年に刊行されたのが、解雇保護法典（Kündigungsschutzgesetz）の注釈書である。この注釈書の第 15 版は、ホイニンゲン゠ヒューネ編解雇保護法典（*v. Hoyningen-Huene*, Kündigungs-

---

26) *Hueck/Nipperdey*, Lehrbuch des Arbeitsrechts, Bd. 1, 7. Aufl., 1963.
27) *Weißhuhn*, Alfred Hueck 1889-1975 – Sein Leben, sein Wirken, seine Zeit, 2009, S. 156.
28) たとえば、*Hueck*, Der Geltungsbereich des Tarifvertrages, BB 1949, 354 ; *ders.*, Allgemeinverbindlichkeit von Tarifverträgen, DB 1949, 431.

schutzgesetz）という名で 2013 年に刊行されている。同書はアルフレート・ヒュックにより開始された注釈書の後継版である。アルフレート・ヒュックは、すでにワイマール時代においてそうであったが、実務の展開をフォローし、その後も継続して研究を行っていた。このことを示しているのが、『ドイツ使用者団体連合会（Bundesvereinigung der Deutschen Arbeitgeberverbände e. V.）叢書』として刊行された研究、『憲法および民法の観点からみた、議会による経営体組織法典審議の際のドイツ労働総同盟の政治的ストライキ行動（Die politischen Streikaktionen des Detschen Gewerkschaftsbundes anlässlich der parlamentarischen Beratung des Betriebsverfassungsgesetzes in ihrer verfassungs- und zivilrechtlichen Bedeutung）』である。この本は彼とエルンスト・フォルストホフ（Ernst Forsthoff）との連名で刊行された[29]。彼の業績には、社会国家および社会国家思想を取り上げた研究[30]も多く見出される。

　これら二人の学者は、彼らが労働法の他、特に団体法に集中して取り組んでいたという点で際立っていた。

　アルフレート・ヒュックの場合、この点は特に 1920 年代末以降にみられる。団体法の研究に際して、彼は、特に株主総会決議法[31]と——当時の——株式法改正[32]に集中的に取り組んでいた。この他、合名会社と合資会社に関する研究[33]もみられる。その後の彼は、団体法を研究する場合も、個別テーマの

---

29) *Forsthoff/Hueck*, Die politischen Streikaktionen des Deutschen Gewerkschaftsbundes anlässlich der parlamentarischen Beratung des Betriebsverfassungsgesetzes in ihrer verfassungs- und zivilrechtlichen Bedeutung : zwei Rechtsgutachten, 1952.

30) たとえば、*Hueck*, Von der sozialen Fürsorge zur sozialen Gerechtigkeit, in : *Heckel*, Probleme des modernen Sozialstaats in christlicher Sicht, 1955, S. 5.

31) *Hueck*, Die Sittenwidrigkeit von Generalversammlungsbeschlüssen der Aktiengesellschaften und die Rechtsprechung des Reichsgerichts, Festschrift zum 50-jährigen Bestehen des Reichsgerichts, 1929, Bd. IV S. 167.

32) *Hueck*, Das Recht der Generalversammlungsbeschlüsse und die Aktienrechtsreform, 1933.

33) たとえば、*Hueck*, Gesellschafterbeschlüsse bei offenen Handelsgesellschaften, in : Beiträge zum Wirtschaftsrecht, 1931, Bd. II, S. 700.

研究から包括的な検討へと至る道を歩んできた。このことはすでに 1947 年に初版が刊行された『団体法教科書（Lehrbuch zum Gesellschaftsrecht）』に示されている。彼は 1949 年に、アードルフ・バウムバッハ（Adolf Baumbach）創始の『株式法注釈書（Kommentar zum Aktienrecht）』の執筆を受け継いだ。

　労働法と団体法との関連性が重視される点は、ここ数年の間でも一層明らかになっている。特に企業の組織変更との関連をみると、このことがあてはまる。この点について参照されるのはわずかに、純然たる団体法の中核をなす会社組織変更手続法（Umwandlungsgesetz）上の労働法関連規定のみである。こんにちみられる企業の組織変更は、通例、団体法的性質と労働法的性質を併せ持っているはずである。団体法的措置はしばしば労働法的な結果を伴っている。このような結果はそのつど適時に認識されなければならない。

　問題が生じるのは、労働法と団体法との境界領域においてである。たとえば、有限責任会社に雇用された業務執行者は時として「解雇法で保護されない者」[34]とみなされてきた。その法的分類をどうするかは今なお難問であり、その一部は未解決のまま残されている。

　ここでは、労働法と団体法とを互いに調和させることが部分的には難しいのだということも示されている。その原因は、これら二つの法領域がしばしばまったく異なった思考方法を採用しているという点にある。

III. 評　　価

　ロルフ・ディーツとアルフレート・ヒュックは、二人揃って、なによりもまず民法学者であった。彼らは、きちんとした——民法的——解釈方法で労働法および団体法と取り組み、慎重に研究を進めた。彼らの学問的活動の目的は、「第三帝国」の政治的イデオロギーに応じることでもなければ、労働法における社会的保護という目的を実現するためでもなく、さらに、経済法における自

---

34) *Diller*, Kündigung, Kündigungsschutz und Weiterbeschäftigungsanspruch des GmbH-Geschäftsführers, NZG 2011, 254.

由で制限のない企業家精神を貫くためでもなかった。

　二人の学者は、資本と労働との緊張関係によって作り上げられる生活領域に、団体法と労働法とを結び付けながら、取り組んできた。同じ比重で二つの法分野に取り組むことは、一方で、団体法を取り扱う場合に社会的なものを見失わず、他方で、労働法と取り組む場合につねに経済的な実践可能性に目配りすることを、両分野で同時に行うことを意味する。

　二人はあの時代において、卓越した労働法学者であるとともに、優れた団体法学者でもあった。彼らはしばしば直接会い、一緒に出版活動を行っていた他、ミュンヒェン大学正教授のポストを一方から他方へと継承した。二人はそれぞれのやり方で、ミュンスター大学の労働法とその時代の労働法全体を作り上げてきた。彼らの経歴と学問的取り組みの対象をみると、第一次世界大戦の終わりから1970年代初めに至るまでの労働法の展開を跡付けることができる。彼らが当時始めたことが、こんにちでもまだ影響を及ぼしているのである。

　二人の学者は、ともに、時代の鼓動を感じながら活動していた。二人の学者の著作目録を手に取ってみると、著作の表題からすでに、そのつどの実務の発展を確認することができる。そこから浮かび上がるのは、ワイマール共和国の労働法の姿であり、「第三帝国」のそれである。第二次世界大戦後に行われた労働法分野の拡大も彼らの著作に反映されている。二人は労働協約法の基本問題と取り組んだ。その完成に向けて払われた彼らの努力の跡はこんにちでもなお残されている。経営体組織法はディーツによって生み出され、ヒュック／ニッパーダイの分厚い労働法教科書が戦後期の労働法を作り上げ、そして、彼らの労働法分野における一連の優れた書籍は、たとえこの間に45年以上が経過しているにしても、今なお不可欠の文献という地位を保持し続けている。

　二人は、職業人としても学者としても、その活発な生活の一部を「第三帝国」でも経験した世代に属する。彼らは、われわれの世代とは異なり、独裁制および全体主義イデオロギーと根本的に取り組まなければならなかった。

　二人が「第三帝国」で果たした役割、彼らの国家社会主義イデオロギーに対する関係を評価しようとする場合、彼らが「第三帝国」に抵抗していたという

ことは証明できない。しかし、彼らが他人の言いなりになるような法律家であったと決め付けることには、疑問が残るであろう。彼らは、その時代に生きた他の数百万の人々と同じように、行動していた。国家社会主義ドイツ労働者党の党員資格が二人に付与されていたか、また、一旦行われた申請手続がその後進められていなかったかという点を確実に証言することはできない。確かに、一貫して国家社会主義と一線を画していた高位の法律家――その好例はヴェルナー・フルーメ（Werner Flume）である――もいた。ディーツとヒュックは、当時彼らに求められていた以上のことはしていなかった。彼らは英雄でもなければ犠牲者でもなく、まして犯罪者でもなかった。二人は、学問的活動に際して、イデオロギーを映したテーマを取り上げていなかったが、ディーツは、家族法に対する自分の学問的関心を考慮して、「責任を負わなければならない」テーマに着手していた。

　二人の卓越した法律家はともにミュンスター大学と密接な関わりを持っていた。彼らは、動きの激しい時代に協力し合って労働法を作り上げてきたのである。

ディルク・エーラース

環境法・都市計画法
—— ヴェルナー・ホッペ（1930 年 ～ 2009 年）

Ⅰ．経　　歴
Ⅱ．弁護士活動
Ⅲ．学問的著作
Ⅳ．学術組織における活動
Ⅴ．ドイツ行政雑誌主筆としての活動
Ⅵ．大 学 教 員
Ⅶ．ミュンスター大学および法学部にとっての存在意義

国法学者、ヴェルナー・ホッペ（Werner Hoppe）は、20世紀最後の四分の一、そして21世紀初頭に、ドイツ全土に亘って名を轟かせたミュンスター大学法学部の「看板教授」の一人であった。格段に豊富な内容を示す彼の学問的著作が今でも多くの信頼を得ているのは、体系が明確で、思索が簡明かつ緻密であり、新しい問題提起に対するセンスも優れているという理由による。都市計画法や自治体区画変更法では、彼が唯一の権威とみなされていた。重要な社会的団体での活動と数多の弟子たちも彼の知名度を高めたといってよい[1]。

I. 経　　歴

ヴェルナー・ホッペは1930年6月18日にノルトライン・ヴェストファーレン州中央銀行取締役ルードルフ・ホッペ（Rudolf Hoppe）夫妻の三男としてミュンスターで生まれた。彼は生涯を一貫してミュンスター市で過ごした。戦争で中断した一時期を除き、彼はミュンスターで学校に通い、法律学を学び、司法修習生として過ごした。司法修習中、彼は、カール・ツーホルン（Karl Zuhorn）――ワイマール時代のプロイセン王国ヴェストファーレン州連合の幹部、

---

[1] ヴェルナー・ホッペの生涯と作品について特に参照されるものとして、*Rengeling*, in : Abwägung im Recht, Symposium und Verabschiedung von Werner Hoppe am 30. Juni 1995 in Münster aus Anlass seiner Emeritierung, 1996, S. 3ff. ; *Ehlers*, ebd., S. 125ff. ; *Rengeling/Stüer*, DVBl 2000, S. 837ff. ; *dies.*, DVBl 2005, S. 657f. ; および特集号としての Akademische Gedenkfeier für Werner Hoppe, in : Freundeskreis Rechtswissenschaft (Hg.), Schlaglichter 11, Memorium Werner Hoppe, 2010, これには、ディルク・エーラース（Dirk *Ehlers*）、ヤンベルント・エェベッケ（Janbernd *Oebbecke*）、ハンス・ディーター・ヤラス（Hans D. *Jarass*）、アンゲラ・ファーバー（Angela *Faber*）、ヴィルフリート・エルプグート（Wilfried *Erbguth*）およびハンス・シュラーマン（Hans *Schlarmann*）の論文が収められている。小稿はこれらの論文に多くを負うが、逐一出典を明らかにせず、一般的かつ概括的にこれらの論文を引用するにとどめる。ヴェルナー・ホッペの2000年までの著作目録はFestschrift für Werner Hoppe zum 70. Geburtstag, 2000 に収録されている。それ以降に刊行された著作についてはすでに刊行されている Freundeskreis Rechtswissenschaft (Hg.), Schlaglichter 11, 2010 に挙げられている。

戦後初代ミュンスター市長、後にミュンスター市上級助役、ミュンスター大学法学部の非常勤講師および客員教授——の指導を受け、「地方公共団体および地方自治体連合の概念ならびにノルトライン・ヴェストファーレン州地方連合の法的性質（Die Begriffe Gebietskörperschaft und Gemeindeverband und der Rechtscharakter der nordrhein-westfälischen Landschaftsverbände）（1958 年）」と題した博士学位取得論文を書き上げた。彼はこの時期に同大学法学部で校正担当の助手としても働いた。第二次司法国家試験合格後、弁護士となった彼は、知人と一緒に立ち上げたミュンスター市の法律事務所「バウマイスター・レヒツアンヴェルテ（Baumeister Rechtsanwälte）」で最初はパートナー弁護士として、その後は公証人として活動した。この事務所はこんにち、公法的性質を有するドイツ有数の法律事務所となっている。法的助言、鑑定書作成および法廷弁論といった彼の活動は主として国法および行政法の分野で行われた。彼は、法学部の非常勤講師を兼ねており、「行政裁判所および社会裁判所における機関訴訟（Organsstreitigkeiten vor den Verwaltungs- und Sozailgerichten）」というテーマで論文を書いた（1970 年）。この論文は刊行後、ハンス・ユリウス・ヴォルフ（Hans Julius Wolff）——ミュンスター大学の高名な行政法学者、行政組織法の大家——の勧めで大学教授資格取得論文として同学部に提出された。ホッペはこの年にミュンスター大学で「国法、行政法およびヨーロッパ共同体法」の大学教授資格を取得した。彼は、カール・ヘルマン・ウーレ（Carl Hermann Ule）の後任を求めるシュパイヤー行政大学（Hochschule für Verwaltungswissenschaften in Speyer）（こんにちの Deutsche Hochschule für Verwaltungswissenschaften in Speyer）からの招聘を断った。その後 1972 年に、彼はヴェストフェーリッシェ・ヴィルヘルム大学に新設された都市計画法・公法担当教授職への招聘を受諾し、恩義を感じて 1955 年に名誉教授となるまで同学部にとどまった。退職後、彼はふたたび弁護士活動に従事し、地域の枠を超えた弁護士事務所「グライス・ルッツ（Gleiss Lutz）」のパートナーとなった。彼は、ベルリンとシュトゥットガルトに事務所を増設したが、ミュンスター市に住み続けた。ホッペは 2009 年 7 月 9 日に亡くなった。弁護士仲間の集まりに向かう途中、ミュンスター中央駅の階段か

ら転げ落ちたときの大けがが原因であった。

II. 弁護士活動

　ヴェルナー・ホッペの弁護士活動は大学に奉職する前および名誉教授就任後の時期に限られるわけではない。大学教授として活動するよりも弁護士として活動した期間の方がずっと長く、27年以上に及んだ。弁護士としての仕事の仕方は彼の性格を反映したものであり、全期間（弁護士活動をしていなかった時期を含む）を通じて、後々までよい評判が残るようなやり方をとっていた。彼は法律問題に直接に答える前に、まず事実がどうであったかを細かく調査していた。学説の成否は、実務への影響力の有無にかかっている。彼は、個々の案件で当事者がすでに権利を有していたか、それとも新たに権利を取得するのかという点を絶えず意識していた。彼は権利を行使し、有利な立場を築くことだけでなく、そのつど利用可能な手段を用いて権利を実行することも大切であると考えていた。彼の場合、弁護士としての思索と行動は学者としてのそれとなんら異なるものではなかった。彼が多くの著作で裁判所による権利保護という、弁護士が最も関心を寄せていたテーマを取り上げてきた点もこのことを明らかにしている。ホッペは、大学教師としては異例に高い頻度で、鑑定書の作成、訴訟の追行等、法廷活動に関与していた。彼は多くの裁判手続で、1970年代にノルトライン・ヴェストファーレン州で実施された（比類のないほど徹底して行われた）自治体の区画変更を阻止する案件に関与していた。逆に、彼は弁護士として活動する場合も、学問的思考の重要性を忘れていなかった。彼は、純粋に利益を主張するだけでは成功せず、論証にどれだけ決め手があるかが大切だということを知っていた。学問的な裏付けがなければ、どんな思考も支持を得られない。彼の場合、理論と実務が相互に浸透し合う状況にあった。このことは、最終的なものではないが、教育にも有益であった。というのは、視覚教育用教材として最新の事例が用いられていたからである。

III. 学問的著作

　ヴェルナー・ホッペは、膨大な学問的著作を遺した。単著が43冊、雑誌、記念論文集および論文集への寄稿が246編、編集が20件以上という数字がそのことを物語る。この数値は、新版が他の者との共著として刊行され、また少なからざる著作が共著の形式で出版されていることを考慮しても、注目に値する。特筆されるのが、二冊の教科書、『公法からみた建築法、国土計画法、都市建築法および建築基準法の教科書（Lehrbuch zum Öffentlichen Baurecht, Raumordnungsrecht, Städtebaurecht, Bauordnungsrecht）』（*Hoppe/Bönker/Grotefels*. 4. Aufl. 2010）と『環境法教科書（*Hoppe/Beckmann/Kauch*, 2. Aufl. 2000）』である。二冊ともスタンダードな教科書という評価を受けている。一見して注目されるのは、例外（『環境適合性審査基準注釈書（Kommentar zur Umweltverträglichkeitsprüfung）』[2]）はあるにせよ、ホッペが、注釈書の執筆者や編者となっていなくても、多数の記念論文集に共著者として参加しているという点である。内容をみると、彼の著作ではまず建築法と都市計画法が取り上げられ、また、地方自治法と環境法も取り扱われている。晩年の20年間に書かれた論文では、この他にも多様なテーマが取り上げられている[3]。

---

2) *Hoppe* (Hrsg.), Gesetz über die Umweltverträglichkeitsprüfung (UVPG), bearbeitet von Apphold, Beckmann, Dienes, Hünnekens, Yment, Leidinger, Paßlick, Schieferdecker, Wagner, 4. Aufl. 2012（第4版については未完成のため、執筆者名について補正されなければならない）.

3) たとえば、次の諸論文参照。Die Wahlprüfung durch den Bundestag (Art. 41 Abs. 1 S. 1 GG) – ein „Wahlprüfungsverhinderungsverfahren"?, in: DVBl 1996, S. 344ff.; An ihren Urteilen soll man die Gerichte messen, nicht an Interviews – zu dem Interview des Vizepräsidenten des Bundesverfassungsgerichts Prof. Dr. Winfried Hassemer über die Chancen für ein neues NPD-Verbotsverfahren, in DVBl 2005, S. 619ff.; Das Schweigen von Innenminister Schönbohm im Bundesrat, in: DVBl 2002, S. 725f.

1　地方自治法関連の業績

　彼の経歴の最初に現れたのは地方自治法であった。前述 I. のように、カール・ツーホルンの提案を受け入れて作成された博士学位取得論文で、ホッペはノルトライン・ヴェストファーレン州地方連合を取り上げていた。地方連合が基本法および州憲法の意味における地方自治体連合に該当するか否かは今でも論点とされている。法律学の分野でおそらく最も徹底してこのテーマと取り組んだのがホッペであるが、彼はこの点を肯定していた。彼の学位論文が刊行されてから43年後、ノルトライン・ヴェストファーレン州憲法裁判所は最高裁判所として初めてこの問題――激しい反発を巻き起こしたこの事件では、「ヴェストファーレン・リッペ地方連合：われわれはこのヴェストファーレン州を存続させる (Landschaftsverband Westfalen-Lippe – Lasst Westfalen Leben)」といったポスターが使われていた――を裁判しなければならなかった[4]。同憲法裁判所は、結論において、ホッペの意見を採用した。この件は、彼の博士学位取得論文がいかに長い期間に亘って有意義な影響を及ぼしていたかを示す好例といえよう。

　1950年代には、彼はまだ地方自治法に関する論文を書いていなかった。ノルトライン・ヴェストファーレン州で唯一の例外がホッペの博士学位取得論文の指導教授、カール・ツーホルンの「地方自治体構成法 (Gemeindeverfassung) (1954年)」と題する論文であった。大改訂を経た同書の新版はツーホルン／ホッペの連名で1962年に刊行された。『地方自治体構成法』というこの本のタイトルが変更されたことからみて、叙述の重点が圧倒的にホッペの功績に帰せられる点に移ったことが読み取れる。それ以降、同書では憲法上根拠付けられた自治も取り上げられるようになった。この本は――自治体の区画変更を先取りしつつ――「地方自治体の区画」にも詳しく触れている。ハンス・ウーヴェ・エーリヒセン (Hans-Uwe Erichsen) の教科書『ノルトライン・ヴェストファー

---

4)　DVBl 2001, S. 1595, 1596f.

レン州地方自治法（Kommunalrecht des Landes Nordrhein-Westfalen）』（1988年）[5]が出版されるまで、ツーホルン／ホッペの共著はノルトライン・ヴェストファーレン州地方自治体法の基本書とされていた。

　ホッペの大学教授資格取得論文『行政裁判所および社会裁判所における機関訴訟』(1970年) も主に地方自治法や市町村法制上の争訟を取り上げていた。行政裁判所法（Verwaltungsgerichtsordnung）上認められていない機関内訴訟の規律はもっぱら判例によって発展してきた。行政裁判所法では、基本的に主観的権利が保護される。裁判所の統制の有無は主観的権利の存否にかかっている。機関は職務上当該組織の利益を考慮して活動しなければならないという理由で、ホッペは、行政組織法上の地位を主観的権利とみなすことはできないという見解を採っていた。彼は、法主体性を対内的に説明するため、法人という概念を創設した。これは、機関内での履行請求権・障害除去請求権の主張を、法人の主張とみる見解に他ならない。これは、法人は、訴訟信託という方法で、それぞれ侵害されている機関により、法人の名で主張することができるとする見解である。彼の「高度に熟練し、技巧的印象を与えない」法律構成[6]は確かに支持できるものではない。しかし、ホッペが提起した多くの法律問題と彼が提示した解決策は、今後も生き続けることであろう。ホッペは、第6回行政事件担当裁判官会同に寄せた論文で再度このテーマを論じ、法律によって機関訴訟を規律する必要があるとした[7]が、こんにちまでそれは実現されていない。多くの法律問題は概してこれまでに解決されているが、内部機関に訴訟当事者たる地位をどの範囲で認めるべきかという点は依然として不透明である。この点において立法の必要性はなお残されているといわなければならない。

　1969年以降、ホッペは最初ノルトライン・ヴェストファーレン州で、その後（旧ドイツ民主共和国から）連邦共和国に新たに統合された州で弁護士として、ノルトライン・ヴェストファーレン州憲法裁判所所属の訴訟代理人として、ま

---

5)　現在、2. Aufl. 1997 が刊行されている。
6)　*Bethge,* DVBl 1980, S. 309, 311.
7)　NJW 1980, S. 1017, 1020.

た大学教授として、自治体の区画変更に関する裁判に集中的に取り組んできた[8]。この点は 17 点の出版物に反映されている。その多くはベルンハルト・ストューア（Bernhard Stüer）と共著のかたちを取っている[9]。学問的成果として結実した多数の論文はハンス・ヴェルナー・レンゲリンク（Hans Werner Rengeling）との共著『自治体の区画変更の際の権利保護（Rechtsschutz bei der kommunalen Gebietsreform）』（1973 年）として結実した。この本は、こんにち、ノルトライン・ヴェストファーレン州だけでなく、他の州の憲法裁判所によっても参照されるスタンダードな著作となっている[10]。

ホッペにはこの他にも、地方自治法上の個別テーマ、たとえば、地域尊重原則と目的団体組成[11]、地方自治体間の協力[12]、地方自治体の活動範囲[13]、憲法裁判所による地方公共団体の権利保護[14]、そして地方公共団体にとって重要な都市計画に関わる法律問題[15]、これらの業績がある。

---

8) *Hoppe/Stüer*, DVBl 1992, S. 641ff. 参照。
9) *Hoppe/Stüer*, Städte- und Gemeinderat 1975, S. 46 ; *Hoppe/Stüer*, Städte- und Gemeinderat 1975, S. 371ff. ; *Hoppe/Stüer*, Städte- und Gemeinderat 1976, S. 38ff. ; *Hoppe/Stüer*, Städte und Gemeinderat 1976, S. 183ff. ; *Hoppe/Stüer*, Städte- und Gemeinderat 1976, S. 213ff. 参照。
10) テューリンゲン自由州憲法裁判所、NVwZ-RR 1997, S. 639, 640 ; ブランデンブルク憲法裁判所、LKV 2004, S. 313, 314. 参照。
11) *Püttner* (Hrsg.), Handbuch der kommunalen Wissenschaft und Praxis, Bd. 5, 1984, S. 496ff.
12) *Hoppe/Beckmann*, DVBl 1986, S. 1ff.
13) Eildienst LKT NW 1985, S. 241ff. （これは、核兵器なき地域を求める要求に関わる）。
14) Die kommunale Verfassungsbeschwerde vor Landesverfassungsgerichten, in : Starck/Stern (Hrsg.), Landesverfassungsgerichtsbarkeit, Teilbd. II : Zuständigkeit und Verfahren der Landesverfassungsgerichte, 1982, S. 257ff. および、Probleme des verfassungsgerichtlichen Rechtsschutzes der kommunalen Selbstverwaltung, DVBl 1995, S. 179ff. これらの論文参照。
15) Kommunale Selbstverwaltung und Planung, in : v. Mutius (Hrsg.), Selbstverwaltung in Staat und Industriegesellschaft, Festgabe zum 70. Geburtstag von Georg Christoph von Unruh, 1983, S. 555ff., Die Wirtschaftsförderung der Kommunen im

2 建築法・都市計画法関連の業績

上述のように、ヴェルナー・ホッペが建築法および都市計画法について表した論文はきわめて多い。彼が都市計画法の分野でいかに決定的な役割を果たしたかを示すのが、ドイツ弁護士会第22回大会（1963年）における講演「基盤的都市計画と所有権保障（Bauleitplanung und Eigentumsgarantie）」である。ホッペは1964年に公表された[16]この論文で、(連邦建築法第1条第4項第2文の) 当時まったく新しい比較衡量原則を重視し、裁判所による統制を含め、比較衡量の段階を示すことによって、比較衡量の諸要素を初めて提示した[17]。連邦行政裁判所は1969年に基本的立場を示した判決でこのような法律構成を踏襲した[18]が、ホッペの論文に触れていない。ホッペはある判例評釈で、連邦行政裁判所が挙げた侵害の構成要件を、「比較衡量の脱落」、「比較衡量の欠損」、「比較衡量に瑕疵ありとの評価」、「比較衡量の不均衡」といった種々の専門用語で示していた。彼が用いたこれらの表現はその後すぐにこの分野の共通財産となった[19]。こうして、新たなテーマが発見されたことになる。判例や学術文献に現れた諸説との対話を通じて、このテーマが一層浸透し、また緻密なかたちでさらに発展した結果、ホッペの名はもはや忘れられないものとなった。彼自身が記しているように、「(1)都市計画の基本構造の、そして相対的に歴史の浅い都市計画法——都市計画に関する利益衡量の中心的な思考・判断の方法ならびに

Verhältnis zu den Zielen der Raumordnung und Landesplanung, in: *Ehlers* (Hrsg.), Kommunale Wirtschaftsförderung, 1990, S. 161ff. および Die Planungshoheit der Gemeinden und Gemeindeverbände und die nordrhein-westfälische Landesplanung in der Rechtsprechung des Verfassungsgerichtshofs, in: Verfassungsgerichtsbarkeit in Nordrhein-Westflen, Festschrift zum 50-jährigen Bestehen des Verfassungsgerichtshof für das Land NRW, 2002, S. 377ff.、これら諸論文参照。

16) DVBl 1964, S. 165ff.
17) この貢献に対する評価については、連邦行政裁判所元長官による論述 *Sendler,* DVBl 2005, S. 659, 662 参照。
18) BVerwGE 34, S. 301ff.
19) BVerwGE 45, S. 309ff. 参照。

その瑕疵および瑕疵の効果を含む——の、それぞれの解釈学的把握を、(2)都市計画についての法的な行動基準の、そして監督官庁および裁判所による審査に際しての法的な統制基準に対する憲法上および法律上の制約（例：地方公共団体の自治、所有権）——特に審査の際の統制の密度——内での、それぞれの発展」を研究することを彼は重視していた[20]。問題は建築計画法にあるのではなく、国家計画法および都市計画法にあることがすぐに明らかになった。国家計画法および都市計画法上の論点としては、公共団体における都市計画の存在意義[21]、文献でこれまで継子のように不当に取り扱われていた都市計画[22]（そこでは、都市計画の目標と原則——すなわち、実定化されたルールとルール策定の前提を成す原則——が明確に限定され、中央・地方分離原則[23]が厳しく批判されている）、分野別計画（たとえば、鉱業法[24]、廃棄物処理法[25]、道路交通施設法[26]）、環境計画[27]、そ

---

20) *Hoppe*, Grundfreiheiten des Planungsrechts, 1998, Vorwort 参照。
21) これについては、彼の論文 Planung, in : Isensee/Kirchhof, Handbuch des Staatsrechts, Bd. IV, 3. Aufl. 2008, S. 313ff. 参照。
22) たとえば、NWVBl 1998, S. 461ff. ; DVBl 1999. 1457ff. ; Festschrift Maurer, 2001, S. 625ff. ; BayVBl 2002, S. 129ff. ; 754f. ; BayVBl 2005, S. 365ff. ; BauR 2007, S. 26ff. ; DVBl 2008, S. 966ff. 参照。
23) NVwZ 2004, S. 282ff. ; DVBl 2004, S. 1125ff.
24) たとえば、*Hoppe/Spoerr*, Bergrecht und Raumordnung, 1999.
25) Abfallrecht – Vorschläge zur Erleichterung des abfallrechtlichen Zulassungsverfahrens, 1990.
26) たとえば、Verfahren und gerichtliche Kontrolle bei der straßenrechtlichen Planfeststellung, in : Bartlsperger/Blümel/Schroeter (Hrsg.), Ein Vierteljahrhundert Straßengesetzgebung, 1980, S. 403ff. ; *Hoppe/Schlarmann/Buchner/Deutsch*, Rechtsschutz bei der Planung von Verkehrsanlagen und anderen Infrastrukturvorhaben - Grundlagen der Planfeststellung, 4. Aufl. 2011 参照。
27) *Hoppe/Schlarmann*, NuR 1991, S. 17ff. ; *Hoppe/Bönker*, DVBl 1996, S. 585ff. ; DVBl 1992, S. 1381ff. ; NJW1992, S. 1993ff. ; Festschrift Blümel, 1999, S. 177ff. ; Empfiehlt sich die Regelung einer eigenständigen Umweltplanung? Zugleich Anmerkung zur Umweltplanung im UGB-AT-ProfE und zur Umweltgrundlagenplanung im UGB-KomE, in : Umweltrecht im Wandel, 2001, S. 267ff. 参照。さらに、後述Ⅲ 3 の該当箇所参照。

して、施設建設許可手続[28]、これらが挙げられていた。彼は都市計画規範の機能と構造についての重要な手掛かりをローベルト・アレクシィ（Robert Alexy）の原理論[29]の中に見出していた。

名誉教授への就任時期との関連で、ホッペはふたたび都市計画法に重点を置き始めた。地所内家屋建築計画が規則制定という性質を有する（建築法典第10条）ため、どの瑕疵も原則として（無期限に）無効という効果を生じる。利益衡量理論の内容が改良されることによって、利益衡量が行われた当時の瑕疵の数が増え、その結果、無効宣言の数も際限なく拡大した。これにより、行政裁判所が瑕疵の発見に拘るという傾向が生まれるようになった。その後、立法者[30]、連邦行政裁判所[31]、リューネブルク上級行政裁判所[32]、それに一部の文献は、無効のドグマを緩和することを目指して、努力を重ねてきた[33]。ホッペは、1995年7月30日に聴衆で溢れかえったミュンスター大学本館講堂（Aula）で行われた最終講義でこの問題をさらに発展させ、都市計画の維持に向けた一般的法原則を支持する主張を展開した[34]。彼はこのことを自嘲気味に、「致命

---

28) Die Umweltverträglichkeitsprüfung im Planfeststellungs- und Anlagengenehmigungsverfahren – Zur Anwendung des Art. 3 und 8 EG-Richtlinie im deutschen Recht, in : Dokumentation zur 11. Wissenschaftlichen Fachtagung der Gesellschaft für Umweltrecht e. V. Berlin 1987, 1988, S. 39ff. 参照。

29) たとえば、Recht, Vernunft, Diskurs, 1995, S. 262ff.; Theorie der Grundrechte, 3. Aufl. 1996, S. 125ff.; On the Structure of Legal Principles, Ratio Juris 2000, S. 294ff.

30) 最初の試みとして、建築法（BauGB）第155a条（1976年以降）および第155a条以下の諸規定（1979年以降）。

31) 特に BVerwG, DVBl 1980, S. 230, 232 参照。

32) 連邦行政裁判所による直前の裁判がリューネブルク上級行政裁判所に採用された。同裁判所 1976年10月13日判決（Urteil v. 13. 10. 1976 – I OVG A195/75）。

33) *Sendler*, in : Kormann (Hrsg.), Aktuelle Fragen der Planfeststellung, UPR-Special Bd. 7 (1994), S. 9ff., 36ff.; *ders.* DVBl 2005, S. 659ff. 参照。

34) Der Rechtsgrundsatz der Planerhaltung als Struktur- und Abwägungsprinzip, in : Erbguth/Oebbecke/Rengeling/Schulte, Abwägung im Recht. Symposium und Verabschiedung von Werner Hoppe, 1996, S. 133ff. また FS Schlichter, 1995, S. 87ff.; さらに DVBl 1996, S. 12ff.; *Hoppe/Henke*, DVBl 1997, S. 1407ff. をも参照。

な一撃から生命を守ることが、今のわたくしのスローガンです。わたくしは今、『計画を台無しにする者』——わたくしは計画立案者たちからこのように呼ばれていました——、それゆえ、『計画破壊者』——膨大な瑕疵のカタログを提示して計画をつまずかせる者——という汚名を着せられた過去のわたくしとの融和を図らなければなりません。しかし、それと正反対のことですが、皆さんは、こんにち、分別を欠いた計画の墓堀人サウル（自分の意見をコロッと変える者）、躊躇なく完璧に計画を破壊するサウルから、計画維持理論を主張するパウロへと、わたくしの突然の転向を御覧になっています」[35]と述べている。彼は、都市計画の維持に向けたこの一般的法原則を、「ある計画を維持し続けることに関する利益がずっと大きく、しかも憲法上のより重要な諸原理によって合法性の回復が要請されていない場合には、無効のドグマの効力を全部または一部否定することができる。この場合、瑕疵は全体として無視され、当初の計画が維持される、または、全体として瑕疵が除去され、当初の計画が維持される——ここにいう瑕疵除去の結果については、瑕疵の態様を細分化した体系が発展させられなければならない——というやり方で、瑕疵の結果が限定される」[36]と述べていた。彼の主張はその後も補充され、立法者も彼の見解を受け入れた（建築法典第214条以下、国土計画法第12条）。略限すれば、彼が都市計画法（建築法のその他の部分も含む）に関して数十年来熟慮した成果が、すでに言及した『公法からみた建築法、国土計画法、都市建築法および建築基準法の教科書』に結実していることになる。

3　環境法関連の業績

建築法・都市計画法分野の取組みと同様に、ヴェルナー・ホッペは、1979年に国法学者協会（Staatsrechtslehrertagung）での講演「国家的課題としての環境保護（Staatsaufgabe Umweltschutz）」[37]を引き受けたことを契機として、環境法

---

35) *Erbguth/Oebbecke/Rengeling/Schulte*,（前注34）), S. 133, 134.
36) *Erbguth/Oebbecke/Rengeling/Schulte*,（前注34）), S. 133, 137f.
37) VVDStRL 1980, S. 211ff.

と取り組むようになった。同大会記録第38巻に収録された彼の報告は100頁を優に超えるものであった。ドイツ、オーストリアおよびスイスの公法研究者が集う唯一のフォーラムでの講演が彼にとっていかに重要であったかということをこの分量の多さが物語っている。講演時間は45分と厳しく制限され、掲載に値すると認められたものだけが印刷に付される。時として1頁を超える詳細な脚注を伴ったこの長編論文が大会記録集に掲載されたことが彼の講演の重要性を示している。この講演のために払われた努力の跡はすでに最初の頁——そこで謝辞を述べられている者は27人に及ぶ——で明らかにされている。この報告書は、環境法分野のその後の研究にとって、道標となった。ホッペ提案の要点は、環境計画の統合によるインフラ整備、環境保護分野別の計画策定と強化、環境関連事項の総合計画と個別分野計画への反映方法の改善、環境影響評価・環境影響評価書作成、これらのすべての観点を計画手続に一般的に導入すること、ひいては、これらを通して環境の維持に努めることにあった。しかし、環境の保護は、国家の課題であるだけでなく、同時に、社会や私人の課題でもある。それゆえ、彼は、社会や私人が自主規制を行いながら活動することで国家の責任を解放し、脱官僚化を進めるために、国家と社会の諸勢力との共同作業が必要だと考えていた[38]。それと同時に、彼は、環境保護計画に行き過ぎのリスクがあることにも注意を喚起していた。というのは、環境保護計画は、基本法上保護される各種の保障を無視して、生態学的視点から投資を抑制しやすいものだからである。これらはすべて、後に、多くの論文でさらに検討されている[39]。ホッペは環境影響評価法（Umweltverträglichkeitsprüfungsgesetz）

---

38) 多く議論された論題「団体の自主規制と国家の統制との間での行政と行政法（Verwaltung und Verwaltungsrecht zwischen gesellschaftlicher Selbstregulierung und staatlicher Steuerung）」という主題は、1996年（当時、ホッペはドイツ国法学者協会の会長であった）の国法学者大会（VVDStRL 56, 1997, 報告者として、*Schmidt-Preuß*, S. 160ff. および *Di Fabio*, S. 235ff.）のテーマに選ばれた。ホッペは、ディヴィッド・オズボーン（David *Osborne*）とテッド・ゲーブラー（Ted *Gaebler*）に倣って、「自分でオールを漕ぐのではなく、舵を操る」というスローガンを掲げ、彼自身、シンポジウムの座長を務めた。

の標準的注釈書40)を編集し、環境法の代表的教科書を執筆した（ペートラ・カオホ（Petra Kauch）、マルティン・ベックマン（Martin Beckmann）との共著）41)。彼は、（今なお準備中の）統一環境法典（einheitliches Umweltgesetzbuch）に採用される独自の環境計画の仕上げに向けた議論にもたびたび参加していた42)。ホッペは、環境法に関わるその他の論文でも、環境保護法上どこまで経済的正当化を主張することができるかといった難しい問題を取り上げていた43)。

IV. 学術組織における活動

ヴェルナー・ホッペは、生涯を通じて、優れた組織能力を発揮した。この能力はミュンスター大学法学部にとって大いに有益なものであった。というのは、彼が多年に亘って、こんにちまで続く優れた大学内独立研究所を運営していた44)からである。その一つは、元次官の博士ヴェルナー・エルンスト（Wer-

---

39) 最も重要な文献を集めて編集したものとして、*Faber,* in : Freundeskreis Rechtswissenschaft (Hrsg.), Schlaglichter 11, 2009, S. 33, 36ff. 参照。

40) 前注 2) 参照。

41) *Hoppe/Beckmann/Kauch,* Umweltrecht, 2. Aufl. 2000.

42) Festschrift Blümel, 1999, S. 177ff.; *Gesellschaft für Umweltrecht* (Hrsg.), Umweltrecht im Wandel, 2001, S. 267ff. 参照。

43) Wirtschaftliche Vertretbarkeit im Rahmen des Bundes-Immissionsschutzgesetzes, Rechtsgutachten erstattet für den Bundesminister des Inneren im Auftrag des Umweltbundesamtes, Schriftenreihe des Bundesministeriums des Inneren, Bd. 8, 2. Aufl. 1977 ; さらに、*Hoppe,* Die wirtschaftliche Vertretbarkeit im Umweltschutzrecht – Eine Bestandsaufnahme im Recht der Europäischen Wirtschaftsgemeinschaft. Unter Mitarbeit von Pascale *Kromarek* und Ralf *Bleicher,* Schriftenreihe Recht – Technik – Wirtschaft, Bd. 35, 1984 ; „Nationalpark-Verordnung „Niedersächsisches Wattenmeer" und bergbauliche Berechtigungen", Schriftenreihe Recht – Technik – Wirtschaft, Bd. 46, 1987 参照。

44) これについては、Hommage an Janus, den Gott der An-Institute. Wort und Begriff„ an "in § 36 Universitätsgesetz NW, in : Oebbecke/Bauer/Faber (Hrsg.), Umweltrecht und Kommunalrecht, Schriftenreihe des Freiherr-vom-Stein-Instituts, Bd. 30, 1998, S. 125ff. 参照。

ner Ernst) 教授が主導し、ハリー・ヴェスターマン (Harry Westermann) とヘルムート・シェルスキィ (Helmut Schelsky)、両教授の協力を得て 1964 年に設置された、都市計画中央研究所 (Zentralinstitut für Raumplanung) である。この研究所は、ドイツ都市建築・州土地利用計画学術登録社団 (Deutsche Akademie für Städtebau und Landesplanung e. V.) が運営責任を負い、連邦とノルトライン・ヴェストファーレン州が資金を支援していた組織である。ホッペは業務執行所長として 1980 年から 1997 年にかけて同研究所を指揮し、何度も研究大会を開催し、鑑定書を書き、博士学位取得論文の指導を行った。上述の期間内に、『都市計画研究所叢書 (Schriftenreihe des Instituts für Raumplanung)』として刊行された書籍は全部で 182 冊に上った。もう一つの大学内独立研究所はフライヘル・フォム・シュタイン研究所 (Freiherr-vom-Stein-Institut) である。同研究所を設立したのは、ノルトライン・ヴェストファーレン州連絡協議会の当時の業務執行者、アルベルト・ライディンガー (Albert Leidinger) 博士であった。ノルトライン・ヴェストファーレン州連絡協議会によって組織された同研究所は、かなりの期間、ヴェストファーレン・リッペ地区貯蓄銀行・振替銀行協会 (Westfälisch-Lippischer Sparkassen- und Giroverband) による資金の提供をも同時に受けていた。ホッペは業務執行所長として 1980 年から 1997 年までこの研究所を指揮していた。この時期、彼が共編者または共著者として関与した書籍は 29 冊に上る。そのほとんどは博士学位取得論文であった。ホッペは、研究者志望の後進を育成する際も、実務との共同作業とその長所を高く評価していた。一人だけ例外[45]はいるが、大学教授資格取得志願者はほぼ全員がこの大学内独立研究所で行った研究を出発点としていた。彼は、実務を重視してはいたものの、同時に、学問的独立性を守ることにも最大の配慮を払っていた。彼は社会的な仕事も多く引き受けていた。たとえば、ドイツ都市建築・州土地利用計画学術登録社団（ベルリン）委員、国土計画・州土地利用計画学術協会（ハノーヴァー）委員、建築法改正委員会委員、建築法 1997 年改正懇話会委員、連邦国土計

---

45) Hans Werner *Rengeling*.

画・建築制度・都市建築省のもとでの国土計画委員会委員、連邦環境・自然保護・原子炉安全省のもとでの環境問題専門家委員会委員、これらが挙げられる。1996年から1998年までの二年間務めたドイツ国法学者協会会長職も彼にとって重要な意味があった。

V. ドイツ行政雑誌主筆としての活動

ヴェルナー・ホッペは1980年にカール・ヘルマン・ウーレ――ホッペはウーレの定年退職後にウーレの正教授ポストについて招聘を受けていた――の後任として行政法分野最古の専門雑誌『ドイツ行政雑誌（Deutsches Verwaltungsblatt）』の編集主任を受け継いだ。彼はこの仕事を1997年末までの十七年間に亘って続けた。彼は「ドイツ行政雑誌との離別（Abschied vom Deutschen Verwaltungsblatt）」の中でこの活動の意味を次のように記している[46]。

> わたくしは、ドイツ行政雑誌（DVBl）の編集をこれほど長く全部で456号――約60回の特集号を含む――に亘って担当し、この間に約1,500本の論文と約500本の学会報告および判例評釈を掲載する責任を負った。難しい決断であったが、採用された論文も見送られた論文も同程度の慎重さをもって審査した結果、遺憾なことに、多数の応募の中から約3,000本の原稿の掲載を見送らざるを得なかった。この期間に選り分けられた原稿の頁数は、控え目にみても、450頁ないし500頁の博士論文の校閲作業量に、言い換えれば、毎月二冊以上の博士学位取得論文の校閲作業量に相当する。

ホッペは、学者の論文だけでなく、実務家の論文を掲載することを重視していた。長い間、学者の論文1に対して実務家のそれが2の比率で掲載された。このことは、実務家の論文がいかに重視されていたかを物語る。また、彼は、処女論文を書いた若い世代の学者の研究を同誌に掲載して広く世間に紹介する

---

46) DVBl 1997, S. 1405ff.

こともみずからの使命であると考えていた。

VI. 大学教員

　ヴェルナー・ホッペは、大学教授として、多くの駆け出しの法律家や研究者志望の学生たちを指導した。そのうちの多くは、同時に彼の研究室の研究員でもあった。法律学の才能を開花させ、法律学と結び付けさせ、自立して法律学的思考を展開させる天賦の才が彼に備わっていたことは明らかである。彼は、後進の指導に際して早期の自立を促し、それを実践していた。彼の信頼を得て、彼から入念な指導を受けた者は少なくない。ホッペが大学教授資格取得論文を指導した者は五人に上る（ハンス・ヴェルナー・レンゲリンク（Hans-Werner Rengeling)、ヤンベルント・エェベッケ（Janbernd Oebbecke)、ヴィルフリート・エルプグート（Wilfried Erbguth)、マルティン・シュルテ（Martin Schulte）およびアンゲラ・ファーバー（Angela Faber))[47]。この五人は皆、後に教授職に就いている。彼が指導した博士学位取得論文の数は多過ぎて、もはや正確な数字を調べることができないが、100点をはるかに超えているはずである。ホッペの指導を受けた博士学位取得論文執筆者、大学教授資格取得論文執筆者および研究室員は、指導教授の御蔭で、多くの研究大会で高く評価されている。彼らは互いに連絡を密にしていた。それぞれに自分の途を歩んでいるので、彼ら五人をホッペ学派（Hoppe-Schule）と呼ぶことはできないが、学問的な影響からみて、ホッペ一家（Hoppe-Familie）と称することができよう。70歳の誕生日を迎えて、彼のもとで大学教授資格取得論文を書いたヴィルフリート・エルプグート、ヤンベルント・エェベッケ、ハンス・ヴェルナー・レンゲリンクおよびマルティン・シュルテは、ヴェルナー・ホッペの栄誉を称え、「都市計画（Planung)」と題し

47）　ホッペは、同僚のフリートリッヒ・クライン（Friedrich *Klein*）とノルベルト・アハターベルク（Norbert *Achterberg*）が亡くなったため、彼らの弟子であったハンス・ヴェルナー・レンゲリンクとマルティン・シュルテ（Martin *Schulte*）の指導を引き受けた。

た 1,000 頁を超える祝賀記念論文集を編集した。この論文集には 60 人が執筆している。

VII. ミュンスター大学および法学部にとっての存在意義

ヴェルナー・ホッペは、ミュンスター大学に招聘されてすぐ、十分に職務をこなしていた。彼は 1974 年から 1976 年まで研究・後進育成担当副学長職および当時の学長代行職（第一順位）を兼任し、1980 年から 1981 年までは法学部長を務めた。また、ホッペは専門知識、参加精神、駆け引きの手腕、これらを用いて法学部の活動を積極的に支え、法学部の発展に大きく貢献した。

ライナー・シュルツェ

あなたはどのように判断されるか？
―─ハンス・ブロクス（1920 年～ 2009 年）

  Ⅰ．はじめに
  Ⅱ．経　　　歴
  Ⅲ．青年時代と学生時代
  Ⅳ．裁判所のキャリア
  Ⅴ．学問への道
  Ⅵ．憲法裁判所
  Ⅶ．名 誉 教 授
  Ⅷ．個別の活動領域
  Ⅸ．ブロクスと在職当時の法学部

I. はじめに

　ハンス・ブロクス (Hans Brox)[1]は「生まれながらにして実務的観点と理論的観点とを兼ね備えた稀有な天才である」[2]。このような評価があったればこそ、ミュンスター大学法・国家学部は、1961 年、当時 40 歳代の彼をミュンスター大学に招聘すべき学者のリストに加えたのであった。以後、ブロクスは、実務と理論とを結び付ける「傑出した天賦の才」を何度も示してきた。1985 年に名誉教授に退くまで、彼は、ミュンスター大学の民法・商法・労働法・民事訴訟法担当正教授として、1985 年という時点の前後を問わず学者として、ノルトライン・ヴェストファーレン州憲法裁判所裁判官として、さらに連邦憲法裁判所裁判官として、多くの法分野の書物の著者として、民法諸領域の学修書——彼自身が手掛けた版の総計は 150 を超える——の著者として名を成してきた。それだけではない。彼は、普通は相容れないものと考えられがちな、学問と実務、私法と公法、民法と私法の「特殊領域」、といった対立軸のどちらか一方に分類できないほど、活動領域の広い存在であった。彼の活動が多岐に亘っていたところから、——法律学と実務との対立[3]、そして実体法と手続法と

---

1)　法学部在籍当時の同僚であり、1965 年にミュンスターで助手の地位に就いて以来、ハンス・ブロクスと緊密な関係を維持された、ヴィルフリート・シュリューター (Wilfried *Schlüter*) 名誉教授の有益な示唆と励ましに対し、深甚な謝意を表する。

2)　ミュンスター大学法・国家学部の当時の学部長、法学博士パウル・ドイチュ (Paul *Deutsch*) 教授の、「民法・労働法・経済法」講座復活に関する、1961 年 3 月 13 日付け、ノルトライン・ヴェストファーレン州文化大臣宛書簡の添付資料Ⅲ、Universitätsarchiv Münster, Bestand 9, Nr. 1710. これと関連するものとして、ヴェストフェーリッシェ・ヴィルヘルム大学法・国家学部長の、1962 年 1 月 1 日新設予定の「民法」講座の担当者決定のための招聘候補者リストに関する 1961 年 8 月 24 日付け、ノルトライン・ヴェストファーレン州文化大臣宛書簡（2 頁）、Universitätsarchiv Münster, Bestand 8, Nr. 52506.

3)　*Jan Schröder*, Recht als Wissenschaft, München 2012, S, 210 参照。

の、また私法と国法との、個別専門分野に対する分離、これらを認めていた時代の伝統からみると——彼は、旧来型の法律学全体を体現した、星のように手の届かない存在にみえたことであろう。従来の主題がそれぞれに成熟して新たに専門分野を形成したり、いくつもの分野に分かれたりした20世紀後半に入ると、この卓越した法律家は、彼が属した法学部だけでなく、ドイツの法律学全体にあっても、「きわめてまれな存在」[4]とみられていたことと思われる[5]。

この傑出した法律家の人物と著作については、彼に捧げられた祝賀の行事における献辞[6]、多くの弔辞や追悼記事[7]、弟子たちによる論稿[8]がある。それらに共通する彼の特徴は、おそらく、真の意味での客観性と公平性にあろう。彼が裁判例、法律学、法学教育、これらすべての発展に及ぼした影響に関する長編の伝記や論文、彼が発表した多数の研究論文の集成、これらは、彼の生存中も2009年6月8日に亡くなってから数年間も、そして今でも刊行されていない。このことは、前述の多数の記事においてハンス・ブロクスの特徴として描かれていた[9]点からみても十分に了解されよう。彼は特に記念論文集の刊行を

---

4) *Schlüter*, Bundesverfassungsrichter a. D. Prof. Dr. Hans Brox, in: Grundmann/Riesenhuber (Hrsg.), Deutschsprachige Zivilrechtslehrer des 20. Jahrhunderts in Berichten ihrer Schüler, Bd. 1, Berlin 2007, S. 341ff., 341.

5) ブロクスが法律学の全分野に通じた「オール・ラウンド・プレーヤー」であること、彼が「法秩序を一体のもの」として理解していたこと、これらについて詳細なものとして、*Rüthers*, Hans Brox, Verfassungsrichter – Hochschullehrer – Autor – Mensch, Richterbilder, in: Jahrbuch des öffentlichen Rechts der Gegenwart, Neue Folge, Band 59, Tübingen 2010, S. 521ff.

6) 特に、*Dütz*, NJW 1990, 2049f.; *Rüthers*, JZ 1990, 749; *Rüthers*, NJW 1995, 2086f.; *Dütz*, ArbuR 2000, 301f.; *Rüthers*, JZ 2000, 764f.; *Schlüter*, NJW 2000, 2330; *Walker*, RdA 2000, 249; *Dütz*, JZ 2005, 781; *Rüthers*, RdA 2005, 251; *Walker*, NJW 2005, 2286; NVwZ 2005, 1164.

7) 特に *Rüthers*, NJW 2009, 2106; *ders.*, RdA 2009, 326; *Freundeskreis Rechtswissenschaft* (Hrsg.), Schlaglichter 10. In memoriam Hans Brox, Münster 2010.

8) 参照されるものとして、たとえば、*Schlüter*（前注4)）, *Rüthers*（前注5)）; *ders.*, Hans Brox als Methodenlehrer – Von der Interessen- zur Wertungsjurisprudenz, Rechtstheorie 41 (2010), S. 141ff., 同論文は Schlaglichter 10（前注7)）, S. 25ff.

はっきりと断っていた[10]。

　以下では、彼が活動した領域に読者を誘うため、まず、ブロクスの現存する論文と著作、ミュンスター大学の書庫に収録されている記録等に基づいてハンス・ブロクスの経歴が紹介される。それに続けて、彼の裁判官としての活動、学術著作、学術理論における彼の貢献、法学部における彼の役割、これらが説明される。

II. 経　　　歴

　ハンス・ブロクスの経歴は、第一次世界大戦の少し前から21世紀に至るまで、ほぼ90年に及ぶ。彼の経歴を地理的にみると、近接する二つの重要な地域があることが分かる。ハンス・ブロクスは、1920年8月9日、ある業務執行役員の息子としてドルトムントに生まれた。彼はこの工業都市で幼少年時代を過ごし、第二次世界大戦後も最初の職務である裁判官としての活動をこの地で行っていた。彼は、ミュンスター大学への招聘後、ヴェストファーレン州の産業の中心地から学術文化の中心地へと居を移した。後の話になるが、彼はミュンスターで、ノルトライン・ヴェストファーレン州憲法裁判所裁判官として活動し、名誉教授就任後も、2009年6月8日に死去するまでミュンスターにとどまった。このようにみると、弟子の一人が述べているように、彼が「身近に接したことのある誰に対しても、ヴェストファーレン州固有の土着性、信頼性、直系を体現していた」[11]点はなんら驚くにあたらない。

III. 青年時代と学生時代

　ブロクスはドルトムントで、最初、1926年から1930年までカトリック系の

---

9)　たとえば、*Rüthers*（前注7))、RdA 2009, 327 ; *ders.* （前注5))、S. 532f. 参照。
10)　*Schlüter*（前注4))、S. 341 ; *Rüthers*（前注7))、RdA 2009, 327.
11)　*Schlüter*（前注4))、S. 342.

フィンケシューレに通い、その後 1938 年までヒンデンブルク・レアルギムナジウムに通った[12]。高校卒業資格試験に合格し、労働奉仕義務を終えてから、この 18 歳の若者は 1939 年夏学期にパダボーンの哲学神学アカデミーで神学と哲学を学び始めた。学修分野と教育機関を選ぶにあたり、彼は、父母のもとでのカトリック教育、そして特筆すべきことに、宗教担当教師でパダボーンの枢機卿であったローレンツ・イェーガー（Lorenz Jäger）の影響を大きく受けていた[13]。ヴィルフリート・シュリューター（Wilfried Schlüter）の評価[14]では、こうした影響のもとに、――カトリックを信仰する父母のもとでの宗教教育と並んで――国家社会主義イデオロギーに対する内面的な距離感が生まれ、その結果、ブロクスは国防軍への召集の際に将校としてのキャリア形成から距離を置くこととなった。1940 年に哲学の国家試験を受けた後、兵役召集で学修を中断しなければならなかった時、彼はまず歩兵となり、左手をけがした後は野戦病院の衛生兵となった[15]。

　第二次世界大戦終結後、ハンス・ブロクスの生活にも新たな局面が訪れた。彼はイギリス軍の捕虜から解放され、戦前に始めていた神学・哲学の学修を断念し、1945 年／1946 年冬学期にボン大学で法律学の勉強を始めた[16]。シュリューターの話では、「国家の長年の恣意的行動に疑問を持ち、法治国家をふたたび取り戻すことに役立ちたいという」[17]思いで彼は進路を変更した。ブロクスは 1947 年／1948 年冬学期に、それゆえ、わずか 5 ゼメスターの学修で[18]、

---

12) この点、そして 1955 年 9 月 20 日時点での任期付き裁判官ハンス・ブロクス博士の経歴については、Universitätsarchiv Münster, Bestand 8, Nr. 52506, 4 ; *Schlüter*（前注 4)), S. 342.
13) *Schlüter*（前注 4)), S. 342 ; *Rüthers*（前注 5)), S. 522 参照。
14) *Schlüter*（前注 4)), S. 342.
15) 任期付き裁判官ハンス・ブロクス博士の経歴（前注 12)) 参照 ; *Schlüter*（前注 4)), S. 342.
16) この点、そして判事補ハンス・ブロクス博士の経歴（前注 12))；*Schlüter*（前注 4)), S. 342 ; *Walker*（前注 6)), RdA 2000, 249.
17) *Schlüter*（前注 4)), S. 342. これに類似するものとして、*Rüthers*（前注 5)), S. 522.

法律学の勉強を終えた[19]。彼は 1948 年 2 月 28 日にケルンの司法試験当局で行われた第一次司法国家試験に「優秀な成績」で合格した[20]。戦後すぐの時代、多くの若者は戦争や捕虜により教育を受けられなかった時期を集中コースや促成コースの学修で埋め合わせようとしていた。ブロクスが短期間で大きな成果を上げたことは、彼自身、この時期にあっても稀な例外であったことを示している。ブロクスの試験の成績が公表されていたこと[21]、この試験結果が彼の長大な著作リストの冒頭に最初の独立論文として掲げられていたこと等からみて、ブロクスの経歴が当時の状況下でもきわめて異例であったことが分かる。

IV. 裁判所のキャリア

ブロクスの裁判官としての最初の歩みも順調なものであった。彼は 1948 年にハム上級地方裁判所管内で司法修習を開始し[22]、司法修習と並行して、刑法分野の博士論文「悪意による婚姻締結への誘導 (Die arglistige Verleitung zur Eheschließung)」[23]を完成した。1949 年 1 月 8 日、彼はボン大学で法学博士の学位を取得した。1950 年 11 月 30 日、第二次司法国家試験（当時の一般的言い方では、「大規模」司法国家試験）に臨んだが、成績は与えられることの稀な「良」であった。その直後——「その数日後」[24]にブロクスが得々と書いていたように

---

18) 1977 年 4 月 28 日付ハンス・ブロクスの人事記録の別表における教育課程についての記載参照。Universitätsarchiv Münster Bestand 8, Nr. 52506.
19) 時として記載されている通り、6 ゼメスターではない。たとえば、*Schlüter*（前注 4))、S. 342 ; *Walker*（前注 6))、NJW 2005, 2286 ; *Rüthers*（前注 5))、S. 523.
20) 地方裁判所判事補ハンス・ブロクス博士の履歴書（前注 12))；人事記録の別表（前注 18))；*Schlüter*（前注 4))、S. 342 参照。
21) Brox, Die Einrede des nichterfüllten Vertrages beim Kauf, Köln 1948.
22) 地方裁判所判事補ハンス・ブロクス博士の履歴書（前注 12))；人事記録の別表（前注 18))；*Schlüter*（前注 4))、S. 342.
23) Brox, Die arglistige Verleitung zur Eheschließung gem. §170 RStGB, Dissertation Bonn 1949.
24) 地方裁判所判事補ハンス・ブロクス博士の履歴書（前注 11))参照。

——、この若い試補候補者は、ドルトムント地方裁判所の陪席判事として司法実務に就いた[25]。

ブロクスは裁判所でも、これまでと同様、早期にキャリアを築いた。1950年12月1日に陪席判事として「スタート」した後、1951年8月に司法官試補に任命され、一年後にはドルトムント地方裁判所の判事補に任じられた。裁判所内でのこうした経歴によって、ブロクスはふたたび郷里に戻ることとなった。彼は、1957年、つまり、地方裁判所の判事補として五年間という比較的短い職務期間を過ごした後、ハム上級地方裁判所の判事補に任じられたが、ドルトムントの住所を維持した。

1948年から1958年までの十年間、ブロクスは司法修習生、司法官試補、地方裁判所判事補、上級地方裁判所判事補という、裁判所の古典的なキャリア経験を速足で駆け抜けた。「彼の裁判所内での昇進は早かった……」[26]という簡潔な表現は、数年後にミュンスター大学法・国家学部へ彼を招聘した際に当時の学部長が述べていたものである。学部長は、この傑出した法律家の裁判所における豊富な経歴を現実的なものとして高く評価していた。「彼の支えとなったきわめて豊かな裁判官歴は、学界へと進路を変えなかったとすれば、連邦通常裁判所へと彼を導いたことであろう」[27]。

V. 学問への道

ブロクスに学界への転身の話が持ち上がったのは、上級地方裁判所に移籍する少なくとも二年前のことであった。彼はかなり前から何度も学問的関心を示していた。このことはずっと以前に行われた国家試験の答案という形式の著作

---

25) この点および以下の点については、地方裁判所判事補ハンス・ブロクス博士の履歴書（前注12））；人事記録の別表（前注18））；*Schlüter*（前注4））, S. 343；*Dütz*（前注6）), NJW 1990, 2049.
26) 1961年3月13日付学部長名文書（前注2）） Anlage III.
27) 1961年8月24日付学部長名文書（前注2）） S. 2.

から始まり、博士論文の執筆を挟み、1954年以降の法律雑誌『婚姻と家族——家族法総合雑誌（Ehe und Familie – Zeitschrift für das gesamte Familienrecht）』の共同編集、さらに同誌に掲載した一連の論稿に至るまで、続いた[28]。しかし、ブロクスの活動の圧倒的部分は裁判所で行われた。彼は、裁判官の仕事と並行して、司法修習生教育を担当し、司法試験実施官庁でも働いた（1954年以降、第一次司法国家試験担当、1956年からは第二次司法国家試験担当）。彼は30年以上に亘って法曹教育担当の試験官を務めた[29]。シュリューターが書いている[30]ように、ブロクスは、試験官をしていたときにミュンスター大学の法律学教授、ハリー・ヴェスターマン（Harry Westermann）と親しくなった。彼が地方裁判所で活動していたとき、ヴェスターマンは、彼が大学教授資格取得論文の作成に挑戦するよう提案し、励まし続けた。ヴェスターマンはその後も大学教授資格取得論文作成に際してブロクスの相談相手になっただけではない。方法論でも教育でも人間的にも二人には多くの共通点があったため、専門的な、また個人的な結び付きが生まれた[31]。

　1955年9月、ヴェスターマンはミュンスター大学事務局長を介してノルトライン・ヴェストファーレン州文化大臣に宛て、ブロクスのため若手研究者育成奨学金を申請した。ブロクスは、翌月から支給された[32]月額500ドイツマルクの奨学金により、大学教授資格取得論文作成のために半年間裁判所の仕事

---

28) *Brox*, Abänderungsklage（§ 323 ZPO) oder Klage auf zusätzliche wiederkehrende Leistungen（§ 258 ZPO), FamRZ 1954, 237 ; *ders*., Welche Einwendungen kann der Beklagte im Abänderungsrechtsstreit gem. § 323 geltend machen?, FamRZ 1955, 66 ; *ders*., Probleme der Abänderungsklage（§ 323 ZPO) und der „Unterhalts-Zusatzklage"（§ 258 ZPO), FamRZ 1955, 320 ; *ders*., Die Vinkulierung des Vermögens im ganzen sowie der Haushaltsgegenstände und ihre Auswirkungen im Zivilprozeß, FamRZ 1961, 281.

29) *Schlüter*（前注4)), S. 343 参照。

30) *Schlüter*（前注4)), S. 343.

31) *Rüthers*（前注5)), S. 525.

32) Schreiben des Universitätskurators vom 29. 10. 1955 an Professor Dr. Harry Westermann ; Universitätsarchiv Münster, Bestand 8, Nr. 52506.

から離れることができた。休暇がなければ、ブロクスは裁判所の仕事をしながら、大学教授資格取得論文に取り組まなければならなかったことであろう。彼はこの機会を活かして短期間に、『錯誤による取消の限界（Die Einschränkung der Irrtumsanfechtung）』と題した論文を完成させ、ハリー・ヴェスターマンに提出した。ハリー・ヴェスターマンとマックス・カーザー（Max Kaser）による審査報告書の提出後、ミュンスターの法・国家学部はこの論文を大学教授資格審査用論文として受理した[33]。

大学教授資格の取得という要件が満たされたことで、彼には大学への転職が可能となった。ブロクスはまず、裁判官としての活動を続けながら、ミュンスター大学で私講師として教壇に立った。彼は、――法学部長が1961年にブロクスを法学部の講座担当者として招聘した際に確認していた通り――、「卓越した教育成果を通して教育能力の高さを実証した。というのは、優れた教育者としての資質が彼に備わっていたからである」[34]。

ブロクスは、学者としての経歴を歩み始め、ほどなくマインツのヨハネス・グーテンベルク大学で員外教授職――この職は1961年1月1日に始まった[35]――に就いたが、マインツ大学の員外教授職は理想とは懸け離れていた。ミュンスター大学法学部は、かつての私講師を正教授として呼び戻そうと考えた。二件の招聘手続が時期的に重なっていたが、法学部はブロクスの名を双方の招聘者リストに記載した。ヴォルフガンク・ヘーファーメール（Wolfgang Hefermehl）が他大学に招聘されて空席となった「民法・労働法・経済法」講座の補充にあたり、ブロクスの名が候補者リストの三番目に記載された（第一順位のヴァルター・エルマン（Walter Erman）、第二順位のカール・ハインツ・シュヴァープ（Karl-Heinz Schwab）に次いで、アルプレヒト・ツォイナー（Albrecht Zeuner）と同格

---

33) 翌年公表されたものとして、*Brox*, Die Einschränkung der Irrtumsanfechtung. Ein Beitrag zur Lehre von der Willenserklärung und deren Auslegung, Karlsruhe 1960.
34) Schreiben des Dekans vom 13. 3. 1961（前注2））, Anlage III.
35) Schreiben des Dekans vom 13. 3. 1961（前注2））, Anlage；人事調書（Personalbogen）。

の第三順位）[36]。第一順位および第二順位の候補者との招聘交渉が失敗した後、第三順位候補者との交渉が始められるのと並行して、法学部は民法分野の新設講座に関する招聘手続を開始した。法学部はブロクスを招聘者リストの第一順位に指名した（第二順位はゲェッツ・ヒュック（Götz Hueck）、第三順位は同格でフランツ・ガミルシェーク（Franz Gamillscheg）とクレメンス・プライアー（Klemens Pleyer））[37]。

　法学部は前者の手続でブロクスを推薦する理由に、教育活動の他、彼の大学教授資格取得論文と一連の小規模論文を挙げていた。そこには、強い印象を与えた（前述の）「実務的観点と理論的観点とを結び付けた傑出した天賦の才」[38]を示す論文も挙げられていた。法学部が確認していたように、「ブロクス教授の著作の数はその経歴のゆえにさほど多くはない」[39]。それでも、法学部は、司法部での活動にみられた彼の学問的潜在能力を認め、「ブロクス教授は最高の教育成果を上げているだけでなく、将来有益な活動をすることが期待される学者である」[40]とみていた。

　これと並行して行われた他方の招聘手続で、裁判官としてのキャリアで注目されていた点、すなわち、ブロクスが傑出した視野の持ち主であるという点が特に重視された[41]。これは、「第二順位および第三順位の候補者と異なり、彼がマインツ大学の員外教授にすぎなかったにも拘らず」[42]、彼を第一順位とするために執られた措置であった。さらに、法学部は、ミュンスター大学を「労働法分野の研究センター」[43]として重視するというディーツ（Dietz）の構想を継承させるという点をも考慮した。法学部はこの点でもブロクスの潜在能力を

---

36) Schreiben des Dekans vom 13. 3. 1961（前注2））におけるリスト提案──招聘手続については、*Steveling*, Juristen in Münster, Münster 1998, S. 673f. をも参照。
37) Schreiben des Dekans vom 24. 8. 1961（前注2））における招聘提案。
38) Schreiben des Dekans vom 13. 3. 1961（前注2））.
39) Schreiben des Dekans vom 13. 3. 1961（前注2））, Anlage III.
40) Schreiben des Dekans vom 13. 3. 1961（前注2））, Anlage III.
41) 前注27）をみよ。
42) Schreiben des Dekans vom 24. 8. 1961（前注2））, S. 3.
43) Schreiben des Dekans vom 24. 8. 1961（前注2））, S. 1f. 参照。

認めていた。というのは、その当時、ブロクスは労働法にも関心を示し始めていたからである。推測すると、ブロクス自身、みずからの招聘手続との関連を考慮して、そのように行動していたようにもみえる。法学部は、彼が「労働法分野に対して他の分野よりも強い学問的関心を寄せていた」[44]点を強調して、彼の名を招聘者リストに載せる追加的理由とした。

ヘーファーメールの後継者として1962年3月1日に民法・商法・労働法・民事訴訟法講座の正教授を招聘することは、同時に、法学部研究室（Rechtswissenschaftliches Seminar）所長の任命およびミュンスターの法・国家学部労働法・経済法研究所長の任命とも連動していた[45]。ブロクスは複数の大学からたびたび招聘されていた[46]が、ミュンスター大学法学部は彼の学問的故郷であり続けた。この点は彼が名誉教授職に退く前も、退いた後も変わらない。

ブロクスは、ミュンスター大学への招聘からほぼ四年後の法学部長在任中に、ボーフムのルール大学への招聘を受けた。この招聘を防ぐため、ミュンスターの法学部はノルトライン・ヴェストファーレン州文部大臣に、留任交渉に際して「特例措置」を講じるよう求めた[47]。留任交渉でブロクスが重視したのは、彼自身の研究補助者採用基準（研究所助手二人と学生助手一人という陣容は当時の慣行からみれば遜色のないものであった）[48]の緩和ではなく、——おそらくは

---

44) Schreiben des Dekans vom 24. 8. 1961（前注2)), S. 2 f.
45) Schreiben des Kultusministers des Landes Nordrhein-Westfalen, Werner Schütz, vom 21. 2. 1962 an Prof. Dr. Hans Brox, Abschrift, Universitätsarchiv Münster, Bestand 8, Nr. 52506.
46) *Schlüter*（前注4)), S. 347 参照。
47) Schreiben des Dekans der Rechts- und Staatswissenschaftlichen Fakultät der Westfälischen Wilhelms-Universität Münster Prof. Dr. Ludwig Mülhaupt an den Kultusminister des Landes Nordrhein-Westfalen vom 6. 12. 1966, Universitätsarchiv Münster, Bestand 8, Nr. 52506 参照。
48) そのうえ、ブロクスによって運営された労働法経済法研究所（Institut für Arbeits- und Wirtschaftsrecht）のこの時期の人事計画には、研究室勤務の学生補助者一人用として350ドイツマルクの報酬が、補助者二人用として各175ドイツマルクの報酬が、事務員一人に付き報酬表4b（秘書職）、これらが含まれていた。資金の問題

法学部の関心事と軌を一にして——半日勤務の図書館職員一人の枠を確保することであった（彼はそのために学生助手一人用の資金を拠出した）[49]。

ミュンスター大学に招聘された彼はミュンスターに住所を移しただけでなく、法学部内の活動や法学部のための外部活動に積極的に参加し、また多数の報告書が示すように、教育活動でもきわめて高い成果を上げ[50]、その後の数年間、学問的創造性でも大きな成果を上げた。その後執筆された多数の著作の他、『労働争議法ハンドブック（Handbuch zum Arbeitskampfrecht）』[51]——ブロクスと弟子のベルント・リューテルス（Bernd Rüthers）との共著——、相続法教科書[52]、労働法教科書[53]、さらには、債権総論および債権各論の概説書[54]も刊行されている。最後に掲げた著書でブロクスは「学修書（Lernbuch）」のモデルの一例を示した。彼はこのモデルを後に他の法分野にも応用した。このモデルは総じて教育用図書というジャンルのスタイルを形づくっている。

VI. 憲法裁判所

研究、教育、大学の自治に基づく学術活動関連の管理業務（特に学内の分野別

（その配分は、300 に分かたれた表題別の表による）もこれに加えられる。この資金は、もちろん少し前に、16,000 ドイツマルクから 14,720 ドイツマルクへと引き下げられた。Vermerk auf der Stellungnahme des Kurators der Universität vom 12. 12. 1966 zum Schreiben des Dekans der Rechts- und Staatswissenschaftlichen Fakultät vom 6. 12. 1966（前注47）), Universitätsarchiv Münster, Bestand 8, Nr. 52506 参照。

49) Schreiben des Kurators der Universität vom 12. 12. 1966（前注48））参照。
50) これについては、たとえば、*Schlüter*（前注3)), S. 352f. ——これには、その余の証明が付されている。後述Ⅷ. 3)。
51) *Brox/Rüthers*, Arbeitskampfrecht. Ein Handbuch für die Praxis, 1. Auflage, Stuttgart 1965.
52) *Brox*, Erbrecht, 1. Auflage, Köln u. a. 1966.
53) *Brox*, Grundbegriffe des Arbeitsrechts, 1. Auflage, Stuttgart 1967.
54) *Brox*, Allgemeines Schuldrecht, München 1969 ; *ders*., Besonderes Schuldrecht, München 1970.

専門委員会における取りまとめ役）といった本来的職務だけでなく、ブロクスは1964年にもう一つの仕事を引き受けた。彼は、通常裁判所での個人的経験をこの新しい仕事に応用した。彼はミュンスター大学への招聘から二年後にノルトライン・ヴェストファーレン州憲法裁判所の裁判官に就任した。彼はこの職を30年間に亘り、名誉教授職に退いた後も1994年まで続けた。

ノルトライン・ヴェストファーレン州憲法裁判所裁判官への就任から三年後、今度は連邦レヴェルでの仕事が加わった。裁判官選任委員会が1967年にブロクスを連邦憲法裁判所裁判官に任じたからである。彼にとってこれは予想外の人事であった[55]。1967年9月1日付で、連邦大統領は彼を八年間任期の連邦憲法裁判所第一小法廷裁判官に任命した[56]。

ブロクスはこうして連邦憲法裁判所裁判官とノルトライン・ヴェストファーレン州憲法裁判所裁判官とを兼任することとなった。二つの憲法裁判所での活動と並行して、彼は最大限の努力を尽くしてミュンスター大学での研究・教育業務にも従事した（この点は、最終的なものではないにせよ、当時すでに広範に普及し頻繁に版を重ね、しかも一つのスタイルを形づくっていた前述の「学修書」数冊が刊行されていたということにも示されている[57]）。八年間の任期を終えた1975年に、ブロクスは、もちろん学問研究に専念するため、連邦憲法裁判所裁判官再任の

---

55) *Schlüter*（前注4)), S. 344参照。この点についての逸話を述べているものとして、*Rüthers*（前注5)), S. 529f. ブロクスはこのことをまずもって冗談だとみなし、連邦議会議長の事務局担当職員が後に裁判官選任委員会のまさしくこのような趣旨の決定を彼に電話で伝えた時、そうした冗談に腹を立てていた。

56) 1967年8月21日付連邦司法大臣のノルトライン・ヴェストファーレン州文化大臣宛書簡の写し参照。Universitätsarchiv Münster, Bestad 8, Nr. 52506.

57) そうしたものとして叢書『法学綱要（Grundrisse des Rechts）』に収録された二冊がある。Brox, Allgemeines Schuldrecht および *ders*., Besonderes Schuldrecht（前注54))――ミュンスター大学における教育活動の、そして、彼の聴講料全額をカットするという、ブロクスからみて不適切な（結局は放棄された）文化省の意図の、その後の経緯については、ブロクスおよび学部長の文化大臣との交信記録（Akten des Dekanats der Rechtswissenschaftlichen Fakultät der Universität Münster, Personalakte Brox）参照。

要請を断った[58]。ドイツ連邦共和国は彼の連邦憲法裁判所での活動を称え、連邦功労十字勲章を授与した。ノルトライン・ヴェストファーレン州は同州への功労を認めて、功労章を授与した。

VII. 名誉教授

　ブロクスは、連邦憲法裁判所退職後、名誉教授職に退くまでの十年を、多くの法分野での多数の出版に、多くの成果をもたらした教育に、すべての面で敬意に値する試験官としての活動に、そして、法学部におけるその他の業務、ノルトライン・ヴェストファーレン州憲法裁判所での活動、これらに充てた。ブロクスは満65歳を迎えた時に、当時の公務員法に従い、大学教授としての「職務」から開放された[59]。満68歳で名誉教授に退く旨を定めた従前の法制とは異なるが、生涯労働時間の延長がもたらす利点を考えれば、ノルトライン・ヴェストファーレン州は、大学政策の改革努力を進める過程で、大学教授の65歳定年制を必要なものとみていた。しかしながら、ブロクスはさらに1ゼメスターを、当時空席であった講座の代行者の資格で法学部にとどまり、実際にはそれまで担っていた職務を続けた。その後、所管の学術研究省は、「原則的考慮」に立ち戻り、1986年夏学期についてはこの種の例外の延長を認めなかった[60]。

　法学部にとっても、多年に亘って教育を受けた学生たちにとっても、幸いなことに、ブロクスは、「退職」にも拘らず、また代行者として委任を受けていないのに、その後も教育を担った。定年退職後12年以上に亘り、彼はゼメスターを迎えるたびに法学部の教育計画に関与した[61]。この活動は、きわめて残

---

58)　この点および以下の点については、*Schlüter*（前注4)), S. 344, 346 参照。
59)　1985年8月2日付消印のあるアンケ・ブルン（Anke Brunn）大臣の博士ハンス・ブロクス教授宛書簡の写し、Universitätsarchiv Münster, Bestand 8, Nr. 52506.
60)　1986年2月3日付学術研究大臣のミュンスター大学宛書簡、Universitätsarchiv Münster, Bestand 8, Nr. 52506.

念なことであるが、1997年に健康上の理由で教育から身を退かなければならなくなるまで続いた[62]。彼はその後も85歳になるまで多くの書物の新版をみずから準備することで、後の世代の法曹教育に関わり続けた。

VIII. 個別の活動領域

1 裁判官としての活動

　職歴からみて、ブロクスは何よりも裁判官であった。大学では彼は遅れて参加した「転身者」[63]であった。この点が彼の学問的著作と大学での教育活動に影響を及ぼした。彼の著作や講義に示されていたのは、実務との継続的関わりや分かり易い事例だけではない。彼の活動からすぐに連想できるが、裁判官が判決書を作成するときの方法やスタイルを彼は重視した。このことは、著作や講義において、ブロクスが事案に即して冷静に利益衡量を行うとともに論証に努め、簡潔かつ正確に問題の捉え方と解決策を示していた点にも表れている。

　ブロクスは、1950年の第二次司法国家試験合格から1961年のマインツ大学員外教授職という大学への転身に至るまでの十年余り、通常裁判所裁判官として知識を蓄え、習熟の度を高め、経験を積んだ。裁判官としての経験が後に学問的活動をするうえで役立っただけではない。大学への転身から三年経ってノルトライン・ヴェストファーレン州憲法裁判所裁判官の仕事を新たに引き受けた折に、彼はこの経験を活かすことができた。彼がこの職に四度も選任されたという事実をみると、彼が専門的能力と事実認定力を活かし、「党派に偏らな

---

61) たとえば、1989年7月5日付法学部長、法学博士ハインツ・ホルツハウアー (Heinz *Holzhauer*) 教授の、ハンス・ブロクスの1ゼメスターにおける「相続法」講義の週担当時間数 (14週×2コマ×45分) に関する学長室宛書簡、Universitätsarchiv Münster, Bestand 8, Nr. 52506; *Schlüter* (前注4)), S. 352.
62) この点および以下の点については、*Schlüter* (前注4)), S. 352, 348 参照。
63) *Rüthers* (前注5)), S. 524 参照。

い独立自尊の精神」[64]を発揮して、何を重視し、どのようにみていたかがよく分かる。こうした特徴は、往々にして難しい、一部では政治的対立の激しい多くの手続（たとえば、1970年代の地方自治改革のごとし）でも実証されているに違いない。ブロクスは、ノルトライン・ヴェストファーレン州憲法裁判所の判例をかなりの程度に亘って形成し、さらに、同州の憲法裁判を巡る原理的諸問題についても検討を加えていた[65]。

ブロクスが1967年に連邦憲法裁判所裁判官に就任した時、彼はすでにノルトライン・ヴェストファーレン州憲法裁判所の裁判官として多くの経験を積んでいた。彼は連邦憲法裁判所第一小法廷で、裁判長のゲープハルト・ミュラー（Gebhard Müller）および（1971年以降は）エルンスト・ベンダー（Ernst Benda）のもとで、ヴィルトラウト・ルップ・フォン・ブリュネック（Wiltraut Rupp-von Brünneck）裁判官（女性）やヘルムート・ジーモン（Helmut Simon）裁判官（男性）らと一緒に活動した。彼は、労働法・社会保障法分野の起案者として手続の遅れを迅速に取り戻し、新しい手続を迅速に進め、部内でも名声を博した[66]。

第一小法廷の一員として、ブロクスは連邦憲法裁判所の一連の原理的裁判の形成に貢献した。特筆に値するのは、芸術表現の自由と死後の人格権保護との関係についての「メフィスト（Mephisto）」決定[67]、一般的人格権が侵害された場合の精神的損害の賠償に関する「ゾラーヤ（Soraya）」決定[68]、いわゆる「定

---

64) *Rüthers*（前注5）), S. 529.
65) *Brox*, Rechtskraft und Gesetzeskraft von Entscheidungen des Verfassungsgerichtshofs, in: *Präsident des Verfassungsgerichtshofes für das Land Nordrhein-Westfalen* (Hrsg.), Verfassungsgerichtsbarkeit in Nordrhein-Westfalen, Festschrift zum 50-jährigen Bestehen des Verfassungsgerichtshofs für das Land Nordrhein-Westfalen, 2002, S. 149ff.
66) この点および以下の点については、*Schlüter*（前注4）), S. 344ff.; *Rüthers*（前注5）), S. 530ff.
67) BVerfGE 30, 173.
68) BVerfGE 34, 269.

員制限条項（numerus clausus）」判決[69]、「マスプロ大学（Gruppenuniversität）」についての「大学（Hochschul）」判決[70]、そして堕胎の問題性に関する最初の判決[71]等への参加である。リューテルスの評価によれば、ブロクスは最後に挙げた判決に「特別の関心」[72]を抱いていた。この判決は、第二小法廷の「第二堕胎判決」[73]によるその後の修正を除き、憲法上不変の基本的価値に関するブロクスの確信的理解と一致する。

　ブロクスは、多数決で決められた同小法廷の結論に賛成しなかったときも、一度も「反対意見」を述べなかった。強調の仕方はさまざまである[74]が、この点が、裁判官の役割に関するブロクスの理解を特徴的に示していることであろう。通常裁判所の経験でこの点を十分に弁えていた点からみて、憲法裁判所裁判官としての彼の活動が適切なものであったことが分かる。これと同様に、彼は、憲法裁判所裁判官の職にある間も、同僚の幾人かとは異なり、裁判官はみずからが属する機関のすでに下された判断に対しても、予見可能な将来において当該機関が判断する可能性のある争点に対しても、態度を明確にすべきではないという考えを強く抱いていた[75]。個別案件における訴訟物等がこのような制約に服していない場合、ブロクスは、もちろん原則論ではあるが、連邦憲法裁判所での経験に基づいて、憲法裁判の分野における法律問題を学問的に取り上げ、多数の論文を公表していた[76]。

---

69)　BVerfGE 33, 303.

70)　BVerfGE 35, 79；これについては、*Schlüter*（前注4））, S. 345.

71)　BVerfGE 39, 1.

72)　*Rüthers*（前注5））, S. 530f.、特に言及されているのが、判決理由末尾におけるいくつかの文章である。

73)　BVerfGE 88, 203.

74)　*Schlüter*（前注4））, S. 345f.；*Rüthers*（前注5））, S. 531f.

75)　*Schlüter*（前注4））, S. 346；*Rüthers*（前注5））, S. 532 参照。

76)　*Brox*, Zur Zulässigkeit einer erneuten Überprüfung einer Norm durch das Bundesverfassungsgericht, in : Leibholz/Faller u. a. (Hrsg.), Menschenwürde und freiheitliche Rechtsordnung. Festschrift für Willi Geiger zum 65. Geburtstag, Tübingen 1974, S. 809ff.；*ders.*, Zur Zulässigkeit der Verfassungsbeschwerde. Auslegungsschwierig-

2 学術的著作

ここでは、ブロクスが通常裁判所および憲法裁判所で職に就く前後に公表した多数の著作について個別に論評する余裕はない。以下では、学問的創造という点で特色を有する若干の著作が取り上げられるにすぎない。というのは、彼が判断や説明に際して採用した独特の方法を略述する必要があると考えられるからである。

ブロクスの処女作は確かに民法に分類できる。彼は、司法国家試験の答案——おそらく、司法試験当局委員長の提案に基づいて公表されたものと思われる[77]——で、売買契約における債務不履行抗弁との関連で、保証請求権と履行概念に触れた学術文献を詳細に取り上げ、論評していた[78]。彼は、当時の債務法を適用して説得力ある解決策[79]を示しただけでなく、——売り主の履行義務には物の瑕疵からの解放も含まれるとする仮説に立脚して——複数の立法論にも言及していた。彼の立法論は、半世紀後に行われた債務法改正をみてみると驚くほど現代的なものであったという印象を与えるものであった（特に、売買契約法における瑕疵の除去に関する規定と請負契約法におけるそれとの調整、これら二つの法領域における基本的諸規定の債務法各論から債務法総論への移転[80]）。このブロクスの処女作は、司法国家試験で事例問題以外の出題がなされた場合に、特異な才能に恵まれた学生がいかに優れた解答を示したかの好例といえよう。

---

keiten bei § 90 I BVerfGG, in : *Wilke/Weber* (Hrsg.), Gedächtnisschrift für Friedrich Klein, München 1977, S. 75ff.；同じ著者によるものとして、この他、*ders.*, Rechtsprobleme bei Abstimmungen beim Bundesverfassungsgericht, in : Ritterspach/Geiger (Hrsg.), Festschrift für Gebhard Müller, Tübingen 1970, S. 1ff.

77) *Walker*, Die Bedeutung von Hans Brox im Zivilrecht und im Zivilprozessrecht, in : Schlaglichter 10（前注7))、S. 13ff., 13；参照。この点については、彼の著作（前注21)) が叢書『Rechtswissenschaftliche Arbeiten aus dem Justizprüfungsamt Köln』第三巻として刊行されていることが指摘される。

78) *Brox*（前注21))．

79) 要約したものとして、*Brox*（前注21))、S. 87f.

80) *Brox*（前注21))、S. 88 参照。

このように優れた解答が現在みられなくなっているのは残念であるが、それは、「司法国家試験でもはやそうした出題がなされなくなっているためであろう」[81]。

ブロクスはその後に刑法の領域で博士学位取得論文を書いた。彼が集中的に取り組んだ「悪意による婚姻締結への誘導（Die arglistige Verleitung zur Eheschließung）」というテーマは、解釈論および実務からみると、民法分野の先行研究に比して、さほど重要性を持つものではなかった。しかし、「通常時」という構成要件概念解釈の重要性がほとんど考慮されていなかった時代に、彼は「近年、婚姻が無効とされ、取り消される頻度が高まっている」[82]点を指摘することでこの要件の解釈問題が現実に生じており、詳細な検討が必要であると主張した[83]。彼は、結論部分で、簡明な解釈論に対応させて、立法提案を示した[84]。この提案の基礎にある彼の考え（この時代の傾向に導かれ[85]、後に公表された著作からみると異例にみえる考え）は、婚姻のモラルという点で「人々をふたたびキリスト教的生活の根源へと立ち返らせる」[86]ものであった。ブロクスはこの博士論文を提出し、ボン大学法学部から「優（3段階から成る優等評価中、第一順位のsumma cum laude に次ぐ第二順位のmagna cum laude）」という評価を得た。

その後の学問的著作をみると、刑法は確かに継続して取り上げられているわけではない。しかし、ブロクスが取り組んだテーマは、司法部で、特に司法国

---

81) ブロクスの著作（前注21））のはしがきで、叢書の編者ルードルフ・シェッター（Rudolf *Schetter*）およびヴェルナー・コリンテンベルク（Werner *Korintenberg*）がこのように記している。

82) *Brox*（前注23))、S. 2ff. がそこで——今日的視点からみるとなんら批判的なやり方ではないが——引き合いに出しているのは、1935年の国家社会主義的婚姻立法、とりわけ、戦時中の戸籍規則による、婚姻方式要件の脱落および死者との婚姻締結可能性、これらである。

83) *Brox*（前注23))、S. 4.

84) *Brox*（前注23))、S. 149.

85) *Brox*（前注23))、S. 149 参照。「諸々の倫理的な価値を感じる力を失ってしまった現代人が示すだらしなさと付和雷同……」。

86) *Brox*（前注23))、S. 149.

家試験当局で担っていた任務に限定されていない。それどころか、むしろ彼は刑法分野の講義を担当する準備を進めており、マインツ大学員外教授職在任中に刑法の講義を担当していた[87]。注目に値することであるが、私法分野で大学教授資格を有する一人の私講師が刑法分野に姿を現す契機となった原因は、刑法分野の人員が大幅に不足した結果であった。ブロクスの教授能力を考慮すれば、こうした措置が執られても履修者の損にはならなかったはずである。

　ブロクスは、短編論文[88]を多数書いた後、大学教授資格取得論文[89]を書いてふたたび民事法に戻った。『錯誤による取消の限界』という主題はこの研究の狙いを明確に示している。しかし、彼の視野の幅広さは、その副題「意思表示およびその解釈に関する学説についての一考察（Ein Beitrag zur Lehre von der Willenserklärung und deren Auslegung）」に示されている。ブロクスは視野を拡げ、意思表示の解釈、意思表示の取消および行為基礎に対する関係、これらに関する原理的諸問題を取り上げていた（出発点に置かれたのが「解釈が取消に先行する（Auslegung vor Anfechtung）」との原則である[90]）。この論文では、錯誤による取消と他の諸規定との関連性（特に瑕疵担保責任）が取り上げられている[91]。もっといえば、この論文は、解釈論上、「事実的契約関係」論が例外事案に限定され得るというように、法律行為論を発展させるという目標を掲げ、継続的契約関係がある場合の錯誤による取消の排除を論じている[92]。ブロクスはこの論文で一歩を進め、簡明な言葉で彼の解釈論と概念法学に対する方法論的反対説とを結び付けていた。このような構成は利益の対立状況と立法者による評価を整序するうえで有用なものであった[93]。

---

87) Rüthers（前注5)), S. 521 参照。
88) 特に家族法と相続法についてあてはまる。前注28) をみよ。
89) *Brox*（前注33)).
90) 要約したものとして、*Brox*（前注33)), S. 277 参照。
91) *Brox*（前注33)), S. 201ff.
92) *Brox*（前注33)), S. 216 参照；これについては、*Walker*（前注77)), S. 14.
93) *Brox*（前注33)), S. 276f. 参照。これについて詳しいものとして、*Shoppmeyer*, Juristische Methode als Lebensaufgabe, Tübingen 2001, S. 237ff.

ブロクスはこの論文により、錯誤による取消および法律行為論の解釈に影響を与えただけでなく[94]、この主題に関してその後刊行される諸研究の礎石を築いた。特に彼は、当時広く普及していたエルマン版注釈書[95]の民法典第104条ないし第144条および第164条ないし第193条に注釈を加えたことで研究を促進したが、このことで彼の大学教授資格取得論文の結論がさらに一段と注目を浴びるようになった[96]。簡略版教科書シリーズ（Kurzlehrbücher）中の民法総則[97]——同書は数十年に亘り法曹教育の民法分野で広く利用されていた——の該当箇所の記述も、前述の原理的研究に基づくものであった[98]。

ブロクスはすべての法分野で開拓の契機を与え、輪郭を示した点で革新的であった。その好例であるが、彼は1960年代半ばに当時の助手ベルント・リュータースと共著の形式で労働争議法ハンドブック[99]を著した。同書は、労働争議法という概念が今日的な理解のもとに定着するうえで、決定的な役割を果たした[100]。法学部が彼を招聘する際に「ミュンスター大学が有する労働法分野での研究センターとしての地位を強化できるよう協力を求める」との期待に、ブロクスは同書を刊行することで応えた[101]。方法論という点からみると、彼は、

---

94) 意思表示を構成する必須の要素について、連邦憲法裁判所の裁判（BGHZ 91, 324）に及ぼした影響については、*Walker*（前注77)), S. 15 参照。
95) E*rman* (Hrsg.), Handkommentar zum Bürgerlichen Gesetzbuch, 7. -9. Auflage, Münster 1981, 1989, 1993.
96) ブロクスのその他多くの出版物の集大成が民法典に関する五冊の著作であるという点の概要については、*Walker*（前注77)), S. 16f. をみよ。
97) *Brox*, Allgemeiner Teil des Bürgerlichen Gesetzbuchs, 1. Auflage, Köln u. a. 1976（第30版（2006年）以降、ヴォルフ・ディートリッヒ・ヴァルカー（Wolf-Dietrih *Walker*）との共著、第33版（2009年）以降、ヴァルカーの単独作業、最新版として、*Brox/Walker*, Allgemeiner Teil des BGB, 37. Auflage, München 2013).
98) ブロクスのその他多くの民法・民事訴訟法の著作の詳細については、*Schlüter*（前注4)), S. 350ff. および *Dütz*, Die Stellung von Hans Brox zum Arbeitsrecht, in：Schlaglichter 10（前注7)), S. 39ff.
99) *Brox/Rüthers*（前注51)), 2. Auflage, Stuttgart u. a. 1982.
100) *Rüthers*（前注5)), S. 527 参照。
101) 上述442頁参照。

大学教授資格取得論文で示した利益法学および「評価法学」への転換という路線をこの本でも採用している[102]。同書は瞬く間に労働争議法分野の唯一の標準的著作となった。同書はこのような方法論を採用することで、「法実務の経験と必要性から、裁判官および法律家が広範囲に取り組むべき」[103]新分野の体系を実務に密着したものとするという課題を克服した。

　ブロクスは、法律学分野の教科書を何冊も執筆し、標準的教科書のモデルを示してきた。最初の教科書は1966年に初版が出された『相続法（Erbrecht）』[104]である（早くもその翌年には、簡潔かつ事例解決の観点をより強調した労働法の入門書（Einführung in das Arbeitsrecht）[105]が刊行された）。ブロクスは、『相続法』のはしがきで同書とこれに続く一連の教科書[106]の基本的執筆方針を略述し、その要点を「教科書であって、ハンドブックではない」こと、「重点を……教育上の理由から適切と思われるところに置いた」こと、当該法分野特有の「利益衡量」に習熟できるように、個々の問題について立入って説明したこと、そして、「毎回、冒頭に示した簡単な事例を通して……理解し易くした」[107]こと、これら四点にまとめている。掲載された判例や参考文献は教育目的に合わせて選ばれているが、学問的研究を進めようとすれば、これらを利用することによって容易に本質論に迫ることができよう。

　教科書執筆における彼のコンセプトは、学問的に立入った論及の放棄を意味するものではない。このことは、ブロクスがしばしば簡潔明瞭に新しい見方を

---

102)　*Dütz*（前注98））, S. 40.
103)　*Brox/Rüthers*（前注51））, S. 5.
104)　*Brox*（前注52））; これを承継した最新版として、*Brox/Walker*, Erbrecht, 25. Auflage, München 2012.
105)　*Brox*（前注53））; これを承継した最新版として、*Brox/Rüthers/Henssler*, Arbeitsrecht, 18. Auflage, Stuttgart 2011.
106)　これらの準備に基づく教科書として、*Brox/Walker*, Zwangsvollstreckugsrecht, 1. Auflage, Köln u. a. 1986（第7版以降ヴァルカーの単独作業、最新版として、9. Auflage, München 2011）; *Walker*（前注77））, S. 23参照。
107)　*Brox*（前注52））, Vorwort参照。

示していた個別的諸問題についてだけでなく、各法領域の基本概念や構造についてもあてはまる。相続法の教科書が模範的なものと評価されたのは、民法分野からの「相続法総則」解釈論が充実していたからであった。彼は、第1節で相続法各論を説明し、私法の概念に加え、特に私法の基本原理、法源、相続法と関わる権利の主体、権利の客体および法律行為に関する諸理論について個別に説明していた[108]。繰り返しになるが、ブロクスは何よりも教育的配慮に基づいて、相続法の解釈学的発展を説明していた。彼は、「相続法上一見して手を加えにくい諸問題の取扱いにある種の躊躇いがみられる」[109]ことを考慮し、「相続法総則」を教科書の冒頭に置いていた。彼は、「相続法特有のイメージと概念操作に初心者は慣れるべきであり、そのために、相続編が民法典の他の編に対してどのような体系的関係に立っているかを初心者は理解すべきである」[110]と考えていた。

　これらの著書に通底する方法論に関していえば、ブロクスが書いている以上の内容が盛り込まれている[111]。具体的法律問題と切り離して方法論だけを議論することは、彼の考えに添うものではない。彼が大学教授資格取得論文で取り上げていた法律行為論上の諸問題についていえば、前述のように、彼は概念法学に対して明確に反対していた。彼は、方法論に関して、裁判官が法律に拘束されている点を考慮し、「一定の事例群に共通する特殊性に着目して共通点をルール化し、上位性を有する新原則として定立し、この新原則をすべての事案に適用する方法」[112]に強く反対していた。彼は、この選択肢を優先する根拠を、普通考えられる「法律の文言や体系構成」[113]に拘束されるという点に求めず、

---

108) *Brox*（前注52））, S. 1ff.（Rn. 1ff.）参照。
109) *Brox*（前注52））, Vorwort.
110) *Brox*（前注52））, Vorwort.
111) ブロクス他の方法論（Methode）については、*Rüthers*（前注8））, *ders.*,（前注5））, S. 525ff.；*Schlüter*（前注4））, S. 347ff.；*Dütz*（前注98））；*Schoppmeyer*（前注93））, S. 237ff.
112) *Brox*（前注33））, S. 276.
113) *Brox*（前注33））, S. 276.

「立法者が制定法の背後に潜ませ、解釈により明らかにされる種々の評価」[114] に焦点を合わせる点に求めていた。

　ブロクスは、法律学が社会科学に属すると考え、法律解釈の方法論と「社会科学全体にあてはまる解釈方法論」[115]との関連性を指摘していた。彼は「社会科学全体にあてはまる解釈方法論」の内容を詳しく述べていない（豊富な内容を有する他分野の文献への言及もなければ、法律学におけるヘルメノイティクに関する同時代の論議への言及もない[116]）。彼は、両者の関係を詳論せず、むしろ直接「われわれは法を発見する際、歴史的研究に添って、意味内容を調べ、立法理由を明らかにし、実際の存在理由を解明するよう努めなければならない」[117]という前提的命題に行き着いていた。この歴史的解釈方法は、立法者が念頭に置いた利益状況の認識に焦点を当てたものである。次に、「生存に関わる利益状況と」[118]比較することができれば、実際に存在するその余の、立法者が予測していなかった「諸利益」を把握することができるし、おそらくは裁判官が埋めるべき、法律の欠缺の有無を決めることができよう。

　リューテルスが具体的に述べている[119]が、ブロクスは広範囲に亘って学問上の師ハリー・ヴェスターマンが依拠した方法論に——彼自身は「客観的解釈」へと向かう方向性を支持していなかったとしても——従っていた[120]。ヴェ

---

114) *Brox*（前注 33)), S. 276.
115) *Brox*（前注 33)), S. 276.
116) 特に、*Wieacker*, Privatrechtsgeschichte der Neuzeit, 2. Auflage, Göttingen 1967, S. 15f. 参照。これに関連するものとして、*Gadamer*, Wahrheit und Methode, 2. Auflage, Tübingen 1964, S. 162ff., 184ff.
117) *Brox*（前注 33)), S. 276.
118) *Brox*（前注 33)), S. 276.
119) *Rüthers*（前注 8)), *ders.*,（前注 5)), S. 525ff.; *Dütz*（前注 98)), S. 40 参照。
120) 方法論史からみた分類については、*Schoppmeyer*（前注 93)), S. 237ff. 参照。そこでの評価によれば、ブロクスはもちろん、ヴェスターマンと同様、ヘックとさほど大きく違っていたわけではなく、G. ライニッケ／D. ライニッケ（G. und D. Reinicke, NJW 1954, 1236, NJW 1959, 361）の影響を受けている。G. ライニッケ／D. ライニッケおよび、1950 年代半ばまでに彼らの主張を支持していたヴェスターマン、

スターマンと同様に、彼も 19 世紀の概念法学と利益法学との論争にまで遡っているわけではない。むしろ、彼は、フィリップ・ヘック (Philipp Heck) による利益法学のその後の発展を拠り所にして、ヴェスターマン[121)]に続き、「評価法学」と対比し、「諸利益」と「法律による評価」とを区別する立場を引き継いできた。大学教授資格取得論文において示された彼の方法論が——錯誤の問題に関する、「正義の問題を見分けにくくする心理主義」[122)]と対決しつつ——行き着いた要点は、法律学が「応用心理学といったものではなく」[123)]、「評価学」[124)]であるというものであった。

3 教　　育

学問的著作が同時に教育的方向性を示すことがあるが、法曹教育は、ブロクスの「活動の中核」[125)]であった。通常裁判所の仕事に携わっていた間も、彼は、司法修習生起案コースの指導者となり、その後、ハム上級地方裁判所管内の修習生全員に対する教習事業の責任者を務めた[126)]。ミュンスター大学私講師として、またマインツ大学員外教授として、学問的側面を伴う教育活動を始めた時から、彼は、聴講する学生たちを魅了する方法を知っていた。弟子たちが書い

　　この両者と比べると、ブロクスは「遅刻者」(S. 239) にあたる。
121)　*Westermann*, Wesen und Grenzen der richterlichen Streitentscheidung im Zivilrecht, Münster 1955, S. 14ff.；*ders*., Interessenkollisionen und ihre richterliche Wertung bei den Sicherungsrechten an Fahrnis und Forderungen, Karlsruhe 1954, S. 4ff. ——ヴェスターマンの方法論 (Methode) については、*Felz*, Im Geiste der Wahrheit? Zwischen Wissenschaft und Politik: Die Münsterschen Rechtswissenschaftler von der Weimarer Republik bis in die frühe Bundesrepublik, in: Thamer/Droste/Happ (Hrsg.), Die Universität Münster im Nationalsozialismus, Bd. 1, Münster 2012, S. 347ff., 387.
122)　*Brox*（前注 33))，S. 278. これに関連するものとして、*Wieacker*, JZ 1956, 254.
123)　*Brox*（前注 33))，S. 278.
124)　*Brox*（前注 33))，S. 278.
125)　*Rüthers*（前注 5))，S. 525 参照。彼は、この他、学問的後継者の育成をも同順位に挙げている。
126)　*Schlüter*（前注 4))，S. 343.

た証拠だけでなく、こんにちまでミュンスター大学に伝わる伝説によっても、ミュンスター大学正教授職への招聘後、彼は「少なくとも彼の講義を聴くこと自体が不文の法律だ」[127]といわれるほど大きな存在感を持っていた。法学部学生自治会は、彼が名誉教授職に退いてから20年（彼の教育活動が終わってから八年）経っても、彼のことを「しばしば真似されるが、誰もうまく真似することができない（ほど、余人をもって代えがたい人物）」とか、「法学部にブロクスがいなければ、ミュンスターの街に雨が降らないようなもの（ミュンスター大学とは切っても切れないほど不可欠の人物）」[128]とかという言葉で言い伝えていた。彼の助手を務めた人々の想い出によれば、憲法裁判所裁判官と大学教授という二足の草鞋を履いていた間も、彼は助手たちに代講させなかったし、時間がないときでも原則として講義を優先していた[129]。

　ブロクスは、こうして、多くの世代の学生たちに対し、その専門的知見と教育能力により、決定的な影響を与えた。彼の講義スタイル——シリーズとなった彼の教科書『綱要（Grundrisse）』における簡潔明瞭な説明と、独自の生活体験に基づき具体例を目に浮かぶようにユーモアたっぷりに話すこととを結び付けたもの——にはっきりと表れているが、彼は法曹教育に格別の情熱を注いでいた。教育とは「心に訴え掛けるもの」[130]だというブロクスの考えを履修者も十分に感じ取っていた。

　講義から生まれたもの、そしてもっぱら学修の必要性に対応させたもの、それが、ブロクスが1960年代末から書いてきた彼の「教科書」であった。『相続法教科書（Lehrbuch des Erbrechts）』[131]と比較すると、彼の教科書は、入学したばかりの初学者向けに書かれたものであって、分量も切り詰められ、異論や関

---

127) *Schlüter*（前注4)), S. 352.
128) Jur. Info Nr. 1（WS2004/05), S. 78, 80 この出典は、*Schlüter*（前注4)), S. 352 による。
129) *Schlüter*（前注4)), S. 353；*Rüthers*（前注5)), S. 525 参照。
130) *Walker*（前注77)), S. 21.
131) *Brox*（前注52))．これについては、上述443頁。

連文献への言及等も限定されていた。ブロクスは学生向け文献についての自説を述べているが、彼が書こうとしたのは「辞典（Nachschlagewerk）」ではなく、「学修書（Lernbuch）」[132]であり、それゆえ、「すべての論点を詳しく論じることは意識して断念されていた」[133]。彼の教科書類の特徴は徹底した細分化にある。細分化によって、「法的素材が全体として捉えやすくなり、同時に、読者は後に実際の案件を解決する方策を示せるようになる」[134]。こうした考えから、ブロクスがこれまで出版した一連の著書、すなわち、債権総論とその後の教科書類[135]には、「法律学綱要（Grundrisse des Rechts）」というシリーズ名が繰り返し用いられた。ブロクスは、各節で先行する事例にできる限り触れ、そのことを通じて、各素材を目に見えるようにしただけでなく、どのように事例を解決すべきかの手引きを読者に与えようとして、「法律学綱要」の枠内で、定評を得ている既刊の教科書類が提示したモデルを採用した。ブロクスが一貫して採用したこの方法は、こんにちではほぼ、学修向け書籍の常識となっている。またブロクスは、方法論に関する彼の基本的関心事に忠実であり、彼自身、学修書の細かい組み方においてさえ、初心者が法文の表面的な内容だけでなく、各法領域における「利益衡量」にも習熟できるように、配慮していた[136]。

　ブロクスや彼のやり方を模倣した他の教科書の著者たちのように、最少の頁数で法律の文言に対する解釈論を広範囲に取り上げた学修書がどのような教育

---

132) *Brox*, Allgemeines Schuldrecht（前注54））, Vorwort.
133) *Brox*, Allgemeines Schuldrecht（前注54））, Vorwort.
134) *Brox*, Allgemeines Schuldrecht（前注54））, Vorwort.
135) *Brox*, Besonderes Schuldrecht（前注54））, Vorwort. そこでは、上述の *Brox*, Allgemeines Schuldrecht（前注54））のはしがきを引用するかたちで、同書がこの叢書における続巻であることが明示されている。同様にこの叢書において高く評価されている続巻として、*Brox*, Handelsrecht und Wertpapierrecht, 1. Auflage, 1978（第19版以降、ヘンスラー（*Henssler*）による改訂、最新版として、*Brox/Henssler*, Handelsrecht, 21. Auflage, München 2011）.
136) *Brox*, Allgemeines Schuldrecht（前注54））, Vorwort. 参照。これは、「特に債務法上の利益評価（spezifisch schuldrechtliche Interessenbewertung）」に関するものである。

効果を上げたかという点に対する評価については、紙幅に限りのある小稿ではなく、別の個所で行われるべきであろう。しかし、ブロクスが、学修者が法解釈を簡明に実践できるようなジャンルの書籍の代表的著者であるという点については、異論がない[137]。著者ごとに、また読者ごとに、学修書がどのような効果を持つかは異なり得る。学修書は、読者が法律学を学べるように導くと同時に、暗記したり復習したりするのに役立つものでなければならない。しかし、ブロクスは少なくとも後者を意図していなかった。このことは、彼が強調した点であるが、民事法における「利益衡量」のための理解に資する書籍という、その方向付けが示している通りである。

IX. ブロクスと在職当時の法学部

　法律家ハンス・ブロクスの活動すべてをここで語り尽くすことはできない。以上に触れた、裁判官として、重要な学問的作品の著者として、さらに大学教授として、彼が行ってきた活動は、際立って高い視聴率を誇り、24回放映されたテレビ番組「あなたはどのように判断されるか？（Wie würden Sie entscheiden?）」でも取り上げられ、広く世間に知られているが、われわれは彼の業績をどのように考えたらよいのだろうか[138]。日々テレビで、数百万人の視聴者に向けて行われた法律相談において、彼は、法規範や裁判を「素人」にも分かるようにかみ砕いて説明していた。天賦の才により、難しい法律問題を適切かつ明確に説明することで、ブロクスは、歴史の浅いドイツ連邦共和国において、法治国家を信頼させ、法秩序を理解させるという重要な役割を果たした。小稿

---

137)　たとえば、「分かり易く、簡潔明瞭であること――これは簡略化やそっけなさとはまったく無縁のものである――」という点からみたブロクスの著作に対する同時代の評価として、*Dunz*, JZ 1969, 756 を、また「明快で、簡にして要を得た、日常の言葉」という点からみたそれとして、*Lindacher*, NJW 1980, 2177；これに類するものとして、*Johannsen*, NJW 1972, 2081 参照。

138)　*Rüthers*（前注5))、S. 529.

では詳しくみることができなかったが、彼の活動だけでなく、彼の人柄の全体像を示しつつ、人間ハンス・ブロクスを総合的に評価することも必要となろう。しかしながら、そのような評価は、個人的体験に基づいてのみ語り得るものであり、彼の弟子や知人の著作に委ねられなければならない[139]。

むしろこの場では、結びとして、ハンス・ブロクスがミュンスター大学の「わが」法学部で果たした重要な役割が強調されるべきであろう。大学教授資格取得論文執筆計画の初めから論文の完成まで、それゆえ、50年以上も長きに亘り、彼はミュンスター大学法学部と密接な関係にあった。マインツ大学での員外教授の仕事がきわめて短期間に終わったのは、それが本格化する前に、彼がミュンスター大学に招聘されたことによる。彼は、その後、他大学法学部への招聘をすべて断った[140]。後日、カールスルーエで行われた憲法裁判所裁判官としての膨大な仕事でさえ、ミュンスター大学での教育活動を彼に断念させることはできなかった。連邦憲法裁判所裁判官の任期を終えた後、彼は、裁判官として最高の地位に再選されることよりもミュンスターで大学教授の仕事に専念することを優先した[141]。ブロクスにとって、ミュンスター大学法学部教授としての活動以上にやりがいのある仕事がなかったことは明らかである（この点は、旧制の法・国家学部の改編後も、そして今も変わらない）。

ブロクスの場合、ミュンスター大学との結び付きが生まれた背景には、職務に関しても人間関係でもいろいろな事情があったことと思われる。重要なファクターとして、おそらく、わが法学部の「雰囲気（Klima）」があり[142]、法学部の同僚、特にハリー・ヴェスターマンとの間に醸成された、お互いに敬意を払い、友情を保つ行動、そして、ブロクス自身が法学部内で担うこととなった役割、これらが挙げられるのかもしれない。ブロクスが招聘される以前、「民事

---

139) これについては特に、*Schlüter*（前注4）；*Rüthers*（前注5））参照。その他、上述の注6）および7）に挙げた文献参照。
140) 上述本文「V」をみよ。
141) 上述本文「VI」。
142) *Steveling*（前注36）），710f. 参照。

法分野の三巨頭」[143]はカーザー、ディーツ、ヴェスターマンの三人であった。それは、彼らが1950年代に法学部の活動に決定的な影響を与えていたからである。しかし、その後、ディーツがミュンヒェン大学へ、カーザーがハンブルク大学へ転出したことにより、この体制は崩れた。1960年代に入って新たに「三巨頭」の地位に就いたのは、ブロクス、シェルスキィ、そしてヴェスターマンであった。三人のうち、最初の二人は同じ仕事を担当したことにより法学部の体制を強化するうえで特に大きな役割を果たした。シェルスキィの役割は、補完的なものではあったが、その重要性に変わりはない。

ブロクスとハリー・ヴェスターマンが仕事のうえでも人間的にも近い関係にあったということは法学部内の一致した評価であり、二人は学部内でいつも一緒に行動していた。二人の協力により、特に正教授の招聘、後継者養成の促進、学説の形成、これら三つの点で法学部の評価は高まった。

正教授を招聘するにあたり、ブロクスとヴェスターマンは、法曹養成にも実務との関係強化にも役立つという理由から、裁判所出身で大学教授資格取得論文を書いていない法律家を正教授に任用することにより、法学部の陣容を強化しようと努めていた。ブロクスの招聘それ自体が、法学部がこうした方法で高い能力を有する裁判所出身の法律家を獲得する一つの試みであった。ブロクスはヴェスターマンの督励のもとに大学教授資格取得論文という高いハードルを突破していたが、ブロクスとヴェスターマンは、後にライニッケとヴェセルスを招聘する際に、法学部の同僚を説得し、大学教授資格取得論文の提出という条件を撤廃させることに成功した[144]。もちろん、このような新しい人事採用基準の登場は、大学教授には大学教授資格取得論文の提出、つまり、高度の学問的能力を有することの証明が必要だという考えの一般的な放棄を意味したわけではない。この基準は、裁判所出身の、特に高い能力を有しながらも大学教授資格取得論文を執筆していない法律家の招聘に限定して採用されただけでな

---

143) *Steveling*（前注36）),710.
144) *Rüthers*（前注5）), S. 526. これについては、本訳書223頁以下所収の *Casper*, Ein Friese in Münster: Harry Westermann (1909-1986) をみよ。

く、後に 1960 年代および 1970 年代に「マスプロ大学(Gruppenuniversität)」を巡って行われた利益相反事案[145]の解決や、後継者の資格認定、大学教授資格取得論文執筆有資格者の指導に際しても用いられた。

　最後に挙げた点に関しても、ブロクスはしばしばヴェスターマンと共同歩調を取っていた。特に二人が一緒に担当したゼミナールは、後進法律家の指導と育成という点で重要な役割を果たした[146]。ブロクスが若い法学生たちを法律学の世界で一人前にすることに強い関心を示していたことは、彼が助手たちと日々共同作業を行っていた点からもうなずける。彼は、研究教育面での仕事に取り組む際、助手たちを頻繁に参加させていた。それは思索の交流というかたちで行われたものであり、その後も続けられ、奨励されていた。彼は、後進からの多くの批判を受け入れて、さらに熟考を重ね、仕事のやり方の改善に努めていた。しばしば引用されているが、彼の典型的な質問は、「このことをもっと簡単にいえないだろうか」[147]というものであった。「われわれは、法律学の素人に対しても、聡明であれば、本筋を理解できるような表現で書いたり話したりしなければならない。それができない者はまだそのことが分かっていない。理解できていれば、分かるように書き、そして話せるはずだ」[148]。弟子たちが異口同音に述べている[149]ように、彼らが学術論文を書く場合、彼は弟子たちに自由に考える機会を与え、彼自身の意見と異なる見解をも受け入れていた。多くの若い法学者たちはこの意味でブロクスの「流儀(Schule)」から大きな恩恵を受けていた。そこには、彼のもとで大学教授資格取得論文を書いた者

---

145)　弟子たちからみたブロクスの振る舞いについては、*Schlüter*（前注4))、S. 345；*Rüthers*（前注5))、S. 530；ヴェスターマンの振る舞いについては、*Casper*（前注144))。
146)　*Rüthers*（前注5))、S. 525.
147)　*Schlüter*（前注4))、S. 348.
148)　共著『労働争議法(Arbeitskampfrecht)』（前注51))の執筆にあたり、彼はリューテルスに対してこのように述べていた。これは、*Rüthers*（前注8))、S. 142による。
149)　*Schlüter*（前注4))、S. 353；*Rüthers*（前注5))、S. 525.

も含まれる。すなわち、ベルント・リューテルス、ヴィルヘルム・デュッツ (Wilhelm Dütz)、ヴィルフリート・シュリューター、フリートリッヒ・ユリッヒャー (Friedrich Jülicher)、そしてヴォルフ・ディートリッヒ・ヴァルカー (Wolf-Dietrich Walker) の五人がそうである。とはいえ、ブロクスは、教育方針を共有できる「流儀」としてこうしたやり方を採用していたわけではないし、またそのようなことは考えもしなかった[150]。

　しかし、こと教育に関する限り、ブロクスは弟子たちだけでなく法学部に対しても高い水準を達成するように求めていた。彼は、ヴェスターマンとともに、ミュンスター大学法学部への招聘を、大多数の法律家に対して優れた教育を行う仕事とみていた。ヴェスターマンの引退後、1970年代の変革期にあって、彼はミュンスター大学法学部の地位と同学部への招聘が示すイメージの維持に重要な役割を果たした。ブロクスというモデルは、彼が名誉教授職に退いた後も、保持されており、法曹養成に力点を置いて新たな挑戦に踏み切るよう、法学部を鼓舞し続けている。その内容は、法の国際化、法律家の活動領域の国際化がますます進展しているところから、法律学に関連する外国語教育を導入することから、電子媒体によるコミュニケーションを考慮して「司法国家試験合格を目的とした大学内補習コース」を時代の要請に合わせて再編成することまで、広範囲に及んでいる。

　教育活動そのものへの参加だけでなく、教育を支える活動への参加も、ブロクスにとって、なんら彼自身の研究を妨げるものではなかった。このことは、彼の著作にも、本人の協力を得て作成された法学部の彼のプロフィールにも示されている。わが法学部は、密度の高い教育活動を通して、研究面でも、実定法解釈学からみても、基礎理論重視の点でも、学際領域という点でも、優れた研究が行われているという名声を得ている[151]。教育の点でも法学教育用書籍の

---

150)　*Schlüter*（前注4)), S. 353；*Rüthers*（前注5)), S. 525.
151)　この時代にミュンスター大学の法学者たちによって学際的研究が行われた。シェルスキィについては、本訳書319頁以下所収の *Gutmann/Wittreck*, Helmut Schelsky (1912-1984) – Von der späten Skepsis einer euphorischen Generation. ヴェスターマ

点でもあらゆる努力が払われた結果、ミュンスター大学法学部で質の高い、多様な研究が行われたことによって、法曹教育の質も評判も圧倒的に高まっているという認識に異論の余地はない。逆にいえば、法学部が研究面での地位の高さを維持し、それを維持するために必要なリソースを維持できてきたこと、現在でもそれを維持できている理由は、ひとえに、法曹教育面での卓越した地位が確保されているという点にある。

ンの経済学者との共同作業については、本訳書223頁以下所収の *Casper*（前注144））．

ペートラ・ポールマン

学理と実務における保険法
——ヘルムート・コロサー（1934 年〜2004 年）

　Ⅰ．はじめに
　Ⅱ．研究者・実務家
　Ⅲ．教育者・試験官
　Ⅳ．法学部教授
　Ⅴ．ミュンスター市民
　Ⅵ．む　す　び

I. はじめに

　ヘルムート・コロサー（Helmut Kollhosser）は、アントン・マティアス・シュプリックマン（Anton Matthias Sprickmann）をもって始められた、ミュンスター大学法学部の歴史を鮮やかに彩る代表的人物の紹介を試みる本書の掉尾を飾るにふさわしい人物である。シュプリックマンは1778年にミュンスター大学正教授に任ぜられ、36年間在籍した後、ブレスラウ大学法学部に移籍した。この年代に着目すると、シュプリックマンとコロサーとの間にはおよそ200年間という時間的な開きがあることになる。コロサーがミュンスター大学に奉職したのは1970年のことであった。それから34年が経過した2004年に、コロサーは世を去った。その死により、わが法学部から貴重な人材が永遠に失われた。シュプリックマンがミュンスターを去ったのと異なり、コロサーは、ロザンヌ大学、ギーセン大学、コンスタンツ大学、そしてマインツ大学、これらの大学からの招聘をすべて断り、ミュンスターでその生涯を閉じた。

　もとより、ミュンスター大学法学部に在籍された方々の中に、ミュンスター大学法学部に対してだけでなく、ミュンスター市――むろんこれに尽きるわけではない――に対しても誠実に行動していた者がごくわずかしかいなかったということはない。また、本人の活動期間の長さが、研究者であると同時に教育者としても活動してきた者を法学部の看板教授とみなす重要な要素とされているわけでもない。そうは言いながら、それでも、ミュンスター大学法学部がこんにち充実した姿を世に示すようになっていることに関してヘルムート・コロサーの力が大きくあずかっていたという点についてはまったく異論がない。彼をこのように評する同僚が彼と同世代の者か、彼よりもずっと年下で、わずか数年とか数学期とかというようにごく短い期間しか一緒にいなかった者か、ドイツ国内にいる者か外国にある者か、わが大学の法学部の同僚か医学部や経済学部のような他学部の者か、それとも、教え子か、裁判官、司法試験担当部局職員、異なる経歴を有する実務家といった人たちなのかといった、評価する者

がどのような属性を有するかという点とはまったく関わりなく、彼が高い評価を受けていることは明らかである。コロサーに対しては、聡明で、幅広い教養の持ち主、ミュンスターに住み着いた誠実な人物という最高の評価が与えられている。コロサーはリーダーに必要な性質と統率力をわが法学部に持ち込み、社会全体の利益を確保することを目指して、「生活に根差した法律学」[1]を標榜し、さまざまなやり方で学問と実務とを結び付けようと努めていた。

　今、彼の活動の軌跡を振り返るにあたり、彼が在職当時、ミュンスター大学法学部を代表する大物教授の一人に数え上げられていたのはいったいなぜなのかという点があらかじめ明らかにされるべきであろう。というのは、コロサー自身は、自分がそのような大家に列せられることを決して望んではいなかったはずだからである。彼が重視したのは、あくまでも客観的な事実そのものであった。彼は、法学部が抱えるさまざまな問題の解決に努めただけではない。彼は、年齢を重ねるごとに次第に関心の幅を広げ、複数の分野にまたがる研究テーマと取り組むようになり、学際的かつ国際的な架橋を試みていた。また、彼は、契約や裁判等に現れる法律実務の質を高めようとして、大学の外でもたくさんの仕事や役割を引き受けていた。もとより、彼はみずからが指導する法学部の学生に対する教育にも手を抜かず、また博士論文や大学教授資格取得論文に取り組む後進に対しても身近な相談相手となっていた。こうした八面六臂の活動を展開する過程で、コロサーの存在は、知らず知らずのうちにミュンスター大学とその法学部にとって、ますます重要性を帯びるようになり、その結果、彼の発言が各組織の意思決定にとって重要な意味を持つようになったことと思われる。このようにみると、彼に対する好意的な評価の多くはほぼ同時並行のかたちで生まれてきたことになろう。それと同時に、彼は、みずからがすることなすことのすべてを他の者も自己の行動基準として採用するよう、他人に押し付けることを一切しなかった。彼が備えていた寛容の精神が彼にそうすることを禁じていたのであろう。彼は、周りの者に対してもまったくと言って

---

1) *Großfeld*, Helmut Kollhosser, in : Großfeld/Yamauchi/Ehlers/Ishikawa (Hrsg.), Probleme des deutschen, europäischen und japanischen Rechts, Berlin 2006, 211.

よいほど上から目線で指導することはなく、助言を与えることもほとんどなかったが、それでいて、弟子に対しても、法学部内の論議においても、いざというときには、彼のやり方がどこでも通用するものと考えていた。

II. 研究者・実務家

　コロサーにとって、学問研究と法律実務とは不可分に結び付いたものであった。世間から隔絶した学者という生き方、つまり、高尚な課題と知的に取り組む者に対して平凡な現実問題の解決を期待されては困るという考え方は彼にとって理想の姿ではなかった。むしろこれとまったく逆に、法律実務との関連性が深いという理由から、取り組んだ複数の専門分野の実定法解釈学も含めて、彼自身、法律学を研究する価値はきわめて大きいと考えていた。法律学がそもそも学問といえるか否かを巡る論議が近時ふたたび活発に行われているが、そうした論議において、彼は、クラウス・ヴィルヘルム・カナーリス（Claus-Wilhelm Canaris）およびライナー・シュミット（Reiner Schmidt）の考えを支持することであろう。両者は、こんにち多くの大学で講じられている法律学には存在意義があるという見方を擁護し、トーマス・メェラース（Thomas Möllers）およびハンス・ミヒャエル・ハィニッヒ（Hans Michael Heinig）の主張、つまり、法律学は主観的に過ぎるという意味で信頼を置くことができず、客観性を必要とする学問とはいい得ないとする主張と対立していた。カナーリスとシュミットはこれら二人の批判者に対して、「（メェラースおよびハィニッヒが法律学に加えた批判には）、彼らが、法律学と実務とが相互に関連性を有するという特殊性を無視しており、その結果、法律学が有する学術的側面が矮小化されているという点で、致命的欠陥がある」と反論していた。また、カナーリスらは、「個別具体的事案における解決結果の中にこそ、法律学の学問的特性が実証されている」[2]とも述べている。コロサーもこうした主張に賛成するはずである。

---
2) *Canaris/Schmidt*, Hohe Kultur, in: F. A. Z. v. 6. 4. 2011. この記事は http://www.faz.net/aktuell/politik/staat-und-recht/gastbeitrag-hohe-kultur-1624499.html に掲載され

コロサーの学問的経歴をみると、最初から、その位置取りが明確に示されていたことが分かる。というのも、彼はマインツ大学において、指導教授ヨーゼフ・エッサー（Josef Esser）のもとで作成された法学博士学位取得論文において、実務上重要な表見証明というテーマに取り組み、特に裁判例[3]を素材とした研究を行っていたからである。これら裁判例に関する研究成果は、後に彼の著書にも取り入れられている。エッサーのもとで過ごした修行時代はコロサーにとって学問的にも私的にも充実したものであったと言ってよい。二人は互いの人間性を理解し合い、尊重し合っていた。エッサーは彼の著名な債務法教科書の新版の担当を直弟子のコロサーに委ねている。エッサーはその後マインツ大学から離れ、テュービンゲン大学に移ったが、コロサーはマインツ大学にとどまり、1963年から1966年までヨハネス・ベァマン（Johannes Bärmann）のもとで研究助手を務めた。コロサーは、1967年から1969年までの二年間、ドイツ学術交流会の大学教授資格取得論文執筆者用奨学金を得て、研究に専念した。彼の場合、マインツは私的な生活でも大切な地であった。彼がオルガマリア夫人（Olgamaria Kollhosser）と面識を得たのは、マインツ大学法学部の講義教室で席を同じくしていたためである。結婚後、大学教授資格取得論文執筆中に、二人の息子、長男ペーター（Peter Kollhosser）と次男フィリップ（Philipp Kollhosser）が生まれた。彼は1969年に大学教授資格取得論文を完成させ、そして、民法、商法、民事訴訟法、非訟事件法および手続法総論についての教授資格を得た。

　彼のその後のキャリアをみると、注目に値する主な活動分野として次の四点を挙げることができる。どの分野でも、現れ方に違いはあるものの、学問研究と法律実務との関連性がきわめて密接であるという共通性が見出される。コロサーは、彼自身が学問的関心を持って取り組んだ多くのテーマだけでなく、外部から持ち掛けられた多くの相談を受け止めて挑戦を続け、学問研究にとっても法律実務にとってもともに高い価値を備えた成果を上げた。

ている（2013年9月13日最終確認）。
3）　たとえば、BGH NZV 1989, 468.

1 手 続 法

コロサーの学問研究の中心は、大学教授資格取得論文作成中ずっと、手続法であった。手続法は、実務を深く知っていなければ、研究できない性質の分野である。1970年に刊行された彼の大学教授資格取得論文『非訟事件の実体判断手続における手続参加者の地位および概念（Zur Stellung und zum Begriff des Verfahrensbeteiligten im Erkenntnisverfahren der Freiwilligen Gerichtsbarkeit)』は、同書刊行以前、別々に扱われ、相当広い範囲に亘って混沌とした状況を呈していたこのテーマに関する基盤的大作の一つとなった。研究活動を行うにあたり、体系化と革新を目指し、知的な挑戦を続けることで、コロサーは、実務上実践可能な解決策を見出すという課題、そして個々の訴訟手続と特に密接な関係に立つ人々の利益を正当に評価するという課題に、熱心に取り組んだ。彼は、——今なお非訟事件に根強く残っている——権威主義的福祉国家論に特有の「時代に逆行する精神」から非訟事件を開放しようと努めた。彼の主張は複数の裁判例で採用されている[4]が、実務に対する彼の影響力の大きさは稀な例外であり、すべての大学教授資格取得論文にあてはまるものではない。彼の考えは1977年にドイツ連邦法務省による非訟事件手続法改正草案に部分的に取り入れられた[5]。しかしながら、この草案は法務省の引き出しに仕舞い込まれたままになっている。それから30年後、つまり、コロサーの死後数年を経た後になってようやく、このテーマがふたたび政府の審議日程に取り上げられるようになった。家庭裁判所法第7条以下の規定にみられるが、コロサーの主張の中心的内容が現行法となっているという点はなんら驚くにあたらない。それ

---

4) たとえば、BayObLG NJW 1973, 250；NJW 1973, 2251；BAG NZA 2001, 160；OLG München BeckRS 2010, 25062.
5) BegrRegE BT-Drucks. 16/6308, S. 165f.；そこでは、(1961年の) 民事裁判所の権限に関する改正準備委員会白書と非訟事件法委員会の非訟事件手続法改正草案が援用されている。後者は、指標として手続参加者概念に着目し、ここでもコロサーの研究に依拠している。

は、家庭裁判所法政府草案理由書においても彼の著作が同様に繰り返し引用されていたからである[6]。

彼の大学教授資格取得論文はマインツ大学に提出されたが、この論文が刊行された後、コロサーは、テュービンゲン大学とマインツ大学での教歴を経て、ミュンスター大学で長らく講義を担当するようになった。ミュンスター大学が彼を民法、商法および民事訴訟法を担当する正教授として招聘したからである。1971年に行われた正教授就任記念講義「裁判官の予断と制定法による拘束（Vorverständnis und Gesetzesbindung des Richters）」は彼のそれまでの研究を大きく発展させたものであった。

それからわずか二年しか経たない時期に、コロサーに注目したのがハム上級地方裁判所である。彼はその活動の四分の一に相当する長い年月をハム上級地方裁判所第20民事部の非常勤裁判官として過ごした。彼は、そこでの経験を論文にまとめ、ハンス・キーフナー教授65歳生誕記念・名誉教授就任記念論文集『Festschrift zum 65. Geburtstag und zur Emeritierung von Professor Dr. Hans Kiefner』に寄稿した[7]。要領よくまとめられたこの回顧談は、コロサーの豊かな人生経験に基づいて生まれたものであった。裁判官として活動する際、コロサーの念頭にあったのは、一方の主張だけを優先せず、双方の主張を織り交ぜることにより当該事件を和解により終わらせることであった[8]。しかも、その理由たるや、彼が判決書の起案を面倒だと考えていたからではない。そのような横着な態度はもともと彼が考えていた職務倫理に反するものであって、彼が採る態度ではない。また、和解の準備を十分に進めることで仕事量がつねに軽減されるわけでもない。むしろ、彼自身が長期に亘って実践してきた経験から、調停を巡る法政策的論議の結果として、自己決定を踏まえた和解の方

---

6) BegrRegE Bt-drucks. 16/6308, S. 177-179.
7) *Kollhosser,* Erinnerungen an die Zeit als Richter am Oberlandesgericht im Nebenamt, in : FS Kiefner, 1994, S. 194-202.
8) *Kollhosser,* Erinnerungen an die Zeit als Richter am Oberlandesgericht im Nebenamt, in : FS Kiefner, 1994, S. 194, 197 und 202.

が、手続に参加する当事者双方の満足度を高め、和解調書作成後に行われる活動でも相互の協力が得られやすいということに彼自身が気付いていた。

2　銀行法・贈与法

ハム上級地方裁判所で彼が担当していたのは、銀行法・保険法に関する事件の控訴審手続であった。この経験が彼の研究活動に対して新しい方向付けを与えることとなった。1976 年、彼は、ギーセン大学からの招聘を断り、ミュンスター大学にとどまった。彼は、ミュンスター大学に残る事情を述べた理由書において、ノルトライン・ヴェストファーレン州首相に対し、至急、ミュンスター大学法学部に図書館を建設するよう要請した。この文書では次のように記されている。

> 実務法曹の執務環境が今後ますます悪くなると予想されているところから、ミュンスター大学法学部に開設される新しい民事法共同図書館の中に銀行法・証券取引法・保険法の部門を増設することが緊急の課題であるという点に御留意戴ければ幸いです。ハム上級地方裁判所の非常勤裁判官として、当職は今後もこれらの分野を担当する予定です[9]。

彼は、その後もハム上級地方裁判所に非常勤裁判官として勤務し、担当分野の事件処理に従事した。信用保証法は彼の研究において引き続き重要な地位を占めた。学問的観点からみた分類基準では、これらの書籍は銀行法ゼミナールの図書室に置かれた。その後、保険法部門もこれに追加された。保険法については後に別の項目を立てて論じることとする。

1980 年以降、彼は贈与法と使用貸借法に研究の重点を移した。これらの分野の注釈を依頼されたことが理由であった。彼は『ミュンヒェン版民法典注釈書（Münchener Kommentar zum Bürgerlichen Gesetzbuch）』の、贈与と使用貸借に関する項目の執筆を担当した。担当した個所は 4 度、版を重ねた。彼は他の注

---

[9]　1976 年 4 月 15 日付連邦首相宛て書簡、UnivArch. Münster, Bestad 8, Nummer 52668 Bd. 1, Bl. 92.

釈書で書かれているような書き方をしなかった。法律実務を正しく反映させて贈与法の注釈を行おうとすれば、租税法との関連を十分に考慮しなければならないというのが、彼の持論だったからである。彼は、贈与法についてのみならず、贈与税法についても注釈を難なくこなしていた。贈与に関する彼の論文の多くはこんにちでも重要性を失っていない。その一例は、「夫婦間の婚姻に関わる相互援助と贈与 (Ehebezogene Zuwendungen und Schenkungen unter Ehegatten)」[10]である。

3　医　事　法

1978年になると、彼の法律実務への影響力がみてとれるもう一つの新しい分野が加わった。コロサーは、1978年にヴェストファーレン・リッペ地区医師会・ミュンスター大学医学部合同倫理委員会 (Ethik-Kommission der Ärztekammer Westfalen-Lippe und der Medizinischen Fakultät Münster) の委員に就任した。彼は、ドイツ連邦共和国全体でも最初に現れたこの倫理委員会の創設に加わり、薬の効能試験、被験者向け保険、患者および被験者に対する保護、これらに関する法律問題の解決とその制度化に取り組んだ。コロサーが参画したミュンスター大学生命倫理学研究センター (Forschungsstelle für Bio-Ethik an der Universität Münster) の創設は長期間に亘った彼の活動の成果の一例である。このセンター——その名称は、現在、生命倫理学センター (Centrum für Bio-Ethik) に変更されている——は、医学者、法律学者、生物学者、そして神学者をメンバーとする。設置の目的は、倫理的・法的な問題を生ぜしめることなく、医学的・生物学的な研究を推進することにある。ミュンスター大学医学部はヘルムート・コロサーに対して彼が果たした大きな貢献を称え、2003年に名誉医学博士の学位を授与した。

---

10) NJW 1994, 2313.

4 保 険 法

　裁判官としての経験を通じて学問的刺激を受けたコロサーは、その後、保険法分野の研究に比重を移すようになった。その後の研究業績をみると、保険法が特に大きな比重を占めていることが分かる。そのことは彼の研究の重点が、当初の出発点であった訴訟法から実体法へ移ったことを意味する。その後数十年間になされた一連の研究テーマが示す通り、訴訟法の研究が行われる場合でも、実体法の補充に必要な事項に限られている。それは、体系的にみて、訴訟法が実体法上の権利を主張する際に必要な補助手段と位置付けられ、訴訟法だけが突出して過大に評価されていないためである。

　コロサーは、特色ある研究手法、抑制の効いた表現、もともとの資質である徹底性、これらを用いて、規制の客体に関わる保険契約法（民事法）および規制の主体に関わる保険監督法（行政法）の双方について研究を深めた。その成果はすぐに現れた。彼は、プレルス（Erich R. Prölss）編『保険監督法注釈書 (Versicherungsaufsichtsgesetz (VAG) : Hauptband mit Europäischem Gemeinschaftsrecht und Recht der Bundesländer)』の編者兼共著者となっただけでなく、プレルス／マルティン（Erich R. Pröls/Anton Martin）編『保険契約法注釈書（Beck'sche Kurz-kommentare, Bd. 14, Versicherungsvertragsgesetz)』の共著者にも選ばれていた。

　コロサーは、ハム上級地方裁判所での経験を通じて確立していた学問研究の方法と法律実務とを結び付ける仕事を保険法でも進めようとした。仕事を通じて得られた人間関係と私的なそれとが基盤となったことであろうが、1989年にまず、ミュンスターの保険会社、保険代理店および弁護士会、これらの出資によって、二つの団体、すなわち、保険制度研究センター（Forschungsstelle für Versicherungswesen）と同センターが運営する振興社団（Förderverein）が設立された。振興社団の社員資格を取得すること、社員資格の取得を通じて実務との結び付きを強めること、これら二つがコロサーの優先課題とされた。彼はこれらの課題に率先して取り組んだ。二つの団体が設立された1989年に、彼はサヴァティカル・リーヴを取得し、三か月以上かけてこの主題に関する報告書を

作成した[11]。この作業中にも、出資者は増え続け、結果的に、ドイツ全土の保険会社の大多数、多くの代理店、それに多数の弁護士会や多くの弁護士たちがこれに参加するようになった。

　コロサーは早くも1982年に研究発表の場としてミュンスター保険研究学会研究大会（Münsterischer Versicherungstag）を開催していた。この研究大会は、こんにちに至るまで、ドイツ連邦共和国全域をカヴァーする保険法分野の有力な学会とみなされている。コロサーは毎年この大会の場で研究者と実務家が互いに知り合う機会を持てるように働きかけていた。彼は新たな研究成果発表の場として、1990年に『保険制度研究センター研究叢書（Schriftenreihe der Forschungsstelle)』を創刊した。彼の配慮によりこの叢書に収録された研究成果はこれまでに約百冊を数えている。コロサーは最後の仕事としてドイツ連邦法務省に設置された保険契約法改正委員会の委員に就任した。2001年以降、同委員会は多数の会議を開催し、2008年に保険契約法の大改正を準備した。この仕事も彼にとって重要なものとなった。この委員会は、誰もが時間の経過を忘れるほど居心地の良いものであり、立法作業を担当する他の多くの委員会とかなり性格を異にするものであった。学者と実務家との間で密度の濃い議論が交わされた結果、ほとんどの部分でまったく新しい規定が設けられている。このため、現行の保険契約法は完成度の高いものとなっている。

　学問的関心における幅の広さによって、またその研究活動が日常的社会生活と深く関わっているところから、多くの人々がコロサーに鑑定人、助言者、さらに仲裁人としての役割を期待した。この点もまったく驚くにあたらないであろう。彼はドイツ連邦法務省だけでなく、ニーダーザクセン州およびシュレースヴィヒ・ホルシュタイン州からの諮問にも応じていた。重要度の高い一例として、公法上、保険に関する制度を改正するための方策如何といったたぐいの相談が挙げられる。彼は、1877年に設立されたヴェストファーレン地域銀行（Westfälische Landschaft）の相談に応え、株式会社へと大規模な組織再編を行い、

---

11) *Kollhosser,* Schreiben an der Kanzler v. 1. 12. 1989, Univ. Arch. Münster, Bestand 8, Nummer 52668 Bd. 2（頁数欠如）.

同行の性格が協同組合的なものへと変わるうえで、指導的な役割を果たした。同行はこんにちヴェストファーレン地域銀行株式会社・ヴエストファーレン不動産関係信用貸付銀行（WL Bank AG Westfälische Bodenkreditbank）となり、ドイツ全土に多数の代理店を有するようになっている。コロサーの助言[12]に基づいて設立された財団法人ヴェストファーレン地域銀行（Stiftung Westfälische Landschaft）はこんにちでもまだ 4.62 パーセントの持ち分を保有し、農民によって設立された旧ヴェストファーレン地域銀行が所有していた土地を承継している。その目的は「土地空間を公共のために利用するとともに、その生産力を高める」[13]ことにある。コロサーは、豊かな人生経験を基礎に現代の資本市場が求めるさまざまな要請に加え、利害関係を有する多数の農民の利益をも公正に評価することのできる新たな解決策を見出した。彼は多くの企業の要望に応え、鑑定人としてさまざまなテーマで多数の意見書を作成し、ハム上級地方裁判所での活動で示したように、仲裁人としても調停案を示して、大きな成果を上げた。

　遺憾なことに、彼が意図していた学問的活動は、その死によってもはや実現できなくなっている。学問的指導を受けたその師ベァマンが書いた非訟事件法教科書の新版を世に出すこと、あるいは驚きをもって受け止められるかもしれないが、執行法や倒産法を視野に入れた信用保証法に関する新たな論文を書くこと等がその好例といえよう[14]。

---

12) グロスフェルトは、コロサーがそこで見出した解決策を「コロンブスの卵」と呼んでいる。*Großfeld*, Helmut Kollhosser, in : Großfeld/Yamauchi/Ehlers/Ishikawa, Probleme des deutschen, europäischen und japanischen Rechts, Berlin 2006, 211, 214.
13) この点について述べているものとして、たとえば、Kurzporträt der WL Bank がある。その閲覧については、WL Bank のホームページ、http://www.wlbank.de/medien/3493/original/265/Unternehmerspr%E4sentation_30.05.2011_Graalmann_V21_DE_Vortragsversin-final-m.pdf 参照（2014 年 9 月 24 日最終確認済）。
14) たとえば、半期ゼメスター休暇申請の理由に関するコロサーの総長宛て書簡（Schreiben *Kollhossers* an das Rektorat zur Begründung von Anträgen auf Forschungssemester, Univ. Arch. Münster, Bestand 8, Nummer 52668 Bd. 2 ohne Blattzahl für das WS 1993/94 und Univ. Arch. Münster, Bestand 8, Nummer 52668 Bd. 1,

III. 教育者・試験官

コロサーが裁判官を兼任するようになったことには十分な理由がある。彼自身、「わたくしにとっては、訴訟実務を知ることが特に重要であった。その目的は、わたくしが担当するどの講義科目でも、理論と実務との関連性を説明する必要があったことによる」と述べている[15]。ここでも、社会の現実との結び付きに対する配慮のあったことが改めて強調されなければならない。彼が学生に求めたことは、社会の実情からみて重要かつ実用的であるか否かという点からみて、必要な事柄に限られていた。彼がかなりの程度まで実用面を重視していたという点は容易に推測することができる。そのことは、彼がこのような実践的活動のために仕事量の四分の一を割いていたという事実からも、明らかになる。

彼の講義は好評を博していた。ドイツ民法典の総則、債務法および物権法の講義では、牝馬パウラが題材とされていた。提供された素材はどれも実際に世間にみられる事柄ばかりであった。彼の説明は臨場感を漂わせ、理路整然と完璧に行われていた。彼のゼミナール合宿――彼は好んで「ローテンベルゲ山荘（Landhaus Rothenberge）」で合宿を行った――は、学生たちにとって、「Prof zum Anfassen（法律学の初修者にとって最も適任の教授）」――一番弟子のラインハルト・ボルク（Reinhard Bork）が彼の70歳の誕生日を祝う式典の「賛辞（Laudatio）」で用いた表現――と呼ばれたコロサーと個人的に知り合う場でもあった。まだ整地されていない野原で一緒にサッカーに興じたり、――彼の口振りでは、彼自身、まったく音楽の才能がなかった（「わたくしは、そうした理由で、音楽の授業から逃げ出した」）にも拘らず――ギターやオルガンを演奏する学生たちをその気にさせたり、また朝になると、起床の合図として狩猟用の角笛

Bl. 191) 参照。

15) *Kollhosser*, Erinnerungen an die Zeit als Richter am Oberlandesgericht im Nebenamt, in : FS Kiefner, 1994, S. 194.

が鳴らされたりしたものである。コロサー夫人には内緒にされていたことであろうが、彼は、この山荘の、ユーゲント・シュティール（フランス語圏のアール・ヌーヴォーに対応する、1900 年前後のドイツ語圏でみられた世紀末芸術の傾向）と呼ばれる様式で飾られた正面玄関前に屯する学生たちとひと時を過ごし、お互いに「せしめた」巻煙草をくゆらし、ウィンクをしながら語り合い、息抜きをしていたこともあった。

　コロサーは、法学教育用の教材を提供することにも大いに意味を見出していた。彼は 15 年間に亘り、学生向け法律雑誌『Juristische Arbeitsblätter（法務雑誌)』の編集作業を分担し、多数の教材用原稿を寄稿した。最も有名な解説記事は、「従物を得るための闘争（Der Kampf ums Zubehör）」[16]である。彼は、ミュンスター大学が設けた司法国家試験受験コースの指導を長年に亘って担当し、入学直後の最初の学期から司法国家第一次試験に合格する最後の学期まで一貫して学生たちの相談に乗っていた。彼が司法国家試験の出題を担当する試験官を務めていたとき、彼は「事柄の本質を十分にわきまえた、しかも最も適任」の委員とみなされていた。彼が試験官として適任であったことを証明する言回しがある。「明確な問題提起」、「個別具体的事案との関連性の深さ」、「よき道案内」といった表現がそうであるが、彼の場合、圧倒的に「親切だ」という評判が立っていた。彼の成績評価の付け方は「適切」なものであり、およそ「厳しい」というにはほど遠かった。試験の前になると、彼は盛んに「君たちは間違った答えを書いても一向に構わない。ただ、間違った答えを書くだけでなく、同時に、正解をも述べなければいけない。大事なのは、間違った記述よりも正しい記述が多くなればいいということなのだ」と励ましていた。

　彼を指導教授と仰ぎ、彼のもとで博士論文を執筆しようとした者の数と比べると、彼の講義を履修した学生の数ははるかに多かった。彼は、口述試験が終わったすぐ後でも、多くの受験生の質問に答えて、彼らが「まともに考えられる」よう、懇切な指導を行った。彼の指導を受けて法学博士号取得論文を執筆

---

16)　JA 1984, 196-202.

した者の数は 140 人を超えている。そのうちの約 20 人は女性である。経済学部の講座ではごく普通に行われていることであるが、それと同じように、彼も指導の成果を示す意味で、教え子たちについての記録を残していた。そうした記録に基づいて彼が確認したところでは、教え子の多くは就職に関して優れた成果を上げていた。彼は、長期に亘り、多くは手紙による交信のかたちで、彼らと適度に連絡を取り合っていた。

　彼の教えを受けて大学教授資格取得論文を執筆した者は四人を数える[17]。コロサー一門について語ろうとする場合、誰もが無意識のうちに気付くことであろうが、およそ普通の意味で「一門」という言葉が示すほどの際立った特徴はコロサー一門にはみられない。とはいえ、「コロサー一門」が成し遂げてきた学問的成果を改めて眺めてみると、一様に看取されるが、きわめて複雑な思考過程が明確かつ正確に表現されているだけでなく、言葉のインフレーションによって生み出され、使用するたびにより多くの事柄を内包するという意味で膨張に膨張を重ねるマジック・ワードが用いられることの問題性も自覚されている。「思索の過程を簡潔に表現すべきであるという考えを持っていなければ、十分とはいえない」という言葉は何度も引用されるコロサーの決まり文句であった。彼自身も、よきモデルとなるように行動し、新たな問題提起や新たな課題に対してつねにオープンな姿勢を示し、現実の生活を反映させた研究活動となるように努め、勤勉に励んでいた。「よき法律家は、週末を含め、一週間に 60 時間は仕事をする」というのが彼の口癖であった。彼の態度を真似て、教え子のうち五人が大学教授となっている[18]。

---

17)　ラインハルト・ボルク（ハンブルク大学）、トーマス・ヘェーレン（ミュンスター大学）、ミヒャエル・ライニッケ（ヴィッパータール大学）および筆者。

18)　前注 17) に挙げた者の他、*Peter Witte*, Fachhochschule des Bundes, Münster がいる。

IV. 法学部教授

　コロサーは法学部内の教務の分担を面倒な二次的雑務とは思わず、当然なすべき仕事の一部と考えていた。法学部で担当した仕事は確かにどれも負担になるものであったが、コロサーは決しておろそかにせず、彼特有の真面目さを発揮し、積極的に取り組んだ。自分も組織の仕事を分担するという彼の心がけの源泉は、子供時代に培われた。第二次世界大戦中、そして父の没後——彼の父はロシアで戦時中に捕虜となり、亡くなった——、コロサーは、郷里、ルール地域の小村、グルントシェッテル（Grundschöttel、ハーゲンの北西、ルール河畔ヴェッター（Wetter (Ruhr)）郊外の村）で兄弟とともに母を助け、父母が営んでいたパン屋の仕事を手伝っていた。彼は子供の頃から、みんなと一緒になって一つの仕事に取り組むこと——このことはむろん個人的欲求を捨て去ることを意味する——を経験していた。ミュンスター大学とわが法学部は、彼のこうした態度によってしばしば窮地を脱してきた。

　1970年にミュンスター大学に着任するとすぐ、コロサーは法学部評議員会、法学部協議会、ミュンスター大学学生集会、ミュンスター大学寄付行為制定委員会等の委員に選ばれた。最後に挙げた委員会は——コロサーが研究時間を確保するためにサヴァティカル・リーヴを求める要望書の記載内容をみると——、最初の二年間だけで60回以上も開催された[19]。彼は、最後の大学事務局長であったオズワルト・フォン・フュルステンベルク（Oswald von Fürstenberg）のもとに置かれていた従前の大学事務総局、総長のもとに設けられた学術自治組織、これら二つの会議体をどのようにすれば新しい大学基本規程のもとに統合できるかという課題に取り組んだ。というのは、ミュンスター大学は、ラインラント州立の諸大学とは異なり、1970年のノルトライン・ヴェス

---

19) Schreiben *Kollhossers* vom 2. 11. 1972 an das Ministeriums für Wissenschaft und Forschung des Landes NRW, Univ. Arch. Münster, Bestand 8, Nummer 52668 Bd. 1, Bl. 62.

トファーレン州大学法に基づいて新しい大学基本規程を策定するという課題を解決しなければならなかったからである[20]。コロサーはこの仕事に大きく貢献した。

コロサーは、ミュンスター大学で通算 68 回目の改築が行われた時期に管理業務に従事していたため、着任後最初の二年間、研究成果をまったく公表できなかったと、たいていは反省を込めて学生たちに話していた。彼の著作目録をみてもこのことは確認できないが、それでも、1970 年から 1973 年にかけて、ミュンスター大学と法学部の仕事を分担するため、彼が研究活動を後回しにしていたことが分かる。彼自身、「寄付行為制定委員会では、なかなか捗らない会議の準備をし続けるため、かなりの時間が費やされた」[21]と記している。コロサーの人柄を知る者であれば誰でも、この表現でさえかなり控えめな言い方であることに気付くであろう。彼は会議の準備を几帳面に進め、この場合もそうであったが、規定整備が話題となるときはいつでもじっくりと検討を重ね、複数の解決案、論拠、反論、これらを用意していた。大学の専門委員会が開かれる前になるといつも、何度も同僚から電話が掛かっていたこと、議題に関わる多くの論点についてどうすれば彼らに賛成してもらえるかという点についてコロサーが同僚に尋ねていたこと、これらをコロサー夫人は伝えている。

「計画的に過ごすことが困難な」時期からようやく抜け出した後、コロサーは 1973 年から 1974 年にかけての一年間、法学部長に就任した。この時期、大学を取り巻く状況は確かに落ち着いていたが、それでも、彼は学生数の度重なる増加に対処する仕事に追われた。コロサーを中心にいくつものプロジェクトが推進された。法学部研究室（Rechtswissenschaftliches Seminar）の再編成に際して行われた刑事法部門の独立[22]と民事法部門の統合がその好例である。

---

20) *Jeismann*, Die Bildungsinstitutionen der Statdt Münster seit 1945, in: Jakobi (Hrsg.), Geschichte der Stadt Münster, Band 3, 3. Aufl. 1994, 177, 199f.

21) Schreiben *Kollhossers* an das Ministerium für Wissenschaft und Forschung des Landes NRW v. November 1972, Univ. Arch. Münster, Bestand 8, Nummer 52668 Bd. 1, Bl. 62.

コロサーがミュンスター大学正教授に就任した当時、法学部では、民事訴訟法分野で独立した研究所を設けることが認められていなかった。法学部は当時まだ歴史的意味で旧い学部 (Fakultät) の姿を残していたが、その後、新しい法学群 (Fachbereich) へと組織替えされた。そのため、当時のコロサーには蔵書を整えた研究所図書室 (Institutsbibliothek) が用意されておらず、利用できたのは、辞書類を中心としたレファレンス用図書室 (Handbibliothek) だけであった。このため、コロサーは法学部研究室に所蔵されるべき民事訴訟法関係図書の充実に貢献した[23]。

増え続ける学生数に比して、法学部研究室の規模が小さ過ぎ、書籍も足りないことがすぐに明らかになった。コロサーは指導力を発揮して、部分的によく整備されていた研究所図書室とレファレンス用図書室を統合し、民事法部門全体に共通する図書室に衣替えするよう、提案した。このようにして費用の節約が可能となったところから、学生が利用する頻度が特に高い書籍を多く購入する余裕が生まれた。この大規模計画が実施されたことにより、図書室はこんにちのような姿になった。図書室の所蔵状況等を改善するためにその後も関係者間で協議が繰り返された。ささやかな個人的希望(「……これまで三脚あるソファーに加えてソファーをもう一脚……それにもう二台 Stenorette (グルンディッヒ社製の口述速記録機)を……」[24]) とともに、共同図書室の運営に必要な多額の費用を要求することはコロサーにとって至極当然のことと思われていた。この費用にはアルバイトを雇うための人件費も含まれていたが、遺憾なことに参考資料用図書費は含まれていなかった[25]。参考資料用図書費はいつも最低額しか認めら

---

22) Schreiben *Kollhossers* an das Ministerium für Wissenschaft und Forschung des Landes NRW v. 31. 1. 1974, Univ. Arch. Münster, Bestand 8, Nummer 52668 Bd. 1 (頁数欠如).

23) Schreiben des Dekans der Juristischen Fakultät an den Kurator der Universität v. 2. 3. 1970, Univ. Arch. Münster, Bestand 8, Nummer 52668 Bd. 1, Bl. 29.

24) Vermerk des Kanzlers v. 9. 3. 1976, Univ. Arch. Münster, Bestand 8, Nummer 52668 Bd. 1, Bl. 87.

25) Schreiben *Kollohossers* an den Kanzler v. 28. 4. 1976, Univ. Arch. Münster, Bestand

れていなかった。コロサーは、大学の権威を保つために壁一面に高い書架を並べ立てるといった仰々しいやり方を好まなかった。彼が必要としたものはどれも——コロサーはこのように言い続けていたが——、学生がいつでも手元で参照する書籍だけであった。

　コロサーは、多年に亘り、法学部の民事法関係教員たちの代弁者としての役割を演じていた。対立を解消し、平和的話合いで解決するよう努めるコロサーの真摯な姿勢は、彼のたぐい稀な素晴らしい個性の一つとして、同僚たちによっても強調されている[26]。あらゆる点で実用的であることを求めていたにせよ、彼の温厚さはすべての同僚が感じ取っていたことであるし、彼と深い親交を結んでいた同僚の数も決して少数ではなかった。彼は50歳を迎えるまで、教員同士のサッカーの試合に参加していた。彼は、その人たちの間でも正当に評価されていた。ある若い研究者の卵がサッカーの試合中に、研究生活を続けることが懸念されるほどの大けがをした時、コロサーはこの若い同僚に私信を送り、彼の復帰を期待するという趣旨の学部の希望を伝えていた。この手紙で彼が伝えたかった最も大切なことは、将来どうなるかは何も決まっておらず、未来はいつも開かれているという点であった。

　1986年から2003年までの間、コロサーはミュンスター大学振興社団 (Westfälische Wilhelms-Universität Förderverein) の委員を務めた。彼は大学が抱える諸問題の解決に向けて尽力し、大学に対して運営資金を拠出する人々と個人的パイプを作り、その結び付きを強めてきた。彼の助けとなったのは、彼が根を下ろし親交を深めるようになったミュンスターの地域社会の人々との結び付きの強さであった。彼はこのミュンスター大学振興社団において長い間、彼の言葉に

　8, Nummer 52668 Bd. 1, Bl. 111 ; Schreiben des Kanzlers an Kollhosser v. 28. 7. 1976, Univ. Arch. Münster, Bestand 8, Nummer 52668 Bd. 1, Bl. 128 ; Schreiben *Kollohossers* an den Kanzler v. 21. 1. 1981, Univ. Arch. Münster, Bestand 8, Nummer 52668 Bd. 1, Bl. 167.

26) *Großfeld,* Helmut Kollhosser, in : Großfeld/Yamauchi/Ehlers/Ishikawa, Probleme des deutschen, europäischen und japanischen Rechts, Berlin 2006, 211.

よれば「Lieblingskind（大切なわが子）」と呼んでいたローテンベルゲ山荘の管理運営について責任を負う立場にあり、ゼミ合宿を好んでこの山荘で行っていた。この点については、他の個所でも繰り返し指摘されている。

　コロサーは、法学部の国際交流活動にも携わっていた。コロサーはベルンハルト・グロスフェルト（Bernhard Großfeld）およびディルク・エーラース（Dirk Ehlers）とともに、評価の高い日本の高等教育機関の一つである中央大学（東京）との長期に亘る交流関係を維持しようと努めてきた。彼が東京の関係者との間で築き上げた業績を現時点で正確に辿ってみると、――たとえ彼の訪日時期がおよそ30年も前のことであったにせよ――、彼が日本の同僚に対し好印象を与えていたことをわれわれは今でも確認することができる。日本の民法学者・庄菊博教授と一緒に経験した富士登山は彼にとって想い出深いものであった。彼は、ミュンスターを訪れる日本の学者たちを、オルガマリア夫人とともに、最大限の寛大さをもってもてなし、近隣の各地を案内しながら、彼らがミュンスターおよびドイツになじめるよう気を配っていた。コロサー夫妻と山内惟介教授・春恵夫妻との間には深い信頼関係が築かれている。ディルク・エーラースは、ヘルムート・コロサーについて「ドイツと日本との対話は彼が最も気にかけていたことであった」と記している[27]。

V.　ミュンスター市民

　コロサーは34年に亘り、ミュンスター市に住み続けた。ミュンスター市とミュンスター大学とは、大学が市内に溶け込んでいるという意味で互いに深い関係にあるし、ケンブリッジのような典型的大学都市がそうであるように、両者は別々に切り離されたものではない。伝統的な大学都市にあっては、都市を意味する「town（世俗の世界）」とその着用により大学関係者であることが暗示される「gown（純粋アカデミズムの世界）」とが、歴史的な制約を受けてしばし

---

27)　*Ehlers*, Vorwort zu: Großfeld/Yamauchi/Ehlers/Ishikawa (Hrsg.), Probleme des deutschen, europäischen und japanischen Rechts, Berlin 2006.

ば正反対の立場を採ってきたため、社会的な緊張関係が生み出されてきた。ミュンスター大学の教授陣は、社会的色彩を帯びたサークル、クラブ等、各種の団体に加入し、他のメンバーと一緒になって積極的に活動してきている。このことは、快活で社交好きといわれたコロサーとオルガマリア夫人について、特にあてはまる。コロサーは、長年に亘り、1514年に創設され、ドイツ最古の歴史を誇る民間のクラブ「Zwei-Löwen-Klub（双頭獅子会）」の一般会員であっただけでなく、ワインに関する豊富な知識のゆえに、このクラブのワイン貯蔵庫の管理業務をも担当していた。このような活躍の背景には、彼の公務とも関連して多くの事業を企画していたロータリー・クラブでのいくつかの出会いがあったことと思われる。コロサーの趣味は、ミュンスター市の郊外に広がるミュンスターラント（Münsterland）のサイクリングであり、また居住地ロクセル（Roxel）でのジョギングであった。彼はこうした日頃の運動だけでは満足していなかった。休暇に入ると、コロサー夫妻はマッターホルン、モン・ブラン、モンテ・ローザ、ベルニナ山頂、そして、前述したように、富士山への登山にも挑戦していた。

VI. むすび

ヘルムート・コロサーは2004年に世を去った。それは、同年4月に80人を超える寄稿者による古稀記念論文集『保険とリスク——ヘルムート・コロサー教授古稀記念論文集（Recht und Risiko — Festschrift für Helmut Kollhosser）』二巻の贈呈式が催され、百人ほどの参加者による祝宴が開かれてからさほど経っていなかった時期であった。どのように表現すれば、彼を一言で言い表すことができるだろうか。また、何が彼をミュンスター大学法学部の花形教授に押し上げたのだろうか。そして、ヘルムート・コロサーのような大学教授たるべし、と今でもミュンスターで語り継がれているのはなぜなのだろうか。

どのような職業を選んでも、われわれの日頃の生活は、きわめて多岐にわたって展開されている。その反映として、どの職業にも多くの観点と課題がつき

ものである。それでも、自分の仕事に完全に没頭してさえいれば、コロサーのように行動したことになるのだろうか。世界を広い視野で捉え、旺盛な好奇心を持ち、新しいことに対して偏見を抱かず、寛大な姿勢を示す、こうした態度を採ったうえで、主題の選択や行動の実際において、みずからが暮らす地に特有の事象を扱い、その地に根を下ろし、安定性を保ってさえいれば、コロサーのように行動したことになるのだろうか。みずからが属する社会のことを考え、責任感を持ち、バランスのとれた制度を維持し、互いに手を携え合って、真っ直ぐに本質に迫り、清廉潔白に行動し、首尾一貫性を保っていれば、コロサーのように行動したことになるのだろうか。むろん、これらの問いに対して正解というものは何もない。個々の問いに対する回答はすべて、読者個々人の自主的な判断に委ねられる他はない。

ヴェルナー・エプケ

オットー・ザンドロック
―――（1930 年 〜 2017 年）

Ⅰ．比類なさと国際的栄誉
Ⅱ．背　　　景
Ⅲ．法律学の学修と博士学位取得
Ⅳ．傑　　　作
Ⅴ．ボーフム大学
Ⅵ．ミュンスター大学
Ⅶ．国際会社法・国際企業法
Ⅷ．国際商事法・国際経済法
Ⅸ．仲　裁　法
Ⅹ．民事法・経済法の基本問題
Ⅺ．名 誉 教 授
Ⅻ．比較法学雑誌
XIII．法学教育と後継者養成
XIV．弁護士活動
XV．家　　　族
XVI．祝　　　辞

I. 比類なさと国際的栄誉＊

オットー・ザンドロック（Otto Sandrock）の名前は、優れた人物、大いに尊敬を集めた法学者、高名な弁護士、そして比類なき人間性、これらを象徴するものとしてあまねく知られている。彼の優れた人間性は、彼に捧げられた古稀記念論文集（Festschrift zu seinem 70. Geburtstag）の編者が「はしがき」で適切に述べられていたように、「人間的な温かさ・伝統的なアカデミズムの倫理観と旺盛な好奇心とが結び付いたものであった」[1]。オットー・ザンドロックは、ドイツの経済法学者の中で国際的に最も著名な人物の一人であるだけでなく、ドイツの法学者のうちで数の少ない、その著作がアメリカ合衆国から南アフリカを挟んで中国、日本、そして大韓民国に至るまで広い範囲に亘って読まれているごく少数のグループに属する一人でもある。

オットー・ザンドロックの肖像を描くよう求められる画家は、おそらく三本の柱として法・経済・家族を考えることであろう。これらの視点で肖像画が描かれた、生来物静かな彼は、ドイツ国内だけでなく国際的にも職業上大きな成功を収める一方で、相当に慎み深く、日常生活のあらゆる出来事に対して、断定的な態度を示さずいつもオープンであり、「彼のもとで仕事をする研究員たちの心配や苦境にいつも気を配り」、「家庭においても家族を全力で支える」[2]人物であった。

＊ 小稿は、先に公表した「Otto Sandrock: Recht – Wirtschaft – Familie」（in: Ebke/Elsing/Großfeld/Kühne (Hrsg.), Das deutsche Wirtschaftsrecht unter dem Einfluss des US-amerikanischen Rechts, 2011, S. 5-6.）を現状に合わせて改訂したものである。

1) *Berger/Ebke/Elsing/Großfeld/Kühne* (Hrsg.), Festschrift für Otto Sandrock zum 70. Geburtstag, 2000, S. 5.

2) *Behr/Jung/Klausing/Nöcker* (Hrsg.), Iusto Iure – Festgabe für Otto Sandrock zum 65. Geburtstag, 1995, S. 5.

II. 背　　　景

　オットー・ザンドロックは 1930 年 1 月 5 日にドイツ東部のバート・ヘルスフェルト、カッセル、アイゼナハの三都市が形づくる三角形の中央部に位置するヘッセン州ゾントラ（Sontra）の官吏一家に生まれた。彼が 5 歳のとき、一家はニーダーザクセン州のゲッティンゲンに引っ越した。オットー・ザンドロックも、物心のつく少年時代に、戦争、破壊、耐乏生活、異常な法、そして復興を経験した。ゲッティンゲンという街は第二次世界大戦で壊滅的打撃を被った。ゲッティンゲンで起きたことは、他の多くの都市にもみられた。1945 年は崩壊と覚醒を象徴する年であった。オットー・ザンドロックは 1949 年にゲッティンゲンにある文科系のマックス・プランク・ギムナジウムで高校卒業資格試験に合格した。

III.　法律学の学修と博士学位取得

　法だけが戦後の秩序を作り出す手段であること、ドイツが国際社会の一員として諸外国に受け入れられるにはこの方法しかないこと、これらを確信したオットー・ザンドロックは、郷里のゲッティンゲン大学で法律学を勉強する道を選んだ。彼の場合、この地で「職業としての学問（Wissenschaft als Beruf）」に喜びを見出す基盤が築かれた。彼はやがて学修の範囲に国際的観点を取り入れた。彼は早くも第 3 ゼメスターにフランス政府から最初の奨学金を受けてリヨン大学で一年間勉強し、1951 年に同大学からフランス語・フランス文明の履修認定証（Diplôme de Langue et Civilisation Françaises）を授与された。

　彼は、1953 年、ツェレ上級地方裁判所での第一次司法国家試験に素晴らしい成績で合格した。その後、彼はギュンター・バイツケ（Günther Beitzke）の指導のもとで、博士学位取得論文「国際私法における資本会社社員権の位置付け（Die Belegenheit von Mitgliedschaftsrechten an Kapitalgesellschaften im Internationalprivatrecht)」を書いた。オットー・ザンドロックの場合、この論文により、国際会社法・国際企業法との取り組みの礎石が築かれることとなった。以後、この分野は学問的にオットー・ザンドロックの頭から離れることがなかった。オットー・ザンドロックは1956年に博士学位取得論文の口述試験に素晴らしい成績を修め、1958年に第二次司法国家試験に合格した。

　学問的キャリアにおけるその後のステージ、すなわち、学位取得後にアメリカ合衆国で勉強することができるかどうかは、戦時中のため、はっきりしていなかった。彼はフルブライト奨学金を得て、1955年／1956年にアメリカ合衆国の著名なイェール大学ロースクールで学修し、同校で、法学修士（Master of Laws）の学位を取得した。

　フランスおよびアメリカ合衆国との出会いによって、オットー・ザンドロックも彼の関心も後々まで大きな影響を受けることとなった。フランスは、ヨーロッパ統合に関する、そして人としての身の処し方（savoir vivre）に関する、彼の気持ちを揺り動かした。イェール大学ロースクールで学んだ御蔭で、彼は経済法学者になり、ジャズ・ファンになった。これに加えて、これら両国に留学したことによって、オットー・ザンドロックは、法比較に不可欠の、そしてその後の学術出版活動に必要な英語とフランス語の運用能力を体得することができた。オットー・ザンドロックは後に、ミュンスター大学の同僚アルベルト・ブレックマン（Albert Bleckmann）の追悼論文集に寄せた、彼の思い遣りの深さを感じさせる論文において、英語に楽しみや喜びを感じたり、アメリカ合衆国の法文化が生み出した産物に最大の敬意を払ったりするだけでなく、「フランス語やフランス法、そしてそれらが作り出した、特に文化的な諸事象を疎かにしないよう」[3]法比較学者を戒めている。オットー・ザンドロックはすでに1968年にフランス語で論文を書いていた。彼は、そのことをもって、自国法に関する論文を外国語で書くことにフランスの法学者がこんにちよりもずっと控え目であった時代に、フランス法文化を代表する学者たちにドイツ法の状

---

3) *Sandrock*, Die deutsche Rechtsvergleichung und die romanischen Rechte, in : Gedächtnisschrift für Albert Bleckmann, 2007, S. 325, 344.

況を伝える役割を果たしていた[4]。

IV. 傑　　作

　オットー・ザンドロックは1950年代に職業上のキャリアの基礎を築いた。ボン大学で傑作が生まれたからである。それが、競争制限禁止法上の基本的諸概念に関する大学教授資格取得論文[5]であった。短期間、外務省での脇道を歩んだ後、彼の師匠、ギュンター・バイツケ（Günther Beitzke）は彼に学問的キャリアを積むよう、指導した。カルテル法上の基本的諸概念の形成、すなわち、当為規定と経済の現実とを一つの統一的体系にまとめ上げようとする試み、これは、ドイツでカルテル法学が成立した後、そして競争制限禁止法の施行からほぼ五年後にあたる1970年代当時にあっては、大いにやりがいのある、しかし同時に、経済学理論の知識を用いなければ解決することができないという点で、難しい課題であった。厳密で清廉潔白な学者、ペーター・ウルマー（Peter Ulmer）の書評では、オットー・ザンドロックが「きわめて多岐に亘る素材を取り上げた著作」を完成させ、同書の「方法論の点で純化され、一貫した論理に貫かれた説明が大きな影響を及ぼした」[6]ことが証明されている。しかし、より重要なのは、多くの注目を集めたオットー・ザンドロックの大学教授資格取得論文が、それゆえ、彼が実践した、商法・経済法分野の解釈論的明確性と方法論的明確性との間に結び付きがあるという認識だけでなく、解釈学も純粋の方法論も国際関係の動態に対する文化的意識と密接に結び付いている

---

4) *Sandrock*, „Société et association, société et entreprise en droit allemand" und „Les groupements des sociétés en droit allemand", in : *Faculté Internationale pour l'Enseignement du Droit Comparé & Istituto di Diritto Commerciale e Comparato „Lorenzo Mossa"* (Hrsg.), Evolution et Perspectives du Droit des Sociétés à la Lumiére des Différentes Expériences Nationales, 1968, S. 169 & 411.

5) *Sandrock*, Grundbegriffe des Gesetzes gegen Wettbewerbsbeschränkungen, 1968.

6) *P. Ulmer*, Grundbegriffe des Gesetzes gegen Wettbewerbsbeschränkungen, ZHR 135 (1971), 557, 566.

という認識がボン大学で生まれたという点である。こうした結び付きの認識は彼のその後の学問的業績に受け継がれている。しかもこの点はドイツ競争法・カルテル法、ヨーロッパ競争法・カルテル法および国際競争法・カルテル法に関する多数の論文に限られない[7]。

V. ボーフム大学

オットー・ザンドロックは、1967年に、ドイツ連邦共和国になってから最初に設立されたボーフム市のルール大学 (Ruhr-Universität Bochum) からの民法、商法および経済法担当正教授職への招聘に応じた。彼はボーフム大学で、他の重要な法律学者、たとえば、クルト・ビーデンコップ (Kurt Biedenkopf)、ハンス・ウーヴェ・エーリヒセン (Hans-Uwe Erichsen)、マークス・ルッター (Marcus Lutter) らと一緒に活動し、同大学法学部の充実に向けて弛まぬ努力を続け、大きな成果を上げた。

学問的にみると、オットー・ザンドロックにとってボーフム大学時代は実りの多い時期であった。それは、個別テーマの単独研究書二冊[8]に加え、後にスタンダードな作品となった二冊が出版されたからである。その一つは、『ギールケ／ザンドロック (Gierke/Sandrock)』と略称される、商法・経済法大教科書第一巻[9]であり、他のそれは、記念碑的価値を有する二巻本『国際契約締結

---

7) 参照されるものとして、*Sandrock*, Vertikale Konzentrationen im U. S.-amerikanischen Antitrustrecht, 1984 ; *Sandrock*, Kartellrecht und Genossenschaften, 1976 ; この他、*Steindorff*, Genossenschaften und Kartellrecht, ZHR 141 (1977), 263 ; *Sandrock*, Probleme der Gemeinschaftsunternehmen nach europäischem Kartellrecht, AWD 1970, 337 ; *Sandrock*, Gentlemen's agreements, aufeinander abgestimmte Verhaltensweisen und gleichförmiges Verhalten nach dem GWB, WuW 1971, 858 ; *Sandrock/van Arnheim*, New Merger Control Rules in the EEC, 25 Int'l Law. 859 (1991) 参照。

8) *Sandrock*, Die Einheit der Wirtschaftsordnung. Über Macht und Ohnmacht von Gesetzgeber und Richter im Wirtschaftsrecht, 1971 ; *ders.*, Kartellrecht und Genossenschaften（前注7）.

ハンドブック』である。後者には、「国際経済取引における契約締結入門 (Ein Leitfaden für den Abschluß von Verträgen im Internationalen Wirtschaftsverkehr)」という控え目な副題が付されている[10]が、同書は、国際契約締結の際の基本的諸問題を「一読して分かるように明快に、信頼でき、包括的に」解決する助けとなる[11]ものであって、学問的な認識と実践的な応用とを見事に統合した成功例となっている[12]。彼には、この他、カルテル法、国際私法、比較法、民法（特に普通取引約款）上の諸問題[13]、それに、「うまく説明できない」ドイツ民法典第 1365 条第 1 項解釈上の諸問題[14]、これらについて書かれた論文 20 点がある。ザンドロックは多種多様な国際的関心を抱いていたが、この最後に掲げた問題によって、研究教育における彼の活動の基盤が形づくられた。

---

9) *Gierke/Sandrock*, Handels- und Wirtschaftsrecht, 9. Aufl., Bd. 1 : Allgemeine Grundlagen – der Kaufmann und sein Unternehmen, 1975. 同書に対する書評として、*Weimar*, WM 1980, 884 （「たとえ不可能ではないにせよ、改訂版の準備を著者に求めることは難しいであろう。というのは、同書が学問的な観点からみても教育的な視点からみても、求められる要請を完全に充たしているからである。」）.

10) *Sandrock*, Handbuch der Internationalen Vertragsgestaltung, Bd. I und II, 1980.

11) *Harries*, Buchbesprechung, RabelsZ 46 (1982), 618, 618 ; siehe auch *Herber*, Buchbesprechung, RIW 1981, 351.

12) *Großfeld/Neumann*, Buchbesprechung, JZ 1981, 207 （この書評では、「豊富な学識、理論的な諸問題との徹底した批判的取組み、理想的なやり方で達成された学問的認識と実務の需要との一体化」と賞讃されている。）; これと同旨のものとして、*Vetter*, Buchbesprechung, BB 1981, 744 （「学問的な価値が高いにも拘わらず、同時に、確認できることであるが、このザンドロックの書籍は実務家にとっての真のハンドブックとなっている。というのは、国際契約法上の法律問題について包括的な情報が盛り込まれ、主要な学術文献と判例が参照され、実務的な観点にも十分な配慮が加えられているからである。」）.

13) *Sandrock*, The Standard Terms Act 1976 of West Germany, 26 Am. J. Comp. L. 551 (1978).

14) *Sandrock*, Die Zähmung des widerspenstigen § 1365 Abs. 1 BGB, in : Festschrift für F. W. Bosch, 1976, S. 841 ; このほか、*Sandrock*, Gesellschaftsvertragliche Vereinbarungen und die Verwaltungsbeschränkung des § 1365 Abs. 1 BGB, in : Festschrift für Konrad Duden, 1977, S. 513.

VI. ミュンスター大学

　オットー・ザンドロックが1980年にミュンスターのヴェストフェーリッシェ・ヴィルヘルム大学（Westfälische Wilhelms-Universität in Münster）に招聘された時、彼の旺盛な創作力が花開いた。彼の希望に基づいて改名された国際経済法研究所（Institut für Internationales Wirtschaftsrecht）が彼の活動の中心となった。この研究所は、国際経済法・ヨーロッパ経済法の研究に関する世界的に著名なセンターの一つになった。オットー・ザンドロックは、重点研究分野である商法・経済法、国際会社法・国際企業法、国際契約法、比較私法の各分野で、さまざまな基準を打ち立てた。彼は、学問的観点からの出版活動と外国滞在（特にフランス、アメリカ合衆国、南アフリカ、日本、中国および韓国）を通じて、ドイツのヴェストフェーリッシェ・ヴィルヘルム大学法学部の名声を世界の学界に広めた。彼と家族にとって、ミュンスターは生活の中心地となり、そして、多くの国際的活動の起点となった。

VII. 国際会社法・国際企業法

　オットー・ザンドロックは、彼がベルンハルト・グロスフェルト（Bernhard Großfeld）（二人ともイェール大学ロースクールの卒業生である）とともにミュンスター大学の国際経済法研究所で、研究・教育の両面に亘って、国際経済法、ヨーロッパ経済法、内外経済法の比較、これら三分野のさらなる発展と安定化に向けて、きわめて優秀で、積極的参加の姿勢を備え、深い友情で結ばれた戦友であったことをいつも格別の僥倖と感じていた。二人の学者の間には、たとえば会社牴触法の領域での見解の相違や、法比較に関する方法論の相違[15]があ

---

15) 参照されるものとして、Sandrock, Über Sinn und Methode zivilistischer Rechtsvergleichung, 1966 [イタリア語訳として、Significato e metodo del diritto civile comparato, 2009]、このほか、Großfeld, Macht und Ohnmacht der Rechtsvergleichung,

ったにも拘らず——あるいは、まさしくそうした相違があったがゆえに——、この研究所で、二人が同じように追求してきた、学問的な推進力が生まれた。

　二人が「別々に歩み、一緒に作り出す（Getrennt marschieren, vereint schlagen）」、このような基本的態度は特に国際会社法においてうまく働いた。オットー・ザンドロックとベルンハルト・グロスフェルトは、国際会社法において域内市場に有益な牴触規定を発展させるという達成目標を共有していた。ベルンハルト・グロスフェルトは、シュタウディンガー版国際会社法の注釈[16]において、同業者組合の不文のルール——注釈作業において現在の状況を認識し、分析し、構成し、評価し、そして種々の傾向を明らかにするという、つまり、牴触法という入り組んだ繁み（Dickicht des Kollisionsrechts）を通りながら、みずからの政策的思考を押し付けることなく、読者や裁判所に通行可能な道筋を示す——を参考にした。彼の注釈の中心に位置する本拠地法説（Sitztheorie）——この見解はドイツの裁判所で数十年に亘り確定の判例とされ、さらに洗練されている[17]——はランズフート印刷会社（Landshuter Druckhaus）事件[18]およびディリー・メイル社（Daily Mail）事件[19]までヨーロッパ共同体法上圧倒的な勢力を誇り、共同体法における居住移転の自由（現行のヨーロッパ連合機能条約第 49 条および第 54 条）が加盟国の会社牴触法に及ぼす（潜在的な）影響を予感させるものであった。本拠地法説は、ベルンハルト・グロスフェルトにとっ

1984. ザンドロックが掲げた主張は大きな反響をもたらした：*Drobnig*, Buchbesprechung, RabelsZ 33 (1989), 378 ; *von Hülsen*, Sinn und Methode der Rechtsvergleichung, insbesondere bei der Ermittlung übernationalen Zivilrechts, JZ 1967, 629 ; *Großfeld*, Sinn und Methode der Rechtsvergleichung, in : Festschrift für Otto Sandrock, 2000, S. 329.

16) *Großfeld*, in : Staudinger, EGBGB Internationales Gesellschaftsrecht, Neubearb. 1998, IntGesR Rz. 119-147.

17) *Ebke*, Das Internationale Gesellschaftsrecht und der Bundesgerichtshof, in : Festschrift 50 Jahre Bundesgerichtshof, Bd. 2, 2000, S. 799, 806-807.

18) BayObLGZ 1986, 61.

19) EuGH, Urt. v. 27. 9. 1988 – Rs. 81/87, *The Queen and H. M. Treasury and Commissioner of Inland Revenue ex parte Daily Mail and General Trust Plc*, Slg. 1988, 5483.

て、「一時的な理論であり、ヨーロッパ連合に適応した修正を可能とする理論」[20]であった。

オットー・ザンドロックはベルンハルト・グロスフェルトよりももっと弾力的に考えていた。カリフォルニア大学バークレー校ロースクール (Law School der University of California at Berkeley) に留学した際、彼は、擬似外国会社 (pseudo-foreign corporations) に関する同地の牴触法・実質法を研究した。彼がドイツに持ち帰ったのが「重層化説 (Überlagerungstheorie)」である。彼は多くの研究者の目に触れる媒体を通してこの見解を紹介し[21]、具体化し[22]、そして補強した[23]。ヨーロッパ裁判所がセントロス社 (Centros) 事件[24]およびイィーバーゼーリンク社 (Überseering) 事件[25]において、域内市場での転入型事案 (Zuzugsfälle) について設立準拠法説 (Gründungstheorie) に有利な方向に舵を切った時、重層化説にとって補給路が確保されたようにみえた[26]。しかし、ヨーロッパ裁判所は、オランダ・イギリス両国に関わるインスパイアー・アート社 (Inspire Art) 事件において、当該裁判所がオランダ法を通して、もともと定められて

---

20) *Großfeld*, in : Staudinger（前注 16）), IntGesR Rz. 124.
21) *Sandrock*, Ein amerikanisches Lehrstück für das Kollisionsrecht der Kapitalgesellschaften, RabelsZ 42 (1978), 227 ; *Sandrock,* Die Multinationalen Korporationen im Internationalen Privatrecht, BerDtGesVölkR 1978, 169.
22) *Sandrock*, Die Konkretisierung der Überlagerungstheorie – ein Beitrag zum internationalen Gesellschaftsrecht, in : Festschrift für Günther Beitzke, 1979, S. 669.
23) *Sandrock/Austmann*, Das Internationale Gesellschaftsrecht nach der Daily-Mail-Entscheidung des Europäischen Gerichtshofs : Quo vadis?, RIW 1989, 249 ; *Sandrock*, Sitztheorie, Überlagerungstheorie : Wasser, Öl und Feuer, RIW 1989, 505.
24) EuGH, Urt. v. 9. 3. 1999 – Rs. C-212/97, *Centros./. Erhvervs- og Selkskabsstyrelsen*, Slg. 1999, I-1459.
25) EuGH, Urt. v. 5. 11. 2002 – Rs. C-208/00, *Überseering BV./. Nordic Construction Company Baumanagement GmbH*, Slg. 2002, I-9919. このイィーバーゼーリング社事件の判断過程に学理と判例の影響がともにみいだされている点については、*Ebke*, *Überseering* und *Inspire Art* : Die Revolution im Internationalen Gesellschaftsrecht und ihre Folgen, in : FS für Reinhold Thode, 2005, S. 593, 597 をみよ。
26) *Sandrock*, Centros : Ein Etappensieg für die Überlagerungstheorie, BB 1999, 1337.

いるオランダの擬似外国会社禁止法（Wet op de formeel buitenlandse vennootschappen）の助けを借りながら、会社準拠法たるイギリス法を重層化することを、オランダ法上不適法と宣言する[27]ことによって、設立国外で主に活動する会社についても、同裁判所が採用した基本的路線を一貫して追い求めている。この判決は、たとえ連邦通常裁判所がヨーロッパ裁判所判例に現れた居住移転の自由に関する諸原則を欧州経済領域加盟諸国（リヒテンシュタイン大公国、アイスランドおよびノルウェイ）で設立された会社へとすぐに拡張するとしても[28]、そして、連邦通常裁判所の多くの法廷がアメリカ合衆国で設立された資本会社をも条約上しかるべく特権を有するとみなすとしても[29]、もちろん、ザンドロックの重層化説の終焉を意味するものではない。

というのは、上述したヨーロッパ裁判所の三つの裁判が居住移転の自由に関するすべての問題、そして国際会社法上のすべての問題をまだ解決していないからである[30]。このことは、ハンガリー・イタリア両国に関わる転出型事案（Wegzugsfall）のカーテシオ社（Cartesio）事件[31]におけるヨーロッパ裁判所の、多くの者に意外に思われた裁判や、国境を越えた組織再編（grenzüberschreitende Umwandlung）に関するヴァーレ社（Vale）事件[32]におけるヨーロッパ裁判所

---

27) EuGH, Urt. v. 30. 9. 2003 – Rs. C-167/01, *Kamer van Koophandel en Fabrieken voor Amsterdam./. Inspire Art Ltd.*, Slg. 2003, I-10155.

28) BGHZ 164, 148.

29) BGH JZ 2005, 298 (Kalifornien) ; BGH RIW 2004, 787 (Delaware) ; BGH WM 2003, 699 (Florida). この判決の細目については、*Ebke*, Conflicts of Corporate Laws and the Treaty of Friendship, Commerce and Navigation between the United States of America and the Federal Republic of Germany, in : FS für Peter Hay, 2005, S. 119 ; この判決が及ぼしたその後の状況については、*Seelinger*, Gesellschaftskollisionsrecht und Transatlantischer Binnenmarkt, 2010.

30) このほか *Sandrock*, Was ist erreicht? Was bleibt zu tun? Eine kollisions- und materiellrechtliche Bilanz, in : Sandrock/Wetzler (Hrsg.), Deutsches Gesellschaftsrecht im Wettbewerb der Rechtsordnungen, 2004, S. 33.

31) EuGH, Urt. v. 16. 12. 2008 – Rs. C-210/06, *Cartesio Oktató és Szolgáltató bt*, Slg. 2008, I-9641.

32) EuGH, Urt. v. 12. 7. 2012 – Rs. C-378/10, *VALE Építési kft*, Slg. 2012, I.

の裁判が示しているとおりである。国際会社法上未解決の当面の諸問題のうち最も重要なこの問題が、逆に、オットー・ザンドロックとベルンハルト・グロスフェルトを、学問的に対立し合ったこの二人の原理的出発点に内在する基本問題へとふたたび導いた。ドイツ法からみて、ヨーロッパ連合／ヨーロッパ経済領域の加盟国内で設立されていない会社、条約上もしくは国際法上優遇を受ける第三国で設立されていない会社、これらの会社準拠法はどのように定められるべきか。連邦通常裁判所は、ドイツ・スイス両国に関わるトラブレンバーン社（Trabrennbahn）事件[33]において、ドイツの立法者がこの懸案の難問を立法で解決するというやり方を尊重してみずからの判断を先送りし、ドイツに実効的管理機関の本拠（effektiver Verwaltungssitz）を有するスイス会社に対してふたたび本拠地法説を適用した。連邦通常裁判所のこの裁判は、同一性を維持したままで、ドイツの株式会社や有限責任会社が実効的管理機関の本拠をスイスに移転することをドイツが認める（株式法第5条、有限責任会社法第4a条）のに対して、逆に、スイス法上の資本会社の実効的管理機関の本拠をスイスからドイツへ移転する場合には、その承認を拒否するという注目すべき結果をもたらした[34]。その他の者は、優遇措置を認められていない第三国で設立された会社の転入型事案において設立準拠法説を採用することに賛成している。この場合、ザンドロックの重層化説の助けを借りて、設立準拠法説の適用範囲を制限できるとすることには意味がある[35]。オットー・ザンドロック自身は、「ヨー

---

33) BGH, BB 2009, 14 mit Aufsatz *Lieder/Kliebisch*, Nichts Neues im Internationalen Gesellschaftsrecht: Anwendbarkeit der Sitztheorie auf Gesellschaften aus Drittstaaten?, BB 2009, 338 = DStR 2009, 59 mit Anm. *Goette* = NJW 2009, 289 mit Anm. *Kieninger*. その他の細目については、*Ebke*, Der Einfluss des US-amerikanischen Rechts auf das Internationale Gesellschaftsrecht in Deutschland und Europa: Rezeption oder Abwehr?, in: Ebke/Elsing/Großfeld/Kühne (Hrsg.), Das deutsche Wirtschaftsrecht unter dem Einfluss des US-amerikanischen Rechts, 2011, S. 175, 196-202.

34) *Ebke*, Gesellschaften aus nicht privilegierten Drittstaaten im Internationalen Privatrecht: „*Utopia Limited; oder: Die Blüten des Fortschritts*", in: Festschrift für Hans-Jürgen Hellwig, 2010, S. 117, 130-133.

35) *L. Hübner*, Die kollisionsrechtliche Behandlung von Gesellschaften aus „nicht-privi-

ロッパ法の現状によれば」、重層化説にとってある種の「収縮」があるにも拘らず、それでも、ヨーロッパ域内市場の内側でも外側でも、重層化説にはまだ適用可能性があるものと考えていた[36]。

VIII. 国際商事法・国際経済法

ミュンスター大学に招聘されたことで、これまでの国際会社法・国際企業法、国際競争法・国際カルテル法および商法・経済法に加え、学者オットー・ザンドロックの生活に、もう一つ新しい大きな法分野が登場した。彼にとって、仲裁法が重要なテーマとなったからである。むろん、公表された業績をみる限り、従来の三つの研究領域が疎かにされたというわけではない。オットー・ザンドロックは、内外国の複数の定期刊行物に再三にわたり、国際私法上の[37]、カルテル法上の[38]、商法・会社法上の[39]、それぞれ中心的な問題やアクチ

---

legierten" Drittstaaten, 2011.

36) *Sandrock*, Die Schrumpfung der Überlagerungstheorie. Zu den zwingenden Vorschriften des deutschen Sitzrechts, die ein fremdes Gründungsstatut überlagern können, ZVglRWiss 102 (2003), 447, 502-504 ; *Sandrock*, Niederlassungsfreiheit und Internationales Gesellschaftsrecht, EWS 2005, 529. このほか、*Sandrock*, Spanische Gesellschaften in Deutschland, deutsche Gesellschaften in Spanien : Kollisionsrechtliche Probleme, RIW 2006, 658.

37) *Sandrock*, Die kollisionsrechtliche Behandlung der Deliktshaftung bei der Verletzung von gewerblichen Schutzrechten und Urheberrechten, in : von Caemmerer (Hrsg.), Vorschläge und Gutachten zur Reform des deutschen Internationalen Privatrechts der außervertraglichen Schuldverhältnisse, 1983, S. 380 ; *Sandrock*, Das Vertragsstatut bei japanisch-deutschen privatrechtlichen Verträgen, RIW 1994, 381.

38) *Sandrock/van Arnheim*, New Merger Control Rules in the EEC, 25 Int'l Law. 859 (1991).

39) *Sandrock*, Kaufmännische Vertriebsorganisationen und ihre Einordnung in die Systematik des HGB, in : Festschrift für Peter Raisch, 1995, S. 167 ; *Sandrock*, The Colossus of German Codetermination : An Institution in Crisis, 16 Eur. Bus. L. Rev. 83 (2005) ; *Sandrock/du Plessis*, The German Corporate Governance Model in the Wake of Company Law Harmonisation in the European Union, 26 The Company Lawyer 88

ュアルな問題について原理的な見解を発表してきた。そして、専門分野の学界で彼の研究業績がリスペクトされていることも彼の自信を裏付けていた。このことは、国際私法・国際カルテル法分野の実務家ザンドロックについてもそのままあてはまる。というのは、オットー・ザンドロックは、再三にわたって実務のために、綿密な学問的分析の成果を分析し、法適用を行う者の需要に適うよう、より明確に、美辞麗句とは無縁の言葉遣いで、方法論を考慮し、しかも明確な判断力をもって、伝えていたからである[40]。

オットー・ザンドロックは、内外国の超一流の法律家に捧げられた祝賀記念論文集においても、牴触法およびカルテル法に関する論文を寄稿し、その存在感を示してきた。彼は、1908年にブレスラウに生まれ、1935年にアメリカ合衆国に亡命し、1999年にバークレーで亡くなった偉大な国際的法律家、シュテファン・リーゼンフェルト（Stefan Riesenfeld）に、準拠法選択合意における「化石化条項」についての論文を献呈し[41]、レオンタン゠ジャン・コンスタンティネスコ（Léontin-Jean Constantinesco）には不正競争防止法に関する牴触法についての論文を寄稿し[42]、マックス・クマー（Max Kummer）には、実体的市場

(2005); *Sandrock/du Plessis*, The Rise and Fall of Supervisory Codetermination in Germany?, 16 Int'l Comp. & Com. L. Rev. 67 (2005).

40) 参照されるものとして、たとえば、*Sandrock*, Die Bedeutung des Gesetzes zur Neuregelung des Internationalen Privatrechts für die Unternehmenspraxis, RIW 1986, 841; *Sandrock*, Das Gesetz zur Neuregelung des Internationalen Privatrechts und die internationale Schiedsgerichtsbarkeit, RIW 1987 Beilage 2 zu Heft 2, S. 1; *Sandrock*, Die zweite Kartellnovelle: Die Novellierung der §§ 1, 16, 17, 22 GWB, BB 1973, 101.

41) *Sandrock*, „Versteinerungsklauseln" in Rechtswahlvereinbarungen für internationale Handelsverträge, in: Festschrift für Stefan Riesenfeld, 1983, S. 211. もう一人の重要な、ドイツからの移民、フリートリッヒ・ケスラー（Friedrich Kessler）（Berkeley）に捧げた論文として、*Sandrock*, Friedrich Kessler und das angloamerikanische Vertragsrecht, in: Lutter/Stiefel/Hoeflich (Hrsg.), Der Einfluß deutscher Emigranten auf die Rechtsentwicklung in den USA und in Deutschland, 1993, S. 475.

42) *Sandrock*, Das Kollisionsrecht des unlauteren Wettbewerbs zwischen dem internationalen Immaterialgüterrecht und dem internationalen Kartellrecht, in: Festschrift für Léontin-Jean Constantinesco, 1983, S. 619.

限定の問題に関して深く追及した論文を捧げ[43]、連邦通常裁判所元長官ローベルト・フィッシャー (Robert Fischer) には指定商人の補償請求権に関する緊張感溢れる論文[44]を、そして、テキサス州ダラスのサザン・メソディスト大学ロースクール (Southern Methodist University School of Law) で長く法学部長を務めたＡ・Ｊ・トーマス (A. J. Thomas) には、国際商法・国際経済法における紛争調停についての研究[45]を、永年の友人で研究所の同僚、ベルンハルト・グロスフェルト——言葉と法 (Sprache und Recht) というテーマに関する彼の研究[46]はザンドロックを虜にした——には、国際法におけるドイツ語の役割に関する綿密な論文を贈った[47]。オットー・ザンドロックは、彼の友人、山内惟介 (Koresuke Yamauchi) の還暦記念論文集において、数量的には少ないが、ドイツと日本との間での学究交流の事象を取り上げた[48]。彼は、ミュンスター大学の同僚、ルードルフ・ルーケス (Rudolf Lukes) に、会社法と相続法との限界領域における感銘深い論稿を贈った[49]。オットー・ザンドロックは、国際通貨基金の元法務部長で、国際通貨基金協定の最も詳しい識者、サー・ジョセフ・

---

43) *Sandrock*, Grundprobleme der sachlichen Marktabgrenzung, in : Festschrift für Max Kummer, 1980, S. 449.

44) *Sandrock*, Der Ausgleichsanspruch des Vertragshändlers : Der Bundesgerichtshof auf den Spuren von Odysseus, in : Festschrift für Robert Fischer, 1979, S. 657.

45) *Sandrock*, Dispute Resolution in International Business Transactions, in : Norton (Hrsg.), Public International Law and the Future World Order, Liber Amicorum in Honor of A. J. Thomas, Jr., 1987, S. 8-1.

46) これについては、*Ebke/Kirchhof/Mincke* (Hrsg.), Sprache und Recht – Recht und Sprache, 2009.

47) *Sandrock*, Die deutsche Sprache und das internationale Recht : Fakten und Konsequenzen, in : Festschrift für Bernhard Großfeld, 1999, S. 971.

48) *Sandrock*, Individueller Austausch und brains business : Die japanische und die deutsche Rechtswissenschaft im Lichte von Einzigartigkeit und Vielfalt, in : Festschrift für Koresuke Yamauchi, 2006, S. 263.

49) *Sandrock*, Reservekonten bei einem Anteil an einer Personenhandelsgesellschaft : Inwieweit gebühren sie dem Vorerben und inwieweit dem Nacherben?, in : Festschrift für Rudolf Lukes, 1989, S. 771.

ゴールド (Sir Joseph Gold)[50]を喜ばせるべく、国際通貨基金協定第 8 条第 2 項(b)号という国際私法上の牴触規定・実質規定の仲裁能力についての革新的な論文を書いた[51]。

オットー・ザンドロックはもちろん高名な法律家——ザンドロックと彼らとの結び付きを作ったのは、職業であり、友情であり、それに相性であった——に捧げられた記念論文集の編集にも参加していた。まず挙げられるのは彼の恩師、ギュンター・バイツケ[52]であり、友人のエルンスト・C・シュティーフェル (Ernst C. Stiefel)[53]であり、そして、グンター・キューネ (Gunther Kühne)[54]であった。ハイデルベルクの法律経済出版社 (Verlag Recht und Wirtschaft) のラインホルト・トリンクナー (Reinhold Trinkner) ——彼と長年に亘り、オットー・ザンドロックは、『比較法学雑誌 (Zeitschrift für Vergleichende Rechtswissenschaft)』の編集者として、『国際経済法叢書 (Abhandlungen zum Recht der Internationalen Wirtschaft)』の編集者として、そして、雑誌『国際経済法 (Recht der Internationalen Wirtschaft)』の定期的寄稿者として、さらに雑誌『企業相談 (Betriebs-Berater)』の執筆者として、緊密に協力していた——に対しても、彼は、同じように、大部で多彩な記念論文集をもって祝意を表していた[55]。

---

50) *Ebke*, Editor's Tribute, in : Festschrift für Joseph Gold, 1990, S. 13. IMF 協定第 8 条第 2 項 b 号の解釈とその適用に関するサー・ジョセフ・ゴールド (Sir Joseph Gold) の重要な活動については、*Ebke*, Sir Joseph Gold and the International Law of Exchange Controls, 35 Int'l Law. 1475 (2001).

51) *Sandrock*, Are Disputes Over the Application of Article VIII, Section 2(b) of the IMF Treaty Arbitrable?, in : Festschrift für Joseph Gold, 1990, S. 351.

52) *Sandrock* (Hrsg.), Festschrift für Günther Beitzke zum 70. Geburtstag, 1979. 逝去したバイツケ (Beitzkes) への追悼文として、*Sandrock*, NJW 1999, 1238.

53) *Sandrock/Lutter/Oppenhoff* (Hrsg.), Festschrift für Ernst C. Stiefel zum 80. Geburtstag, 1987.

54) *J. F. Baur/Scholtka/Shapira/Sandrock* (Hrsg.), Festschrift für Gunther Kühne zum 70. Geburtstag, 2009.

55) *F. Graf von Westfalen/Sandrock* (Hrsg.), Lebendiges Recht – Von den Sumerern bis zur Gegenwart, Festschrift für Reinhold Trinkner zum 65. Geburtstag, 1995. 逝去したラインハルト・トリンクナー (Reinhold Trinkners) への追悼文として、*Sandrock*,

IX. 仲　裁　法

　理論的に緊張感をはらみ実務的にも重要なこの法領域を研究する喜びをオットー・ザンドロックがますます大きく感じていること、そして、仲裁手続法学者の小規模で排他的なサークルにおける「仲間たち」に彼が敬意を払っていること、これらは、ザンドロックがミュンスターで執筆し、仲裁法分野の国内的にも国際的にも著名な専門家たちに捧げられた複数の記念論文集への寄稿に反映されている。オットーアルント・グロスナー（Ottoarndt Glossner）の栄誉を称える記念論文集の冒頭に掲載された寄稿でオットー・ザンドロックが究明しようとしたのは、国際仲裁法廷がどのような手続規定に従わなければならないかという問題であった[56]。ここに表現されている内容は、誰もが考え得る点であるが、決して「取るに足らない小さな技術的問題」ではない。まったく逆である。国際仲裁人として活動した経験を有する者は誰でも、この問題の重要性を知っており、それも、正式事実審理前の証拠開示（pre-trial discovery）の適用範囲如何を巡る争いでこの問題がいかに重視されているかをよく知っている。最近では、仲裁手続参加者一人ないし二人が関わる倒産事件との関連でどの手続法が適用されるかという問題が論議を呼んでいる[57]。これに似た難問は、国際仲裁法廷により適用される牴触法に関しても提起されている[58]。その背後には、さらに、国際仲裁裁判所がどれだけの裁量権を持っているかという問題もある。オットー・ザンドロックはこの問題をハンス・スミット（Hans Smit）の栄誉を称える記念論文集で徹底的に論じた[59]。

　　　 EWS 1998, 41 = RIW 1998, 89.
56) 　*Sandrock*, Welche Verfahrensregeln hat ein Internationales Schiedsgericht zu befolgen?, in : Festschrift für Ottoarndt Glossner, 1994, S. 281.
57) 　これにつき、*Poelzig*, Parteieninsolvenz in der internationalen Schiedsgerichtsbarkeit, ZZPInt 14 (2009), 393 ; *Wagner*, Insolvenz und Schiedsverfahren, KTS 2010, 39.
58) 　*Sandrock*, Welches Kollisionsrecht hat ein Internationales Schiedsgericht anzuwenden?, RIW 1992, 785.

国際仲裁手続における訴訟費用の担保に関する論文がみられるのは、ビーレフェルトのエルンスト、ヴェルナー・ギーゼキング出版社 (Verlag Ernst und Werner Gieseking) から刊行された『ドイツ・ヨーロッパ民法・商法・訴訟法叢書 (Schriften zum Deutschen und Europäischen Zivil-, Handels- und Prozessrecht)』の共同編集者として長年一緒に働いたハンス・フリートヘルム・ガウル (Hans Friedhelm Gaul) に捧げられた記念論文集[60]である。ロザンヌ大学の友人、フリッツ・シュトゥルム (Fritz Sturm) に対しては、民事訴訟法第1051条第2項による契約の客観的連結に関する論文[61]が献呈された。高名なスイスの仲裁手続法学者ピエール・ラリーヴ (Pierre Lalive) に対してオットー・ザンドロックが贈ったのは、コンツェルンにおける仲裁合意の効果に関する論文[62]であった。この論文は、仲裁裁判所で自由に合意された言語 (lingua franca)、すなわち英語で書かれたことから、論文の入手も内容の理解も世界的規模に拡がった。オットー・ザンドロックは、国際的に著名な仲裁手続法学者であるもう一人のスイス人、ジャン゠フランソワ・プードゥル (Jean-François Poudret) にも同じように英語で、国際仲裁手続における複利についての研究[63]を贈った。ダルムシュタット近郊のグリースハイム (Griesheim) に生まれ、1938年にアメリカ合衆国に亡命した、バークレーの偉大な会社法学者・比較法学者のリチャード・バックスバウム (Richard M. Buxbaum) に対し、オットー・ザンドロッ

---

59) *Sandrock*, How Much Freedom Should an International Arbitrator Enjoy? – The Desire for Freedom from Law v. The Promotion of International Arbitration, 3 Am. Rev. Int'l Arb. 30 (1992).

60) *Sandrock*, Zur Prozeßkostensicherheit in internationalen Schiedsverfahren, in: Festschrift für Hans Friedhelm Gaul, 1997, S. 607.

61) *Sandrock*, Die objektive Anknüpfung von Verträgen nach § 1051 Abs. 2 der deutschen ZPO in der Fassung des SchiedsVG von 1997, in: Festschrift für Fritz Sturm, 1999, S. 1045.

62) *Sandrock*, Arbitration Agreements and Groups of Companies, in: Festschrift für Pierre Lalive, 1993, S. 625.

63) *Sandrock*, Compound Interest in International Arbitration, in: Festschrift für Jean-François Poudret, 1999, S. 519.

クは、仲裁合意が契約当事者以外の者に対しても適用されるかという問題に関する示唆に富む論文[64]をもって、その栄誉を称えた。彼は、カールハインツ・ベックシュティーゲル（Karl-Heinz Böckstiegel）の栄誉を称え、国際仲裁における時効法という未解明の諸問題を取り上げた論文[65]を書いた。

　仲裁分野の法律問題について執筆した雑誌論文や寄稿論文では、国内仲裁および国際仲裁の実質法・牴触法・手続法に関わる諸局面が広範囲に亘って取り上げられていた。長期間に亘った一連の研究業績の最初に位置するのは、特徴的なことであるが、著名な雑誌『Juristenzeitung』に掲載された書評論文で、「国際仲裁手続における迅速性・簡便性と徹底性（Zügigkeit und Leichtigkeit versus Gründlichkeit in internationalen Schiedsverfahren）」という表題が付されていた。彼は、この論文で、1985年9月26日の連邦通常裁判所第三小法廷判決を批判的に取り上げ、最後に――決して意外ではないが――立法者に対して具体的な解決策を提案した[66]。その他の雑誌論文や書籍への寄稿で取り上げられたテーマは、仲裁の合意と裁判管轄の合意[67]から始まり、「公平と善（ex aequo et bono）」の合意および「友誼的債務免除（amicable composition）」の合意[68]、ならびに、「事件付託条項（Terms of Reference）」（仲裁委託）[69]を挟んで、外国仲裁判

64) *Sandrock*, The Extension of Arbitration Agreements to Non-Signatories : An Enigma Still Unresolved, in : Liber Amicorum Richard M. Buxbaum, 2000, S. 461.

65) *Sandrock*, Internationale Schiedsgerichtsbarkeit und Verjährung nach deutschem Recht – Einige geklärte und einige noch ungeklärte Streitfragen, in : Festschrift für Karl-Heinz Böckstiegel, 2001, S. 671.

66) *Sandrock*, Zügigkeit und Leichtigkeit versus Gründlichkeit, Internationale Schiedsverfahren in der Bundesrepublik Deutschland, JZ 1986, 370.

67) *Sandrock*, „Handcuffs" Clauses in International Commercial Contracts : Basic Reflections on the Autonomy of the Parties to Choose the Proper Law for their Contracts, in : Norton/Andenas/Footer (Hrsg.), The Changing World of International Law in the Twenty-First Century : A Tribute to the Late Kenneth R. Simmonds, 1998, S. 217 = 31 Int'l Law. 1105 (1997).

68) *Sandrock*, „Ex aequo et bono" - und „amicable composition" -Vereinbarungen : Ihre Qualifikation, Anknüpfung und Wirkungen, Jahrbuch für die Praxis der Schiedsgerichtsbarkeit 2 (1988), 120.

断(arbitral awards)のドイツにおける執行[70]にまで及んでいる。オットー・ザンドロックは、この他、国際仲裁手続における暫定的権利保護の可能性[71]、国際仲裁裁判所による実体法の生成とその継続形成[72]、さらに国際仲裁手続における外国人申立人の担保提供(security for costs and expenses)義務の有無[73]を論じている。

X. 民事法・経済法の基本問題

上述のようにオットー・ザンドロックは仲裁法上の基本的諸問題について多数の著作を表していた。彼がこの他にもドイツの民事法上の基本問題について執筆する時間を見出していたということによって、彼が広い学問的関心を持っていたこと、そしてとどまるところを知らないエネルギーを備えていたこと、これらが証明されよう。民事法・経済法の総論および各論について書かれた著作の中で特に強調されるのが、「合意による経済規制」について徹底的検討を加えた研究[74]、ヨーロッパ連合におけるドイツ私法の現況と将来についての構

---

69) *Sandrock*, Die „Terms of Reference" und die Grenzen der Präklusionswirkungen, RIW 1987, 649.
70) *Sandrock/Hentzen*, Enforcing Foreign Arbitral Awards in the Fedeal Republic of Germany, 2 Transnat'l Law. 49 (1989) ; *Sandrock*, Zum ordre public bei der Anerkennung und Vollstreckung ausländischer Schiedssprüche, IPRax 2001, 550.
71) *Sandrock/Nöcker*, Einstweilige Maßnahmen internationaler Schiedsgerichte : bloße Papiertiger?, Jahrbuch für die Praxis der Schiedsgerichtsbarkeit 1 (1987), 74.
72) *Sandrock*, Die Fortbildung des materiellen Rechts durch die internationale Schiedsgerichtsbarkeit, in : *Böckstiegel* (Hrsg.), Rechtsfortbildung durch Internationale Schiedsgerichtsbarkeit, 1989, S. 21.
73) *Sandrock*, The Cautio Judicatum Solvi in Arbitration Proceedings : Or the Duty of an Alien Claimant to Provide Security for the Costs of the Defendant, 14 J. Int. Arb. 17 (1997).
74) *Sandrock*, Internationales Wirtschaftsrecht durch „konsensuale Wirtschaftsregulierung", ZHR 152 (1988), 66.

想[75]、それに世界におけるドイツ私法の現況と将来についての構想[76]、これらである。

XI. 名誉教授

　注意深い読者は、上述した雑誌論文と記念論文集への寄稿の多くがいずれも、オットー・ザンドロックが1995年に名誉教授となった後に、執筆されたり、出版されたりしたものである点を見逃すことはないであろう。65歳に達した大学教授が名誉教授となったり年金生活に入ったりすることに意味があるか否かという点については大いに論議があり得る。結局のところ、辞めて行く年長者一人一人の個人的な利益と次の世代を担う人々の機会確保の利益とを対比させて比較検討すること、そして、法的、（国民）経済的、社会的および人口統計学的な局面を考慮すること、これらはどれも政策判断に他ならない。確認されるように、オットー・ザンドロックは、彼が定年を迎えた65歳から80歳になるまでの15年間、まったく「隠棲」していなかった。彼は、多く引用される「隠棲にあらず（Unruhestand）」という状況にも該当せず、学問的には以前とまったく同様の活動実績を示している。この事実が証明しているように、前述した著作だけでなく、多数の判例評釈・書評が、それに、彼自身が著作目録で「小品」欄に掲げた多くの著作がいずれも、1995年以降に公表されている。この他、彼が編集した書物として、ヨーロッパにおける会社法秩序間の競争[77]、比較法――将来性ある課題[78]、それに国際的およびヨーロッパ的な視

---

75) *Sandrock*, Die Europäischen Gemeinschaften und die Privatrechte ihrer Mitgliedstaaten: Einheit oder Vielfalt?, EWS 1994, 1.
76) *Sandrock*, Das Privatrecht am Ausgang des 20. Jahrhunderts: Deutschland – Europa – und die Welt, JZ 1996, 1.
77) *Sandrock/Wetzler* (Hrsg.), Deutsches Gesellschaftsrecht im Wettbewerb der Rechtsordnungen, 2004.
78) *Großfeld/Luttermann/Schulze/Sandrock* (Hrsg.), Rechtsvergleichung als zukunftsträchtige Aufgabe, 2004.

点からみたドイツのコーポレート・ガヴァナンス[79]、これらもある。

XII. 比較法学雑誌

　学問というものは、個人が、学術雑誌の編集者という名誉ある地位に就くと同時に、その職責の重さを引き受ける覚悟がなければ、発展するものではない。オットー・ザンドロックは、1978年以降、『比較法学雑誌』の編集責任者として、時間を浪費する、そして必ずしも容易とはいえない職責を担っていた。将来に向けて法を発展させるうえで必要な深い思索、適応能力、外交的手腕、そしてセンス、これらをもって、あたかもコンサートのような共同編集作業を取り仕切る中で、彼は、この著名な雑誌のために緊張感ある、しかも学問を前進させる原稿を入手することに成功した。彼の刺激に基づいて、また共同編集者ベルンハルト・グロスフェルトの支えを受けて、1878年に創刊されたこの『比較法学雑誌』には、1990年刊行の第89巻から、「国際経済法論叢（Archiv für Internationales Wirtschaftsrecht)」という副題が付された。これにより、「広義の国際経済法分野で研究成果を公表し、批判を加え合う」[80]フォーラムが設けられたことになる。それにも拘らず、「古典的な比較法（klassische Rechtsvergleichung)」も同誌に掲載される余地を広く残している。というのは、この『比較法学雑誌』の編者一同が、「『古典的比較法』を欠いた国際経済法はあり得ない」[81]という見方を共有しているからである。

　オットー・ザンドロックは、『比較法学雑誌』を素晴らしい指導力を発揮して導き、内容面で充実させただけでなく、彼自身が経済法上の基本的諸問題に関する論稿をもって同誌の内容を豊かなものとした。彼は、『比較法学雑誌』において、規制緩和が国際経済法に及ぼす影響[82]とデジタル化が国際経済法

---

79)　*Du Plessis/Großfeld/Luttermann/Saenger/Sandrock*, German Corporate Governance in International and European Context, 2007.

80)　*Sandrock*, Vorwort, ZVglRWiss 89 (1990), 1, 5 をみよ。

81)　*Sandrock*（前注80)), ZVglRWiss 89 (1990), 1, 5.

に及ぼす影響[83]を分析した論文を寄稿し、投資促進契約および投資保護契約に関するドイツのモデル契約の存在意義を検討した[84]。彼は、『比較法学雑誌』創刊100周年記念に合わせて、同誌と読者に向けて、ドイツ民事法の世界における名声に関する大論文を書いた[85]。同誌の第111巻には、オットー・ザンドロックが専門的にも人間的にも緊密な関係を結んでいたピーター・サンダース (Pieter Sanders) の手になる、ザンドロックの経歴と業績に対する評価が掲載されている[86]。

XIII. 法学教育と後継者養成

オットー・ザンドロックは天分豊かな教育者であったし、今もそうである。彼が学生たちに伝えようとしたのは、彼が何のために仕事をしてきたのかという点であった。すなわち、法の知識をしっかりとしたものにすること、生活全般について感受性を豊かにすること、ヨーロッパ的・国際的な局面と問題提起について関心を寄せ、知的喜びを抱くこと、情熱を込めて将来を見通すこと，未来がどうなるかを大胆に予測する勇気を持ち、みずからの判断を信用するこ

---

82) *Sandrock*, „Deregulation", Freiheit, Wettbewerb und Sicherheit – Schwerpunkte der wirtschaftsrechtlichen Entwicklung in den Vereinigten Staaten und in der Bundesrepublik in den letzten zehn Jahren, ZVglRWiss 84 (1985), 289.

83) *Sandrock*, Neue Herausforderungen an das Internationale Wirtschaftsrecht – durch Digitalisierung, Europäisierung, Globalisierung, Erschöpfung der öffentlichen Finanzen, Streben nach Kosteneffizienz und Spezialisierung, ZVglRWiss 98 (1999), 227.

84) *Sandrock*, Das Recht ausländischer Investoren auf Zugang zu den deutschen Märkten – Zur Bedeutung von Art. 2 Abs. 1 des deutschen Mustervertrages für Investitionsförderungs- und –schutzverträge, ZVglRWiss 108 (2009), 1.

85) *Sandrock*, Über das Ansehen des deutschen Zivilrechts in der Welt – Von der „Weltstellung" des deutschen zur Hegemonie des U. S. -amerikanischen Rechts, ZVglRWiss 100 (2001), 3.

86) *Sandrock*, Zum 100. Geburtstag von Pieter Sanders : Europäische Aktiengesellschaft – New Yorker Übereinkommen von 1958 – UNCITRAL, ZVglRWiss 111 (2012), 259.

と、これらである。

　しかし、彼の教育活動の中心にあったのは、学生、研究室員、博士論文執筆者に対する指導であった。彼は耳を傾ける時間を作り、刺激や参考意見を提供した。在職の当時、彼は同僚よりもはるかに先を歩んでいたことになるが、彼はミュンスター大学における国際私法の講義を英語で行っていた。彼のゼミは学問的にも人間的にも出会いの最高峰であった。その適切な場が、とりわけ（これだけではないが）毎年シュヴァルツヴァルトで行われた「スキー・ゼミ合宿（Skiseminare）」であった。彼はこのゼミ合宿で学生たちに国際経済法の手解きを行い、模擬法廷（Moot Court）の形式で彼らを国際仲裁にも導いた。

　彼の指導下に作成された一連の法学博士学位取得論文テーマの独創性は、オットー・ザンドロックのアイディアがいかに幅広いものであったかを窺わせる。彼の独創的なテーマは、同時に、学問分野の後継者に実務に接近する可能性を開いた[87]。オットー・ザンドロックは国内仲裁法廷および国際仲裁法廷における仲裁人としての経験から、折に触れて種々の着想を得ていた。弟子たちは博士論文の指導者で、深く敬愛する師に対し、素晴らしい65歳記念論文集（Festgabe zum 65. Geburtstag）[88]を贈った。『ミュンスター大学比較法叢書（Münsteraner Schriften zur Rechtsvergleichung）』の編集者は、65歳になった彼を称えて、600頁もの大部の記念号を刊行した。同書には、指標的意義を有する彼の論文18本が収録されている[89]。

　オットー・ザンドロックは、専門的観点からの可能性と人間的温かさとを結び付けることを考えていた。このことを通じて、二人の共同所長を有する国際経済法研究所で、ザンドロックが担当する「半分」は、内外国の学生たちにと

---

87)　オットー・ザンドロックが指導した博士論文の多くは、彼とベルンハルト・グロスフェルト、それに故ラインホルト・トリンクナー（Reinhold Trinkner (†)）の編集にかかる『国際経済法叢書（Abhandlungen zum Recht der Internationalen Wirtschaft）』に収録されている。

88)　*Behr/Jung/Klausing/Nöcker* (Hrsg.), Iusto Iure（前注2））.

89)　*Sandrock*, Internationales Wirtschaftsrecht in Theorie und Praxis/International Business Law in Theory and Practice, 1995.

って、出会いを体験する中心地となった。彼は、ドイツ以外で法学士号を取得した留学生向けに大学院相当の教育課程 (LL. M.-Programm) をミュンスター大学法学部に創設し、この課程を確実かつ迅速に運営した。この課程は彼自身がイェール大学ロースクールで経験したものに相当する。彼はこの課程に在籍する多くの学生を指導し、彼らにとって新しくかつ異質のドイツ法やドイツ文化について勝手が分かるように、そしてミュンスター滞在が最善のものとなるように、支援した。オットー・ザンドロックがミュンスター大学国際経済法研究所に受け入れ、指導した外国の研究者や客員教授も、これとまったく同じ恩恵に浴した。彼自身がイェール大学ロースクールで学生として、また多くの外国の大学——たとえば、中央大学（日本）[90]、ヨハネスブルクのランド・アフリカーンス大学（Randse Afrikaanse Universiteit）（南アフリカ）[91]——で客員教授として得た個人的経験に基づいて、彼は、外国に滞在する場合、個人的な触れ合い、交際、そして支援がいかに重要であるかを身をもって知っていた。

---

90) 彼の中央大学および日本比較法研究所との繋がりを示すものとして、Sandrock, Kokusai Keiyaku Ho no Shomondai [Probleme des Internationalen Vertragsrechts], 1996; Sandrock, The Introduction of the "Euro": An Exercise in Comparative Law, in: The Institute of Comparative Law in Japan, Chuo University (Hrsg.), Toward Comparative Law in the 21st Century, 1998, 1139; Sandrock, Japanische Gesellschaften mit Verwaltungssitz in Deutschland, in: Ehlers/Yamauchi/Großfeld (Hrsg.), Festschrift aus Anlaß des 20-jährigen Bestehens der Partnerschaft der Westfälischen Wilhelms-Universität Münster und der Chuo-Universität Tokio auf dem Gebiet der Rechtswissenschaft, 2006, S. 85.

91) ランド・アフリカーンス大学で行われた講演のいくつかは公表されている。参照されるものとして、Sandrock, German and European Drafts on the Choice of Law Rules Applicable to Delictual Liability: The Direct Claim Against the Insurer, Tydskrif vir die Suid-Afrikaanse Reg/Journal of South African Law 1999, 734; Sandrock, HERMES: German Export Credit Insurance – Its Structures and Performance, Tydskrif vir die Suid-Afrikaanse Reg/Journal of South African Law 1992, 187.

XIV. 弁護士活動

 1995年に名誉教授となってから、オットー・ザンドロックは残りの情熱を弁護士活動に注いだ。彼は、豊富かつ多種多様な学問的経験を実務に、弁護士として、特に、ドイツの国内仲裁および国際仲裁における仲裁人として、また、複雑な経済法的事案の解決に際しては法律相談を担当する補佐人として、それぞれ活用した。

XV. 家　　族

 オットー・ザンドロックの姿を語る場合、——冒頭に記したように——彼の家族に触れないわけにはいかない。エリザベート（Elisabeth）夫人は、オットー・ザンドロックにとって対等な関係に立つパートナーであっただけでなく、彼女はその活動によって、① オットー・ザンドロックが創作力を発揮できたこと、② 彼が国内的にも国際的にも存在感を発揮できたこと、③ ザンクト・マウリッツ（St. Mauritz）のザンドロックの住まい（Birkhahnweg 1）が彼らの生き方や人間的温かさ、さらに家族ぐるみの歓待によっても最高度に満たされること、これらに大きく貢献した。ザンドロック宅の開放的で現代的な建築様式が体現しているように、ザンドロック一家は率直であり、寛大であり、世間に対して胸襟を開いており、そして国際的視野を備えている。

 オットー・ザンドロックのイメージには、二人の娘、フリーデリケ（Friederike）とコリナ（Corinna）に対する愛情もみて取れる。彼は、二人が父と同じ法律学を学んだこと、優れた博士学位取得論文を提出し、出版したこと、——誰も不思議に思わないであろうが——二人が博士学位を有し、社会的に成功した法律家と結婚したこと、これらを喜んでいた。娘たちに孫が生まれたことで、オットー・ザンドロック一家は大人数となり、彼は運動不足を免れた。

XVI. 祝　　辞

　本書（山内／エプケ編著『中央大学・ミュンスター大学交流 25 周年記念　国際関係私法の挑戦』（日本比較法研究所研究叢書 92）中央大学出版部、2014 年）の編者両名（ヴェァナー・エプケ、山内惟介）は、われわれがオットー・ザンドロックから学び、知識を得たことすべてについて、また、学問研究を進めるうえで有益であった、多くの人間的な出会い・切っ掛け・刺激を与えられたことについて、オットー・ザンドロックの同僚、友人、知人および親類の方々とともに、オットー・ザンドロックに心から感謝する。末文であるが、オットー・ザンドロック、同夫人、御家族各位の御多幸を祈念して止まない。

ヴェルナー・エプケ

ベルンハルト・グロスフェルト
―― (1933年〜)

- Ⅰ. 栄誉と成功
- Ⅱ. 経　　歴
- Ⅲ. ミュンスター：生活の中心地
- Ⅳ. 編 集 活 動
- Ⅴ. 科学アカデミー
- Ⅵ. 故郷：バート・ベントハイム
- Ⅶ. 特徴：歴史と国際性
- Ⅷ. 博士学位取得論文
- Ⅸ. 大学教授資格取得論文
- Ⅹ. 会社法・企業法：国際性への扉
- Ⅺ. 企業会計：企業の言語
- Ⅻ. 企業評価・持分評価
- ⅩⅢ. 企業決算法における法比較
- ⅩⅣ. 法比較の基本問題
- ⅩⅤ. 偉大な法学者
- ⅩⅥ. 保険法・競争法・カルテル法
- ⅩⅦ. 法学教育と後継者養成
- ⅩⅧ. 家　　族
- ⅩⅨ. む　す　び

I. 栄誉と成功[*]

ベルンハルト・グロスフェルト（Bernhard Großfeld）の名前は、学者としての輝かしい経歴とともに、学問での比類のない成功の跡を象徴するものとしてあまねく知られている。ベルンハルト・グロスフェルトは、ドイツの経済法学者の中で国際的に最も評価されている人物の一人であるにとどまらない。彼は、ドイツの法学者の中でも、その主著がアメリカ合衆国から始まり、南アフリカを挟んで中国、大韓民国、日本、さらにインドネシアに至るまで広い範囲に亘って各国の言語に翻訳されて読まれているだけでなく、多くの国の経済および法に対して強い影響を及ぼしている数少ない法学者の一人でもある[1]。

II. 経　　歴

ベルンハルト・グロスフェルトは法律学をフライブルク・イム・ブライスガウ大学で学んだ後、ハンブルク大学、ミュンスター大学を経て、イェール大学でも学んだ。彼は大学の卒業資格を示す第一次司法国家試験にトップの成績で合格した。1960年、彼は、ミュンスターのヴェストフェーリッシェ・ヴィルヘルム大学（Westfälische Wilhelms-Universität in Münster）で法学博士号を取得した。1962年に、彼はニーダーザクセン州で司法官試補採用試験（Assessorexamen）に合格した。翌年、彼はアメリカ合衆国のイェール大学ロースクールで法学修士号（Master of Laws (LL. M.)）を取得した。1965年、彼はテュービンゲ

---

[*] 小稿は、先に公表した Ebke, „Bernhard Großfeld: Zauberland der Jurisprudenz", in: Ebke/Kirchhof/Mincke (Hrsg.), Sprache und Recht – Recht und Sprache, 2009, S. 1 に加筆修正を行ったものである。
[1] ベルンハルト・グロスフェルトが65歳の誕生日を迎えた折に、彼の弟子、同僚および友人による大部の祝賀記念論文集 Hübner/Ebke (Hrsg.), Festschrift für Bernhard Großfeld zum 65. Geburtstag, 1999 が刊行された。

ン大学のヴォルフガンク・フィーケンチャー（Wolfgang Fikentscher）[2]のもとで大学教授資格取得論文を完成させた。翌1966年、彼はヴィーン大学からの名誉ある招聘を断って、ゲッティンゲン大学の正教授に就任した。

1973年、ベルンハルト・グロスフェルトはヴェストフェーリッシェ・ヴィルヘルム大学正教授に転じた。彼は多くの大学、特にボン大学、ハンブルク大学、ミュンヒェン大学、ザンクト・ガレン大学（スイス）、そしてヴュルツブルク大学からの名誉ある招聘をすべて断り続け、1998年／1999年冬学期を終えて名誉教授に就任するまでずっと、同大学法学部教授、国際経済法研究所（Institut für Internationales Wirtschaftsrecht）所長兼協同組合制度研究所（Institut für Genossenschaftswesen）所長としてミュンスター大学にとどまった。

彼は、客員教授として研究を行うと同時に講義を担当するため、アメリカ合衆国に何度も滞在した。過去の滞在経験は、ミシガン大学（アナーバー）、シカゴ大学、ニューヨーク大学、サザン・メソディスト大学（ダラス）、デューク大学、テキサス大学（オースティン）、そしてリッチモンド大学（ヴァージニア）に及ぶ。グロスフェルトは、アメリカ合衆国の他の多くの大学の法学部でも講演を行っている。彼は1979年にイングランドのケンブリッジ大学に客員研究員（Visiting Fellow）として滞在した。講演のための旅程は、この他、オーストラリア、中国、日本、大韓民国、南アフリカ、そして台湾にまで及んでいる。

ベルンハルト・グロスフェルトが「自身の学問的活動に役立てるとともにリフレッシュを兼ねて行った多くの外国旅行」は、彼にとって決して容易い仕事ではなかった。というのも、彼はどの国に滞在したときでも、そうした機会をドイツ法およびヨーロッパ法の講義を行ったり新しい知見を伝えたりするために利用しただけでなく、同時に、彼自身が学問的インスピレーションを働かせる場として活用し、さらには、ミュンスターの自宅の居間に置かれた、かの有名な「丸テーブル」で執筆された多くの著作を行うための手掛かりとしても利

---

2) これについては、*Großfeld/Fikentscher*, Begegnung mit Wolfgang Fikentscher, in : Grundmann (Hrsg.), Zivilrechtslehrer des 20. Jahrhunderts in Berichten ihrer Schüler, 2007, S. 221 参照。

用していたからである。

III. ミュンスター——生活の中心地

　ベルンハルト・グロスフェルトは、学問的著作および外国滞在を通じて、国際的な高等教育機関としてのドイツ・ミュンスターのヴェストフェーリッシェ・ヴィルヘルム大学法学部の評判を大いに高めてきた。彼が所長を務めていた研究所は当初比較法研究所（Institut für Rechtsvergleichung）と呼ばれていた——同研究所は後に国際経済法研究所（Institut für Internationales Wirtschaftsrecht）と名称を改めた——が、この研究所は急速に発展を遂げ、国際経済法およびヨーロッパ経済法の研究を志す者がこぞって訪れるほど、世界的名声を博するようになった。ベルンハルト・グロスフェルトが特に精力を注いだ分野、たとえば、国際会社法、国際企業法、比較経済法（Wirtschaftsrechtsvergleichung）、企業会計（Rechnungslegung）、企業評価（Unternehmensbewertung）といった分野では、彼の業績がスタンダードになっている。

　ベルンハルト・グロスフェルトは、協同組合制度研究所（Institut für Genossenschaftswesen）[3]の研究活動を、企業法、経済法および比較法に関する多数の研究論文[4]を公表することを通じて、活性化させることにも力があった。彼は、

---

3) 協同組合制度研究所は、ベルンハルト・グロスフェルトの還暦を祝うため、シンポジウムを開催した。そこでの報告を収録したものとして、*Sandrock/Jäger* (Hrsg.), Internationale Unternehmenskontrolle und Unternehmenskultur, 1994 がある。

4) *Großfeld*, Genossenschaft und Eigentum, 1975 ; *Großfeld/Strümpell*, Genossenschaften, Kartellgesetz und Mittelstandsempfehlungen, 1976 ; *Großfeld/Jäger*, Wohnungsbaugenossenschaften im Wettbewerb, 1981 ; *Großfeld*, Mitgliedereinfluß und Ehrenamt in Genossenschaften, 1984 ; *Großfeld*, Genossenschaftlicher Förderungsauftrag im Rahmen der Agrarpolitik, 1986 ; *Großfeld*, Genossenschaft und Ehrenamt, ZfgG 1979, 217 ; *Großfeld/Menkhaus*, Das Drama „Gemeinnützigkeit", ZfgG 1982, 163 ; *Großfeld*, Das Ehrenamt in der Genossenschaft und im genossenschaftlichen Verbund, ZfgG 1988, 263 ; *Großfeld*, Genossenschaftsverbände im Rechtswandel, ZfgG 1990, 206 ; *Großfeld*, Die eingetragene Genossenschaft im Konzern, AG 1998, 116 ; *Groß-

そうした業績を通して、ミュンスター学派ともいうべき、協同組合制度に関する協同理論（Kooperationstheorie）を確立した。この理論のもとでは、狭義の協同組合制度だけでなく、経済的意味の共同作業が生み出す諸現象、すなわち、水平的および垂直的な現象、空間的および法体系的意味で国家の枠を超えて現れる現象、これらも学際的に取り上げられている[5]。

　ベルンハルト・グロスフェルトは、研究・教育の両面に亘り、国際経済法およびヨーロッパ経済法を発展させ、それらの基盤を安定させるうえで、オットー・ザンドロック（Otto Sandrock）――彼と同じくイェール大学ロー・スクール（Yale Law School）の卒業生――という、きわめて優秀で、研究活動をともにすることのできる、そして心の底から信頼して率直に交わることのできる話し相手（Mitstreiter）を国際経済法研究所内に迎え入れることができたことをいつも何よりの僥倖と感じていた。たとえば、牴触法における会社準拠法（Gesellschaftskollisionsrecht）[6]の決定基準や法比較の方法に関する出発点の捉え方（methodische Ansätze）[7]を巡って見解を異にしていたにも拘らず――もっといえば、考え方を異にしていたために――、二人の学者は、国際経済法研究所において学問的な活動を活発に行い、それに見合った成果を上げてきた。

---

　　feld, Die Zukunft der Rechtsform Genossenschaft, ZfgG 2003, 181 参照。

5)　　*Westermann/Großfeld*, Die Genossenschaft als Gegenstand fächerübergreifender Forschung, in : Festschrift für Rudolf Gmür, 1983, S. 281.

6)　　たとえば、*Großfeld*, Die Anerkennung der Rechtsfähigkeit juristischer Personen, RabelsZ 31 (1967), 1 及び *Sandrock*, Die Konkretisierung der Überlagerungstheorie – ein Beitrag zum internationalen Gesellschaftsrecht, in : Festschrift für Günther Beitzke, 1979, S. 669 参照。

7)　　*Großfeld*, Macht und Ohnmacht der Rechtsvergleichung, 1984 及び *Sandrock*, Über Sinn und Methode zivilistischer Rechtsvergleichung, 1966. その詳論として、*Großfeld*, Sinn und Methode der Rechtsvergleichung, in : Festschrift für Otto Sandrock, 2000, S. 329 参照。

IV. 編 集 活 動

　ベルンハルト・グロスフェルトとオットー・ザンドロックが『比較法学雑誌(Zeitschrift für Vergleichende Rechtswissenschaft)』の編集者として、さまざまな刺激を与えたことも特筆に値する。1878 年に創刊された、この定評ある雑誌に、1990 年刊行の第 89 巻以降「国際経済法論叢 (Archiv für Internationales Wirtschaftsrecht)」という副題を付けたことが好例である。副題を付した目的は、「広義の国際経済法分野で研究成果を公表し、それらを批判して論議をさらに発展させる」[8]ことのできる場を広く提供することにあった。とはいえ、「古典的な比較法 (klassische Rechtsvergleichung)」に関する原稿も掲載される余地が広く残されている。というのは、二人とも「『古典的比較法』を欠いた国際経済法はあり得ない (Es kann kein internationales Wirtschaftsrecht ohne ‚klassische Rechtsvergleichung' geben)」[9]という見方を共有しているからである。ベルンハルト・グロスフェルトは、ドイツ法に対する比較法の寄与を取り上げた論文で、比較法が自国法の (さらなる) 発展にとっていかに重要な意味を持っているかを強調している[10]。

　ベルンハルト・グロスフェルトはさらに著名な法律雑誌『Juristen-Zeitung』の編集にも携わっていた。彼は、国際的発展やヨーロッパ法的発展が研究教育の両面に及ぼす意義がますます増大していることを同誌でも同様に明確に描いている[11]。彼が『Juristen-Zeitung』誌に執筆した多くの論稿は学問的テーマがいかに多彩に広がっているかを明らかにしている。彼が取り上げたテーマは、時際企業法[12]や国際企業法[13]から始まり、ドイツ法の基盤をなす言葉と文

---

8) *Sandrock*, Vorwort, ZVglRWiss 89 (1990), 1, 5 参照。
9) *Sandrock*（前注 8）), ZVglRWiss 89 (1990), 1, 5.
10) *Großfeld*, Vom Beitrag der Rechtsvergleichung zum deutschen Recht, AcP 184 (1984), 289.
11) *Großfeld*, Europäisches Erbe als Europäische Zukunft, JZ 1999, 1.
12) *Großfeld/Irriger*, Intertemporales Unternehmensrecht, JZ 1988, 531.

字[14]を経て、法の詩学の問題[15]や法曹教育の問題[16]にまで及んでいる。

ベルンハルト・グロスフェルトは、『ラーベル外国私法国際私法雑誌 (Rabels Zeitschrift für ausländisches und internationales Privatrecht)』の編集にも携わっていた。彼が同誌に公表したものとして特筆されるのが、国際会社法に関する三本の基礎的論文[17]とアメリカ合衆国・ドイツ間の法比較に関する画期的な論文[18]である。法学方法論と法比較に関する彼の見解[19]や偉大な法学者で、『比較法学雑誌』の創始者の一人でもあるヨーゼフ・コーラー (Josef Kohler) についての研究[20]も、同様に、この『ラーベル外国私法国際私法雑誌』に発表されている。

V. 科学アカデミー

ベルンハルト・グロスフェルトは、ノルトライン・ヴェストファーレン州科学アカデミー (Nordrhein-Westfälische Akademie der Wissenschaften) の会員 (1985

---

13) *Großfeld/Erlinghagen*, Internationales Unternehmensrecht und deutsche unternehmerische Mitbestimmung, JZ 1993, 217.
14) *Großfeld*, Sprache und Schrift als Grundlage des Rechts, JZ 1998, 633.
15) *Großfeld*, Rechtsdogmatik/Rechtspoetik, JZ 2003, 1149.
16) *Großfeld*, Das Elend des Jurastudiums, JZ 1986, 357 ; *Großfeld*, Examensvorbereitung und Jurisprudenz, JZ 1992, 22.
17) *Großfeld*, Die Anerkennung der Rechtsfähigkeit juristischer Personen, RabelsZ 31 (1967), 1 ; *Großfeld*, Zur Geschichte der Anerkennungsproblematik bei Aktiengesellschaften, RabelsZ 38 (1974), 344 ; *Großfeld/Jasper*, Identitätswahrende Sitzverlegung und Fusion von Kapitalgesellschaften in die Bundesrepublik Deutschland, RabelsZ 53 (1989), 52.
18) *Großfeld*, Probleme der Rechtsvergleichung im Verhältnis Vereinigte Staaten von Amerika – Deutschland, RabelsZ 39 (1975), 5.
19) *Großfeld*, Rechtsmethoden und Rechtsvergleichung, RabelsZ 55 (1991), 4.
20) *Großfeld/Wilde*, Josef Kohler und das Recht der deutschen Schutzgebiete, RabelsZ 58 (1994), 59 ; *Großfeld/Theusinger*, Josef Kohler : Brückenbauer zwischen Jurisprudenz und Rechtsethnologie, RabelsZ 64 (2000), 696.

年以降）であることをいつも大いに喜んでいた。彼が同アカデミーで行った素晴らしい講演には彼の学問的業績が反映されている。取り上げられたテーマには、『国際企業法の若干の基本問題』[21]、『ドイツ語─法律家の視点』[22]、『ヨーロッパ経済法とヨーロッパ統合』[23]、『目で見る法思考』[24]、『法─受難の秩序』[25]、『法比較』[26]、『詩と法』[27]、『秩序の調べ』[28]および『国際企業会計法』[29]、これらがある。

VI. 故郷：バート・ベントハイム

　ベルンハルト・グロスフェルトの学問的著作を本当に理解しようとすれば、彼の出自を思い返す必要がある。ベルンハルト・グロスフェルトは1933年12月30日にドイツ・オランダ国境にほど近いニーダーザクセン州のバート・ベントハイムに生まれた。バート・ベントハイムの街中の通りや傾斜地を結ぶ階段をあちこち歩いてみると、どの街角にも史跡が見出され、国際性を感じることができる[30]。

　バート・ベントハイムの街を見下ろす地に聳え立つ、1020年に築かれた城塞（Burg Bentheim）には、街や宗教の、変化に富んだ歴史が表れている。ベントハイムの象徴であるこの城塞は、1116年にロタール・フォン・ジュプリンブルク公爵（Herzog Lothar von Süpplinburg）、後の神聖ローマ皇帝ロタール三世

---

21) *Großfeld*, Einige Grundfragen des Internationalen Unternehmensrechts, 1987.
22) *Großfeld*, Unsere Sprache : Die Sicht des Juristen, 1989.
23) *Großfeld*, Europäisches Wirtschaftsrecht und Europäische Integration, 1993.
24) *Großfeld*, Bildhaftes Rechtsdenken : Recht als bejahte Ordnung, 1996.
25) *Großfeld*, Recht als Leidensordnung, 1998.
26) *Großfeld*, Rechtsvergleichung, 2001.
27) *Großfeld*, Poesie und Recht – Rechtsvergleichende Zeichenkunde, 2005.
28) *Großfeld,* Ordnungsgesänge : Interkulturelle Begegnung, 2008.
29) *Großfeld*, Internationales Bilanzrecht, 2011.
30) 以下の記述については、www.badbentheim.de und *www.burg-bentheim.de* 参照。

(Lothar III.) によって占領され、破壊されたが、その後すぐに再建された。当時の所有者、オットー・グラーフ・フォン・ザルム゠リーネック (Otto Graf von Salm-Rhieneck) 伯爵とユトレヒトの司教との協議により、この城塞は、世襲の使用権付封土 (Lehen) としてユトレヒト司教区に帰属することとなった。その後、城塞は、代々、ホラント伯爵領となった。13世紀および14世紀になると、ベントハイムは、砂岩の取引を通じて、裕福で健全な自治体 (Gemeinwesen) へと発展した。ノルウェイ北部の小村グルーベン (Gruben) のギルド組合会館建築に用いられたベントハイムの砂岩は、ベントハイム伯爵領およびこれに隣接するオランダ領で教会建築に用いられた他、ベルギーとデンマークにも輸出された。ベントハイムの砂岩を素材とする重要な建物として、アムステルダムの王宮や市庁舎、アントワープの劇場や聖母マリア司教座教会 (Frauenkirche、Liebfrauenkathedrale、Onze-Lieve-Vrouwekathedraal)、デンマーク第二の都市オーフスのカトリック教会やヴェストファーレンのミュンスター市の市庁舎などがある。

　ベントハイムは芸術家をも引き付けた。17世紀オランダの重要な画家の一人である、ヤーコプ・イサクソン・ファン・ロイスダール (Jacob Izaaksoon van Ruisdael) は、画題の選択にあたり、好んでベントハイム城塞を取り上げていた。この偉大な風景画家の存命中 (1628年または1629年生、1682年没) に、ベントハイムとオランダとの間に国境が設けられた。この国境は、ネーデルラント諸州がスペインに対して反乱を起こした八十年戦争 (オランダ独立戦争) の後、1648年、神聖ローマ帝国により最終的に廃止された。しかし、この国境は、こちら側でもあちら側でも、決して人間が熟慮の末に設けたものではなかった。オランダ人がベントハイムに抱いていた特別の愛着心は、結局のところ、オラニーエン家 (Hause Oranien) とベントハイム゠シュタインフルト家 (Hause Bentheim-Steinfurt) ——同家は、ヨーロッパの他の王家や王侯貴族とも緊密な関係を築いていた——との親族関係にあったのではない。ベントハイムでは19世紀後半に重要な保養事業が始まった。この保養事業がオランダから休養を求めて訪れる多くの観光客を引き付けた。

第二次世界大戦は、ドイツとオランダとの間にかつて存在した良好な関係の著しい冷え込みをもたらした。オランダ人が東方の隣人に抱いていた信頼が一度壊れてしまうと、信頼をふたたび取り戻すには、時間が必要であった。こんにち、バート・ベントハイムの住民 15,400 人のうち、1,000 人以上がオランダ国籍を有する。このことは、国際私法上、多種多様な問題を生み出す契機となった。

VII.　特徴：歴史と国際性

　ベントハイム市、同市の国境地域、そして戦後期、これらがベルンハルト・グロスフェルトに後々まで残る影響を与えた。現に存在するものの基盤としての歴史、そして、共同体全体が将来に向けて発展する淵源となる歴史、この両者に対するベルンハルト・グロスフェルトの情熱をもたらしたものは、故郷の変化に富んだ歴史であった。国境という壁を克服しようという彼の願望、外国の制度、構造および秩序を理解しようとする彼の努力、これらは、彼の出生地の国境地域に由来する特性である。その他、ベントハイムの国境地域で生活したことが、国境を越えて行われる人の往来、商取引および経済交流の法的把握や市場のグローバル化を法的に捉える際の一つの手掛かりとなる国際私法への関心を生み出すもとになった。附言すれば、彼の出生地がオランダに近いことも、言葉と法との関係に対する彼の探求心を刺激した[31]。

VIII.　博士学位取得論文

　ベルンハルト・グロスフェルトの国際性と法比較に対する情熱は彼の博士学

---

31)　ベルンハルト・グロスフェルト（*Bernhard Großfeld*）が 75 歳の誕生日を迎えた 2008 年 12 月 30 日に弟子および友人がミュンスターで開催したシンポジウム「言葉と法（Sprache und Recht）における記念講演を収録したものとして、*Ebke/Kirchhof/Mincke* (Hrsg.), Sprache und Recht – Recht und Sprache, 2009.

位取得論文『民事制裁』[32)]に現れている。グロスフェルトがこのテーマを選んだ蔭にはヴァルター・J・ハープシャイト（Walther J. Habscheid）のアドヴァイスがあった。ハープシャイトは彼にフランス訴訟法上の罰金強制（astreinte）を示し、この法制度の性格が民事制裁にあることを指摘した。フランスの文献を読み込むことで、ベルンハルト・グロスフェルトはさらに、当時、特に人格保護のために用いられていた英米法上の懲罰的（見せしめ）損害賠償（punitive (exemplary) damages）へと辿り着いた。こうして、民事制裁に関する彼の「きわめて原理的な」[33)]法比較研究は、ドイツ民事法における人格権保護の新たな規律における先駆的文献となった。彼の見解は連邦通常裁判所の多くの裁判例——たとえば、カテリーナ・ヴァレンテ（Caterina Valente）事件[34)]から始まってカロリーヌ・フォン・ハノーヴァー（Caroline von Hannover）事件[35)]に至るまで——に反映されている。

IX. 大学教授資格取得論文

ベルンハルト・グロスフェルトは大学教授資格取得論文『株式会社・企業集中・少数株主』[36)]という「きわめて刺激的な著作」[37)]で、広範に普及しているテーゼ「経済政策の中立性」を、株式法には「組織法的」性格（organisatorischer Charakter）しかないという主張を取り上げた。1884年の株式法改正以

---

32) *Großfeld*, Die Privatstrafe. Ein Beitrag zum Schutz des allgemeinen Persönlichkeitsrechts, 1961.
33) *Hellmer*, Buchbesprechung, AcP 160 (1961), 558, 559.
34) BGHZ 30, 7.
35) BGHZ 132, 332. このほか、EGMR, NJW 2004, 2647 und BVerfGE 101, 361. カロリーヌ事件判決の詳細については、*Prütting*, Das Caroline-Urteil des EGMR und die Rechtsprechung des Bundesverfassungsgerichts, 2005；*Eckstein/Altenhofen*, Das „Caroline"-Urteil des Europäischen Gerichtshofs für Menschenrechte, 2006；*Messing*, Das Caroline-Urteil, 2007.
36) *Großfeld*, Aktiengesellschaft, Unternehmenskonzentration und Kleinaktionär, 1968.
37) *Rasch*, Buchbesprechung, AcP 169 (1969), 177, 178.

降、ドイツの立法に影響を及ぼしてきたこのテーゼは——ある程度、見方が変わってきたにも拘らず——1965年の株式法典[38)]にもほぼ受け継がれている。これに対して、ベルンハルト・グロスフェルトは、——積極的に、特にオットー・フォン・ギールケ (Otto von Gierke)、ヴァルター・オイケン (Walter Eucken)、そしてフランツ・ベェーム (Franz Böhm) の見解に基づいて——「株式法の競争機能 (Wettbewerbsfunktion des Aktienrechts)」を考慮していた。彼の場合、法史および法比較の観点も採用されている[39)]。

ベルンハルト・グロスフェルトのテーゼによれば、株式法は同時に「経済政策からみて競争を促進する目的にも奉仕しなければならず、……株式会社は」「大きくなり過ぎ」てはならず、それゆえ、競争を阻害しないようにという点に配慮しなければならない。ベルンハルト・グロスフェルトが明らかにしているように、「競争は……個人的自由の表現であり、同時に、当該社会の構成員全員の自由を保護するための手段でもある」。立法者は競争それ自体を保護することができるが、競争制限禁止法典 (Gesetz gegen Wettbewerbsbeschränkungen) は保護という点できわめて不十分である。むしろ、私法と経済法の全体が競争の保護という目的を達成するために用いられなければならない。ベルンハルト・グロスフェルトが強調するように、このことは特に株式法についてあてはまる。というのは、株式会社がどのように活動するかは、周知のように、会社の規模、社債譲渡の容易性、会社の実際上の「不滅性」、有限責任、これらに左右されているからである。むしろ、株式会社の活動の仕方が逆に会社それ自体に対して競争という観点にどれだけ多くの注意を払えばよいかを決定する[40)]。

---

38) *Großfeld*（前注36)), S. 42 ff.
39) *Großfeld*（前注36)), S. 50 ff.
40) *Großfeld*（前注36)), S. 179-180. このほか、*Großfeld*, „Unsterblichkeit" und Jurisprudenz, in : Festschrift für Max Kummer, 1980, S. 3 ; *Großfeld*, Die rechtspolitische Beurteilung der Aktiengesellschaft im 19. Jahrhundert, in : Coing/Wilhelm (Hrsg.), Wissenschaft und Kodifikation des Privatrechts im 19. Jahrhundert, Bd. IV, 1979, S. 236.

ベルンハルト・グロスフェルトの見解によれば、株式法の競争機能（Wettbewerbsfunktion）を強化するため、株主が、ふたたび「会社内部の意思決定主体として決定的に活用される」[41]ことができる。株主活動の活性化は、株主を介して、会社が行政庁、経営管理役会メンバーおよび大株主に対して損害賠償請求権を主張するというかたちで行われる。ベルンハルト・グロスフェルトは、アメリカ合衆国法上の団体内部の責任を貫徹するための、株主の個別の訴え（派生訴訟（derivative suit））を、ドイツ法上の個別の訴えを活性化するための参考資料として、役立てている。彼はまた、個別の訴えを有効とするため、この種の訴えの濫用（生活妨害阻止訴訟（nuisance suits））を阻止するため、費用リスク（Kostenrisiko）の規定に対して特に重要な意味が付与されているということをすぐに見抜いていた。

株主訴訟がドイツに定着するまでには、若干の時間が必要であった[42]。金融市場・資本市場の現在の危機は、取締役会と経営管理役会（Aufsichtsrat）との関係を規制する手段として、「株主の個別の訴え」というテーマが現実的な意味を持つことの意義を強調している。マークス・ルッター（Marcus Lutter）はフランクフルト・アム・マインの登録社団・ドイツ株式研究所（Deutsches Aktieninstitut）の研究会で、銀行の取締役会の責任を追及するために、立法者が個々の株主にこの種の訴権を認めるよう、要請していた[43]。恐喝のように株主の訴えが濫用されるリスクに対するベルンハルト・グロスフェルトの対抗措置

---

41) *Großfeld*（前注36））, S. 191.
42) *Großfeld/Brondics*, Die Aktionärsklage – nun auch im deutschen Recht, JZ 1982, 589. その詳細については、*Ulmer*, Die Aktionärsklage als Instrument zur Kontrolle des Vorstands- und Aufsichtsratshandelns, ZHR 163 (1999), 290；*Windbichler*, Gesellschaftsrecht, 23. Aufl., 2013, S. 315 und 416；法比較研究として、*von Hein*, Die Rezeption US-amerikanischen Gesellschaftsrechts in Deutschland, 2008, S. 821-830 参照。
43) *Jahn*, „Bankvorstände müssen haften" – Aktienrechtler sieht grobe Pflichtverletzung, FAZ 21. 1. 2009, Nr. 17, S. 19；このほか、*Lutter*, Bankenkrise und Organhaftung, ZIP 2009, 197 参照。

は判例や立法で採用された[44]。今一度強調されなければならないが、彼は時代にはるかに先んじていた。

　このことは専門分野の枠を超えた学際的研究の試みについてもあてはまる。ベルンハルト・グロスフェルトは、すでに早くから学際的研究を行っていた。彼の大学教授資格取得論文は、書評者が適切に強調していたように、「必要な場合はいつでも、専門領域を乗り越え、社会学、国民経済、経営学理論、これらの分野の諸問題を併せて考慮している」[45]論文である。ベルンハルト・グロスフェルトは、生涯をかけて、この試みに忠実であった。

　その他、彼の大学教授資格取得論文には、彼の学問的著作におけるその余の中心的関心事の根源となるもの、すなわち、公法の介入から民事法を守ること、そして、民事法が果たすべき課題を明らかにすること、これら二点が見出される。このテーマは、彼が連邦通常裁判所内に設置された法学研究協会（Juristische Studiengesellschaft des Bundesgerichtshofs）で取り上げた[46]ものであり、しかも、好評を博したものであった。

X. 会社法・企業法：国際性への扉

　ベルンハルト・グロスフェルトは、会社法・企業法の分野に国際的観点を持ち込んだ。

---

44) 取消の訴えの濫用については、*Poelzig*, Die Verantwortlichkeit des Vorstands für den Abkauf missbräuchlicher Anfechtungsklagen – Der Einfluss des UMAG auf die Handlungsmöglichkeiten zur Abwehr „räuberischer" Aktionäre, WM 2008, 1009 ; *Poelzig/Meixner*, Die Bekämpfung missbräuchlicher Anfechtungsklagen gegen börsennotierte Gesellschaften, AG 2008, 196. 株主法指令の置き換えに関する法律（ARUG）の改正については、*K-P. Martens/S. Martens*, Strategien gegen missbräuchliche Anlegerklagen in Deutschland und den Vereinigten Staaten, in : Festschrift für Karsten Schmidt, 2009, S. 1129, 1142-1145.

45) *Walter*, Buchbesprechung, ZgStW 125 (1969), 746, 747.

46) *Großfeld*, Zivilrecht als Gestaltungsaufgabe, 1977.

彼は、堂々たる論文「市場占有率を分け合う会社の経営と統制」[47]により、ヨーロッパおよびアメリカ合衆国で法律家や経済学者が内部的・外部的な企業（経営）統制（interne und externe Unternehmens (leiter) kontrolle）を論じる[48]よりもずっと前に、法比較を通じて、現代のコーポレート・ガヴァナンス理論（Corporate Governance-Theorie）の基盤を創り上げた。企業や企業経営に対する内部的・外部的統制という将来性豊かなテーマはすぐに彼の弟子に受け継がれ[49]、ベルンハルト・グロスフェルト自身も最近までこの問題を取り扱っていた[50]。

会社法学者・企業法学者ベルンハルト・グロスフェルトにとって、会社関連の税法との取組みも自明のことであった。国際比較法百科事典（International Encyclopedia of Comparative Law）に包括的な論文を公表してからわずか一年後に、長編の論文『国際租税法における拠点会社』[51]が刊行された。それ以後、租税法は、もはや彼の頭から離れることがなかった[52]。ドイツ国際法学会（Deutsche Gesellschaft für Völkerrecht）で行われた、国際租税法からみた多国籍企業に関する彼の講演は多くの反響を見出した[53]。彼の論文『所得税』では、彼の歴史へ

---

47) *Großfeld*, Management and Control of Marketable Share Companies, in : International Encyclopedia of Comparative Law, Kap. 4, 1973.

48) *Eisenberg*, The Structure of the Corporation – A Legal Analysis, 1976. このほか、*Ebke*, Börsennotierte Aktiengesellschaften und Corporate Governance zwischen Staat, Gesellschaftern, Stakeholders und Markt, ZVglRWiss 111 (2012), 1.

49) *Großfeld/Ebke*, Probleme der Unternehmensverfassung in rechtshistorischer und rechtsvergleichender Sicht (I) und (II), AG 1977, 57 und 92 ; *Großfeld/Ebke*, Controlling the Modern Corporation : A Comparative View of Corporate Power in the United States and Europe, 26 Am. J. Comp. L. 397 (1978) ; *Ebke*, Unternehmenskontrolle durch Gesellschafter und Markt, in : Sandrock/Jäger (Hrsg.), Internationale Unternehmenskontrolle und Unternehmenskultur, 1994, S. 7.

50) *Du Plessis/Großfeld/Luttermann/Saenger/Sandrock*, German Corporate Governance in International and European Context, 2007.

51) *Großfeld*, Basisgesellschaften im Internationalen Steuerrecht, 1974.

52) *Großfeld*, Grundprobleme des Außensteuerrechts, Jb. Int. R. 19 (1976), 177.

53) *Großfeld*, Die Multinationalen Korporationen im Internationalen Steuerrecht, BerDt-

の関心と法比較への楽しみとが一体となっている[54]。彼はアメリカ合衆国でも同じ趣旨のメッセージを発してきた[55]。国際租税法分野で国内法上の情報提供義務と外国法上の情報提供禁止とが生み出す矛盾の解決に関する論稿を、彼はゲッティンゲン大学時代の同僚、カール・ミヒャエリス（Karl Michaelis）の記念論文集に捧げた[56]。

著書『国際租税法における拠点会社』に比して外見上は目立たないが、しかし、その内容および影響力の点で道標として大きな役割を果たしてきたのが『国際私法・国際経済法の実務』[57]である。同書は、超国家企業（transnationale Unternehmen）を法的に把握する一つの試みであった。この試みは、個別分野ごとの法改正と並行して始まった。その中心にあったのは国際会社法、すなわち、会社の承認、設立および内部組織に関する牴触規定如何、会社準拠法の決定に関する争い、特に本拠地法説（Sitztheorie）と設立準拠法説（Gründungstheorie）との争い、これらであった。それは、国境を越える事象の場合、規制の欠落をどのように克服するか、その可能性を追求する試みであった。彼のこの研究には、コンツェルン法の役割が増大したこと、ヨーロッパ法上の基本的自由（Grundfreiheiten）が一層大きな影響を持つようになったこと、OECD[58]および国連で行われた超国家企業の形成（transnationale Unternehmensverfassung）に対する規制が進展したこと[59]、これらすべての状況が織り込まれている。こんに

GesVöR 18 (1978), 73.
54) *Großfeld*, Die Einkommensteuer – Geschichtliche Grundlage und rechtsvergleichender Ansatz, 1981.
55) *Großfeld/Bryce*, A Brief Comparative History of the Origins of the Income Tax in Great Britain, Germany and the United States, Am. J. Tax Pol'y 2 (1983), 211.
56) *Großfeld*, Inländische Auskunftspflichten und ausländische Auskunftsverbote im Internationalen Steuerrecht, in : Festschrift für Karl Michaelis, 1972, S. 118.
57) *Großfeld*, Praxis des Internationalen Privat- und Wirtschaftsrechts, 1975（グロスフェルト著（山内惟介訳）『多国籍企業の法律問題―実務国際私法・国際経済法―』（中央大学出版部、1982年））.
58) これについては、*Großfeld/Hübner*, Erklärung und Leitsätze der OECD für multinationale Unternehmen, ZGR 1978, 156.

ち法比較学者・制度比較学者 (Rechts- und Systemvergleichern) に周知の考え、たとえば、会社法も牴触法も法文化や各自の生き方の影響を受けているという理解 (いわゆる「歴史問題」)[60]もすでにこの本に表現されている。

ベルンハルト・グロスフェルトは彼の考えを繰り返し取り上げ、より細かく論じるため、多くの論文を書いた。彼は、原因を見つけ出し、構造を解明するために、歴史を取り上げ[61]、法比較を用いて、深い洞察を行い[62]、法学を学ぶ学生たちにもこのテーマを紹介した[63]。『国際私法・国際経済法の実務』は、同種の試みである大部の教科書『国際企業法』[64]の準備作業となった。同書は、その後ヨーロッパ法の発展について詳細に加筆された第二版として1995年に刊行された[65]——現在、彼により第三版のための改訂が準備されている。

最後に、ユリウス・フォン・シュタウディンガー (Julius von Staudinger) の民

---

59) *Großfeld*, Transnationale Unternehmensverfassung, ZGR 1987, 504.
60) 参照文献として、*Bebchuk/Roe*, A Theory of Path Dependence in Corporate Ownership and Governance, Stan. L. Rev. 52 (1999), 127 ; *Kerber/Heine*, European Corporate Laws, Regulatory Competition and Path Dependence, Eur. J. L. & Econ. 13 (2002), 47. *Ebke*, Der Einfluss des US-amerikanischen Rechts auf das Internationale Gesellschaftsrecht in Deutschland und Europa : Rezeption oder Abwehr?, in : Ebke/Elsing/Großfeld/Kühne (Hrsg.), Das deutsche Wirtschaftsrecht unter dem Einfluss des US-amerikanischen Rechts, 2011, S. 175, 176.
61) *Großfeld*, Zur Entwicklung der Anerkennungstheorien im Internationalen Gesellschaftsrecht, in : Festschrift für Harry Westermann, 1974, S. 199 ; *Großfeld*, Die multinationalen Unternehmen als Anstoß zur Internationalisierung des Wirtschaftsrechts, WuR 1980, 106 ; *Großfeld/Deilmann*, Historische und gegenwärtige Entwicklungen im deutschen Aktienrecht, in : Coing/Hirano/Kitagawa/Murakami/Nörr/Oppermann/Shiono (Hrsg.), Die Japanisierung des westlichen Rechts, 1990, S. 255.
62) *Großfeld*, Multinationale Unternehmen als Regelungsproblem, AG 1975, 1 ; *Großfeld*, Internationalisierung des Unternehmensrechts, in : Festschrift für Wolfgang Fikentscher, 1998, S. 864.
63) *Großfeld*, Multinationale Unternehmen und nationale Souveränität, JuS 1978, 73.
64) *Großfeld*, Internationales Unternehmensrecht, 1986. (グロスフェルト著 (山内訳)『国際企業法』(中央大学出版部、1989年))
65) *Großfeld*, Internationales und Europäisches Unternehmensrecht, 2. Aufl., 1995.

法典注釈書が挙げられる。同書は、ベルンハルト・グロスフェルトに、国際会社法について徹底的かつ包括的に執筆する機会を提供した[66]。前任者の版——著者は1964年に死去したレオ・ラーペ（Leo Raape）である——では、1960年代および1970年代における商取引・経済取引の国際化によって生じた会社牴触法の急激な発展がまだ反映されていなかった。その後、ベルンハルト・グロスフェルトは、当時支配的であった本拠地法説をともに支え得る同志として、カールステン・トーマス・エーベンロート（Carsten Thomas Ebenroth）を見出した[67]。

ランズフート印刷会社（Landshuter Druckhaus）事件[68]とディリー・メイル社（Daily Mail）事件[69]の判決はほどなく、この主題に関するヨーロッパ共同体法の強大な力を、そして、ヨーロッパ連合機能条約第49条および第52条（旧ヨーロッパ経済共同体条約第52条および第58条）による居住移転の自由（Niederlassungsfreiheit）が加盟諸国の会社牴触法に対してどのような（潜在的）影響を及ぼすかを感じさせるものとなった。さらに、アメリカ合衆国のいくつかの州の、いわゆる擬似外国会社に対する法律（pseudo-foreign corporation laws）も、重層化説（Überlagerungstheorie）の助けを借りて、ドイツに影響を及ぼしている[70]。「ヨーロッパから本拠地法説を追放すべきだ」という要求はますます大きくなっている[71]。ヨーロッパ法上認められる、会社の居住移転の自由が牴触

---

66) *Großfeld*, in : Staudinger, EGBGB Internationales Gesellschaftsrecht, 12. Aufl., 1981.

67) *Ebenroth*, in : Münchener Kommentar zum BGB, Bd. 7, 1983, Nach Art. 10 EGBGB. これについては、*Ebke/Großfeld*, Nachruf, ZVglRWiss 112 (2013), 161, 162-163 をも参照。

68) BayObLGZ 1986, 61. これについては、*Großfeld*, Die „ausländische juristische Person & Co. KG", IPRax 1986, 351 参照。

69) EuGH, Urt. v. 27. 9. 1988 – Rs. 81/87, *The Queen and H. M. Treasury and Commissioner of Inland Revenue ex parte Daily Mail and General Trust Plc*, Slg. 1988, 5483.

70) *Sandrock*, Ein amerikanisches Lehrstück für das Kollisionsrecht der Kapitalgesellschaften, RabelsZ 42 (1978), 227 ; *Sandrock*, Die Multinationalen Korporationen im Internationalen Privatrecht, in : BerDtGesVöR 18 (1978), 169.

法学者および裁判所の視野に入る機会はますます多くなっている。

こうした発展のすべてが、ベルンハルト・グロスフェルトによる、シュタウディンガー版国際会社法の丹念な新版に反映されている[72]。しかし、彼は、信頼できる注釈者として、専門家仲間では不文のルールを体現した存在として、頼りにされている。というのは、彼が、現状を正確に捉え、分析し、再構成し、評価し、そしてさまざまな傾向を注釈の中で明示していたからである。彼が実行しようとしていたのは、読者および裁判所に正確な道案内を示すことであり、読者および裁判所を誘導する (verführen) こと、つまり、彼自身が抱く法政策を実行させることではなかった。ベルンハルト・グロスフェルトからみると、本拠地法説こそ「ヨーロッパ連合に対応する修正が求められる時代に適合した理論」[73]であった。

ヨーロッパ裁判所は、セントロス社 (Centros) 事件[74]、イーバーゼーリング社 (Überseering) 事件[75]およびインスパイアー・アート社 (Inspire Art) 事件[76]の裁判で転入型事案 (Zuzugsfälle) につき最終的に設立準拠法説を採用する方向に舵を切った。居住移転の自由に関するこの法原則の適用範囲はすぐにヨーロッパ経済領域（ヨーロッパ自由貿易連合加盟国に対し、ヨーロッパ連合非加盟

---

71) *Knobbe-Keuk*, Umzug von Gesellschaften in Europa, ZHR 154 (1990), 325, 356；このほか、*Behrens*, Niederlassungsfreiheit und Internationales Gesellschaftsrecht, RabelsZ 52 (1988), 498.

72) *Großfeld*, in : Staudinger, EGBGB Internationales Gesellschaftsrecht, Neubearbeitung 1998, IntGesR Rz. 119-147.

73) *Großfeld*, in : Staudinger（前注72)), IntGesR Rz. 124.

74) EuGH, Urt. v. 9. 3. 1999 – Rs. C-212/97, *Centros./. Erhvervs- og Selkskabsstyrelsen*, Slg. 1999, I-1459.

75) EuGH, Urt. v. 5. 11. 2002 – Rs. C-208/00, *Überseering BV./. Nordic Construction Company Baumanagement GmbH*, Slg. 2002, I-9919. Zu der Zusammenarbeit von Rechtsprechung und Wissenschaft in dieser Rechtssache siehe *Ebke*, Überseering und Inspire Art: Die Revolution im Internationalen Gesellschaftsrecht und ihre Folgen, in : Festschrift für Reinhold Thode, 2005, S. 593, 597.

76) EuGH, Urt. v. 30. 9. 2003 – Rs. C-167/01, *Kamer van Koophandel en Fabrieken voor Amsterdam./. Inspire Art Ltd.*, Slg. 2003, I-10155.

のままで同連合単一市場への参加を認める枠組み）加盟諸国の会社[77]へと、それと同時にリヒテンシュタイン法上の会社および施設（Gesellschaften und Anstalten liechtensteinischen Rechts）――これらはすでに早くからベルンハルト・グロスフェルトの関心を呼び起こしていた[78]――にも拡張された。連邦通常裁判所は、その後、条約を準用して、アメリカの資本会社に対してもこの優遇措置を認めた[79]。諸国会社法秩序相互間での競争に関するベルンハルト・グロスフェルトの研究に近付くためのささやかな一歩はここから始まっている[80]。本拠地法説の役割の性急さ（voreilige Aufgabe der Sitztheorie）に対するベルンハルト・グロスフェルトの用心深さがどれだけ広範囲に亘っていたかを示しているのが、ドイツ・スイス両国に関わるトラブレンバーン社（Trabrennbahn）事件の裁判[81]であり、ハンガリー・イタリア両国に関わる転出型（Wegzugsfall）のカーテシオ社（Cartesio）事件[82]および国境を越えた組織変更に関するヴァーレ

---

77) BGHZ 164, 148.
78) *Großfeld*（前注 56)), S. 64-67 ; *Großfeld*, Gläubigeranfechtung und Durchgriff : Das Problem der liechtensteinischen Anstalt, IPRax 1981, 116. このほか、*Ebke/Neumann*, Urteilsanmerkung, JZ 1980, 652, 652-653.
79) BGH, WM 2003, 699 ; BGH, RIW 2004, 787 ; BGH, JZ 2005, 298. これらの判例の詳細については、*Ebke*, Conflicts of Corporate Laws and the Treaty of Friendship, Commerce and Navigation between the United States of America and the Federal Republic of Germany, in : Festschrift für Peter Hay, 2005, S. 119.
80) *Großfeld*, Europäisches Unternehmensrecht und internationaler Wettbewerb, in : Festschrift für Hans Havermann, 1995, S. 183 ; *Großfeld*, Europäisches Gesellschaftsrecht, WM 1992, 2121. ヨーロッパ連合諸国における会社法秩序間の競争がどこまで機能するかという点については、*Heine*, Regulierungswettbewerb im Gesellschaftsrecht, 2003.
81) BGH, BB 2009, 14. この判決に関する論文として、*Lieder/Kliebisch*, Nichts Neues im Internationalen Gesellschaftsrecht : Anwendbarkeit der Sitztheorie auf Gesellschaften aus Drittstaaten?, BB 2009, 338 = DStR 2009, 59 mit Anm. *Goette* = NJW 2009, 289 mit Anm. *Kieninger*.
82) EuGH, Urt. v. 16. 12. 2008 - Rs. C-210/06, *Cartesio Oktató és Szolgáltató bt*, Slg. 2008, I-9461 = BB 2009, 11 mit BB-Kommentar *Behme/Nohlen* = DStR 2009, 121 mit Anm. *Goette*. Siehe dazu auch *Leible/Hoffmann*, Cartesio – Fortgeltende Sitztheorie,

社（Vale）事件[83]におけるヨーロッパ裁判所のまったく意外な裁判であった。

XI. 企業会計：企業の言語

　研究者生活を送るうえで国際会社法・国際企業法の枠内にとどまることでは足りないと感じられたため、ベルンハルト・グロスフェルトは、同時に（gleich-zeitig）、まったく新しい領域——彼はこの企業経営学分野を法律家のために再発見し、取り戻した——を驚異的なエネルギーを投下して開拓した。彼は企業会計法の教科書（Lehrbuch zum Bilanzrecht）を出版した[84]。同書は法律家に理解しやすいものであった[85]。同書——その後短い間に第二版[86]と第三版[87]が刊行された——は、企業会計（Rechnungslegung）のヨーロッパ化および国際化に手を付け、まとめ上げている[88]。さまざまな概念・原則・内容——たとえば、真実かつ公正な外観（true and fair view）、総合的評価（Sammelbewertung）、引き綱からの解放理論（Abkoppelungstheorie）、世界連結決算、通貨換算、整理統合の視点（Konsolidierungskreis）、それに、公正価値会計（fair value accounting）——がベルンハルト・グロスフェルトの手によって取り上げられた結果、「これらの概念・原則・内容は一層きらめきを放ち、数値に対する畏怖を感じさせ、熟慮を刺激する」というやり方で、読者に伝えられている。このことは知的な刺激を与えるものである。この刺激により、企業会計法（Recht der Rechnungsle-

---

　　grenzüberschreitender Formwechsel und Verbot materiellrechtlicher Wegzugs-beschränkungen, BB 2009, 58.
83)　EuGH, Urt. v. 12. 7. 2012 – Rs. C-378/10, *VALE Építési kft*, Slg. 2012, I.
84)　*Großfeld*, Bilanzrecht, 1978.
85)　Siehe auch *Großfeld*, Bilanzrecht für Juristen, NJW 1986, 955.
86)　*Großfeld*, Bilanzrecht, 2. Aufl., 1990.
87)　*Großfeld*, Bilanzrecht, 3. Aufl., 1997.
88)　*Großfeld/Luttermann*, Bilanzrecht : Die Rechnungslegung in Jahresabschluss und Konzernabschluss nach Handelsrecht und Steuerrecht, Europarecht und IAS/IFRS, 4. Aufl., 2005.

gung）という分野が新たに形成されることとなった。

　ベルンハルト・グロスフェルトが歴史的関心[89]を抱き、学際的研究のための彼の準備と能力を備えていたことは、企業会計法分野を研究するうえで大いに助けとなった。彼の手本であり、友人でもあるウルリッヒ・レフソン（Ulrich Leffson）――ミュンスター大学の監査論・信託論担当正教授（Lehrstuhl für Revisions- und Treuhandwesen）であり、彼と一緒に企業会計について研究することはグロスフェルトにとって喜びであった――との共同作業も、彼にとっては、同じように幸せであり、実り多いものであった[90]。二人は企業会計の領域での学際的研究に邁進した。二人は企業会計指令（Bilanzrichtlinien）のドイツ商法典（HGB）への導入に決定的な役割を果たした。商取引に関わる企業会計法（Handelsbilanzrecht）中の、すべての商人に適用される規定（商法典第283条以下）と資本会社にのみ補充的に適用される規定（商法典第264条以下）とを分離するという考えは二人の合作であった。1985年の企業会計指令法典（Bilanzrichtlinienengesetz）施行後すぐに二人が刊行した『ドイツ商法典中の企業会計法における不特定概念に関するハンディ版辞書』[91]は道標としての役割を果たした。

XII.　企業評価・持分評価

　彼の挑戦は、ごくささやかな試みではあったが、企業会計法分野で企業評価・持分評価（Unternehmens- und Anteilsbewertung）の問題が取り上げられた第一歩であった。これこそ、経営学者が「経営学理論の中心的テーマ」と好んで表示するテーマであった[92]。これに対して、多くの法律家はこの中心的テーマ

---

89) *Großfeld*, Common Roots of the European Law of Accounting, Int'l Law. 23 (1989), 865 ; *Großfeld*, Zur Geschichte des europäischen Bilanzrechts, in : Festschrift für Walther Habscheid, 1989, S. 131.

90) *Großfeld*, Ulrich Leffson – Vorbild und Freund, in : *Großfeld*, Zauber des Rechts, 1999, S. 347-350.

91) *Leffson/Rückle/Großfeld* (Hrsg.), Handwörterbuch unbestimmter Rechtsbegriffe im Bilanzrecht des HGB, 1986.

を、近付くことも理解することも難しい、「七つの封印で閉じられた巻物＝解けぬ謎」（ヨハネの黙示録第5章第1節ないし第5節）とみていた。評価を行う根拠の多くが成文法に求められるとしても、法律家はこのテーマを広範囲に亘って経営学者に委ねてきた[93]。評価の問題にはしばしば真正の法律問題が含まれている[94]——法律学と経営学理論との緊密な連携がなければ、この種の法律問題を解決することはできない。

　ベルンハルト・グロスフェルトは、法律学や法律家が企業評価・持分評価の問題を取り扱えるようにするため、努力を続けた[95]。彼は、法律家にとって分かり易い言葉で、企業評価・持分評価の基本問題を解明する論文を書き[96]、関連する諸判例を分析し、経営学固有の理論・方法ならびに——法的には確かに拘束力を持たない[97]が、評価の実務に対して影響を及ぼす[98]——職業人団体

---

92) *Ballwieser*, Der neue IDW S 1, WPg 2008 Heft 12, S. 1. このほか、*Henselmann/Kniest*, Unternehmensbewertung : Praxisfälle mit Lösungen, 4. Aufl. 2010.

93) *Ebke*, Ausgleich und Abfindung außenstehender Aktionäre bei Beherrschungs- und Gewinnabführungsverträgen zwischen nicht börsennotierten Aktiengesellschaften, in : Festschrift für Karsten Schmidt, 2009, S. 289, 290.

94) *Großfeld*, Unternehmensbewertung als Rechtsproblem, JZ 1981, 641 ; *Hüttemann*, Unternehmensbewertung als Rechtsproblem, ZHR 162 (1998), 563.

95) *Großfeld*, Unternehmensbewertung im Gesellschaftsrecht, 1983 ; *Großfeld*, Unternehmens- und Anteilsbewertung im Gesellschaftsrecht, 2. Aufl., 1987 ; *Großfeld*, Unternehmens- und Anteilsbewertung im Gesellschaftsrecht, 3. Aufl., 1993 ; *Großfeld*, Unternehmens- und Anteilsbewertung im Gesellschaftsrecht, 4. Aufl., 2002 ; *Großfeld*, Unternehmens- und Anteilsbewertung im Gesellschaftsrecht, 5. Aufl., 2009 ; *Großfeld*, Recht der Unternehmensbewertung, 6. Aufl. 2011 ; *Großfeld*, Recht der Unternehmensbewertung, 7. Aufl. 2012.

96) *Großfeld*, Bewertung von Anteilen an Unternehmen, JZ 1981, 769 ; *Großfeld/Egert*, Cash Flow in der Unternehmensbewertung, in : Festschrift für Rainer Ludewig, 1996, S. 367 ; *Großfeld/Stöver*, Ermittlung des Betafaktors in der Unternehmensbewertung : Anleitung zum „Do it yourself", BB 2004, 2799 ; *Großfeld/Stöver/Tönnes*, Unternehmensbewertung im Bilanzrecht, NZG 2006, 521 参照。

97) その一例として、BayObLG, DB 2006, 39, 40.

98) *Großfeld/Stöver/Tönnes*, Neue Unternehmensbewertung, BB 2005, BB-Special 7, S.

の自治的ルール（たとえば、ドイツ公認会計士研究所（Institut der Wirtschaftsprüfer,（略称 IDW）の基準第 1 号）[99]）とこの問題との間に橋を架けた。彼は、同時に、持分評価・企業評価には法文化的制約が付き物であることを指摘した[100]。これにより、ベルンハルト・グロスフェルトはわれわれ法律家のために一つの新たな領域を開拓したことになる。この領域は、こんにち、遺憾ながらまだ、通常の法律相談実務でも、裁判所や仲裁裁判手続での法律相談実務においても、他のそれのようにはブームになっていない[101]。

XIII. 企業決算法における法比較

1980 年代に出された複数のヨーロッパ企業会計指令（Europäische Bilanzrichtlinien）は、企業会計に関して国際的観点を持たなければならないことを明らかにしたが、しかし、長い間、国際的観点は過小評価されてきた。われわれは、年度末決算書に記載された数値が決算書の根底にある企業会計上の原則および考え方を反映したものであることを承知している。しかし、それぞれの法文化が別々に有する企業会計上の原則のどこに違いがあるのだろうか。そもそも企業会計上の原則は相互に比較されることができるか。企業会計上の原則は他の原則へと翻訳されることができるか。企業会計上の原則は環境に左右されるものか[102]。企業会計上の原則は法文化を異にする社会でも転用することができる

---

2 l. Sp. 参照。

99) IDW S 1 v. 2. 4. 2008, WPg Supplement 3/2008, S. 68 = FN-IDW 7/2008, 271 参照。

100) *Großfeld*, Unternehmensbewertung und Rechtskultur, in : Liber Amicorum Richard M. Buxbaum, 2000, S. 205 ; *Großfeld*, Interkulturelle Unternehmensbewertung, in : Festschrift für Koresuke Yamauchi, 2006, S. 123 ; *Großfeld*, Cross-Border Mergers : Corporate Accounting/Corporate Valuation, ZVglRWiss 101 (2002), 1 ; *Großfeld*, Europäische Unternehmensbewertung, NZG 2002, 353.

101) Schiedsspruch v. 4. 11. 2005 – DIS-SV-B 710/97, SchiedsVZ 2007, 219 (per *Werner F. Ebke*) 参照。

102) *Großfeld*, Bilanzziele und kulturelles Umfeld, WPg 1994, 795.

か。企業会計上の原則は互いに調整を図ることができるか。ドイツの大企業がニューヨーク証券取引所（New York Stock Exchange（略称 NYSE））に上場する際にアメリカ合衆国の企業会計基準（一般に公正妥当と認められた会計原則 Generally Accepted Accounting Principles（略称 GAAP））に合わせようとした際に、この問題が特に緊急の課題となった[103]。こうして、企業会計法の比較が大きな問題となった。もちろんベルンハルト・グロスフェルトはこの問題に真っ先に取り組んだ[104]。

それでも、ベルンハルト・グロスフェルトが問うているように、企業会計法の比較は本当にできるのだろうか。企業会計法の比較は、暗い灰色のノートに干からびた数値を並べ立てるだけに終わらず、色鮮やかな花のように、面白みのあるテーマなのだろうか。そして企業会計法の比較に現れた数字はたんなる数字にすぎないのだろうか[105]。ドイツ・ヨーロッパの企業会計法と取り組むことで、ベルンハルト・グロスフェルトは意識して数字を相対化し、記号が持つ力を活用していた。企業会計法を比較する場合、二つの要素が不可欠である。彼は、独特のやり方で、彼なりの法比較を介した考察と洞察をわれわれに示してきた。ドイツ語版[106]でも英語版[107]でも、彼の書いたものはきわめて刺激的であり、読者を熱狂させ、われわれが次の課題へと向かうように導いている。

---

103) *Großfeld*, Internationales Bilanzrecht als Internationales Unternehmensrecht, WPK-Mitt. Sonderheft Juni 1997, 25 ; vgl. *Ebke*, Accounting, Auditing and Global Capital Markets, in : Liber Amicorum Richard M. Buxbaum, 2000, S. 113, 114-124 ; *Cunningham*, The SEC's Global Accounting Vision : A Realistic Appraisal of a Quixotic Quest, N. C. L. Rev. 87 (2008), 1, 10-11.
104) *Großfeld*, Vergleichendes Bilanzrecht, AG 1995, 112 ; *Großfeld*, Internationales Bilanzrecht/Internationale Rechnungslegung, AG 1997, 433 ; *Großfeld*, Internationales Bilanzrecht, 2011.
105) *Großfeld*, Zauber des Rechts, 1999, S. 41.
106) *Großfeld*, International Rechnung legen : Über Unternehmen, Rechtskultur und Jurastudium, ZEuP 6 (1998), 419.
107) *Großfeld*, Comparative Accounting, Texas Int'l L. J. 28 (1993), 235 ; *Großfeld*, Lawyers and Accountants : A Semiotic Competition, Wake Forest L. Rev. 36 (2001), 167.

これと同様に、彼は、上場企業および非上場企業向けの企業会計基準の国際化に対しても、誤解の恐れがないほど、明瞭な解答を与えていた[108]。

XIV. 法比較の基本問題

　ベルンハルト・グロスフェルトは、企業会計法の比較から、逆に、法比較の原理的問題[109]へと辿り着いた。

　言葉は法にとってどのような意味を持っているか[110]。言葉が法を作り出したのか。言葉の違いが法の相違を生み出しているのか。思考はどのようにしてわれわれの言葉に影響を及ぼしたのか。法は言葉を通して、言葉の中に成立し、存在し、そして消えゆくものであるが、法がある言葉からいずれか別の言葉へ翻訳される場合、法という表現で何が行われているか[111]。法の中に存在する文字と記号は何を意味しているか[112]。法の中に存在する数字は何を意味している

---

108) 文献として、*Großfeld*, Grenzüberschreitende Rechnungslegung, in : *Ebke/Luttermann/Siegel* (Hrsg.), Internationale Rechnungsstandards für börsenunabhängige Unternehmen?, 2007, S. 21 ; *Großfeld*, Comparative Corporate Governance : Generally Accepted Accounting Principles v. International Accounting Standards, N. C. J. Int'l L. & Com. Reg. 28 (2003), 847 ; *Großfeld*, Global Accounting : A Challenge for Lawyers, in : Liber Amicorum Professor Roberto MacLean, 2008, S. 143.

109) *Großfeld*, Kernfragen der Rechtsvergleichung, 1996（グロスフェルト著（山内惟介・浅利朋香共訳）『比較法文化論』（中央大学出版部、2004年））; *Großfeld*, Grundfragen der Rechtsvergleichung, in : Festschrift für Rudolf Lukes, 1989, S. 657 ; このほか、*Großfeld*, Zur Lage der Rechtsvergleichung, in : Gedächtnisschrift für Ulrich Hübner, 2012, S. 693.

110) *Großfeld*, Sprache und Recht, JZ 1984, 1 ; *Großfeld*, Sprache, Recht, Demokratie, NJW 1985, 1577 ; *Großfeld*, Language and the Law, J. Air L. & Com. 50 (1985), 793 ; *Großfeld*, Literature, Language and the Law, De Jure 20 (1987), 217.

111) *Großfeld*, Unsere Sprache : Die Sicht des Juristen, 1990.

112) *Großfeld*, Zeichen und Zahlen im Recht, 1993 ; *Großfeld*, Zeichen und Zahlen im Recht, 2. Aufl., 1995 ; *Großfeld,* Rechtsvergleichende Zeichenkunde : Gottesname/ Gotteszahl, ZVglRWiss 100 (2001), 90 ; *Großfeld*, Zeichen und Bilder im Recht, NJW

か[113]。法にとって図解可能な思考は何を意味しているか[114]。時間に関する多くの図やさまざまな時間体験は法においてどのような役割を果たしているか[115]。法において地理はどのような地位を有するのか[116]。そして、音楽は法にとってどのような意味を有するか[117]。

疑問はさらなる疑問を呼び起こす（Fragen über Fragen!）。法比較は、ベルンハルト・グロスフェルトにとって、将来性に富んだテーマであった[118]。

XV. 偉大な法学者

法比較は、ベルンハルト・グロスフェルトをさらに大きなテーマへ、すなわち、著名ではあるが（たとえば、ヨーゼフ・コーラー（Josef Kohler）[119]）、しかし、誤解され、忘れられ、排除された法比較学者の生涯と業績という大きなテーマへと導いた[120]。

その他の重要な法学者の生涯と業績に関するベルンハルト・グロスフェルトの論稿はさほど知られていないが、その刺激的な内容は決して小さいものではない[121]。グロスフェルトの場合、研究の引き金となったのは、しばしば歴史に

  1994, 1911 ; *Großfeld*, Schriftart und Ordnungsdenken – Zur Rolle der Schrift in der Rechtsvergleichung, ZfRV 1994, 1.
113) *Großfeld*, Zahlen und Geometrie als Rechtssymbole, in : Festschrift für Rüdiger Schott, 1993, S. 345.
114) *Großfeld*, Bildhaftes Rechtsdenken, 1995.
115) *Großfeld/Wessels*, Zeit, ZVglRWiss 89 (1990), 498.
116) *Großfeld*, Geography and Law, Mich. L. Rev. 82 (1984), 1510 ; *Großfeld/Welp*, Adolf Bastian und die Geographie im Recht, Rechtstheorie 4 (1994), 503.
117) *Großfeld*, Musik und Recht, ZVglRWiss 109 (2010), 379.
118) *Sandrock/Großfeld/Luttermann/Schulze/Saenger*, Rechtsvergleichung als zukunftsträchtige Aufgabe, 2003.
119) ヨーゼフ・コーラーについては、前注 20) をもみよ。
120) *Großfeld*, Rechtsvergleicher : Verkannt, vergessen, verdrängt, 2000.
121) *Großfeld/Pottmeyer/Michel/Beckmann* (Hrsg.), Westfälische Jurisprudenz, Festschrift aus Anlaß des 50jährigen Bestehens der Juristischen Studiengesellschaft

対する彼の関心であり、ヨーロッパの文化に共通する根のようなものに対する探求心であり、そして、言葉と法との関係を明らかにしようとする努力であった。このようにして、ベルンハルト・グロスフェルトは聖人イヴォ（正式にはイヴォ・エロリィ・フォン・ケルマルタン（Ivo Hélory von Kermartin）（1253 年頃生、1303 年没））の生涯と業績を解明し、この聖人を優秀な法律家であり、ヨーロッパ的モデルであると評価している[122]。フリートリッヒ・シュペー・フォン・ランゲンフェルト（Friedrich Spee von Langenfeld）（1591 年生、1635 年没）――彼はわれわれにフリートリッヒ・フォン・シュペー（Friedrich von Spee）という簡略化した呼び名で知られている――はグロスフェルトを魅了した。というのは、彼が、この人物の背後に隠された凄まじい実態を余すところなくかつ勇敢に解明することを通して、ラテン語の法概念が有する「魔法（Magie）」を打ち破ったからである[123]。ヴェストファーレンのパダボーンで生まれた、フォン・シュペーの著作『刑事法の留保または魔女裁判記録（Cautio criminalis seu de processibus contra Sagas Liber)』は 1631 年に魔女信仰に対する闘争の扉を開けた。

　ベルンハルト・グロスフェルトは、同じように、現代の優れた法学者の生涯と業績についても取り上げていた。たとえば、ミュンスター大学の同僚、ハリー・ヴェスターマン（Harry Westermann）の人物像を彼は誰も真似することのできないようなやり方で描き出した[124]。

　亡命生活を送ったドイツ人法律家の宿命にも、同様に、彼は関心を寄せていた。ベルンハルト・グロスフェルトは、アメリカ合衆国テキサス州ダラスにあるサザン・メソディスト大学デッドマン・ロースクール（Southern Methodist University Deadman School of Law）の同僚、ピーター・ウィンシップ（Peter Win-

---

　　Münster, 2000.
122)　*Großfeld*, St. Ivo : Europäischer Jurist, ZEuP 1 (1996), 75.
123)　*Großfeld*, Friedrich von Spee, JZ 1995, 273.
124)　*Großfeld*, Harry Westermann – Vom Ethos des Professors, in : *Großfeld*, Zauber des Rechts（前注 105)), S. 338-346；*Großfeld*, Professor Dr. jur. Harry Westermann, *06. 04. 1909, † 31. 05. 1986, ZfgG 1986, 169 をも参照。

ship)と一緒に書いた論文「異国で活躍した法学者」において、驚くほど優れた感受性と繊細さを発揮して、ドイツ人法学者、たとえば、エルンスト・ラーベル（Ernst Rabel）（「彼がどのような人物であったかは読者に知られていない」）やアルトゥール・レンホフ（Arthur Lenhoff）（「気力を失うことなく」）――彼らは1933年ないし1945年の地獄から逃げ出し、しばしば大きな困難を抱えつつも異国に根を下ろした――の宿命を明らかにしている[125]。法比較学者、ベルンハルト・グロスフェルトは、正当にも、彼ら異国で活躍した法律家に深い共感を伴った敬意を払っている。

XVI. 保険法・競争法・カルテル法

最後に挙げられるのが――むろん小さなことではないが――、ベルンハルト・グロスフェルトが保険法、競争法およびカルテル法のいろいろなテーマについて書いた論稿である。保険法[126]――彼はこの分野をも実際に取り上げていた――が彼の関心を呼んだのは、民事責任の諸問題[127]と取り組む過程においてであり、また、企業法[128]および競争法[129]ならびに競争政策[130]についての彼自身の関心に基づいていたためであった。保険経済における保険料カルテ

---

125) *Großfeld/Winship*, Der Rechtsgelehrte in der Fremde, in : *Lutter/Stiefel/Hoeflich* (Hrsg.), Der Einfluß deutscher Emigranten auf die Rechtsentwicklung in den USA und in Deutschland, 1993, S. 183 ; その英語版として、*Großfeld/Winship*, The Law Professor Refugee, Syracuse J. Int'l L. & Com. 1992, 3.

126) たとえば、*Großfeld*, Haftpflichtversicherung im Wandel, VW 1974, 693 ; *Großfeld/Hübner*, Versicherung und Schadensverhütung, ZVersWiss 1978, 393.

127) たとえば、*Großfeld*, Haftungsverschärfung, Haftungsbeschränkung, Versicherung, Umverteilung, in : Festschrift für Helmut Coing, Bd. 2, 1982, S. 111.

128) *Großfeld*, Der Versicherungsverein auf Gegenseitigkeit im System der Unternehmensformen, 1985.

129) *Großfeld*, The Insurance Business : New Challenges for a Regulated Industry, TSAR 1987-1, 12.

130) *Großfeld*, Die politische Tragweite der Wettbewerbspolitik, WuW 1968, 719.

ル[131]）および協同組合法[132]）は彼をカルテル法に導いた。彼はカルテル法の歴史に関して徹底的に深く追及した論文も書いている[133]）。

XVII. 法学教育と後継者養成

　ベルンハルト・グロスフェルトの教育面での精進も、学問的著作と同様、並外れ、また多岐にわたっていたし、現在もそうである。グロスフェルトは天分豊かな教育者であった。彼は学生たちの指導を引き受け、「法律学という魔法の国（Zauberland der Jurisprudenz）」[134]）を紹介することを通して彼らを法律学の世界に導いた。彼の授業で忘れられないのが、世界中から集まった参加者や客員が挙って参加した法比較ゼミナール（rechtsvergleichende Seminare）であり、リューディガー・ショット（Rüdiger Schott）との共同による法民族学ゼミナール（rechtsethnologische Seminare）であり、ウルリッヒ・レフソンとの共同による学際的な授業（interdisziplinäre Lehrveranstaltungen）である。

　ベルンハルト・グロスフェルトはいつも学生の関心事を講義に取り入れることに特に力を注いでいた。他の者が、法曹教育の面におけるヨーロッパの統合およびグローバル化という挑戦について述べ始めるずっと以前から、彼は言葉と態度で、法曹教育の根本的な改革を根気強く推進していた[135]）。

　学問的後継者の養成も、彼にとっては同様に大きな関心事であった。このことは、多数の法学博士学位取得者や五人の弟子——彼らはグロスフェルトの指

---

131) *Großfeld*, Prämienkartelle in der Versicherungswirtschaft, in : Wettbewerb als Aufgabe, 1968, S. 105.
132) *Großfeld/Strümpell*, Genossenschaften, Kartellgesetz und Mittelstandsempfehlungen（前注 4 ））.
133) *Großfeld*, Hauptpunkte der Kartellrechtsentwicklung vor dem Ersten Weltkrieg, ZHR 141 (1977), 442.
134) Vgl. *Großfeld*, Zauber des Rechts（前注 105 ））.
135) 前注 16）における証明参照。この他、*Großfeld*, Thesen zur Ausbildungsreform, Recht und Politik 1990, 86 参照。

導を受けてミュンスター大学で大学教授資格を取得し、専門的関心や法政策的方向性を異にするにも拘らず、後々までグロスフェルトの影響を受けている——によって証明されるだけではない。

　これよりももっと重要な事実がある。それは、こんにちに至るまで彼の講義に群れを成して殺到した学生の数がいかに多かったかという点である。

XVIII. 家　　　族

　ベルンハルト・グロスフェルトは、法律学に対してありったけの情熱を傾けたり、「法の魔術（Zauber des Rechts）」に全身で喜びを感じたりするときも、絶えず家族への気配りを忘れなかった。マリア（Maria）夫人はグロスフェルト一家の大黒柱として寛ぎの場と強靱さを植え付けた。六人の子どもたち、子どもたちの配偶者、それに孫たちは誰もが、家族に支えられ、家族のために惜しみなく働いたこの人物の生活を人間的な面でも心情的な面でも豊かにした。

XIX. む　す　び

　ドイツ国内はもとより、国際的にも高名な法学者、ベルンハルト・グロスフェルトは、2013年12月30日に80歳の誕生日を祝った。弟子、同僚、友人、学生というように、立場は異なるものの、彼の人生行路の一時期を共有する幸運に浴したわれわれ一人一人にとって、彼が及ぼした影響の大きさ、彼が示した豊富なアイディア、彼の学問的業績にみられる並外れた集中力、彼が示した際立った公正さ、そして弛まぬ精進、これらはどれもつねに、われわれのモデルとなり続けている。

編訳者あとがき

　ここに訳出したのは、ドイツ連邦共和国ノルトライン・ヴェストファーレン州ミュンスター市在、ヴェストフェーリッシェ・ヴィルヘルム大学（通称、ミュンスター大学）のトーマス・ヘェーレン（Thomas Hoeren）教授が、法学部長在職（2012 年～ 2014 年）時に同学部の同僚諸氏の協力を得て出版された『Münsteraner Juraprofessoren』（Aschendorff Verlag, 2014. 355S.）である（以下、「同書」と略記、編者の了解を得た肖像写真を含む）。同書は、優に二百年を超える同学部の歴史を彩る法学者の中から評価の定まった物故者 16 人を選び出し、専攻分野・担当講座を継承する後輩諸教授（名誉教授および現職教授）がそれぞれに執筆された伝記の集成である。掲載された法学者の専攻分野は、実定法および基礎法の両分野にまたがり、また民事法、公法および刑事法を含む点で、多岐にわたる。訳書の表題を選ぶにあたっては、原題の直訳から離れることを自覚しつつも、原著の刊行趣旨、掲載内容等を考慮し、『ミュンスター法学者列伝』という表現を採ることとした。さらに、原著の内容を補足するため、ヘェーレン教授の好意的了解のもとに、前世期末まで同学部の看板教授として活躍されたオットー・ザンドロック、ベルンハルト・グロスフェルト、両名誉教授の伝記もこの訳書では追加されている。訳出の底本としては、ミュンスター大学出身のグロスフェルト門下生、ループレヒト・カール大学（通称、ハイデルベルク大学）名誉教授、ヴェルナー・エプケ氏の許諾を得て、同氏の手になる二編に依拠した（山内惟介／ヴェルナー・F・エプケ共編『中央大学・ミュンスター大学交流 25 周年記念 国際関係私法の挑戦』（*Koresuke Yamauchi/Werner F. Ebke* (Hrsg.), Meilensteine im Internationalen Privat- und Wirtschaftsrecht, Festgabe für Bernhard Großfeld und Otto Sandrock.）（日本比較法研究所研究叢書 92）中央大学出版部、2014 年、S. 21-48 および S. 49-73. 両論文は、エプケ教授の旧稿（Bernhard Großfeld: Zauberland der Jurisprudenz, in: Werner F. Ebke/Paul Kirchhof/ Wolfgang Mincke (Hrsg.), Sprache und Recht – Recht und Sprache, 2009, S. 1-26 および Otto Sandrock: Recht - Wirtschaft - Familie, in: Werner F. Ebke/Siegfried Elsing/Bernhard Großfeld/Gunther Kühne (Hrsg.), Das deutsche Wirtschaftsrecht unter dem Einfluss des US-amerikanischen Rechts, 2011, S. 31-46) のそれぞれ改訂版にあたる。これらの論文は、両博士に捧げられた記念論文集に寄稿されたものであるため、他の16編とは文体を異にし、好意的評価に溢れたものとなっている)。

　原著の編著者ヘェーレン教授は、1961年8月22日、ルール工業地帯北西部、オランダ国境に近いディンスラーケン（Dinslaken）に生まれた。1980年から1987年までミュンスター大学、テュービンゲン大学およびロンドン大学で神学と法学を修められた（1986年に神学修士号取得）同氏は、第一次司法国家試験（1987年）および第二次司法国家試験（1991年）に合格後、本書に収録されたヘルムート・コロサー教授の指導のもとに、ドイツ民法第433条第1項の解釈論を取り上げた「物品購入形式によるソフトウェアの譲渡（Softwareüberlassung als Sachkauf）」をミュンスター大学に提出し、法学博士号を取得された（1989年）。1994年に「銀行法および保険法における自主規制（Selbstregulierung im Banken- und Versicherungsrecht）」と題する論文で大学教授資格を取得された同教授は、1995年からハインリッヒ・ハイネ大学（通称、デュッセルドルフ大学）法学部教授として民法・国際経済法を担当され（1996年〜2011年、デュッセルドルフ上級地方裁判所非常勤裁判官に併任）、1997年からはミュンスター大学の情報法・法情報学担当正教授（Lehrstuhl für Informationsrecht und Rechtsinformatik）、同時に、同大学情報法・遠距離通信法・メディア法研究所（Institut für Informations-, Telekommunikations- und Medienrecht）所長に就任され（Bürgerliches Recht, Wirtschaftsrecht, Zivilprozessrecht und Rechtsinformatik の講義資格取得)、現在に至っている（なお、編著者を含む原著執筆者の簡単な経歴は、本書末尾に別途紹介）。同氏の兼職としては、Rechtsberater der Europäischen Kommission/DG XIII im Legal Advisory Board on Information Technology、Mitglied des Juristischen Beirats der DENIC sowie Kuratoriumsmitglied des Research Center for Information Law der Universität St. Gallen（1997年まで）、World Intellectual Property Organization als Domain Name Panelist（2000年6月以降）、Mitglied (Research Fellow) am Oxford Internet Institute/Balliol Colleg（2004年）、Visiting Fellow an der Stanford Law School（2014年）、Mitglied des Fachausschusses für Urheber- und Verlagsrecht der Deutschen Vereinigung für gewerblichen Rechtsschutz und Urheberrecht 等が知られる。

　1983年4月以降、中央大学・ミュンスター大学間での法学者交流の発足準備および運営に深く関わったこの訳者にとって、本訳書の刊行には特別の感慨がある。それは、幸いにしてミュンスター大学留学時（1983年2月〜1984年7月）に原著に収録された四人の研究者に面識を得ることができたという私的な想い出のためだけではない。ヘェーレン教授の後任法学部長となったインゴ・ゼンガー教授から2014年秋に刊行された原著を寄贈された当時、原著が両大学間の交流に関わる中央大学関係者に有益な文献であるとの感触を得てはいたものの、遺憾ながら、当時の訳者には諸般の事情から書評を試みる時間的余裕を得ることができなかった。定年を迎えた昨2017年の春以降、ミュンスターで行われた訳者のためのドイツ語版古稀記念論文集（Heinrich Menkhaus/Midori Narazaki (Hrsg.), Japanischer Vorkämpfer für die Rechtsordnung des 21. Jahrhunderts : Festschrift für Koresuke Yamauchi zum 70. Geburtstag）贈呈式出席に伴う渡独の前後に原著を改めて通読し、ミュンスター大学との交流事業を実質化するため、書評に代えて、原著の全訳を試みることとした。本訳書は、交流の第一線から身を退いた訳者にとって、この交流事業に直接および間接に関与された多くの方々、特に両大学の交換教授各位（交換順に、ベルンハルト・グロスフェルト、ヘルムート・コロサー、ハンス＝ウーヴェ・エーリヒセン、中西又三、ベルトルト・クーピッシュ、丸山秀平、オットー・ザンドロック、津野柳一（義堂）、ディルク・エーラース、角田邦重、ヴィルフリート・シュリューター、野沢紀雅、ディーター・ビルク、石川敏行、ハインリッヒ・デルナー、工藤達朗、シュテファン・カーデルバッハ、古積

健三郎、インゴ・ゼンガー、鈴木博人、ハンス・ヤラス、松原光宏、ペートラ・ポールマン、毛塚勝利、畑尻剛、新井誠、マティアス・カスパー、小宮靖毅の諸教授、詳細については、『比較法研究所 News Letter』第 52 号 6 頁参照）とその関係者（家族を含む）への深甚なる謝意の表明とともに、両大学の交流関係者に対する最後の贈り物となるはずである。後輩諸教授の御努力により、いずれの日にか中央大学法学部の歴史を彩る多彩な法学者の列伝（役職経験等の形式的な肩書によることなく、真の意味で法学部を支え、世界的規模での法律学研究に実質的に貢献した法学者諸氏の学問研究の軌跡）が日本語以外でも刊行され、ミュンスター大学に紹介されるならば、両大学間の交流事業へのさらなる貢献となろう。

末文ではあるが、本書の刊行を許された日本比較法研究所、そして出版に伴う業務に従事され、丁寧な仕事振りを発揮された中央大学出版部の馬場美穂氏および橘由紀夫氏に対し、深甚なる謝意を表しておきたい。

2018 年 4 月 1 日

山内 惟介

索　引

ア　行

アーデナウアー、コンラート　　143, 253, 269
アーメルンクセン、ルードルフ　249
アイヒホルン、カール・フリートリッヒ　20
アイヒマン訴訟　167
アドマイト　331, 396
アハターベルク、ノルベルト　428
アマーリエ　17
アルベルティーナ美術館　37
アレクシィ、ローベルト　422
アレクシス、ヴィリバルト　213, 214
アンシュッツ、ゲアハルト　131
アンダーブリュッゲ、クラウス　351, 370
イィーバーゼーリング社（Überseering）事件　499, 536
イーゼレ、ヘルムート・ゲオルク　247
イェーガー、ローレンツ　436
イェーゼリッヒ、クルト　93
イェーナ大学　170, 401
イェーリンク　332, 338
イェール大学　493, 497, 514, 519, 522
イエナ・アウエルシュタットの戦い　211
イェヒト、ホルスト　117
イェリネック、ヴァルター　361
イザイ、エルンスト　43
インスパイアー・アート社（Inspire Art）事件　499, 536
ヴァークナー、ヨーゼフ　42

ヴァーレ社（Vale）事件　500, 537
ヴァイスハウプト　18
ヴァインベルガー、オータ　338
ヴァクスマン、アルフォンス・マリア　168
ヴァッケ、アンドレアス　299
ヴァッサーブルク、クラウス　168
ヴァルカー、ヴォルフ・ディートリッヒ　452, 463
ヴァルデック、ヨーハン・ハインリッヒ　6
ヴァルトシュタイン、ヴォルフガンク　293
ヴィーアッカー、フランツ　295, 302
ヴィーデマン　405
ヴィーン大学　225, 229, 253, 254, 292, 520
ヴィゴリータ、トゥリオ・スパヌオロ　300
ヴィスマン、ヒネルク　96
ヴィドゥケル、ディーター　126
ヴィルケ、ディーター　125, 145
ヴィルダ、ヴィルヘルム・エドゥアルト　54
ヴィルヘルム二世　9, 28, 37
ヴィルムス、ベルナルト　333
ヴィレケ、エドゥアルト　44, 205
ウィンシップ、ピーター　545
ヴィントシャイト　312
ウーレ、カール・ヘルマン　414, 427
ヴェークナー、アルトゥール　172, 174, 257, 258, 378
ヴェーデマン、フラウケ　261
ヴェーバー、ウルリッヒ　173
ヴェーバー、ヴェルナー　353, 367

索引 555

ヴェーバー、ハラルト 125
ヴェーバー、マックス 339
ヴェスターマン、ハリー・フリートリッヒ 49, 223, 225, 226, 227, 228, 229, 232, 236, 237, 244, 273, 275, 277, 278, 279, 370, 376, 385, 426, 439, 440, 455, 460, 461, 545
ヴェスターマン、ハルム・ペーター 226, 228, 229, 233, 234, 235, 236, 238, 244, 245, 249, 254, 255, 269, 275, 278
ヴェセルス、ハンス・ウルリヒ 388
ヴェセルス、ヨハネス・フランツ 106, 373, 375, 377, 379, 380, 387
ヴェヒター 53
ヴェルツェル、ハンス 162
ヴェルミンクホフ、アルベルト 37
ヴェンガー、レオポルト 285
ヴォルフ、ハンス・ユリウス 96, 118, 125, 126, 140, 143, 257, 274, 349, 351, 352, 353, 354, 355, 357, 358, 359, 360, 361, 362, 363, 364, 366, 367, 368, 369, 370, 371, 414
ヴォレール 214
ヴッベ、フェリックス 300, 307
ウプサラ大学 303
ヴュルツブルク大学 220, 397, 520
ウルマー、ペーター 494
ウンティート、ユルゲン 215
エアハルト、ルートヴィヒ 269
エアランゲン大学 7, 214
エェベッケ、ヤンベルント 96, 413, 428
エーベンロート、カールステン・トーマス 535
エーラース、ディルク 411, 413, 485
エーリヒセン、ハンス・ウーヴェ 96, 126, 349, 417, 495
エガー、オットー 285
エッサー、ヨーゼフ 470
エプケ、ヴェルナー 489, 517
エリート養成大学 270
エルプグート、ヴィルフリート 413, 428
エルマン、ヴァルター 199, 201, 202, 203, 204, 205, 206, 207, 208, 215, 216, 217, 218, 219, 220, 221, 222, 440
エルマン、ハインリッヒ 35, 217, 219, 222
エルメナウ 254
エルンスト、ヴェルナー 425
オイケン、ヴァルター 529
オイラー、ヴィルフリート 218
オーリュウ 337
オズボーン、ディヴィッド 424

カ　行

カーザー、マックス 48, 102, 253, 255, 281, 283, 287, 295, 300, 301, 303, 305, 308, 310, 311, 312, 440
カーテシオ社（Cartesio）事件 500, 537
カール五世 42, 52
カールスルーエ工科大学 274
カウフマン、アルミン 172
ガウル、ハンス・フリートヘルム 507
カオホ、ペートラ 425
科学アカデミー 213, 352, 517, 524
学際研究センター 328, 341
加持祈祷者事件 148
カテリーナ・ヴァレンテ（Caterina Valente）事件 528
カナーリス、クラウス・ヴィルヘルム 469
ガミルシェーク、フランツ 441
ガリツィン、フォン 17
カリフォルニア大学バークレー校

499
カルッツ 168
カロリーヌ・フォン・ハノーヴァー
 (Caroline von Hannover) 事件 528
ギーセン大学
 274, 285, 286, 304, 397, 467, 473
ギーゼ、フリートリッヒ
 137, 139, 351
キーフナー、ハンス 472
ギールケ 231, 232, 394, 495, 529
キール大学 397
キール路面鉄道ストライキ（Kieler
 Straßenbahnstreik）事件 395
キヴィット 168
企業経営税務研究所 189
企業法・資本市場法研究所 261
キューネ、グンター 505
キュッヒェンホフ、エーリッヒ
 125, 370
行政法行政学研究所 354
協同組合制度研究所
 250, 260, 267, 520, 521
巨人の肩の上に立つ 32
クナップ、ヘルマン 77
クニューテル、ロルフ 298
クピスゼウスキィ、ヘンリック 300
クマー、マックス 503
グミュール、ルードルフ 85
グラーツ大学 285, 292
グラーフ・フォン・ザルム＝リーネック、オットー 526
グライフスヴァルト大学
 39, 158, 159, 160, 170, 171, 246
クライン、フリートリッヒ 118,
 123, 125, 126, 127, 128, 130, 131, 132,
 133, 134, 135, 136, 137, 138, 139, 140,
 141, 142, 143, 144, 145, 146, 147, 148,
 353, 428
クラヴィーツ、ヴェルナー
 126, 319, 333, 338
クラウズィンク、フリートリッヒ
 239, 240, 241
グラスマイアー、ハインリッヒ 78
クリーレ、マルティン 126, 353, 369
グリッチュ、ハインリッヒ 40
グリム、ヤーコプ 62
グリム兄弟 50
クリューパー 331
クリュックマン、パウル 47, 204
クリヨヴィッチ、マレク 300
クレッシェル、カール 75
クレメンス十四世 4, 5
クレラー、ハンス 286
グロスナー、オットーアルント 506
グロスフェルト、ベルンハルト 226,
 259, 275, 278, 485, 497, 498, 499, 501,
 504, 511, 513, 517, 519, 520, 521, 522,
 523, 524, 525, 527, 528, 529, 530, 531,
 532, 534, 535, 536, 537, 538, 540, 541,
 542, 543, 544, 545, 546, 547, 548, 550
グロッソ、ジュゼッペ 315
グロティウス、フーゴー 303
クンケル、ヴォルフガンク 295, 308
クンツ 331
刑事訴訟・行刑研究所 153
啓蒙主義的モデル 4
ケェーニヒスベルク（カリーニングラード）の戦い 325
ケェーニヒスベルク大学
 37, 44, 160, 163, 321, 324, 325
ケットゥゲン、アルノルト 353
ゲーテ 18, 82
ケープタウン大学 302
ゲープラー、テッド 424
ゲールケ、アヒム 218
ゲーレン、アルノルト 321, 324
ゲッティンゲン大学 4, 7, 12, 55,
 90, 218, 225, 230, 232, 233, 235, 236,

索　引　557

237, 255, 292, 351, 492, 520, 533
ゲッベルス　205
ケルン学派　186, 196
ケルン大学　90, 160, 168, 177, 179, 183, 184, 185, 186, 187, 188, 189, 190, 193, 195, 196, 220, 221, 222, 253, 254, 396, 400
ゲルンフーバー、ヨアヒム　371
ケンプニィ　190
ケンブリッジ大学　485, 520
鉱業法・エネルギー法研究所　261
鉱業法・ヨーロッパ石炭鉄鋼共同体法研究所　261
公法雑誌　133, 141
コーラー、ヨーゼフ　524, 544
ゴールド、ジョセフ　504
国際経済法研究所　497, 513, 514, 520, 521, 522
国際租税協会　182, 197
国際租税法研究センター　188
国立公文書館　191
コシャーカー、パウル　292
コップ、ヒンリッヒ・ヴィルヘルム　143
コラー　332
コリンテンベルク、ヴェルナー　450
コロサー、ヘルムート　465, 467, 474, 485, 486, 551
婚姻と家族──家族法総合雑誌　439
コンスタンツ大学　467
コンスタンティネスコ、レオンタン＝ジャン　503

サ　行

ザイラー、ハンス・ヘルマン　298, 299
ザウアー、ヴィルヘルム　139, 163, 364
サヴィニィ雑誌　31, 50, 51, 297
サウル　423
ザウレ、ヴァルター　233, 235
サザン・メソディスト大学　504, 520, 545
ザッガー、ヘルムート　388
ザルツブルク大学　281, 293, 294, 299, 300
ザンクト・ガレン大学　520
サンダース、ピーター　512
ザンドロック、オットー　489, 491, 492, 493, 494, 495, 497, 498, 499, 501, 502, 503, 504, 505, 506, 507, 509, 510, 511, 512, 513, 514, 515, 516, 522, 523, 550
三部会　211
ジーゲルト　231
ジーベルト、ヴォルフガンク　363
シーマン、ゴットフリート　299
ジーメンス、ダニエル　89
ジーモン、ヘルムート　447
シェーンフェルト、ヴァルター　61
シェッター、ルードルフ　450
シェルスキィ、ヘルムート・ヴィルヘルム・フリートリッヒ　256, 319, 321, 323, 327, 328, 329, 330, 338, 341, 426
シカゴ大学　520
シパーニ、サンドロ　300
社会学研究センター　326, 327, 328
ジャクリーの乱　211
シャップ、ヤン　274
シャフシュタイン、フリートリッヒ　162, 167
シュヴァープ、カール・ハインツ　440
シュヴァルツェンス、フリッツ　298
ジューフェルン、ヨーハン・ヴィルヘルム　10

シューマン、ハンス　　　287, 290
州立美術館　　　　　　　　　78
シュタイガー、ハインハルト
　　　　　　　　　126, 127, 370
シュタインヴェンター、アルトゥール　　　　　　　　　　285
シュタルク、クリスティアン
　　　　　　　　　　　　125, 144
シュックマン　　　　　　　　10
シュティーフェル、エルンスト・C
　　　　　　　　　　　　　505
シュテープラー、フリートリッヒ・ゴットリープ　　　　　　　51
シュトゥッツ、ウルリッヒ
　　31, 32, 37, 39, 57, 62, 64, 66, 74, 84
シュトゥルム、フリッツ　　507
シュトライス、ミヒャエル
　　　　　　　　　138, 332, 360
シュトレー、ヴァルター　379, 388
ジュネーヴ大学　　　　　　303
シュパイヤー行政大学　　　414
シュピターラー、アルミン　186
シュプリックマン、アントン・マティアス　　　　1, 12, 20, 467
シュプリックマン、ベルンハルト　20
シュミット、アルフォンス　101
シュミット、エーバーハルト
　　　　　37, 49, 59, 60, 61, 63, 66, 83
シュミット、カール
　　　　　　　　130, 131, 133, 136
シュミット、ライナー　　　469
シュミット＝リンプラー、ヴァルター　　　　　　　　　　139
シュラーマン、ハンス　　　413
シュリューター、ヴィルフリート
　　　　　　　　　433, 436, 463
シュルツェ・フィーリッツ、ヘルムート　　　　　　　　　332
シュルツェ＝デリッチュ、フラン
ツ・ヘルマン　　　　　　266
シュルテ、ハンス　　　226, 274
シュルテ、マルティン　　　428
シュレーダー、ホルスト　　162
シュレーダー、リヒャルト
　　　　　　　　31, 35, 36, 55, 56
シュロイアー、ハンス　37, 73, 82
純粋法学　　　　　　　　　332
ショーペンハウアー、アルトゥール　　　　　　　　　　213
ショット、リューディガー　547
スクーピン、ハンス・ウルリッヒ
　　　　　　　　　　　118, 126
ストゥーア、ベルンハルト　419
スミット、ハンス　　　　　506
聖人イヴォ　　　　　　　　545
セバスティアン　　　162, 281
全刑法雑誌　　　　　　　　77
ゼント、ミヒャエル　　　　89
セントロス社（Centros）事件
　　　　　　　　　　　499, 536
ゾーム、ルードルフ　　　34, 35
租税法研究所
　　　　　140, 181, 183, 184, 186, 187
租税法ゼミナール　　180, 181, 188
ゾラーヤ（Soraya）決定　　447

タ 行

ダーム、ゲオルク　　　162, 371
ダーレンドルフ　　　　　　335
大学（Hochschul）判決　　448
第二堕胎判決　　　　　　　448
ダヴィド、カール・ハインツ　275
タッペ　　　　　　　　　　190
チェコ・カレル大学　　　　237
地方自治研究所　　87, 89, 92, 93, 94, 95, 98, 103, 105, 108, 115, 121, 354, 368, 369, 371

索　引　559

チャーチル　193
中央大学
　485, 514, 516, 533, 543, 550, 552, 553
ツァリンガー、オットー　80
ツァンガー、ヨハンナ　89
ツーホルン、カール　413, 417
ツォイナー、アルブレヒト　440
ツューリッヒ大学　85, 303
ティーア、アンドレアス　85
ディーツ、ロルフ　253, 255, 256,
　257, 258, 261, 391, 392, 395, 396, 397,
　398, 399, 400, 401, 403, 407, 408, 409,
　441, 461
ティーデマン、クラウス
　　　　　　　　　156, 157, 173
定員制限条項（numerus clausus）
　判決　447
ティプケ、クラウス　186
ティム、ヴォルフラーム　261
ディリー・メイル社（Daily Mail）
　事件　498, 535
テオドロポウロス、アレクサンドラ
　　　　　　　　　153
テキサス大学（オースティン）　520
デューク大学　520
テュービンゲン大学　158, 172, 173,
　174, 175, 179, 236, 257, 286, 299, 379,
　470, 472, 519, 551
デュッツ、ヴィルヘルム　463
伝統的モデル　4
トイシュ、クリスティーヌ　140
ドイチュ、パウル　433
ドイツ・オランダ法曹研究大会　258
ドイツ・カール大学　352
ドイツ科学アカデミー　352
ドイツ行政雑誌　427
ドイツ公認会計士研究所　540
ドイツ国際法学会　127, 532
ドイツ国法学者協会

　127, 141, 354, 370, 424, 427
ドイツ犯罪学会　159
ドイツ・プラハ大学
　　　　　229, 235, 237, 239
ドイツ法アカデミー　403, 404
ドイツ・ヨーロッパ企業法研究所
　　　　　　　　　261
トーマス、A・J　504
都市計画研究所　275
都市計画中央研究所　264, 426
都市計画法中央研究所　261
トムゼン、アンドレアス　163
ドライアー、ラルフ　126, 370
トラブレンバーン社（Trabrennbahn）
　事件　501, 537
トリノ大学　303
トリンクナー、ラインホルト
　　　　　　　　　505, 513
ドルトムント工科大学　275
ドルトムント大学　326, 328
ドロステ・ツー・フィッシャリン
　ク、クレメンス・アウグスト　9
ドロスト、ハインリッヒ　163

　　　　　ナ　行

ナーエントループ、フーベルト
　　　35, 43, 44, 45, 48, 61, 203, 204
ナイメーヘン大学　258
ナポレオン一世　9, 10, 19, 211
ニーヒュース、ノルベルト　370
ニチュケ、マンフレート　274, 275
ニッパーダイ、ハンス・カール
　　　　　396, 398, 401, 402, 403, 405
ニューカッスル大学　89
ニューヨーク大学　520
ニュルンベルク大学　140
ニュルンベルク法　216, 248
ネストル　119, 153

ノイヴィーム、エアハルト
　　　　　　　　　44, 46, 99
ノプチェンナ　　　　　　　5
ノルトライン・ヴェストファーレン
　州科学アカデミー　　　524

　　　　ハ　行

パーゲンコップ、ハンス・エーリッ
　ヒ・ヴィクトール　　　89
バーゼル大学　　33, 34, 71, 303
パーソンズ　　　　　　　335
ハーナウゼック、グスタフ　285
バーバイ、ギュンター　　125
ハープシャイト、ヴァルター・J　528
パーペン、フォン　　　　205
ハーマン　　　　　　　　 18
バイツケ、ギュンター　492, 494, 505
ハイデルベルク大学　　4, 35, 36,
　50, 141, 256, 291, 292, 387, 401, 550
ハイニッヒ、ハンス・ミヒャエル
　　　　　　　　　　　　469
ハイマン、エルンスト　　201
ハイ、ヨハンナ　　　　　186
バインハウアー、ヴェルナー　168
バウマン、ユルゲン　157, 173, 175
バウムシュタルク、カール・アント
　ン・ヨーゼフ・マリア・ドメニクス
　　　　　　　　　　　　202
バウムバッハ、アードルフ　3, 407
パウロ　　　　　　　　　423
パウロ六世　　　　　　　159
パオシュ　　　　　　　　189
ハチェック、ユリウス　　351
バックスバウム、リチャード　507
ハックル、カール　　　　299
バッハ、ヨーハン・セバスティアン
　　　　　　　　　　　　 33
ハナク　　　　　　　　　185

ハバーマス、ユルゲン　　345
パピルスおよび古代法史研究所　285
ハラーマン　　　　　46, 201
ハリンク、ヴィルヘルム　214
ハルデルウェイク大学　　 12
ハルムス、ヴォルフガンク　261
ハレ大学
　　　4, 175, 180, 214, 257, 351, 378
犯罪科学研究所　　　153, 389
犯罪学研究所　　　　　　375
ハンブルク大学　　256, 281, 291, 292,
　293, 296, 298, 301, 303, 309, 326, 461,
　480, 519, 520
ピアリー、ロバート・エドウィン
　　　　　　　　　　　　227
ビーデンコップ、クルト　495
ビーレフェルト大学
　　　　　　327, 328, 332, 341
ピーロート、ボド　　89, 123
比較法学雑誌
　　　489, 505, 511, 512, 523, 524
比較法研究所
　　　514, 516, 521, 550, 552, 553
ヒス＝シュルンベルガー、エドゥア
　ルト　　　　　　　　　 53
ヒス、ルードルフ　29, 31, 32, 33, 34,
　35, 36, 38, 39, 41, 42, 43, 45, 46, 47,
　48, 49, 50, 51, 52, 54, 56, 57, 62, 65,
　66, 67, 71, 73, 74, 75, 76, 77, 78, 79,
　80, 81, 82, 83, 84, 85, 204
ヒトラー、アードルフ　44, 114, 136
ビューラー、オットマール
　　　　　101, 136, 177, 179, 189
ヒューワイラー、ブルーノ　300
ヒュック、アルフレート　391, 392,
　395, 397, 398, 400, 401, 402, 403, 404,
　405, 406, 407
ヒュック、ゲッツ　　　　441
ビュルゲ、アルフォンス　300

ヒレンカンプ、トーマス　　　389
ビンディンク、カール　　　　 34
ファーバー、アンゲラ　　413, 428
プァフ、イヴォ　　　　　　　285
ファン・ロイスダール、ヤーコプ・イサクソン　　　　　　　　　526
フィーケンチャー、ヴォルフガンク　　　　　　　　　　　　520
フィッシャー、ローベルト　　504
フーゲルマン、カール・ゴットフリート　　　　　　　　　　247
フーコー、ミシェル　　　　　347
ブーティ、イグナツィオ　　　300
プードゥル、ジャン＝フランソワ　　　　　　　　　　　　507
プーフェンドルフ、サミュエル　　　　　　　　　　　25, 210
フェーア、ハンス　　　　 70, 81
フェーンストラ、ロバート　　303
フェスティンク　　　　　　　331
フェヒトルップ、ヘルマン　　370
フェルスター、フリートリッヒカール　　　　　 169, 239, 240
フェルツ　　　　　　　　　　190
フォイエルバッハ　　　　　　 55
フォス　　　　　　　　190, 191
フォム・シュタイン、フライヘル　　　　　　　　　7, 355, 426
フォルクマー、ディーター　　370
フォルストホフ、エルンスト　　　　　　　　357, 360, 406
フォルモッス　　　　　　　　 82
フォン・アミラ、カール　　　　　　　　68, 73, 74, 75, 84
フォン・ウンルー、ゲオルク・クリストフ　　　　　　　　　126
フォン・ギールケ、オットー　　　　　　　　231, 394, 529
フォン・ギールケ、ユリウス　　　　　　　　 230, 231, 232
フォン・キュンスベルク、エーバーハルト　　　　　　　　 31
フォン・クライスト、ハインリッヒ　　　　　　　　　　　　212
フォン・シュヴェーリン、クラウディウス　　　　　　　　　 31
フォン・シュタウディンガー、ユリウス　　　　　　　　　　534
フォン・ゼー、クラウス　　　 75
フォン・ゾンネンベルク、フランツ　　　　　　　　　　　 15
フォン・バール、ルートヴィッヒ　　　　　　　　　　　55, 56
フォン・パーペン、フランツ　205
フォン・ヒンデンブルク、パウル　45
フォン・フォイエルバッハ、パウル・アントン・アンゼルム・リッター　　　　　　　　　　　　 21
フォン・フォイツ、ジェニー　 16
フォン・フュルステンベルク、オズワルト　　　　　　　　　481
フォン・フュルステンベルク、フランツ　　　　　　　　　　　3
フォン・ブリュネック、ヴィルトラウト・ルップ　　　　　　447
フォン・フンボルト、アレクサンダー　　　　　　　　　　　213
フォン・フンボルト、ヴィルヘルム　　　　　　　　　　　　　7
フォン・ベロゥ、ゲオルク　　 52
フォン・マンゴルト、ヘァマン　125
フォン・ムーティウス、アルベルト　　　　　　　　　　　　126
フォン・モルトケ伯爵、ヘルムート・ヤーメス　　　　　　　169
フォン・ランゲンフェルト、フリートリッヒ・シュペー　　　545
ブダペスト大学　　　　　303, 325

ブッケル 331
フライアー、ブルース・W 300
プライアー、クレメンス 441
フライブルク・イム・ブライスガウ大学 105, 108, 225, 229, 253, 254, 291, 400, 519
フライヘル・フォン・フィンケ、ルートヴィッヒ 9
フライヘル・フォン・フュルステンベルク、フランツ・フリートリッヒ 3, 13
フライヤー、ハンス 325
プラハ大学 225, 237, 239, 254, 257, 370
フランク、ハンス・ミヒャエル 134
フランクフルト・アム・マイン大学 40, 128, 129, 130, 131, 352, 354
ブランデンブルク選帝侯 208, 210
ブラント、ヴィリィ 144
フリートリッヒ一世 208, 209, 210
フリートリッヒ・ヴィルヘルム三世 211, 212
フリートリッヒ・ヴィルヘルム二世 9
フリートリッヒ三世 10
フリートリッヒ二世 213
フリックス社事件 260
フルーメ、ヴェルナー 296, 409
ブルン、アンケ 445
ブルンナー、ハインリッヒ 31, 34, 55, 56, 59, 72, 84
ブレーメン大学 215
ブレスラウ大学 20, 179, 397, 467
ブレックマン、アルベルト 493
プレトリア大学 303
ブレナイゼン 44
プレルス 475
フレンスドルフ、フェルディナント 33

プロイセン国王 10, 11, 209
プロクス、ハンス 256, 274, 431, 433, 434, 435, 436, 437, 438, 445, 446, 459, 460
ブロマイヤー 253
フンボルト大学 376
ベァマン、ヨハネス 470
ベーア 330
ベェーゲルト、デリック 78
ベーム、フランツ 529
ペータース、カール 151, 153, 154, 155, 156, 157, 158, 159, 160, 161, 162, 164, 165, 166, 167, 168, 169, 170, 171, 172, 173, 174, 175, 176, 378
ペータース、ハンス 160, 169
ペータース、フランク 298
ベェッケンフェルデ、エルンスト・ヴォルフガンク 126, 369
ヘーファーメール、ヴォルフガンク 256, 440
ヘーンヒェン 331
ペスタロッツァ、クリスティアン 149
ヘスデルファー 188
ベッカリーア・ゴールド・メダル 159
ベッキンク、ミヒャエル・ホフマン 370
ベックシュティーゲル、カールハインツ 508
ヘック、フィリップ 71, 75, 76, 77, 267, 456
ベックマン、マルティン 425
ヘッセ 330
ベッセル、フリートリッヒ・ヴィルヘルム 214
ヘッティンガー、ミヒャエル 386, 389
ベネェーア、ハンス・ペーター 298

索　引　563

ヘラー、ヘァマン　　　　　　352
ベルク大公　　　　　　　　　　9
ヘルダー研究所　　　　　　　352
ベルリン科学アカデミー　　　210
ベルリン自由大学　　　　　　274
ベルリン大学　　　20, 34, 42, 90, 92, 93, 108, 179, 201, 213, 215, 247, 376
ベルン大学　　　　　　　　　85
ヘンシャイト、ヴィリィ　　　251
ヘンスラー　　　　　　　　　458
ベンダー、エルンスト　　　　447
ボア、ハインリッヒ・クリスティアン　　　　　13, 14, 15, 18, 19
ホイスラー、アンドレアス　34, 35, 52
ホイニンゲン＝ヒューネ　　　405
ボイルケ、ヴェルナー　　　　388
法学研究所　　　　　　　　　250
法学部研究室　　　354, 442, 482, 483
法の理論　　　　　　　　　　335
ボーフム大学　　　　　　489, 495
ホッブス、トーマス　　　　24, 321
ホッペ、ヴェルナー　　　126, 370, 411, 413, 415, 416, 420, 423, 425, 427, 428, 429
ホッペ学派　　　　　　　　　428
ホフマン、ヴァルター　　139, 246
ボルク、ラインハルト　　478, 480
ホルツハウアー、ハインツ　199, 446
ボルドー大学　　　　　　　　303
ボルト、ゲァハルト　　　　　398
ボン大学　　　10, 11, 37, 84, 215, 292, 351, 436, 437, 450, 494, 495, 520

マ　行

マールブルク大学　　140, 158, 292, 352
マールマン　　　　　　　　　331
マイネッケ、フリートリッヒ　　52
マイヤー、オットー　　　　357, 361
マイヤー・マリィ、テオ　　293, 296
マインツ大学　　　7, 440, 441, 446, 451, 456, 460, 467, 470, 472
マウンツ、テオドール　　　93, 105
マクシミリアン・フリートリッヒ　5
マコーミック、ニール・　　　338
マスプロ大学　　　270, 271, 448, 462
マリノウスキィ　　　　　　　335
マルクス　　　　　　　　　　334
マルティン　　　　　　　　　475
マルテンス、ヴォルフガンク
　　　　　　　　　　　　126, 370
ミカート、パウル　　　　　　328
ミシガン大学　　　　　　　　520
ミッチュ、ヴォルフガンク　　173
南アフリカ大学　　　　　　　303
ミヒャエリス、カール　118, 173, 533
ミヒャルスキ、ルッツ　　　　275
ミュラー、ゲープハルト　　　447
ミュンスター学派　　　　　　522
ミュンスター大学（ヴェストフェーリッシェ・ヴィルヘルム大学）
　3, 6, 7, 9, 10, 11, 13, 15, 16, 18, 20, 22, 28, 29, 31, 32, 35, 37, 38, 40, 41, 42, 43, 46, 47, 48, 50, 53, 73, 81, 82, 85, 87, 89, 91, 92, 93, 95, 97, 98, 99, 101, 102, 107, 116, 117, 120, 125, 126, 127, 128, 137, 140, 151, 153, 158, 159, 160, 163, 164, 170, 171, 172, 174, 176, 177, 179, 180, 181, 182, 183, 184, 185, 187, 190, 191, 195, 201, 202, 203, 204, 215, 220, 221, 222, 225, 226, 227, 236, 241, 245, 246, 247, 248, 249, 250, 251, 252, 253, 254, 255, 256, 258, 260, 261, 269, 270, 271, 274, 276, 278, 279, 281, 286, 287, 288, 289, 290, 291, 292, 296, 298, 299, 319, 321, 323, 326, 327, 328, 333, 341, 348, 349, 351, 352, 353, 355, 369, 370, 371, 373, 375, 376, 377, 379, 387,

388, 395, 397, 400, 401, 402, 408, 409, 413, 414, 422, 425, 429, 433, 435, 438, 439, 440, 441, 442, 443, 444, 445, 452, 456, 457, 460, 463, 464, 467, 468, 472, 473, 474, 479, 480, 481, 482, 483, 484, 485, 486, 489, 493, 497, 502, 504, 513, 514, 516, 519, 520, 521, 539, 545, 548, 550, 551, 552
ミュンスター大学後援会　　　258
ミュンヒェン大学（ルートヴィッヒ・マクシミリアン大学）　177, 179, 187, 188, 189, 201, 253, 254, 255, 256, 258, 259, 285, 299, 304, 330, 351, 397, 400, 401, 408, 461, 520
民法・一般法学ゼミナール　　293
民法学者研究大会　　258, 397
メヴィウス、ヴァルター　48, 105, 119
メェラース、トーマス　　　　469
メディクス、ディーター
　　　　　　　　　298, 299, 302
メフィスト事件　　　　　　　148
メフィスト（Mephisto）決定　447
メンガー、クリスティアン・フリートリッヒ　96, 126, 354, 369, 371
メンデルスゾーン・バルトルディ、ヤーコプ・ルートヴィヒ・フェーリクス　　　　　　　　　　　217
モック、オイゲン　　　　　　 34
モナ　　　　　　　　　　　　331
モリトーア、エーリッヒ
　　　　　　　　38, 39, 41, 160, 170
モンテネグロのセラフィン　　214

ヤ 行

ヤールライス　　　　　　　　183
ヤコビ、エルンスト　204, 400, 401
山内惟介　485, 504, 516, 533, 543, 550
ヤラス、ハンス・ディーター　413

ユスティニアヌス一世　　283, 284
ユリッヒャー、フリートリッヒ　463
ヨーン、ルードルフ　　　　　 95
ヨハネス・ヴェアテンブルッフ　262
ヨハネス・グーテンベルク大学　440

ラ 行

ラートブルッフ　　　　　　　340
ラーベル、エルンスト　　　　545
ラーベル外国私法国際私法雑誌　524
ラーペ、レオ　　　　　　　　535
ライザー　　　　　　　　　　330
ライディンガー、アルベルト　426
ライデン大学　　　　　　　　303
ライニッケ　　　256, 455, 461, 480
ライファイゼン、フリートリッヒ・ヴィルヘルム　　　　　　　266
ライプツィッヒ大学
　　　33, 34, 35, 39, 40, 160, 321, 324, 353
ライプホルツ　　　　　　　　231
ライン・ヴェストファーレン地区アカデミー　　　　　　　　　338
ライン大学ボン　　　　　　　 11
ラインハルト　　　　　　189, 198
ラウ、ヨハネス　　　　　　　273
ラオパッハ、アルント　　　　188
ラブルーナ、ルイジ　　　　　300
ラリーヴ、ピエール　　　　　507
ランク、ヨアヒム　　　　　　186
ランズフート印刷会社（Landshuter Druckhaus）事件　　　498, 535
ランド・アフリカーンス大学　514
リーエンハルト　　　　　　　 44
リーゼンフェルト、シュテファン
　　　　　　　　　　　　　　503
リーブレ、フォルカー　　　　330
リオ・デ・ジャネイロ大学　　303
リッター、ヨハネス・マルティン

	163, 172	レートラー、アルベルト	188, 189
リッダー、ヘルムート	125, 369	レービンダー	331
リッチモンド大学	520	レーマン、ハインリヒ	396
リヒャルディ、ラインハルト	397	レフソン、ウルリッヒ	539, 547
リューテルス、ベルント		レンクナー、テオドール	379
226, 240, 241, 259, 275, 443, 452, 463		レンゲリンク、ハンス・ヴェルナー	
リュート事件	146		419, 428
リュッベ、ヘルマン	343	レンホフ、アルトゥール	546
リヨン大学	492	労働法・経済法研究所	442
ルーカス、ヨーゼフ	161	ローゼンフェルト、エルンスト	163
ルーケス、ルードルフ	504	ローティ、リチャード	347
ルートヴィッヒ・マクシミリアン大学		ローテンベルゲ山荘	
	189		258, 259, 478, 485
ルーマン、ニクラス	327, 338	ロートマール、フィリップ	393, 400
ルール大学	442, 495	ローマ法研究所	292, 294
ルター	66, 227	ローマ法ゼミナール	299, 301
ルッター、マークス	495, 530	ローマ法・比較法史研究所	303
レヴィ、エルンスト	289, 306	ローマ法・比較法史ゼミナール	293
レェーニンク、ゲオルゲ・アントン		ロザンヌ大学	215, 467, 507
	47, 246	ロタール三世	525
レェーニンク、リヒャルト	55, 56	ロック、ジョン	25
レェーム、エルンスト	203	ロッヒャー、オイゲン	247
レェーム事件	203		

原著者紹介 (執筆順)

トーマス・ヘェーレン (Prof. Dr. Thomas Hoeren)
　1961 年生、ミュンスター大学法学部教授、情報法・通信法・メディア法

ペーター・オェストマン (Prof. Dr. Peter Oestmann)
　1967 年生、ミュンスター大学法学部教授、民法・ドイツ法史

ベルント・J・ハルトマン (Prof. Dr. Bernd J. Hartmann)
　1973 年生、オスナブリュック大学教授、公法・経済法・行政学

ボド・ピーロート (Prof. Dr. Bodo Pieroth)
　1945 年生、ミュンスター大学名誉教授、国法・行政法

ミヒャエル・ヘークマンス (Prof. Dr. Michael Heghmanns)
　1957 年生、ミュンスター大学法学部教授、刑法・刑事訴訟法・情報法・犯罪学

ディーター・ビルク (Prof. Dr. Dieter Birk)
　1946 年生、ミュンスター大学名誉教授、国法・行政法・租税法

ハインツ・ホルツハウアー (Prof. Dr. Heinz Holzhauer)
　1935 年生、ミュンスター大学名誉教授、ドイツ法史

マティアス・カスパー (Prof. Dr. Matthias Casper)
　1965 年生、ミュンスター大学法学部教授、民法・会社法・銀行法・資本市場法

ニルス・ヤンゼン (Prof. Dr. Nils Jansen)
　1967 年生、ミュンスター大学法学部教授、ローマ法・私法史・ドイツ私法・ヨーロッパ私法

セバスティアン・ローセ (Prof. Dr. Sebastian Lohsse)
　1977 年生、ミュンスター大学法学部教授、ローマ法・比較私法・民法・ヨーロッパ私法

トーマス・グートマン (Prof. Dr. Thomas Gutmann)
　1964 年生、ミュンスター大学法学部教授、民法・法哲学・医事法

ファビアン・ヴィトレク (Prof. Dr. Fabian Wittreck)
　1968 年生、ミュンスター大学法学部教授、公法・政治学

ヴェルナー・クラヴィーツ (Prof. Dr. Dr. Dr. h.c. Werner Krawietz)
　1933 年生、ミュンスター大学名誉教授、公法・法理論・法社会学・法哲学

ハンス゠ウーヴェ・エーリヒセン (Prof. Dr. Hans-Uwe Erichsen)
　1934 年生、ミュンスター大学名誉教授、公法・ヨーロッパ法・行政法・地方自治法

ウルリヒ・シュタイン（Prof. Dr. Ulrich Stein）
　1954 年生、ミュンスター大学法学部教授、刑法・刑事訴訟法

ハインツ゠ディトリッヒ・シュタインマイアー
（Prof. Dr. Heinz-Dietrich Steinmeyer）
　1949 年生、ミュンスター大学名誉教授、労働法・社会保障法・経済法

ディルク・エーラース（Prof. Dr. Dr.h.c. Dirk Ehlers）
　1945 年生、ミュンスター大学名誉教授、経済公法・行政法

ライナー・シュルツェ（Prof. Dr. Reiner Schulze）
　1948 年生、ミュンスター大学名誉教授、国際経済法・ヨーロッパ私法・法史

ペートラ・ポールマン（Prof. Dr. Petra Pohlmann）
　1961 年生、ミュンスター大学法学部教授、民法・経済法・民事手続法

ヴェルナー・F・エプケ（Prof. Dr. Dres.h.c. Werner F. Ebke）
　1951 年生、ハイデルベルク大学名誉教授、民法・会社法・経済法・国際私法・租税法

編訳者紹介

山内惟介（Prof. Dr. Dr.h.c. Koresuke Yamauchi）
　1946 年生、中央大学名誉教授、国際私法・国際取引法・ヨーロッパ私法・比較法

主要著書
　『海事国際私法の研究―便宜置籍船論―』（中央大学出版部、1988 年 3 月）
　『国際公序法の研究―牴触法的考察―』（中央大学出版部、2001 年 3 月）
　『国際私法・国際経済法論集』（中央大学出版部、2001 年 9 月）
　『国際会社法研究 第一巻』（中央大学出版部、2003 年 12 月）
　『比較法研究 第一巻　方法論と法文化』（中央大学出版部、2011 年 1 月）
　『Japanisches Recht im Vergleich』（中央大学出版部、2012 年 3 月）
　『21 世紀国際私法の課題』（信山社、2012 年 3 月）
　『比較法研究 第二巻　比較法と国際私法』（中央大学出版部、2016 年 2 月）
　『国際私法の深化と発展』（信山社、2016 年 2 月）
　『比較法研究 第三巻　法文化の諸形相』（中央大学出版部、2017 年 2 月）

中央大学・ミュンスター大学交流 30 周年記念
ミュンスター法学者列伝
日本比較法研究所翻訳叢書（80）

2018 年 11 月 15 日　初版第 1 刷発行

編 訳 者　山 内 惟 介
発 行 者　間 島 進 吾

発行所　中 央 大 学 出 版 部

〒192-0393
東京都八王子市東中野 742-1
電話 042 (674) 2351・FAX 042 (674) 2354
http://www.2.chuo-u.ac.jp/up/

©2018　Koresuke Yamauchi　　ISBN 978-4-8057-0381-6　　（株）千秋社

本書の無断複写は、著作権法上での例外を除き、禁じられています。
複写される場合は、その都度、当発行所の許諾を得てください。

日本比較法研究所翻訳叢書

0		杉山直治郎訳	仏蘭西法諺	B6判（品切）
1	F. H. ローソン	小堀憲助他訳	イギリス法の合理性	A5判 1200円
2	B. N. カドーゾ	守屋善輝訳	法の成長	B5判（品切）
3	B. N. カドーゾ	守屋善輝訳	司法過程の性質	B6判（品切）
4	B. N. カドーゾ	守屋善輝訳	法律学上の矛盾対立	B6判 700円
5	P. ヴィノグラドフ	矢田一男他訳	中世ヨーロッパにおけるローマ法	A5判（品切）
6	R. E. メガリ	金子文六他訳	イギリスの弁護士・裁判官	A5判 1200円
7	K. ラーレンツ	神田博司他訳	行為基礎と契約の履行	A5判（品切）
8	F. H. ローソン	小堀憲助他訳	英米法とヨーロッパ大陸法	A5判（品切）
9	I. ジュニングス	柳沢義男他訳	イギリス地方行政法原理	A5判（品切）
10		守屋善輝編	英米法諺	B6判 3000円
11	G. ボーリー他	新井正男他訳	〔新版〕消費者保護	A5判 2800円
12	A. Z. ヤマニー	真田芳憲訳	イスラーム法と現代の諸問題	B6判 900円
13	ワインスタイン	小島武司編訳	裁判所規則制定過程の改革	A5判 1500円
14	カペレッティ編	小島武司編訳	裁判・紛争処理の比較研究(上)	A5判 2200円
15	カペレッティ	小島武司他訳	手続保障の比較法的研究	A5判 1600円
16	J. M. ホールデン	高窪利一監訳	英国流通証券法史論	A5判 4500円
17	ゴールドシュティン	渥美東洋監訳	控えめな裁判所	A5判 1200円

日本比較法研究所翻訳叢書

18	カペレッティ編 小島武司編訳	裁判・紛争処理の比較研究(下)	A5判 2600円
19	ドゥローブニク他編 真田芳憲他訳	法社会学と比較法	A5判 3000円
20	カペレッティ編 小島・谷口編訳	正義へのアクセスと福祉国家	A5判 4500円
21	P. アーレンス編 小島武司編訳	西独民事訴訟法の現在	A5判 2900円
22	D. ヘーンリッヒ編 桑田三郎編訳	西ドイツ比較法学の諸問題	A5判 4800円
23	P. ギレス編 小島武司編訳	西独訴訟制度の課題	A5判 4200円
24	M. アサド 真田芳憲訳	イスラームの国家と統治の原則	A5判 1942円
25	A. M. プラット 藤本・河合訳	児童救済運動	A5判 2427円
26	M. ローゼンバーグ 小島・大村編訳	民事司法の展望	A5判 2233円
27	B. グロスフェルト 山内惟介訳	国際企業法の諸相	A5判 4000円
28	H. U. エーリヒゼン 中西又三編訳	西ドイツにおける自治団体	A5判 (品切)
29	P. シュロッサー 小島武司編訳	国際民事訴訟の法理	A5判 (品切)
30	P. シュロッサー他 小島武司編訳	各国仲裁の法とプラクティス	A5判 1500円
31	P. シュロッサー 小島武司編訳	国際仲裁の法理	A5判 1400円
32	張晋藩 真田芳憲監修	中国法制史(上)	A5判 (品切)
33	W. M. フライエンフェルス 田村五郎編訳	ドイツ現代家族法	A5判 (品切)
34	K. F. クロイツァー 山内惟介監修	国際私法・比較法論集	A5判 3500円
35	張晋藩 真田芳憲監修	中国法制史(下)	A5判 3900円

日本比較法研究所翻訳叢書

No.	著者/訳者	書名	判型/価格
36	G. レジエ他／山野目章夫他訳	フランス私法講演集	A5判 1500円
37	G. C. ハザード他／小島武司編訳	民事司法の国際動向	A5判 1800円
38	オトー・ザンドロック／丸山秀平編訳	国際契約法の諸問題	A5判 1400円
39	E. シャーマン／大村雅彦編訳	ADRと民事訴訟	A5判 1300円
40	ルイ・ファボルー他／植野妙実子編訳	フランス公法講演集	A5判 3000円
41	S. ウォーカー／藤本哲也監訳	民衆司法――アメリカ刑事司法の歴史	A5判 4000円
42	ウルリッヒ・フーバー他／吉田豊・勢子訳	ドイツ不法行為法論文集	A5判 7300円
43	スティーヴン・L ペパー／住吉博編訳	道徳を超えたところにある法律家の役割	A5判 4000円
44	W. マイケル・リースマン他／宮野洋一他訳	国家の非公然活動と国際法	A5判 3600円
45	ハインツ・D. アスマン／丸山秀平編訳	ドイツ資本市場法の諸問題	A5判 1900円
46	デイヴィド・ルーバン／住吉博編訳	法律家倫理と良き判断力	A5判 6000円
47	D. H. ショイイング／石川敏行監訳	ヨーロッパ法への道	A5判 3000円
48	ヴェルナー・F. エプケ／山内惟介編訳	経済統合・国際企業法・法の調整	A5判 2700円
49	トビアス・ヘルムス／野沢・遠藤訳	生物学的出自と親子法	A5判 3700円
50	ハインリッヒ・デルナー／野沢・山内編訳	ドイツ民法・国際私法論集	A5判 2300円
51	フリッツ・シュルツ／眞田芳憲・森光訳	ローマ法の原理	A5判 (品切)
52	シュテファン・カーデルバッハ／山内惟介編訳	国際法・ヨーロッパ公法の現状と課題	A5判 1900円
53	ペーター・ギレス／小島武司編	民事司法システムの将来	A5判 2600円

日本比較法研究所翻訳叢書

54	インゴ・ゼンガー 古積・山内 編訳	ドイツ・ヨーロッパ民事法の今日的諸問題	A5判 2400円
55	ディルク・エーラース 山内・石川・工藤 編訳	ヨーロッパ・ドイツ行政法の諸問題	A5判 2500円
56	コルデュラ・シュトゥンプ 楢崎・山内 編訳	変革期ドイツ私法の基盤的枠組み	A5判 3200円
57	ルードフ・V.イェーリング 眞田・矢澤 訳	法学における冗談と真面目	A5判 5400円
58	ハロルド・J.バーマン 宮島直機 訳	法 と 革 命 Ⅱ	A5判 7500円
59	ロバート・J.ケリー 藤本哲也 監訳	アメリカ合衆国における組織犯罪百科事典	A5判 7400円
60	ハロルド・J.バーマン 宮島直機 訳	法 と 革 命 Ⅰ	A5判 8800円
61	ハンゾ・D.ヤラス 松原光宏 編	現代ドイツ・ヨーロッパ基本権論	A5判 2500円
62	ヘルムート・ハインリッヒス他 森 勇 訳	ユダヤ出自のドイツ法律家	A5判 13000円
63	ヴィンフリート・ハッセマー 堀内捷三 監訳	刑罰はなぜ必要か 最終弁論	A5判 3400円
64	ウィリアム・M.サリバン他 柏木昇他 訳	アメリカの法曹教育	A5判 3600円
65	インゴ・ゼンガー 山内・鈴木 編訳	ドイツ・ヨーロッパ・国際経済法論集	A5判 2400円
66	マジード・ハッドゥーリー 眞田芳憲 訳	イスラーム国際法 シャイバーニーのスィヤル	A5判 5900円
67	ルドルフ・シュトラインツ 新井誠 訳	ドイツ法秩序の欧州化	A5判 4400円
68	ソーニャ・ロートエルメル 只木誠 監訳	承諾,拒否権,共同決定	A5判 4800円
69	ペーター・ヘーベルレ 畑尻・土屋 編訳	多元主義における憲法裁判	A5判 5200円
70	マルティン・シャウアー 奥田安弘 訳	中東欧地域における私法の根源と近年の変革	A5判 2400円
71	ペーター・ゴットバルト 二羽和彦 編訳	ドイツ・ヨーロッパ民事手続法の現在	A5判 2500円

日本比較法研究所翻訳叢書

番号	著者・訳者	書名	判型・価格
72	ケネス・R.ファインバーグ 伊藤壽英訳	大惨事後の経済的困窮と公正な補償	A5判 2600円
73	ルイ・ファヴォルー 植野妙実子監訳	法にとらわれる政治	A5判 2300円
74	ペートラ・ポールマン 山内惟介編訳	ドイツ・ヨーロッパ保険法・競争法の新展開	A5判 2100円
75	トーマス・ヴュルテンベルガー 畑尻剛編訳	国家と憲法の正統化について	A5判 5100円
76	ディルク・エーラース 松原光宏編訳	教会・基本権・公経済法	A5判 3400円
77	ディートリッヒ・ムルスヴィーク 畑尻剛編訳	基本権・環境法・国際法	A5判 6400円
78	ジェームズ・C・ハウエル他 中野目善則訳	証拠に基づく少年司法制度構築のための手引き	A5判 3700円
79	エイブラム・チェイズ他 宮野洋一監訳	国際法遵守の管理モデル	A5判 7000円

＊価格は本体価格です。別途消費税が必要です